THE ANATOMY OF HUMAN DESTRUCTIVENESS
ERICH FROMM

人類破壞性的剖析

心理學大師佛洛姆
對人性最全面的探索與總結

埃里希·佛洛姆－著　　梁永安－譯

目錄

第三部 各種攻擊性與破壞性及其條件

導讀 尋思人類的破壞性從何而來

紀金慶（政治大學哲學博士，台灣師範大學通識中心助理教授）

人間為什麼會有戰爭？以及，為什麼越是現代的文明，戰爭的暴力層級就越是殘酷？

我想，我們都曾經問過自己這樣的問題。不過，很快的，我們的問題就被自己的直覺所給出的答案搪塞了。

對我們而言，問題的答案是那麼的簡單。人間為什麼會有戰爭？那是因為人類終究是動物，我們身上的獸性就是這個問題的答案。第二個問題對我們而言就更容易回答，為什麼現代戰爭的暴力程度可以這麼殘酷，這當然是因為現代科技的發展已經使得現代戰爭中能動用的武力規模今非昔比。

然而，佛洛姆在《人類破壞性的剖析》中反駁上述的常識意見。

佛洛姆提醒我們，上述的常識意見容易導致一種卸責，這是因為這種流行見解合理化了不必要的暴力發生。為什麼這麼說呢？這是因為既然攻擊性乃是源於我們身上莫名的動物性衝動，那麼我們對於它的出現也就沒有責任，並且將它所造成的一切恐怖後果歸結給不可測的宿命。

為此，佛洛姆舉證：野生的靈長類很少有攻擊性，可是被關在動物園裡的靈長類卻可能表現出「過度的」攻擊性。這裡的關鍵詞不是攻擊性，而是「過度的」攻擊性。

可見，攻擊性不完全源於天生，有些成因可能源自人為環境，尤其是攻擊性裡頭「過度」的成分。

我們如何理解「過度的」攻擊性。

佛洛姆分析：出於生存需要，或獵殺、或防禦而來的攻擊性是可理解的，但是純粹為傷害而傷害的攻擊則是另一回事，為傷害而傷害的破壞性有時甚至可以純粹以摧毀生命為樂。佛洛姆認為，理解這種完全不合理的攻擊性，才是問題的關鍵所在。他並且指出：在所有動物之中，人類是唯一可以毫無理由的殘殺和虐殺同類的生物，並且在過程中取得快感。

為什麼事情會是這樣？

佛洛姆找到的切入點是區分「本能」和「性格」，相對於本能，性格是人的第二本性，是人類沒有得到完全發展的本能之替代物。

如果說本能是純粹自然的範疇，那麼性格則屬於文化性、社會性的範疇。為了適應自然環境，生物有了本能，為了適應社會環境，人類發展出性格。一個社會為了發展會特別鼓勵某些價值理念，而與此同時，也由於現實條件的種種缺憾會讓生活在社會之中的某些人難以滿足理想，性格就是在這種充滿張力的條件下逐漸形成，並且帶有某種理想而不現實的激情。

性格裡的激情力量完全不亞於本能，甚至由於我們就生活在社會環境之中，環境條件甚至會催化性格裡的激情作用。

正面看待的話，我們得以自豪人類真的是萬物之靈，因為人無法像動物那樣只求適應環境，人更是無法像死物那樣的一成不變，這些都說明人有超越現實處境的某種生命維度。

然而從批判的角度看，這也意味著某種危機，這是因為一個社會如果不能保障人得以在高層次的水平上釋放這份神聖的激情，那麼這個高維度的力量就可能轉為破壞現實的力量。

比方說，佛洛姆透過研究指出：虐待狂較容易出現在受挫折的個人與社會階級，他在本書中所舉的例證，是古羅馬時代為補償下層階級普遍的無力感，競技場裡的暴力往往成為釋放激情的公共空間；而在德國納粹時期，希特勒的狂熱支持者往往出於中下階級。

人本有感動他人、回應他人的本能，我們本應擁有也必須去滿足這樣的人性。可是佛洛姆分析，當一個人無能令人感動、也無能回應他人時，暴力就可能成為補償的出口。這是因為如果一個人既無法愛人、也無能被愛，那麼為了補償這種無能，他就渴望以控制別人的方式來變相滿足原先的需求。

令人悲觀，也讓人不得不嚴肅以對的是，佛洛姆認為我們所處的現代社會正在製造大量無能感動、無能回應他人的個體。

說到這裡，我們就必須理解我們眼前這個現代世界的基本運作原理。

現代世界成立的第一個條件源於四百年前的科學革命。經由科學革命性的進展，人類有史以來第一次從受制於自然轉變為操控自然，我們得以藉由科學理性的力量讓風成為風力、火變火力、水位的高低位能差轉換為供我們使用的水力，甚至到了最後，原子的融合與分裂都為我們提供動能。科學知識體系讓眼前的自然的每一寸肌理為我們效勞，自然，在科學的計算中，成了自然資源。

科學模式的巨大成功帶來了新時代思維，人們開始意識到量化與系統化的威力。很快的，在兩個世紀前的工業革命中，這種新時代思維掌控的對象從自然轉移到人類自己。

當計算性的思維轉向人類自身時，人類社會的組織能力也得到了空前的進展。工業革命一開始發展的起點是工廠，而後逐漸擴張至企業、國家官僚體系以及教育單位，一轉眼，人類社會組織成了一個由各種子系統組成的龐大計算體，忙碌的計算投入的人力、資本、時間以及成效。

這正是一個世紀前社會學家韋伯（Max Weber）所描述的工具理性社會。在這裡，韋伯之所以稱呼現代理性是一種技術理性或工具理性，是因為在此之前的人類文化裡，理性概念過往都以思辨意義問題和價值問題為目的，即便在思維過程中不免佐以計算或技術性考量，但最終的目的性依然是瞄準在意義問題或價值問題。然而，到了現代世界，理性原先的目的性被擱置了，就如同我們生活在現代社會裡，每個人都會或多或少地意識到，價值問題、意義問題是一種不太「科學」的「哲學」問題那樣，這是人類第一次將原先做為手段工具的計算性直接上升至目的性的時刻。我們現在所身處的現代社會，其本質正是這樣一個為計算而計算的瘋狂世界，而人類，也首次被以人力資源命名。

當人類進入一個一切被計算的通體透明的新世界時，我們也就進入了一個最明亮的時代，同時也是最黑暗的時代。一切是那樣的有效率、一切是那樣的高產能，唯獨無法被體制化、被計算、被量化的意義問題、價值問題被直接拋出現代視野之外。然而，現代世界所拋棄的存有，卻是我們身而為人最重要的核心。

現在問題來了，如果說回應他人甚至去讓人感動本是我們生而為人的基本所需，可是現代社會卻是打從教育訓練到職場工作都在打造高度專業分工下機械化的個體，意識到這個問題，我們就可以明白為什麼佛洛姆在本書中強調殘暴其實並非人的本性，而是我們現代體制下的惡果。當現代社會集中火力將所有教育資源集中在培養專業技能時，我們生而為人的交流能力只因為環境資源的嚴重不足而導致萎縮。

如此，可以說現代社會為了自身存在，將代價轉嫁到無力的個人身上，而這就意味著，現代社會文化正在系統性的生產不可預計的暴力。

此外，還有另一個嚴重的問題也存在於我們的社會體制內。假定佛洛姆的設想是對的，也就是性格裡的激情是人之所以為人的一個必要條件，是人之所超越動物性的神聖向度。如此一來，人要理解自身的超越性以至於生命的意義，就需要這個超越現實維度的存在感。考慮到這一點，我們就不得不再思考一下我們現行社會制度的盲點。

追求效能的現代社會始終不斷生產單調的工作，這是因為唯有將人視為社會機器的零件，只專注在自我職位的單一功能，則可以讓整體社會機制運作出最高效能。然而，正因為如此，它同時也產生了對於自己工作缺乏認同的社會。如果再考量到普遍低薪而對未來無望的現況，那麼我們就必須思索原本人性裡的激情會被轉換到什麼軌道去？

在古代的世界裡，超越現實的神聖激情還可能在宗教、藝術與哲學的領域得到昇華。然而現代世界的問題是，過去在古典社會中象徵人類文化最高價值的宗教、藝術與哲學，如今都因為和現代世界的計算性思維體質不相容而被閹割。

如此一來，人性裡的激情既無法導引昇華至高於現實的維度，而現代世界的現實維度本質上又只是計算與效率，這就使得原本已經失去價值導引的計算性體制被賦予了神聖性。

如此，現代文化意義下的施虐狂與受虐狂也就應運而生。

由於生命世界是活的、無時無刻處在活潑的變化當中，因此無論是面對世界或是面向他人，都需要靈活地創造關係、處理關係。然而，佛洛姆所描繪的現代的無能，正是無法去因應調整的個人。由於懼怕任何不確定和不能預測的事情，現代文化催生了人格上的虐待狂。佛洛姆所描繪的施虐狂，其人格特徵是害怕真正有生命的人事物，這也是為什麼他們只能用控制的方式去愛，以及唯有被他所控制的人，他才能去愛。

這種愛的方式，也使得施虐狂邏輯的另一面成了受虐狂，施虐與受虐同享一個邏輯。施虐和受虐之所以是同一邏輯的一體兩面，在於他們在人際交往的關係中，總是首先盯住權力問題。唯有先決定了權力關係：誰發號施令、而誰受令，他們才能夠在他們認為安心的遊戲潛規則裡開啟互動關係。

也正是在這樣的條件下，恰恰是現代社會標榜的自由、自主原則在這裡徹底消失了。因為一個自由、自主的人無法滿足這種互動關係所需要的前提。最終的問題在於，一個不利於自由與自主原則生長的社會環境，正在無意識的情況下催生人們以暴力方式互相對待。這就產生了詭異的反淘汰，沒有施虐或受虐性格的人，反而不利於生存在我們當下的社會情境中。

佛洛姆在本書提出的現代社會反思，並不是要我們去提防有施虐與受虐性格的人，而是提醒我們必須去意識到我們身處的現代社會正在助長、正在不斷生成如此性格的人。

人類破壞性的剖析

自序

本書是對精神分析理論進行全面探討的開端。我從攻擊性行為和破壞性行為開始研究，這除了因為它是精神分析的基本理論問題，也是因為破壞性行為的浪潮席捲全球，成為一個和實際生活最相關的問題。

六年前動手寫這本書的時候，我大大低估了涉及的困難。不久我就明白，想對人類的破壞性有足夠的分析，我必須跨出我的主要擅長領域，即精神分析。雖然這工作是以精神分析為主，但我還必須具備少量其他領域的知識，特別是神經生理學、動物心理學、古生物學和人類學的知識，這樣才可避免因為參考架構太過狹窄而導致見解上的偏差。至少，我必須能夠運用其他領域的主要資料來查核我的結論，確定我的假說和它們不相衝突，並進而斷定它們是否支持我的假說。

以前還沒有人就上述各領域對攻擊性行為的見解進行整合，甚至每個領域裡也沒有這方面的總結，因此我必須自己來做。藉著這項努力，我希望讀者對於人的破壞性有完整的看法，不再只從某個單一的理論角度去觀察。當然，這個過程會有許多障礙。顯而易見的是，我不可能精通每一個我所需要的領域，特別是神經科學，因為我原來就懂得很少。為了獲得這方面的少量知識，我不僅自己去研究，也請教神經科學家：其中有些人不厭其煩地回答我許多問題，有些人則耐心地審讀我文稿中的相關部分。專家們當然知道我在他們的各自領域沒有新貢獻，但他們也許會歡迎我從各方面將這個極重要的問題的資料統整一番。

無法避免的是，本書會提到我以前著作中的一些觀點。對於人，我已經研究了三十多年，在這段期間，我一方面專注於新的領域，另一方面加深和加廣我對舊領域的了解。談及人的破壞性，我不得不談及我以前曾經提出的觀點，但以能幫助讀者了解本書為限。我已盡可能把重複的部分減到最低（往往只告訴讀者去參考我以前著作中的哪一部分），但即便如此，重複仍是難免。尤其難以避免和《人心》（*The Heart of Man*）一書重複，因為《人心》包含了我對戀屍癖（necrophilia）與愛生性（biophilia）的某些核心性新發現。而在本書中，我對理論建構和臨床病例說明這兩方面的新發現進行了大幅擴充。我不會討論本書和我以前的著作某些觀點上的歧異，因為那將會花費大量篇幅，而且大部分讀者不會感興趣。

接下來，是向所有幫助我寫作本書的人士致謝的愉快任務。

我想要感謝布拉姆斯博士（Jerome Brams），他竭力幫助我澄清行為主義的難題的理論，且在幫助我尋找相關文獻時也從不嫌累。

我感激赫南德茲博士（Juan de Dios Hernández）在我研究神經生理學時提供協助。他和我長談了幾小時，釐清了很多問題，讓我在龐大的著作文獻中找到方向，又對我的文稿中涉及神經生理學的部分提供意見。

我要感謝以下這些神經科學家，他們曾在談話中或書信中提供協助：已故的皮昂博士（Raul Hernández Péon）、李文斯頓博士（Robert B. Livingston）、希斯博士（Robert G. Heath）、福斯特博士（Heinz von Foerster）和麥奈丘克博士（Theodore Melnechuk）。麥奈丘博士讀了我文稿中有關神經生理學的部分。我受惠於施密特博士（Francis O. Schmitt），他安排我與麻省理工學院神經科學研究計畫的成員會面，討論我向他們提出的問題。我要感謝斯佩爾（Albert Speer），與他談話和通信大大增加了我對希特勒的了解。我還要向肯普納（Robert M. W. Kempner）致上謝忱，感謝他向我提供他以紐倫堡大審美國檢察官身分蒐集到的資料。

我還要感謝謝克特博士（David Schecter）、麥科比博士（Michael Maccoby）和亨齊克—佛洛姆（Gertrud Hunziker-Fromm），因為他們閱讀我的文稿，並提出寶貴的批判性和建設性意見。感謝伊里奇博士（Ivan Illich）和西勞博士（Ramon Xirau）在哲學方面提供有幫助的建議。感謝馬松博士（W. A. Mason）在動物心理學的領域給我意見。感謝德拉博士（Helmuth de Terra）對古生物學的難題提供協助。感謝亨茨克（Max Hunziker）在超現實主義的研究部分對我提出建議。感謝勃蘭特（Heinz Brandt）所提供的關於納粹恐怖行動的資料與建議。感謝卡林科維茨博士（Brandt Kalinkowitz）對本著作表現的積極和有鼓勵性的興趣。我還要感謝伊里奇博士和博萊斯曼小姐（Valentina Boresman）協助我使用墨西哥庫埃納瓦卡（Cuernavaca）的跨文化檔案中心（Centro

Intercultural de Documentación）的圖書目錄設施。

我想利用這個機會對梅耶太太（Beatrice H. Mayer）表達我熱烈的感激之情。她過去二十年來為我每份文稿（包括現在的一本）的每個版本打字，此外，她還以她對語言的極大敏感度，向我提出許多寶貴的建議。

當我出國的這幾個月，休斯太太（Joan Hughs）以非常能幹和有建設性的方式關照我的文稿，我在此致上謝忱。

此外我要感謝霍雷溫出版社（Holt, Rinehart and Winston）資深主編庫寧先生（Joseph Cunneen），感謝他非常能幹和認真的編輯工作與建設性建議。我還要感謝霍雷溫出版社的編輯主任希爾太太（Lorraine Hill），以及兩位執行編輯蓋辛斯（Wilson R. Gathings）與福倫（Cathie Fallin），他們在出書的不同階段都對文稿有所技巧和細心的處理。最後，我感謝歐多米羅克（Marion Odomirok）認真和銳利的校訂工作。

本書有部分研究得到「美國國立精神衛生研究院」公共健康服務基金的資助。另外，「拉斯克夫妻基金會」（Albert and Mary Lasker Foundation）的補助讓我可以聘請一個助理，由此獲得額外的幫助。謹在此一併致謝。

——埃里希·佛洛姆，一九七三年五月於紐約

術語說明

「攻擊性」（aggression）一詞的歧義性在討論這主題的豐富文獻中引起巨大混淆。它有時被用來指抵抗攻擊的防衛行為，有時被用來指強盜謀財害命的行為，有時被用來指虐待行為。更有人用「攻擊性」來指男性對女性的性搭訕，指登山者和推銷員的前進衝動（forward-driving），以及指農夫的耕種行為。這種混淆大概是出於行為主義思維方式對心理學和心理治療的影響。如果我們把一切「有害的」行為——對無生物、植物、動物或人類造成損害或破壞的行為——都叫做攻擊性，那麼這些行為背後的衝動就失去了重要性。如果我們把意在破壞、意在保衛和意在建設的種種行為都用相同字眼來表示，就永遠沒有機會了解它們的「原因」。它們的原因是不同的，因為它們根本是不同的現象。如此一來，我們便會陷入理論的死胡同，無望找出「攻擊性」的原因。[1]

讓我們以勞倫茲（Konrad Lorenz）為例。他的「攻擊性」概念本來是指為追求個體和物種生存而演化出來的衝動，但他又用它來指嗜殺的欲望和殘忍行為。結果，這些非理性的激情也就成了與生俱來的東西。另外，又因為他認為戰爭是人的嗜殺引起，因此便進一步推論出：戰爭是起於人類與生俱來的破壞性。於是，「攻擊性」成了方便的橋梁，把做為生物適應（biologically adaptive）手段的攻擊性（這不是邪惡的）和邪惡的人類破壞性混為一談。這個「推理過程」是這樣的：

做為生物適應手段的攻擊性是與生俱來，
破壞性與殘忍是攻擊性行為，
因此，破壞性與殘忍是與生俱來。

在本書中，「攻擊性」一詞指防衛性的、反應性的攻擊性，屬於「良性攻擊性」的範圍。「破壞性」和「殘忍」則用來指人類特有的毀滅性傾向和絕對控制欲（「惡性攻擊性」）。有時，只要看來適合，我也會在「防衛性攻擊性」之外的意義使用「攻擊性」一詞。每逢這些時候，我都會加以說明，以免引起誤會。

另外一個語意上的問題是，我們常用「男人」（man）來指人類。英語既然是一種在父權社會發展出來的語言，那它會用「男人」來兼指男人和女人便不足為奇。不過，如果我為表明我不是用父權主義的精神來寫這本書而避用這個字，就會流於學究氣了。事實上，我毫無父權主義思想這一點在整本書的字裡行間是明明白白的。

當需要用第三人稱來指人類的時候，我通常也是用「他」（he）。因為每次都用「他或她」（he or she）實在有點彆扭。我承認文字很重要，但我們切不可對它心存一種拜物心理，變得重視文字多於重視文字表達的思想。

本書引用其他著作的時候，會用括弧注明作者與出版年份，讀者可依此在「參考書目」中找到該書的詳細資料。所以，標明的年份——例如「斯賓諾莎」後面的「1927」，Spinoza（1927）——並不一定是寫作的年份。

1 需要說明的是，佛洛伊德並不是沒有察覺到「攻擊性」的種種歧義（請參考本書附錄〈佛洛伊德的攻擊性與破壞性理論〉）。再者，佛洛伊德重視行為的基本動機，這和行為主義不一樣。只是佛洛伊德沿用當時的習慣用詞，而使後人產生誤解。

隨著世代的繁衍，他們越變越壞。有一天，他們會壞到崇拜起力量來；他們會認為力量就是正義，不再尊敬善意。最後，當沒有人再對錯誤的事感到憤怒，當沒有人在看到可憐人時再會自覺羞愧，宙斯就會摧毀他們。但即使到了那時候，人仍然有自救的可能，那就是，百姓揭竿而起，打倒壓迫他們的統治者。

——鐵器時代的希臘神話

當我望向歷史，我是悲觀的……但當我望向史前史，我是樂觀的。

——史末資（J. C. Smuts）

一方面，人就像許多種動物一樣，都會同類相爭。但另一方面，在千萬種同類相爭的動物中，人卻是唯一同類相殘的動物……人是唯一的集體屠殺者，是唯一不能適應自己社會的生物。

——廷貝亨（N. Tinbergen）

導論 本能與激情

暴力和破壞性在全國和全世界日益增加，這使得專家和公眾把注意力轉向對攻擊性行為的本質和原因的理論研究。這種關注並不奇怪，令人奇怪的是，人們現在才認為這是當務之急。因為心理學巨匠佛洛伊德早就向我們揭示過人性的這個層面。佛洛伊德早期學說以性驅力（sexual drive）為核心，到一九二〇年代，他修正這一學說，建構出一種認為破壞性激情（「死亡本能」）和愛的激情（「生命本能」和「性欲」）具有相等力量的理論。但是，公眾繼續以為佛洛伊德主義把性本能——力比多（libido）——看成是人的主要激情，而唯有自我保護的本能才能讓性本能受到抑制。

這種情況要到六〇年代中葉才有所改觀。發生這種變化的原因之一，可能是暴力橫行和害怕戰爭的程度在全世界都已經超過了某種極限。幾本討論人類攻擊性行為的書也產生了相當的作用，影響最大的是勞倫茲的《論攻擊性》（*On Aggression*, 1966）。勞倫茲本是動物行為領域[1]（特別是魚類和鳥類行為領域）的知名學者，後來決定勇闖他所知無幾的人類行為領域。儘管《論攻擊性》遭到大部分心理學家和神經學家的否定，但還是成為暢銷書，而且深深影響了大部分受過高等教育的讀者。他們很多人認為勞倫茲的觀點就是這個問題的最終答案。

與勞倫茲風格迥異的作家阿德里（Robert Ardrey）的早期著作——《非洲創世記》（*African Genesis*, 1961）和《地盤占有天性》（*The Territorial Imperative*, 1967年）——大大促進了勞倫茲觀點的普及。阿德里不是科學家而是天才劇作家，他把許多關於人類起源的資料編織為一本雄辯滔滔的作品，來證明人生而具有攻擊性。此後，另一些動物行為研究者的著作接踵而至，諸如莫里斯（Desmond Morris）的《裸猿》（*The Naked Ape*, 1967）和勞倫茲弟子埃貝—斯菲爾德（I. Eibl-Eibesfeldt）的《論愛和恨》（*On Love and Hate*, 1972）。

所有這些著作基本上包含相同的論點：人類在戰爭、犯罪、鬥爭和種種破壞性行為與虐待行為所表現出來的攻擊性是由演化所生成，是人的天生本能，總是隨時等待機會發洩出來。

勞倫茲的本能主義（neoinstinctivism）之所以如此成功，並不是因為他的論證強而有力，而是因為讀者早就準備好去接受它。對於心驚膽戰而又自感無力去改變破壞進程的現代人來說，還有什麼學說比勞倫茲的觀點更能使他們接受呢？他告訴人們，暴力根源於我們的動物本能，根源於不可駕馭的驅力。這種天生的攻擊性理論便輕易形成一種意識形態，可以舒緩我們對將要發生的事情的恐懼，以及合理化我們的無力感。

有許多原因使人們對於破壞性成因的嚴肅探索趨向簡化的答案。後者要求對當前意識形態的基本前提提出質疑：我們必須分析社會制度的不合理性，而且得冒犯隱藏在「國防」、「榮譽」、

「愛國主義」這些莊嚴字眼背後的禁忌。只有對我們的社會制度進行深入分析，方可望揭示破壞性日益增長的原因，以及找出減少破壞性的途徑和手段。這項工作是艱鉅且吃力的，而本能主義理論免去了這一重任。它在向我們暗示，儘管所有人註定毀滅，這毀滅卻是我們的「本性」帶給我們的命運。如此一來，我們便有點心安理得，而且自以為知道事情為什麼會那樣發生。

基於當前心理學思想的態勢，我們不難料到，對勞倫茲理論的批評是來自心理學中占支配地位的理論，即行為主義。和本能主義相反，行為主義理論對於驅使人以某種方式行為的主觀力量不感興趣。它不關心人所感受到的，而只對人行為的方式和塑造他行為的社會條件感興趣。

直到一九二〇年代，心理學的焦點才基進地從**情感**轉移為**行為**。從此以後，激情和感情被許多心理學家排除在研究範圍之外，認為那是——至少從科學的觀點看——不相干的東西。心理學中主導學派的課題是**行為**而不是**行為者**：「心理科學」（science of the psyche）轉變為操控動物和人類行為的科學。這發展在史金納（Burrhus Skinner）的新行為主義（neobehaviorism）中達到巔峰，而新行為主義在當今美國的大學裡是最廣為接受的心理學理論。

1　勞倫茲把研究動物行為的科學稱為「習性學」（ethology）。這是非常奇特的術語，因為ethology的本意是「行為科學」（從希臘語ethos而來，意為「行為」、「準則」）。動物行為的研究，應當稱為「動物習性學」。當然，他不願意限定「習性學」的含義，是因為他認為人的行為應當歸入動物的行為之列。有趣的是，早在勞倫茲之前，彌爾（John Stuart Mill）便已經創造了「習性學」這個術語，用它來指研究性格的科學。如果我們想用一句話來說明本書的要點，那麼我們可以說，它研究的是彌爾定義的「習性學」，不是勞倫茲定義的。

心理學會發生這種轉變的原因不難發現。研究人的學者比任何其他科學家更受社會氣氛的影響。就像自然科學家一樣，他們的思維方式和興趣，以及他們提出的問題，都會受到社會左右，但除此以外，與自然科學家不同的是，他們的研究對象——人——也會受到社會左右。當心理學家說到「人」的時候，他的模型就是他周圍的人，就是他自己。在現代工業社會，人是用大腦生活，很少用感情，而且視感情為無用的累贅——心理學家如此，他們的研究對象也是如此。行為主義理論似乎正合他們的意。

本能主義和行為主義二分天下的局面對理論進步並無益處。兩種主張都是依賴獨斷的先入之見所做出的「片面解釋」（monoexplanatory），強行將所有材料套入自己的解釋中。但除了本能主義和行為主義，我們是不是已經沒有第三個選擇？我們真的只能在勞倫茲和史金納之間二擇其一，別無其他選項了嗎？本書斷定還有另一條路可走，準備要查看那是什麼路。

我們必須區別人類**兩種截然不同的攻擊性**。第一種是當人的生命利益（vital interest）受到威脅時，他和動物共有的、由基因所規定的攻擊衝動（或逃跑衝動）。這種**防衛性的**、「良性的」攻擊性是為個體和物種的生存服務，是一種生物適應手段，會隨著威脅的消失而消失。另一種是「惡性的」攻擊性，即**殘忍和破壞性**，它是人類所特有，不見於大多數其他哺乳動物。它不是由基因規定，不是生物適應手段。它毫無目的，除了滿足凶殘的欲望別無意義。先前大多數這方面的討論都因為沒有區別這兩種不同的攻擊性而出現缺失。這兩種攻擊性根源不同，性質也不同。

防衛性攻擊性確實是人類本性的一部分，儘管它不是像一直被認為的那樣，是「天生的」本能。[2]當勞倫茲談到防衛性攻擊性時，他假定人有攻擊性本能，這是對的（儘管他認為這項本能是自然發生和自我更新的觀點在科學上站不住腳）。但是，勞倫茲走得更遠。經由一系列巧妙的論證，他主張**所有的**人類攻擊性，包括殺戮和施虐，都是與生俱來的攻擊性的結果，是某些原因使其從有益的力量變為破壞的力量。但是，很多實證否定了這種假定，讓它幾乎站不住腳。對動物的研究表明，哺乳動物——特別是靈長類——儘管有很強的防衛性攻擊性，卻不是殺戮者和施虐者。古生物學、人類學和歷史學提供了反對本能主義觀點的充分例證：一、人類各群體在破壞性的程度上有著根本的差別，這種事實很難用破壞性和殘忍是天生的假設來解釋；二、破壞性的程度與其他心理因素相關，也與社會結構相關；三、破壞性程度隨文明的發展而增長，而不是反過來。事實上，「天生破壞性」的觀念更適合用來描述有文字記載的歷史時代，而非史前時代的情況。如果人就像他的動物遠祖一樣，只具有生物適應作用的攻擊性，那他將會是比較和平的生物。如果黑猩猩當中有心理學家，那麼這些心理學家應該不會認為攻擊性是讓人困擾的難題，並且值得著書討論。

但是，人不同於動物，因為他是殺戮者。他是唯一毫無理由地（不管是生物理由還是經濟理由）殘殺和虐待同類的靈長類動物，並為此得到快感。正是這種沒有生物適應作用和非基因所規定的「惡性」攻擊性構成了人類物種的生存威脅。本書的主要目的就是分析這種破壞性攻擊性的

---

2 最近勞倫茲對「天生」的概念加上但書，承認學習也是重要因素。（K. Lorenz, 1965）

性質和發生條件。

要了解良性—防衛性攻擊性與惡性—破壞性攻擊性的區分，我們需要更進一步區分**本能**[3]和**性格**的不同，或精確地說，區分根植於生理需要的驅力（機體驅力）和根植於性格的激情（character-rooted passions）。後文將大篇幅進一步討論本能和性格的區別。我將表明，性格是人的「第二本性」，是他沒有得到完全發展的本能的替代品。此外我還要表明，人的激情（例如對愛、溫情和自由的追求；對破壞、施虐、受虐的渴望；對權力和財富的貪婪）是對「生命需要」（existential needs）的解答，而「生命需要」又植根於人類的生命處境。扼要地說，**本能**是對人類**生理需要**的解答，而根植於性格的**激情**是對人類**生命需要**的解答，它們是人特有的。雖然人人都有相同的生命需要，在他們身上占主導性的激情卻人人不同。舉例來說，有人是由愛驅使，有人是由破壞的激情驅使。在這兩種情況中，他都滿足了其中一種生存需要：例如發生效用的需要或引起注意的需要。一個人的主導性激情是愛還是破壞性，主要取決於社會環境。然而，這些環境能發揮作用，和人的生命處境以及由之產生的需要有關，而和具有（如環境決定論所假定的那樣）無限可塑性的、差異化的心靈無關。[4]

但是，當我們想要知道人類有哪些生命處境時，會碰到更深的問題：人的本性是什麼？是什麼使人成為人？不用說，社會科學當前的氣候並不鼓勵討論這一類問題。人們通常把這些問題視為哲學和宗教性。根據實證主義的觀點，它們是純主觀的思辨，不帶有任何客觀有效性。對此，後文將會用複雜的論證加以反證，我目前先點到為止。當我們試圖定義人的本質時，我們不會援引像海德格（Heidegger）和沙特（Sartre）那樣的形而上學思辨所達到的抽象觀點。我們訴諸生而為人所共有的真實生命處境，導致每個個體的本質和它所屬的物種生命是一致的。透過解剖學和神經生理結構，以及心理相關性（人類這個物種的特性）的分析，我們得出人的本質的概念。因此我們把解釋人類激情的原則，從佛洛伊德的**生理學原則**轉換為**社會生物學原則**和歷史原則。因為「智人」這種物種可以從解剖學、神經學和生理學的角度定義，我們也應該可以從心理學的角度來定義他。藉以處理這些問題的觀點可以稱為存在主義（existentialism）的觀點[5]，儘管它不是哲學意義上的存在主義。

這一理論基礎打開了一扇門，讓我們可以詳細討論各種植根於性格的惡性攻擊性形式，特別是**施虐狂**（渴求絕對控制另一個人）和**戀屍癖**（渴求毀滅生命，迷戀任何死的、衰敗的和機械性的東西）。為幫助理解這些性格結構，我將會分析幾位著名的施虐狂和破壞者：史達林、希姆萊（Heinrich Himmler）和希特勒。

前面所說的是本書的研究步驟，現在我簡單說明一下本書的一般前提和結論：一、我們不會關心與行為者相分離的行為；我們探討人的驅力，不管它們是不是在直接觀察到的行為中表現出

---

3 此處只是暫時使用「本能」一詞。它已經有點過時，稍後我會改用「機體驅力」（organic drive）代替。

4 譯註：大義是說社會環境能發揮作用，不是因為人的心靈有無限可塑性。

5 譯註：本中譯本把佛洛姆所說的 existential 大多譯為「生命」。

來。也就是說，對於攻擊性現象，我們會研究攻擊性衝動的起源和強度，而不是把攻擊性行為與動機分開來，只研究攻擊性行為。二、這些衝動可能是自覺得到，但更通常是自覺不到。三、在大部分時間裡，它們被整合於一個相對穩定的性格結構中。四、廣義上說，這個研究是以精神分析理論為基礎。因此，我們將要使用的方法是一種精神分析方法：經由詮釋可觀察和通常看似不重要的材料，揭示無意識的內在真相。不過，我們所謂的「精神分析」並不是古典理論下的意思，而是對古典理論修正後的意思。這項修正的一些關鍵處會在後文有所討論，目前只需要說的是：那不是一種以力比多理論為基礎的精神分析，也因此可以避免使用本能主義的概念——迄今仍有許多人認為這些概念是佛洛伊德理論的基本性質。

不過，認為佛洛伊德理論是一種本能主義的主張很值得懷疑。佛洛伊德確實是第一個研究激情（愛、恨、野心、貪婪、嫉妒、羨慕等）的現代心理學家。激情原先只有戲劇家和小說家處理，但經由佛洛伊德，它成了科學探討的課題。[6]這也許可以解釋為什麼藝術家比精神病學家和心理學家更歡迎和更了解佛洛伊德的著作——至少在他的方法成了滿足日益增長的心理療法需求的手段之前是如此。藝術家們感到，佛洛伊德是第一個研究他們的課題——人的「靈魂」——的科學家，觸及了這課題最神祕和最幽微的部分。超現實主義把佛洛伊德對藝術思想的衝擊表現得最為明顯。與舊有的藝術形式不同，超現實主義把「現實」拋棄，而且不關心行為，認定唯一重要的是主觀經驗。佛洛伊德對於夢的解析是超現實主義發展最重要的影響之一，然而這僅僅只是從邏輯上說得通。

佛洛伊德只能用自己所處時代的概念和術語呈現他的新發現。他從來沒有擺脫老師們的唯物主義的束縛，所以他必須把人的激情偽裝起來，將它們看成是本能的產物。運用巧妙的理論，他出色地做到了這一點。他把性欲（力比多）概念擴展至極致，導致任何激情（自我保存除外）都可以被理解為本能的產物。愛、恨、貪婪、虛榮、野心、嫉妒和殘忍全都被硬套入這個框架之中，把它們看作自戀的、口腔的、肛門的和生殖器的力比多的昇華或反向作用（reaction formation）。

然而，佛洛伊德在其第二時期的著作中，試圖透過一種新的理論來突破原有的框架。這種理論是走向理解破壞性的決定性一步。他認識到支配生命的，不是「食」和「色」這兩種利己的驅力，而是兩種激情：愛與破壞的激情。這兩種激情和飢餓與性欲不一樣，並不為生理意義上的生存服務。不過，由於仍然受到自己的理論前提所束縛，佛洛伊德稱這兩種激情為「生命本能」（life instinct）和「死亡本能」（death instinct），因此讓破壞性成為人類兩種最基本的激情之一。

本書要把激情——對愛的追求、對自由的追求、破壞的衝動和施虐的衝動等——從它與本能的被迫結合中解放出來。本能是純粹自然的範疇，而根植於性格的激情是社會生物學的、歷史學的範疇。[7] 儘管它們不直接對身體的生存有用，但它們和本能一樣強烈，甚至比本能還要強烈。

6 大多數較為古老的心理學——例如佛教、古希臘、中世紀心理學和直至斯賓諾莎的近代心理學作品——都以人的激情做為主要研究題材，方法上結合細心的觀察（但沒有實驗）和批判的思考。

它們是人對生活的興趣、他的熱忱與興奮的基礎。它們不僅是夢的材料，還是宗教、神話和戲劇的材料——所有這些都讓生活變得有價值。人無法像物體那樣活下去，無法像杯子裡擲出的骰子那樣活下去。如果把人貶低至吃飯機器或繁殖機器，那縱使他具備生存所需要的全部安全，仍然會痛苦不堪。人總是尋求戲劇性和興奮，而如果他不能得到高水準的滿足，他就會為自己創造破壞性的戲劇化行為。

現代的思想氛圍鼓勵以下的想法：只有由機體需要（organic needs）引起的動機才是強烈的。換言之，只有本能才有強烈的推動力。如果我們擯棄這種機械主義和化約主義的觀點，改為從整體主義（holistic）出發，我們就會明白，必須根據激情對整個有機體生活過程的功能來看待人的激情。激情的強度並不取決於特定的生理需要，而是取決於整個有機體的生存需要——肉體和精神兩方面的成長需要。

這些激情不是只有在生理需要**獲得滿足之後**才會變得強烈。它們存在於人類生命的根底，不是我們只有在正常的、「較低等的」需要得到滿足之後才負擔得起的奢移品。有些人會自殺，是因為他們對愛、權力、聲譽和復仇的激情無法獲得滿足。因缺乏性滿足而自殺的情況是不存在的。這些非本能的激情刺激著人類，使他興致勃勃，使他覺得生活有價值。正如法國啟蒙運動哲學家霍爾巴赫（Holbach）說過的：「沒有激情或欲望的人不成其為人。」（P. H. D. d'Holbach, 1822）它們會如此強烈，正是因為沒有了它們，人就不成其為人。[8]

人的激情讓人從普通的物種一變而為英雄，使他成為無視巨大障礙仍然設法創造生活意義的存在。他想成為自己的創造者，使自己的生命從未完備的存在狀態，轉變為具有某種目標和某種目的，因此獲得某種程度的完整性。人的激情不是平庸的心理情結，不是可以透過童年時期的創傷而得到充分解釋。要能理解它們，我們必須跨出化約主義心理學的領域，按照它們本身的樣子認識它們：**人試圖弄懂生命的意義，想要在他所處的環境下達到他所能達到的最大強度和力量**。激情是他的宗教、他的崇拜、他的儀式，而如果它們不為他的群體所贊同，他就必須把它們隱藏起來（甚至對自己也隱藏起來）。沒錯，透過行賄和敲詐（即透過巧妙的制約），是可以說服他放棄自己的「宗教」，改皈沒有自我的、機器般的一般崇拜。但是這種心理「療法」卻剝奪了他最好的部分，從此他不再是人，而只是「物件」。

事實上，所有的激情，不管是「好的」或是「壞的」，都是出於一個人企圖讓自己的生命有意義，企圖超越平庸的、只求維持生命的存在狀態。想要人生發生改變，他就必須找到一條新的道路，讓他能夠動員「促進生命」的激情，讓他比以前更感覺到生命的活力與人格的完整。如果

7 有些激情在何種程度上內建於大腦結構的問題，見R. B. Livingston（1967）。本書第十章亦有討論。

8 霍爾巴赫這句話當然要放在他所處時代的哲學思想背景來理解。佛教和斯賓諾莎哲學對激情有完全不同的看法。從他們的立場來看，霍爾巴赫的描述對大多數人來說在經驗上為真，但他們卻認為人類的發展目標正好與霍爾巴赫相反。為幫助理解這種差異，我提出「非理性激情」和「理性激情」的區分：前者的例子是野心和貪婪，後者的例子是對全體有情眾生的愛和關懷（後面對此有論及）。不過，我在正文中要說明的不是這種區分，而是「生命的主要目的只是維持生命」的觀念不符合人性。

這種情況不發生，他可能被馴化，但不可能被治癒。然而，即便促進生命的激情會讓人覺得更有力量、更歡娛、更有活力，人格也更完整，但破壞性和殘忍一樣是對人類生命難題的一個解答。即便最嚴重的施虐者和破壞者也是人，像聖人一樣也是人。人們稱他為扭曲的人和病人，因為他們對生而為人的挑戰沒有達成更好的回應。但他們也可以在尋找救贖卻誤入歧途的意義下被稱為人。[9]

然而，這些考慮絕不意味著破壞性和殘忍不是邪惡，它們只是意味著邪惡也是一種人的產物。它們確實從身體和精神兩方面毀滅生命，而且不僅毀滅受害者，也毀滅加害者。它們構成了一種弔詭：它們顯示，**在追求生命的意義時，生命有可能對自己不利**。它們是唯一真正的倒錯。理解它們並不意味著寬恕它們。但若不理解它們，我們就無從知道要如何減少它們，無從知道什麼因素會促使它們增長。

這種理解對現下尤為重要。因為當今對破壞性和殘忍的敏感性正在急劇削弱，而「戀屍癖」（對死亡的、衰敗的、無生命的、純機械的事物的迷戀）在我們整個工業社會中日益增長。這種戀屍精神最初由馬里內蒂（F. T. Marinetti）在他一九〇九年的作品《未來主義宣言》（*Futurist Manifesto*）中以文學的形式表達出來。在最近十年的許多藝術和文學作品中，我們可以看到同樣的傾向，它們顯示出對腐朽的、無生命的和機械性的東西的特別迷戀。長槍會（Falangist）的口號「死亡萬歲」隱隱成為我們社會的祕密原則：這種原則把借助機器征服自然視為真正的進步，把活生生的人視為機器的附屬品。

本書設法闡明這種戀屍激情的性質和孕育它的社會條件。我的結論是：我們想要得到真正的解救，就必須徹底改變我們的社會結構和政治結構，讓人恢復其在社會中原有的最高地位。對「法治」的呼籲，對嚴懲犯罪的呼籲，還有某些「革命分子」對暴力和破壞的迷戀，都只是戀屍癖在當代世界具有強烈吸引力的更多例證。人是這個世界上唯一未完成的生物，我們務必要創造適合人類成長的環境條件，以此做為社會的最高目標。真正的自由和自主，以及一切形式的剝削性控制（exploitative control）的終結，是動員對生命之愛的條件，而只有對生命之愛可以打敗對死亡的愛。

9 救贖（Salvation）一詞的詞根是拉丁文的*sal*（鹽，西班牙文的*salud*意指「健康」）。鹽可以保護肉類，使其不腐爛，同理，「救贖」可以保護人，使其不致不健康和不幸福。就這個意義來說（在非神學的意義上說），每個人都需要「救贖」。

第一部

本能主義，行爲主義與精神分析

第一章 本能主義者

早期的本能主義者

本能理論的歷史在許多教科書上都有記載[1]，此處從略。本能理論早見於古代哲學思想中，但就現代思想來說，是起自達爾文的著作。繼達爾文之後所有對本能的研究，都以他的演化論為基礎。

詹姆斯（William James）、麥獨孤（William McDougall）和其他一些學者皆曾開列出一長串的本能清單，認為每一種本能推動一種行為。例如詹姆斯便列舉出以下本能：模仿、競爭、好鬥、同情、打獵、恐懼、貪得、偷竊癖、建設性、遊戲、好奇心、社交性、隱匿、清潔、溫和、愛與嫉妒等。這是一種奇怪的大雜燴，把人類共有的一些特性和特殊的社會條件造成的性格特徵混合在一起。（J. J. McDermott, ed., 1967）雖然在今天看來，這一長串的本能有點幼稚，但這些本能主義者的著作卻極為高深，包含豐富的理論結構，理論思想的層次與深度至今仍然讓人欽佩，因此不能說是已經過時。例如詹姆斯就很清楚地察覺到，一項本能即使在第一次產生作用的時候，都含有學習的成分；麥獨孤也意識到，經驗與文化背景對本能具有塑造力。而麥氏的本能主義構成了通向佛洛伊德理論的橋梁。正如弗萊徹（R. Fletcher）強調的，麥獨孤並沒有把本能和「運動神經機轉」（motor mechanism）看成同一回事，也沒有把本能的反應看成是一成不變的運動神經反應。他認為本能的核心是「**傾向**」（propensity），是「渴求」（craving），而每個本能的情感—意動核心「似乎能夠相當獨立地發生作用，整個本能結構中的知性部分與運動神經部分並不能完全控制它」。（W. McDougall, 1932）

下面我們要討論本能主義理論兩位最知名的當代代表人物，即被稱為「新本能主義者」的佛洛伊德與勞倫茲。在討論以前，我們先看看他們和早期本能主義者共有的一個特徵：機械性—水壓性（mechanistic-hydraulic）的本能概念。麥獨孤把本能能量設想成是被「水閘」攔住，而在某些狀況下會「溢出來」。（W. McDougall, 1913）後來，他又把本能比喻為「不斷從箱子裡釋放出的氣體」（W. McDougall, 1923）。佛洛伊德在他的力比多理論中遵循這種水壓概念：力比多增加↓緊張感增強↓不快樂感增加；性行為減低緊張和不快樂，然後緊張又會慢慢再次蓄積。勞倫茲有

1 我特別推薦弗萊徹（R. Fletcher）的著作（1968），他對本能學說的歷史有通透的說明。

類似的看法，他認為能量像「不斷打進容器裡的氣體」，或像容器中的液體，可以由容器底部的彈簧活塞放出來。（K. Lorenz, 1950）漢德（R. A. Hinde）曾經指出，這幾位學者的見解雖然有各種不同之處，但他們的本能模型卻彼此相似，即「都認為本能是一種能夠激發行為的物質，被束縛在容器裡，釋放的時候便產生行動」。（R. A. Hinde, 1960）

新本能主義者：佛洛伊德與勞倫茲

佛洛伊德的攻擊性概念[2]

佛洛伊德遠遠超越早期本能主義的一步，尤其是超越麥獨孤的地方，在於他把所有的「本能」收攝在兩個範疇：性本能與自我保存本能。佛洛伊德的理論可以說是本能理論發展的極致，但這種把所有本能（自我本能除外）統一起來的做法，也在佛洛伊德本人的不知不覺中成了超越本能學說的第一步。這一點容後詳述。以下，我只會先說明佛洛伊德的攻擊性概念，因為許多讀者都熟悉他的力比多理論，也可以在其他作品中找到——寫得最好的是在《精神分析學引論》（*Introductory Lectures on Psychoanalysis*）。

較早的時期，佛洛伊德因為認定支配人的兩大力量是性欲（力比多）和自我保存，所以沒有十分注意攻擊性現象。可是從一九二〇年代起，情形完全改變。在《自我與本我》（*The Ego and the Id*, 1923）和以後的著作中，他提出了一種新的二分法：「生命本能」（又稱愛洛斯[Eros]）和「死亡本能」。關於這一個新的理論階段的源起，佛洛伊德寫道：「從思考生命的起源和生物的平行發展開始，我得出一個結論：生命除了有保存活物質（living substance）並把它與更大的單位結合起來的本能以外，一定還存在著另一種對立的本能，這種對立的本能試圖分解這些單位，把它們恢復為原始的無機狀態。也就是說，除了『愛洛斯』之外，還有一種死亡本能。」（S. Freud, 1930）

死亡本能要麼是針對有機體本身，因此是一種自我毀滅的驅力；要麼是指向自身以外，意欲毀滅別的人或物。死亡本能和性欲攙雜在一起時，就會轉化為傷害性較低的施虐癖或受虐癖。儘管佛洛伊德屢次表示死亡本能的力量可以被削減（S. Freud, 1927），他的基本假定仍然未變：人的毀滅衝動不是使他去毀滅自己就是去毀滅他人，而他幾乎沒辦法逃避這種悲劇處境。從死亡本能的立足點來看，攻擊性行為不是對刺激的反應，而是不斷流溢的衝動，其根源是人類有機體的構造。

大部分精神分析學家雖然在其他方面都追隨佛洛伊德，卻拒絕接受死亡本能理論。這大概是因為這理論已超越了舊有的機械主義參考架構，而要求採取生物學的思考方式，但這是大部分把

2 對佛洛伊德「攻擊性」概念的歷史介紹與分析詳見本書附錄。

「生物學」等同於本能生理學的人所無法接受的。但他們也沒有完全否定佛洛伊德的新立場。他們做出妥協，承認有一種「破壞本能」是與性本能相對。如此一來，他們一方面能接受佛洛伊德對攻擊性新提出的強調與主張，另一方面無須接受一套全新的思維方式。

佛洛伊德其實已跨出重要一步，從純粹生理學—機械論的立場走向了生物學的方法，把有機體看作一個不可分的整體，並分析愛與恨的生物學根源。可是他的理論有著嚴重缺陷：它完全是建立在抽象的推測上，幾乎沒有提出任何讓人信服的**經驗證據**。再者，佛洛伊德雖然試圖用新的理論來詮釋人類的種種衝動，但他的假說和動物行為卻不相符。在他看來，死亡本能是一切活著的有機體的生物性力量。因此，動物的死亡本能要不是指向牠們自己就是指向其他動物。所以，凡是對外攻擊性較小的動物，必然更多疾病或者早死，反之亦然。然而，找不到證據可以支持這一點。

我會在下一章論證，攻擊性與破壞並不是生物生性的衝動，也不是自發流溢的衝動。在此，我只想補充說明，佛洛伊德由於採用當時的習慣用語，便把各種不同的攻擊性一概用相同詞語來表示，而此舉雖然有助他把各種攻擊性用**單**一本能來解釋，卻大大阻礙了他對這些現象的分析工作。由於佛洛伊德絕不是行為主義者，我們有理由猜想，他之所以出現前面所說的那種錯誤，是因為他的基本傾向作祟：總是想達到一幅二元對立的畫面，把兩種基本的力量說成是互相對立。起初，這種二分法表現為自我保存與力比多對立，後來則是表現為生命本能與死亡本能的對立。這樣的對稱構想固然優雅，卻讓佛洛伊德付出極大的代價：不是把某種激情放在這個極端就是放在那個極端，終致把根本不是同一類的傾向勉強拉在一塊。

勞倫茲的攻擊性理論

儘管佛洛伊德的攻擊性理論從昔至今一直有很大影響力，但這理論複雜而艱深，一般讀者不容易直接讀他的作品和接受他的影響。在這層意義上，他的理論並不是很盛行。可是勞倫茲的《論攻擊性》出書不久就在社會心理學的領域廣為流傳。

原因不難理解。首先，《論攻擊性》和勞倫茲較早的著作《所羅門王的指環》（*King Solomon's Ring*, 1952）一樣行文流暢，和佛洛伊德的沉重文體完全不同，和勞倫茲寫給專家們看的作品也不相同。再者，我在導論中也說過，它的論點迎合大眾的口味，因為人們都寧願相信，我們會走向暴力與核子戰爭，是勢所必然，是受我們的生物本能所驅使，超乎我們控制。人們不願睜開眼睛看看自己造成的社會、政治與經濟環境，免得要面對難題和背負責任。

勞倫茲[3]和佛洛伊德一樣，認為攻擊性是一種本能，由源源不斷的能量泉源供給力量，因此並不必然是外來刺激所引起的**反應**。他認為本能行為所需的能量不斷地在相關的神經中樞累積，累積到一個定量的時候，即使沒有外來刺激也會產生**爆發**。不過，人類和動物通常可以遇到這類刺激，讓他們釋放出本來用水閘擋起來的驅力能量。而且他們也用不著消極地等待刺激來臨：他們會主動尋求刺激，甚至製造刺激。勞倫茲追隨克雷格（W. Craig），稱這種行為是「嗜欲行為」

（appetite behavior）。他說，人創造政治黨派是為了找尋刺激，以發洩被水閘攔住的能量，而不是有了政治黨派才導致攻擊性行為。如果不能找到或製造出外來刺激，這種累積起來的攻擊性力量會變得極巨大，以致會爆發，會「憑空」產生出行動。也就是說，「沒有證明出現了刺激，就自行產生行動……這種沒有刺激來源的憑空行動，與電機運動非常相似……這證明了在本能行為的運動協調模式中，連最細的細節都是由遺傳決定。」（K. Lorenz, 1970）[4]

因此，在勞倫茲看來，攻擊性最主要**不是**由外來刺激所引起的反應，而是「內建」的興奮狀態，這種內在的興奮不論外界有沒有適當刺激都會尋求發洩：「**本能之所以那麼危險是由於它的自發性**。」（K. Lorenz, 1966；強調字體為外加）勞倫茲的攻擊性模型就像佛洛伊德的力比多模型一樣，歷來被適切地稱為「水壓式模型」，因為在他看來，攻擊性就像水閘後面的水或密封容器裡面的蒸汽一樣，會逐漸累積壓力。

這種水壓式攻擊性概念是勞倫茲理論的支柱之一，是攻擊性賴以產生的機制。另一根支柱是他的這個觀念：攻擊性有益於生命，可維持個體和物種的生存。大致上來說，勞倫茲認為同類相侵可促進物種的生存。他認為攻擊性行為使同類的個體隔開生存空間，並且依據保衛女性的能力而選擇出「較好的男人」，同時攻擊性行為又幫助建立起社會階級秩序。（K. Lorenz, 1964）攻擊性的這種物種保護作用，在演化歷程中發揮了更大的效用，因為致命的攻擊性在演化歷程中演變為包含象徵性和儀式性威脅的行為，這種行為不會傷害到人類物種的生存，但促進作用卻和原來的一樣。

但是，勞倫茲又主張，這種有益於動物生存的本能，在人類身上卻變得「過分擴張」和「狂亂」起來。攻擊性從本來的有益生存演變為威脅生存。

勞倫茲似乎覺得這些對人類攻擊性的解釋還不夠，因此又做出補充，但他的補充卻超出了「習性學」（ethology）的範圍。他寫道：

> 具有強烈破壞性的攻擊性驅力，到現在還是人類的一種遺傳之惡。這種強烈的破壞性很可能是物種內淘強汰弱（intra-specific selection）的結果。大約四萬年前，就是從石器時代早期開始（應該是石器時代晚期），人類的祖先就在經歷著這種物種內淘強汰弱。那時人類有了武器、衣服與社會組織，因此不再受饑寒以及被野生動物所吃的威脅，惡性的物種內淘強汰弱就開始發生。鄰近部落間的戰爭成了淘強汰弱的決定因素。一切極端形式的所謂「戰士美德」必然由此演變出來。不幸的是，許多人至今仍把它們奉為理想。（K. Lorenz, 1966）

西元前四萬年到五萬年前的「野蠻」狩獵採集者不斷彼此交戰——這種說法是一種廣為接受

3 D. S. Lehrman（1953）對勞倫茲（和廷貝亨）的本能概念有一詳細和現已成為經典的回顧，他也對勞倫茲的立場有一全面的批判。對《論攻擊性》的批判，見L. Berkowitz（1967）和K. E. Boulding（1967）。另參見N. Tinbergen（1968）對勞倫茲理論的批判性評價和Eisenberg（1972）的短而入木三分的批判。

4 後來，由於美國許多心理學家和廷貝亨的批評，勞倫茲修改這一段話，承認學習對本能有影響力。（K. Lorenz, 1965）

的陳腔濫調，而勞倫茲未加深究就予以採信，但學者們的實際研究卻顯示情形不是這麼回事。[5]勞倫茲對此的假設純屬霍布斯（Hobbesian）之流的俗套（霍布斯認定戰爭是人類的自然狀態），只是以此證明人類生而具有攻擊性。勞倫茲的假說的邏輯是這樣的：人類現在有攻擊性，是因為他以前就有攻擊性；人類以前有攻擊性，是因為他現在有攻擊性。

即使舊石器時代晚期的部落真的戰爭不斷，勞倫茲在遺傳學方面的推理也有問題。一種特質想要經得起淘汰，帶有這種特質的後代一定要大量增加。但是在戰爭中具有攻擊性特性的人總是死得最多，這對攻擊性特性的遺傳構成了障礙。好戰者的死亡率高是一種負向淘強汰弱（negative selection），其遺傳率必然降低。[6]實際上，那個時期的人口密度極低，部落與部落之間很少需要為了爭取食物與活動空間而戰爭。

勞倫茲在他的理論裡結合了兩個元素。第一個是，動物和人一樣天生具有攻擊性，這有益於個體和物種的生存。可是，正如我稍後會詳述的，神經生理學方面的發現告訴我們，防衛性的攻擊性行為是一種反態，只有當動物的生存受到威脅時才會出現，不會自行出現和持續出現。勞倫茲理論的另一個元素——人類攻擊性像是用水閘擋住的水——是用來解釋人的屠殺衝動和殘忍衝動，但他並沒有提出多少證據。有益於生命的攻擊性和破壞性的攻擊性被勞倫茲放在同一個範疇裡，兩者的唯一共通處只是一個字眼：「攻擊性」。廷貝亨把這個問題表達得非常清楚：「一方面，人就像許多種動物一樣，都會同類相爭。但另一方面，在千萬種同類相爭的動物中，人卻是唯一同類相殘的動物……人是唯一的集體屠殺者，唯一不能適應他自己社會的生物。為什麼會這

樣？」（N. Tinbergen, 1968）

佛洛伊德與勞倫茲的異同

勞倫茲理論與佛洛伊德理論的關係十分複雜。他們對攻擊性行為的來源雖然有不同的解釋，但他們的攻擊性概念都是水壓式的。而另一方面，他們看來南轅北轍。佛洛伊德假定有一種破壞本能存在，但卻被勞倫茲認為在生物學上站不住腳。勞倫茲認為攻擊性驅力有益於生命，佛洛伊德的死亡本能卻是向死亡效忠。

但這種差異因為勞倫茲對攻擊性的變化所作的解釋而失去了大部分意義。他用了許多複雜且經常有問題的推理，假定攻擊性產生了這樣的變化：它原本是防衛性的，但在人類身上卻演變為會自行發洩和自行增加的驅力，而人會製造有利於發洩的環境；如果找不到刺激或無法製造刺激，它甚至會爆發。如此一來，勞倫茲的攻擊性觀念和佛洛伊德的死亡本能實際上就沒有多大不同了。依照勞倫茲的這個假定，一個社會即使在社會上與經濟上都有良好的結構，使主要的攻擊性找不到適當的刺激，卻由於攻擊性本能自身的需求，會促使社會成員改變社會，又如果辦不

5 本書第八章將詳細討論狩獵採集者的攻擊性問題。
6 這要感謝 Kurt Hirschhorn 教授在一次交流中向我提示上述觀點的遺傳學難題。

到，攻擊性就會在沒有任何刺激下自行爆發。勞倫茲所達到的這個結論，在實際作用上和佛洛伊德的死亡本能沒有分別。但他們的理論仍有一個重要的差異：佛洛伊德認為破壞性驅力會受到力量同樣強大的「愛洛斯」（生命與性）牽制，勞倫茲卻認為愛只是攻擊本能的產物。

他們兩人都認為，攻擊性如果不能抒發出來會有損健康。佛洛伊德在早期著作中主張性抑制會導致心理疾病。後來他把這個原則用到死亡本能上，指出壓抑對外的攻擊性是不健康的。勞倫茲則說：「現代的文明人因攻擊驅力沒能充分的抒發而倍感苦惱。」兩人理論形成的取徑儘管不同，卻完成了相似的人類畫像：攻擊性—破壞性的能量源源不斷從人的身體裡產生出來，想控制是近乎不可能。動物界中所謂的邪惡到了人類身上成了真正的邪惡——儘管勞倫茲告訴我們，它的根源並不是邪惡的。

勞倫茲透過類推去「證明」

不過，佛洛伊德與勞倫茲的這些相似之處並不能遮蓋兩人的一個重大差別。佛洛伊德是一個研究人的人，對人的行為和無意識的外顯表現有敏銳觀察。他的死亡本能說容或是錯的（又或是不完整或者證據不足的），但那畢竟是他長期觀察人類的成果。勞倫茲卻是一位動物學家，他觀察的對象主要是低等動物。他無疑是傑出的動物觀察者，但他對人的知識卻沒有超過一般水準。他沒有對人做過有系統的觀察，也沒有充分閱讀相關文獻。[7] 他天真地以為，他從觀察自己和周圍一些人所得的結論可適用於所有人。不過，他的主要方法甚至不是自我觀察，而是藉由某些動物的行為來類推人的行為。就科學的觀點來說，這種類推什麼也證明不了。它們只有提示作用，只會讓愛動物的人覺得有趣。勞倫茲很喜歡把動物當人來看待。正因為他的推論法給人一種愉快的錯覺，以為他「懂得」動物的「感覺」，所以很受歡迎。誰不喜歡擁有所羅門王的指環呢？

勞倫茲的攻擊性理論是以動物實驗為基礎，實驗材料主要是被囚禁的魚類和鳥類。他發現這些動物具有攻擊驅力，如果不想辦法使其轉變方向，就會導致殘殺。他由此提出一個問題：是否有同樣的力量在人身上產生作用？

由於沒有直接證據可以證明這個假說適用於人類和靈長類，勞倫茲就提出許多論證來證明。他的主要方法是**類推**。他發現人類的行為和他研究的動物的行為有相似之處，便推論兩者有相同的原因。這個方法受到許多心理學家的批評。早在一九四八年，勞倫茲的同事——傑出的廷貝亨——就察覺到這種方法的危險性。他說：「**從較低演化層次、較低等神經組織和較簡單行為方式做類推，以此支持有關高等、複雜層次的行為理論，這程序裡蘊含著危險。**」（N. Tinbergen, 1948；強調字體為外加）

我們可以舉幾個例子來說明勞倫茲的「類推證明法」。[8]藉由觀察慈鯛和巴西珍珠母魚，勞倫茲發現，每條魚如果能夠對同性別的鄰居發洩正常的憤怒（「改變方向的攻擊性」[9]），就不會攻

7 至少，勞倫茲在寫《論攻擊性》的時候，沒有讀過佛洛伊德的任何著作。書中連一句對佛洛伊德的直接引用都沒有。他提到的佛洛伊德見解都是從精神分析學家朋友聽來的。遺憾的是，這些朋友的見解並非總是正確，有時候也會不夠精確。

擊自己的配偶。他接著說：

類似的行為可以在人類之中觀察到。在美好的過往，也就是當仍然有一個哈布斯堡王朝進行統治和找得到溫馴僕人的時代，我在我守寡的姑母身上觀察到以下固定的可預測行為。她從來沒有一個女僕待超過八至十個月。每次雇到一個新人，她總是歡天喜地，把新女僕捧到天上，發誓說她終於找對了人。幾個月之後，她的評價就開始變差，先是挑小毛病，然後是挑比較大的毛病，最後她會覺得那女僕可惡至極，一無是處，終於在大發脾氣之後把那可憐的女僕趕走，連工作都不肯為她介紹。發作以後，這個老婦人又準備迎接下一位完美的天使。

舉這個例子當然不是要嘲笑我那故去已久、信仰虔誠的老姑母。在嚴肅自制的人當中，我也觀察到——或者說被迫觀察到——同樣的現象。當我是戰俘時，我曾在自己身上觀察到。所謂的「極地病」（polar disease）或「探險隊憤怒症」（expedition choler）最容易發生在成員完全彼此依賴的小群體，這使得他們不會和陌生人或圈子以外的人爭吵。從這裡可以看出來，一個群體的成員越是互相熟悉、互相了解與互相喜歡，就越不應該把攻擊性壓抑起來，否則就會有危險。我從個人的經驗得知，在這樣的情況中，所有攻擊性和同類相鬥行為的臨界值（thershold value）都會下降至極低程度。主觀上，這會表露在一些小事上。譬如說，對我們最好的朋友的小毛病——他清嗓子或打噴嚏的樣子——我們的反應往往極其強烈，好像是被酒鬼打了一記耳光似的。（K. Lorenz, 1966）

看來，勞倫茲沒有想到，他的姑母、他的戰俘同伴和他自己的經驗，並不能證明這種反應具有普遍性。他沒有察覺到，他姑母的行為可以有較複雜的心理學解釋，而不只是解釋為她的潛在攻擊性每八至十個月就會累積至爆發的程度。

從精神分析的角度看，我們可以假定他姑母是個非常自戀、非常喜歡剝削別人的人。她要求僕人對她全心「奉獻」，不准有自己的興趣，並心甘情願承認自己生來就是為了服務她。她對每個新僕人都抱著這樣的幻想。一開始的時候，她的這種幻想讓她看不出僕人的「不對頭」——新來的僕人盡量取悅她當然也是因素。可是當這段短暫的「蜜月期」過去以後，這位姑母「醒了」，她看出那僕人並不是她想像的樣子。當然這段覺醒的過程要經過一段時間。終於有一天，這位姑母感覺到極度的失望與憤怒，這正是每個「自戀─剝削性」的人在受到挫折時必然的現象。她不知道她的憤怒是由於她的要求不合理，因此把她的失望合理化，推在僕人身上。由於她不能放棄她的欲望，她便只能把僕人解雇，並希望新的僕人能夠「對頭」。這種情況會週而復始，直到她過世或雇不到任何僕人為止。這種關係絕不只限於主僕才有，婚姻的衝突往往就是這個樣子，可

8　勞倫茲早在一九四〇年就在一篇文章裡流露出他有採用生物現象來類推社會現象的不妥傾向。在該文裡，他力主當自然淘汰法則不再能適當地照顧人類的生物性需要時，國家法律必須接手。（K. Lorenz, 1940）

9　廷貝亨語。

是離婚沒有解雇僕人那麼容易，結果是兩人一輩子鬥爭，各自為了對方「日積月累的錯誤」而設法懲罰對方。這裡的問題出在一種特殊的性格，即「自戀—剝削性」性格，而不是累積的攻擊性能量。

《論攻擊性》有一章名為「與道德類似的行為」，其中說：「看了前面討論的現象，讀者一定會感嘆動物由生理作用產生的『無私』（selfless）行為，這種行為是為了群體，不是為了自己，因此其作用和人類的道德律相似。」（K. Lorenz, 1966）

我們如何能看出動物的「無私」行為？勞倫茲所描繪的行為，是由本能決定的行為，但「無私」卻是心理學用詞，指的是一個人為了幫助別人，能夠忘記自己的「我」（self）——正確地說，是忘記「自我」（ego）。可是鵝、魚或狗有一個可以忘記的「我」（或「自我」）嗎？自我的基礎難道不是人類的自我察覺（self-awarenss）和他的神經生理結構嗎？勞倫茲在描寫動物時用的許多詞語——如「殘忍」、「沮喪」、「困窘」等——都有著類似的問題。

勞倫茲的習性學資料中，最有趣、最重要的一點，是他的「聯合」（bond）觀念。他說，當遇到威脅，動物之間（他主要的例子是鵝）便會產生「聯合」。不過他從這裡所做的推論卻叫人大為吃驚，他說人類「對陌生人的歧視性攻擊和群體成員的紐帶是互相增強的。『我們』和『他們』的對立會把原來很不相容的單位聯合在一起。為了對付中國，美國和蘇聯偶爾看來會構成『我們』。同一現象，有時帶點戰爭的象徵，也可見於互相呼叫的鵝群。」（K. Lorenz, 1966）美蘇的態度是由我們繼承自互相呼叫的鵝群的本能性模式所決定嗎？作者是想要顯得逗趣，還是真的要告訴我們，美蘇政治領袖和鵝有些關聯性？

勞倫茲甚至更進一步，把人類的愛恨與動物行為（或者說他理解中的動物行為）作類比：「只有在同類相鬥現象很發達的動物裡，才有個體與個體之間的聯合與友誼。事實上，越是攻擊性強的動物，聯合就越是牢固。」到此為止，讓我們假定勞倫茲的觀察是正確的。但他卻從這裡跳到人類心理學的範圍去。他說，同類互鬥的攻擊性要比個體間的愛和友誼早幾百萬年，又由此下結論說：「**沒有攻擊性便沒有愛**。」（K. Lorenz, 1966；強調字體為外加）這種一概而論既沒有從人類的愛提出證據，又和最顯然的事實不符，但勞倫茲卻振振有詞地說下去，一直說到人類的恨。他認為恨是「愛的醜小弟」，可是它和同類相侵是沒有關係的。「與一般的攻擊性相反，恨就像愛那樣，是指向一個個體，而且大有可能，**恨的存在以愛的存在為前提**：只有真正愛過，才真正會恨。即便當事者矢口否認，事實仍是如此。」（K. Lorenz, 1966；強調字體為外加）「愛有時會變成恨」是人們常掛在嘴邊的話，可是在這裡我們務必把這一層意義弄清楚：變的不是愛，而是受傷的自戀心理。也就是說，造成恨的原因並不是當事人的愛，而是他「非愛」的部分。認為唯有愛才會生恨，這是把有真理成分的一句話變成了胡說。被壓迫的人之所以恨壓迫者，孩子被殺害的人之所以恨殺害孩子的人，被折磨的人之所以恨折磨者，難道是因為他們曾經愛那些人或現在還在愛嗎？

勞倫茲的另一個類推是從「戰爭狂熱」現象入手。這是「一種特別的群體攻擊性，和比較原始的、瑣碎的個人攻擊性有明顯的分別，但是在作用上是相似的。」（K. Lorenz, 1966）那是一種

「神聖的習俗」，動力來自演化而成的行為模式。勞倫茲認為：「沒有一丁點可懷疑的餘地是，人類的戰爭狂熱來源甚早，在人類還沒有成為人類以前，群體防衛反應就孕育出戰爭狂熱。」（K. Lorenz, 1966）這是防衛一個共同敵人的每個成員共有的一種狂熱。

每個具有正常強烈情感的人，都可以從自己的經驗了解這種戰爭狂熱。一陣冷顫從背部流過。人昂揚地奮飛起來了，超越了日常生活的一切束縛，為了此時似乎神聖的義務，他準備拋棄一切。一切阻礙都變得不重要了：不殺人、不傷人的本能抑制在此時不幸地失去了大部分力量。理性的思考、批評，以及一切反對戰爭狂熱行為的理性論證，這時都沉默下來。一切價值完全顛倒，理性思考不但顯得無以立足，而且卑鄙無恥。即使在實施暴行之際，也會覺得自己是正義的化身。概念思維和道德責任落入了最低潮。烏克蘭諺語有云：「戰旗一揮，理性盡在號角聲中。」（K. Lorenz, 1966）

勞倫茲表示：「我們有理由希望，道德責任感也許會慢慢控制原始驅力，但要做到這一點，我們必須謙卑地認識到人類的戰爭狂熱是一種本能反應，它的發洩機制是由基因所規定。智慧與責任要想控制它，只有把它導向一個真正有價值的目標。」（K. Lorenz, 1966）

勞倫茲對正常人類行為的描寫相當叫人吃驚。毫無疑問，許多人真的是「即使在實施暴行之際，也會覺得自己是正義的化身」。用更精確的心理學語言來說，就是很多人在實施暴行之際不會有任何道德抑制，也沒有罪惡感。但是，不蒐集證據就直接宣布這是人類的普遍反應，或假定戰爭中的暴行是「人類本性」，而這種假定的本能又是從人和魚鳥的相似性類推出來的——這無論如何是個站不住腳的科學程序。

事實上，當群體對群體發生敵意，不同群體和群體裡的不同個人在暴行的傾向上都極不相同。第一次大戰時，英國不得不捏造德國士兵用刺刀殺害比利時嬰兒的消息，因為真正的暴行太少，不足以激起英國人對敵人的憤慨。同樣地，德國也不得不捏造敵人的暴行，理由也是因為真正的暴行太少。第二次大戰期間，人類的殘酷固然有所擴大，可是除了納粹的特殊組織以外，暴行仍然有限。一般來說，兩方正規軍隊所犯的戰爭罪行規模和勞倫茲對人性的描寫並不相符。他所描寫的行為是施虐癖性格或嗜血性格的行為，他所說的「戰爭狂熱」是一種國家主義的反應，一種情緒上有點原始的反應。主張戰旗一揮人就準備好施暴是一種人性本然，對那些破壞《日內瓦協定》的人是一種典型的辯護方法。雖然我確定勞倫茲無意為暴行辯護，他的言詞卻產生了這種效果。他的研究方法變成了絆腳石，使人不能了解做為人類行為根源的性格結構，也不能了解到性格結構的發展與個人和社會條件息息相關。

勞倫茲甚至更進一步主張，若是沒有「戰爭狂熱」這種「真正自主的本能」，則「藝術、科學和一切偉大的人類成就都不可能出現。」（K. Lorenz, 1966）但戰爭本能不是「當事人自己的社會單位遭受外界威脅時」才會出現的嗎？（K. Lorenz, 1966）既然如此，可有證據顯示藝術與科學必然是在受到外界威脅的狀況下才會欣欣向榮？

根據勞倫茲解釋「愛人如己」的愛（這種愛表現為甘為鄰人冒生命危險），「乃是理所當然——設若對方是你最好的朋友，而且救過你好幾次。你甚至連想都不必想。」（K. Lorenz, 1966）這種「正派行為」在危急的情況下是很容易發生的，因為它們在「舊石器時代就常常發生。它們發生得夠多次，以致演化成為有適應性的社會行為模式」。（K. Lorenz, 1966）

這樣一種對「愛人如己」的觀點是本能主義和功利主義的混合體。你救你的朋友是因為他救過你好幾次。但萬一他只救過你一次或一次都沒有，那要怎麼辦？再說，你救朋友，只是因為這種事在舊石器時代就常常發生！

對戰爭的結論

在對攻擊性本能所作的結論中，勞倫茲的立場和佛洛伊德在一九三三年致函愛因斯坦談「為什麼有戰爭」時的立場相似。兩人都不愉快地認為，因為戰爭是發自人的本能，所以是不可避免的。然而，佛洛伊德可以在廣義上稱自己為「和平主義者」，勞倫茲卻不行，儘管他深知核子戰爭必將帶給人類空前浩劫。他設法找尋出路，讓社會避免攻擊性本能的悲劇後果。事實上，為了讓他的人生而具有破壞性的理論在這個核子時代被接受，他幾乎不得不去尋找和平的可能性。勞倫茲的一些建議和佛洛伊德有相似的地方，但兩人有一個重要的差異。佛洛伊德的建議是自疑和謙遜的，反觀勞倫茲則宣稱：「我不介意承認……我有方法可以教導人類，幫助他們把個性變得好一些。這個信念乍看傲慢，其實不然。」（K. Lorenz, 1966）

確實，如果勞倫茲真有重要東西教給人類，就不能說是傲慢。可惜的是，他的建議只是些陳腔濫調，只是些「簡單的箴言」，用以對抗「社會行為模式的失調所可能導致的社會完全解體」：

一、「最重要的箴言是……『認識你自己』（Know thyself）。」他的意思是：「我們必須加深我們的洞察力，以看出控制我們行為的因果關聯。」也就是要看出演化法則。依照他對這種知識的看法，他提議要做「客觀的、習性學的考察，盡可能用替代品來發洩本能攻擊性。」（K. Lorenz, 1966）

二、「對所謂昇華作用進行精神分析研究。」

三、「鼓勵不同意識形態或國家的人，建立個人與個人間的認識，可能的話，鼓勵他們建立友誼。」

四、「第四個，也大概是最重要的，一個務須立即實行的辦法，就是很智慧地、負責地疏導戰爭狂熱」，也就是幫助「年輕一代……找到真正的理想，讓他們的力量有益於現代世界」。

讓我們逐點來看看上述的提議。

勞倫茲曲解了「認識你自己」的意涵。不僅曲解了古希臘人對這句話的理解，也曲解了佛洛伊德的理解（他的精神分析理論全部建築在自知[self-knowledge]上）。對佛洛伊德來說，「自知」意味著去意識到我們沒有意識到的事情。這是極困難的，因為人必然會遇到潛意識能量的反抗力——潛意識總是會防衛自己，不讓自己被意識到，佛洛伊德意義下的「自知」不僅是一個知性過程，同時也是一個感性過程（這在斯賓諾莎便已是如此）。它不只是頭腦的知，還是心的知。

「認識你自己」意謂同時從知性和感性兩方面逐漸洞見心靈的祕密部分。想要治癒自己疾病的人可能需好幾年時間來認識自己，但對真正想「成為自己」的人來說，這卻是終其一生、無止境的歷程。「認識你自己」會讓一個人的能量日漸增加，因為他的能量不再需要耗費在抑制潛意識。因此，一個人越是接觸到自己的內在真相，他就越是覺醒和自由。勞倫茲所說的「認識你自己」卻完全是另一個意思：那是一種**理論性**知識，是要人們去認識演化現象，特別是認識攻擊性的本能性質。勞倫茲的「自知」就好比我們只從知識層面去了解佛洛伊德的死亡本能理論。事實上，依照他的理路，要掌握做為療法的「精神分析」，只需讀讀佛洛伊德的全集就好，不必旁及其他。這讓人聯想起馬克思的一句話：掉到深水裡的人如果只知道地心引力卻不會游泳，那他的知識是救不了他的。我們也想到一位中國聖哲的話：「光讀藥方不能治病。」

勞倫茲沒有詳述他的第二句箴言（昇華作用）。第三句箴言——「鼓勵不同意識形態或國家的人，建立個人與個人間的認識，可能的話，鼓勵他們建立友誼。」——在勞倫茲看來是個「顯而易見」的方法，因為甚至連航空公司的廣告也說國際旅行有益於世界和平。可惜的是，這種認為彼此熟悉可以減低攻擊性的想法並不符合事實。對此，有充分的證據。英國人和德國人在一九一四年之前相熟得很，可是當戰爭爆發後，兩國的相恨程度卻叫人膽寒。還有更明顯的證據。眾所周知，內戰是所有戰爭中最殘酷的，交戰雙方的恨意要遠超過兩個敵國的恨意，但彼此卻是互相熟悉的。另外，試問家庭成員之間的相熟程度可有減低他們互相仇恨的激烈性？

「熟悉」和「友誼」並不能減低攻擊性，因為它們只代表關於另一個人的浮面知識，是一種我把他當做一件「物件」、從外面觀看而得到的知識。這和透徹的、入乎其內的知識完全不一樣，因為後面這種知識是我動員我內在的經驗去體會他的經驗，而我的內在經驗即使和他的不完全一樣，也是相似的。要得到這種知識，我務須盡可能減低我的抑制，使我能夠察覺潛意識中的新層面。這是一種領會，在這種領會裡，我對他人沒有做論斷。這種無論斷的領會，可以減低攻擊性，甚至可以完全消除攻擊性。要做到這一點，我需要去克服自己的不安全感、貪欲與自戀，無關乎我對別人有多少知識。[10]

勞倫茲的最後一句箴言是「疏導戰爭狂熱」。他特別提出的辦法是鼓勵體育競賽。但事實上，體育競賽會強烈刺激攻擊性。很能說明這一點的是，最近一次國際足球賽竟導致了拉丁美洲的一次小型戰爭。

既沒有證據可證明體育競賽可以降低攻擊性，也沒有證據可顯示體育競賽是發自攻擊性。在體育競賽中製造出攻擊性的，是體育競賽的競爭性質，而這是由社會中的競爭習氣培養出來的。

10 為什麼內戰比國與國的戰爭更慘烈，更能引起雙方的破壞衝動？原因可能在於：至少以現代的國與國戰爭來說，戰爭的目的通常並不是要把敵人完全毀滅。它的目的是有限的，就是強迫敵方接受談和的條件，這些條件對敵方當然是有害的，但並不至於威脅到戰敗國人民的生存。（一個最好的例子是德國在兩次世界大戰戰敗後，都變得比先前更富裕繁榮。）羅馬人所發動的對外戰爭是個例外，因為他們確實想要毀滅敵國，或奴役它們的百姓。內戰卻不一樣，目的即使不是完全毀滅對方，卻也要在經濟上、社會上和政治上摧毀對方。如果這個假說是對的，則我們可以說，內戰的破壞性程度是依雙方所感到的威脅程度而定。

普遍的商業化又推波助瀾，以致人們追求的不再是體育成績，而是金錢和名聲。許多深思的觀察者已經體認到，一九七二年在慕尼黑舉行的奧運會不再有助於國際親善與和平，只促進了競爭的攻擊性與國家驕傲。[11]

勞倫茲另外一些關於戰爭與和平方面的言論也值得在這裡引述一下，因為它們很能說明他在這方面的觀念混淆。他說：「設若我是一個愛祖國的人（我真是如此），覺得對另一個國家有著無法解除的敵意（這絕不是真的），然而，如果我發現那個國家的居民有人像我一樣熱心地研究自然科學，或敬重達爾文並熱心地宣揚他所發現的真理；或另有一些居民像我一樣喜歡米開朗基羅的藝術，像我一樣熱愛歌德的《浮士德》，或喜歡珊瑚；或熱中於保護野生動物，與一切其他我能說得出來的小熱忱，那我就不可能**全心全意地**希望毀滅這個國家。只要一個敵人在文化價值觀與倫理觀方面有一處和我相似，我就不可能**毫無保留**地恨他。」（K. Lorenz, 1966；強調字體為外加）

勞倫茲毀滅他國的願望不是「全心全意的」，他的恨不是「毫無保留的」。但什麼是「半心半意的」毀滅願望呢？什麼又是「有保留的」恨意？最重要的是，他不要毀滅另一個國家，條件是那裡的居民跟他有同樣的喜好與熱忱（而且只有宣揚達爾文的人，才似乎算敬重達爾文），也就是說，他們是人類這一點還不足以構成條件。換言之，只有當敵人的文化和勞倫茲的文化相似，尤其要和勞倫茲自己的興趣與價值觀相似，他才會不願意完全毀滅他們。

雖然勞倫茲呼籲社會注重「人文主義教育」，但他前述話語中的性質仍然沒有改變：因為他心目中的人文主義教育是要提供最佳的共同理想讓個人去認同。這種教育是第一次世界大戰前的德國高中所盛行，可是這種人文主義教育潮流裡的老師又是什麼樣的？他們八成比一般德國人更好戰。要想壓制戰爭，我們需要的是一種非常不同和徹底的人文主義：在這種人文主義中，人的首先認同對象是所有生命和人類。

對演化論的偶像膜拜

要想充分了解勞倫茲的立場，必須先了解他對達爾文理論近乎宗教的虔誠態度。他的這種態度在當今社會裡並不少見，而且值得被視為重要的社會心理學現象而進行深入研究。人在這個世界上有深深的失落感和孤單感，對此，以前的人可以用上帝這個概念來保衛自己，逃避這些感覺：他們相信上帝創造世界並關懷每一個受造物。演化論摧毀了這個至高創造者的圖像，人不可能再相信上帝是全能的天父。當然，有很多人還是可以一面相信上帝，一面相信達爾文的理論。但另外許多人雖然明明知道上帝已經從寶座上跌落，卻仍然渴望有一個神一樣的人物可供膜拜。於是，有些人便宣布一個新的神——「演化」——誕生了，又把達爾文奉為新的先知。勞倫茲和很多其他人都把演化觀念當作一個新的宗教體系的核心。達爾文被認為揭示了有關人類起源的終

11 各位只要讀一讀詹姆斯的〈戰爭的道德等值體〉（The Moral Equivalents of War, 1911），勞倫茲疏導戰爭狂熱的辦法有多貧乏便一清二楚。

極真理，而有關人類的一切現象（經濟的、宗教的、倫理的和政治的）也被認為可以從演化論的觀點加以解釋。對達爾文理論的這種準宗教膜拜態度可以從勞倫茲的用詞看出：他把「淘強汰弱」和「突變」稱為「大建造者們」（great constructors）。他對「大建造者們」的方法與目的說明得非常像是基督徒談論上帝所作所為的方式。他甚至用了單數人稱的「大建造者」，也因此更加拉近和上帝的類比。把勞倫茲的偶像膜拜表達得最明明白白的，莫過於《論攻擊性》的最後一段話：

> 我們知道，在脊椎動物的演化過程中，個體與個體間的愛和友誼是劃時代的發明。當攻擊性物種中兩個或以上的個體為了和平共處和齊心工作而必須有愛和友誼時，「大建造者」創造了它們。我們知道人類社會就是建立在這種聯合關係上，但我們也知道，這關係太狹窄了，沒有包含足夠的範圍。它只阻止了朋友間與熟人間的攻擊性行為，但顯而易見的是，所有國家或意識形態的人相互間的敵意必須予以終止。再明白不過的是，愛與友誼必須遍及全人類，我們必須不加區分地愛所有的人類同胞。這並不是新的誡命。我們的理性很懂得它的必要性，我們的感情很能領會它的美，但是，**我們卻不能從命，因為我們生而如此**。我們只能在個人與個人間才能感覺到充分的、溫暖的愛與友誼，這是我們用盡意志力也無法更改的。**但「大建造者們」卻有這能力，而我相信他們會這樣做。我相信人類理性的力量**，正如同**我相信**自然淘汰的力量。**我相信**理性會對淘汰作用施展壓力，使它走向正確的方向。**我相信**，在不久的未來，這

理性會賦予我們後代能力，讓他們落實所有誡命中最偉大和最美好的一則。（K. Lorenz, 1966；強調字體為外加）

在上帝與人失敗的地方，「大建造者們」會得勝。「愛人如己」的誡命迄今無效，但「大建造者們」會賦予它生命。上述一段話的最後幾句話是一個真正的信仰告白：我相信，我相信，我相信……

勞倫茲所宣揚的社會達爾文主義與道德達爾文主義是一種浪漫的、民族主義的邪教，傾向於模糊掉我們對形成人類攻擊性的生物因素、心理因素和社會因素的理解。勞倫茲與佛洛伊德對攻擊性的看法縱然有相似之處，但他們整個的態度根本不同。佛洛伊德是啟蒙哲學最後的代表之一，他真誠地相信理性是人類唯一的力量，只有它能拯救人類免於陷入混亂與衰敗。他真誠地認為人應該自知，方法是挖掘人的潛意識中種種欲望與欲求。他失去了上帝，但以理性做為補救。儘管為此感到叫人痛苦的脆弱，他沒有轉向新的偶像。

第二章 環境主義者與行為主義者

啟蒙時期的環境主義

與本能主義立場完全相反的，是環境主義。依照環境主義的觀點，人的行為完全受環境的塑造，也就是說，影響人的不是「生而具有」的因素，而是社會與文化的因素。尤其是對人類進步構成重大障礙的攻擊性行為。

這種觀點被啟蒙運動的哲學家發展到了極致。他們認為人生而性善和具有理性，只是因為壞的制度、壞的教育和壞的榜樣才產生邪惡的欲求。他們有些人否認兩性有任何天性的不同（「靈魂無性別」），認為除了解剖學上的不同外，其餘都是教育與社會環境所導致。但他們和行為主義者不相同。他們所尋求的不是駕馭和操縱人類的方法，而是社會與政治的改變。他們相信「好社會」會產生好的人，更準確地說，可以讓人的自然善性顯現出來。

行為主義

行為主義是由華生（J. B. Watson）所創立，基本前提是：「人類心理學的主要研究對象是**人類的行為或活動**。」與邏輯實證主義相似的是，行為主義把不能直接觀察的「主觀」概念全部排除，被排除的包括「感覺、知覺、想像、欲望，甚至包括思想與情感，因為它們是個體依自己的主觀來界定」。（J. B. Watson, 1958）

華生的行為主義不算十分精密，但經過一段時間發展之後，到了史金納提出的新行為主義便很光耀奪目。但史金納主要只是把原來的行為主義加以精密化，本身並沒有更大深度和原創性。

史金納的新行為主義

史金納的新行為主義[1]和華生的概念奠基於相同原則：心理學是一門不需涉及、也不得涉及情感、衝動或其他主觀事件的科學；[2]它看不起任何對人的「本性」的討論、任何構築人的模型的企圖，或對驅動人類行為的種種激情的分析。它認為去討論行為的用意和目的，是一種近代科學出現以前的、沒有用的研究方法。心理學必須研究的是**哪些**增強作用（reinforcement）易於形塑人的行為，以及**如何**才能最有效地利用這些增強作用。史金納的「心理學」是一門志在操控行為的科學，目標是發現正確的增強作用，以製造有益的行為。

史金納所採用的制約不是簡單的巴甫洛夫式制約（Pavlovian model），而是「操作」制約（operant conditioning）。簡要來說，這表示如果某種未加制約的行為從實驗者的立場看來是有益的話，就給行為者某些獎賞，讓他得到快樂（史金納相信獎賞的增強作用比懲罰大）。結果，實驗對象最終會按照這一模式繼續進行。例如，強尼特別不喜歡菠菜，如果他吃，他母親便誇獎他，慈愛地看著他，或者多給他一塊蛋糕等等。就是說，他母親在運用「積極的增強作用」。最後，強尼會喜歡上吃菠菜。史金納和其他學者做了千百次這類實驗，對「操作制約」的技術加以發展。他證明了，適當地運用積極增強作用，會讓動物和人類的行為發生驚人改變，甚至會讓他們與某些「天生的傾向」背道而馳。

顯示這一點無疑是史金納的實驗的最大成就。它也支持了社會結構（或大部分美國人類學家所說的「文化」）可以形塑人的看法，儘管並不一定都是用操作制約來形塑。必須補充的是，史金納並沒有忽視遺傳稟賦。要正確說明他的立場，我們應當說：除了遺傳稟賦外，行為完全受增強作用決定。

增強作用可以經由兩條途徑發生：一是透過平常的文化過程，另一是藉著計畫而導致一種

「為文化所作的設計」。（B. F. Skinner, 1961, 1971）

目標與價值

史金納的實驗不關心制約的**目標**。動物或人類受試者要受什麼制約是由實驗人員決定。一般來說，實驗人員在實驗室裡所關懷的，不是他要實驗對象**做什麼**，而是他能夠制約他們走向他所選定的目標，並且知道如何才能把這件事做得最好。可是，當我們從實驗室走入實際生活（個人生活或社會生活），嚴重的問題立刻就會產生。最重要的問題是：我們要去制約人們做**什麼事**？決定這些目標的又是誰？

1 要在此處充分討論史金納理論，會離題太遠。我只會把新行為主義的基本原則提出來，另外討論一些與我們主題有關的細節。想了解史金納的體系，可讀B. F. Skinner（1953）。另一個較簡要的版本是B. F. Skinner（1963）。在他的最新著作（1971）中，他討論了他的體系的一般原則，特別是與文化的相關性。又可參考Carl R. Rogers and B. F. Skinner（1956）和B. F. Skinner（1961）中的扼要討論。對史金納的批評，請參看Noam Chomsky（1959）。另參看K. MacCorquodale（1970）的反駁和Noam Chomsky（1971）的答覆。Chomsky的批評徹底而深刻，在此無須複述。不過我與Chomsky的心理學立場仍然很不相同，因此必須在這一章中提出我對新行為主義的一些批評。

2 和許多行為主義者不同，史金納甚至願意讓步，承認「私人事件」不必完全從科學研究中排除，但又說：「行為主義的知識論告訴我們，私人世界就算不是全然不可知，也是沒辦法詳知的。」（B.F. Skinner, 1963）這一但書使他的讓步變成了對「靈魂—心靈」的客套。但「靈魂—心靈」卻是心理學的主題。

當史金納談到文化時，心裡想到的似乎仍是他的實驗室。在實驗室裡不帶價值判斷做制約實驗是容易的，因為制約的目標幾乎沒有重要性。史金納之所以沒有考慮到目標和價值的問題，這大概是原因之一。例如，他這樣寫道：「我們讚美行為有原創性或特異的人，並不是因為這樣的行為本身值得讚美，而是因為我們不知道有什麼其他方法來鼓勵原創性或特異行為。」（C. R. Rogers and B. F. Skinner, 1956）他這純粹是兜圈子推論法，其實是說：我們讚美原創性，是因為只有讚美它才能制約它。

但假如它本身不是理想的目標，我們又為什麼要制約它呢？史金納並沒有面對這個問題，哪怕他只要做少量社會學分析就可以找到答案。不同社會階層和不同職業群體對原創性有不同程度的需要。例如，在我們這種技術化—科層化（technological-bureaucratic）的社會裡，科學家與上層經理人員需要大量的原創性。但對藍領階層來說，同樣程度的原創性是一種奢侈品——甚至會威脅到整個體系的暢順運作。

我並不認為這番分析足以回答原創性和創造力價值何在的問題。大量心理學證據告訴我們，追求創意和原創性是人類根深蒂固的衝動。神經生理學的一些證據也顯示，對創意與原創性的追求，是人類腦部組織「內建」的要求。（R. B. Livingston, 1967）我只想強調，史金納會走入困境，是因為他不留意這方面的思想，也不留意精神分析的社會學理論，因此認為只要是行為主義不能解答的問題，就是無法解答的。

下面是另一個史金納對價值問題思考不清楚的例子：

> 大部分人都會同意「如何製造原子彈」不包含價值判斷，卻不會同意「要不要製造原子彈」不包含價值判斷。兩者最重要的不同也許在於，那些指導設計原子彈的人的科學實踐（scientific practices）是清楚的；但那些指導設計文化，而讓這文化包含原子彈的人的科學實踐是不清楚的。我們可以預測物理發明的成敗，卻無法以同樣精確的方式預測文化發明。由於這個原因，對於文化發明（如「要不要製造原子彈」），我們才會訴諸價值判斷。這等於是訴諸猜測。只有在這個意義上，我們可以說價值判斷接手了科學未竟的任務。當我們能夠帶著物理技術那樣的自信，設計出一些小型社會互動方式甚或整個文化的時候，價值判斷的問題就不會再產生。
>
> （B. F. Skinner, 1961）

史金納的主要觀點可以歸納為：在設計原子彈的技術問題上沒有價值判斷，製造原子彈的決定也沒有價值判斷，兩者的不同只在於製造原子彈的動機是否清楚。對史金納教授而言，製造原子彈的動機也許不清楚，但許多研究歷史的人卻很清楚。事實上，決定製造原子彈（氫彈也是一樣）的理由不只一端：害怕希特勒搶先製造；希望繼續在武器競賽中領先蘇聯，免得在日後的衝突中處於劣勢（尤其是氫彈的製造）；加強軍備以支持資本主義對競爭對手的鬥爭。

除了這些軍事、戰略與政治上的理由之外，我相信還有一個同樣重要的理由。我指的是自動化社會系統中的一個公理式觀念：「只要是科技上**可以**做的就**應該**做。」如果製造原子彈是可能的，就一定要製造，即便此舉有毀滅全人類之虞亦在所不惜。如果可以到月球或其他星球旅行，就一定要去，儘管我們地球上還有太多事情需要這筆錢去解決。這個原則等於對一切人文主義價值的否定，但它本身也代表了一種價值，而這種價值也許是電子技術掛帥社會的至高規範。[3]

史金納並不去考察人為什麼造原子彈，只叫我們等待行為主義的進一步發展來解答這個謎團。他對社會過程的看法和他對心理過程的看法一樣，都不能了解隱藏著的、沒有說出來的動機。由於不論在政治或個人生活上，大部分人嘴巴說出的「動機」都是明目張膽的謊言，所以靠著說出來的話來了解社會過程和心理過程無異緣木求魚。

在另一些情況中，史金納夾帶了價值判斷而不自知。例如，在上述同一篇文章中，他寫道：「我可以確定，沒有人希望發展出新的主奴關係，或用新的方法讓人民的意志屈服於暴君之下。那是只適用於沒有科學的世界的統治形式。」（B. F. Skinner, 1961）史金納教授究竟活在什麼時代？現在真的沒有什麼制度要讓人民的意志向獨裁者屈服嗎？這些制度真的只存在於「沒有科學」的文化中嗎？史金納似乎仍然相信老式的「進步」觀念：中世紀是「黑暗的」，因為他們沒有科學，而科學必然會把自由帶給人類。事實上，現在沒有一個領袖或政府會明言自己的目的是要讓人民的意志屈服。他們聰明多了，他們會用新的語言，讓人聽起來和獨裁者完全相反。沒有一個獨裁者管自稱是獨裁者，每種制度都宣稱自己是人民意志的表達。另一方面，在「自由世界」的國家中，「匿名權威」（anonymous authority）和操控（manipulation）已經取代了教育、工作與政治領域的外顯權威。

下面一段話也流露出史金納的價值判斷：「如果我們珍惜我們的民主遺產，我們當然不肯讓科學被用作任何專制或自私的用途。如果我們認為民主制度的成就與目標是**有價值的**，就一定要運用科學來計畫和建造文化模式，儘管這樣做會讓我們在某種意義上變成了控制者。」在新行為主義理論中，這種價值判斷是以什麼為基礎？

控制者又是什麼？

史金納的回答是：「所有人都在控制，所有人都被控制。」（C. R. Rogers and B. F. Skinner, 1956）在有民主思想的人聽來，這話讓人安心，但它很快就會顯示其模糊空洞：

平常我們只注意到主人控制奴隸、老闆控制雇工，卻忽視了他們的相互影響，而且由於只從單方面著想，便把控制當成剝削，至少認為只有一方面獲得利益。但事實上控制是相互的。**奴隸對主人的控制完全就像主人控制奴隸**，因為主人懲罰奴隸的技術是由奴隸的行為來決定

3 我在*The Revolution of Hope*（E. Fromm,1968）討論過這個觀念。H. Ozbekhan 也獨立建構出同一原則，見“The Triumph of Technology: Can Implies 'Ought'.（H. Ozbekhan, 1966）麥科比（Michael Maccoby）博士對高級工業的管理做過研究，發現為軍事機構製造產品的工業，比其他需要與人競爭的工業更服膺「可以」隱含「應該」之意（can implies ought）的原則。但即便這個主張正確，還有兩個因素必須考慮：一、直接或間接為軍隊服務的工業的規模；二、這原則已控制了許多與工業生產沒有直接關係的人的心靈。一個好例子是對太空飛行起初的熱潮，另一個例子是醫學界喜歡製造和使用科學玩意兒而不管它們醫學實用性有多麼少。

的——因為他們屈服於這種懲罰。這並不是說剝削的觀念是沒有意義的，也不是說我們不應當問「何人得益」？只是，這樣問就超出了社會事件本身的範疇，而涉及到某些影響深遠的後果，但這與價值判斷的問題明顯相關。任何可以改變社會文化的行為，如果我們對它加以分析，都會發現其中有價值判斷的問題。（B. F. Skinner, 1961）

這段話叫人驚駭。儘管史金納承認剝削的觀念並不是「沒有意義的」，他卻要我們相信主人與奴隸的關係是相互的。在他看來，剝削不是社會事件本身的一部分，只有控制奴隸的「技術」才是。這是一種把社會生活當做實驗室裡的事件的心態。在實驗室裡，實驗人員唯一關心的是他的技術，而不是「事件」本身，因為在這個人工化的世界裡，老鼠究竟是性格平和抑或具有攻擊性是無關緊要的。就像這還不夠似的，史金納進一步說，主人的剝削行為是與價值判斷問題「明顯相關」。史金納是否認為，剝削——或類似剝削的行為，如搶劫、殘害和謀殺——因為顯然與價值判斷有關，就不是「事實」了呢？若然，這將表示，一切社會現象和心理現象只要能夠從價值上判斷是非善惡，便不再是科學所能探討的「事實」。[4]

史金納會認為奴隸與奴隸主的關係是一種相互關係，只能從他對「控制」一詞的含糊理解加以解釋。在真實生活裡，奴隸主控制著奴隸是不爭的事實，而奴隸對奴隸主頂多只有少量的反控制——例如威脅造反。但史金納說的不是這個。他口中的「控制」完全是採用實驗室實驗的抽象意義，不包含任何真實生活的成分。事實上，他是一本正經地講述一個常常被拿來開玩笑的笑話：有一隻老鼠告訴另一隻老鼠，牠成功地制約了那個拿牠做實驗的人：每次只要牠推某根槓桿，做實驗的人就一定會餵牠。

由於行為主義沒有關於「人」的學說，它所看到的便只有行為而沒有行為者。在新行為主義者看來，當有人對我笑，則不管對方是為了掩藏敵意而笑、是為了向我推銷而笑，還是因為高興看到我而笑，他們的笑都是一樣的，因為「笑就是笑」。史金納教授在個人生活中不可能不區分這些差異，除非是他已經極端遺世獨立，以致人際互動變得與他無關。但如果這些差異是重要的，則一種忽視它們的理論怎麼可能有效？

新行為主義還有其他解釋不了的問題：為什麼許多被訓練成劊子手和刑求者的人儘管繼續受到「積極增強作用」的制約，卻產生出心理疾病？為什麼「積極增強作用」未能防止許多人出於理性、良知或愛而反抗，哪怕他們所受到的所有制約都是把他們拉向相反方向？為什麼有許多最能適應社會的人，眼看著就要為「成功制約」的偉大見證，卻常常陷入深深的不快樂和困擾，或是被精神官能症所苦？人的內在必然有著一些衝動，讓制約的力量受到束縛。就科學來說，研究制約失敗的例子就像研究制約成功的例子一樣重要。確實，人可以被制約，按照你希望的幾乎每一種方式行動，但只是「幾乎」。如果這些制約跟人的基本需求相衝突，他就會以不同的和可察

4　若依照同樣的道理，則施虐者與受虐者的關係也是「相互」關係，因為受虐者所流露出的痛苦會「制約」施虐者，讓他運用最有效的工具來折磨受虐者。

覺的方式反應。你可以制約他，讓他變為奴隸，但他會變得有攻擊性或生命力衰退。你可以制約他，讓他感覺自己是機器的一部分，但他會以煩悶無聊、有攻擊性和不快樂做為反應。

從根本上看，史金納是個忽略了人類激情的天真理性主義者。與佛洛伊德不同，他沒有感覺到人類激情的強大力量，只以為人總是依照自己的利益來行動。實際上，新行為主義的整個原則就在於，人的自利心態是那麼的強而有力，所以只要利用它（主要是用獎賞獎勵人依照某種方式行動），就可以完全控制人的行為。分析到最後，新行為主義是建立在資產階級心態：**把自私與自利奉為最高原則，把它們視為凌駕一切其他激情**。

史金納主義大受歡迎的原因

史金納會大受歡迎，在於他成功地把傳統的、樂觀的、自由主義的思想，融合於自動化社會的社會狀態與心靈狀態。

史金納認為人是可塑的，受制於社會影響力，而在人的「本性」裡，沒有什麼不可移除的阻礙可以妨礙我們發展出和平與公正的社會。這讓他的學說吸引到自由派的心理學家：他們發現史金納的學說可以捍衛他們的政治樂觀主義。他也迎合了另一些人的希望，這些人認為和平與平等社會的目標不是空想，而是可以在現實中建立起來。人可以在科學的基礎上「設計」一個更美好社會：這樣的觀念吸引到許多早先是社會主義者的人。馬克思豈不也是想設計一個更美好的社會嗎？他不是把他的社會主義稱為「科學的」社會主義，好與「烏托邦的」社會主義相區別嗎？在歷史上的這段時間，當政治似乎解決不了問題，而革命又近於無望的時候，史金納提出的辦法怎會不特別具有吸引力！

如果不是因為史金納把傳統自由思想和對這種思想的否定結合起來，光靠他觀念中的樂觀主義，無法產生這麼大的吸引力。

在自動化時代，人越來越受操控。他的工作、消費，還有他的閒暇時間，統統被廣告、意識形態，和史金納所謂的「積極增強作用」所操控。個人失去了他在社會過程（social process）中主動積極和有責任性的角色。他完全變成了「適應的人」，聰明地知道任何行為、思想或情感只要不符合一般要求，就會讓他落入嚴重劣勢。事實上，社會認為他應該是什麼，他就是什麼。在警察國家裡，如果他堅持要做自己，他可能會喪失自由，甚至喪失生命。在某些民主國家裡，他可能無法升遷，甚至可能丟掉工作（這種情形比較罕見），但最重要的是，他可能會被孤立，沒有人願意跟他往來。

大部分人雖然沒有清楚意識到自己的不適感，卻也隱隱約約感到他們害怕生活，害怕未來，害怕他們單調和無意義的工作所引起的無聊乏味。他們感覺到，他們想要信仰的那些理想在社會現實中無處容身。在這種情況下，當有人告訴他們，他們所受的制約是最好、最進步和最有效的解決方法，他們會多麼如釋重負！史金納把這個被孤立、被操縱的人所構成的地獄，當作進步的天堂向世人推薦。對於我們即將走向的境地，我們覺得害怕，但史金納卻叫我們不要怕，指出我們的工業制度所走向的目標正是偉大的人文主義者們昔日夢想的目標，唯一不同的是，我們的目標是建立在科學的基礎上。再者，史金納的理論聽起來是正確的，因為它符合了——幾乎符合——自動化社會裡那些異化的人的處境。總結地說，史金納主義是穿上科學人文主義新衣裳的心理學投機主義。

我並不是說史金納有意要做電子技術掛帥時代的辯護人。他只是在政治方面與社會方面天真無知，才使他有些話聽起來讓人信服（也讓人糊塗）。假如他自覺到他想要把我們制約成什麼樣子，情形就會有所不同。

行為主義與攻擊性

在美國，許多研究攻擊性的人都採用行為主義的觀點，因此，行為主義對攻擊性的研究而言非常重要。簡單地說，他們的推論是這樣的：如果約翰發現用攻擊性態度來對待弟弟（或母親等等）就能夠得到自己想要的東西，他就會變成一個行為帶有攻擊性的人。屈從、勇敢或親愛的行為也是一樣道理。他們的公式是這樣：一個人能用什麼方法得到他想要的東西，他便會用那個方法去做、去想、去感覺。攻擊性行為和別的行為一樣，純粹是以尋求自己的最佳利益為基礎，透過學習得來。

巴斯（A. H. Buss）把行為主義對攻擊性的觀點表達得很簡潔，將攻擊性定義為「給其他有機體發出有害刺激的一種反應」。他寫道：

有兩個理由讓我們把「意圖」（intent）這個概念從攻擊性的定義中除去。第一，意圖隱含著目的論，是一種指向一個未來目標的有意行為，而這與本書中所採用的行為學研究法不相合。第二，更重要的是，把「意圖」一詞用到行為事件上存在著困難。「意圖」是私人事件（private event），可能說得出來，也可能說不出來，可能用語言精確反映，也可能無法反映。我們也許會認為，「意圖」是從有機體的強化作用史（reinforcement history）得到的推論。一種攻擊性的反應如果有系統地被某種特定的結果（例如被害人的逃跑）所強化，則我們也許可以說，這種攻擊性反應之所以一再發生，包含著一種「想使對方逃跑的意圖」。但是，在分析行為的時候，這種推論是多餘的，更有成效的做法是直接考察一種攻擊性反應的強化作用史，和引起這種反應的當下環境兩者間的關係。

總括來說，在分析攻擊性行為時，「意圖」是礙手礙腳和不必要的。關鍵的議題是：什麼性質的強化結果使得攻擊性反應一再發生，一再加強？換言之，是哪些種類的強化物影響了攻擊性行為？（A. H. Buss, 1961）

巴斯把「意圖」一詞理解為有意識的意圖。但他並沒有完全排斥精神分析的研究法：「如果憤怒並不是**唯**一驅使產生攻擊性的力量，則把它當做一種驅力是否有效？依照我們此處採取的立論，這是無效的。」[5]（A. H. Buss, 1961）

巴斯和貝爾科維奇（L. Berkowitz）都是傑出的行為主義心理學家。他們對人類的情感現象比史金納敏感得多，儘管如此，他們所採取的仍然是史金納的基本原則，也就是說，他們認為科學觀察的對象應該是行為，不是行為者。因此，他們對佛洛伊德的基本發現沒有恰當的看重：佛洛伊德認為，心理力量決定行為，這些力量大部分是無意識的，而察覺這些力量會改變它們的能量荷載量和方向。

行為主義者認為自己的方法是「科學的」，因為他們只研究看得見的行為。但他們沒有想到，如果把「行為」與行為者分開，我們就無法充分描述它。以一個人開槍打死了另一個人為例，這個行為——開槍殺人——如果從「殺人者」獨立開來，從心理學來說就沒有多少意義。事實上，行為主義者只能對那把槍有足夠的描述，至於扣扳機的人是什麼動機則是不相干的。但如果我們要了解這個人的行為，就必須**同時**知道他的自覺和無意識動機是什麼。我們所發現的不是一個**單一的**原因，而是這個人的心理結構（他的性格），以及許多自覺和無意識的因素，是這些因素導致他開槍射擊。我們會發現，他開槍的**衝動**是由他性格結構中的許多因素決定的，但他開槍的**行動**卻是諸種因素中最偶然的一個，最難預測的一個。它有賴環境中的許多偶然元素而定，例如是否容易取得槍枝、是否有他人在場、心情的鬱結程度，以及他當時整個身心的狀況。

行為主義者的箴言——可觀察的行為才是科學上可靠的材料——是不正確的。事實上，行為是依動機而不同，這種不同單靠表面觀察是看不到的。

茲舉一個簡單的例子。有兩位父親，他們各有不同的性格結構，但都會打孩子耳光，因為他們認為這種懲罰對孩子的健康發展有益。從行為上看，這兩個人是一樣的。他們都是用手掌打孩子的臉。但如果我們知道他們其中一個有愛心和關心孩子，另一個有施虐癖，就會看出他們掌摑孩子的行為是不同的。他們在懲罰前和懲罰後對孩子說話的態度，他們的面部表情，都使得他們的行為完全不同。相應地，孩子的反應也不同。其中一個孩子所感受到的是破壞性或施虐性的懲罰，另一個孩子卻沒有理由懷疑他父親的愛。孩子的反應之所以如此，主要是因為父親的這一行為只是之前發生過的無數行為之一，這些行為已經構成了孩子對父親的印象和對父親的反應。父親相信懲罰孩子是為了孩子好這一點並不能改變事實，不過這倒是給了那個有施虐癖的父親虐待孩子的藉口。另一方面，即便他從來不打孩子（也許是由於害怕妻子，也許是因為這不符合他的進步教育思想），他的這種「非暴力」行為一樣會產生同樣的結果，因為他的眼神一樣會向孩子透露出施虐衝動。孩子一般比成人敏感，他們的反應是以父親的衝動為根據，不是以單一孤立的行為為根據。

---

5 貝爾科維奇採取了一種在很多方面都和巴斯相似的立場。他一樣不排斥「驅動性情感」（motivating emotions）的觀念，但基本上他還是留在行為主義理論的架構裡：他把「挫折—攻擊性」理論加以修訂，但是沒有拋棄它。（L. Berkowitz, 1962 and 1969）

我再舉一個例子。當我們看到一個人咆哮，臉脹得通紅，我們會形容他的行為是「發怒」。如果我們追問，他為什麼發怒，答案可能是「因為他害怕」。「他為什麼害怕？」「因為他被深深的無能感所困擾。」「為什麼？」「因為他從未能解除他的戀母情結，情緒上還是一個小孩子。」（這序列當然不是唯一可能的序列。）這些問題的每個答案都是「正確的」。它們的不同點是：一個比一個層次深，也通常一個比一個不自覺。層次越深，就與我們了解他的行為越相關。它有助於我們了解的他的動機，還有助於了解他行為的每個細節。例如，敏感的觀察者在這個人臉上看到的不只是憤怒，還是受驚嚇的無助表情。如果是另一個人在發怒，那敏感觀察者則可能在他臉上看出硬心腸和強烈的破壞衝動。他的憤怒可能是努力控制破壞衝動而產生的表情。兩個人的行為是相似的，實質上卻大不相同。這種不同固然是敏感的直覺可以察覺得到，但科學的了解還要求了解他們的不同動機，即他們不同的性格結構。

我沒有以慣用的方式回答前面的問題。慣用的方式是：「他憤怒，是因為他受到了侮辱——或他覺得受到了侮辱。」這種答案把重點完全放在觸發憤怒的刺激上，卻忽略了刺激的力量端視被刺激者的性格結構而定。不同性格的人對相同的刺激會產生不同的反應。甲可能被刺激吸引，乙可能會排斥它，丙可能會害怕它，丁可能不放在心上。

巴斯認為「意圖」是私人事件，有時能用言語表達出來，有時不能。這當然是事實，但這也正是行為主義面對的兩難：因為它沒有辦法研究沒有說出來的資料，就只能限定自己去研究它可以處理的資料，但這種資料是粗淺的，不能讓行為主義者達成深密的分析。

論心理學實驗

一個心理學家要想了解人類的行為，必須設計一些方法，可以活生生地研究人類，而行為主義者卻是在試管裡研究人類（這裡的「試管」並不是說生理學實驗室裡的那種試管，而是指他們把受試者放在他們安排好的、受他們控制的環境裡，而不是在「實際的」生活中加以觀察）。看來，心理學有意模仿自然科學的方法來贏得社會的重視，只可惜，它模仿的是五十年前的科學方法，不是當前最進步的自然科學領域所採用的方法。[6]再者，行為主義喜歡用數學公式來掩飾理論上的空虛。數學公式雖然引人注目，但和其研究資料沒有密切關係，也不能給資料增加什麼價值。

在實驗室外頭觀察和分析人類行為是困難的事，但這卻是了解人類的必要條件。原則上，有兩個觀察場所可供研究人類之用：

一、對人進行直接而詳細的觀察。最精密而有效的場地就是精神分析場地，即佛洛伊德所說的「精神分析實驗室」。它讓患者表露出無意識的衝動，並可審察這些衝動和他表現出來的「正常的」與「官能症的」（neurotic）行為[7]有什麼關聯。一個較不激烈但也很有效果的方法是面談

6 請參看奧本海默的演講（J. Robert Oppenheimer, 1955），以及許多傑出自然科學家的類似言論。

（最好是一連串的），如果情況許可，見面時最好也研究一些夢境和做某些投射測試（projective tests）。但高明的觀察者只要細微觀察一個人一陣子（包括觀察他的姿勢、聲音、動作、面部表情、手勢等），一樣可以獲得有深度的知識。即使原先並不認識此人，沒有看過他的日記或書信，也不知道他的詳細資歷，這樣一種觀察仍然可以對他的性格有頗為深刻的了解。

二、第二個方法是在「自然實驗室」（natural laboratory）裡研究活生生的人，而不是把活生生的人請到心理學實驗室去。不像心理實驗者在他的心理實驗室中那樣構建一個人為的社會情境，而是研究由真實生活所提供的實驗；我們挑選可供比較對照的既有社會情景，用這種研究它們的方法把它們轉換為實驗的等值體（equivalent），意即透過讓某些因素保持不變而讓其他因素可變，在自然實驗室也可測驗種種假說。可比較的社會情境有很多，我們可以測試某一個假說是否在所有情景中都成立，如果不是，那例外的情況又是否可以不用更改假說便能夠予以充分解釋。最簡單的一種「自然實驗」，是用長而開放式的問卷或面談來調查從某些群體（年齡群、職業群、囚犯或住院病人等）選出的代表。（在我看來，慣常用的那些心理測驗不足以讓我們了解性格的較深層次。）

當然，「自然實驗」不能夠讓我們得到實驗室實驗那麼精確的成果，因為沒有兩個社會情景完全相同。但透過觀察人而不是「實驗對象」，透過觀察生活而不是人為物品，我們就不必為了追求精確（常常只是偽精確）而讓實驗結果變得無聊瑣碎。我相信，不管是透過精神分析面談，還是透過社會「實驗室」去研究攻擊性，其結果都會比靠心理實驗室的方法所得到者理想。不過，與最巧妙的實驗室實驗相比，它需要更複雜的理論思維。[8]

為了說明我剛說過的話，讓我們看看一個非常有趣的實驗（它也是攻擊性研究裡得到最高評價的實驗之一）：米爾格蘭（Stanley Milgram）在耶魯大學交互作用實驗室所進行的「服從行為研究」（Behavioral Study of Obedience）。（S. Milgram, 1963）[9]

受試者是四十名年齡介於二十至五十歲之間的男性，來自紐哈芬市與其四周的社群。我們是用報紙廣告和直接寫信招募他們。接受邀請的人相信他們是來耶魯大學參加一項針對記憶與學習的研究。受試者的職業類別廣泛。典型的受試者有郵務人員、高中老師、推銷員、工程師和工人。教育程度甚為懸殊，有一名沒有小學畢業，另外有一些擁有博士學位和其他專門學

7 我用引號把這兩個詞括起來，是因為一般人用法隨便，有時讓它們的意思分別等於「適應社會的」（socially adapted）和「不適應社會的」（socially nonadapted）。

8 我發現「詮釋性問卷」（interpretative questionnaire）對研究群體的基本動機（多半為不自覺）很有用。「詮釋性問卷」可供人分析回答中的不自覺意義，並用來詮釋性格而不是照字面理解。我首次使用這方法是在一九三二年，當時我在法蘭克福大學社會研究所進行一項研究，後來在一九六〇年代研究墨西哥一處小村落的社會性格時再次使用。第一次研究時的主要共事者是Ernest Schachtel、已故的Anna Hartoch-Schachtei和Paul Lazarsfeld（統計學顧問）。這項研究在三〇年代中期完成，但只出版了問卷和答案的採樣。（M. Horkheimer, ed., 1936）第二次的研究已出版。（E. Fromm and M. Maccoby, 1970）我和麥科比也設計了測驗戀屍癖傾向的問卷，麥科比用它來測驗各種群體，結果讓人滿意。（M. Maccoby, 1972a）

9 以下引文皆來自S. Milgram（1963）。

位，其餘的則各種程度都有。參加實驗的酬勞是四．五美元。但我們告訴他們，只要他們來就會得到這筆錢。來了之後不管發生什麼事，錢都是他們的。

每次實驗包含一名被蒙在鼓裡的受試者和一名受害者（他是實驗人員的同謀）。受試者負責對受害者進行電擊[10]，實驗主持人用了一套說詞讓他相信這樣做是對的。這套說詞就是本期雜誌的封面故事。在簡介過懲罰與學習的關係之後，實驗主持人告訴受試者：

「實際上，關於懲罰對學習有多大效力，我們所知**甚少**，因為以前幾乎從來沒有以人為對象來做這方面的實驗。

「例如，我們不知道究竟需要多少懲罰才會產生最好的學習效果，不知道由誰來施行懲罰有多大差別，意即不知道成年人是被年輕人懲罰效果最好，還是被較年長的人懲罰最好。

「因此，在這次實驗裡，我們請了年齡不同和職業不同的人一起參加。我們要請一部分人擔任老師，另一部分人擔任學生。我們希望能發現由不同的人擔任老師和學生時產生的效力，也希望知道在這種情況下懲罰對學習的效力。

「因此，今天晚上我要請一位在這裡當老師，另一位當學生。

「你們二位誰喜歡做老師，誰喜歡當學生？」

接著他們兩人從一頂帽子裡抽籤作決定。籤條是設計好的，兩張都寫著「老師」，讓不知情的受試者穩當老師，而另一位實驗主持人的同謀者當學生。接著，老師和學生被帶到兩間相鄰的房間，學生被綁在一張「電椅」上。

實驗主持人解釋，把學生綁起來是免得他在受到電擊時動作過大。但這無形中也使得他不能逃跑。學生的手腕上接上一個電極，又塗上藥膏，「免得燒傷和起泡。」受試者被告知，電極是接在隔壁房間裡的發電機上。

……實驗主持人要求受試者，每逢學生答錯問題就電擊他。並且——這是關鍵所在——「學生每答錯一次，就把電壓調高一級」。在把電壓調高以前，他還必須把電壓的度數報出來，此舉是為了讓他持續注意到電壓的強度。……問題是經過安排的，學生大約是每答對一題就答錯三題。在電壓到達三百伏特以前，老師不會聽見學生回答問題的聲音或抗議聲。到了三百伏特時，學生就捶打牆壁，這是老師可以聽見的。從這時開始，學生的回答就不再出現在老師面前有著四個燈的板子（four-way panel）上……如果擔任老師的受試者不願意繼續下去，實驗主持人會用四種督促話語要求他繼續。

督促一：請繼續進行或請做下去。

督促二：這次實驗需要你做下去。

督促三：做下去，這是絕對需要的。

督促四：你別無選擇，你必須繼續做下去。

10 電擊器實際上沒有通電，但受試者並不知道。

這四種督促話是有先後次序的，前面的不生效，才用後面的。如果到了第四步，受試者還是不服從，實驗就會停止。實驗主持人的口氣一直保持堅定，但不至於無禮。擔任老師的受試者每一次中止或顯得不願意服從時，就從第一種督促話重新說起。

特別的督促：如果受試者問到學生的身體會不會受到永久性傷害，實驗主持人會說：「電擊雖然疼痛，但身體組織不會受到永久性傷害。所以請繼續下去。」（如果必要，可接著用督促二、三和四）

如果受試者說學生不願意繼續，實驗主持人就會說：「不管學生喜不喜歡，你都必須繼續下去，直到他學會所有的單字配對為止。所以請繼續下去。」（如果必要，可接著用督促二、三、四）

實驗的結果如何？「許多受試者顯得心神不寧，特別是在需要他們用高電壓電擊學生的時候。許多老師到達了在社會—心理實驗室中很少見到的極端緊張的程度。」他們出汗、發抖、口吃、咬嘴唇、嘆息，以及把指甲掐到自己的肉裡。這是普遍現象而不是特例。

一個普遍的緊張現象是神經質的笑。四十名受試者中有十四人出現神經質的大笑或微笑。這種笑當然出現得很不是時候，甚至很詭異。有三個人爆笑得失去控制。有一次，當事人笑得激烈痙攣，導致實驗不得不暫停。該受試者（一名四十六歲的百科全書推銷員）對自己這種沒料到的、失去控制的行為十分困窘。在實驗結束後的面談中，這些人使勁地告訴實驗主持人，他們不是有施虐癖，他們會笑不是因為喜歡電擊別人。

有一點是實驗主持人意料之外的。四十個受試者沒有一人在三百伏特以前就停止的電擊。到了三百伏特的時候，學生開始踢牆壁，而且不再回答老師提出的問題。四十個受試者中，只有五人拒絕施以三百伏特以上的電擊。有四人在加一級電壓之後叫停，有兩人在三百三十伏特時拒絕服從。在三百四十五、三百六十和三百七十五伏特時拒絕的各一人。抗拒實驗的人加起來是十四名（三五%）。那些「服從的」受試者

常常處於極大的心理壓力之下……他們就像那些反抗的受試者一樣害怕，但仍然服從。在用最大的電壓電擊過以後，實驗主持人叫停，這時，很多服從的受試者都長嘆一口氣，捧著額頭，用手指揉眼睛，或神經質地找香菸。他們當中有些人搖搖頭，顯然是感到懊悔，有些人則從頭到尾保持冷靜，只流露出些許緊張。

實驗報告的執筆者指出，有兩個發現讓他們吃驚：

第一個發現是，在這個情況下的強烈服從傾向。受試者都從自小受到的教育得知，不可違背別人的意志而去傷害他人，因為這是不道德的。但有二十六人卻放棄這項信條，而服從沒有

特權去命令他們的人。……第二個出人意料的結果是，實驗過程帶給他們的無比緊張狀態。我們本來預期他們會依照良心的決定，直截了當地拒絕施行電擊或繼續下去。事實卻完全不同。他們也流露出強烈的情緒緊張反應。有一名觀察者說：

「我看著一個成熟的、神態自若的商人走進實驗室，他微笑著，充滿自信。二十分鐘後，他變成了一個面容扭曲和口吃的可憐蟲，快速逼近神經崩潰的邊緣。他不斷地拉耳垂和搓手。他一度用拳頭按著額頭，喃喃地說：「老天，我們停止吧！」說歸說，他繼續按照實驗主持人的每句話做下去，服從到底。

這一實驗確實非常有趣——不但對研究服從與妥協來說如此，而且對研究殘忍與破壞性來說也是如此。乍看之下，實驗主持人製造的情境幾乎和真實生活無異，像極了有些士兵毫不質疑上級的命令而做出極端殘酷的行為。這是否就是紐倫堡大審中德國將軍們的故事？或是否就是蓋利中尉（William Galley）和他部下在越南美萊村屠村的故事？

但我不認為這一實驗能對真實生活的大部分情境帶來啟示。主持實驗的心理學家不但是人人都認為應該服從的權威，還代表著**科學**，代表著美國最有聲望的其中一家高等學府。在現代的工業社會裡，科學被大多數人認為是最高的價值，一般人極難相信科學家的命令是錯的或不道德的。耶和華叫亞伯拉罕殺兒子，亞伯拉罕就去殺。如果不是耶和華半途叫亞伯拉罕停止，他可能真的殺了自己的兒子。在人類的歷史裡，千百萬父母親做過殺子祭神的事。對於信徒來說，上帝或上帝的現代等值體「科學」，都絕對不會發出錯誤的命令。基於這個理由，加上米爾格蘭提到一些別的原因，真正讓人驚奇的不是有那麼多人服從命令，而是有三十五%的人在超過某個限度後就不再服從命令。有超過三分之一受試者不服從這一點叫我們驚奇，也叫我們欣慰鼓舞。

另一個讓實驗人員驚奇的發現也是早該料到的。實驗主持人原本預料，受試者「會依照良心的決定，直截了當地拒絕施行電擊或繼續下去」。但這真的是人在真實生活中解決內心衝突的方式嗎？不肯去面對內心衝突，不正是人類特有的心理情況和悲劇之所以發生的原因嗎？事實上，人**不會**在他出於貪欲或恐懼而想去做的事，與良知禁止他去做的事之間做出有意識的選擇。他用合理化藉口不讓自己去察覺內心衝突，所以這種衝突只會透過漸增的緊張和各種精神官能症症狀無意識地流露出來。就此而言，米爾格蘭的受試者表現得很正常。

從這一點我們也想到另一些有趣的問題。米爾格蘭認為受試者會感到的內心衝突，是因為兩股力量的拉扯：一是對權威的服從心理，另一是從小學到的「不可傷害他人」原則。

但真的是這樣嗎？我們真的有學過「不可傷害他人」嗎？孩子們在主日學可能聽過這種話，但現實生活這所「學校」教導我們的卻是：我們必須追求一己的利益，為此甚至傷害他人亦在所不惜。從這個角度來看，受試者的內心衝突看來不像米爾格蘭假定的那麼強烈。

我相信，米爾格蘭的實驗中最重要的發現是，受試者對殘忍行為的反抗強度。他們之中固然有六十五%的人可以被「制約」，做出殘忍的行為，但他們大部分對這種施虐行為顯然感到憤怒或可怕。可惜的是，實驗報告沒有明確記載有多少受試者在實驗中從頭到尾都保持冷靜。認識這些人多一點，會讓我們更了解人類行為。這些人對他們所執行的殘忍行為顯然並沒有、或有太多反感。下一個問題要問：為什麼會如此？可能是他們樂意看見別人痛苦，而且只要他們的行為得到權威人士授權，他們就不覺得懊悔。也可能他們是非常疏離或自戀的人，無法設身處地感受別人的感受。又也許他們是精神病患者，缺乏任何的道德反應。至於那些因為執行殘忍行為而變得緊張和焦急的人，我們可以認為他們沒有施虐癖和破壞性性格。（如果預先和這些受試者進行深入的面談，我們便會看出他們性格的差異，甚至可以相當正確地猜出他們在實驗中的反應。）

米爾格蘭實驗的主要成果看來是他沒有強調之處：大部分受試者都是有良知的，會在違背良知服從命令時感到痛苦。因此，我們雖然可以認為這個實驗再一次證明了人容易被去人性化（dehumanization），但受試者的反應卻顯示出相反的事情：他們心裡有強烈力量讓他們覺得無法忍受殘忍行為。對於實際生活中的殘忍行為的研究，這項實驗提供了一條重要的取徑：不只要研究殘忍的**行為**，還要研究服從權威的人良心上的（往往是無意識的）罪惡感。（納粹為了應付一般人的良心，必須為暴行創造精密的偽裝系統。）米爾格蘭的實驗很好地說明了有意識行為與無意識行為的不同，儘管它沒有利用這種差異做出推論。

另一個實驗和我們的主題特別相關，因為它是直接研究殘忍行為的原因。這實驗的第一份報告（P. G. Zimbardo, 1972）篇幅短小，而據執筆者在信中告訴我，該短文是對「國會監獄改革小組委員會」發表的口頭報告的摘錄。由於這文章很短，津巴多博士（P. G. Zimbardo）認為不應該用它做為依據來評論他的實驗。我會順從他的願望，但遺憾的是，他後來的報告（C. Haney, C. Banks, and P. Zimbardo, in press）[11]和原先這一篇有些不一致的地方。我只會在談到兩個關鍵點時才略為提及他的第一篇文章。這兩個關鍵點是：一、獄警的態度；二、實驗者的中心課題。

實驗的目的是要研究正常人在「模擬監獄」裡的行為，參加者一部分扮演獄警，一部分扮演囚犯。實驗被認為證明了實驗者的一個見解：大部分人在特殊環境的壓力下幾乎什麼事情都做得出來，哪怕那是違背他們的道德觀、個人信念和價值觀。（P. G. Zimbardo, 1972）更特殊的是，它顯示出模擬監獄把大部分扮演「獄警」的人變成了兇殘的施虐癖者，而大部分扮演囚犯的人則變成了卑微的、嚇破膽的順服者。後者有些人產生了嚴重的精神病症候，不得不在幾天之內就釋放。事實上，兩群人的反應都是如此之強烈，導致本來預定進行兩星期的實驗在六天後便提早結束。

我不認為這次實驗證明了它原本打算證明的行為主義論點，理由容後再述。我首先需要讓各位讀者明瞭第二篇報告中描述的實驗細節。實驗人員首先在報紙上刊登廣告，徵求男性自願者參加一個對監獄生活的心理學研究，每人每天的報酬是十五美元。應徵的學生——填寫了涉及範圍很廣的調查表，問題包括家庭背景、身體和精神健康狀況史、以前的經

11　除非另有說明，以下引文都是出自第二份報告——承蒙津巴多博士寄給我。

歷，和有關精神病理學方面的態度傾向（包括是否曾經犯罪）。填好調查表以後，每名應徵者要接受兩位實驗人員其中一位面談。最後，有二十四名應徵者被判定為最穩定（身體與精神兩方面穩定）、最成熟和最沒有反社會傾向，因而入選。按照隨機選取方式，一半受試者被分派為「獄警」，一半被分派為「囚犯」。

這些被選出來的人在開始實驗的前一天，「填了一組心理測驗表，但為避免實驗人員產生偏見，測驗的答案在整個實驗結束後才會公開。」依照報告的三位執筆者的說法，他們選擇受試者的標準是沒有偏離一般人的範圍，即既沒有施虐癖的傾向，也沒有受虐癖的傾向。

「監獄」設在史丹佛大學心理學大樓地下室一段三十五呎長的走廊。所有受試者被告以他們是以完全隨機的方式被分派為獄警或囚犯，而他們都是自願以每天十五美元的報酬，扮演兩星期的獄警或囚犯。他們簽訂合約，合約保證在監禁期間，他們會得到最起碼的足夠食物、衣服、住宿和醫療照顧。

合約上載明，扮演囚犯的人會受到監視（只有一點點或完全沒有私生活），基本公民權會暫時被剝奪（但身體不會受到折騰）。實驗人員沒有告訴他們可能會發生什麼事，也沒有告訴他們怎麼才算囚犯的適當行為。有簽約的人接到電話通知，要他們在某一個星期天在住所等候，實驗會從那一天開始。

被分派為獄警的受試者，與「典獄長」（研究助理）和「監督官」（主要研究員）開了一次會。他們被告知任務是「維持獄中合理程度的秩序，使其能有效運作」。

實驗者對「監獄」兩個字的理解需要在這裡說明一下。「監獄」平常是指囚禁犯法者的地方，但實驗者用它來指美國某些的監獄狀況。

我們不是要實際模擬一所美國監獄，而是要製造一個環境，在作用上可以代表一所美國監獄。倫理、道德和實用上的考慮，都為我們的實驗立下界限。我們不能延長期限或無限期地拘禁受試者，我們不能使用嚴厲體罰的威脅，我們不能允許同性戀或種族歧視盛行，也不能把真正監獄的其他特別現象加以複製。但是我們相信我們所製造的環境相當真實，可以讓受試者深刻地扮演他們的角色。為了達到這個目的，我們設計了一些和真實監獄生活有相同作用的設施，好讓受試者產生和身處真實監獄中相似的心理反應。這些心理反應包括有權力與無權力，掌控感與被壓迫感，滿足感與挫折感，任意統治感與反抗權威感，身分地位感與匿名感，男性雄風感與去勢感。

這一段文字只「含蓄」地描寫了他們所採用的辦法，實際上他們的辦法並非這麼含蓄。那是一些嚴重和系統性的羞辱和低貶手段：這不僅透過獄警的行為表現出來，還透過實驗本身的安排表現出來。

把他們自己設計的環境稱為「監獄」，等於說美國所有的監獄都是這個樣子，甚至別國的監獄也是這個樣子。但事實上有許多監獄並不如此。例如有些美國的聯邦監獄和國外的類似監獄，就不像實驗者建構的模擬監獄那麼邪惡。

「囚犯」們是被如何對待的？實驗人員叫他們隨時準備好，因為實驗隨時會開始。

在帕羅奧圖市警察局的協助下，扮演囚犯的受試者在自己住處出其不意地「被逮捕」。一名警察指控他們涉嫌入屋行竊或持械搶劫，對他們唸出他們的法律權利，將他們上銬，上下搜身（往往有一些好奇的鄰居在旁觀看），然後把他們帶上警車，送往警察局。到警察局後，他們也是按照標準流程進行：按指紋，交代身分資料，再被安置在一間拘留室裡。然後他們的眼睛會被蒙起來，由一位實驗人員在一名「獄警」的陪同下開車載到我們的模擬監獄。整個逮捕過程中，員警一直保持著正式和嚴肅的態度，不回答他們的問題：這次「逮捕」是不是和模擬監獄實驗有關？

到達我們的監獄以後，囚犯會被剝光衣服，噴撒除虱劑（除臭劑），讓他們光著身子獨自在天井裡站一陣子。然後把前面所說的那種衣服拿給他們穿上，照了相，就把他們帶到各自的牢房裡，叫他們不准出聲。

由於「逮捕」是由真正的員警執行（我們懷疑這樣做是否合法），受試者很難知道自己是不是受到真正的指控，這特別是因為警察不肯回答逮捕是否和實驗有關的問題。在這樣的情況下，受試者心裡會怎麼想？他們怎麼知道這「逮捕」並不是逮捕，怎麼知道警察插手只是為了讓實驗更像是真的？

「囚犯」的制服非常特別，那是

一件寬大的罩衫，胸前和背後都印著號碼，裡面沒有內衣褲。犯人一個腳踝上扣著鎖鏈。他們腳上穿的是橡膠拖鞋，每個人的頭髮都用絲襪罩起來……給他們穿這種制服，不但是要他們失去個體性，也是要羞辱他們，做為他們卑屈地位的象徵。腳上的鏈子會時時提醒他們，他們是處在被壓迫的狀態下——連睡覺時也會如此，因為睡覺時鐵鏈會碰到另一個腳踝。絲襪帽讓他們的頭髮失去長短、顏色和髮型的分別，其作用和某些「真正的」監獄與軍中的剃光頭相似。不合身的制服讓囚犯行動時覺得笨拙。由於沒有內衣褲，他們的姿態往往像女人多於像男人，這也是另一種讓他們感到被去勢的辦法。

在六天的實驗裡，囚犯和獄警對監獄情境有什麼的反應？

這情境對參加實驗者產生極大壓力，有五名囚犯出現極度的憂鬱、哭叫、憤怒，並且有強烈的焦慮，因此必須提早釋放。他們其中有四人症狀相似，從進入監獄第二天就開始發作。另一個在身上某些部分出現身心性紅疹，經治療後釋放。其他的囚犯中，只有兩人不願意因為「假釋」而放棄他們應得的報酬。第六天，實驗提早結束，所有剩下的囚犯都因這意外的好運而大為高興……

囚犯的反應大致上相似，只是程度不同，但獄警的反應卻較為複雜：

與囚犯們不同，當我們決定中止實驗，大部分獄警都顯得很洩氣。看起來，他們很投入他們的角色，也很享受擁有絕對控制囚犯的權力，所以現在捨不得放棄這權力。

三位作者這樣形容「獄警」的態度：

沒有一名獄警遲到過，有好幾次還自願加班，沒有加班費亦毫不抱怨。

囚犯和獄警的極端病理學反應，證明了社會力量對人雖然有影響力，但每個人的反應不完全相同，適應程度也各有不同。囚犯裡有半數能夠忍受壓迫，獄警們也不是個個採取敵意態度。有些獄警粗暴但有分寸（「照規矩扮演」），有些則超出了他們的角色，挖空心思發明一些折磨囚犯的殘忍方法。少數幾個是消極的，極少壓迫囚犯。

可惜我們不知道「有些」和「少數幾個」究竟是多少。這種疏忽本來是很容易避免的。津巴多在監獄改革會議上的報告反倒比較精確一些。他說：「想出種種辦法折磨囚犯」的獄警約占三**分之一**。剩下的分成兩類，一類是「粗暴但有分寸的」，第二類是「囚犯眼中的好獄警，因為他們對囚犯友善，會幫囚犯一些小忙。」這話和後來三人合寫的報告很不同，後者寫的是「少數幾個是消極的，極少壓迫囚犯。」

從這些方面來看，這次實驗在資料的整理上不夠嚴謹。三位執筆者認為他們證明了環境可以在幾天之內把普通人改變成卑屈的人，或變成無情的施虐者。我的看法卻不一樣，我認為他們正好證明了相反的事情。模擬監獄的設計原本是為了貶損和羞辱人（獄警們顯然馬上就看出來這一點），可是三分之二的獄警卻沒有為了「找樂子」而去虐待囚犯。這證明即便提供適當的環境，要讓人變成施虐者也不是容易的事。

在這個脈絡下，行為和性格的差別極其重要。依照施虐癖的規矩行事，並不就是喜歡虐待別人。津巴多等人沒有注意到這一點，這讓他們的實驗失去很多價值。米爾格蘭的實驗也因為昧於此而失色。

性格與行為的差別還有另一層關聯性。津巴多給受試者做的心理測驗顯示，他們沒有施虐傾向或受虐傾向，這等於是說他們沒有施虐性格特徵或受虐性格特徵。對把外顯行為做為主要資料的心理學家來說，這樣的結論也許沒什麼錯。然而，站在精神分析經驗的基礎上看，此說不是十分有說服力。性格特徵往往完全是無意識的，一般的心理測驗也測不出來。如果是使用投射測驗法，例如「主題統覺測驗」或「羅夏墨跡測驗」，則只有對無意識的心理過程有相當經驗的研究者才能找出較多的無意識資料。

還有另一個原因讓我們對「獄警」的資料的正確性起疑。受試者會被選上當獄警，是因為他們大致上可代表一般人的情況，即沒有施虐傾向。這個結果和經驗證據相左，因為經驗證據顯示，一般人中無意識的有施虐癖者的百分比不是零。有些研究顯示過這一點（E. Fromm, 1936；E. Fromm and M. Maccoby, 1970），而高明的觀察者即使不用問卷或測驗一樣可以看出這種人。姑且不論一般人中有施虐癖者的百分比是多少，津巴多的實驗認定「獄警」們完全沒有這種傾向反映出它使用的測驗不是很有效。

這實驗之所以產生一些叫人困惑的結果，還有另一個的原因。三位執筆者認為受試者難以辨別扮演的角色是真是假，又假定這是實驗的情境使然。這是事實，但這個結果是實驗人員蓄意設計。首先，「囚犯」們被幾個因素搞糊塗了。他們簽約時被告知的事項和後來實際的遭遇完全不同。他們根本不會想到自己會落入那麼降格和屈辱的環境。員警的加入造成更大的擾亂。由於警察機關參加實驗是極不尋常的事，這讓「囚犯」們難以分辨警察是在演戲還是來真的。報告顯示，他們甚至不知道自己被捕和實驗是不是有關係，而員警又拒絕回答他們的疑問。在這種情況下，莫名其妙地被帶進監獄，任何一般人難道不會感到困惑，感到被愚弄和無助？

他們為什麼不馬上走掉，或只待一、兩天便走掉？三位執筆者沒有向我們清楚說明，關於釋放的條件，他們是如何告訴囚犯的。至少他們沒有告訴囚犯：只要你們覺得受不了，就有權離開。事實上，有些囚犯試圖離開時，被獄警強行阻止。實驗人員似乎給了他們一個印象：只有假釋委員會才有權讓人離開。可是三位執筆者卻說：

在一次假釋聽證中，發生了一件最令人驚訝的事。當時，資深執筆者輪流問五名夠資格假釋的囚犯，如果釋放他們，願不願意放棄當囚犯所賺的錢。其中三人竟然表示願意。但他們參加這實驗原來是為了賺錢，現在僅僅四天後便願意完全放棄，豈不是讓人吃驚嗎？更讓人吃驚的是，當我們說要等假釋委員會討論之後再作決定時，囚犯們安靜地站起來，任憑獄警一個個把他們送回個人的囚室。如果他們認為自己只是為了錢才來參加實驗的「受試者」，他們大可馬上就走，因為他們既然願意放棄酬勞而又顯然厭惡監獄的環境，還有什麼理由再留下來呢？但是，環境所造成的控制力如此強大，監獄的情況如此逼真，導致他們不能了解，留在監獄的原因和動機已經不存在了，因此他們靜靜地回到自己的囚室，等候監禁他們的人開會決定要不要給他們「假釋」。

囚犯們想要逃脫實驗人員設下的環境氣氛豈是容易的？實驗人員為什麼不在假釋聽證會上告訴他們：「只要你們肯放棄報酬，願意走的立刻就可以走。」如果他們聽到這個之後仍然留下來，才算是真的馴服。但告訴他們「待假釋委員會討論之後再作決定」，就是給了他們典型官僚的「太極拳式」回答。那暗示著囚犯沒有離開的權利。

囚犯們真正「知道」這一切都只是實驗嗎？這就要看「知道」二字在這裡應如何理解。實驗人員從一開始就刻意搞亂囚犯們的思考過程，導致他們根本就不知道整件事是怎麼回事，也不知道自己是什麼身分。

除了有欠嚴謹和對實驗成果有欠自我批判外，這實驗還有一個缺失，那就是沒有把實驗成果和真正的同類型監獄作比較。在美國環境最糟的監獄中，大部分囚犯是不是這麼屈服馴良？大部分獄警是不是這般殘忍？作者們只引證了一名出獄犯人和一位監獄牧師的話，證明模擬監獄的觀察所得和真正的監獄一樣。但對這樣一個關鍵性的問題，更妥當的做法是做進一步的比較，例如系統性地大量訪談曾經坐牢的人。另外，他們逕用「監獄」二字也有所不妥：他們應該提出更精確的數據，說明美國有多少監獄是像他們設計的監獄那樣會羞辱犯人。

最讓人遺憾的是，三位執筆者沒有把實驗成果拿來和希特勒的集中營比較，因為集中營比美國環境最糟的監獄還壞得多，而且資料異常豐富。

集中營黨衛軍守衛的自發性殘忍行為迄今沒有得到系統性的研究。據前集中營囚犯自己的估計，有自發性殘忍行為的禁衛軍介乎一〇%至九〇%之間（較低的估計往往是出自前政治犯）。[12]要把事情弄清楚，必須對集中營禁衛軍的施虐行為進行徹底研究。這項研究可以採用幾種方法。例如：

一、系統性地訪談前集中營囚犯（記下他們的年齡、被捕原因、囚禁時間和其他相關資料），以及同樣系統性地訪談前集中營獄警。[13]

二、利用例如以下一類的「間接」資料：至少在一九三九年，納粹會用系統性方法摧折那些要用火車長途運送至集中營的新犯人的意志，方法包括使犯人受到嚴重傷害（鞭打或用刺刀刺傷）、使其挨餓或嚴重受辱。執行這些施虐癖命令時，黨衛軍毫不留情。可是，後來當這些囚犯被從一個集中營用火車運到另一個集中營時，卻沒有人再碰這些「老囚犯」。（B. Bettelheim, 1960）如果獄警是為了取樂而虐待他們，本可為所欲為而不必怕受懲罰。[14]不常發生這種事也許顯示出守衛本身沒有強烈的施虐癖。至於犯人的態度，來自集中營的資料傾向於否定津巴多三人的主要論點：他們假定，在強烈的環境壓力下，個人的價值觀、道德觀和信念會失去作用。這些資料顯示出，沒有政治信念的中產階級囚犯（大部分是猶太人），和有政治信念或有宗教信仰的囚犯，在同樣身處集中營的情況下，反應根本不同。

貝特爾海姆（Bruno Bettelheim）對這種不同有以下生動而深刻的分析：

非政治性的中產階級囚犯（只占集中營囚犯的一小部分）是最經不起最初震撼的人。他們

12 部分數據來自H. Brandt和H. Simonson教授，他們都是在集中營待過很多年的政治犯。另外有些提供資料給我的人希望匿名。另參考H. Brandt（1970）。

13 我從J. M. Steiner博士得知，他準備為報章進行一項以這一類訪談為基礎的研究。這應當會是一個重要貢獻。

14 那時的集中營守衛只有在處死囚犯時才需要交報告。

完全不能了解在他們身上發生什麼事，以及為何發生。他們現在比以前更緊緊抓住讓他們有自尊的東西。即使在受虐待時，他們還是向黨衛軍表示他們從來沒有反對過納粹。他們不明白，為什麼他們這樣奉公守法的人會遭受迫害。即使是現在，受著這樣不公正的囚禁，他們還是不敢反對壓迫他們的人，甚至連想也不敢想（但如果他們心裡敢有反對的念頭，反而會讓他們得到他們極其渴望的自尊感）。他們所能做的只是懇求，有的甚至卑躬屈膝。由於無法責備法律和警察，所以不管蓋世太保對他們做了什麼，他們只能接受。他們唯一反對的是把他們變成迫害的對象，但因為迫害是當局所授權，因此必然是對的。為了解決這個矛盾，他們堅稱他們的被迫害是一場「誤會」。禁衛軍嘲弄他們，虐待他們，同時享受由此產生的優越感。這群囚犯特別在意的是，他們的中產階級地位沒有受到一點點尊敬。最讓他們難堪的是，他們受到「像普通罪犯」一樣的待遇。

他們的行為顯示出，沒有政治信念的德國中產階級是多麼無力反抗納粹。他們沒有一貫的哲學，沒有道德哲學、政治哲學或社會哲學可以捍衛自己的人格完整性，或讓他們有內在力量可以對抗納粹。當他們猝然落入牢籠，他們自身幾乎找不到內在資源可以依靠。他們的自尊本來只是來自地位，而他們會受到尊敬是因為他們的職業、他們的一家之主地位或其他類似的外在因素……

這些人幾乎個個都失去了中產階級所珍視的特點，不再舉止有度，也喪失了自尊；他們變得庸庸碌碌，把他們原有的醜陋特點發展到極致：卑下，喜歡口角，自哀自憐。有許多人沮喪得不能自持，抱怨不休。另一些人變成騙子，偷拿別的囚犯的東西。（在集中營，偷黨衛軍的東西或欺騙他們常常被認為是光榮的，但偷盜別的囚犯卻被視為是可恥。）他們似乎不再能遵循他們原先的行為準則，而模仿起其他類型的囚犯的行為；有些人的行為更是與罪犯們在監獄裡的行為沒有區別。只有極少數人追隨政治犯的行為模式，這種模式雖然不無問題，卻是囚犯們種種行為模式中最好的一種。有少數人攀附上層階級的囚犯，盡量效仿他們的行為。更有許多人像奴隸一樣屈從黨衛軍，有些人甚至做密探（除了這少數幾個以外，只有罪犯做這種事）；可是這對他們並無好處，因為蓋世太保固然喜歡有人告密，卻不齒出賣同伴的人。（B. Bettelheim, 1960）

貝特爾海姆對中產階級一般成員的自尊與認同感有入木三分的分析，指出他們的社會地位、聲望和權力是他們的自尊所仰賴的支柱。如果這些支柱消失了，他們在道德上就會像洩氣的氣球一樣坍掉。貝特爾海姆描述了這些人為什麼士氣低落，為什麼他們之中有些人成為蓋世太保的低賤奴隸，甚至密探。導致這種變化的一個重要原因肯定是壓力。這些非政治犯不了解自己的處境，不明白自己為什麼會被帶到集中營，因為他們一貫相信只有「罪犯」才會被懲罰，而他們不是罪犯。這種不理解所導致的迷惘很大程度上引發了他們的崩潰。

有**政治信念**或**宗教信仰**的犯人在集中營裡的反應完全不同。

對於那些原已預期會受到蓋世太保迫害的政治犯，坐牢並不是一個沉重的打擊，因為他們已經在生理上為此做好了準備。他們對自己的命運感到憤慨，但是他們接受這一牢獄之災，因為這符合他們對事情發展的預期。可以理解他們會為自己的未來擔憂和擔心連累家人和朋友，但是他們斷然沒有理由認為被囚會讓人格降格，哪怕他們就像其他犯人一樣因為集中營的環境而吃苦。

做為有良知的反對者，所有「耶和華見證人派」信徒都被關進了集中營。他們更不受到囚禁的影響，由於嚴謹的宗教信仰而保持了人格的一致。由於在蓋世太保的眼中，他們唯一的罪只是拒絕使用武器，所以常常給他們機會，讓他們以服兵役換取自由。但他們總是拒絕。

這群體的成員在世界觀和經驗上通常較為狹窄。他們一方面想要帶人信教，另一方面又是集中營囚犯中的楷模，樂於助人而可靠。他們只有在有人質疑他們的宗教信仰時才會爭辯，甚至爭吵。因為他們有良知的工作習慣，他們常常被選為工頭。一旦成為工頭並從蓋世太保軍官獲得命令，他們就會堅持手下犯人必須在規定時間內完成工作並把工作做好。儘管他們是犯人中唯一從不虐待和侮辱其他囚犯的一群（相反的，他們對其他囚犯常常彬彬有禮），蓋世太保軍官因為他們的工作習慣、技能和謙遜的態度，喜歡用他們當勤務兵。與持續相互傾軋的其他犯人群體相比，「耶和華見證人派」信徒從不濫用他們與蓋世太保軍官的親近關係取得特權地位。（B. Bettelheim, 1960）

貝特爾海姆對政治犯的描繪雖然非常簡略[15]，卻讓人非常明白地看出，有信念的人和沒有信念的人在集中營裡雖然遭遇相同，反應卻完全不同。這事實和津巴多等行為主義者想證明的論點相左。

既然有那麼多材料可供「自然」的實驗使用，我們不禁會懷疑那些「人工」的實驗究竟有多少價值。這不只因為「人工」的實驗雖自稱精確而實際上並不精確，還因為人工製造的環境往往把實驗扭曲，讓其無法和「真實生活」相比。

何為「真實生活」？

若一定要予以正式的定義，難免會引起哲學和知識論上的問題，造成離題太遠的情形。我們倒不如舉幾個例子以資說明。

在「戰爭遊戲」中，可以把有些士兵說成是「陣亡了」，把有些槍枝說成是「摧毀了」。按照遊戲規則確實可以這樣說，但這對實際的人和物不產生影響。「陣亡了」的士兵只是躺下來休息一會兒，「摧毀了」的武器等一下還可以再用。至於輸掉的一方，它的將軍頂多下臺了事。換句話說，戰爭遊戲中發生的任何事情對遊戲者的實際生活並無影響。

賭錢的遊戲是另外一種例子。大部分用紙牌、輪盤或賽馬來賭博的人都很清楚「遊戲」和「真實」的分界線。他們下賭注的數量以不嚴重影響經濟狀況為限，也就是說以不會產生嚴重的後果

---

15 更充分的描繪見H. Brandt（1970）。

為限。

少數真正的「賭徒」則會冒險下大量賭注，帶來嚴重後果者可致傾家蕩產。但這種「賭徒」並不是真的在「玩遊戲」。他實際上是投入了非常實際又往往戲劇化的生活方式。劍擊運動也屬於「遊戲」的範疇：兩個人都不需冒生命的危險。如果需要冒生命危險，事情就變成了決鬥而不是遊戲。[16]

在心理實驗中，如果受試者清楚知道整件事只是一場遊戲，則一切都會變得簡單。但在許多實驗中（例如米爾格蘭的「電擊」實驗），受試者是被蒙在鼓裡。至於津巴多等人的監獄實驗則想盡辦法把「實驗感」減低或抹除。許多這一類的實驗竟然必須採用欺騙手段，證明它們不是實際的：參加實驗者的真實感被擾亂了，他們的批判性判斷力也大大減低。[17]

在「真實生活」中，人知道自己的行為會產生後果。一個人也許會幻想殺害某人，但這種幻想極少付諸行動，許多人把這些幻想在夢裡表現出來，因為在睡眠狀態，幻想不會產生後果。參與實驗的人如果完全沒有實際感，他們的反應便容易表現出無意識的傾向，而不是在實際生活中碰到同樣事情時所產生的反應。[18]還有一個理由讓一件事情是真實還是遊戲具有無比重要性。眾所周知，真正的危險會使人將身上的「緊急能量」動員起來，其所產生的體力或忍耐力往往是當事人不曾預料到的。但這種能量只會在整個有機體面臨真正的危險時產生，而且是出於很好的神經生理理由。反觀做白日夢的人所幻想的危險不會激起這種反應，只會讓人感到恐懼和憂慮。事實與幻想的差異不僅關係到會不會引起緊急應變能力，還關係到許多別的方面。例如，當一個情境被感到是不真實時，當事人不會產生道德抑制和良心反應。

再者，我們必須考慮到在這一類實驗中，實驗人員所扮演的角色。實驗人員製造和控制假的環境。在某個意義下，他對受試者來說代表著真實，也因此他對受試者的影響力類似催眠師之於被催眠者。實驗人員在某種程度上解除了受試者的責任感和自由意志，因此使他比在沒有「被催眠」的狀態下更容易遵從實驗的規則。

最後，模擬囚犯和真囚犯根本不同，因此，從模擬囚犯得出的結論根本不能適用於真囚犯。對一個因事坐牢的囚犯來說，他的處境非常真實：他知道自己坐牢的理由（這懲罰公不公道是另一回事），他知道自己擁有的少數權利，他知道自己有多少機會可望提早假釋。一個人是不是知道自己會被囚禁兩星期、兩個月、兩年或二十年，顯然對他的態度有決定性的影響。光是這一因素就足以決定他是否會感到無望，是否會志氣消沉，有時還會（當然這是少數的例子）激起他的新能量，讓他走向良性或惡性的目標。再者，囚犯並不只是「囚犯」，還是人。每個受試者都是

16 麥科比對遊戲態度在美國人社會性格中的重要性做了一番研究，使我對於「遊戲」態度的動力特性有更深入的認識。（M. Maccoby, to be published soon. Cf. also M. Maccoby, 1972）

17 這讓我們想到電視廣告。這種廣告的一個特色是混淆幻想與現實的分際，讓它的「訊息」可以用暗示的方式傳遞出去。觀眾固然「知道」使用某種香皂不可能使他的生活產生奇蹟式的變化，但他同時又會相信這回事。他不去分別什麼是真的，什麼是虛構的，只在真假不分的迷霧中思考。

18 由於這個原因，如果某人偶然做了一個殺人的夢，我們只能斷定他有殺人的衝動，而不能斷定他的這種衝動有多強烈。除非這種夢一再出現，我們才能說它是強烈的。

一個個體，會因性格結構的不同而有不同反應。但這並不是說，他們的反應只是性格結構的作用，和他們所處的環境完全無關。只強調性格結構或只強調環境都是流於片面。每個個體（和每個群體）都會給研究者帶來的難題，是決定性格結構與社會結構的交互作用程度。這是真正有效的研究的起點，而假定環境是解釋人類行為的唯一因素，徒然讓研究走入死胡同。

挫折—攻擊理論

還有很多其他人從行為主義的觀點來研究攻擊性[19]，但他們無一能形成一個一般理論，以解釋攻擊性與暴力的起源。唯一的例外是多拉德（J. Dollard）等人提出的「挫折—攻擊理論」（frustration-aggression theory），他們宣稱已經找到了一切攻擊行為的原因。更具體來說，他們認為：「攻擊行為的發生總是以挫折的存在為前提，反之亦然：挫折的存在總會導致某種攻擊行為。」（J. Dollard *et al*, 1939）兩年以後，其中一位作者米勒（N. E. Miller）撤銷了假說的第二部分，改為主張挫折可以激起許多不同的反應，攻擊行為只是其中之一。（N. E. Miller, 1941）

據巴斯所述，除少數例外，幾乎所有心理學家都接受「挫折—攻擊理論」。但巴斯認為：「單方面強調挫折的重要性，會使人忽視許多別的前提（有害的刺激因素），也會忽視攻擊行為的另一種作用，也就是忽視攻擊行為有時是一種工具性反應。挫折只是攻擊行為的前提之一，而且不

是最有力的。」（A. H. Buss, 1961）

想在本書裡對「挫折—攻擊理論」進行徹底討論是不可能的，因為需要處理的文獻太多。[20]所以，以下我只討論幾個重點。

這理論的立論本來很單純，可是由於「挫折」一詞的歧義，使這理論變得複雜起來。基本上，「挫折」有兩種意思：一、正在進行的、有目的的行為遭受打斷。（例如：一個小孩伸手到糖果罐，母親進來，叫他停止；或一個性興奮的人在性交中途被打斷。）二、欲望或渴望遭到否決，巴斯稱之為「剝奪」。（例如：小孩向母親要糖果被拒，或一個男人向一個女人求歡被拒。）

「挫折」一詞的歧義是多拉德等人用詞不夠嚴謹所導致。另一個原因是，一般人在使用「挫折」的時候，往往是指第二種意思。精神分析學也助長這種用法（例如：孩子對母愛的渴望被母親「挫折」了）。

「挫折」的兩種意義讓我們有了兩種完全不同的「挫折—攻擊理論」。第一種意義下的「挫折」相對稀少，因為它需要行為已經開始。這種情況因為不夠多，所以不足以解釋所有或相當大一部分的攻擊行為。可是，主張「行為被打斷而造成攻擊性」卻也許是「挫折—攻擊理論」唯一

19 見梅加吉（E. I. Megargee, 1969），這是對暴力的心理學研究的優秀綜覽。

20 對「挫折—攻擊理論」最重要的討論，除巴斯的著作以外，值得推薦的還有L. Berkowitz's "Frustration-Aggression Hypothesis Revisited"（1969）。貝爾科維奇富於批評，但基本贊同「挫折—攻擊理論」的立場。他引述了許多近來的實驗。

有力的部分。不管是要證明還是否定這部分理論，神經生理學方面的新資料也許有著決定性的作用。

另一方面，按照「挫折」的第二種意義所建立的理論看來經不起事實的考驗。首先，我們可以看看生活中的一個基本事實：重要的事歷經挫折才能達成。「不需要努力（即不需要經過挫折）便獲得」也許是很好的廣告詞，但對習得某種重要技能來說卻萬萬不是事實。一個人若是沒有接受挫折的能力，幾乎不能發展成為人。日常生活中，人們承受挫折卻沒有攻擊性反應的例子不是比比皆是嗎？能夠產生挫折，並且經常產生挫折的，是這挫折對當事人的意義。同樣的挫折在不同的境況下發生，心理上的意義會完全不同。

例如，即便一個小孩被禁止吃糖，但如果父母對待小孩的態度是慈愛的，不是以控制小孩為樂，那麼小孩在吃糖上的挫折就不會激發攻擊性。反之，如果父母對小孩的禁令是出自控制欲，或如果小孩的手足被允許吃糖，小孩就有可能大為憤怒。產生攻擊性的不是挫折，而是情境中包含的不公平或否定態度。

決定挫折會不會出現和程度有多強，最重要的因素是一個人的性格。例如，當一個非常貪吃的人得不到他想吃的食物，或當一個吝嗇的人買不到他想買的便宜貨，或一個自戀的人得不到他想要的誇獎與賞識，都會勃然大怒。人的性格首先決定**什麼事情**會帶給他挫折，然後決定他會有**多激烈**的反應。

行為主義者對攻擊性的很多研究對他們自己的目標而言固然有價值，可是對激烈的攻擊性還不能做出妥善的解釋。梅加吉（E. I. Megargee）在他對心理學文獻的傑出綜覽中指出：「在我們所檢視過所有研究中，很少試圖測試有關人類暴力的理論。至於那些難得研究暴力的經驗研究，**一般來說不是設計來測試理論**。至於那些難得聚焦在重要理論議題的考察，考察的往往只是溫和的攻擊性行為，再不然就是以類人猿為實驗對象。」（E. I. Megargee, 1969；強調字體為外加）有鑑於行為主義擁有傑出的研究人員和豐富的資源卻得到如此貧乏的成果，我們不能不認為，行為主義會發展不出一個解釋人類攻擊性的系統性理論，是它本身的缺陷導致。

第三章　本能主義與行為主義的異同

本能主義與行為主義的相同之處

本能主義者眼中的人類是遠古時期的人類，行為主義者眼中的人類是現代社會系統裡的人類。前者是一種機器，只能複製遺傳下來的行為模式；後者也是一種機器[1]，只能複製現代的社會行為模式。儘管如此，本能主義與行為主義有一個共同的基本前提：人不具備有自己的結構和規則的心靈。

勞倫茲一派的本能主義也是採取這個基本立場，而把這個觀點表現得最為徹底的是他的學生萊豪森（Paul Leyhausen）。萊豪森指出，有些研究人類的心理學家認為，凡是與心靈有關的事情只能以心理學來解釋，也就是說只能以心理學前提做為基礎來解釋。（「只能」二字是萊豪森為方便論證加上去的，但這樣做卻稍微扭曲了那些心理學家的立場。他說：「如果有哪個地方是我們斷然找不到心靈事件和心靈經驗的解釋的，那就是在心靈本身。其道理和我們不能用消化過程來解釋消化是一樣的，因為消化過程是在十億年以前的特別生態環境中形成的。那些環境因素對一些有機體施加淘汰壓力，逼得它們不但要消化無機物，也要消化有機物。相同的，心靈過程也是在面臨淘汰壓力下產生的結果，目的是在保存生命與物種。它們的解釋在每個意義下都是前心理學的（pre-psychological）。」（K. Lorenz, P. Leyhausen, 1968）用簡單的話說，萊豪森認為只有用演化過程才解釋得了心理學材料。此處的關鍵是「解釋」二字的意義。例如，如果我們想知道作為從低等動物大腦到高等動物大腦的演化結果，恐懼的效應是如何產生的，有責任回答的就是研究大腦演化的科學家。但是，如果想解釋一個人現在為什麼害怕，那麼，演化論的資料沒有多大用處，我們必須從他的心理狀況做解釋。這個人可能被強敵威脅，可能正在應付自己被抑制的攻擊性，可能被無力感所苦，可能是妄想自己遭受迫害，也可能是其他原因。要想用演化過程來解釋某個人的恐懼，顯然是不著邊際。

萊豪森的前提——要研究人類現象只能從演化過程著手——意味著我們只有了解人類在演化過程中如何變成他現在的樣子，才能了解人的心理過程。同樣的，他認為要了解消化過程，就務必了解數億年前存在的生存環境。但試問，當醫生在治療病人的消化器官病症時，如果他是把重

1 採取 H. von Foerster（1970）所說的「瑣碎的機器」的意義。

點放在消化器官的演化過程而不是病人特有的病症，他能對病人有幫助嗎？在萊豪森看來，研究演化的科學是唯一的科學，一切研究人類的科學都應附屬於這門科學。就我所知，勞倫茲並沒有這麼極端，但他的理論卻是建立在相同的前提上。他認為人只有了解人的演化過程，才能夠**充分地**了解自己。[2]

本能主義與行為主義儘管有很大不同，它們卻有一個共通的基本取向。它們都把做為行為者的人排除到視線範圍之外。行為主義認為人是條件制約的產物，本能主義認為人是動物演化的產物，儘管如此，它們都認為人完全由自己以外的條件所決定。人在自己的生活中沒有扮演角色，沒有責任，甚至沒有絲毫自由。人是傀儡，由本能的繩索或條件制約的繩索牽動、控制。

近期的一些觀點

雖然在對人的構想和在哲學取向上有相似之處，本能主義者和行為主義者卻一直猛烈互相攻擊。「先天還是後天」、「本能還是環境」成了雙方陣營各自的旗幟，彼此都拒絕低頭看他們的共同立足點。

最近幾年漸漸有一種趨勢，想要克服本能主義與行為主義的對立。解決的方法之一是改變用語。有些人把「本能」二字專用在低等動物，談到人類動機時則稱之為「機體驅力」（organic drives）。[3]順著這種思路，有些人發展出以下的說法：「人的行為大部分是習得，鳥類的行為大部分不是習得。」（W. C. Alee, H. W. Nissen, M. F. Nimkoff, 1953）這個說法表現出新趨勢的特點，也就是用「或多或少」來代替以前的「非此即彼」提法，認為本能與學習在行為中所占的分量是逐步增減的。這種觀點的模型是一個連續體（continuum）：一端是幾乎完全的與生俱來，另一端是幾乎完全的習得。

本能主義理論的傑出代言人比奇（F. A. Beach）寫道：

> 當今的心理學對本能的研究有一個嚴重缺點，那就是假定用二分類系統就足以把複雜的行為分類。認為一切行為若不是由學習決定就是由遺傳決定，這假定是完全不公允的——兼且不管是對學習還是遺傳，我們現在都只有片面的知識。任何反應的最後形式總是受到許多變數的影響，而本能和經驗只是這些變數的其中之二。心理學必須找出並分析所有的這些因素，並以此為己任。當我們正確構思這個任務並正確地執行，就不再需要關於本能行為的模糊概念，而這些概念也不再有存在的理由。（F. A. Beach, 1955）

2 在精神分析中也有類似勞倫茲—萊豪森的學派。此派人士認為精神分析只需要了解病人的病史，不必了解病人現前的心理動態。

3 譯註：「機體驅力」的「機體」有與生俱來的意思。

本著同樣的精神，梅爾（N. R. F. Maier）和施尼爾（T. C. Schneirla）寫道：

> 高等生物比低等生物在行為方面更需要學習，因此，高等生物的本能行為要比低等生物的本能行為更受經驗的影響。就是由於這種影響，動物才慢慢適應種種不同的環境，逃出了外在環境的狹窄限制。因此，高等生物在求生存方面對外在特殊環境的依賴比低等生物要少。在行為中，習得成分與先天成分會彼此互動，因此有很多行為模式是不可能被分類的。對每一種行為都必須單獨地加以考察。（N. R. F. Maier and T. C. Schneirla, 1964）

我在本書所採取的立場，某些方面與前面幾位研究者相近，不過，從我的立場來看，最重要的還不是結束「本能」與「習得」之間的對立，而是要區分「機體驅力」與「非機體驅力」的不同（見本書第三部）。「機體驅力」以前稱為「本能」，包括覓食、戰鬥、逃跑、性欲等，其作用是保證個體與物種的生存。「非機體驅力」是根植於性格的激情（character-rooted passions）[4]，它不是由物種演化而產生的驅力，也不是人人相同。這種驅力包括了對愛與自由的渴求，也包括破壞性、自戀、施虐癖和受虐癖。

構成人類第二本性的這種「非機體驅力」常常被人和「機體驅力」混為一談。一個好例子是性驅力。一個已經在精神分析學上確立的事實是，主觀上感覺到的性欲（包括相應的生理表現），往往不是來自性的激情，而是來自自戀、施虐癖、受虐癖或對權力的渴望。甚至是來自焦慮、孤寂和無聊厭煩。

例如，一個自戀的男人看到一個女人時可能產生性興奮，因為那讓他有機會證明自己多麼有吸引力。一個有施虐癖的人如果有機會征服和控制一個異性，也會產生性興奮。許多人經年累月在情感上「結合」在一起，動機卻是施虐與受虐，而如果一方喜歡施虐，另一方喜歡受虐，結合得就更牢固。眾所周知，一個人只要具備一定的身體條件，那麼他的名望、權力和財富便可以使他具有性吸引力。所有這些都是生理的欲望被非性欲的激情所激發的例子。事實上，誰也說不準有多少小孩會被懷上是由於虛榮心、施虐癖和受虐癖而不是由於真正的身體吸引力——更不用說不是由於愛情。但人們（尤其是男人）喜歡認為自己「性欲過度」而不是「虛榮心過度」。[5]

強迫性飲食也是同樣情形。產生這一症狀的不是「生理性」飢餓，而是「心理性」飢餓。沮喪、焦慮和「空虛」會使人不由自主的吃喝。

扼要來說，我在下面幾章要證明的論點是這樣的：破壞性與殘忍不是本能驅力，而是根植於人的整個生命的激情（passions rooted in the total existence of man）。它們是企圖使生活有意義的方法之一。這些激情沒有也不可能出現在動物身上，因為它們本質上是源於「人類處境」（human

4 「非機體」一詞當然不是指它們沒有神經生理學基礎，是指它們不是由機體需要而引發，或是為滿足機體需要而設。

5 這在「大男人主義」（machismo）現象表現得特別清楚。（A. Aramoni, 1965; cf. also, E. Fromm and M. Maccoby, 1970）

condition）。勞倫茲和其他本能主義者的主要錯誤在於把兩種不同的驅力混為一談：一種是源於**本能**的驅力，一種是源於**性格**的驅力。有施虐癖的人等待機會抒發他的施虐癖，而這看似符合本能是「一種被水閘攔阻起來的流體」的概念。但只有施虐性格的人才會等待機會表露他的施虐行為，一如有慈愛性格的人會等待機會表露他的慈愛。

環境主義與本能主義的政治背景與社會背景

對環境主義與本能主義之爭的社會與政治背景進行考察，會有相當啟示作用。

環境主義的精神是十八世紀政治革命的精神，那時中產階級反抗封建特權階級。封建制度建立在一個假定上：它的秩序是**合乎自然**的秩序。中產階級為了推翻這個「自然的」秩序，勢必產生另一種理論，認為人的地位根本不是與生俱來，而完全是一種社會安排，要改變這種安排就要革命。革命者的信念是：一切罪惡與愚蠢並不是人的本性使然，而是由社會的邪惡和不良安排導致。因此，人的未來是絕對樂觀，不存在不可克服的障礙。

本能主義運動則是以達爾文的學說為基礎，反映十九世紀資本主義的立場。資本主義是一個由個體之間的無情競爭創造出和諧的系統，如果能證明世上最複雜、最不凡的現象——人類，是自有生命以來所有生物的無情競爭的後果，則資本主義就顯得**合乎自然**了。從單細胞生物發展到人的過程看來是自由企業的最傑出榜樣，因為它證明了最強者可以在競爭中勝出，而不能適應者會被淘汰。[6]

鄧拉普（K. Dunlap）、郭任遠和伯納德（L. Bernard）在一九二〇年代領導的反本能主義革命會獲得勝利，原因可能是二十世紀和十九世紀的資本主義已經不同。以下，我只會提及與我們論題相關的幾點不同。十九世紀的資本主義，資本家之間競爭激烈，較弱和較沒效率者會被淘汰。二十世紀的資本主義，大企業之間卻存在著一些合作成分，因此不再需要「激烈競爭符合自然律」之說。十九和二十世紀資本主義的另一個不同處，是控制方法的改變。在十九世紀，資本主義的控制主要是運用嚴格的父權原則，精神上以上帝和國王的權威作支柱。二十世紀的資本主義擁有巨大的集中化企業，有能力為工人提供娛樂和麵包，可以從心理的操縱與生活的操縱來維持控制。這種資本主義所需要的是那些可塑性很大、很容易被影響的人，而不是那些「本能」受到對權威的恐懼所控制的人。最後，現代的工業社會在生活的目標上也和上世紀的工業社會有所不同。那時的理想（至少是對中產階級而言）是獨立、私人自發性、當「自己的船的船長」。現代的理想卻是無限制消費，無限制控制自然。人們的火熱夢想是有朝一日可以完全控制自然，使自己等同上帝。然而，在人類天性中，還有什麼東西是不應該被控制的？

6 這個歷史解釋並沒有關係到達爾文學說的有效性，不過它倒是觸及幾件事情，例如忽略合作的重要性，與達爾文學說的大受歡迎。

但是，如果行為主義表達了二十世紀工業社會的態度，我們又要如何解釋本能主義的復活，怎樣解釋勞倫茲著作的大受歡迎？我曾說過，原因之一是許多人眼看世界所受的威脅不斷擴大卻沒有辦法改變，因而感到恐懼與無望。許多本來信仰進步和相信人類命運會發生基本改變的人，不去仔細分析導致他們希望幻滅的社會過程，反而逃入本能學說中，改為相信人類的無望是人類的本性必然導致。此外，新本能主義的發言人往往抱有個人偏見和政治偏見。

很多這領域的研究者對自己理論的政治與哲學意涵只有模糊覺察。這些理論的註解家們也沒有十分留意到這個問題。但也有例外的情形。帕斯托雷（N.Pastore）曾就「先天—後天」的問題比較了二十四位心理學家、生物學家和社會學家的社會政治觀點。在十二位「自由派」或說激進派中，有十一位是環境主義者，一位是遺傳主義者；在十二位「保守派」中，有十一位是遺傳主義者，一位是環境主義者。比較的人數雖然少，結果卻明白得很。

有些研究者察覺到對手的假說中隱含著情感成分，卻察覺不到自己的假說有同樣情形。正統精神分析派的傑出代表韋爾德（R. Waelder）是個好例子。他寫道：

> 我說的是這樣一群批評家，他們或者是徹底的馬克思主義者，或者至少屬於西方的自由思想傳統（馬克思主義是這傳統的一支），也就是說，他們熱切地相信人性本「善」，而人類事務裡一切壞的與邪惡的成分都是出於腐敗的制度——出於私有財產制或（用較現代的術語來說）所謂的「精神官能症文化」（neurotic culture）……

> 但不管是演化主義者還是革命分子，不管是溫和派、激進派還是偏頗派，凡是相信人性本善而把人類一切痛苦的原因都推在外在因素上的人，碰到破壞本能或死亡本能理論，都不能不感到煩亂。因為如果這理論是對的，則衝突與痛苦乃是固存於人類事務之內。如此，要想消除或緩和痛苦的企圖即便不是無望，也比社會革命者們所幻想的要複雜得多。（R. Waelder, 1956）

韋爾德的評語固然精闢，不過值得指出的是，他只看到反本能主義者的偏見，卻沒看到和他同一立場的人的偏見。

第四章 以精神分析理解攻擊性

在理解攻擊性一事上，精神分析能不能提供我們一個可同時避免行為主義與本能主義的缺點的方法？乍看之下，精神分析不但不能避免兩者的缺點，反而把兩者的缺點集於一身。這是因為精神分析理論在一般理論概念上是本能主義性質[1]，在治療取向上是環境主義性質。

佛洛伊德的理論[2]是本能主義性質，主張人類行為是自我保存本能與性本能衝突的結果（他的後期理論則認為人類行為是生命本能與死亡本能衝突的結果）。這是眾所周知的，無須在此舉證。環境主義的框架在精神分析中也很明顯，因為精神分析治療法認定一個人的發展是受童年的特殊環境所影響，即受家庭環境所影響。可是，這個看法卻因為一個假設而與本能主義調和在一起。該假設是：環境的影響是透過力比多結構（libidinous structure）的影響才產生作用的。

然而，在實踐上，病人、大眾乃至分析師本人，都是對性本能的變化採取口惠的態度（這些變化絕大多數是以「證據」為基礎重建，而「證據」又往往是從理論「推斷」出來），實際上抱持著徹頭徹尾的環境主義立場。他們的信條是：患者一切負面的發展都是童年初期的有害影響所導致。這有時會讓父母親產生不合理的自責，他們以為孩子一切不好的或病態特徵都是自己的罪過。這種信條有時也會讓接受分析的人把他們的一切毛病歸咎在父母身上，藉此逃避責任。

從前面所說的看來，心理學家似乎很有理由把精神分析歸類為本能主義範圍內的一種理論。因此，他們用來反對勞倫茲的論證也被當成同樣適用於精神分析。但我們在此必須留神，該問的問題是：我們應當如何定義精神分析？精神分析是佛洛伊德所有理論的總和嗎，還是說我們應當把他理論中的原創性和有創意的部分區分為偶然和受環境限制的部分（這種區分適用於每個偉大的思想先驅）？如果這區分是合理的，那我們就必須問：力比多理論是佛洛伊德著作的核心，或只是一個用來組織他的新洞見的權宜方法，因為在他所處的哲學與科學環境下，他別無辦法表達他的新發現？（E. Fromm, 1970a）

佛洛伊德從來沒有把力比多學說當做科學上已經確定的東西。他管它叫「我們的神話」，後來又用生命「本能」和死亡「本能」理論取代它。同樣值得注意的是，他把精神分析定義為以抗拒（resistance）與移情（transference）為基礎的理論，沒說它是以力比多學說為基礎。

但比佛洛伊德自己的話更重要的是，他的發現所代表的歷史意義。他發現的不可能只是一般

1 佛洛伊德所使用的 *Trieb* 一詞，一般被翻譯為「本能」，是指較廣義的本能，是一種根植於身體的驅力，對完成行為（consummatory behavior）具有推動力，但沒有嚴格的決定力。

2 本書〈附錄〉對佛洛伊德攻擊性理論的發展有詳細分析。

的本能主義學說，因為本能學說從十九世紀就十分普遍了。他把性本能單獨標舉出來，當做一切激情（自我保存本能除外）的源頭，這當然是創新的和富於革命性的，因為那個時代仍然受到維多利亞時代中產階級的道德觀所統治。但他的理論會產生那麼強烈和那麼持久的衝擊，原因還不在此。在我看來，佛洛伊德在歷史上的重要性是，他發現了人心的潛意識過程。這個發現不是用哲學思考達成，而是用經驗方法得來：那是他在一些病史研究裡證明的，尤以他的奠基之作《夢的解析》（*The Interpretation of Dreams*, 1900）最為重要。例如，他的研究顯示出，我們有可能證明一個在意識層面上愛好和平的人具有強烈的殺人衝動，至於如何去解釋他的殺人衝動只是次要的問題（有可能是出於對父親的「伊底帕斯式」恨意，有可能是死亡本能的展現，有可能是出於受了傷的自戀心理，也可能是由於別的原因）。佛洛伊德的開先河之處，在於讓我們認識到人的潛意識層面，認識到人為了不讓自己察覺這些不可欲的欲望花費了多大力氣。他告訴我們，如果善意的意圖隱藏著潛意識的欲望，這善意便不值什麼。他向我們證明光有意識層面的「好意」是不夠的，因此揭發了「誠實」之中隱含的不誠實。他是第一個探索人心深處的科學家，這就是何以當大部分精神病學家還不肯嚴肅對待他的理論時，他的觀念卻在藝術家與文學家身上產生巨大的衝擊。

但佛洛伊德還更進一步。他不只告訴我們人心裡有種種自己沒有察覺的力量在作用，還指出這些無意識的力量整合成一個體系，從而讓「性格」一詞有了新的、動力學的意義。[3]

佛洛伊德開始發展這個觀念是在他第一篇論「肛門性格」的文章中。（S. Freud, 1908）他指出，有些行為特徵——例如頑固、講求秩序和吝嗇——往往是一起存在，形成症候群。此外，凡有這種症候群存在的地方，我們就會發現如廁訓練、括約肌控制和排便等方面的古怪之處。佛洛伊德首先是去發現一些合併出現的行為特徵，再考察這些特徵與孩子排便時的行為有什麼關連（孩子的排便行為和訓練他便溺的人有關）。第二步（這是佛洛伊德的精采創見）是根據力比多演化理論，把這兩組行為模式連接起來。力比多演化理論認為，在幼童的早期發展中，當口腔不再是欲望與滿足的主要器官，肛門就成為重要的快感區，而大部分力比多和欲望都集中在糞便的保留與排泄過程。佛洛伊德認為，人對肛門力比多的滿足或挫折會出現昇華或反向作用，而上述的行為特徵症候群就是昇華或反向作用的展現。例如：頑固與吝嗇被認為是對拒絕放棄保留排便快感而產生的昇華；講求秩序被認為是一種反向作用，是要抗阻嬰兒時期想排泄就排泄的欲望。這症候群的三種特徵原本看起來並不相關，但經過佛洛伊德的解釋後卻共同構成一個體系，因為它們全根植於一個共同的源頭，那就是肛門力比多。肛門力比多以直接或反向作用或昇華的方式從這些特徵中表現出來。這也讓我們知道這些特徵為什麼那麼根深蒂固，難以改變。[4]

3　用「體系理論」為基礎會比較容易了解佛洛伊德的性格理論。「體系理論」是從一九二〇年開始發展，大大促進了某些自然科學（例如生物學、神經生理學和社會學的一些方面）的思維方式。對體系思想缺乏了解大有可能是人們不理解佛洛伊德的性格學的原因。這也可能是人們不理解馬克思的社會學的原因：馬克思是把社會看成一個體系。P. Weiss對動物行為提出了體系理論。（P. Weiss, 1925）最近他又寫了兩篇精簡的論文來談論體系的性質，就我所知是這方面最好的導論。（P. Weiss, 1967, 1970）另參考L. von Bertalanffy（1968）和C. W. Churchman（1968）。

除了肛門性格之外，最重要的發現之一是「口腔—施虐」性格（以我的用語來說是「剝削性格」）。另外還有一些性格概念是依我們所強調的重點而分別的，例如專制性格（施虐—受虐性格）[5]、反叛與革命性格，以及自戀與亂倫性格等。這些概念大部分在古典精神分析思想中原來都不太重要，現在卻發現它們是相關和重疊的。把它們組合在一起可以讓我們對某些性格有更充分的描述。

佛洛伊德對性格結構的理論解釋是：力比多（口腔、肛門和生殖器的力比多）是源頭，種種不同的性格特徵都由它得到力量。即使我們不能全部接受佛洛伊德的力比多理論，他的發現仍然極重要，因為臨床觀察顯示這些性格特徵的症候群確實存在，而且它們確實是出自同一個根源，由一個共同源頭供應能量。我曾試圖證明，這些性格症候群根植於個人和他自己的特殊關聯方式，也根植於個人和外在世界的特殊關聯方式。再者，由於社會群體具有共同的性格結構（「社會性格」），因此，群體成員共有的社會經濟條件會對社會性格產生形塑作用。（E. Fromm, 1932, 1936, 1941, 1947, 1970; E. Fromm and M. Maccoby, 1970）[6]

性格概念的特殊重要性在於它超越了以前的「本能—環境」二分法。佛洛伊德體系裡的性本能，在性格概念的觀點下，被認為非常有可塑性，深受環境的影響。因此，他認為性格是本能與環境交互作用的產物。這種新立場之所以能夠達成，是因為佛洛伊德把所有的本能（自我保存本能除外）都收攝到一種本能之中，即性本能。在早期本能主義者的本能清單中，很多本能都是相當固定，因為他們認為每個行為動機都是出於一種特別的天生驅力。但在佛洛伊德的架構裡，不同的動機被解釋為環境對力比多的影響所致。因此，說來弔詭，佛洛伊德把性本能擴大之舉反而使得他能夠打開門來，遠比他以前的本能理論更能接受環境的影響。愛、溫柔、施虐癖、受虐癖、野心、好奇心、焦慮、敵對和許多其他驅力，不再被認為各源於一種特定的本能，而是被認為源於環境（主要是童年早期的重要人物）對力比多的影響。雖然佛洛伊德表面上仍然忠於他的老師們的哲學，但由於他假定有一種超級本能的存在，他實際上已經超越了自己的本能主義觀點。不過，因為力比多概念仍然主宰著他的學說，他的思想因此受到阻礙。現在，是時候把這個本能主義的包袱完全拋棄了。我在此想要強調的是，佛洛伊德的「本能主義」和傳統的本能主義非常不同，事實上是克服後者的開端。

根據上述，我們知道了「性格決定行為」，而性格特徵（不管是慈愛也好，愛破壞也好）則驅使人依照某種方式來行動。人在依照自己的性格行動時會感到滿足。事實上，性格特徵可以告訴我們一個人大致上會有什麼樣的行為舉止。但我們必須加上一個重要的但書：**如果他能夠的**

4　後來又有兩個性格特徵列入這個症候群：過度講究清潔與準時。佛洛伊德認為它們是對原始肛門衝動的反向行為。

5　我曾以德國工人與雇工為對象研究這種性格（E. Fromm, 1936）。另參見E. Fromm（1932, 1941, 1970）。T. W. Adorno *et al.*（1950）曾沿用我早期的研究法，但沒有採用它的精神分析方法和它對性格方面的動力學概念。

6　Erik H. Erikson（1964）表示過相似的觀點。他是從生活「模態」來研究這個問題，但沒有清楚強調自己與佛洛伊德的差異。他從對尤洛克印地安人（Yurok Indians）的研究得出結論，認為性格並不是被力比多的固著作用（fixation）所決定。他重視社會因素，所以排斥力比多理論的基本部分。

話。

「如果他能夠的話」又是什麼意思？

要回答這問題，我們必須回到佛洛伊德一個最基本的觀念，即「現實原則」（reality principle）與「快樂原則」（pleasure principle）的對立。「現實原則」的基礎是自我保存本能，「快樂原則」的基礎則是性本能。不論我們是被性本能所驅使，還是被非性欲的激情所驅使，我們想做的事情和自利要求（self-interest）之間的衝突都關係重大。我們並不能總是按照激情的驅策去行事，因為為了活下去，我們不得不常常修改我們的行為。一般人總是在兩種力量之間尋求妥協，以便多少避免一些有害的後果。當然，遵從自我保存（自利）的指示的程度，人人各不相同。對某些人來說，自利的分量等於零——殉道者和某些的瘋狂殺手就是如此。另一個極端是「投機分子」，對這些人來說，「自利」包括一切能夠使他成功、出名或舒服的事物。其他人都落在這兩個極端之間，而自利和「根植於性格的激情」的分量組合人人不同，程度千差萬別。

一個人會多大程度抑制自己的熱烈欲望，不只受內在因素影響，也受處境影響：如果處境改變，被抑制的欲望會浮現出來，並被付諸實行。一個施虐－受虐性格的人就是這樣。眾所周知，這類人對老闆唯命是從，卻會以盛氣凌人的態度支配妻兒。另一個例子是社會處境改變時，性格會發生變化。施虐性格的人在某個社會也許會表現得溫和友善，可是如果他被放入一個讚揚施虐癖的社會，也許會變成可怕的惡魔。還有些人會抑制自己的施虐傾向，在外顯行為中一點也不表現出來，但卻會在細微的面部表情或不經意的說話中露出真面目。

對性格特徵的抑制還會出現在最高貴的衝動上。耶穌的教誨雖然依然是我們的道德意識形態的一部分，但如果有人真的去實行，一般會被視為蠢才或「神經病」。因此，許多人會不承認自己的慷慨衝動，而將其動機視為自利。

由此可見，性格特徵的力量受到自利的影響有多大，是人人不同的。這意味著，性格雖然是人類行為的主要動力，但會被各種環境下的自利需要所限制與影響。佛洛伊德的偉大成就，除了在於發現性格特徵是行為的根源，還在於設計出研究它們的辦法，例如透過夢、自由聯想和口誤等。

這就是精神分析的性格學與行為主義的基本不同處。環境條件可經由對自利的影響而發生作用，這些自利包括食欲、安全、讚譽和避免痛苦等。動物的自利本能被證明非常強烈，在加以反覆的強化作用之後，我們會看出牠們的自利本能比性本能或攻擊本能還要強烈。人類的行為當然也受自利的影響，但並不是一成不變，也不是必然的。他常常會按照激情行動（或是按照最卑劣的激情，或是按照最高貴的激情），往往寧願冒險失去財產、自由和生命去追求愛、真理和人格完整——又或是追求恨、貪婪、虐待與破壞。環境條件的制約不足以解釋人的行為，原因正在於此。

結論

佛洛伊德的劃時代重要性在於他找到鑰匙，去理解構成人的性格體系的力量體系，和去理解這力量體系中的種種矛盾。對潛意識過程的發現是激進的發現，因為它們深入人類行為的根源。這些發現讓人不安寧，因為從此之後沒有人能夠躲在自己的善意背後。這些發現又是危險的，因為如果每個人都按照他能夠了解自己和他人的程度去了解自己和他人，社會將會從根本發生動搖。

精神分析得到了成功與尊重之後，開始脫離自己的激進核心，改為強調一般人都能接受的部分。它保留了潛意識的部分（這是佛洛伊德自己曾強調的部分）和性驅力。消費社會已經把維多利亞時代的許多禁忌丟掉（這不是由於精神分析學的影響，而是由於社會結構所含藏的許多因素）。發現自己有亂倫願望、「被閹割恐懼」，或「陽具羨忌」時，不再讓人心神不寧。但換成是去發現在一己、在社會結構，和在自己追隨的領袖身上那些被抑制的性格特徵（諸如自戀、施虐癖、全能欲望、屈服、疏離、冷漠無情、對自己人格的無意識背叛），那就真可說是「社會的炸藥」了。佛洛伊德探討的只是一個本能的「本我」（id）。這在當時已經相當讓人滿足，因為當時除了用本能觀念之外，他看不出有別的辦法可以解釋人的激情。但當日的革命性發現在今日已成老生常談。現在，本能理論沒有被視為只是一個假說、只對某個時期有用，反而變成正統精神分析理論的緊身衣，阻礙了對人的激情的進一步理解，而理解人的激情正是佛洛伊德研究的中心旨趣。

基於這些原因，我認為把「精神分析」歸類為「本能主義」理論雖然形式上正確，卻沒有顧及精神分析的實質。精神分析要探討的是潛意識的欲望，是抗拒，是個人因需要與期望而對現實所作的篡改（移情），是性格特徵中的熱烈欲望與自我保存的需要之間的衝突。就是在這個修訂過的意義上（但也是奠基於佛洛伊德的發現的核心），我這本探討人類攻擊性與破壞性的書是一部精神分析之作，既不屬於本能主義派也不屬於行為主義派。

有越來越多的精神分析學家拋棄佛洛伊德的力比多理論，但他們往往沒有用同樣嚴謹和有系統的理論體系來替代。他們所用的「驅力」概念欠缺充分的基礎——不論從生理學、人類生命處境，或一個充分的社會概念上來說都是如此。他們往往使用一些和美國人類學裡的「文化模式」（cultural patterns）無甚差別的膚淺觀念——霍妮（Karen Horney）的「競爭」觀念便是一例。與此相反，有一批精神分析家——大部分是受邁耶（Adolf Meyer）的影響——放棄了佛洛伊德的力比多理論，而他們建構的理論，在我看來，是精神分析學的發展中最有前景和創造性的。主要是基於對思覺失調症患者的研究，他們對人際關係的潛意識過程有了越來越深入的了解。由於他們擺脫了力比多理論，特別是擺脫了「本我」、「自我」和「超我」的概念，他們乃能夠充分描繪兩個人之間的關係和兩個人各自的內在情況。除了邁耶之外，這一派人士最傑出的代表是蘇利文（Harry Stack Sullivan）、賴希曼（Frieda Fromm-Reichmann）和利茲（Theodore Lidz）。在我看來，萊恩（R. D. Laing）的分析最是通透，這不只因為他徹底探入個人的和主觀的因素，還因為他對社會處境的分析同樣徹底，看出今日的社會不是神志健全的社會。除了上述提到的人，溫尼科特（Winnicot）、費爾貝恩（Fairbairn）、巴林特（Balint）和岡特瑞普（Guntrip）等也是優秀的精神分析學家，他們不再以本能的挫折與控制做為理論與療法的取徑，而是「鼓勵真實自我在真誠關係中的重生與成長」。（H. Guntrip, 1971）相較之下，有些「存在主義者」——例如賓斯瓦格（L. Binswanger）——對人際關係過程的描繪不夠嚴謹，往往用模糊的哲學觀念取代嚴格的臨床資料。

第二部

對本能主義的否證

第五章 神經生理學

第二部各章的目的是要顯示神經生理學、動物心理學、古生物學和人類學的相關資料並不支持「人類生而具有攻擊性驅力」的假說。

心理學與神經生理學的關係

在我們討論神經生理學的資料以前，有必要先對心理學（心靈的科學）與神經學（頭腦的科學）的關係略置數語。

每一門科學都有自己的主題，有自己的研究方法，而它的方法必須適用於它所研究的資料，這種關係決定了它所採取的方向。我們不能從心理學家的立場來要求神經生理學家該怎麼做，反之亦然。但我們可以期望兩門科學保持聯繫，互相協助。要做到這一點，雙方的科學家必須對另一方有些基本的知識，可以懂得對方的用語，並認識對方的基本研究與發現。如果雙方學者能夠保持這樣的接觸，他們會發現對方在某些領域的發現和自己的發現有關。例如防衛性攻擊性的相關問題便是如此。

然而，在大部分情況下，心理學與神經生理學各自的參考架構差距很大，這讓心理學家想要就破壞性、施虐癖、受虐癖或自戀等問題向神經生理學求助時無法如願[1]，而心理學同樣無法給神經生理學多大幫助。現在看來，兩種科學似乎要沿著自己的道路前進，直到有一天它們經由各自的方法碰到相同的問題時，才能夠交換各自的發現。如果其中有一方想等著另一方來證明自己的假說是對是錯，當然是荒謬的。心理學家的理論只要沒有受到神經生理學證據的明顯否證，又只要他的發現是以足夠的觀察和資料為基礎，那他對自己的發現只需保持一般的科學存疑態度就可以了。

李文斯頓（R. B. Livingston）對兩門科學的關係有精闢說明：

> 將來有一天，當許多科學家在心理學與神經生理學雙方都有了鞏固的基礎，這兩門學科會

1 這只是就一般而言。有幾位學者做過溝通兩者的努力：已故的Raúl Hernández Peón研究過做夢活動的神經生理學基礎；R. G. Heath對思覺失調症與無聊厭煩做過神經生理學的研究；P. D. MacLean對妄想症做過神經生理學的解釋。佛洛伊德對神經生理學的貢獻，可參看K. Pribram（1962）。P. Ammacher（1962）討論了佛洛伊德的神經生理學背景的重要性。另參考R. R. Holt（1965）。

> 真正地結合起來。這一結合是否穩固，會帶給我們多少益處，現在還不能斷言。但現在已經有新的研究領域出現了，在這個領域裡，行為學家除了操控環境之外還可以操控腦部，而腦部專家則可以應用行為學家的概念與技術。以前兩方面視為專有的研究範圍，許多都已經共有了。我們必須拋棄劃地自限、互相譏評與對立。我們反對的是什麼？豈不只是我們的無知？
>
> 近年來雖然有了進步，心理學與神經生理學在基本研究上的共同資源仍然不多。需要解決的問題依然停滯不前。只有改進我們現在的概念，才可望增進了解。而要改進現有的概念，又必須在基本的實驗與理論上進行新的追求與改變。（R. B. Livingston, 1962）

由於一些通俗報導的誤導，許多人以為神經生理學已經在人類行為問題方面找到了許多解答。可是大部分神經學家卻知道事實並非如此。布洛克（T. H. Bullock）是無脊椎動物、電魚和水生哺乳動物的神經系統專家。他在〈神經生理作用的演化〉（Evolution of Neurophysiological Mechanism）一文一開始就說：「我們現在還沒有能力對真正的問題提供基本的解答。」接著又說：「從根本上說，我們一點也不知道在學習的過程中，神經系統如何發生作用，也不知道本能行為的生理基礎是什麼。事實上，任何複雜的行為表現，我們還都全然不知就裡。」（T. H. Bullock, 1961）[2]卡達（Birger Kaada）有類似看法：

> 對於攻擊性行為與中樞神經組織的關係，我們所知有限。因為我們在這方面的知識與概念

大部分是來自動物實驗，因此，中樞神經系統與「情感」的關係是什麼，我們幾乎一無所知。我們的觀察與實驗分析，完全侷限在已經表現出來的行為現象和神經末梢周圍的身體變化。顯然，即使這些觀察分析也不是完全可靠的。我們雖然做了相當廣泛的研究，可是光靠這些線索依然不足以解釋行為。（B. Kaada, 1967）

傑出神經學家潘菲爾德（W. Penfield）得到相同的結論：

想透過神經生理學來了解心靈的人，就好像站在山腳下的人。他們在山腳開墾了一些土地，站在那裡仰望他們想爬上去的高山。可是山峰藏在永恆的雲霧裡，讓許多人相信它是永遠不可能被征服的。當然，如果人類真有一天完全理解自己的頭腦和心靈，那將是他最偉大的勝利，是他最終極的成就。

科學家們在科學工作上只有一個方法可用，那就是對自然現象進行觀察，然後做比較分析，想出假說來再做實驗。凡是誠心誠意追隨這個方法的神經生理學家，都幾乎不敢誇口他們

2 布洛克在較近期雖然依然維持這個看法，不過已經較為樂觀。他說：「自一九五八年以來，神經學對一些較高等的作用（如認知和情緒的控制）有長足的理解，對聯想作用的機制也有重要的認識，儘管對學習作用還不甚了了。我們對於提供相關的洞察也有了不少進步，例如，攻擊性行為的生物學基礎是什麼、它是否有一種水壓式機制和是否會遺傳。」（以上承蒙麥奈丘克博士在來信中告知。）

的科學工作必定能夠讓他們找到答案。（W. Penfield, 1960）[3]

對於神經學和心理學的關係，許多神經學家都表示悲觀，特別是覺得目前的神經生理學不足以解釋人類行為。福斯特（H. von Foerster）與麥奈丘克（T. Melnechuk）[4]，還有馬圖拉納（H. R. Maturana）與瓦雷拉（F. C. Varela），都是這種立場。沃登（F. G. Worden）同樣本著一種批判精神寫道：「神經學上的許多例子顯示，當研究人員更直接地注意有意識行為時，唯物論性質學說會越來越顯得不適用，讓人有需要尋找更佳的概念系統。」（F. G. Worden, forthcoming）[5]

和不少神經學家交流之後，我感覺有越來越多的研究人員採取這種清醒的看法。大家越來越知道，頭腦是一個整體，是一個體系，因此不能從頭腦的某一部分來解釋行為。瓦倫斯坦（E. Valenstein）對此提出了讓人印象深刻的資料，他指出原先假定與饑渴和性欲等有關的「下視丘中心」即便真正存在，也不像原先想的那麼單純：因為刺激某一種行為的「中心」時，若外在環境出現對另一種行為的刺激，則可能會產生另一種行為。普魯格（D. Ploog）也提出，當一隻松鼠猴向另一隻發出攻擊信息時，如果牠的社會地位低於對方，對方便不會相信。這些資料和全體論的觀點（holistic view）是一致的，即大腦在衡量發布什麼行為命令時，所考慮的不只一種刺激，還會考慮自身環境和社會環境所構成的整體處境，從而修正某一特定刺激的意義。

不過，對於採用神經生理學來解釋人類行為持保留態度，並不否定許多實驗結果的相對有效性——近二、三十年的實驗結果尤其如此。這些發現雖然可能需要重新表述和整理組合，仍不失為重要的線索，可供我們理解其中一種攻擊性：**防衛性攻擊性**。

大腦與攻擊性行為[6]

大腦與行為之間的關係，在研究上很受達爾文的影響。達爾文認為，大腦的構造與作用受個體與物種的生存原則所控制。

從此，神經生理學家們就集中精力研究，那些生存所必需的重要衝動與行為是以大腦的什麼

3 要創立一門「人之科學」（science of man），除了需要神經學與心理學，還需要許多其他學科的合作，例如古生物學、人類學、歷史學、宗教史（神話和儀式史）、生物學、生理學和遺傳學等。「人之科學」的研究對象是人：一個在生物歷程和歷史上都在演化著的人，要了解他，必須從他各方面的交互關係來看他，必須把他看作一個複雜的體系，而這個複雜的體系又包含許多的次級體系。「行為科學」（心理學與社會學）——這個名詞因為洛克菲勒基金會的推廣而流行起來——所主要關心的，是人做了什麼，與如何驅使人去做他做的事，而不是關心人為什麼做他所做的事，也不關心他是誰。對發展一門完整的「人之科學」來說，「行為科學」構成了相當大的障礙，甚至在無形中取代了「人之科學」。

4 來自與福斯特和麥奈丘克的私人交流。

5 感謝這幾位作者允許我讀他們即將出版著作的稿本。

6 在這一節，我只提最重要和得到普遍接受的資料。近二十年，這方面的著作多得不得了，但引起的細部問題成千上百，要一一討論實在超出我的能力。另外，有關的書目也可以從我在正文中提到的著作中找到。

部位為基礎。一般都同意麥克萊恩（MacLean）所說的，大腦有四種基本作用：「進食、戰鬥、逃跑與……性活動。」（P. D. MacLean, 1958）很容易看出來，對於個體與物種的生存，這些活動都是必要的。（人除了肉體生存以外還有其他基本需要這一點容後討論。）

有些研究者，如赫斯（W. R. Hess）、奧爾茲（J. Olds）、希思（R. G. Heath）和德爾加多（J.M. R. Delgado）等，認為攻擊性與逃跑是由大腦好幾個神經區域「控制」[7]。例如，實驗顯示，憤怒情緒和隨之而來的攻擊性行為可以透過使用電擊直接刺激好幾個不同腦區而**引發**（這些腦區包括扁桃體、下視丘外側、中腦的某些部分和中央灰質）。用電直接刺激另外一些結構則會**抑制**憤怒與隨之而來的攻擊性行為（這些結構包括隔膜、扣帶迴和尾核等）[8]。有些研究人員用極端巧妙的外科技術[9]，把電極置入大腦的某些部位，然後用低電壓電力刺激某一腦區，先是用這種方法研究動物行為的變化，再研究人類行為的變化。例如，他們證明了用電直接刺激某些區域會引起強烈的攻擊性行為，刺激另外某些區域會抑制攻擊性。同時，當環境的刺激引起憤怒、恐懼、快樂等情感時，他們也可以測出這些區域的電活動。他們也曾經透過把某些腦區破壞而觀察到永久性效果。

看到施加少量電力即能讓人突然不由自主地暴怒，以及看到刺激抑制攻擊性腦區可以突然讓暴怒止息，確實讓人印象深刻。德爾加多轟動一時的實驗——以遙控方式刺激抑制區而讓一頭氣勢洶洶的牛停下腳步——即曾引起公眾極大興趣。（J.M. R. Delgado, 1969）

不只攻擊性行為如此，其他的衝動也表現出這種二元性。事實上，大腦的結構是一種**二元體**

系。除非有特別的刺激（外在或內在的刺激），攻擊性行為是處在一種流體均衡狀態，因為引發區域和抑制區域互相抵消，導致相對穩定的平衡。如果兩種區域的其中一個被破壞，這種二元體系的平衡性就會特別明顯地顯示出來。例如，從克呂弗與布西（Heinrich Kluver & P. C. Bucy, 1934）的經典實驗開始，就已經證明了若是把動物（恆河猴、狼、山貓、老鼠等）的扁桃體破壞，那即便動物受到強烈刺激，一樣不會（至少暫時是如此）產生攻擊性和暴力反應。[10]另一方面，如果把抑制攻擊性區域（例如下視丘核腹側的一些小區域）破壞，就會創造出具有永久性攻擊性的山貓和老鼠。

既然大腦的結構是二元性，一個關鍵問題就出現了：是什麼因素打破了二元結構的平衡，從而產生出憤怒與隨之而來的暴力行為？

我們業已看到，電極的刺激和某些抑制區域的被破壞是平衡被打破的原因之一（荷爾蒙與新陳代謝的變化也是原因）。馬克與厄文（Mark & Ervin）則強調，大腦的某些疾病由於改變大腦的

7 依照前面幾位研究者的看法，「控制」是很不適當的用詞。他們認為，當刺激某一個區域，大腦其他區域的作用會和這一區域的作用互動，然後才引起反應。

8 新皮質也對憤怒行為發揮主導性的興奮作用。參見K. Ackert切除顳葉端新皮質的實驗。（K. Ackert, 1967）

9 參看W. R. Hess（1954），J. Olds and P. Milner（1954），R. G. Heath, ed.（1962），J. M. R. Delgado（1967, 1969）。另參見V. H. Mark and F. R. Ervin（1970），對於暴力行為，二人提供了清晰而精確的神經生物學資料，而且一般讀者也可以看懂。

10 參見V. H. Mark and F. R. Ervin（1970）。

正常迴路，也會干擾平衡。

前面的兩種情況，一種是由實驗引入，一種是病理性。除此以外，還有什麼條件會改變平衡而引發攻擊性行為呢？動物與人類的「天生」攻擊性是從何而來？

攻擊性的防衛功能

回顧神經生理學和心理學的文獻，似乎無可避免會得出一個結論：攻擊性行為是**當動物碰到生存威脅時**（更廣義地說是**當牠的生命利益受到威脅時**）會產生的一種反應。這個一般性定義可以涵蓋許多不同的情況。最明顯的情況是個體的生命受到直接威脅，或者進食需要與性需要受到威脅。比較複雜的例子是「擁擠」，這是對物理空間和／或群體社會結構的需要的威脅。但不管是哪一種情況，產生攻擊性行為都是由於生命利益受到威脅。在相關腦區出現的攻擊性動機是為了求生，是為了保衛個體或物種的生存。也就是說，物種演化所演化出來的攻擊性，不論是動物還是人類的，都是追求適應環境的防衛性反應。如果我們記得達爾文秉持的大腦演化原則，就不應對此感到吃驚。由於照顧生存需要是大腦的作用，凡是出現對生存的威脅，它會立即反應。

攻擊性並不是對威脅的唯一反應。除了憤怒與攻擊之外，動物的另一種反應是害怕和逃跑。事實上，逃跑看來比攻擊更尋常：動物通常只有在無路可逃的時候才戰鬥，而戰鬥是最後的辦法。

赫斯首先發現到，用電刺激貓的下視丘的某些區域，牠可能會攻擊，也可能會逃跑。因此他把這兩類行為共同歸在「防衛反應」的範疇下，意義是說，這兩種反應都是為了保衛生命。

主管攻擊與逃跑的神經區域位置相近，但卻是清楚分開。赫斯和馬古恩（H. W. Magoun）等人是研究這個問題的先驅，後來又有人做過大量的研究與實驗，特別是亨斯珀格（Hunsperger）和他的小團隊在海斯實驗室所做的工作，以及羅曼紐克（Romaniuk）、萊文森（Levinson）和弗林（Flynn）等人的工作。[11]他們所得的結果雖然有某些不同，但都確認了赫斯的基本發現。

馬克與厄文把這方面的現況總結如下：

> 不論什麼物種的動物在碰到威脅生命的攻擊時，總是以兩種行為模式的其中之一來反應：或者是逃跑，或者是用攻擊性與暴力，也就是戰鬥。在指揮任何行為的時候，大腦總是做為一個整體，因此，大腦中發起和限制上述這兩種自我保護行為的機制是密切相連的，和大腦的其他區域也是密切相連。這些機制的運作有賴於許多複雜的、巧妙平衡的次級系統的共同合作。（V. H. Mark and F. R. Ervin, 1970）

11 對這些研究工作的詳細介紹，參看B. Kaada（1967）。

「逃跑」本能

戰鬥與逃跑皆是防衛反應，此一研究結果讓本能主義的攻擊性理論變得古怪。從神經生理學和行為學的觀點來看，逃跑衝動在防衛反應所扮演的角色即使不比戰鬥衝動更重，也一樣重要。從神經生理學上來看，兩種衝動是由同一條演化途徑整合在大腦中，所以沒有理由說攻擊性比逃跑更「自然」。那麼，本能主義者為什麼單單強調與生俱來的攻擊性衝動，而不強調同樣與生俱來的逃跑衝動呢？

如果我們把本能主義者關於戰鬥衝動的推理改用在逃跑衝動，就會得到以下說法：「人被與生俱來的逃跑衝動所驅使。他也許想用理智去控制這種衝動，但會徒勞無功，他頂多只能找到一些辦法抑制一下『逃跑本能』。」

長久以來，從宗教立場一直到勞倫茲的科學著作，人類與生俱來的攻擊性一直被視為社會生活中最嚴重的問題。從這個觀點看來，一個理論若是強調人類具有「不可控制的逃跑本能」會顯得可笑。但從神經生理學的研究結果來看，「不可控制的逃跑」和「不可控制的攻擊性」是一樣的有道理。事實上，從生物學的觀點來看，逃跑比戰鬥更有益於自我保存。政治和軍事領袖也許不會認為逃跑本能說是開玩笑，反而會認為相當有道理。他們從經驗得知，人的天性似乎並不傾向於英勇，因此必須採取許多手段來鼓勵人去戰鬥，阻止人為了保存生命而逃跑。

歷史學者也許會提醒我們，逃跑本能的力量至少不比戰鬥本能小。他們也許會指出，在決定歷史的因素中，最重要的不是本能性的攻擊性，而是為了壓制人的「逃跑本能」而採取的種種辦法。他們也許會猜想，人類在社會上的種種安排，在意識形態上的種種努力，大部分是為了壓倒人的逃跑本能。為了讓人對領袖的高超智慧產生敬畏，為了要讓他們相信「榮譽」的價值，必須用死來威脅他們。為了鼓勵他們作戰，就要想辦法讓他們害怕「懦夫」或「叛國者」的帽子，或者乾脆把他們灌醉後推上戰場，又或是用戰利品與女人來誘惑他們。歷史的分析也許會告訴我們，逃跑衝動得以被壓制，戰鬥衝動表面上得以占上風，主要是文化因素而不是生物學因素使然。

前面的思辨只是為了指出，獨鍾「攻擊性的人」（*Homo aggressivus*）的概念是習性學上的偏見。基本的事實是，動物與人類大腦中具有內建的神經機制，會發動攻擊性行為（或逃跑）去回應個體或物種所受到的生存威脅。這種形態的攻擊性具有適應功能，有益於生命。

掠食與攻擊性

另一類攻擊性，陸上動物的掠食行為，則引起了不少的混淆。有哪些動物是掠食動物很清楚：貓科、鬣狗科、狼科和熊科。[12]

正在迅速增加的實驗證據顯示，掠食性攻擊性的神經生理學基礎和防衛性攻擊性並不相同。

勞倫茲從習性學的立場得出相同看法：[13]

掠食者的動機與戰鬥者的動機有著根本的不同。水牛並不會激起獅子的攻擊性，這就像貯藏室裡掛著的火雞雖然引起我的食欲，卻不會引起我的攻擊性。兩種內在驅力的不同可明顯從動物的表情看出來：狗在追捕兔子時是興奮快樂的，和迎接主人時一樣。從很多傳神的照片中，我們也會看到獅子在躍起捕獵的剎那，一點也不憤怒。掠食動物只有在掠食頑強動物而害怕遭遇強烈抵抗時才會咆哮，把耳朵貼在後面——這是另一種眾所周知的戰鬥表情。其實即使是這種時候，咆哮也只是威嚇。（K. Lorenz, 1966）

莫耶（K. E. Moyer）根據神經生理學的研究結果，把掠食性攻擊性和其他攻擊性區別開來。他的結論就是我們說過的：「正在迅速增加的實驗證據顯示，這種攻擊性（掠食性攻擊性）的神經生理基礎和其他種類攻擊性並不相同。」（K. E. Moyer, 1968）

掠食行為不僅在神經生理基礎上與防衛性攻擊性不同，行為本身也不同。它並沒有顯示出憤怒，也不能和逃跑行為互換。它是有目的的，而且目的明確，達到之後——得到食物之後——就馬上結束。掠食行為不是一種防衛本能，它是一切動物皆有；掠食本能則只有某些動物才有，這些動物生而具有掠食的身體機能。當然，掠食行為是一種攻擊性行為[14]，但必須補充的是，它和威脅所引起的、帶著憤怒的攻擊性並不相同。它近似於所謂的「工具性攻擊性」（instrumental aggression），是為達到渴望中的目的而產生的攻擊性。非掠食性動物就沒有這種攻擊性。

防衛性攻擊性與掠食性攻擊性的差異對人類攻擊性的問題非常重要。因為人類不是掠食動物，也因此他的攻擊性從神經生理學來看不是掠食性攻擊性。我們應當記住，人的牙齒「很不適應他的肉食習慣。他還保留著祖先吃水果蔬菜的牙齒。同樣有趣的是，人的消化系統也帶有素食動物而非肉食動物的正字標記」。（J. Napier, 1970）即使是在原始的狩獵採集者時期，人類的飲食大致上仍有七五%是素食，肉食只占二五%或更少。[15]德沃爾（I. DeVore）指出：「太古時期所有靈長類基本上都是素食者。今日，在經濟組織上最原始的人，即僅存的狩獵採集者，除了北極的愛斯基摩人之外，也都是如此……未來的考古學家在研究現代的叢林人（bushmen）[16]時，也許會認為他們發現的敲擊用石頭是叢林人用來打碎骨頭取食骨髓的，但實際上，它們是女人用來敲開堅果。堅果是叢林人八成的經濟來源。」（I. DeVore, 1970）

---

12 從這方面來說，熊科動物很難分類。有些熊類是雜食性，會吃比較小或受傷的動物，但牠們並不像獅子之類，會潛近別的動物以便捕食。生活在極寒地帶的北極熊卻會潛近海豹以便捕食，因此算是真正的掠食動物。

13 這一點受到Mark and Ervin（1970）的強調，並得到Egger和Flynn所做的實驗證明。他們刺激下視丘外側的某一區域，而動物產生的行為反應讓人覺得牠是在潛近或捕食獵物。（M. D. Egger and J. P. Flynn, 1963）

14 這裡必須提及的是，很多掠食動物（例如狼）對自己的同類並沒有攻擊性。牠們不僅不互相殘殺，反而十分友愛。對此，我們可以解釋為（勞倫茲就是這樣解釋）是為了把牠們的兇猛武器限制在求取物種生存用途。

15 有些人認為人類具有掠食性特徵，這問題會在第七章討論。

16 譯註：指今日的狩獵採集者。

可是，最容易讓人聯想到天生的攻擊性的，莫過於掠食動物；人類不僅想像動物的攻擊性是多麼強烈，也間接地以為人類如此。這一偏見並不難理解。幾千年以來，人類身邊圍繞著馴養過的動物（例如貓、狗），而這些動物都是掠食動物。事實上，人們養牠們的原因之一，正是因為牠們是掠食動物：他們用狗來捕獵別的動物，攻擊威脅他們的人；他們用貓來捉老鼠。另一方面，人類又深深感覺到狼或狐狸的攻擊性：狼是他的羊群的大敵，而狐狸則吃他的雞。[17]因此，人類眼前的動物往往是掠食動物，而他也幾乎不能分辨掠食性攻擊性和防衛性攻擊性有什麼不同，因為兩者的結果都是殺害。再者，他也無從觀察這些動物在牠們自己群體中的生活狀態，無從得知牠們同類之間是友善的。

斯科特（J. P. Scott）和伯克威茲（Leonard Berkowitz）在研究攻擊性問題上有極其傑出的成就，他們的理論參考架構雖然和我的不同，但達到的結論卻和我根據神經生理學資料所得的基本相同。斯科特寫道：「一個人所生活的環境如果幸運地沒有向他提出戰鬥刺激，那他不會因為從來沒有戰鬥而產生生理上或神經上的傷害。而吃就不同，內在的新陳代謝過程會產生一定的生理變化，產生飢餓感來刺激食欲，這種事情的發生並不需要外在環境的任何變化。」（J. P. Scott, 1958）在談到攻擊性的時候，伯克威茲不認為有可以遺傳的「攻擊性能量」存在，而認為那是一種「準備」，每當某種刺激出現時就會產生攻擊性反應。（L Berkowitz, 1967）

我所討論的神經學研究結果有助於理解以下這種攻擊性：具有保存生命作用的防衛性攻擊性。它們顯示，人稟具著一種潛在的攻擊性，當他的生命利益受到威脅，就會被激發出來。但是，一種人類獨有、而別的哺乳動物都沒有的攻擊性，卻是神經生理學沒有討論過的。這種攻擊性表現在人類有一種「沒由來地」想要殺害和折磨其他生命的傾向。他這樣做不為任何理由，本身就是目的。他不是為了保衛自己的生命，而是為了讓自己快意。

神經學迄今尚未著手研究這種激情（由頭腦受傷而引起的除外），但我們可以有把握地說，勞倫茲的本能主義—水壓式解釋與大部分神經學家對大腦的認識是不相符的，沒有神經生理學上的證據可以支持。

17 霍布斯（Hobbes）會認為人是自己同胞之中的「狼」不是事出無因：因為他是生活在一個養羊的地方。許多童話都講到危險的狼（如小紅帽的故事），如果從這個觀點去檢視童話的起源和為什麼這般受人歡迎，會很有趣。

第六章 動物行為

有助於判別本能主義攻擊性理論能否成立的第二個關鍵領域，是**動物行為**。我們必須把動物攻擊性分為三大類：一、掠食性攻擊性；二、同種攻擊性（對同類動物的攻擊性）；三、異種攻擊性（對不同類動物的攻擊性）。

前面提過，動物行為研究者（包括勞倫茲在內）有一個共識：**掠食性**攻擊性的行為模式與神經傳導過程跟其他種類的動物攻擊性有別，因此需要分開處理。

至於**異種**攻擊性，大部分研究者都同意，動物極少毀滅別種動物——除非是牠們感覺受到威脅，而且無法逃走。因此，牠們的攻擊性是防衛性攻擊性。如此一來，動物的攻擊性現象主要便剩下同種攻擊性（這也是勞倫茲專注的研究主題）。

同種攻擊性有以下的特點：一、在大部分哺乳動物中，這種攻擊性並不「血腥」，目的不在殺害、摧毀或折磨，而主要是擺出威脅的姿態，做為一種警告。總的來說，我們發現大部分哺乳動物固然有不少爭吵或威脅性行為，但極少會像人類那樣流於血腥衝突。二、只有某些昆蟲、魚類、鳥類和哺乳動物中的鼠類會習慣性地嗜殺。三、威脅性行為是當動物感覺自己的生命利益受到威脅時才產生的反應，因此在神經生理學的意義上來說是防衛性的。四、沒有證據讓我們相信大部分哺乳動物具有自發的攻擊性衝動，即沒有證據表明牠們有著像是被水閘攔住的攻擊性，只等待積蓄至夠大量便傾瀉出來。動物的攻擊性是防衛性的，從這一點看，它是以某種演化出來的神經結構為基礎。如果勞倫茲不堅持他的水壓模型，不主張人類的破壞性與殘忍是與生俱來和根植於防衛性攻擊性，我們實在沒有什麼好跟他爭吵的。

在哺乳動物中，只有人類會進行大規模屠殺與虐待。何以故？下面幾章就是要回答這個問題。本章的目的則是要詳細說明，許多動物儘管同種相鬥，但牠們的戰鬥是非毀滅性的，牠們相鬥卻不相殘。對哺乳動物和人類以外的靈長類的研究，也沒有顯示牠們天生具有「破壞性」，可是一般卻認為人類是從牠們遺傳到這種破壞性。事實上，如果人類「天生」的攻擊性和住在自然環境的黑猩猩差不多，這個世界就要和平得多了。

被囚狀態下的攻擊性

在研究動物的攻擊性，尤其是研究靈長類的攻擊性時，必須區分牠們在自然棲息地的行為和在被囚狀態（如關在動物園）的行為。觀察顯示，靈長類在野外很少有攻擊性，但動物園裡的靈長類卻可能會表現出過量的破壞性。

這一區分對了解人類的攻擊性非常重要。因為人類自古以來——除狩獵採集者和西元前四千年以前的早期農人之外——幾乎從不曾生活在他的「自然棲息地」。「文明人」總是住在「動物園」裡，也就是生活在不自由的狀態下，即便在最進步的社會亦是如此。

我會從幾個動物園中經過細心研究的靈長類例子講起。最出名的例子大概是祖克曼（Solly Zuckerman）一九二九至一九三〇年間在倫敦動物園的「猴山」所研究的印度狒狒。「猴山」的面積長一百呎，寬六十呎，以動物園的標準來看算是大的，但和自然棲地相比卻小得可憐。祖克曼觀察到「猴山」中的印度狒狒精神緊繃，攻擊性非常強。身體強壯的會無情地欺負弱小，甚至當母親的也會搶自己孩子手上的食物。最主要的受害者是母狒狒和年幼的狒狒，牠們往往在戰鬥中受傷或被殺。祖克曼看到一隻公狒狒刻意霸凌一隻幼狒狒，攻擊了兩次，幼狒狒晚上就死了。六十一隻公狒狒中有八隻死於暴力，還有許多是生病而死。（S. Zuckerman, 1932）

庫瑪（Hans Kummer）和雷諾茲（Vernon Reynolds）都研究過動物園中靈長類的行為，前者在蘇黎世研究，後者在英國惠普斯奈德公園研究。[1]庫瑪把狒狒關在一塊長十五碼、寬二十七碼的區域，結果常常發生嚴重嘶咬，造成危險的傷勢。庫瑪以前在衣索比亞研究過野外的狒狒，他把兩者比較，發現動物園中母狒狒的攻擊性是野外母狒狒的九倍，公狒狒更是高達十七倍半。雷諾茲研究二十四隻恆河猴，牠們被關在八角形的籠子裡，每邊只有十碼長。這些猴子的活動空間雖然比「猴山」的狒狒要小，攻擊性卻沒那麼嚴重。不過，牠們和野外的猴子比起來又比較暴力。

籠子裡有許多猴子受傷，其中一隻母的傷勢非常嚴重，不得不用槍打死。

科學家曾以恆河猴為對象，研究環境對攻擊性的影響，其中特別值得一提的是索斯維克（C. H. Southwick）的研究，還有他與拜格（M. Beg）和斯迪吉（M. Siddiqi）共同進行的研究。索斯維克發現，被囚恆河猴好鬥行為的形式與頻率一概受到環境與社會狀況的影響。在進行過環境改變與社會改變之後（環境改變是在固定空間裡變動動物的數目，社會改變是把新的成員加到原來的群體），他得到的結論是：空間縮小會導致攻擊性增加，但把新的猴子加到原先的社會結構裡，則「比改變環境導致更多的攻擊性互動」。（C. H. Southwick, 1964）

許多別的哺乳動物也是一樣，生活空間的縮減會導致攻擊性增加。馬修斯（L. H. Matthews）研究過相關文獻和在倫敦動物園進行過觀察之後，指出除非是因為擁擠，他沒有看過哺乳動物相鬥致死的例子。（L. H. Matthews, 1963）傑出動物行為研究者萊豪森發現，把一些貓關在一個小空間會擾亂牠們的階級。「籠子裡越擁擠，階級性會越小。最後會出現一個暴君和一群『賤民』，牠們因為不斷對彼此做出殘忍的攻擊，表現出狂亂和各種不自然的行為。整個貓群變成了可惡的暴眾。每一隻都不得安生，不斷嘶叫和戰鬥。」（P. Leyhausen, 1956）[2]

即使固定餵飼站所產生的臨時擁擠，都會使攻擊性增加。一九五二年冬天，美國科學家卡博特（C. Cabot）、科利亞斯（N. Collias）和古廷格爾（R. C. Guttinger）觀察威斯康辛州弗萊格河區

1 兩個研究都見C. and W. M. S. Russell（1968）。

的鹿群，發現牠們的爭鬥頻率依聚集的密度而定。當一個餵飼站只有五至七隻鹿的時候，每小時每隻鹿只發生一次爭鬥，但鹿增加至二十三至三十隻的時候，頻率就增加到四．四次。美國生物學家卡爾霍恩（J. B. Calhoun）從觀察老鼠也得到相似的結論。

值得注意的是，在擁擠的環境下，即便有**充足的食物供應**一樣**無法**阻止攻擊性的增加。倫敦動物園的動物吃得很好，但擁擠導致攻擊性增加。還有一件有趣的事：依索斯維克的觀察，食物減少二五％時，恆河猴的好鬥行為沒有增加，減少至五〇％時好鬥行為反而顯著減少。[3]

根據對被囚靈長類的研究（對別的哺乳動物的研究也是如此），擁擠看來是暴力增加的主要條件。但「擁擠」只是一個標籤，而且是一個相當騙人的標籤，因為它沒有告訴我們造成攻擊性增加的真正原因究竟是「擁擠」中的哪種因素。

動物對空間是否有「天生」的最起碼需求？[4] 擁擠是否阻礙動物天生的探險需求和自由活動需求？動物是否因擁擠而覺得身體受到威脅，因此以攻擊性來反應？

要圓滿回答這些問題仍有待更進一步的研究，但索斯維克的發現顯示，在擁擠現象裡，我們至少得把兩個不同的元素分開。一個是**空間的減少**，另一個是**社會結構的破壞**。第二個因素的重要性清楚顯示在索斯維克所觀察到的，把一個新成員放入一個群體所造成的攻擊性尤甚於擁擠。當然，兩個因素往往是共同存在，很難分辨哪一個是真正引起攻擊性行為的原因。

不論這兩種因素在擁擠中占的比例為何，它們兩者都可以產生攻擊性。空間的侷促剝奪了動物的生機，讓牠們不能活動、玩耍，和發揮只有自己覓食時才能充分發揮的生活機能。因此，空間被剝奪的動物也許會感受到生機被抑制的威脅，而以攻擊性做為反應。按照索斯維克的看法，動物群體的社會結構的破壞對動物的威脅更大。每一種動物都生活在牠們特有的社會結構裡。不管是否有階級組織，社會結構總是動物行為的參考架構。相當程度的社會均衡是動物生存的必要條件。如果這均衡因為擁擠而遭破壞，對動物的生存就會構成重大威脅。在這種情況下，強烈的攻擊性是理所當然，因為攻擊性本就扮演防衛角色——在沒法逃跑的情況下尤其如此。

動物園的生存環境可能是擁擠的，如祖克曼所研究的印度狒狒便處在這種情況下。但更常見的情況是，動物園裡的動物其活動空間並不擁擠，卻苦於受到空間的限制。處在被囚狀態下的動物儘管吃得飽和受保護，卻無事可做。如果只要生理的一切需要得到滿足便足以讓動物（和人）產生幸福感，則動物園裡的動物理應相當心滿意足。但這種寄生性生存方式剝奪了牠們的生活刺激，讓牠們無法積極發揮生理與心智機能，因此常常會變得厭煩、遲鈍和冷漠。科特蘭德（A. Kortlandt）在研究報告中指出：「動物園裡的黑猩猩總是隨著年歲的增加而越來越遲鈍和空洞；可是野外的黑猩猩卻年紀越大越活躍，越對一切感興趣，越有人性。」（A. Kortlandt, 1962）[5] 格利克曼（S. E. Glickman）和斯洛吉斯（R. W. Sroges）也指出動物園的籠子所提供的「遲鈍世界」會

2 另參見萊豪森對擁擠的討論，特別是有關擁擠會對人產生什麼影響的部分。見P. Leyhausen（1965）。
3 人類也會發生相似的現象，即飢餓會減少攻擊性而不是增加攻擊性。
4 參看T. E. Hall對人類空間需要的有趣研究，見T. E. Hall（1963, 1966）。

讓動物產生「倦怠」。

擁擠與人的攻擊性

擁擠既然是動物攻擊性的一個重要條件，那麼人類的攻擊性是否也是如此？很多人都這樣認為，萊豪森是其中之一。他說想要對治「叛亂」、「暴力」與「精神官能症」，別無他法，唯有「在人類社會中建立人數的平衡，立即找尋把人口控制在適當數量的有效辦法」。（P. Leyhausen, 1965）[6]

把**擁擠**和**人口密度**混為一談是常有的現象，也造成了相當大的混淆。萊豪森的研究方法由於過分簡化和保守，忽視了現代擁擠現象有兩個層面：一是適合生活的社會結構遭受破壞（尤其在工業化地區），一是人口量和經濟與社會基礎的不成比例（主要在非工業化地區）。

人需要社會系統，在這個系統裡他有他的地位，而他與別人的關係是相對穩定，並受到普遍接受的觀念與價值所支持。但在現代工業社會裡，傳統、共同的價值觀，以及人與人的真誠關係卻大部分消失了。現代群眾裡的人是孤單和寂寞的，哪怕他們是群眾的一分子。除了從大眾傳播系統裡得到的一些口號與意識形態之外，他沒有與別人共享的信念。他已經變成了一個原子（在希臘語中相當於「不可分割」之意），把他和別人聚合在一起的力量只有共同的、但同時又是對立的利益和金錢關係。涂爾幹（Emile Durkheim）稱這種現象為「失範」（*anomie*），認為它是隨著工業成長而日趨嚴重的自殺現象的主要原因。「失範」是指一切傳統的社會關係遭受破壞，而這是因為國家過分發達，讓一切真正的集體組織都變得次要，導致所有真誠的社會生活被摧毀。他相信，生活在現代政治國家的人民是「無序的塵埃」。[7]另一位社會學大師滕尼斯（F. Tönnies）對現代社會有類似分析，他把傳統的「社群」（*Gemeinschaft*）和現代社會（*Gesellschaft*）加以分別，認為在現代的社會中所有真誠的社會關係已經消失。

許多例子都顯示出，人類攻擊性的原因不是人口的密集，而是缺乏社會結構和真誠的共同關係。一個顯著的例子是以色列的集體農場「基布茲」（kibbutzim）。那是非常擁擠的地方，個人的空間極小，很少有私人的空間和隱私可言，然而它們的成員卻沒有表現特別強的攻擊性。世界各地的「意識社區」（intentional communities）也是如此。另外，像荷蘭和比利時這樣的國家，人口密度是全世界最高，可是那裡的人卻沒有特別強的攻擊性。世界上幾乎難得找到像胡士托音樂節（Woodstock）或懷特島音樂節（Isle of Wight youth festivals）那麼擁擠的場合了，可是那裡的人卻最沒有攻擊性。再舉一個例子，三十年前的曼哈頓島是世界人口最稠密的地方之一，但當時一如今日，它並沒有以充斥暴力而馳名。

5 例如，有一隻年老白髮的黑猩猩在體力上雖然遠不如年輕的猩猩，卻仍然是群體的領袖。這顯然是由於生活在自由自在的環境中，各式各樣的刺激讓牠發展出足以擔當領袖的智慧。

6 C. and W. M. S. Russell（1968, 1968a）有同樣看法。

7 E. Mayo（1933）有類似看法。

現代的公寓大樓往往住著數百戶人家，而凡是住過這種大樓的人都知道，沒有哪裡比這裡更有私人生活，更少受到鄰居打擾。與公寓大樓相比，小村莊的房子相隔要遠得多，人口密度也少得多，可是人們的隱私反而少許多。村莊裡的人彼此認識，彼此把對方的生活看在眼裡，並做為談資。市郊的情形類似，但程度上輕微許多。

這些例子顯示，攻擊性的原因並不是單純的擁擠，而必須看擁擠發生在什麼情況下：這些情況包括社會、心理、文化和經濟。明顯的是，人口過剩（即**貧窮狀態下**的人口密集）會造成壓迫感與攻擊性：印度的大城市和美國城市裡的貧民窟都是例子。如果因為缺乏適當的住宅而讓人們得遭受別人的不斷侵擾，則人口過剩和因此引起的人口密集便是惡性的。人口過剩的意思是說，一個社會的人口數量超過了它的經濟供應力，讓它不能為人民提供足夠的食物、住宅和休閒娛樂。人口過剩無疑會產生不良後果，因此，把人口數量減低至符合經濟基礎是必須的。但如果一個社會的經濟基礎能夠維持密集的人口，則密集並不會剝奪居民的隱私，導致其私生活常常遭人闖入。

但是，足夠的生活水準所考慮的只是個人的隱私，並沒有解決「失範」的問題，沒有解決缺乏真誠社會關係的問題。想把工業社會的「失範」消除，唯一方法是對整個社會和精神結構進行徹底改變，也就是說，不但要讓每個人有吃有住，還要讓社會的利益與每個人的利益相符合。再者，社會生活和個人生活的原則，應該是與他人建立關係和發揮自己的潛力，不是消費和與別人對立。在人口密度很高的情況下，這些仍然是可能做得到的，但我們必須徹底重新省思我們的一切前提和徹底改變社會。

從這些分析來看，人類的擁擠與動物的擁擠雖然有類似的地方，卻並不相同。動物對牠的空間需求和社會組織需求有著本能的「知識」。當牠的空間和社會組織受到侵擾時，牠會本能地用攻擊性行為來補救。在牠這些方面的生命利益受到威脅的時候，牠沒有其他可能的反應方式。但人卻有許多其他方式。他可以改變社會結構，可以發展休戚相關的關係與共有的價值觀念，這些都是本能反應以外的東西。對於擁擠問題，動物訴諸的是本能性的解決方法，人訴諸的是社會和政治的解決方法。

野外的攻擊性

很幸運地，最近有不少人對野生環境中的動物進行研究，而這些研究清楚表明，生活在自然棲息地的動物不像被囚動物那麼具有攻擊性。[8]

在猴類裡，狒狒以暴戾聞名，而牠們曾被沃什伯恩（S. L. Washburn）和德沃爾仔細研究過。為節省篇幅，我只提二人的結論：當一般的社會結構沒有受到擾亂時，狒狒彼此之間很少有攻擊性行為，即使有，也是擺擺姿勢做出威脅的樣子。由於上文討論過擁擠現象，這裡值得指出的是，不同的狒狒群體在水源地相遇時不會發生戰鬥。兩位研究者看到四百多隻狒狒圍著一處泉水喝水，卻沒有任何攻擊性行為。他們也看到，狒狒對別種動物同樣很沒有攻擊性。霍爾（K. R. L. Hall）在研究卡克瑪狒狒（Chacma baboon）時得到同樣結果。

黑猩猩是最像人類的靈長類動物，所以研究牠們的攻擊性行為特別使人感興趣。牠們在非洲赤道地區的生活情況，最近幾年才由三位觀察家分別提供給世人，這些報告中包括攻擊性行為的有趣資料。

雷諾茲夫婦（V. and F. Reynolds）在研究過波當果森林的黑猩猩之後，指出牠們的攻擊性行為非常少。「在三百小時的觀察中，我們只看過十七次爭吵，包括真正的打鬥和只是擺出威脅姿態，又或只是發怒，但沒有一次是超過幾秒鐘的。」（V. and F. Reynolds, 1965）這十七次爭吵中只有四次是發生在兩隻成年公猩猩之間。珍・古德（Jane Goodall）在貢比河保留區觀察黑猩猩所得的結果基本一樣：「觀察到的四次威脅行為是地位低的公猩猩想從首領前面拿取食物時發生的。……極少看到攻擊行為，成熟公猩猩的打鬥只出現過一次。」（Jane Goodall, 1965）另一方面，理毛和獻殷勤的活動倒是很多，而這些行為的主要作用顯然是建立和維持群體成員彼此的良好關係。牠們的群體大多是臨時性，除了母子關係外沒觀察到其他的穩定關係。（Jane Goodall, 1965）儘管看過七十二次清晰分明的尊卑互動，但沒發現有系統化的尊卑結構。

科特蘭德觀察到黑猩猩有一種猶豫不安性。這是一個非常重要的發現，因為這可以幫助我們了解人類「第二本性」——即他的性格——的演化。他寫道：

我觀察到的黑猩猩全都是小心翼翼的，猶豫不決的。這是我在野外近距離研究黑猩猩所得到的主要印象之一。在牠們活潑的、探索的眼神後面，有一種懷疑的、沉思的性格，總是想從這困惑的世界裡找出一些意義來，就像是牠們本能的確定性已經被智力的不確定性所取代——然而又沒有人類所具有的那種決心與果斷。（A. Kortlandt, 1962）

科特蘭德指出，以被囚的黑猩猩進行實驗，發現牠們行為模式的天生確定性遠少於猴子。[9]

珍．古德觀察到的一個例子印證了科特蘭德所說的，黑猩猩的行為優柔寡斷，缺乏決斷性。

下面是她的報告：

---

8 對人類以外的靈長類所做的野外研究，最早是由H. W. Nissen（1931）開始的，他研究的是黑猩猩。其次是H. C. Bingham（1932）對大猩猩的研究，和C. R. Carpenter（1934）對中美洲吼猴的研究。在之後將近二十年的時間裡，靈長類的野外研究都處在沉寂狀態。中間雖然也有簡短的田野研究，但一直到五〇年代中葉才有長期細心的觀察，這要歸功於日本京都大學日本猴類中心的建立和S. A. Altman在聖地牙哥島恆河猴棲息地所做的研究。現在已經有超過五十人從事這方面的研究。I. DeVore, ed.（1965）是最好的靈長類行為文集，附有詳盡的參考書目。書中的論文我想在此一提的有：K. R. L. Hall and I DeVore的一篇；C. H. Southwick的“Rhesus Monkeys in North India”；G. B. Schaller的“The Behavior of the Mountain Gorilla”；V. and F. Reynolds的“The Chimpanzees of the Bodongo Forest”；珍．古德（Jane Goodall）的“Chimpanzees of the Gombe Stream Reserve”。珍．古德的研究一直做到一九六五年，她把後來的發現和以前的部分結合起來出版，用的是婚後的姓名Jane van Lawick-Goodall。下面我也參考了A. Kortlandt（1962）和K. R. L. Hall（1964）。

9 佛羅里達州奧倫治公園靈長類生物學實驗室的海耶斯夫妻在家裡養了一隻黑猩猩，系統性地「強迫」牠接受人化的教育，在牠兩歲八個月時測出牠的智商為一二五。（C. Hayes, 1951; and K. J. Hayes and C. Hayes, 1951.）

有一天，哥利亞出現在斜坡上，離我們有一段距離，後面緊跟著一隻發情的母猩猩。雨果和我很快把一串香蕉丟出去，丟到兩隻猩猩都能看到的地方，然後躲在帳蓬裡觀察。當母猩猩看到我們的營地，就跳到一棵樹上向下觀看。哥利亞立刻停住腳步，向上看她，然後又望向香蕉。他往斜坡下方走了一小段，停下來，回頭看母猩猩。她沒有動。哥利亞慢慢向下走，這時母猩猩默默地從樹上爬下來，消失在矮樹叢中。當哥利亞回頭看見她已經走了，立刻往回跑。一會兒以後，母猩猩又爬上一棵樹，哥利亞誠惶誠恐地跟著她。他為她理了一會兒毛，但又常常向營地這邊看。從他站的地方雖然看不到香蕉，但他知道香蕉還在那裡。由於他已經離開這裡十天，他八成正在流口水。

不久他又爬下來，走向我們這邊，每走幾步就停下來回頭看母猩猩。她坐著不動，但雨果和我有一種清楚的感覺，她想要離開哥利亞。當哥利亞再往下走了幾步之後，坡上的植被顯然擋住了他的視線，讓他看不見母猩猩，所以他很快爬上一棵樹。她仍然坐在那裡。他爬下來，走了幾碼，又爬上另一棵樹。母猩猩仍在那裡。在哥利亞走到放香蕉的地方之前，這種情況又持續了五分鐘。

走到營地四周的開闊空地之後，他遇到另一個難題：這裡沒有樹，而他站在地上又看不見母猩猩。他三次在踏入開闊空地之後往回跑，跑回最後一棵樹。母猩猩始終沒動。突然間，哥利亞似乎下定了決心，快跑著衝向香蕉，拿了一根後，往回跑，再爬上樹去。母猩猩仍然坐在原來的樹枝上。哥利亞吃完香蕉，似乎有了點信心，匆匆跑到香蕉那裡，抱了一串，再衝回樹上。但母猩猩已經走了。當哥利亞去拿香蕉的時候，她爬下樹枝，過程中反覆回頭看他，最後默默消失。

哥利亞的驚慌叫人感到有趣。他拋了香蕉，爬上他離開她的那棵樹，四周打量，接著也消失在矮樹叢裡。他找她找了二十分鐘。不到幾分鐘後就看到他爬到另一棵樹上，向四周打量。但他再也找不到她。他最終放棄尋找，回到營地，坐下來慢慢地吃香蕉，樣子看來精疲力竭。即便這樣，他依然不時回頭，望向斜坡上方。（J. van Lawick-Goodall, 1971）

這隻公猩猩竟然決定不了先吃香蕉，還是先與母猩猩交配，這是很令人吃驚的。如果這種事情發生在人身上，我們會說他患了強迫性疑慮（obsessional doubt），因為正常的人會依照自己性格結構中最有力的衝動去做：「口腔接受性性格」的人會先吃香蕉，把性的滿足延到後面；「生殖器性格」的人會先滿足性欲，再顧及食物。在這兩種情況中，他都會毫無疑慮或猶豫地行事。由於我們不太可能假定公猩猩哥利亞是患了強迫症，因此只得用科特蘭德的看法來解釋。可惜珍．古德並沒有提到科特蘭德的發現。

科特蘭德又提到，黑猩猩對年幼的猩猩很忍讓，對年長的猩猩很敬重。對此，珍．古德亦有強調：

黑猩猩一般在對待彼此的行為上顯出很大的容忍。雄性尤其如此，雌性反而容忍度較低。舉一個典型的例子：有一棵椰子樹，上面只有一串果實，一隻年輕的黑猩猩已經在上面吃了。這時一隻有支配權的成年公猩猩爬上來，但他並沒有把年輕的趕走，只坐在一邊一起吃。同樣，如果上面坐的是成年公猩猩，年輕的猩猩也會爬上去，但在開始吃東西以前會先摸摸成年公猩猩的嘴唇、大腿和生殖器區域。公猩猩之間的忍讓在交配季節特別明顯，例如，有一次，有七隻公猩猩和一隻母猩猩交配，但公猩猩之間沒有攻擊性的跡象。七隻公猩猩裡有一隻是年輕的猩猩。（J. van Lawick-Goodall, 1971）

至於在野外觀察到的大猩猩，據夏勒（G. B. Schaller）的研究，牠們的群體之間的「互動」大致是平和的。公猩猩有時會擺出只是虛張聲勢的攻擊性姿態：「有一次我觀察到，當一隻母猩猩、一隻年輕猩猩和一隻年幼猩猩闖入另一群大猩猩去的時候，被闖入的群體出現輕微的攻擊性。大部分群體攻擊性僅限於瞪眼和吼叫。」夏勒沒有看過大猩猩之間有嚴重的攻擊性行為。考慮到不同大猩猩群體的生活範圍是重疊和共有，這一點更叫人驚異。因為在這種情況下，發生摩擦的機會一定很多。（G. B. Schaller, 1963, 1965）

珍．古德對黑猩猩進食行為的觀察報告特別值得注意，因為不少作者用她的報告來論證黑猩猩是肉食性或具有「掠食」性格。她說：「鞏比河保留地的黑猩猩是雜食性，大概大部分地區的黑猩猩都是如此……黑猩猩主要是素食者，也就是說，牠們的食物以植物為大宗。」（J. van

Lawick-Goodall, 1968）當然也有例外的情況。在她的田野研究期間，她或助手看到過黑猩猩吃其他哺乳動物的肉共二十八次。此外，她對黑猩猩糞便進行檢查（頭兩年半是偶一為之，後兩年半是固定執行），發現這些糞便中共有三十六種哺乳動物的殘留物。在這些年中，她也四次看到一隻公猩猩捉住並殺死一隻小狒狒，一次看到一隻猩猩（極可能是母的）殺死一隻紅色的疣猴。在四十五個月裡，她也看到有六十八隻哺乳動物（大部分是靈長類）被一個黑猩猩群體吃掉，這個群體有五十隻黑猩猩。也就是說，牠們每個月大約吃一．五隻哺乳動物。這些數字證明了「牠們的食物以植物為大宗」，吃肉只是例外情況。可是，她在通俗讀物《在人的影子中》（*In the Shadow of Man*）裡卻簡單地說，她和丈夫「常常看到黑猩猩吃肉」（J. van Lawick-Goodall, 1971），而沒有引用她以前著作中的嚴謹資料。我特別提出這一點是因為自從《在人的影子中》出版以後，許多人都以她的作品為根據，暢言黑猩猩的「掠食」性格。但實際上黑猩猩是雜食動物（這是許多作者都說過的），主食是植物。牠們偶爾吃肉（事實上極少），但不能因此被視為肉食動物，更遑論掠食動物。有些人用「掠食性」和「肉食性」來稱呼牠們其實是另有用意：要以此暗示人類天生具有攻擊性。

地盤主義與支配

一般人對動物攻擊性的看法很受「地盤主義」（territorialism）概念的影響。阿特里（Robert Ardrey）的《地盤占有天性》（*Territorial Imperative*）給人留下這樣的印象：人類受防衛領土的本能所支配，而這種本能是繼承自我們的遠古動物祖先。人們認為這種本能是動物與人類攻擊性的主要根源之一。要找到類比很容易，而這種不花腦筋的想法吸引很多人相信，戰爭就是由防衛領土本能引起。

但是，這種想法卻是錯誤的，原因有幾個。第一，地盤觀念對很多動物而言根本派不上用場。「地盤性只存在於較高等的動物，例如脊椎動物和節足動物，而且是以很不平均的方式分布。」（J. P. Scott, 1968a）有一些研究行為的學者（如郭金楊）則認為：「所謂的『地盤防衛』只是一種想像出來的名目，加入了一些擬人化和十九世紀達爾文主義的風味，指的不過是對陌生人的反應模式。這個問題必須以進一步和系統性的實驗進行探討。」（Zing Yang Kuo, 1960）

廷貝亨把地盤主義分為物種地盤主義和個體地盤主義：「地盤的選擇無疑是以動物生而具有的反應為基礎。這種天生的反應使同種的所有動物——至少是同一區域內的所有這種動物——都選擇同一類型的棲息地。可是，雄性個體對自己地盤的占領與保衛，卻是由學習得來。」（N. Tinbergen, 1953）

前面談到靈長類動物時，我們看到牠們的地盤常常是重疊的。對猿類的觀察如果有教會我們什麼，那就是：不同的群體很能互相忍讓，地盤有伸縮性。牠們不會用猜忌的態度監視邊界，不會用武力阻止「外人」進入。

地盤主義之所以不是人類攻擊性的根源，還有第二個原因：保衛地盤具有**避免**發生嚴重爭鬥的作用。如果地盤被別的個體大量入侵，就會擁擠起來，引發嚴重的爭鬥。實際上，為地盤而生的攻擊性只是一種威脅姿態。這是一種本能的行為模式，目的在維持空間的均衡和維持和平。動物的這種本能配備和人類的法律制度有相同的作用。因此，如果已經有其他象徵標記可供標定地盤的界限，這種本能就過時了。再者，我們應當記住，大部分戰爭都是為了獲取利益，而不是對抗他人對自己領土的威脅——只不過製造戰爭的人倒是常常拿保衛領土當藉口來蠱惑人心。

大眾對「支配」（dominance）的概念也是錯的。很多動物都有階級之分，但不是所有動物皆如此。在有階級之分的動物群體裡，最強壯的雄性在食、性和被理毛服待方面比其他低階雄性有優先權。[10]但是，支配也和地盤主義一樣，並非見於所有動物，而在脊椎動物和哺乳動物中，它的存在也分布不均。

人類以外的靈長類裡，支配情況差別很大。像狒狒和獼猴這些猴類，有相當發達和嚴格的階

10 很多人喜歡用地盤主義論證人的愛國心具有「本能」根源，卻很少人會用動物的階級組織論證獨裁統治的「本能」根源，儘管兩者的邏輯是一樣的。這當然是人心好惡使然：人總希望「愛國心」是發自「本能」，而獨裁統治則不是。

級組織，而在猿類，支配情況則較不強烈。就山地大猩猩（mountain gorillas）的情況，夏勒指出：

我們觀察到的確定支配行為有一百一十次。支配權在狹窄的山徑上最常表現出來：在要求路權或選擇坐處時，地位高的大猩猩會排擠地位低的，大猩猩只用最少的行動就可以顯示出牠的支配權。通常只要地位高的大猩猩走過，或只要牠用眼睛一瞪，地位低的大猩猩就會讓位。最常見的表達方式是地位高者用手背輕拍在地位低者的身體。（G. B. Schaller, 1965）

雷諾茲夫妻在研究波當果森林的黑猩猩後，指出：

雖然有些證據顯示黑猩猩之間有地位之分，但黑猩猩的行為中出現支配性互動的情形極少。沒有證據可顯示，雄性或雌性之間有線性的支配層級系統存在。群體裡沒有永久性的領袖。（V. and F. Reynolds, 1965）

羅維爾（T. E. Rowell）在觀察過狒狒之後，反對支配概念，指出：「間接證據顯示，階級行為和環境的種種壓力有關，在環境壓力下，低階級的動物首先出現生理症狀（例如對疾病的抵抗力較弱）。如果決定動物階級的是臣服行為而不是支配行為，我們就可了解，環境壓力是直接施加在每隻動物身上的，但由於牠們的身體結構不一樣，壓力對牠們的影響力也就各不相同，因此造成生理上與行為上的改變（臣服行為），而行為上的改變又轉過來造成社會階級。」他下結論說：「階級組織看來主要是由臣屬者的行為模式來維持，不是由高階級的動物來維持。」（T. E. Rowell, 1966）

馬松（W. A. Mason）對黑猩猩的研究也讓他對支配概念持強烈保留態度：

「支配」與「臣服」只是人們有鑑於黑猩猩彼此間常處在威嚇者與被威嚇者的關係，而用來稱呼這種關係的權宜名稱。當然，我們會預期在任何群體中，個子大的、強壯的和較有攻擊性的動物會扮演支配者的角色。或許就是這個原因，在野外，成年的公猩猩通常支配成年的母猩猩，而後者通常又支配年輕和年幼的猩猩。然而，除了這方面所觀察到的事實以外，沒有跡象顯示黑猩猩的群體是依照階級組織起來的；也沒有叫人信服的證據，可證明牠們有自動追求社會主宰權的欲望。黑猩猩是任性、衝動和貪心的，即使沒有特別的社會動機與社會需要，也足夠讓牠們發展出支配與臣服關係。

因此，我們可以把支配和臣屬看作是社會交往的自然副產品，而且只是兩個個體的關係的其中一個面向……（W. A. Mason, 1970）

動物間即使確實有支配關係，它的作用也和地盤主義一樣，是使群體保持和平與團結，防止可能會導致嚴重爭鬥的摩擦。人類用契約、禮節與法律來代替這種從他身上消失的本能。

許多人都把動物支配權看成是一種用暴力手段得來的結果。以猴類來說，領袖的權威確實是以別的猴子對牠的懼怕為基礎，而這種懼怕是牠製造出來的。但在猿類（例如黑猩猩），領袖的權威並不是因為牠最強壯，其他猩猩怕被牠對付，而是由於牠有能力領導群體。科特蘭德在報告中便指出過，有一隻年老的黑猩猩雖然身體衰弱，但憑著經驗與智慧仍然保有領袖地位。

不管支配權在動物群體中有何作用，有一件事是相當明白的，那就是，有支配權的動物必須不斷顯示自己有資格擁有這權力，也就是不斷表現出牠有出類拔萃的體力、智慧或精力，或其他任何讓牠配當領袖的條件。德爾加多在對猴子進行巧妙實驗之後發現，即便當領袖的猴子只是暫時失去牠的傑出優點，其領袖地位也會結束。在人類的社會中，因為自然支配權被制度化，個人能力不再像在許多原始社會中那麼有用，所以當領袖的人不必時時具備出類拔萃的優點，甚至不必具備優點。社會制度制約著人們，讓他們把頭銜、制服和諸如此類的東西看做是領袖能力的證據。只要這些象徵性的東西還存在，還受整個社會制度的支持，一般百姓甚至不敢問國王究竟有沒有穿衣服。

其他哺乳動物的攻擊性

不但靈長類少見破壞性，其他哺乳動物（不管掠食動物還是非掠食動物）也很少表現出能證明勞倫茲水壓理論的攻擊性。

鼠類是最有攻擊性的哺乳動物，可是牠們的攻擊性也沒有勞倫茲所舉的例子那般強烈。卡瑞格（Sally Carrighar）提醒我們，勞倫茲引用來佐證其假說的那個老鼠實驗和其他老鼠實驗是不同的，因為其他老鼠實驗顯示，老鼠的攻擊性並不是與生俱來，而是由於某些環境條件使然：

> 據勞倫茲所述，斯坦尼格（Steiniger）把各處找來的棕色老鼠放進一個大籠子裡，提供牠們完全自然的生活條件。[11]一開始，老鼠似乎互相懼怕。這時牠們沒有攻擊情緒，但如果偶然相遇就會互咬，尤其是把兩隻老鼠沿著籠子的同一邊驅趕，讓牠們快速碰在一起的時候。
>
> 沒多久，斯坦尼格的老鼠就互相攻擊，最後，除了一公一母以外，統統死掉。這讓老鼠的後代形成一族，只要有任何陌生的老鼠放進來，牠們就把牠殺掉。

在斯坦尼格進行這實驗差不多相同的時間，卡爾霍恩（John B. Calhoun）也在巴爾的摩研究老鼠的行為。斯坦尼格的實驗使用十五隻老鼠，卡爾霍恩使用十四隻——牠們也是彼此陌生。但卡爾霍恩的籠子比斯坦尼格的大十六倍，其他方面的設施也好得多。他設置了一些「避難所」，讓被追逐的老鼠可以躲在裡面（野外極可能也有這類避難所存在）。卡爾霍恩並為所

11 大部分動物心理學家都不會把籠子提供的生活條件稱為「完全自然的」生活條件，特別是籠子太小、動物沿著籠子邊緣跑會相撞的情形下。

有老鼠做標記。

籠子上方的中央設了一個觀察塔，每隻老鼠的動靜都被記錄下來，歷時二十七個月。老鼠們起初有過少數幾次戰鬥，互相認識了之後分成兩群，彼此都沒有消滅對方的企圖。牠們常常相遇，但不會互相挑戰。有些老鼠常常兩邊跑來跑去，所以被戲稱為「使者」。（Sally Carrighar, 1968）[12]

研究動物攻擊性的傑出學者斯科特在比較脊椎動物和低等無脊椎動物之後指出，節足動物和社會性昆蟲類的攻擊性非常普遍，例如龍蝦之間常常會激烈戰鬥，而黃蜂和某些蜘蛛會出現雌性攻擊和吃掉雄性的情形。魚與爬蟲類也有很多攻擊性行為。他寫道：

研究動物戰鬥行為的比較生理學得出了極端重要的結論：戰鬥行為的主要刺激是外來因素。動物並沒有自然發生的內在刺激讓牠不論在什麼外在環境下都必須去戰鬥。敵對行為涉及的生理與情緒因素，和性與進食行為涉及的生理與情緒因素十分不同。

斯科特接著說：

在自然狀態下，**摧毀性**與**適應不良**意義下的敵意和攻擊性在動物社會裡幾乎找不到。（強

調字體為外加）

勞倫茲假定攻擊性行為發自內在的自發性刺激。針對這個問題，斯科考特說：

從現有的一切資料來看，包括人在內，高等哺乳類的戰鬥行為是起源於外在的刺激。沒有證據顯示有一種自發的內在刺激存在。情緒與生理過程延長並擴大了外在刺激的效果，但並不是它的根源。（J. P. Scott, 1968a）[13]

人有沒有抑制殺生的本能？

勞倫茲在解釋人類攻擊性時有一個重要假說：人和掠食動物不同，沒有發展出一種本能抑制使他不致殺生。勞倫茲對此的解釋是，人類就像所有非掠食動物那樣，沒有尖牙利爪等與生俱來的武器，因此用不著有對殺生的抑制，可後來因為他製造出武器，本能抑制的缺乏讓他變得非常有危險性。

12 參見S. A. Barnett and M. M. Spencer（1951）和S. A. Barnett（1958, 1958a）。

13 郭金楊就哺乳動物爭鬥所做的實驗研究得出類似結論。見Zing Yang Kuo（1960）。

但是，人真的沒有對殺生的抑制嗎？

人類的歷史充滿血腥，所以乍看之下他真的像是沒有任何抑制。但是，如果我們把問題換個方式來問，答案可能就不一樣：對自己並不完全「陌生」的人與動物，對自己在情感上有聯繫的人與動物，人也沒有殺害的抑制嗎？

有證據顯示，這種抑制是存在的，而殺害同類的行為會引起罪惡感。

從日常生活中可以輕易看出來，熟悉與移情作用（empathy）有助於讓人產生殺害動物的抑制。很多人都極度厭惡把自己熟悉或養為寵物的動物（例如兔子或山羊）殺來吃掉。有大量的人不肯殺這些動物，認為吃這些熟悉的動物是無法忍受的。可是如果他們並不認識這些動物，便會毫不猶豫地吃下去。人不只不喜歡殺熟悉的動物，還覺得牠們和我們一樣是活物。毀滅生命（特別是毀滅我們多少有移情作用的生命）也許會讓人產生有意識或無意識的罪惡感。舊石器時代獵人的拜熊儀式戲劇化地表現出人對熊的親近感，也表現出他們殺了熊之後的補救需要。（J. Mahringer, 1952）[14]

印度思想明確主張，人有與一切活物共享生命的特質，所以是一體。印度教因此禁止殺害任何動物。

很有可能，如果人對他人也有一體感和代入感，也會產生殺生抑制。對原始人而言，凡不屬於他們群體的人往往不被他們視為人，而是被當成無法辨識的「東西」。他們一般來說非常不情願殺死群體中的成員，所以原始社會中最重的懲罰往往是放逐而不是死刑（《舊約聖經》中該隱受到的懲罰明白顯示出這一點）。但是，這樣的情形不僅原始社會才有，因為即便像古希臘那樣高度文明的社會，也不把奴隸完全當人看待。

我們在現代社會也發現同樣現象。戰爭的時候，所有政府都想灌輸給人民的思想是：敵人不是人。他們不用本名稱呼敵人，而用別的名字，例如第一次大戰時德國人被英國人稱為「匈奴」（Huns），被法國人稱為「德鬼子」（Boches）。如果敵人的膚色和自己不同，這種對「人性」的抹煞更是登峰造極。越戰為此提供了非常多的例子。很多美國軍人很少覺得他們的越南敵人是人類，管他們叫「亞佬」（gooks）。甚至「殺死」一詞也被「作廢」取代。當卡萊中尉被控屠殺美萊村的百姓時，他辯稱，他所受的教導都是教他把越共當「敵人」看，不是當人看。這個理由是否充分不是我們這裡要探討的，但它絕對是有力的論證，因為它道出了美軍對越南農民的心態。同樣的，希特勒把他想要毀滅的政敵歸類為「次人」（Untermenschen）。這幾乎已經成了一條通則，即當一個人想叫與自己站在同一邊的人毀滅另一邊的人，他總是想辦法叫自己這邊的士兵覺得自己屠殺的不是人。[15]

另一種把別人當做「非人」的辦法，是切斷自己與他的一切情感聯繫。某些嚴重的疾病會使人的心理狀態變成永久如此，但沒生病的人也可能會暫時出現這種心理狀態。被攻擊的對象是陌

14　我相信猶太人習慣不將牛奶與肉同食，是出於相似理由。牛奶與乳製品是生命的象徵，象徵著活的動物。肉與牛奶不可同食的禁忌，看來是表示要對活著的動物，和做為食物的死去動物的嚴格區分。

生人、近親或朋友，並無分別，總之攻擊者都是把他和對方的感情關聯一概切斷，把對方「凍結」起來。對方在他心裡不再是人，變成了「在那裡的一件東西」。在這種情況下，人即使進行最嚴酷的毀滅行為也不會出現內心抑制。好些臨床實驗的結果顯示，至少在相當大的比例上，破壞性和攻擊性行為是與暫時或長期的情感抽離有關。

當另一個生物不被當人看待，破壞與殘忍便有了不同的性質。我們可以舉一個簡單的例子。一名印度教徒或佛教徒如果具有深切的眾生平等心，當他看到一般現代人毫不猶豫地打死蒼蠅，會認為這是無情的殺生。但他的這個判斷有可能是錯的，因為大部分人並沒有把蒼蠅當作生靈，而只是當做擾人的「東西」。這些人並不是特別殘忍，只是在他們的經驗中，「生靈」的範圍太窄。

15 威克（Tom Wicker）在反省軍隊屠殺紐約州阿提卡監獄的人質與囚犯一事時，提出一樣的見解。在他所寫的發人深省專欄中，他提到紐約州長洛克菲勒在大屠殺後發表的談話，一開頭這樣說：「我們對阿提卡死難人質的家屬致上深深同情。」威克接著說：「阿提卡的許多錯誤，以及美國大部分監獄與感化院的許多錯誤，都在這句話裡找到原因。在任何官方所發表的談話中，沒有一句對死難囚犯的家屬表示同情。確實，在那時候，人們都以為人質是被囚犯殺害（現在則已經知道他們的死是奉命爬上圍牆開槍射擊的人所造成）。但即便殺害人質的是囚犯而不是警察，囚犯依然是人，而囚犯的母親、妻子和兒女也依然是人。但紐約州政府卻沒有任何官員對這些人表示同情。這是一切的根源：囚犯（特別是黑人囚犯）在太多太多例子中根本不被當人看待。由於他們不被當人，他們的家屬也不被當人。」威克繼續說：「各種特殊觀察團體的成員在試圖達成一項阿提卡協定時，一再聽到囚犯說他們也是人，最主要是希望獲得被當人看的對待。有一次，當囚犯和政府人士隔著鐵欄杆談判時，懲教處副處長鄧巴（Walter Dunbar）對囚犯領袖克拉克（Richard Clark）說：『三十年來我從沒有對一個囚犯說過一句謊。』克拉克輕聲回答說：『把我們當人看好嗎？。』」（*The New York Times*, September 18, 1971）

第七章　古生物學

人與人是同類嗎？

前面提過，勞倫茲採用動物實驗資料所要論證的，是同種攻擊性而不是異種攻擊性。問題是：人在與他人的關係上，是不是把他人視為自己的同類？我們難道沒看到，在許多原始民族中，另一部落的人，或只是住在幾里外鄰村的人，往往會被視為完全的陌生人，甚至不被看做人？隨著社會與文化的演進，被看做人類的人才越來越多。我們似乎有足夠的理由假定，人並不把他的同胞當做自己的同類，因為人和動物不一樣，他沒有本能的或反射式的反應，可以透過氣味、形狀和顏色等來識別同類。事實上，在動物實驗中發現，動物一樣可能會因為受到欺騙而不能確定誰是自己的同類。

人擁有的本能配備比任何動物都少，正因如此，他不像別的動物那樣容易識別同類。他鑑別同類所要用的標準，心智方面多於本能方面。語言、習俗、服飾等等，都是重要的標準。這些方面稍有不的，就會被認為不具有相同的人性。由此而造成這個弔詭：正是由於人缺乏本能配備，他才會把陌生人當做異類看待。換句話說，**正是人的人性讓他那麼沒有人性**。

如果這些考量是正確的，那勞倫茲的理論就會塌陷，因為他的所有精巧論證和結論都是以同種攻擊性為基礎。如果人類把陌生的人類不當人類，就會引起一個完全不同的問題：動物對**別種**動物是否天生具有攻擊性？動物學的證據顯示，除了遭受威脅時的反應和掠食動物的掠食行為之外，找不出什麼證據可以證明異種攻擊性是受基因規定。那麼，我們是否可以假定人是掠食動物的後裔？是否可以假定人雖然不是同類中的狼，卻是同類中的羊？

人是不是掠食動物？

有沒有什麼證據可以讓我們假定人類的祖先是掠食動物？

拉瑪古猿（*Ramapithecus*）也許是最早的人類祖先之一，大約一千四百萬年前住在印度。[1]他們的齒弓和其他人科（hominids）相似，比現代的猿類更接近人類。雖然可能也吃肉，但他們以素食為主，所以認為他們是掠食動物是荒謬的。

在已知的人科化石資料中，拉瑪古猿以後便是南方古猿粗壯種（Australopithecus robutus）和更進化的南方古猿非洲種（Australopithecus africanus）。後一種化石是一九二四年在南非洲發現的達特（Raymond Dart），年代據信距今近兩百萬年。南方古猿引起學界許多爭論。現在大部分古人類學家都認為南方古猿是人科動物，少數的研究者——如皮爾比姆（D. R. Pilbeam）和西蒙斯（E. L. Simons）——甚至主張南方古猿非洲種是最早的「人類」。

在討論南方古猿時，學者們多以他們會使用工具為根據，論證他們是人類，或至少是人類的祖先。芒福德（Lewis Mumford）有不同的看法。他認為，把工具的製造看得這般重要，並用它來確定製造者就是人類，是一種根植於當前的技術概念的偏見。（Lewis Mumford, 1967）從一九二四年以來，新的化石陸續出土，但它們的分類問題卻爭論不休，而南方古猿到底吃肉、打獵，或製造工具到什麼程度，也成問題。[2]不過大部分研究人員都認為南方古猿是雜食動物。坎貝爾（B. G. Campbell）主張，南方古猿吃小型爬蟲類、鳥類、小型哺乳動物（如齧齒動物），以及植物的

1 拉瑪古猿是不是人科的一種，是不是人的直系祖先，現在仍存在爭議。（持肯定意見的詳細論證見D. Pilbeam, 1970）。古生物學的資料大多以猜測為基礎，會有爭論在所難免。但就我們現在討論的題目來說，人類演化的細節雖爭論未定，對我們卻沒有很大的影響，而我採用的資料也是大部分學者所公認的。我在這裡所提到的只是人類演化的各主要階段，但我還是把一些有爭議性的部分省略，以免累贅。以下的分析主要根據的著作有：D. Pilbeam（1970）、J. Napier（1970）、J. Young（1971）、I. Schwidetzki（1971）、S. Tax, ed.（1960）、B. Rensch, ed.（1965）、A. Roe and G. C. Simpson（1958, 1967）、A. Portman（1965）、S. L. Washburn and P. Jay, eds.（1968）、B. G. Campbell（1966）和好些文章（有些會在正文中提到）。

根和果實。他們吃不用武器和陷阱就可以捉到的小動物。打獵需要合作和相當高的技術，要很久以後才出現——大約是出現在西元前五十萬年左右，和人類出現在亞洲同一時期。

不論南方古猿是不是狩獵者，有一件事卻是無庸置疑的：人科動物和他們的猿科祖先一樣，不是掠食動物。他們沒有狼和獅子的尖牙利爪和本能配備。

這方面的證據雖然很清楚，卻仍然有些人想證明南方古猿是古生物學上的「亞當」，是把原罪（破壞性）帶給人類的始祖。愛誇張的劇作家阿德瑞（Ardrey）如此，嚴肅的學者弗里曼（D. Freeman）也是如此。弗里曼認為南方古猿是一種「食肉適應」（carnivorous adaptation）[3]的動物，具有「掠食、嗜殺與相食的傾向。最近十年來，古人類學已經為人類的攻擊性找到演化基礎（這種攻擊性最早是由精神分析學在人性裡發現）」。他下結論：「從人類學的廣泛角度來看，我們可以說，人的本性與技術，乃至人類的文化，是由掠食性的生存適應產生出來的，這種適應最先出現在更新世早期非洲草原的肉食南方古猿。」（D. Freeman, 1964）

但在發表這文章之後的討論中，弗里曼卻沒那麼肯定：「所以，基於古人類學的最新發現，我們可以假定人類本性的某些方面（包括**可能具有的**攻擊性和殘忍）很可能跟掠食適應[4]和食肉適應有關，這些適應對更新世人科的演化來說是根本的。在我看來，這是一個**假說**，**值得進行科學的研究**。因為與它相關的事情是我們目前所知最少的。」（D. Freeman, 1964；強調字體為外加）在原來的文章中，人類攻擊性是古人類學得出的結論，是客觀事實，但在討論中卻變成了「值得進行科學研究」的**假說**。

可是這方面的研究卻遭遇一個阻礙：弗里曼（和不少其他作者）把「掠食性」、「肉食性」和「狩獵」混為一談。掠食動物在動物學上有明確定義，牠們是貓科、鬣狗科、犬科和熊科，以具有尖牙利爪為特徵。掠食動物攻擊和殺死其他動物，以此取得食物。這種行為是由基因規定，只需少量學習過程。再者，就像前面說過的，「掠食性攻擊性」與「防衛性攻擊性」在神經組織上有不同的基礎。我們甚至不能說掠食動物是特別有攻擊性的動物，因為牠們在同類裡面是和平的，甚至友善的；我們曾經提過，狼便是這樣。掠食動物都是肉食者（熊科除外，牠們以素食為主，身體構造不適於追獵）。但吃肉的動物並不全是掠食性動物。雜食動物既吃植物又吃肉，但並不因為這樣就屬於食肉動物。弗利曼察覺到「『食肉的』一詞用來指人科時和用來指食肉目的物種時，意義**很不相同**」。（J. D. Carthy, F. J. Ebling, 1964；強調字體為外加）既然這樣，又為什麼把人科叫做食肉動物，而不叫雜食動物呢？詞意的混淆在一般讀者心中造成了這樣的等式：吃肉的動物＝食肉動物＝掠食動物。因此，人類的人科祖先是掠食動物，配備著攻擊別的動物（包

2 L. Washburn和F. C. Howell指出，早期身體矮小的南方古猿雖然在植物性的主食以外也補充些肉食，卻不太可能捕殺太多其他動物。「後來體形較大的南方古猿取代了他們，後者比較能夠對付小動物和還沒長大的動物。沒有證據顯示，他們有能力捕殺非洲更新世特有的大型草食哺乳動物。」見L. Washburn and F. C. Howell（1960）。Washburn在較早前一篇文章（1957）也曾表示相同的看法，他寫道：「與其說南方古猿是狩獵者，不如說是獵物。」可是後來他又說人科——包括南方古猿——「不無可能是」狩獵者。（L. Washburn and C. S. Lancaster, 1968）

3 譯註：指演化為肉食性以適應環境。

4 譯註：指演化為掠食性以適應環境。

括人）的本能；因此，人的破壞性是與生俱來，而佛洛伊德所言不假。我們已經證明出來了！

對於南方古猿非洲種，我們唯一能確定的是，他們是雜食性，多少吃一些肉類，會把夠小的動物殺來吃。食物裡有肉並不能把人科變為掠食動物。再者，正如赫胥黎（Julian Huxley）和其他作者所指出而現已被廣泛接受的是，食物——素食或肉食——和攻擊性的產生無關。

沒有證據可顯示南方古猿是掠食動物，是他們把「掠食」習性遺傳給人類。

第八章　人類學

這一章我要提供關於原始狩獵採集者、新石器時代農人和新城市社會的詳細資料，讓讀者去判斷人究竟是不是越原始就越有攻擊性。這些資料主要是近十年來年輕一代的人類學家所發現，它們與一般人心目中的圖像（由老一代人類學家提供的資料構成）非常不同。

「狩獵人」是人類學上的亞當嗎？

雖然人類的人科祖先不是掠食動物，所以人類並未繼承天生的攻擊性，但我們是否可以認為是由一個人類祖先——一個史前的亞當——肇始了人類的「墮落」？這個領域的權威沃什伯恩（S. L. Washburn）和他的共同研究者就是這樣認為。他們把狩獵人指認為「亞當」。

沃什伯恩的前提是：自有人類以來，人類有九九％的時間都是當獵人，因此我們的生理、心理和風俗習慣有極大部分遺傳自遠古時代的獵人：

> 在非常切實的意義上說，我們的智力、興趣、情緒和基本的社會生活全都是成功的狩獵適應（hunting adaptation）的演化產物。當人類學家談到人類的一體性時，他們的意思是，狩獵和採集的生活方式所產生的淘汰壓力是那麼相似，而這種生活方式的結果又是那麼成功，以至於智人種（*Homo sapians*）的各個群體至今基本上仍然是一樣的。（S. L. Washburn and C. S. Lancaster, 1968）[1]

因此，關鍵的問題便是：狩獵人的心理樣態為何？沃什伯恩稱之為「食肉的心理樣態」（carnivorous psychology），認為那是在更新世中期（約五十萬年前）發展完成的：

> 早期人類食肉者的世界觀和他的素食近親的世界觀必然很不相同。素食的人類可滿足於一塊小小的區域，別的動物除了來攻擊他們的時候，對他們沒有重要性。但吃肉的欲望卻引導動物認識了更廣的地區，學習到更多其他動物的習慣。人類的地域習慣和心理，與猿類和猴子根本不同。至少有三十萬年（又或一倍於此），食肉的探索性與攻擊性被加到猿類的好奇心與統治欲求之上。這種食肉的心理樣態在更新世的中期完全形成，而它最早的表現可能是南方古猿

的劫掠行為。（S. L. Washburn and V. Avis, 1958）

沃什伯恩認為，食肉的心理樣態就是渴望屠殺，樂在屠殺。他寫道：「人以狩獵其他動物為樂。除非有周全的訓練把這自然的驅力隱藏，人會享受追逐和殺害。在大部分文化中，**折磨與殘忍是在眾人眼前執行，好讓大家都享受到這個樂趣**。」（S. L. Washburn, 1959；強調字體為外加）

沃什伯恩堅稱：「人具有食肉的心理樣態。教人殺生不難，教人養成不殺生的習慣卻極難。許多人喜歡看到別人痛苦，喜歡殺害動物……在很多文化裡，公開鞭打和折磨是稀鬆平常的事。」（S. L. Washburn, 1959）在這兩段話中，沃什伯恩不僅暗示殺生是獵人心理的一部分，還暗示殘酷也是。

沃什伯恩用來支持「人類天生對殺戮和殘忍感到快樂」的論據是什麼？

第一個論證是「人把殺生當遊戲」（較正確的說法是「把狩獵當遊戲」）。他寫道：「人類花費許多努力把殺生當做遊戲維持下來，也許是最明白的例證。以前的王公貴族總保持一些林園做為殺生遊戲的場地，現在的美國政府也花千百萬美元為獵人提供遊戲。」（S. L. Washburn and C. S. Lancaster, 1968）另一個相關的例子是：「人喜歡用最輕型的釣具來延長魚的絕望掙扎，好讓自己的主宰感與技巧感達到最高峰。」（S. L. Washburn and C. S. Lancaster, 1968）

---

1 Washburn and Lancaster（1968）對狩獵生活各方面都有豐富資料。另可參考S. L. Washburn and V. Avis（1958）。

沃什伯恩又說到戰爭的普遍性：

一直到不久之前，人們仍然把戰爭與打獵同樣看待。在人們眼中，其他人類不過是最危險的獵物而已。如果戰爭沒有讓參加的男性從中得到樂趣，它也不至於在歷史中占有這麼重要的地位。直到最近隨著戰爭的性質與條件完全改變，戰爭的行為才受到挑戰，也讓戰爭是否應當繼續是國家政策的一部分，或繼續是鼓勵個人爭取榮耀的方法，備受質疑。（S. L. Washburn and C. S. Lancaster, 1968）

沃什伯恩又說：

孩子們喜歡打獵、釣魚、打架和玩戰爭遊戲，這可以明顯地看出嗜殺的生物學基礎已經深入人性。這並非說這些行為是不可避免的，而是說它們容易學習，讓人滿足，而且在大部分文化中會得到獎賞。殺生的技巧與樂趣通常是在遊戲中發展出來，而孩子們的遊戲模式也為他們成年以後的角色做了準備。（S. L. Washburn and C. S. Lancaster, 1968）

確實有許多人從殺生和殘忍得到樂趣，但這只表示有些人有施虐癖，有些文化是施虐性格。其他人並非如此。我們會發現，施虐癖在受挫折的個人和社會階級要常見許多，他們感到無力和缺乏生活樂趣。例如，羅馬的下層階級由於貧窮和無力感，便以觀看施虐場面做為補償；希特勒的狂熱追隨者也多半來自德國中產階級下層。另外，如果統治階級感到自己的統治地位與財產受到威脅，也容易流於暴虐[2]；受壓迫階級因為渴望報復，也易於產生施虐癖。

認為打獵會讓人以折磨動物為樂，不但沒有事實根據，而且說不通。打獵的人不會樂於看見動物痛苦，事實上，喜歡施虐的人容易成為差勁的獵人。漁人也不是個個採用沃什伯恩說的釣魚方式。再者，找不到證據顯示原始獵人是受施虐衝動或破壞衝動驅使。倒是有一些證據證明，他們對被殺的動物有情感，也可能對殺死牠們有罪惡感。舊石器時代的獵人常把熊稱為「祖父」，或者視之為人類的神祕祖先。殺了熊以後，他們要表示歉意；在吃牠以前要舉行神聖宴會，讓被殺的熊列席為「榮譽客人」，在牠面前擺上最好的菜肴。最後，要為熊舉行葬禮。（J. Mahringer, 1952）[3]

獵人的心理樣態，包括現代獵人的心理樣態，還需要廣泛的研究。不過有幾件事情我們現在就可以大概說一下。首先，我們必須區分統治階層（例如封建制度中的貴族）為遊戲而進行的打獵和所有其他種類的打獵，例如原始人的打獵，農人為保護農作物與家畜所進行的打獵，以及打獵愛好者的打獵。

2 一八七一年梯也爾（Adolphe Thiers）的軍隊大肆屠殺巴黎公社分子是最好例子。

3 可參考Mahringer引用的著作。納瓦霍（Navajo）印地安人的狩獵儀式表現出相似態度，見R. Underhill（1953）。

統治階級的狩獵看來是為了展示權力與宰制，包含相當程度的施虐癖成分（施虐癖行為本來就是這種階級的特色），反映出更多的封建主心理樣態而非獵人的心理樣態。

原始的職業獵人和現代熱中於打獵的人，他們的動機至少可以分為兩種。一種動機是深植在人類經驗深處。在打獵行為中，人又重新成為自然界的一部分，這個時間雖然可能很短，卻是真實的經驗。人又回到他的自然狀態，與動物成為一體。人自從成為人之後，就生活在生命分裂（existential split）之中，亦即：他既是自然界的一部分，又由於他的意識而超越自然。現在，在打獵的時候，他擺脫了這分裂的重擔。當他潛近動物的時候，他和所要獵取的動物變成是平等的，儘管他最終會由於運用武器而顯示出優越。對原始獵人而言，這種經驗是相當自覺的。透過把自己裝扮成動物，和把一隻動物認做先祖，他明白表示出他對動物的認同。對現代人而言，由於過分用腦的傾向，很難用言語形容，以及意識到這種與自然合一的經驗，但許多人還是有這種生動的體驗。

就現代熱中於打獵的人來說，享受打獵技巧的樂趣是一個至少同等重要的動機。竟有那麼多當代研究者忽略打獵的技術成分而專注在其殺戮成分，不能不讓人驚訝。畢竟，打獵除了需要懂得使用武器，還需要擁有許多技巧和廣泛的知識。

勞克林（William S. Laughlin）對這一點有詳細討論。他一開始也是指出：「打獵是人類一種重要的行為模式。」（W. S. Laughlin, 1968）不過，他甚至沒有談打獵的殺害樂趣，而是概括地指出：「打獵是一種有賞有罰的活動，會獎勵聰明機警和解決問題的能力，會對解決問題的失敗施

罰。因此，打獵促進了人類的進步，使人類互助合作。」（W. S. Laughlin, 1968）

有鑑於一般對工具與武器的過分強調，勞克林以下一段話十分重要：

打獵顯然是一個工具運用系統，因為它需要很牢靠地把某些事情做好，需要把某些有嚴格規定的行動實行出來，從而產生重要的結果。現在在博物館裡陳列著的矛、棍、手斧等等，靜靜地擺在那裡是沒有意義的，我們必須知道當初人們是如何運用它們的。在博物館裡分析這些工具不會告訴我們多少事情，因為它們已經離開了很久以前運用它們的複雜情況。（W. S. Laughlin, 1968）[4]

打獵的成功不僅靠工具的進步，而且靠技巧的進步：

儘管很少有系統性的研究，卻有豐富的資料可以讓我們假定，原始人對自然世界有複雜的知識。他們熟悉肉眼所見的動物界（哺乳動物、有袋動物、爬蟲類、鳥類、魚類、昆蟲）和植物。他們知道潮汐變化，一般的天氣現象，天文，以及與他們生活相關的事物。……我以下只會略提與打獵行為系統和人類演化有關的知識……人，做為狩獵者，學習著動物行為與解剖

4 勞克林的見解充分支持了芒福德對工具在人類演化中所扮的角色的主要論點。

學，包括他自己的。他先馴服自己，再馴服別的動物和植物。在這個意義下，狩獵是人類的學校，使人類成為自我教育的物種。（W. S. Laughlin, 1968）

簡言之，原始獵人的動機不是為了享受殺生的樂趣，而是為了學習種種技巧並加以最佳運用，也就是說，他們的動機是為了人類自身的發展。[5]

沃什伯恩說小孩子很容易對打獵、戰鬥和戰爭遊戲感興趣，這當然是事實，但他忘了，小孩子本來就容易被導向社會文化所認可的任何行為模式。用這個例子來證明人類天生嗜殺，顯示出對於社會行為的種種缺乏常識。再者，有許多運動的迷人之處不在可以滿足殺戮的興趣，而在可以讓人展現技巧，例如西洋劍、柔道和空手道。

同樣站不住腳的是沃什伯恩和蘭卡斯特（Lancaster）所說的：「幾乎每個人類群體都把殺害某些其他群體的成員看做是可取的行為。」（Washburn and Lancaster, 1968）這話只是對陳腔濫調的複述，唯一來源是前面提過的弗里曼的文章（該文因為受到佛洛伊德的影響而變得偏頗）。事實上，原始獵人彼此間的戰爭往往是不血腥的，目的多半不在殺戮（這一點下文還要討論）。再者，認為戰爭行為是到了近年來才受到質疑，當然是忽視了歷史上許多的哲學與宗教傳統，特別是忽視了希伯來眾先知的呼籲。

拋開沃什伯恩的推論，我們可以向另一個面向發問：狩獵行為有沒有促成其他行為模式的出現。確實，由於狩獵，似乎有兩種行為模式透過基因遺傳給我們，那就是合作與共享。大部分狩獵社會中，同一個小團體的人必須合作，也必須共享得來的食物。除了北極地區，肉類在大部分地區都不能保存。打獵的人運氣並不總是天天都好，今天運氣好的人就要和運氣不好的人共享食物；今天運氣不好的，明天可能會運氣好。設若狩獵行為會讓人產生基因變化，則現代人倒應該遺傳了天生的合作與共享衝動，而不是殺戮與殘忍衝動。

可惜的是，在文明史上，人類合作與共享的紀錄寥寥無幾。對此，我們也許可以歸因為狩獵生活沒有造成基因上的改變；又或是由於社會鼓勵無情的自私自利，讓合作與共享的衝動受到強烈的抑制。在現在的工業化世界以外，許多社會仍然有明顯的合作與共享傾向，這是否表示這些衝動具有與生俱來的性質？事實上，即使在現代戰爭中（在這種戰爭中，大部分士兵對於敵人不會有很大恨意，只有少數人會縱情施暴）[6]，我們也發現很高程度的合作與共享。在平民生活中，大部分人不會冒生命危險去救別人，也不會和別人分享食物，但這種事在戰爭時期卻蔚為平常。我們甚至可以說，戰爭之所以那麼吸引人，原因之一正是它帶給人患難與共的機會，讓人把這些

5 在現在這個時代，差不多什麼東西都是機器製造的，我們已經很少意識到技術的樂趣（有些人有做木工之類的嗜好，而一般人有時也會呆呆看著鐵匠或紡織女工工作，但這些都是例外情況）。小提琴家的演奏之所以讓人著迷，恐怕不僅是由於他奏出的音樂動聽，還因為他所展現的技巧。在大部分物品都靠手工製造的文化中，工作無疑是很有樂趣的，因為工作需要運用技巧，而越需要技巧的工作便越有樂趣。認為打獵的樂趣在殺戮而不在技術，正是現代人的特有觀點，因為在他們看來，唯一重要的是**結果**而不是過程。

6 越戰的情形有些不同。在這場戰爭中，美國人沒有把當地人當人看。

深深埋藏著的人性衝動發揮出來——這樣做在承平時期會被人看成傻瓜。

沃什伯恩對獵人心理的看法，只是認為人類具有天生破壞性與殘忍性的偏見例子之一。在整個社會科學的領域裡，當碰到現實情感與政治議題直接相關的問題時，我們常常會看到很強的黨派偏見。一旦碰到與意識形態和社會利益有關的問題時，客觀總是讓位給偏見。現代社會為了政治與經濟目的，幾乎是隨時準備好無止境地殘害人類性命，而它為自己辯護的最好藉口就是：破壞性與殘忍不是由社會體系產生，而是人類的天性使然。

攻擊性與原始獵人

幸好，我們對狩獵行為的知識不是只能來自憑空猜度。世界上現在還有原始的狩獵採集者，而對於他們的生活，我們已經蒐集到不少資料。這些資料證明打獵不會誘導出破壞性與殘忍性，而原始獵人與現代文明人相比，攻擊性較低。

可是，我們對現代原始獵人的知識是否適用於史前的獵人，至少，是否適用於四萬年前到五萬年前出現的「現代人」，即「晚期智人」（*Homo sapiens sapiens*）？

人類出現以後到底是什麼樣子，我們知道得非常少。「晚期智人」在狩獵採集階段是什麼樣子，我們也知道得不多。所以，有不少作者提醒我們要謹慎，不要把史前原始人和現代原始人相提並論。（J. Deetz, 1968）[7]不過，就像默多克（G. P. Murdock）所說的，我們會對現代原始獵人那麼感興趣，是因為「他們也許能照亮更新世人類的行為」。而「做為狩獵者的人」（Man the Hunter）研討會（B. Lee and I. DeVore, eds., 1968）[8]的大部分參與者看來與默多克有志一同。即使史前的狩獵採集者和現代的狩獵採集者不完全一樣，但至少有兩點值得我們考慮：一、「晚期智人」在解剖學和神經學上跟現代人沒有不同；二、現代原始獵人讓我們至少可以了解一個有關史前獵人的重要問題：狩獵行為對人格和社會結構有何影響？此外，從現代原始獵人所獲得的資料讓我們知道，這些最「不文明」的人也最不具破壞性和最不自私！而我們向來卻以為破壞性和自私是人類的天性，是霍布斯所謂的「自然人」（natural man）的天性。

在討論現在還存在的原始獵人以前，先談舊石器時代的獵人。薩林斯（M. D. Sahlins）寫道：

> 為了因應石器時代的危險，適應淘汰競爭，人類社會克服了靈長類動物的一些習性，如自私、雜亂的性行為、支配和殘酷競爭。他們用血族關係與合作來代替衝突，把團結置於性之上，把道德置於權力之上。在這段最早時期，他們完成了歷史上最偉大的改革，把人類的靈長動物天性推翻，因此保證了人類物種的未來。（M. D. Sahlins, 1960）

7 另參考G. P. Murdock（1968）。

8 譯註：「做為狩獵者的人」是一個學術研討會的名稱，會上發表論文後來被收入B. Lee and I. DeVore, eds.（1968）。

在史前獵人對動物的崇拜儀式中，我們獲得了一些他們生活方式的直接資料，證明他們並沒有所謂生而具有的破壞性。芒福德曾經指出，史前獵人的洞窟壁畫沒有人與人相鬥的痕跡。[9]

雖然我們不能貿然以現代原始獵人來推論史前的原始獵人，可是現存的狩獵採集者卻有著叫我們非常感動的地方。這方面的專家特恩布爾（Colin Turnbull）報告說：

在我認識的兩個群體裡，幾乎完全不存在有攻擊性（情感和身體上的都沒有），而這表現在他們沒有戰爭，沒有宿仇，沒有巫術。

我也不信打獵是攻擊性活動。這一點是經過我們細細考察的：打獵根本不是本著攻擊精神去進行的。由於獵人們覺得他們是在掠奪自然資源，殺生時會有懊悔感，有時候甚至帶有憐憫同情。我與獵人共處的經驗使我知道，雖然他們生活極為艱苦，卻是非常溫和的人。打獵和攻擊性對他們而言完全不是一回事。（C M. Turnbull, 1965）[10]

和特恩布爾討論這問題的研討會參與者沒有任何人反對他這項看法。

對原始獵人的人類學資料有最詳盡描述的是賽維斯（E. R. Service）的《獵人》（*The Hunters*）。這書描述了絕大多數這類社會，沒有被包括進去的有兩種：一種是北美洲西北海岸的定居部落，他們有特別豐富的資源；另一種是和文明一接觸就立即消失的狩獵採集社會，我們對它們的所知極少。[11]

這些狩獵採集社會最顯然也可能最重要的特色，是他們過著遊牧生活。這是由糧草的需要所致，而這種遊牧生活導致一些家庭形成關係比較鬆散的「遊群」社會（"band" society）。與需要房屋、汽車、衣著、電力等等的現代人不同，原始獵人只需要「食物和用來取食的少數工具，這就是他們經濟生活的中心」。（E. R. Service, 1966）

除了年齡與性別而產生的工作分別以外，任何家庭都沒有全職的勞力分工。食物中少部分是肉類（約二五％），主食是種子、根、果實、核果與漿果類，採集供應是女人的工作。如梅吉特（M. J. Meggitt）所說的：「打獵、捕魚和食物採集的經濟，最重要的特點可能是著重素食。」（M. J. Meggitt, 1964）愛斯基摩人是唯一只靠漁獵維生的狩獵採集社會，大部分捕漁工作由女人負責。

男人在狩獵時有廣泛的合作。這是遊群社會的通常現象：因為工藝不發達，人必須合作。「由於技術方面十分簡單，對環境又缺乏控制力，許多狩獵採集民族是世界上最清閒的人。」（E.

9 古人類學家德拉（Helmuth de Terra）表示過相同看法。（來自私人交流。）

10 想要對這番話有生動體會，可以讀特恩布爾對非洲姆布圖俾格米人（Mbutu Pygmies）的社會生活的描述。見C. M. Turnbull（1965）。

11 賽維斯所羅列的社會如下：愛斯基摩人，加拿大的阿爾岡獵人（Algonkian）與阿撒巴斯卡獵人（Athabascan），美國西部大盆地的休休尼人（Shoshone），火地島的印地安人，澳大利亞人（Australians），馬來半島的塞芒人（Semang），安達曼群島島民（Andaman）。

R. Service, 1966）

他們的經濟關係特別有啟發性。賽維斯寫道：

因為我們習於自身經濟的性質，我們總以為人類具有「天生的交易傾向」，以為個人之間或群體之間的經濟關係是講求「最大化」的經濟效果，講求「貴賣平買」。原始民族卻沒有這些現象。事實上，他們大多數時候的行為看來正好相反。他們「隨手送人東西」，他們讚美慷慨，他們預期受到熱情接待，他們批評節儉是自私的行為。

最奇怪的是，環境越差，物品越少（或越值錢），他們就越不「經濟」，越發慷慨。當然，他們都是同一個社會裡的成員，都是有血緣關係的人。遊群裡的親戚關係比我們社會中有緊密社會關係的人為多，但和現代家庭的經濟仍然可以類比，因為後者也是與正式的經濟原則截然不同。我們不是也「給」自己的小孩食物嗎？不是也「幫助」兄弟和「供養」年老的父母嗎？別人也是這樣對待我們或將會這樣對待我們。

概括來談，由於親近的社會關係盛行，情感、家庭生活的禮節、慷慨的情操，都影響了人們處理物品的方式，因而降低人們對物品的經濟態度。人類學家有時會用「純粹的禮物」或「不求回報的禮物」來形容這種給予，表示它不是交易，而其中的情感成分也不是從物品換取來的交易。但這些用語並不能說明這種行為的真正性質，而且還會產生誤導作用。

有一次，一名愛斯基摩獵人給弗勞森（Peter Freuchen）一些肉。弗勞森表示感謝，沒想到獵人卻拉下臉來。一個老人立刻糾正他說：「你不可以謝他，那些肉是你應得的權利。在這個地方，沒有一個人想做依賴別人的人。因此也沒有誰給誰禮物，因為接受禮物就變成依賴了。就像鞭子下會出狗，禮物下會出奴隸。」

「禮物」二字寓含著仁慈的意思，沒有互惠的意思。在狩獵採集者以外的社會，人們常常表示謝意，可是，在狩獵採集社會中，當一個人把獵物拿出來與眾人分享時，別人不應讚美他「慷慨」。有些時候他確實是慷慨，但當他把東西拿出來分給大家，也不應稱讚他慷慨，因為這句話寓含著感謝。又等於表示，他把東西拿出來是出人意料的，他不是認為那是理所當然的。在這種情況下，別人不應當稱讚他慷慨，而應當稱讚他打獵的本事。

有個問題在經濟和心理上都特別重要，那便是財產的問題。人天生愛財是現在最流行的老套說法之一。一般說來，財物分為兩種，一種是用來工作的工具和某些私人物品（如裝飾品等），另一種是會生產物品的產業，擁有這類產業便可以叫他人為自己工作。在工業社會中，這種產業主要是機器或投入機器生產的資本；在原始社會，是土地和打獵區域。

在原始遊群中，沒有禁止任何人接近自然資源——這些資源不是任何人私有……遊群賴以維生的資源是共有的財產，如果有陌生人來侵占，全體成員會共同捍衛。在遊群裡，每個家庭對資源都有相等的權利。另外，鄰近遊群的親戚也可以隨意來打獵和採集，頂多只需要先打個招呼。資源方面的權利限制，最主要是果樹。有時候，某些樹劃歸某些家庭。不過，這種劃分卻主要是勞力劃分，而不是財產劃分，因為如果一塊林園交給分散開的好幾家共管，便容易浪費時間與勞力。由於林園提供的食物比獵物和野菜穩定，按照一般習俗便由某些家庭長期管理，但是，如果有些家庭果實歉收而有些家庭豐收，則共享規則會讓大家都有東西吃。

最像私有財產的東西是個人製造的和個人使用的東西。武器、刀子、刮刀、衣服、首飾、護身符等，往往被狩獵採集者視為私有財產……但在原始社會裡，甚至這些東西也不能算真正的私有財產。由於這些東西的擁有權是以它們的用途來決定的，它們的作用便主要是勞力分工，而不表示擁有「生產工具」。這些物品雖屬私有，但並沒有什麼特殊意義，因為每個人都有。除非有些人有這些東西而另一些人沒有，導致剝削的情況產生，否則這些物品的私有權就不會有特殊含義。而且我們幾乎不能想像，有些人由於偶發事故失去了武器或衣服，卻不能從別人那裡借到或接收。民族誌裡也不可能找到這種例子。（E. R. Service, 1966）

見於動物社會的「支配—臣服」關係不存在於狩獵採集社會。賽維斯說：

在支配權一事上，狩獵採集遊群比其他人類社會更加有別於猿類。他們完全沒有靠體力區分出來的階級，也沒有靠金錢、遺傳、軍事或政治地位區分出來的階級。唯一一貫凌駕別人的，是年長而有智慧的人，他們主持各種儀式。

即使有些人的地位或威望比別人高，表現特權和威望的方式也與猿類截然不同。在原始社會中，慷慨與謙和是地位高的人必備的特質，而他們所得到的回報只是別人對他們的愛與悅服。如果一個人在遊群裡是最強壯、跑最快、最勇敢和最聰明的人，那他會不會比別人地位更高？不一定。只有當他把這些優點用來服務他人，他的聲望才會高。比如用在打獵上：如果他能打到很多獵物並謙和地分贈大家，他就會得到聲望。扼要地說，在猿類社會裡，力量越大就越有支配權，越能得到更多的食物、配偶和別的東西；在原始人類社會，有較強大的力量卻必須用來服務人群，一個人要得到聲望必須做許多犧牲，要做得比別人辛苦而得的食物比別人少。至於妻子，通常他也和別的男人的一樣，只有一個。

人類最原始的社會看來也是最平等的社會。這可能和他們簡陋的工藝技術有關係，因為他們比任何別的社會更需要長時間的充分合作。猿類不一定會合作與共享，人類卻會，這是兩者根本的不同。（E. R. Service, 1966）

關於狩獵採集民族中的權威，賽維斯也為我們描繪出一幅明確的圖像。在這些社會裡，群體行動當然也需要管理：

與群體行動有關的問題，由權威來管理。它的意思就是我們平常所謂的「領導」。在狩獵採集社會中，群體行動與密切合作的管理隨事件性質的不同而不同。通常包括營地的移動、圍獵和敵人的小型戰鬥等。在這些活動裡，領導者不是長期性的，會依活動的不同而有不同的領導者。例如，計畫舉行儀式的時候，可能需要一個很年長的人指導，因為他對這方面有豐富的知識。打獵的時候卻需要年紀比較輕的、打獵技術好的人來領導。

總之，他們的領導人與「酋長」的意思完全不同。[12]（E. R. Service, 1966）

所有的文明社會都有統治結構，而人們認為這是我們繼承自動物王國的本性使然。對照這種廣為接受的通俗看法，狩獵採集社會沒有階級組織和酋長的現象便更具特殊的意義。我們看到過，黑猩猩的「支配—臣服」關係雖然頗為溫和，但仍然存在。原始民族的社會關係告訴我們，人類並不是生而具有「支配—臣服」心理。五、六千年以來，人類社會都是由少數的統治階級在剝削大多數人。進一步分析這個歷史現象，我們就會了解，「支配—臣服」心理不是社會階級的起因，而是為了適應社會階級才產生。以特權階級的統治為基礎而建立的社會階級，為了名正言順，當然要找一個方便的藉口，讓大家相信這種社會結構是出自人類天生的需要，因此是自然不過的，是無可避免的。但原始人的平等社會卻說明事實根本不是這樣。

我們一定會問一個問題：在這種沒有權威或權威機構的地方，人如何保衛自己以對抗破壞分子和危險分子？有幾種方法。第一，行為的控制大部分是靠習俗和禮節。但如果習俗和禮節不能防止破壞社會的行為，又要用什麼方法來制裁？通常是大家不再理睬這個犯罪的人，對他的禮貌減低。大家會議論他，嘲笑他，情況嚴重些就驅逐他。如果他屢犯不改，如果他傷害了其他群體，他所屬的群體也許甚至會決定把他處死。然而這種例子極其罕見。大部分的問題都可以由群體裡年長而智慧的男性權威來解決。

這些資料和霍布斯對人的看法完全相反。霍布斯認為，人有天生的攻擊性，致使人人都處於戰爭狀態，因此必須等到國家壟斷暴力與懲罰，間接滿足了人們對犯錯者的報復心理，社會才有和平。但賽維斯卻指出：

> 事實當然是，遊群社會雖然沒有裁判機構來把人們維繫在一起，它也不會破碎……
>
> 遊群社會裡宿仇與戰鬥雖然很少，但也隱約存在這種可能性，因此必須想方法來阻止它的發生或蔓延。這種事往往是由兩個人吵架開始，因此，最重要的是在這個階段就把它制止。一般來說，擔任仲裁的人是跟雙方都有親戚關係的長者，而且最好是和雙方有一樣程度的親疏關係，這樣他就不會被認為可能偏袒任何一方。當然，這樣的理想人選並不是每次都可以找到，而親族中有這樣地位的人也不一定每次都願意當仲裁人。有時候，發生爭執的雙方有一方顯然是對的，而另一方顯然是錯的；或者有一方是大家喜歡的，而另一方是大家不喜歡的。這時，

12 梅吉特研究澳大利亞人長老時獲得幾乎一樣的結論。見M. J. Meggitt（1960: quoted by E. R. Service, 1966）。另參見E. Fromm（1941）對理性權威與非理性權威的區分。

公眾就成了仲裁人，而當眾人的意見表達出來之後，爭執就塵埃落定。

如果上面這些辦法都行不通，就會舉行某種比試，但往往是比賽而不是打鬥。在愛斯基摩人的社會裡，摔角和撞頭是典型的比賽方式。這是在公眾面前舉行的，勝利的人會被大家認為贏了爭執。最有趣的，是愛斯基摩人的唱歌決鬥，武器是歌詞——「小小的、尖銳的歌詞，就像我用斧頭劈下來的木片。」

除了謀殺以外，唱歌決鬥可用來解決一切爭執。不過，東格陵蘭島上的人如果親屬被殺而自己體弱，或者覺得自己唱歌一定可以得勝，便會用唱歌的方法來滿足復仇心。東格陵蘭人太陶醉於唱歌的藝術，往往一唱起歌就忘了爭執的原因，所以他們會用這個方法來解決問題很好理解。對這些愛斯基摩人來說，歌唱的藝術和體能上的本領有同等地位，甚至更高。

歌唱的風格有嚴謹的傳統規定。一名成功的歌唱者把傳統的歌曲表達得那麼細膩美妙，因而贏得聽眾熱烈喝采。獲得最熱烈喝采聲的人就是「得勝者」。他不會得到賠償，但聲譽會增加。（E. A. Hoebel, 1954）

唱歌決鬥的過程往往拉得很長，讓眾人有時間對爭執雙方誰對誰錯得出共識。一般來說，眾人的心裡本來也各有立場，但在大部分原始社會中，全體意見一致被認為非常重要，而要讓每個人都知道大多數人是站在哪一邊則需要時間。漸漸地，當嘲笑某一歌唱者的人會越來越多，公共意見會越來越清楚。接著眾人的意見會迅速達成一致，輸的人只好困窘地離開。（E. R. Service, 1966）

另一些原始狩獵社會在發生私人爭端時，解決方法並不像愛斯基摩人那麼可愛，而是用擲標槍決鬥：

> 爭執往往發生在一名原告和一名被告之間，這時，原告會按照慣例，站在一個規定的距離外向被告擲標槍，而被告則閃躲。眾人會為擲標槍的速度、力量與準頭喝采，也可以轉過來為閃躲的技巧喝采。過了一會兒，隨著一方得到的喝采聲漸漸超過了另一方，眾人的意見就趨於一致。當被告明白眾人認為他有罪，他就不再閃躲標槍，而讓自己身上某個多肉的部位被標槍刺到。另一方面，當原告明白眾人認為他不對的時候，他就不再繼續投擲。（C. W. M. Hart and A. R. Pilling, 1960）

原始狩獵社會是富裕社會嗎？

薩林斯就原始獵人的經濟匱乏，和現代人對貧窮問題的態度，提出過一個重要論點（甚至可供分析現代的工業社會）。他反對這個前提：原始獵人具有強烈攻擊性，是因為舊石器時代非常貧困，人們常常面臨飢餓。與此相反，薩林斯認為原始獵人的社會是「原初的富裕社會」（original affluent society）。

一般認為，富裕社會是人人想要什麼都可容易得到滿足的社會。我們自然認為只有工業文明才有這樣的成就，但狩獵採集者的社會（儘管我們沒有個個都研究到）卻有更富裕的一面。有兩種方式可以讓需求「容易得到滿足」：一是生產得多，一是要求得少。因此，達到富裕的途徑便也有兩條……如果採取禪宗的辦法，即使生活水平很低，仍然可以享受無與倫比的豐富生活。我想這便是獵人的生活情況。（M. D. Sahlins, 1968）[13]

薩林斯更進一步提出一些非常中肯的意見：

貧乏是商業經濟特有的頑念，凡參與商業經濟的人都陷入其中。市場把大堆大堆耀眼商品放在眾人面前，而所有這一切都可望而不可即，因為沒有人有錢把源源不斷的新東西全買回家。生活在市場經濟的人，是生活在雙重悲劇之下，始於無能感而終於貧乏感……我們被判定要勞苦工作以求取物質的滿足。我們是從這優越而又焦慮的現代人狀態，回望獵人的生活。我們以為，現代人的技術那麼進步，尚且不能得到他所想要的東西，那麼這些赤身露體的野人靠著他們小小的弓箭能過什麼日子呢？我們給獵人裝配上資產階級的欲望衝動和舊石器時代的工具，當然會認為他們生活非常無望。[14]

貧乏並不是由工藝技術單方面來決定的。它是工具與目的之間的一種關係。我們可能認為獵人為了營生終日忙碌，他們的獵物有限，必須不停使用弓箭才能餬口。可是我們有理由認為，獵人的工作比我們少得多，對食物的需求量不大，而且是間歇性的。他們有充裕的空閒，每個人在白天睡眠的時間比任何社會裡的人都多……他們不但沒有焦慮，反而深信自己富裕，相信所有需要的東西（他們要求的那些）都容易獲得。即使艱困的時候，他們這種信心照樣不會動搖。婆羅洲本南人（Penan）有一句諺語便表達出這種信心：「即便今天沒有食物，明天也會有。」（M. D. Sahlins, 1968）

薩林斯的話之所以重要，因為他是沒有把現今社會的參考架構和價值判斷視為必然正確的少數人類學家之一。他告訴我們，社會科學家常常扭曲了他們所觀察研究的社會，因為他們從自認為的自然經濟學立場來看待那些社會。這就像他們賴以對人的本性得出結論的資料，即便不是現

13 R. B. Lee也質疑狩獵採集者的生活常常朝不保夕的假設：「最近的資料顯示狩獵採集者的生活和我們原先想像的完全不一樣。」詳見"What Hunters Do for a Living: Or How to Make Out on Scarce Resources"。（R. B. Lee and I. DeVore, 1968）

14 S. Piggott有相似論點。他寫道：「知名考古學家有時會察覺不到，用物質文化去評斷史前社群的做法存在著謬誤。例如，他們用『衰敗』之類的字眼來形容某地的陶器，然後在一種情感甚至道德的意涵下把『衰敗』二字轉用在這些器皿的製造者身上。陶器數量少或品質差的地方的人被污名化為『極貧困的』，哪怕實際上他們只是沒能製造出考古學家想要的陶器而已。」（S. Piggott, 1960）

代人的，也是大部分文明史中的人的資料。

原始戰爭

雖然防衛性攻擊性、破壞性與殘忍不是戰爭的通常起因，但這些衝動卻會在戰爭中展現出來。因此，原始戰爭的資料會有助我們描繪原始攻擊性的全貌。

梅吉特對澳洲瓦布利人（Walbiri）的戰爭的性質有過概述，而賽維斯認為這份概述也許代表了狩獵採集社會戰爭的一般特性：

瓦布利社會不注重軍事：他們沒有常設的戰士階級或職業戰士，沒有軍事指揮階級，也很少從事征服戰。每個人都是（至今如此）儲備戰士，總是武裝著，隨時準備好捍衛自己的權利。但他們也是個人主義者，喜歡獨立作戰。有些爭執中，同宗族的人會聯合在一起，偶爾會包括社群的全部男人。但他們沒有軍事領袖（不管是選出的還是世襲的）制定作戰計畫和確保他人照計畫行事。有些人雖然因為有能力和勇敢而受尊敬，說話有分量，但其他人也不必然會追隨他們。再者，戰爭的各種可能情況是有限的，每個人都知道並採行最有效的戰術。甚至現在的年輕一代還是這樣。

社群之間幾乎從來沒有爆發全面戰爭的理由。沒有人知道什麼叫奴隸；擁有的動產為數不多；在戰爭中取得的土地幾乎會讓勝利者為難，因為與他們有精神聯繫的是另一個地點。對其他部落發動的小型征服戰偶爾會發生，但我確定這與部落內戰爭和社群內戰爭只有程度上的差別。例如，當瓦內加人（Waneiga）攻打瓦林加利人（Waringari）以便奪取塔納米（Tanami）地區的水源時，參加戰爭的瓦內加人不過三、五十人。沒有證據顯示，社群之間會結成軍事同盟，攻打其他的瓦布利社群或其他部族。（M. J. Meggitt, 1964）

嚴格來說，原始獵人的這些衝突也可以稱為戰爭。這樣的話，我們也許就可以斷言，「戰爭」總是存在於人類之中，因此是人的天生殺戮衝動的展現。不過，這種推論忽略了低等原始社會與高等原始社會[15]的戰爭有一個重大的不同，也忽略了低等原始社會與文明社會的戰爭有一個重大的不同。原始戰爭（特別是低等原始社會間的戰爭）既沒有中央集權化，也沒有一個長期的酋長做為領袖。比較起來，它發生的頻率相對較小。它不是征服戰爭，不是以殺盡可能多的敵人為目標的血腥戰爭。反觀文明社會的戰爭卻是組織化的，由長期的領袖所指揮，目的在於征服領土和／或獲得奴隸和／或戰利品。

此外，也許最重要的一點是（這也是人們往往忽略的），原始狩獵採集者沒有重要經濟動機

15 參見Q. Wrtght（1965）。

去發起全面戰爭。

狩獵採集社會的出生—死亡比例鮮少導致人口壓力，讓某一地區的人為搶奪別人的領土而發動戰爭。即使出現這種壓力，也不致發生大型戰爭。人口較多、勢力較大的群體如果要求某個地方的狩獵權或食物採集權，往往用不著戰爭就可獲得。再者，在狩獵採集社會中，掠奪行為不會得到多大的實益。每一個遊群在物質上都是貧乏的，而且他們也沒有東西做為交易上的價值標準，沒有哪種東西是特別值「錢」或不值「錢」。還有，在狩獵採集階段，也不會出現把人俘虜來當奴隸，加以經濟剝削的情形。這種事在近代戰爭中固然常見，卻不見於狩獵採集社會。這是因為經濟產能低，想叫俘虜和奴隸生產出超過維持他們自己生存的食物，非常困難。（E. R. Service, 1966）

賽維斯為原始戰爭描繪的圖像得到許多研究者的支持和補充（下文將會引用其中一些[16]）。皮爾比姆強調狩獵社會之間雖偶有宿怨，但極少發生戰爭；強調領導人的功能是給族人當榜樣，不是統治他們；強調互惠和慷慨原則，以及合作的核心地位。（D. Pilbeam, 1970）

關於領土和戰爭，史都華（U. H. Stewart）研究的結果如下：

有很多人主張，原始遊群因為擁有領土或資源，會為了保護領土或資源而戰鬥。雖然我不

> 能斷言完全沒有這種事，但這種事八成是極不尋常。第一，如果他們的群體小，他們會跟別的群體通婚或合併，如果太大，會分開為小群體。第二，從這裡所報告的個案觀之，他們對於某些特殊的地區並不很積極地想去利用。第三，在這些社會中，所謂的「戰爭」往往不過是疑心被人施了巫術而做報復，或者家族之間的仇恨而已。第四，採集在大部分地區是食物的主要來源，而我並沒有聽過有防衛播種區的事情。原始遊群並不會互相戰鬥，我們也看不出來他們有什麼理由要集中人力去防衛領土。即使想這樣做，恐怕也做不到。確實，榴槤樹、鷹巢和其他少數的特殊資源有時確實是私人擁有的，但我們不明白一個人住在好幾里外要如何來保護這些資源。（U. H. Stewart, 1968）

特尼高（H. H. Turney-High）的結論與此相似。他認為，恐懼、憤怒和挫折固然是普遍的經驗，但戰爭卻是在人類演化過程中較晚期才發展出來的。大部分原始社會無法進行戰爭，因為戰爭需要相當程度的概念化思維。大部分原始人無法構想出組織之類的東西，而要征服或打敗別的群體卻必須組織。大部分的原始戰爭不過是混戰而已，完全不能算是戰爭。拉帕波特（D. C. Rapaport）指出，特尼高的作品之所以不受人類學家歡迎，是因為他不看重專業人類學家有關原

16 我們將不會討論較早期的作品，如 W. J. Perry（1917, 1923, 1923a）和 G. E. Smith（1924, 1924a），因為大部分現代學者已經不再採用它們的觀點，而要為它們辯護要花費相當大篇幅。

始戰爭的二手著作，認為它們極端不充分，有時候甚至完全曲解；特尼高認為，即使好幾代以前的業餘民族誌學家所得的資料，只要是第一手資料，都比較可信。[17]

賴特（Quincy Wright）的巨著（共一千六百三十七頁，附有豐富的參考書目）採用了六百五十三個原始民族的資料，對原始民族的戰爭進行了詳細的描述。其缺點是重在描述，對各個類型的原始社會和戰爭的分析稍嫌不足。不過，他的結論仍然和許多作者相呼應：「食物採集者、低等獵人和農人是最不好戰的。較高等的獵人和農人比較好戰，最高等的農人和牧人最好戰。」（Quincy Wright, 1965）這段話證明我們的看法是對的：好戰並不是人的本性，而是文明發展的產物。賴特的資料告訴我們，社會的分工越細越好戰，有壓迫階級存在的社會最好戰。最後，他的資料告訴我們，群體與群體、群體與外在環境越是平衡，社會就越不好戰，而若是平衡常常遭受擾亂，則好戰性會增加。

賴特把戰爭分為四種：防衛戰、社會戰、經濟戰與政治戰。防衛戰是指在社會習俗中沒有戰爭，人們只有在受到攻擊時才會起而戰鬥：「在這種情況下，他們會用一切可用的工具和打獵的武器來保衛自己，但他們認為這種防衛戰爭是不幸的事。」社會戰是指那些「通常對生命沒有很大破壞性的戰爭」（與賽維斯描述的獵人間的戰爭相似）。經濟戰與政治戰便不同，從事這種戰爭的人是為了獲得女人、奴隸、原料和土地，以及（或者）為了維持統治階級或王朝於不墜。

幾乎人人都這樣認為：如果文明人這麼好戰，那些最原始的人要好戰成什麼樣子！[18]但賴特的研究卻證明最原始的人是最不好戰的，證明好戰與文明成正比。若人類生而具有破壞性，趨向必然是相反的。

金斯堡（M. Ginsberg）的看法與賴特類似：

這種意義的戰爭似乎跟群體間的團結和經濟發展成正比。我們可以說最單純的民族裡有仇恨，但不能說有戰爭。仇恨無疑是由誘拐婦女、入侵或個人傷害引起的。我們必須承認，與更進步的原始社會相比，這些社會和平得多。但是，暴力與對暴力的懼怕仍然是存在的，打鬥也會發生，不過範圍顯然比較小，程度比較輕微。對於為什麼會是這樣，我們了解得還不夠清楚。這或許是因為原始人更有田園式的和平，或許是因為就像有些人認為的，人類的天性裡並沒有主動攻擊性的成分。（G. Glover and M. Ginsberg, 1934）

17 拉帕波特在他為特尼高的書（H. H. Turney-High, 1971）所寫的序言中，引用了最傑出的戰爭史家戴布流克（Hans Delbrück）的兩句話：「希羅多德編寫的馬拉松戰爭史只有一件事是對的，就是哪一方打勝了，哪一方被擊敗了。」

18 另參見S. Andreski（1964）。Andreski與本書，以及本書中所引用的一些作者有相似的看法。他引述了西元前五世紀中國韓非子一段很有意思的話：「古時候的人不耕地，但植物和樹木的果實卻足夠讓人吃飽。女人不織，鳥獸的皮毛卻足夠供人穿用。人們不用工作就足以生活，人口少，物用富足，因此百姓不爭不吵。因此，不用厚賞也不用重罰，百姓自己就會管理自己。但是現在，一家有五個孩子還覺得不夠，而每個孩子又有五個孩子，使得祖父還沒有去世，也許便有了二十五個孫子。結果是人多物少，人必須辛苦工作以求溫飽。因此常常爭執，獎賞即使加倍，懲罰即使加重，仍然不能消除騷亂。」（轉引自J. J. L. Duyvendak, 1928）

潘乃德（Ruth Benedict）把戰爭分為「社會致命性」（socially lethal）和「非社會致命性」（socially non-lethal）兩種。後者不是要征服別的部落，讓別的部落當牛當馬。北美印地安人雖然也常常戰爭，

> 但是美洲的原始土著從來沒有征服觀念，因此，幾乎所有的印地安部落都能夠做到一件非常罕有的事：把戰爭與國家（領土）分開。國家（領土）是以「和平酋長」（Peace Chief）為化身。在群體事務裡，在他的議會裡，他是公共意見的領袖。「和平酋長」是永久性的，而他雖然不是專制君主，卻經常是非常重要的人物。但他和戰爭沒有關係。他甚至不會指定戰爭首領，也不關心戰鬥團體的行為。凡是能夠吸引一批追隨者的人可以領導一個戰鬥團體。在有些部落裡，這種人在遠征期間有完全的控制權，但控制權在遠征結束後便消失。根據這個對戰爭的詮釋，國家（領土）對於這些冒險行為沒有什麼興趣。戰爭只是某些粗野的人向群體以外的部落炫耀武力的行為，而這種炫耀對本族的政體沒有傷害。（Ruth Benedict, 1959）

潘乃德的觀點很重要，因為它觸及了戰爭、國家和私人財產的關係。「非社會致命性」戰爭主要是冒險心理的表現，是渴望得到戰利品和讚美的表現，其目的不是征服人與土地，不是壓迫他人或摧毀他人的生計基礎。潘乃德下結論：「當我們讀政治理論家關於史前戰爭的著作，以為戰爭極不容易消除，而實際上並不是如此……把這浩劫〔戰爭〕歸因於人類的生物性需要是徹底

的誤解。這浩劫是人為的。」（R. Benedict, 1959）另一位傑出的人類學家霍貝爾（E. A. Hoebel）談到早期北美印地安人的戰爭時這樣說：「他們用了近似詹姆斯所謂的『戰爭的道德等值體』（Moral Equivalents of War）。他們讓攻擊性以無害的方式抒發出來：他們提供沒有破壞性的運動、比賽和娛樂。如果一方對另一方有任何企圖，也是很溫和的。」（E. A. Hoebel, 1958）他的結論也是認為，人的戰爭傾向顯然不是一種本能，而是一個複雜的文化複合體。他舉了一個有趣的例子：簫松尼族（Shoshones）印地安人愛好和平，而科曼奇族（Comanc）崇尚暴力，但兩個族在一六〇〇年時在文化和種族上還是一體的。

新石器時代的革命[19]

前面對原始狩獵採集者的詳細描述已經顯示，人——至少是他在五萬年前完全變成現代人（fully emerged）以後——很可能並不粗暴、殘忍和有破壞性，因此不是「殺人者人」（man the

19 下面的分析主要根據以下著作：V. G. Childe（1936）、G. Clarke（1969）、S. Cole（1967）、J. Mellaart（1967），以及G. Smolla對Childe論點的討論（1967）。C. O. Sauer（1952）有一個不同的假設。芒福德（1961, 1967）對這個主題的討論也讓我獲益良多。

killer）的原型。「殺人者人」是在更高演化階段才出現的。不過，我們不能就此止步。為了了解剝削者人（man the exploiter）和破壞者人（man the destroyer）的逐漸出現過程，我們必須研究人在早期農業時代的發展，並研究他變身成為城市建造者、戰士和商人的過程。

人大約是在五十萬年前出現，而從那時起到西元前九千年為止，人類有一個方面沒有改變：靠採集或狩獵維生，不生產任何新的東西。他完全仰賴自然，不思影響自然或改變自然。農業（和畜養動物）的出現完全改變了人與自然的關係（農業和西元前九千年至七千年間的新石器時代差不多同時開始，分布區域從伊朗西部至希臘綿延一千英里，涵蓋伊拉克、敘利亞、黎巴嫩、約旦、以色列和土耳其的安納托利亞高原）。這是人類第一次稍微跨出自然的範圍，有了一些獨立性。藉著他的才智和技術，他現在可以自己生產一些東西。隨著人口的增加，他可以播撒更多的種子，開墾更多的土地，豢養更多的動物。盈餘的食物也慢慢儲藏起來了，可以供應手工藝者的生活，讓他們把大部分時間放在製造工具、陶器和衣服上。

這段時期的第一個偉大創新是種植小麥與大麥，它們原是這個地區的野生植物。人們發現，把這兩種草的種子放到泥土裡，就會長出新的植物來。後來出於偶然，人們又發現到不同種的麥子雜交會產生的比野生麥子大顆的麥粒。從野生麥子發展到高產量現代麥子的過程，我們還不很清楚。這個過程包括遺傳因子的突變、交配育種和染色體加倍，需要幾千年才能進步到今日農業層次的人工選種。現代人看不起農業，認為農業生產的方法原始而簡單，所以，新石器時代的農業在他們眼中也許比不上今日的各種偉大科技發現。然而，對種子可長出作物的預期被證明為真，卻催生出一個全新的觀念，讓人們意識到人是可以運用自己的意志與意圖促使事件發生，而不是只能等著事件自己發生。因此，可以不誇張地說，農業的發現是一切科學思想的基礎，也是技術發展的基礎。

這時期的第二個創新是畜養動物。伊拉克北部在西元前九千年便已出現馴化的綿羊，在西元前六千年有馴化的牛和豬。畜養牛羊讓人有奶可喝，肉食也增加了。食物的擴充與穩定讓人可以慢慢脫離遊牧生活，安居下來，建立永久性的村落與城鎮。[20]

在新石器時代，獵人部落以人工培育植物和馴化動物為基礎，發展出一種新的定居經濟。雖然現有最早農作物殘跡的年代沒有比西元前七千年早太多，但「依據人工栽種的水平和農作物的種類，我們確信早期農業有很長的史前史：很有可能可回溯到新石器時代的初始，即西元前九千年前後」。（J. Mellaart, 1967）[21]

農業出現之後，大約又花了兩、三千年才出於存放食物所需，出現了另一個創新：製陶（籃

20 這並不是說所有獵人都是居無定所而所有農人都是定居。Childe舉出了一些例外的例子。

21 有人批評柴爾德（V. G. Childe，說「新石器時代革命」一詞用得不妥，因為新石器時代的發展是複雜的。這種批評當然有其道理，但我們也不可忘記，人類生產方法的改變是非常重要和非常根本的事，說它是「革命」十分恰當。另外可參考芒德福的說法。他說，把偉大的農業進步侷限在西元前九千年至七千年之間也不正確，因為農業發展是漸進式，時間比原定假定的要長，而階段可能有四或五個。（L. Mumford, 1967）他特別引用了O. Ames（1939）和E. Anderson（1952）。讀者如果對新石器時代的文化有興趣，想知道得更詳細、更透徹，我鄭重推薦芒福德的。

子的製造較早）。陶器是人類第一種工藝發明，它使人對化學變化過程漸漸有了認識。確實，「製造一口鍋子是人的創造性最至高無上例子。」（V. G. Childe, 1936）[22]因此，我們又可將新石器時代區分為無陶階段和陶器階段。安納托利亞地區一些較早發展的村落——如海西拉（Hacilar）的早期地層中——是無陶階段，而休于古城（Catal Hüyük）則有大量的陶器出土。

休于古城是安納托利亞地區在新石器時代最發達的城鎮之一。從一九六一年開挖到現在雖然只挖出這城鎮的一小部分，但已經提供了最重要的資料，可了解新石器時代的經濟、社會與宗教等方面的發展。[23]

至今的挖掘已挖出十層文化層，最早一層的年代約為西元前六千五百年。

西元前五千六百年以後，出於不明理由，休于古城被拋棄，人們在河的另一邊建立新的聚落，即西休于古城。在新址住了至少七百年後，人們又離開了，然而，古城並沒有受到武力攻擊或蓄意破壞的跡象。（J. Mellaart, 1967）

休于古城最叫人驚奇的特點是它的文明程度極高：

休于古城有各種奢侈品，例如黑曜石鏡子、儀式用短劍、金屬小飾物，這都是同時代的其他文明遠遠不及的。他們把銅和鉛熔化，製成珠串、管子，可能也製成小工具，因而使冶金術的開始提早至西元前七千年。他們對本地產的黑曜石與進口的燧石進行加工，創造出來的產品是那個時期最精美的。木製器皿種類多而技藝純熟，毛織品工業已經完全發展出來。（J. Mellaart, 1967）

在墓葬裡發現化妝用具和男女用的漂亮手鐲。他們懂得熔鑄銅和鉛。依照梅拉（J. Mellaart）的看法，由於他們對石頭和礦物有廣泛的應用，發掘礦藏和通商必是這個城市的重要經濟活動。

休于古城雖然有發達的文明，社會結構中卻沒有人類後來發展中所特有的一些因素。顯然，他們很少有貧富階級之分。依照梅拉的研究，建築物的大小、器具和陪葬品雖然顯示出社會的不平等，但這不平等「並不刺眼」。確實，依照研究人員所繪的城市建築圖看來，建築物的大小差異極微，與後來的城市社會相比更是微不足道。柴爾德（V. G. Childe）指出，在新石器時代早期的村落裡，沒有明顯證據可證明有酋長的存在，梅拉也沒有從休于古城的資料中提出任何這類的證據。休于人顯然有許多女祭司（也許還有男祭司），但沒證據顯示他們有階級組織。休于古城

22 柴爾德把這件事用豐富的想像力寫得很有趣：「泥土有十分好的可塑性，你想把它塑成什麼樣就塑成什麼樣。如果用石頭或骨頭來造工具，很受原物的形狀和大小的限制，只能把它去掉一些，卻不能加上去。用泥土造陶器卻沒有這種限制。喜歡怎麼造就怎麼造：喜歡加就加，不必擔心黏不在一起。想到『創造』的時候，我們很容易會想到陶匠：他們的活動是自由自在的，可以在『原來沒有形狀的地方造出形狀來』。聖經中的陶藝比喻很能夠說明這一點。」（V. G. Childe, 1936）

23 對休于古城描述最為詳盡的是主持挖掘的考古學家J. Mellaart。

靠新農耕方法生產出的盈餘想必多得足以支持奢侈品的製造和通商，而柴爾德指出，比休于古城更早形成和較不發達的新石器時代村落，由於盈餘只有一點點，因此經濟上必然更為平等。柴爾德又指出，新石器時代的手工業必然是家庭工業，而他們的手工藝傳統是集體性的而非個人性。社群所有成員的經驗與智慧總是集合在一起。職業是公共的，其規則是集體經驗的結果。新石器時代村落的陶製器具有強烈集體傳統的印記，沒有多少個人色彩。此外，當時還沒有土地短缺現象，每逢人口增加，年輕人便到別的地方建立村落。這樣的經濟環境不容易讓社會分化為不同階級，也不容易產生長期性領袖，因為長期性領袖的功能是組織整個經濟，而他也會為他的技能索取報酬。這種情況只有到了後來才可能發生，那時人類有了更多的發現與發明，盈餘也更多，可以把盈餘變成「資本」，而有資本的人可藉著資本讓別人為他工作，從中獲利。

關於攻擊性的問題，有兩件事特別重要：從已出土的休于古城八百年間的遺物中，找不到任何關於洗劫和屠殺的證據。再者，讓人極為印象深刻的是，在出土的好幾百具骸骨中，沒有一具有死於暴力的跡象。（J. Mellaart, 1967）

包括休于古城在內，新石器時代聚落最大的特徵之一，是母親在社會結構與宗教中扮演核心角色。

依照古老的分工辦法，男人負責打獵，女人負責採集植物和果實，因此農業很可能是由女人發明，而畜養動物是由男人發明。（有鑑於農業是文明發展的根基，說現代文明是女人所建立並不為過。）土地的生育能力和女人的生育能力（一種男人沒有的能力）很自然地在早期農業世界給了母親至上的地位。（男人則只有到了可以依靠智力創造出物品時，才逐漸爭取到優勢地位。）做為女神的母親（她常常被等同於地母）變成了宗教世界中的至高女神，而凡界的母親則成為家庭生活和社會生活的中心。

在休于古城，母親中心角色的最直接證據是，小孩總是和母親葬在一起，從不是與父親葬在一起。孩子骸骨都是埋在母親的炕下面（炕是房屋主房間裡的一種平臺），那個炕比父親的大，也總是位於房子中的同一個地方。孩子一概與母親同葬是母權社會的特徵。也就是說，孩子的基本關係是和母親的關係，不是和父親的關係。

雖然埋葬制度明顯有利於新石器時代社會具有母權結構的假定，但全面證明這一點的根據，是休于古城和安納托利亞其他新石器時代村落遺址出土的宗教資料。[24]

這些出土物件使我們對早期的宗教發展有了完全不同的看法。最突出的特徵是「母神」的地位，這是他們宗教的中心。梅拉的結論是：「休于古城和海西拉建立了連鎖……據此可以證明出某些宗教上的一貫性：從休于古城到海西拉，以至古風時期和古典時期（archaic and classical time）的偉大『母親女神』們（如西布莉、阿特米絲和阿芙羅狄蒂）一脈相承。」（J. Mellaart, 1967）

24 下面有時我會寧願用「母親中心」一詞而不是「母權」，因為後者意味著女人統治男人。有些地方雖然確是如此（梅拉認為海西拉是其中之一），但休于古城八成不是這樣：那裡的女人（母親）只是扮演主導角色，不是統治者角色。

出土的廟宇數量很多，從其中的雕像、壁畫和浮雕可以明白看出母神的中心地位。新石器時代的許多村落遺址都是只有母神，但休于古城也有男神的象徵——那是用公牛來代表，更常見的是用公牛的頭或角來代表。但「大神母」仍然是中心。在出土的四十一座雕像中，三十三座是女神。剩下的八座固然是男神，但他們都是女神的兒子或配偶，不是獨立的神。（在較早期的一層文化層中只找到女神像，完全未見男神像。）女神像有時是獨自的，有時與男神在一起，有時懷孕，有時生產，但從沒有地位低於男神的時候。有些廟宇的神像刻劃女神正在生產一隻公牛或公羊的頭。（父權社會的故事則正好相反，是男神生女神，比如夏娃是出自亞當的肋骨，雅典娜是出自宙斯的頭部。）

通常，母神由一雙豹陪伴，穿著豹皮衣服，或者用豹的形象來象徵女神，而豹是那一時期該地區最殘暴、最致命的動物。把母神和豹關聯在一起有兩層意義，一是代表她也是野獸的主人，二是代表她的雙重角色：她不但是生命女神，也是死亡女神。「地母」把生命給予她的孩子，待孩子生命歷程結束後又接納他們回去。她不必然是毀滅性的母親，但有時候會是如此，如印度教的時母（Kali）女神便是例子。要猜測為何會有這種發展需要很長篇幅，這裡不得不從略。

新石器時代宗教中的母神不僅是野獸的主人，也是狩獵保護神、農業保護神和植物的主人。梅拉對女人在新石器時代社會（包括休于古城）的角色綜述如下：

新石器時代安納托利亞的宗教——包括休于古城和海西拉的宗教在內——有一個特別值得

注意的地方，那就是不論是雕像、浮雕或壁畫，都完全沒有性的存在。不論是男性生殖器或女性生殖器，都從來沒有出現過。讓這現象顯得更為特殊的是，在安納托利亞以外的舊石器時代後期文化、新石器時代文化和後新石器時代文化，常常把性器官刻劃出來。[25]這個問題看起來令人困惑，答案卻可能非常單純：藝術中對於性的強調，向來都與男性的衝動和欲望有關。設若創造新石器時代宗教的人是當時的女人，則我們便很容易了解性的形象為什麼缺少，以及為什麼會出現另一種象徵：用乳房、臍帶和懷孕來代表女性，用角和有角動物的頭來代表男性。我們有理由猜想，在休于古城這樣的新石器時代早期的社會中，女性的數量比男性多（從挖掘出來的墳墓看，事實也正是如此）。再者，在這種新的經濟中，女人擔負了許多工作（安納托利亞的村莊至今還是這個樣子），女人的優越地位極可能可以由此獲得解釋。她本來就是生命的唯一來源，加上她和農業的進展與動物的畜養關聯在一起，又和增加、豐饒和多產的觀念關聯在一起，當時的宗教自然會以她為中心，而不是以男人為中心。因為當時的宗教旨在保護生命和繁衍生命，它的儀式則和生命與死亡、誕生與復活有關。對女神的崇拜極有可能主要是由女人來執行，即便有男祭司，其地位也不重要……（J. Mellaart, 1967）[26]

25 芒福德強調很多女神像上的性元素的重要性。見L. Mumford（1967）。他的這項強調當然是對的。似乎只有安納托利亞的新石器時代文化才沒有性的元素。其他新石器時代文化對性的強調讓一個問題值得進一步的探討：認為所有新石器時代文化都是母權文化的觀點是否必須加上條件限制？

出土資料很能顯示新石器時代社會相對平等，沒有階級制度，沒有剝削，也沒有顯著攻擊性。不過，安納托利亞的新石器時代村落是母權（母性中心）社會的事實讓我們可以更加肯定，新石器時代的社會——至少在安納托利亞是如此——基本上是和平的，沒有攻擊性的。因為就像巴霍芬（J. J. Bachofen）所說的，所有母權社會的基本特徵是肯定生命和不具破壞性。

新石器時代安納托利亞村落的考古挖掘提供了最完整的資料，可證明母權文化與母權宗教的存在。巴霍芬在一八六一年出版的《母權》（*Das Mutterecht*）一書中就曾假定有這種文化與宗教的存在。他分析希臘與羅馬的神話、儀式、標誌和夢境，得出只有天才才能得出的結論。在幾乎沒有任何物質證據的情況下，他用銳利的分析力重構出一種消失已久的社會結構與宗教。（美國民族學家摩根從對北美印地安人的研究中獨立得出相似結論。）除了少數人以外，大部分人類學家都認為巴霍芬的發現沒有科學意義。事實上，要到了一九六七年，才有人把巴霍芬的著作選譯為英文。

人類學家排斥巴霍芬的理論，可能原因有二。一是他們都生活在父權社會，要他們超越他們的社會和心理參考架構，而認為男性統治不是「自然的」，幾乎不可能（佛洛伊德就認為女人是被閹割的男人）；二是人類學家太偏重物質證據（如骸骨、工具、武器等），很難相信神話和夢境的可靠性不亞於手工藝品。這種態度導致他們不能領略銳利的理論性思考的價值。

以下一段話引自巴霍芬的著作《母權》，可讓人對母權精神的概念有一了解：

一切文化、一切美德和生命中一切較高貴的層面，都是以母親和孩子的關係為根源。母子關係是愛、結合與和平的神聖原理，在充滿暴力的世界裡展現著力量。由於生育子女，女人比男人更早就知道要把愛的關切擴充到自我以外，去關切愛護另一個生命，把她所能擁有的和所能做到的一切，都用來保護和改善另一個人的生命。這個階段的女人是一切文化、一切恩澤和一切奉獻的淵源，也是一切對生命的關切和對死亡的哀傷的淵源。母性所產生的愛不僅更強烈，也更普遍……父性原理本質上是有界限的，母性原理則是普遍的；父性原理以群體的範圍為界限，母性原理卻像自然界的生命一樣，不知邊界為何物。母性原理產生出涵蓋一切人的「母道」，後來這「母道」才因為「父道」的興起而窒息。以父權為基礎的家庭是封閉的個體組織，母權家庭卻有典型的普遍特性，是一切文化在發展的起始，把物質生活和較高的精神生活分開。每個女人的子宮都是地母狄米特（Demeter）的化身，每個女人所生的孩子都是其他女人所生的孩子的兄弟姊妹。這個家園本來只知道有兄弟姊妹，直到有一天父性制度發展起來，摧毀了眾人未分化的一體性，把尖銳的差異帶給人類。

26 關於母權社會，蘇聯學者比西方學者有過更多的研究。這可能是因為恩格斯很受巴霍芬和摩根（L. H. Morgan）的影響。請參看Z. A. Abramova（1967），他討論母神的雙重角色：一方面她是家庭和廚房的主人，另一方面是動物（特別是獵物）的至高主人。另請參看A. P. Okladnikov（1972），這位蘇聯人類學家指出母權和死亡崇拜有關。A. Marshack（1972）對舊石器時代的女神也有有趣的討論，把女神們和月亮與陰曆關聯在一起。

母權文化處處表現著「母道」，甚至在法律審判上也是如此。它是自由與平等的基礎，是女權社會中所常見的；它也是慈愛和憐憫的基礎，厭棄一切的限制……血緣感和同胞感都是以「母道」為根基，沒有障礙，沒有界限，對民族的每一分子一視同仁。母權國家沒有互相毀滅性的衝突與鬥爭……母權社會特別譴責對他人的身體傷害，甚至譴責對動物的傷害……母權文化滲透著溫柔的人道精神，這種精神甚至可以在埃及雕像的面部表情看見。（J. J. Bachofen, 1967）[27]

史前社會與「人性」

對於某些心理特徵究竟是不是如一般以為的那樣，是人類天性的本質部分，可以從獵人和新石器時代農人的生產方法與社會組織得到啟發。史前的獵人和農人沒有機會發展出對財產的熱烈追求，也沒有機會嫉妒「富有者」，因為那時候沒有什麼私產，也沒有足以讓人產生嫉妒的經濟差異。他們的生活情況反而容易讓他們發展出合作與和平的態度。在那樣的生活環境下，人不會產生剝削他人的欲望。剝削他人的體力或精神能力供己使用，在那樣的社會裡根本不可能，因為不論是經濟還是社會上都沒有讓人與人之間產生剝削的基礎。

控制他人也很少有機會在史前社會發展。五萬年前的原始遊群社會和文明社會的根本不同，就在他們的人際關係不是透過統治與權力原則來維繫，而且依靠互助。有控制欲的人在社會上會一事無成，不發生影響力。最後，在那樣的社會中，少有誘因可以讓人產生貪欲，因為生產與消耗在某個程度上維持著平衡。[28]

這些有關狩獵採集者和早期農人的資料，是否意味著那時的人類還沒有占有、剝削、貪婪、嫉妒等激情，意味著這些激情完全是文明的產物？我不認為可以這樣一以概之。沒有足夠資料可以讓我們下這個斷語，而且它在理論上看來也不正確，因為個人的因素會對某些人有單獨的影響，即使是在最好的社會環境下，某些人還是會有這些罪惡的傾向。但是，有的文化鼓勵這些傾向，有的文化反對這些傾向，這就引起了巨大的不同。在前者，這些傾向會形成「社會性格」的一部分，也就是形成一種大部分人都有的症候群；在後者，這些傾向會是脫離常規的個人異常現象，對整個社會無甚影響力。如果我們考察下一個歷史階段，即考察城市出現的歷史階段，這個假說會顯得更為有力，因為城市的出現不但帶來了新種類的文明，也帶來了一些一般被認為屬於人類天性的激情。

---

27 另參見E. Fromm（1934, 1970e）。

28 應該順帶一提的是，在許多高度發展的社會裡（例如中世紀的封建社會），職業團體（例如行會）的成員並不追求物質利潤的增加，但求可以維持傳統的生活水準。雖然知道比他們高的社會階級享有更多的奢侈品，他們並不貪求這些。那時的生活過程能夠讓他們滿足，因此他們不覺得需要更多消費品。農人也是如此。他們在十六世紀的叛亂並不是想得到和上層階級同樣的消費水準，而是想過有尊嚴的生活，並要求地主履行對他們的傳統責任。

城市革命[29]

在西元前四千和三千年，有一種新類型的社會開始發展，芒福德對其特徵有最佳的形容：

從新石器時代早期的結構中，出現一種特別的社會組織：不再是分散開的小小單位，而是結合為一個大單位；不再是「民主」，也就是說不再以與鄰人的密切關係、習慣與共識為基礎，而是獨裁性質，由少數的統治階級來控制；不再滿足於有限的領土，而是刻意地「走出邊界」去奪取物資、奴役他人、發揮控制和索取進貢。這種新文化所致力的不只是擴大生活物資，還是擴張集體權力。在大約西元前三千年左右，由於侵略性武器的完善，這種社會的統治者對工業與軍事進行了前所未有的組織，其規模要直到我們的時代才被超越。（L. Mumford, 1967）

這種情形是如何發生的？

以歷史的時間尺度來衡量，人類在短短時間內就學會了運用牛的力量和風的力量。他發明了犁、有輪子的車、有帆的船。他發現了熔化銅礦的化學過程（更早之前對此也略有所知），漸漸知道了金屬的物理性質，而且開始製作太陽曆。上述事件為發展書寫技術和度量衡鋪了路。柴爾德說：「在伽利略之前，歷史上沒有一個時期的知識是進步得如此之速，重大的發現是如此之多。」（V. G. Childe, 1936）

社會的改變也同樣劇烈。現在，由自給自足的農人所組成的小村落變成人口眾多的城市，以加工業和商業貿易維持；城市與城市則組成了城邦。人類名副其實創造出新的土地。古巴比倫的諸大城是從蘆葦叢生的臺地上建立起來，呈十字狀座落在沖積土上。那裡的人挖掘溝渠灌溉田地，填平沼澤，建築堤防和土墩，使人和牲畜免遭水災。創造這些耕地需要大量的勞力，而這種「勞力形式的資本被沉到了土裡去」。（V. G. Childe, 1936）

創造耕地這種工作需要特別的勞動力，而從事手工藝、公共事務和商業貿易的人，也需要別人供給食糧。因此，他們必須由社群組織起來，由一個菁英來指揮，由他提供計畫、保護和控制。這意味著有需要積累比新石器時代早期的村落多很多的餘糧，而這些餘糧不只是供糧食匱乏或人口增加時之所需，還變成資本，用以擴大生產。柴爾德指出，這些河谷的生活狀況還包含著另一個因素，即社會壓迫其成員的權力。如果有人抗命，社群就可以把通到他那裡的水渠封起來，讓他無水灌溉。這種壓迫便是國王、祭司和統治階級的權力基礎之一：他們一旦取代了（意識形態上稱之為「代表了」）社會意志，便以壓迫為基礎統治人民。

29 這詞語是柴爾德所創（Childe, 1936），芒福德曾有所批評（Mumford, 1967）。

人類歷史上最有決定性的其中一項改變隨著這種新的生產形式而發生。這時，人們的產品不再像是狩獵社會與農業社會那樣，以自己所能生產的為限。新石器時代早期的農人固然已經能夠產生少許餘糧，但這餘糧只夠用來穩定生活。但現在不同了，由於餘糧增加許多，可被用作一個全新用途：供養那些不直接生產糧食的人，讓他們可以有暇去清除沼澤、蓋房子、建造城市和金字塔，以及當兵。當然，這種事要能發生，技術和勞動分工必須到達相當的水準。然後，沼澤被填平得越多，產生的餘糧也越多。這種新發展導致人類史上最根本的一項改變：**人類發現：人可以把人用來當經濟工具，可以剝削人，可以奴役人**。

讓我們更仔細地看看這個過程在經濟上、社會上、宗教上與心理上造成的結果。前面說過，這種新社會的基本經濟特徵是：更大的分工，把餘糧當成資本來運用，以及對生產方式集中化的需求。這種經濟的第一個結果是產生不同的社會階級。特權階級負責指揮與組織，把多得不成比例的產品占為己有，也就是說，他們的生活水準是一般人達不到的。在他們下面的是較低的階級：農人與工匠。再下面是奴隸，即戰爭抓來的俘虜。特權階級自行組織他們的階級制度，起初是以永久性的酋長為首，後來以國王為首。國王被視為眾神的代表，而眾神是整個制度的名義領袖。

新生產方式的另一個影響是征服戰。不少學者認為征服戰是為了積累更多的資本，用以完成城市革命。但使戰爭變成長久性制度還有另一個更基本的原因：經濟制度需要各地區聯合在一起才能產生最好的效果，但各地的人卻傾向於各據一方。這種衝突成了征服戰的基本原因。戰爭制度就像王國與官僚體系一樣，是人類的新發明，產生在西元前三千年前後。那時和現在一樣，戰爭的起源並不是人類的心理因素（例如人的攻擊性），而是外在條件讓戰爭變得有用（當然，其中也有國王的權力欲與榮耀心作祟）。戰爭的產生則激發並擴張了人類的破壞性與殘忍。[30]

伴隨著這些社會和政治上的改變，女性在社會上的角色和宗教中的母親形象都發生了深刻的轉變。生命與創造性的泉源不再是土地的豐饒性，而是智力——智力產生新發明、新技藝、抽象思考，以及國家與法律。創造力量不再存在於子宮，而是存在於頭腦，與此同時，統治社會的不再是女人，而是變成男人。

這種轉變在巴比倫創世頌詩《埃努瑪．埃利什》（Enuma Elish）中有所表達。這神話講述眾男神成功造反，推翻統治宇宙的「大母神」提阿瑪特（Tiamat）。為了造反，眾男神結成聯盟，推選馬爾杜克（Marduk）為領袖。經過艱苦戰鬥，他們殺了提阿瑪特（由她的身體產生天與地），馬爾杜克成了至高神。

不過，馬爾杜克當初在被選為領袖以前，曾經歷一項考驗。這考驗也許會讓現代人覺得無意義或莫名其妙，卻是理解這則神話的關鍵：

30 柴爾德認為，當土地的需求增加，就會產生征服土地的現象，而征服者會把原來的居民趕走或統治他們，因此，在城市革命完成以前，一定會有一些戰爭。不過他也承認，他找不到考古學證據來證明這個假定。因此，他採取這樣的看法：在城市革命揭開序幕的時期，也就是西元前六千年以後，我們可以認為「有戰爭存在，只是範圍小，而且是間歇性的。」（V. G. Childe, 1936）不管是否真是如此，血腥的征服戰爭都是在出現城邦、國王和階級制度之後，才變成長期性制度。

他們把一件衣袍放在他們中間，
對他們的長兄馬爾杜克說：
「我主，在諸神中你的命運實屬無上，
你下令『毀滅』便毀滅，
下令『創造』便創造！
請用你口中的話，毀滅這衣袍；
然後再下令，讓衣袍恢復完整！」
他一命令，衣袍就毀了。
再發命令，衣袍又復原。
諸神看到他話語的威力，
歡聲雷動，齊聲說：
「馬爾杜克是主！」

——海德爾（A. Heidel, 1942）

這考驗的寓意是：男人本來沒有自然創造的能力（這種能力只有土地與女人才有），但男人用一種新的創造形式克服了他原來的無能：用言詞（思想）來創造。馬爾杜克能夠用這種方式創造，讓他能夠克服母親的自然優越性，取代她的地位。《聖經》的故事是從這則巴比倫神話的結束處開始：男性的神用**言詞**創造了世界。[31]（E. Fromm, 1951）

嶄新的城市社會最重要的特徵之一，是這個社會以父權統治原則為基礎，而父權統治原則寓含著控制原則：控制自然，控制奴隸，控制女人與兒童。這種嶄新的「父權人」（patriarchal man）名副其實「創造」了世界。他的工藝技術不僅修改了自然界，而且把自然界置於人的控制之下，因而產生出自然界原來沒有的東西。人自己也受人的控制：那些為社會運作進行組織的人成為領袖，擁有控制權。

為了達到這種新社會的目標，所有的東西——自然和人——都必須受到控制，必須行使權力或懼怕權力。為了讓人可以被控制，必須讓他們學習服從與屈從，而為了讓他們屈從，必須讓他們相信統治者擁有優越力量（體力或法力）。在新石器時代的村落和原始獵人中，領袖的作用是引領眾人，不是剝削他們，而他們的領袖地位是眾人自願承認的。換一種方式說，史前的權威是「理性的權威」，以能力為基礎；父權制度下的權威則以武力與權力為基礎，它是剝削性的，由恐懼、「敬畏」與屈服等心理機制做媒介。它是「非理性的權威」。

芒福德把管轄城市生活的這種新原則表達得很精闢：「用每一種方式行使權力是文明的本質。城市發現了許多方法來表達鬥爭、攻擊性、征服與奴役。」他指出，城市的新方式是「嚴格

31 譯註：《聖經．創世記》第一章稱：「上帝說：『要有光。』就有了光。」

的、有效率的，常常是苛刻甚至是施虐性的」，又說埃及和美索不達米亞的君主「在他們的紀念碑上誇耀自己殘殺過多少重要俘虜的個人功勳」。（L. Mumford, 1961）

依據多年從事精神分析治療的臨床經驗，我確信，施虐癖的本質是渴望對人、對物擁有無限制、如神一般的控制。（E. Fromm, 1941）[32] 芒福德對於城市社會具有施虐癖的看法讓我的論點獲得一個重要佐證。[33]

除了施虐癖之外，新的城市文明看來也讓人發展出毀滅生命的激情和被一切死的東西所吸引（戀屍癖）。芒福德也提到在新社會中發現毀滅性的、以死亡為導向的神話，並引用格迪斯（Patrick Geddes）的話指出，歷史上每個文明社會莫不以一個活躍的城市為開始，又莫不以一個塵土與骸骨的大墳墓作結：被火燒焦的廢墟、斷瓦殘垣的建築物、空無一物的工廠、成堆的垃圾、遭受屠殺或淪為奴隸的人口。（L. Mumford, 1961）不論是閱讀希伯來人征服迦南的故事也好，是閱讀巴比倫的戰爭故事也好，我們都看到同一種無限度的、不人道的摧毀激情。亞述王辛那赫里布（Sennacherib）記述他完全毀滅巴比倫功績的石碑便是一個好例子：

> 城池和城中房屋，從地基到屋頂，被我毀滅了，被我夷平了，被我放火燒了。城牆和外廓、神殿和神像，還有磚和土造的殿塔，都被我悉數毀滅了，傾倒到阿拉圖運河。我在城市的中間挖了許多水溝，引水沖毀城基，我這樣把城基徹底毀滅了。我讓這個城市遭受比洪水更徹底的毀滅。（轉引自L. Mumford, 1961）

從迦太基和耶路撒冷的被毀滅，到德勒斯登和廣島的被毀滅，再到越南人民、土地與樹木的被毀滅，人類的文明史是一部破壞性和施虐癖的悲慘紀錄。

原始文化的攻擊性

前面討論的是史前社會和現存的原始狩獵採集者的攻擊性。至於其他比較進步卻仍然原始的文化又能教給我們什麼？

如果有一本著作是以龐大的人類學資料為基礎來討論人類攻擊性，那上述這個問題就很容易在其中找到答案。但讓我們訝異甚至震驚的是，竟然沒有這樣一本著作存在。顯然，到目前為止，人類學家仍然不認為攻擊性現象夠重要，值得他們以人類攻擊性為軸心來整理和闡釋他們所蒐集的資料。在這方面我們只有兩篇短文可以參考，一篇是弗里曼所寫，他想把有關攻擊性的人

32 這個論點在第十一章會有詳細討論。

33 這不是出於巧合，而是從我們共同的基本立場產生的。我們都強調：促進生命的事物和扼殺生命的事物具有根本上的不同。

類學資料綜合起來，以支援佛洛伊德的論點。另一篇是赫爾穆特（H. Helmuth）所寫。他也是以人類學資料為根據，但論點卻正好與弗里曼相反，主張原始社會不存在強烈的攻擊性。

下面我打算分析另外一些人類學資料，由於這些資料本身並沒有直接觸及攻擊性問題，所以在這個問題上比較沒有偏見。不過，我的分析工作並不是統計性的。我主要的目的是要證明，非攻擊性社會並不像弗里曼和其他擁護佛洛伊德理論的人所認為的那麼稀少或「微不足道」。我也想要顯示，攻擊性並不只是一個**特徵**，而是一個**症候群**的一部分：我們發現，攻擊性總是和體系中的其他特徵一起存在，諸如嚴格的高低等級、支配、階級劃分等。換句話說，攻擊性是**社會性格**（social character）的一部分，而不是一個孤立的特徵。[34]

對三十個原始部落的分析

我從攻擊性與和平性的觀點分析了三十個原始社會的文化。其中，三筆資料是取自潘乃德（R. Benedict, 1934）[35]，十三筆資料取自米德（M. Mead, 1961）[36]，十五筆資料取自默多克（G. P. Murdock, 1934）[37]，一筆資料取自特恩布爾（C. M. Turnbull, 1965）[38]。對這三十個社會進行分析之後，我們發現它們可以分成三個明顯不同的體系（以下分為A、B、C）。這些社會不僅在攻擊性和非攻擊性方面有程度上的不同，而且有著不同的性格體系。這些性格體系由一群性格特徵組成，有些特徵和攻擊性沒有任何顯著的關聯。[39]

---

34 我要對已故的Ralph Linton表示謝意。一九四八和一九四九年我們在耶魯大學合開討論課，探討原始社會的性格結構，我從他的講課和很多私人交談中獲益良多。我也要感謝也有參加討論課的George P. Murdock的啟發，儘管我們的觀點非常不同。

35 祖尼人（Zuñi）、杜布人（Dobu）、瓜求圖人（Kwakiutl）。

36 阿拉比希人（Arapesh）、格陵蘭愛斯基摩人（Greenland Eskimos）、巴松加人（Bachiga）、伊富高人（Ifugao）、瓜求圖人、馬奴人（Manus）、易洛魁人（Iroquois）、歐依瓦人（Ojibwa）、撒蒙人（Samoans）、祖尼人、巴松加人（Bathonga）、達科塔人（Dakota）、毛利人。

37 塔斯馬尼亞人（Tasmanians）、阿蘭達人（Aranda）、撒蒙人、辛蒙人（Semang）、突達人（Todas）、卡撒克人（Kazaks）、阿伊努人（Ainus）、北極愛斯基摩人、海達人（Haidas）、克勞人（Crows）、易洛魁人、霍皮人（Hopi）、阿茲特克人（Aztecs）、印加人（Incas）、威突突人（Witotos）、納馬．浩坦突特人（Nama Hotentots）、甘達人（Ganda）。（我沒有採用默多克有關阿茲特克人和印加人的資料，因為他們的社會高度發展而複雜，不適合進行簡略分析。）

38 木圖人（Mbutu）。

39 潘乃德和米德兩人的著作都談到祖尼人和瓜求圖人，米德和默多克的著作都談到易洛魁人和撒蒙人。但在我們的分析裡，每個部落當然只被分析一次。在賽維斯（1966）所提供的原始獵人資料中，我們取辛蒙人、愛斯基摩人和澳大利亞人做樣本。辛蒙人和愛斯基摩人合於體系A，澳大利亞人合於體系B。但我沒辦法把霍皮人歸類，因為他們的社會結構似乎矛盾得很，無法放在任何一類裡。他們有一些特徵屬於體系A，但他們的攻擊性又使人覺得他們屬於體系B。（參見D. Eggan, 1943）

體系A：肯定生命的社會

在這種體系裡，理念、風俗和制度的重點，都是幫助所有形式的生命生存與成長。人與人之間極少有敵意、暴行與殘忍行為，沒有嚴厲的懲罰，幾乎沒有罪行，沒有戰爭制度（即使有，也是扮演極不重要角色）。孩子們都受到仁愛對待，沒有嚴厲的體罰。一般來說，女人的地位與男人是平等的，或至少也不會被剝削和羞辱。對於性，通常都持許可的和肯定的態度。這樣的體系裡很少有嫉妒、貪婪和剝削。同時也很少競爭和個人主義心態。合作很普遍，個人財產只是一些被使用的東西。大家普遍有一種信任的態度，不僅信任別人，也信任大自然。人們的心情通常很愉快，憂鬱情緒較少見。

依據我分析的結果，這種肯定生命的社會包括下面幾個部落：祖尼人、山居的阿拉比希人與巴松加人、阿蘭達人、辛蒙人、突達人、北極愛斯基摩人和木圖人。

體系A中有獵人部落（如木圖人），也有農牧者部落（如祖尼人）；有比較富裕的社會，也有很匱乏的社會。這並不是說性格不受社經結構的影響，只是說明顯的經濟因素（諸如貧或富、狩獵或農耕）不是性格發展的唯一因素。要想了解經濟與社會性格的關係，我們必須研究每個社會的整體經濟結構。

體系Ｂ：非破壞性社會

這種體系和體系Ａ相同之處是沒有破壞性，不過，攻擊性和戰爭雖然不是社會的主流，卻經常發生。再者，這種社會裡有競爭，有階級組織和個人主義心態。破壞性、殘忍的行為與過分的猜忌在這種社會裡不普遍，但缺少體系Ａ社會裡那種和睦與信賴。體系Ｂ的特性大概最好這樣形容：瀰漫著男性攻擊性、個人主義和建功立業的欲望。依我的分析，有十四個部落屬於這個範圍：格陵蘭愛斯基摩人、巴松加人、歐依瓦人、伊富高人、馬奴人、撒蒙人、達科塔人、毛利人、塔斯馬尼亞人、卡撒克人、阿伊努人、克勞人、印加人與浩坦突特人。

體系Ｃ：破壞性的社會

體系Ｃ的社會結構非常特殊。它的特性是人與人之間充斥暴力、破壞性、攻擊性與殘忍行為。部落之內是如此，對其他部落也是如此。人們喜歡戰爭，心懷惡意，生活的整個氣氛是敵意的、緊張的、恐懼的。通常都有普遍而強烈的競爭，非常強調私有財產（如果不是實物，也要強調象徵物），有嚴格的階級制度與相當多的戰事。杜布人、瓜求圖人、海達人、阿茲特克人、威突突人和甘達人是體系Ｃ的一些例子。

我並不認為我的分類是無可爭議的。但某幾個社會是否屬於某個體系並不是最重要的，因為我在這裡要做的不是統計工作，而是性質的分類。這個分類所強調的是兩種截然不同的社會體系，一種是體系A與體系B，它們是肯定生命的社會，另一種是體系C。體系C是殘忍的、破壞性的社會，用學術名詞來說就是施虐癖或戀屍癖的社會。

三種體系的實例

為了讓讀者對這些體系的性質有更清楚的認識，我各舉一個詳細的實例加以說明。

祖尼族印地安人（體系A）

祖尼族印地安人受到潘乃德、米德、高德曼（Irving Goldman）和邦澤爾（Ruth Bunzel）等學者全面的研究。祖尼人住在美國西南部，以農業與牧羊維生。和普布羅印地安人（Pueblo Indian）的社會一樣，他們在十二和十三世紀建築了許多城市，但他們的歷史可以回溯得更遠，因為他們最早的住處是單間的石頭屋子，連著一間儀式用的地下室。經濟上，雖然他們對物質不重視，卻可以說是生活富裕。可灌溉的田地雖然有限，他們的社會態度卻很少有競爭的成分。祭司與民政官員都是男性擔任，但他們的社會卻是依照母性原則組織。有攻擊性、競爭性和不合作的人被視為異類。工作基本上都是男女合作完成的，只有牧羊例外，這是純男性的工作。經濟活動上沒有敵對行為，牧羊是個例外：在這件事上往往小有爭吵，但沒有深刻的敵意。整體來說，大家都不注重個人成就。社會中難免有些爭吵，但那是出於性方面的嫉妒，與經濟活動或財物無關。

囤積幾乎聞所未聞。儘管有些人比較富，有些人比較窮，但財產的流動性卻很高。祖尼人對物品有一種特別的態度：他可以把珍珠寶貝心甘情願地借給別人，不僅可以借給朋友，而且可以借給社會中任何成員。雖然有相當程度的性嫉妒，而且離婚也很容易，婚姻往往都是終生維持。女人絕不比男人地位低，這是我們可以料想的，因為他們的社會是母性中心的社會。禮物的贈送十分普遍，但是與競爭性的社會不一樣，他們贈送禮物不在強調贈送者的財富、不在使接受者感到不如人，也不是為了求取報答。財富不會長久留在一個家庭中，又由於財物是由個人辛勤工作得來，因此大家並不知道什麼是剝削。土地固然是私有，但有關土地的訴訟卻極罕見，即使有也會很快達成協議。

祖尼人不太重視物質性的東西，主要關心的是宗教生活，也只有從這一點我們才能了解他們的社會體系。換句話說，他們的主要價值是生命與生活，而不是物品與擁有。在這個社會體系中，主要的和最重要的構成因素是唱歌、祈禱、儀式和舞蹈。祭司是社會的指導者，雖然沒有審判的權力，但很受眾人的尊敬。在重大案件中擔任審判職務的人，沒有受到重視，與祭司形成強烈對比。由此可見，他們重視宗教生活甚於物質的擁有和經濟上的成就。

個人權威可能是最受祖尼人蔑視的東西。在他們看來，好人是指「具有悅人的談吐、寬厚的性格和慷慨的心靈」。男人從不用暴力，即使女人不貞，也不會想到對她施暴。男孩在參加入社禮（initiation）時會被鞭打，但和很多其他文化相比不算嚴厲。謀殺幾乎不存在：潘乃德說她從未聽說殺人事件。自殺是不合法的。他們的神話和故事不包含恐怖與危險的主題。他們沒有罪惡感，性方面尤其如此，對性貞潔不以為然。他們認為性生活是快樂生活中的偶然事件，不會像某些攻擊性社會那樣認為性是唯一的快樂泉源。對於性，他們似乎有些懼怕，主要是男人懼怕與女人性交。高德曼曾經指出，母權社會中有一種普遍的閹割恐懼。這顯示出男性是害怕女性而不是（像佛洛伊德認為的那樣）害怕一個會施罰的父親。

他們的社會裡仍然有爭吵與嫉妒。我們能否因此就說他們的社會不是非攻擊性的，不是非暴力性的，不是合作和享受生命的？如果我們用絕對的理想做標準，就沒有一個社會可說是和平的與非暴力的，因為每個社會多少總有點爭吵和敵對的事情。但以絕對理想為標準是天真的想法。基本上，非攻擊性、非暴力性的人，在某些情況下還是會發脾氣，性情暴躁的人尤其如此。但這並不是說他們的**性格結構**是攻擊性的、暴力的或破壞性的。我們甚至可以說，在像祖尼人這樣的社會裡，由於表達憤怒或多或少是禁忌，他們有時難免會累積少量的憤怒，需要藉爭吵來發洩。但除非我們獨斷地認定人生而具有攻擊性，否則不會把這些偶一為之的爭吵詮釋為是人的攻擊性本性的證據。

這一類詮釋是誤用了佛洛伊德對潛意識動機的發現。其推理方式是這樣的：如果某個被懷疑存在的特徵是明顯的，它的存在便是顯而易見和不可否認的。然而，如果該特徵完全沒有表現出來，但又正好證明了它的存在，那麼它一定是受到抑制；而表現得越少，這特徵一定越強烈，否則便用不著那麼徹底的抑制。這種方法可以讓人什麼都能證明出來，而佛洛伊德的發現也就被當作空洞的教條。在原則上，每個精神分析家都同意，要證明某種驅力受到抑制，必須在夢境、幻想或無意的行為等方面得到經驗證據。可是到了分析人和社會文化時，這個原則往往受到忽略。當一個理論以假定某種驅力的存在為前提時，人們對這個假定往往深信不疑，不肯再費事去查看它是否實際存在。依這種方式從事工作的精神分析家是盲目的，因為他只管去發現理論中假定存在的東西，其他一概不顧。衡量人類學上的證據時，我們必須避免這個錯誤並且記住精神分析的辯證原則（即意識上沒有察覺到的傾向仍然可能存在）。

以祖尼人的社會來說，他們沒有表現出敵意來，可是不能因此就說他們把攻擊性強烈地抑制了。這是沒有證據的。因此我們可以確信他們的社會是非攻擊性的、愛生命的和合作的。

另一個方法是忽視這些資料，認為非攻擊性社會的存在是不可信的，或是不重要的。佛洛伊德寫給愛因斯坦的信中談到和平的原始社會的問題時，這樣說：「有人說在這地球上的某些幸福地區，大自然富足得足以供應人類所需的一切，那裡的人過著平和安靜的生活，既不知道什麼叫壓迫，也不知道什麼叫攻擊性。我幾乎不能相信這樣的事，而對於那些幸運兒，我很樂意多了解一些。」（S. Freud, 1933）我不知道如果佛洛伊德對那些「幸運兒」了解得多一點，他的態度會有什麼變化。不過他看來從沒有認真地想要增進這方面的知識。

馬奴人（體系B）

馬奴人的社會體系和體系A有顯著的不同，因為他們的主要生活目標不是生活與享受，或藝術與儀式，而是經由經濟活動來達到個人的成就。他們跟體系C的人也很不相同，因為馬奴人基本上不是暴力性、破壞性或施虐性的，也不暗藏惡意或奸詐。

馬奴人住在海上，以捕魚維生，他們的村落建在大阿得米拉提島（Great Admiralty Island）南岸的水上，以柱子撐起。他們將多餘的漁獲和附近的農耕者交換，並藉此取得在群島較遠地區所製造的物品。他們的精力全投入在追求物質成就，對自己鞭策極嚴，以致許多男人在盛年過世。事實上，他們很少有人能看到自己的第一個孫兒。人們堅持這種無情的辛勞，不僅因為成功是主要的價值，而且因為失敗是羞恥。沒能償還債務是負債者的屈辱；一個人如果沒有經濟上的成就，沒有積累相當的資本，在社會上便沒有聲望。但是，當他不再積極從事經濟活動時，以前靠辛苦工作所得的聲望便跟著消失。

對年輕人的訓練，主要在讓他們重視財產、羞恥感和物質的效用。親屬們互相爭取孩子的忠誠，使孩子覺得自己有價值。他們的婚姻法規很嚴格，類似十九世紀中產階級的道德觀。性侵犯、惡意中傷、淫穢的言行、不能還債、不能幫助親戚和不能常常修房子，被視為最要不得的罪惡。辛勤工作與競爭訓練看來和年輕人在婚前階段的生活相衝突。未婚的年輕人形成一個團體，住在一起，共享一個女人（通常是戰俘）、菸草和檳榔。他們生活在社會邊緣，過著喝酒喧鬧的快樂日子。這段快樂時光或許是必須的。在結婚之後，這種時光便永遠結束。為了結婚，年輕人必須舉債，而婚後最初幾年只有還債一個目標。他甚至不能好好享受他的妻子，因為他的債主還握有他妻子的一部分主權。當他還清債務之後，為了追求成功，他會努力賺錢，讓自己成為別的新婚夫妻的債主。這是獲得聲譽地位的要件之一。婚姻主要是一項經濟事務，愛情與性愛只扮演很小的角色。所以不足為奇的是，丈夫與妻子的關係在婚後至少十五年間都是對立的。只有到了他們開始為孩子安排婚姻的時候，夫妻才表現出一些合作的精神。由於精力完全用在求取成就上，個人的一切情愛、忠誠、喜好、厭惡、恨意等等全被壓抑。但必須注意的是，這種社會體系裡雖然很少有情愛，但也同樣很少有破壞性或殘忍行為。人與人的競爭雖然非常強烈，但目的不是要屈辱他人，只是要維持自己的地位而已。殘忍行為相當少見。事實上，失敗的人只會受到冷落，不會成為被攻擊的靶子。戰爭還是存在，但大致上來說，大家都不喜歡戰爭，認為戰爭除了可讓年輕人免於無所事事以外，沒有其他用處。戰爭固然可以俘虜女人，但一般說來，戰爭被認為有害通商，不是通向成功的途徑。被奉為楷模的不是英雄，而是非常具有競爭性、成功、勤勞和冷靜的人。

他們的宗教觀念明顯地反映出這種社會體系的屬性。宗教的目的不在於達到與自然界的合一，而完全是實用性，是為了用少量的獻祭安撫鬼魂，以及找尋疾病與不幸的原因和補救的辦法。

在這種體系裡，生活的中心是財產與成就，主要的執念是工作，最大的恐懼是失敗。生活在這樣社會體系裡的人幾乎必然會產生極大的焦慮。但值得我們注意的是，雖然有這樣的焦慮存在，馬奴人的破壞性與敵意卻不強烈。

同屬體系B的其他社會有一些的競爭性與占有欲比馬奴人要低，但我寧願用馬奴人做代表例子，因為他們的「個人主義—攻擊性」性格結構，可與體系C的「殘忍和施虐癖」性格結構，形成更明顯的對比。

杜布人（體系C）

杜布群島（Dobu Islands）的居民是體系C的好例子。他們與因為被人類學家馬凌諾斯基（Malinowski）研究而大名鼎鼎的超卜連島民（Trobriand Islanders）雖然住得很近，彼此的性格和環境卻完全不同。超卜連人住在肥沃的海島上，富有而安逸；杜布群島卻是火山性的島嶼，耕地很少，能捕到的魚也少得可憐。

杜布人在鄰人之間不是以貧窮知名，而是以危險知名。他們雖然沒有酋長，可是卻有組織得很好的同心圓式群體，其中每一圈都有某種傳統的敵意存在。除了一個稱為「蘇蘇」（susu，母乳）的母系群體內部有一些合作與信任以外，杜布人互不信任，每個人都把別人當做潛在的敵人看待。家庭間的聯婚都不能消除這種敵意。夫妻婚後一年住在丈夫的村子裡，一年住在妻子的村子裡，這種習慣確實建立了一些和平。但是，夫妻之間充滿猜疑與敵意。沒有人期望誰對誰會忠心。除了性的目的以外，男女不會在一起相伴片刻。

這個體系有兩個主要特色：一個是極為重視私有權，另一個是惡意的巫術。潘乃德舉了很多例子來說明杜布人私有權觀念的強烈和無情。例如，果園的私有權及其隱私非常受重視，依照風俗，男人和妻子可以在裡面性交。沒有任何人知道他人有多少財產，保密的程度就好像那是偷來的。符咒和巫法的所有權也是一樣。杜布人有「病符」，用它來使人生病和讓人痊癒，而每種病都有特別的符咒。有些人擁有某種符咒，可以完全控制某個疾病的發生和痊癒，而這種壟斷自然讓他們得到相當大的權力。杜布人的生活完全受巫術的控制，因為他們認為沒有任何事情可以沒有它。除了病符以外，其他方面的符咒也是最重要的私有財產。

在這裡，生存狀態是割喉式競爭，每一種利益都是靠打敗對手獲得。但他們的競爭不是公開和坦白，而是祕密和奸詐。那些靠欺騙別人而取得成功的人被奉為楷模。

最受讚美的美德和最偉大的成就是「哇布哇布」（*wabuwabu*），也就是用一些狡猾的手法讓別人吃虧，讓自己得利。（這跟市場的情況很不同：至少在原則上，市場是互惠的。）體系C更典型的精神是奸詐。在平常的人際關係中，杜布人表面上溫雅有禮。就像一個杜布人所說的：「假如我們想殺一個人，我們就接近他，和他一起吃、一起喝、一起睡、一起工作和休息。這樣可能要花好幾個月時間。我們靜待時機。我們稱他為朋友。」（R. Benedict, 1934）因此，在不少謀殺案中，被懷疑的都是那些設法和死者交好的人。

杜布人最重要的欲望除了物質占有，再來便是性方面。由於他們平常的生活很沉悶，性方面的問題就變得很複雜。他們的習俗是不允許歡笑，愁眉苦臉才是美德。就像一個杜布人所說的：

「在園子裡我們不能玩耍，不能唱歌，不能呼喊，不能講故事。」（R. Benedict, 1934）事實上，潘乃德記載，有一個杜布人蹲在另一個部落的村子外面，看他們跳舞，然後又憤怒地回絕邀他一起跳舞的建議：「那會讓妻子指責我快樂過。」（R. Benedict, 1934）快樂是他們最高的禁忌。然而，這種對快樂的禁忌卻不妨礙他們雜交，不妨礙他們高度評價性激情與性技巧。少女為結婚而接受的性教育主要是如何在床上讓丈夫精疲力盡。

杜布人和祖尼人似乎正好相反：性滿足幾乎成了他們允許自己享受的唯一樂趣。但是，正如我們可以料想到的，他們的性生活深受他們的性格結構影響，所以他們的性滿足中只有微量的歡樂成分，不能使男人和女人產生溫暖和友好的關係。弔詭的是，杜布人都非常假正經，這一點讓他們（就像潘乃德所說的）顯得和清教徒一樣極端。正因為快樂和享受是禁忌，他們必須把他們渴望的性愛認為是不好的事。性激情可以是對無歡樂生活的一種補償，也可以是歡樂的一種表達。杜布人顯然把它當作補償。[40]

潘乃德總結說：

大部分社會都用各種制度盡量減低仇恨與惡意，杜布人卻極力培養。他們認為仇恨與惡意有最高的價值。杜布人認為宇宙裡充滿惡意，而且毫不壓抑這種夢魘。依照他們這種生命觀，美德就是選一個犧牲者，向他發洩惡意。他們覺得人類社會和自然力量中都存在著惡意。在他們看來，整個生活就是一場殘酷無情的鬥爭，為了爭取財物而互相傾軋。他們在鬥爭中所信賴

的武器是猜疑與殘忍；他們沒有同情心，也不求人同情。（R. Benedict, 1934）

破壞性與殘忍性的證據

人類學資料已經證明，對人類破壞性的本能主義詮釋是站不住腳的。[41]在所有原始社會中，當人的生命利益遭受威脅時，他們固然都會以戰鬥（或逃跑）來自衛，可是在許多社會中，破壞性與殘忍性卻只有最起碼的程度，因此我們不能說那是「天生的」激情。再者，狩獵採集者和早期農人的社會是最不文明的，可是他們卻比更文明的社會和平得多，這也不符破壞性是人類的

40 今日西方社會裡的「放蕩者」（swingers）也表現出同樣的性態度。他們實行群體性生活，是極為煩悶無聊、不快樂的和因循的人，他們死命巴著性生活當作唯一的救藥，來緩和他們長期的煩悶與孤寂。消費社會的許多成員都跟他們相去不遠，對他們一些人來說，性消費的限制已經解放了。另有一些人把性愛（和迷幻藥）當作唯一的救藥，沒有它便無法忍受煩悶無聊和精神憂鬱。

41 S. Palmer（1955）以四十個無文字原始社會為對象，透過研究它們的殺人與自殺比率，研究它們的攻擊性。他把殺人和自殺視為破壞性行為，比較它們在四十個社會中的發生頻率。他研究的結果如下：低破壞性指數（0-5）的社會有八個，中破壞性指數（6-15）的社會有十四個，高破壞性指數（16-42）的社會有十八個。把低破壞性指數和中破壞性指數的社會加在一起是二十二個，這與高破壞性指數的社會相比還是居多。雖然在這個分析中，高攻擊性社會的百分比比我對三十個原始民族的分析結果高，它仍然沒有印證原始民族具有極高攻擊性之說。

「天性」之說。再者，以下這個事實也不利於本能主義的觀點：破壞性不是一個孤立的元素而是症候群的一部分。

破壞性與殘忍雖然不是人類本性的一部分，卻並不表示它們蔓延的範圍不廣，程度不強烈。這幾乎是用不著證明的。許多研究原始社會的人都明白地告訴了我們這一點[42]，儘管他們的資料是來自比較進步的，或是比較退化的原始社會，而不是來自最原始的狩獵採集社會。不幸的是，我們自己到現在還親眼見證到極端的破壞性與殘忍行為，以至於用不著回顧歷史紀錄。

因此我很少引用大家都熟悉的歷史資料，卻採用了許多狩獵採集者和早期石器時代農人的資料。這些資料是新發現的，除了專家學者，一般人知道得較少。

有兩件事我要提醒讀者。首先，用「原始」一詞來指文明以前的種種社會，會在觀念上引起很大的混淆，因為這些社會彼此極不相同。它們共通處只是沒有用來書寫的語言文字，沒有精巧的技術，沒有使用金錢，但它們的經濟、社會與政治結構往往徹底不同。事實上，並沒有「原始社會」，如果有，也只是一個抽象概念而已，真正存在的是種種不同形態的原始社會。狩獵採集社會不存在破壞性，而一些頗為發達的原始社會則已經有了破壞性。至於在很多其他頗為發達的原始社會與文明社會裡，主導整個局面的是破壞性而不是和平。

我要提醒讀者的另一點是，不要忽略看似是破壞性和殘忍行為背後的精神意義與宗教動機。茲舉一個極端的例子：以兒童來獻祭。被希伯來人征服時的迦南就有這種祭典，迦太基直到在西元前三世紀被羅馬人毀滅為止也有這種祭典。這些迦南或迦太基父母殺害他們的孩子，是受到破壞性和殘忍的激情驅使嗎？這很說不通。以亞伯拉罕要殺以撒來祭神的故事為例，《舊約》再三強調亞伯拉罕很愛以撒，但他還是決心殺死兒子。顯然這是因為他的宗教動機比他對孩子的愛更強。處身在那種文化裡的人會完全獻身於宗教，所以他的作為在外人看來雖然殘忍，但他實際上並不是殘忍的人。

看看一個可以和殺子獻神相比的現代現象會有助於說明。這現象便是戰爭。以第一次大戰為例，導致戰爭的原因是各國領袖的經濟利益、野心和虛榮心，以及雙方的嚴重誤判。但戰爭一旦爆發（甚至在還沒有正式爆發的時候），它就變成了一種「宗教」現象。國家、民族和民族的榮譽變成了偶像，參戰雙方都自願把他們的孩子獻祭給這些偶像。英國與德國的上層階級是這次戰爭的肇事者，開戰不久，這個階級的年輕人便犧牲了很多。他們的父母當然愛他們，但這些父母（特別是深受傳統觀念浸染的那些）卻毫不猶豫地送孩子赴死，而那些去赴死的年輕人也是毫不猶豫。古時以孩子祭神是父親親自殺孩子，戰爭的時候卻是雙方父母安排好，讓對方來殺自己的孩子。但這兩者實際上並沒有什麼不同。戰爭發生的時候，肇事者明明知道會有什麼後果，然而他們卻愛偶像甚於愛他們的孩子。有些人為了捍衛人類生而具有破壞性之說，往往以最原始形態的人類為證，指出甚至北京人（約西元前五十萬年）也是食人者。

42 例如 M. R. Davie（1929）對原始民族的破壞性與殘忍行為提供了豐富資料。另可參考 Q. Wright（1965）對文明社會的戰爭的討論。

事實又是如何？

人們假定，在周口店發現的四十具破碎頭骨，屬於已知的最原始「人類」北京人所有。除了這些頭骨片以外，幾乎沒有發現任何其他骨骼。頭骨的底部被戳穿，有學者主張這是為了抽取腦髓。更進一步的推論是，抽取腦髓是為了吃它，於是，周口店的發現被認為證明了已知的最早人類是食人者。

然而，這些推論無一得到證明。我們甚至不知道是誰殺了周口店這些人，是為了什麼目的而殺，以及這種事是常態還是例外。芒福德和納爾（K. J. Narr）都曾讓人信服地指出，以上的推測只不過是臆測。不論北京人頭骨被戳穿的實情如何，我們都不能用後來盛行的食人行為（特別是見於非洲和新幾內亞者）來證明更早階段的人類會食人。（這正如我們已經發現，最原始的人最不具破壞性，也比更開化的原始人有更進步的宗教形式。[K. J. Narr, 1961]）。

北京人的腦髓被抽出來究竟代表什麼意義，歷來已經有許多學者做過思考，而其中一個解釋特別值得我們注意：抽出這些腦髓不是為了當營養的食物吃，而是做為聖餐。布蘭克（A. C. Blanc）在研究早期人類的意識形態時指出，雖然我們對北京人的宗教觀念一無所知，不過我們也許可以認為，吃腦髓是北京人的一種宗教儀式。（A. C. Blanc, 1961）[43]布蘭克主張，周口店的頭骨和在齊爾切奧峰（Monte Circeo）發現的尼安德塔人頭骨可能有關，因為尼安德塔人頭骨也是底部被戳穿以便抽取腦髓。布蘭克認為現在已有充分的證據，讓我們相信這是一種儀式行為。他指出，這些頭骨的孔和婆羅洲及美拉尼西亞獵頭族在頭骨上戳的孔一模一樣，而獵頭行為明顯有著宗教儀式上的意義。值得注意的是，正如布蘭克所說的，這些部落「並不是特別嗜殺或有攻擊性，反而秉持頗高的道德水準」。（A. C. Blanc, 1961）

所有這些資料都告訴我們，北京人食人之說只是似乎合理的構想，而如果他們真的吃人，也很可能只是一種宗教儀式現象，和非洲、南美洲與新幾內亞的食人行為完全不同，因為這些人的食人行為是破壞性的，和宗教儀式沒有關係。（M. R. Davie, 1929）**史前**的食人行為實際上很罕見。沃哈德（E. Vollbard）在他的專著《食人行為》（*Kannibalismus*）中曾說，他未曾找到可信證據可證明食人行為的存在。要到了一九四二年，布朗克讓他看在齊爾切奧峰找到的頭骨，他才改變看法。（A. C. Blanc, 1961）

獵頭行為就像宗教儀式性的食人行為一樣，有著宗教行為的成分。獵頭行為後來有多大程度上從宗教儀式變成發自施虐癖和破壞性的行為，需要更進一步的研究。不管是在原始部落還是在現代社會，對人的折磨殘害大概極少有宗教儀式的意義，而主要是施虐衝動的表現。

要了解種種破壞和殘忍行為，我們必須考慮到可能存在的宗教動機，而不能只把它們當做純粹的破壞與殘忍行為。但是，在我們這種文化中，人們很難領會這一點，因為我們的社會注重實

43 布蘭克在談到戴奧尼索斯祕儀（Dionysiac mysteries）時指出：「最後，有一件事也許值得一提，那就是，聖保羅在寫給哥林多教會的信中特別強調，為什麼要說聖餐包含著基督的真正血肉：因為那是一種讓基督教在希臘廣泛傳播和深入人心的強有力方法。因為在希臘這個地方，戴奧尼索斯象徵性餐禮的傳統根深蒂固。」（A. C. Blanc, 1961）

際和物質上的目的，無法設身處地去體會精神性和道德性的動機。

雖然進一步的研究會顯示，許多破壞和殘忍行為並不是以破壞和殘忍為動機，但仍然有夠多的例子告訴我們：與幾乎所有其他哺乳動物不同，人是靈長類裡唯一可以從殘殺獲得極大樂趣的動物。我相信，我在這一章已經證明這種破壞性不是與生俱來的，不是「人性」的一部分，也不是所有人共有。至於究竟是什麼條件帶來人類這種潛在的邪惡性，我將會在下一章討論和回答——至少是部分回答。

第三部

各種攻擊性與破壞性及其條件

第九章 良性攻擊性

前言

上一章羅列的證據已經表明，防衛性攻擊性是「內建」在動物和人類的頭腦中，作用是促使個體在生命利益遭受威脅時起而對抗。

如果人類的攻擊性和其他哺乳動物（特別是我們的近親黑猩猩）差不多，則人類社會就要和平得多。但情形並非如此。人類的歷史是一部破壞性與殘忍的斑斑紀錄，而人類的攻擊性看來遠遠超過人類的動物祖先。與絕大多數的動物不同，人是不折不扣的「殺手」。

我們要如何解釋人的這種「超級攻擊性」（hyperaggression）[1]？它和動物的攻擊性同源嗎？還是說，人天生具備特有的破壞潛能？

想要論證兩者同源，可以這樣指出：當動物遇到環境平衡與社會平衡被擾亂時，也會表現出極強烈的破壞性，儘管這不是常態，只會發生在諸如環境太過擁擠的情況下。由此我們可以推論，人之所以那麼具有破壞性，是因為從很久以前開始，他就為自己製造出擁擠或其他助長攻擊性的環境，讓這種環境在人的歷史中成為常態。因此，人之所以會表現出「超級攻擊性」，不是由於他比別的動物更有攻擊潛能，而是由於他的**生活環境**更會助長他的攻擊性。[2]

這個論證到此為止都是正確的。它也是重要的，因為它促使我們對人類在歷史上的處境進行批判分析。它告訴我們，人在他的大部分歷史中都是住在「動物園」裡，不是住在「野外」，即不是住在有助於人類成長與健康的自由環境。實際上，大部分關於人類「天性」的資料，其性質和祖克曼的狒狒資料沒兩樣：他研究的狒狒是倫敦動物園裡的狒狒，不是野外的狒狒。（S. Zuckerman, 1932）

但事實依然是，人即便不是生活在擁擠的環境，還是常常會表現出殘忍和破壞性的行為。破壞性與殘忍能夠讓他感到強烈的滿足，群眾會突然被嗜血的欲望攫住。不論是個人還是群眾，都可能有一種性格結構，使他渴切地等待或製造某種環境，來表現他的破壞性。

1 譯註：hyper-有「過度」、「超過」的意涵，在文本中，佛洛姆應該是用來意謂人類所具有的某些攻擊性，其性質不能等同於源自於生物性的攻擊性，而是特屬文化結構而生成的攻擊性。

2 C. and W. M. S. Russell（1968a）就持這樣的看法。

動物卻不一樣，牠們並不會樂於看見別的動物痛苦，也不會無緣無故殺死別的動物。有時，動物會看似也有施虐癖，如貓玩老鼠便是例子：我們認為老鼠的痛苦會讓貓覺得快樂。但這是一種擬人化的解釋，因為貓不只玩老鼠，凡是動得快的東西，老鼠也好，毛線球也好，牠都喜歡玩。再看另一個例子。勞倫茲提過，有一次他把兩隻鴿子放在一個很小的籠子之後，比較強壯的一隻把另一隻的羽毛一根根地活剝下來，直到勞倫茲看到，把牠們分開為止。但這種看似無限制的殘忍行為其實是空間被剝奪所引起的反應，因此屬於防衛性攻擊性的範疇。

為破壞而破壞卻完全是另一回事。只有人才會覺得摧毀生命是樂趣，只有人才會去追求這種樂趣，會為了摧毀而摧毀。更廣泛地說，只有人在抵抗威脅和覓取所需之外，還會表現出破壞性。

這一章要闡述的是，我們不能用動物基因或破壞性本能來解釋人的破壞性與殘忍性，而必須從人與他的動物祖先的**相異處**來做解釋。我們的課題是去考察**人類特有的生命狀況，是以何種方式和何種程度導致了人的嗜殺欲和折磨欲**。[3]

即使人的攻擊性和動物的防衛性攻擊性性質相同，人的攻擊性也頻繁得多，而這是由於人的處境所致。這一章將先討論人的防衛性攻擊性，接著再討論人類特有的攻擊性。

如果我們把所有刻意損害他人、動物或無生物的行為都稱為「攻擊性」，則我們必須把攻擊性分成完全不同的兩類：**一類是有生物適應作用**、**有益於生命**、**良性的攻擊性**，**另一類是沒有生物適應作用**、**惡性的攻擊性**。

從神經生理學的角度討論攻擊性時，我們就已經提到上述這種區分。簡言之，有生物適應作用的攻擊性是一種反應：每當個體的生命利益受到威脅時，就會產生這種反應。它是由基因所遺傳，同時存在於人與動物。它不是自發的，不會自行增加，而是反應性和防衛性。它旨在移除威脅，把威脅的來源破壞或者移除。

反觀沒有生物適應作用的惡性攻擊性，也就是破壞性與殘忍性，則不是對威脅的抵禦，也不是由基因所遺傳。它是人類所特有，在生物學上有害，因為它使人與人相殘。它的主要表現（兇殺與殘忍）不需要有其他目的，本身就是樂趣。這種攻擊性不但對被攻擊者有害，對攻擊者本身也有害。惡性攻擊性雖然不是本能，卻是根深蒂固的人性潛能，根源於人類的生存條件。

把有生物適應作用的攻擊性和沒有生物適應作用的攻擊性加以區分，有助於釐清一個存在於整個攻擊性討論中的混淆。討論攻擊性問題的人一般分為兩派，一派認為攻擊性是人類天性的一部分，因此頻繁而強烈；另一派則不肯承認和平無望，結果是不得不假定人類的破壞性與殘忍性並不那麼厲害。後一派被前一派逼得非保持過分的樂觀不可，不然便不足以保持和平的希望。可是當我們把防衛性攻擊性和惡性攻擊性區分開來之後，兩派便不必再堅持己見。這個區分告訴我

3 L. von Bertalanffy的立場和我們這裡的立場相似。他寫道：「無疑，人類心裡有著生物驅力性質的攻擊傾向和破壞傾向，可是，最有害的攻擊性現象卻是超越自我保存與自我破壞的，它的基礎是人在生物學層次以上的一個特有特徵，那就是人有使用思想、語言和行為來創造種種象徵性世界的能力。」（L. von Bertalanffy, 1956）

們，惡性攻擊性不是天生的，因此並非不可消除，但又承認，惡性攻擊性是人類的一種潛能，不僅是一種習得的行為模式，在吸收了新的行為模式之後就可消除。

本書第三部的目的，是要考察兩種攻擊性的性質與發生的條件，對惡性攻擊性的探討尤為詳細。開始之前，我要提醒讀者，我的方法與行為主義的方法大相逕庭，而我要探討的重點是攻擊性的**衝動**，不管這種衝動有沒有表現為**行為**。

偽攻擊性

有些攻擊性雖然會造成傷害，但其本意卻不是製造傷害。我稱這一類攻擊性為「偽攻擊性」（pseudoaggression）。

偶然攻擊性

「偽攻擊性」最明顯的例子是偶然的、無意的攻擊性，也就是說，這種行為傷害了人，可是並非有意要傷害他。一個例子是槍枝走火，打傷或打死了旁邊的人。當然，這類偶然行為並非皆如此單純。精神分析告訴我們，有些偶然行為隱藏著無意識的動機。但如果因此就假定所有的偶然攻擊性（accidental aggression）都是無意識動機，那就以偏概全了。

遊戲攻擊性

遊戲攻擊性（palyful aggression）的目的是在訓練技術。它不是意在破壞或傷害，動機不是恨。劍擊與射箭最早期固然是為了防禦與攻擊敵人，但演變到後來卻變成了一種藝術，原來的目的幾乎完全消失。例如，禪宗的劍道要求極精純的技術、完全控制整個身體與完全集中心意——這些要求和茶道相同，儘管茶道和劍道看似完全不同的藝術。一個精熟禪宗劍道的人在劍擊時並不想殺人或傷人，也沒有任何恨意。他只是以恰當的方式運劍，如果對手被殺，那是因為他「站錯了位置」。[4]一個古典的精神分析家也許會說，這種結果是擊劍者無意識的恨意所推動：他內心深處想要殺死對手。他當然有權這樣說，但這顯示他對禪宗的精神沒有什麼領會。

以前弓箭也是攻擊與防禦的武器，是用來殺人的，但現在射箭已經變成了純粹的技術訓練。赫里格爾（E. Herigel）在《禪宗射箭術》（*Zen in the Art of Archery*）中把這件事說得非常清楚。西方也有同樣的現象：西洋劍變成了運動比賽。西洋劍也許沒有禪宗的精神層面，卻仍然無意於造成傷害。原始部落也常常有這種打鬥，但主要目的看來是展示技藝，不太是破壞性的展現。

4 得自與鈴木大拙博士的私人交流。

示強攻擊性

偽攻擊性中最重要的例子是示強（self-assertion）。「示強」，顯示強勢，正是「攻擊性」（aggression）一詞的字根#aggredi#的意義。按*aggredi*來自ad *gradi*（*gradus*的意思是「步」，*ad*是「向前」），所以意思是「移向前」。這和「退行」（regression）的造字方式相似：regression的字根是*regredi*，意指「移向後」。*Aggredi*（和它的過時英語形式regress）是一個不及物動詞，所以你可以regress（「移向前」），但你不能regress**某個人**，這就和攻擊某人（attack somebody）不一樣。在早期，regress想必有攻擊的意思，因為在戰事中，移向前往往就是攻擊的開始。依照字根的原初意涵，「具攻擊性」可以定義為：**沒有任何不當猶豫或不當恐懼地向一個目標前進**。

雄性荷爾蒙與攻擊性的關係，看來可以佐證示強攻擊性的存在。許多實驗顯示，雄性荷爾蒙傾向於激發攻擊性行為。為什麼會如此？這必須從雌雄兩性在性行為中最基本的一個不同點來說明。從解剖學和生理學來說，雄性動物要能發揮性功能，必須刺穿雌性的處女膜，不可因為雌性的懼怕、猶豫，甚至抗拒而卻步：在動物界裡，性行為發生時雄性必須將雌性固定在一個位置上。由於雄性動物的性功能是物種族延續的關鍵，我們可以料想，大自然會賦予雄性動物特有的攻擊性潛能。這個料想可以從很多資料得到佐證。

許多實驗把雄性動物閹割，或給被閹割的雄性動物注射雄性荷爾蒙，用這個方法來研究攻擊性的變化。這方面的基礎實驗是在四〇年代完成。[5]畢曼（E. A. Beeman）的一個實驗是典型的例子。他發現，成年公鼠（二十五天大）在接受過閹割手術一段時間之後，就不像以前那樣愛打鬥，行為變得平和起來。但是，如果給這些閹割過的公鼠注射雄性荷爾蒙，牠們又會開始打鬥，直到停止注射為止。不過，畢曼又在另一個實驗顯示，如果閹割公鼠後不讓牠們休息，並用方法刺激牠們天天照常打鬥，牠們就不會停止打鬥。（E. A. Beeman, 1947）這個實驗說明，雄性荷爾蒙是打鬥行為的**刺激因素**，但不是必要條件。

克拉克與伯德（G. Clark and H. G. Bird）也用黑猩猩做過類似的實驗，得到的結果是，雄性荷爾蒙會提高攻擊性，雌性荷爾蒙會降低攻擊性。後來的一些實驗——例如西格（E. B. Sigg）描述的那些——也確認了畢曼等人的正確性。西格的結論是：「可以說，獨處老鼠的攻擊性行為會增加，是由於多種荷爾蒙的不平衡，降低了攻擊性觸發鬩的門檻。產生這種作用的因素主要是雄性荷爾蒙，此外，一些內分泌腺——如副腎皮質腺、副腎脊髓腺和甲狀腺——也有影響力。」（S. Garattini and E. B. Sigg, ed., 1969）

對於性荷爾蒙和攻擊性的關係，值得一提的還有拉格斯佩茲（K. M. J. Lagerspetz）的研究。他用制約的方式分別培育出有高度攻擊性的老鼠和沒有攻擊性的老鼠，完全禁止前者交尾而不限

5 參看F. A. Beach（1945）。

制後者的性行為。實驗的結果顯示：「這兩種行為是可以選擇的，既可以抑制，亦可以加強，並不能證明攻擊性與性行為是同源的，它們的起源可以用環境刺激來解釋。」（K. M. J. Lagerspetz, 1969）這樣的結論抵觸了雄性性衝動引起攻擊性衝動的假設。我沒有能力判定孰是孰非，但會進一步提出假設。

對Y染色體性質的發現與猜測，也可能佐證雄性特質（maleness）與攻擊性有關的假設。雌性的兩個性染色體都是X，雄性的兩個性染色體一個是X，一個是Y。然而，細胞分裂的過程有時會發生異常狀況，而從攻擊性問題的角度看，最重要的一種異常狀況是，雄性的性染色體，一個X染色體和兩個Y染色體。（性染色體的異常狀況還有其他可能，但與本處討論的問題無關。）具有XYY染色體的人生理上看來會有一些異常。一般說來，他們個子比較高，比較遲鈍，比較容易發生癲癇。最引起我們注意的是，他們的攻擊性或許也相當高。這假設的最早根據來自對愛丁堡一家安全院（類似監獄的地方）的調查結果。（P. A. Jacobs *et al*, 1965）安全院裡關的全是心智異常分子（暴力與危險分子），共一百九十七名男性中有七人的性染色體是XYY結構，即占三．五%。這比例顯然高於一般民眾中的情況。[6] 在這個研究結果出版之後，十幾個其他研究跟著完成，它們肯定和擴大了第一個研究的結論。[7] 不過我們還不能根據這些研究下定論，以它們為基礎的假設有待樣本數更多和方法更精確的研究去證明。[8]

在一般文獻裡，往往把雄性攻擊性視為一般所說的攻擊性，也就是目的在於傷害他人的行為。但是，如果雄性攻擊性就是這種性質的話，從生物學來看則會讓人非常困惑。試問，雄性對雌性抱持敵意的、傷害性的態度的話，能有什麼生物功能呢？它只會破壞雌雄兩性的基本關係，而且從生物學角度來看，更重要的是，它會傷害雌性，而雌性卻是擔負著生養孩子的責任。[9]沒錯，在某些環境下，特別是在宰制和剝削女性的父權社會環境下，兩性會出現激烈的敵對，但我們卻無法解釋何以這種敵對從生物學的觀點來看是可喜的，以及何以它是演化發展的結果。另一方面，正如我在前面說過的，從生物學的觀點來看，雄性動物具有向前挺進和不畏困難的能力是必要的。不過，這本身不是敵意或兇殘的行為，而是示強攻擊性。雄性的攻擊性與破壞、殘忍的根本不同顯示在一件事情上：沒有任何證據可以讓人假設，女性比男性少一些破壞性或殘忍。

這個觀點看來也可以解釋拉格斯佩茲的實驗隱含的一些困難：他在實驗中發現，高度好打鬥的老鼠對性交沒有興趣。（K. M. J. Lagerspetz, 1969）如果一般所說的攻擊性只是雄性性欲的一部分，或者是由雄性性欲所引起，拉格斯佩茲的實驗結果應該正好相反。他的實驗和其他一些研究

---

6 不過，這些數字是可爭議的，因為據估計，一般民眾中有XYY染色體者占千分之〇．五至〇．三五不等。

7 參見M. F. A. Montagu（1968）和J. Nielsen（1968），特別是他們引用的文獻。

8 對這個問題的最新考察認為，攻擊性與XYY染色體間的關係是未經證實的。S. A. Shah寫道：「大部分會議參加者都認為，行為異常與XYY染色體組合之間還不能確立直接的因果關係。因此，在目前只能這樣說：XYY染色體組合總是和異常行為有關……再者，沒有證據顯示，具有XYY染色體的人比具有正常染色體的人更有攻擊性。因此，把具有XYY染色體的人認為比其他人更有攻擊性和更兇暴，是一種早熟和不謹慎的看法。」（S. A. Shah, 1970）

9 動物的交配情況有時會讓人以為雄性動物具有強烈攻擊性，可是訓練有素的研究者卻告訴我們，事實並非如此，據他們的觀察，雄性動物——至少在哺乳類是如此——完全不會傷害雌性。

者提供的資料看似衝突，原因卻可能很單純：他們所說的攻擊性是兩種不同的攻擊性。拉格斯佩茲說的是敵意的攻擊性，其他研究者所說的卻是「向前移」的攻擊性。我們可以假定，喜歡打鬥的老鼠是處於敵意的、攻擊性的狀態，這種狀態會使牠對性刺激不起反應。另一些實驗則是把雄性荷爾蒙增加，而這種荷爾蒙不會引起敵意，只會引起「向前移」的傾向，因而降低了對一般打鬥行為的抑制作用。

觀察正常的人類行為可以印證拉格斯佩茲的實驗。處在憤怒與敵意中的人很少有性欲，而性刺激也對他沒有什麼大作用。我這裡說的是敵意的憤怒和攻擊傾向，不是說施虐癖，因為施虐癖常常與性衝動摻雜在一起。簡言之，憤怒（基本上是指防衛性攻擊性）會削弱性的興趣，而施虐衝動和被虐待衝動雖然不是由性行為引發，卻可以和性行為相容或刺激性行為。

示強攻擊性並不限於性行為。生活中許多情況都需要這種攻擊性。外科醫生、登山者和大部分運動員都需要，獵人也是。推銷員若想成功，也非有這種攻擊性不可——當我們談到「有幹勁」的推銷員時，便是指此。在所有這些情況中，一個人要想把事情做成功，就必須具備不屈不撓的示強態度——決心追求目標，不因阻撓而卻步。當然，攻擊敵人的人也必須具有這種素質。一位將軍如果缺乏這種攻擊性就會優柔寡斷，士兵缺乏這種攻擊性就容易撤退。但我們必須區分意在傷害的攻擊性和示強的攻擊性，後者可以幫助人達成目的（不管這目的是破壞還是創造）。

在實驗中給動物注射雄性荷爾蒙雖然會恢復或增加動物的戰鬥能力，這件事卻有兩種不同的可能解釋：一、荷爾蒙激起了憤怒與攻擊性；二、荷爾蒙增加了動物的示強性，使牠更努力地去達成由別的原因所引起的敵意目的。從各種實驗看來，似乎兩種情況都有可能，但從生物學的觀點看，第二種情況看來更有可能。兩種假設狀況究竟哪一種正確，還待進一步的實驗才能確定。

示強、攻擊性和雄性荷爾蒙（或者還有Y染色體）之間的關係透露出，男人的示強攻擊性也許要比女人多一些，也因此男人更容易成為優秀的將軍、外科醫生或獵人。反觀女人則比較富於保護性與照顧性，所以更適合當內科醫生與老師。當然，我們不能從今日的婦女來推論，因為現代婦女大多是既有父權秩序的產物。再者，前面的說法是統計性的，用在個人身上不一定正確。有很多男人缺少示強攻擊性，也有很多女人把需要示強攻擊性的工作做得非常好。顯然，雄性特質與示強攻擊性之間的關係並不是單向的關係，而是相當複雜的，其中詳情我們幾乎一無所知。遺傳學家都知道，一種遺傳傾向固然可能變成某種行為表現出來，可是這種行為絕不是只由這一種傾向來決定，而是夾雜著別的遺傳傾向與當事人整個生長環境的影響。還需要說明的是，不僅前面所提的行為需要示強攻擊性，它也是生存所必需，因此，從生物學的觀點看，我們有理由假定，不分男女都稟具示強攻擊性。至於雄性攻擊性是否只影響到性行為，或男女天生的雙性性（bisexuality）是否足以解釋女人的示強攻擊性，都必須有多更多關於雄性荷爾蒙和染色體的實證資料方能確定。

不過，有一個重要的事實在臨床上已經相當確定。一般說來，有不屈不撓的示強攻擊性的人，比缺乏的人，在防衛上比較沒有敵意。不論就防衛性攻擊性，還是就惡性攻擊性（如施虐癖）來說，都是如此。其理由不難了解。以防衛性攻擊性來說，它本是對威脅的反應，而一個有不屈不撓示強攻擊性的人因為比較不容易感到威脅，也就不容易產生攻擊性反應。施虐癖者之所以有施虐癖，是因為他心裡有無能感，覺得沒有能力讓別人感動，讓別人回應他，沒有能力使自己成為一個被愛的人。為了補償這種無能，他渴望控制別人。示強攻擊性則加強了人實現目標的能力，因此大大減低對施虐性控制的需要程度。[10]

關於示強攻擊性，最後還有一點需要說明：一個人的示強攻擊性發展到什麼程度，對他的整個性格結構有很大的影響，並決定他是否會出現某些精神官能症。害羞或壓抑的人，以及有強迫性傾向的人，要產生示強攻擊性時往往會遇到阻撓。要治療這種人，第一步是讓他察覺有這種阻撓存在，然後再讓他了解這是怎麼發生的，最重要的是讓他了解，在他的性格結構和環境中，是什麼因素在支持和強化這種阻撓。

最足以削弱示強攻擊性的，大概是家庭與社會的權威氣氛。在這種家庭和社會中，示強被視為不服從、攻擊和罪惡。從一切非理性與剝削性權威的立場看，示強是滔天大罪，因為當人追求自己的真正目標，會對權威構成威脅。通常服從權威的人會被洗腦，相信權威的目標就是他自己的目標，相信服從會為自我實現提供最佳的機會。

防衛性攻擊性

動物與人的差異

前面討論攻擊性的神經生理基礎時已經指出，防衛性攻擊性具有生物學上的適應性。此處再簡述一遍：在物種演化的過程中，動物的頭腦形成一個機制，讓牠在生命利益（例如食物、空間、幼兒和接近雌性的機會）遭受威脅時會產生攻擊或逃跑的衝動。從根本上說，這些衝動的目的是為了移除危險。為了達到這個目的，最常見的方法是逃跑，如果無法逃跑，就會改為戰鬥或擺出威脅的姿態。防衛性攻擊性的目的不在破壞，而在保命。這個目的一旦達到，攻擊性行為和攻擊性情緒都會跟著消失。

人也是一樣，演化讓他在生命利益受威脅時做出攻擊或逃跑反應。人的這種反應雖然沒有低等哺乳動物那麼一成不變，但大量證據顯示，當他的生命、健康、自由或財產（特別是在重視私有財產的社會）受到威脅時，他還是很容易產生防衛攻擊性。道德或宗教的信念與訓練雖然可以克服這種反應，但在實際生活中，那是大部分人會有的直接反應。防衛性攻擊性大概是人類的攻

10 參考本書第十一章對施虐癖的討論。

擊性衝動中最常見的一種。

可以說，人和動物的防衛性攻擊性的神經配備是一模一樣的。不過，這話的效力要受到約束。這主要是因為整合攻擊性的區塊只是**整個**腦袋的一部分，並且也是因為人腦和動物的頭腦有不同之處（包括人腦有大片的新皮質和極複雜的神經連接）。

人的防衛性攻擊性的神經生理基礎雖與動物不同，兩者的相同處卻仍然可以讓我們這樣說：**這種相同的神經生理配備，讓人的防衛性攻擊性比起動物的，在範圍上大上許多倍**。這是人類特有的生命狀況使然，可分三方面言之：

一、動物只把「明顯和當前」的危險當做威脅。當然，動物的本能配備，還有自行獲得和繼承而來的記憶，往往讓牠們比人能夠更準確地察覺到危險與威脅。

但是，由於人類具有先行預見的能力（foresight）以及想像力，反應往往不侷限在當前或記憶中的危險與威脅，而是還會靠想像力想像出將來可能會發生的危險與威脅。他也會因此產生反應。例如，如果他的部落比鄰近的部落富裕，而鄰近的部落又很好戰，那他也許會猜想，鄰近的部落總有一天會來攻打他的部落。又如果一個人傷害過鄰人，他也會想到，有一天當機會來到，鄰人會向他報復。在政治上，政治家與將領們的主要任務之一，就是預測將來的威脅。如果一個人或一個群體感受到威脅，雖然那威脅不是當前的，他的防衛性攻擊性機制也會運轉起來。因此，人的預測能力往往增加了他的攻擊性反應的次數。

二、人不只有能力預見**真正**的危險，還會被領袖說服和洗腦，相信事實上並不存在的危險。

大部分現代戰爭就是這樣促成的：透過系統化的宣傳，領袖們說服人民，讓他們相信「敵人」就要攻擊他們了，就要毀滅他們了，因此挑起人民的仇恨。威脅往往並不存在。特別是在法國大革命之後，各國開始由百姓充任士兵，數量很大，不像以前只有少量的職業軍人。這時，一國的領袖如果以工業需要便宜原料、便宜勞力和新的市場為理由，叫人民去殺人或被殺，恐怕是沒作用的。唯一的辦法就是讓百姓相信，國家正在受敵人的威脅，以此激起他們的生物性攻擊反應。再者，這種無中生有的威脅預言往往會變成事實：當一國因為準備攻擊而備戰，行將被攻擊的國家也會被迫備戰，而他們既然備戰，便「證明」了他們果然構成威脅。

用洗腦的方式來激起防衛性攻擊性，是只有人類才有的事。要想說服人民，要他們相信有人在威脅他們，必須以語言做為媒介：沒有語言，洗腦幾乎是不可能的。再者，洗腦必須有社會的結構做為基礎。例如，我們很難想像，洗腦可能發生在心滿意足地住在森林裡和沒有永久性權威的非洲木圖人之中。在他們的社會裡，沒有人有足夠的權力讓不可信的事顯得可信。如果一個社會裡某些人物具有很大權威——例如巫師或政治領袖——這種事情就有可能發生，因為社會結構為之提供了基礎。大致上來說，統治者對被統治者的影響力端視前者對後者的權力多寡，也端視統治者有多大能力用精心的意識形態體系去減低一般人的批判和獨立思考能力。

與動物的攻擊性相比，第三種特定的人類生存條件有助於進一步增加人類的防禦性攻擊性。人就像動物一樣，在生命利益受到威脅時會挺身保衛自己。**但人的生命利益卻比動物廣泛得多**。人不僅在生理上必須生存，在心理上也必須生存。他必須在心理上保持相當的平衡，否則就會喪失運作能力。對人來說，心理的平衡和生理的平衡同樣重要，凡是與心理平衡有重要關係的事，都是他的生命利益之所在。最重要的是，人必須有一個定向架構（frame of orientation）。那是他的行動能力之所賴，歸根究柢也是他的自我認同感（sense of identity）之所賴。如果有人用一些觀念去質疑他的定向架構，他會把這些觀念視為攸關生死的威脅，加以反應。他會用種種方法合理化他的反應，例如會說新觀念是「不道德的」、「野蠻的」或「瘋狂的」等等，但事實上，他會出現敵對反應是因為感受到威脅。

人不僅需要定向架構，而且需要可獻身的對象，這對保持情感平衡具有攸關生死的必要性。不管這些可獻身的對象是什麼，不管它們是價值、理想、祖先、父母、土地、國家、階級、宗教或其他千百種東西，它們都被視為是神聖的。即便風俗習慣一樣可以變得神聖，因為它們象徵著既有的價值觀。[11]個人（或群體）在其「神聖事物」遭受攻擊時，產生的憤怒與攻擊性會像生命受到攻擊時一樣激烈。

對生命利益受威脅時所產生的反應，還可用一種更廣泛的方式表達：恐懼要麼會激起攻擊性，要麼會激起逃跑傾向。當一個人還有路可逃，能挽救一些面子時，多半會採取逃跑的方式；但如果他被逼入牆角，逃無可逃，多半會出現攻擊性反應。但有一件事我們不可忽視，即逃跑反應是以兩個因素的交互作用來決定。第一是威脅的實際程度，第二是被威脅者的生理力量、心理力量與自信度有多大。光譜的一端是那些可以把幾乎每個人嚇倒的事情，光譜的另一端是焦慮的人自身的無助感與無能感，導致任何事情都可以把他嚇倒。因此，構成恐懼的因素：一是真實的威脅，另一是人的內在境況（這與外在刺激多寡無關）。

恐懼就像痛苦，是一種不舒服的感覺，因此人會想盡辦法去驅除它。驅除恐懼與焦慮有許多方法，諸如嗑藥、縱情性愛、睡眠和找人作伴等等。消除焦慮的最有效辦法之一，是變得有攻擊性。當一個人脫出消極的恐懼態度，開始攻擊，恐懼的痛苦性質就會消失。

攻擊性與自由

在人的生命利益所受到的各種威脅中，對自由的威脅具有特殊的重要性，不管這自由是就個人還是社會而言。通常，人們認為愛自由是文化的產物，而且是經由學習得來，但有豐富的證據表明，愛自由是人類的生物性反應。

可支持這觀點的一個現象是，整部人類歷史中，有許多民族和社會階級不管有沒有勝算，會起而反抗壓迫者。事實上，人類歷史是一部為自由而戰的歷史，是一部革命的歷史：希伯來人反對埃及人的解放戰爭是如此，反對羅馬帝國的各民族起義是如此，十六世紀德意志農民的造反是如此，美國、法國、德國、俄國、中國、阿爾及利亞和越南的革命莫不如此。[12]很多意在奴役人

11　希臘文中有兩個字把這個現象表現出來：*ethos* 的字面意義是「行為」，後來卻有了「倫理的」（ethical）的意思；*norm* 原來是指木匠的一種工具，後來卻有了「正常的」（normal）和「規範性的」（normative）的意思。

民的領袖都大聲宣稱他們是在領導人民為自由而戰：從這些想要打壓自由的領袖竟也以自由為號召，可見「自由」在人們心目中的分量。

還有另一個理由可以讓我們假定人有為自由而戰的天生衝動：一個人要想充分的成長，要想獲得心靈的健康與幸福，就必須擁有自由；反觀自由的闕如會讓人殘缺和不健康。自由並不意味沒有任何約束，因為任何人都必須在某個結構下成長，而任何結構都帶有約束。（H. von Foerster, 1970）重點在於這種約束的主要功能是為了約束別人，或別的機構，或是一種自發性的約束（即它是個人結構中內含的成長需要的結果）。

自由既是人類有機體順暢發展的條件，所以是人的重大生命利益。[13]威脅他的自由就像威脅他的其他生命利益一樣，會激起他的防衛性攻擊性。現在世界上攻擊性與暴力層出不窮，可說是意料中之事，因為大多數人類的自由都被剝削了——所謂低度發展國家中的人民尤其如此。權力在握的白人向來就沒有把黃種人、褐種人和黑種人當人看，否則就不會因為他們合乎人性的反應而那麼驚奇和憤怒了。[14]

但是，白種人的這種盲目還有另一個原因。白人儘管握有權力，可是也放棄了他們的自由，而這是因為他們的社會體制強迫他們這樣做——雖然採取不那麼激烈和明顯的方式。因此，他們大概更恨那些現在仍然為自由而戰的人，因為這些人讓他們想起自己放棄了自由。

真正的革命攻擊性（revolutionary aggression）就像所有為保衛生命、自由與尊嚴而產生的攻擊性那樣，在生物學上是合理的，而且也是人類正常運作的一部分。然而我們不可忘了，對生命的摧毀仍然是摧毀，哪怕可以為此找到生物學理據。至於這種行為在人道上是否站得住腳，則端視個人的宗教、道德或政治原則而定。但不管我們所信奉的是什麼原則，都必須意識到，純粹的防衛性極容易和（非防衛性的）破壞性混合，因而產生施虐願望，想從被控制的狀態翻身為控制他人的狀態。如果這種情況發生，革命攻擊性就會變質，很容易把它本想消除的狀況重新建立起來。

12 歷史上的眾多革命不應讓我們忘記嬰兒和兒童也會革命。不過由於他們沒有力量，便不得不採用他們自己的辦法，可以說，那是一種遊擊戰法。他們各自用種種辦法來反抗壓迫，例如頑梗地不聽話、不肯吃東西、不肯接受大小便訓練和尿床。更激烈的辦法是沉迷在幻想裡和表現出假性神經虛弱。遇到小孩革命，成人就像受到挑戰的特權階級一樣，用武力（往往夾雜著賄賂）來保護自己的地位。結果，大部分孩子為了不用忍受不斷的折磨而寧可屈從。這場戰爭是無情的，非到分出勝負不罷休，讓我們的醫院充滿傷員。然而，一個非同凡響的事實是，所有的人類（不管是有權勢家庭的孩子，還是無權勢家庭的孩子）都有一個共同經驗，那就是他們都曾經毫無力量和曾經為自由而戰。就是從這一點，我們可以假定，每個人類除了有愛自由的天性以外，還從自己的幼年獲得了革命的潛能，而這種潛能雖然蟄伏了很長時期，卻也許會在特殊的環境下運作起來。

13 不只人類是如此。正如前面提過，動物園裡的生活會給動物帶來損害。動物學權威 H. Hediger 雖然持相反看法，但實證資料卻不支持他的立場。（H. Hediger, 1942）

14 膚色只有和無權無勢結合在一起才會讓白人認為有色人種不是人。本世紀初，日本人因為獲得了權勢，在白人眼中已經變成了人。出於同樣理由，中國人也變成了人，但這不過是近幾年的事。擁有進步科技已經變成了判定是人非人的標準。

攻擊性與自戀[15]

除了前述的種種因素，防衛性攻擊性最重要的源頭之一，是自戀的受創。

佛洛伊德在研究力比多理論的時候，創始了自戀的概念。由於思覺失調症患者看來對外在對象沒有任何「力比多的」關係（實際上和幻想上都沒有），佛洛伊德遂有此一問：「在思覺失調症中，從外在對象撤離的力比多發生了什麼事？」他的答案是：「從外在世界撤離的力比多轉向了自我，因此產生了一種我們可稱之為自戀（narcissism）的態度。」佛洛伊德更假定人的嬰兒時期是處在自戀狀態（「初級自戀」[primary narcissism]），這個時期人與外在世界還沒有任何關係。在正常的發展過程中，孩童會在範圍和程度上逐漸增加他和外在世界的力比多關係，可是在特殊的環境下（最激烈的是精神失常），力比多會從外在對象撤回，轉向自我（「次級自戀」[secondary narcissism]）。不過，即使在正常的發展下，一個人終其一生都會有某種程度的自戀。（S. Freud, 1914）

佛洛伊德雖然創始了自戀這個概念，精神分析家們在臨床診斷中卻沒有好好運用它。一般分析者主要用它來理解嬰兒和精神病患[16]，但它真正深遠的重要性，卻是在正常的人格上所扮演的角色。要了解一般人的自戀，必須先把這個概念從力比多學說的框架裡釋放出來。釋放出來之後，我們所看到的情況是這樣：自戀者只覺得他自己、**他的**身體、**他的**需要、**他的**感受、**他的**思想、**他的**財產，以及一切屬於**他的**人和物，是完全真實的，而舉凡不是屬於他的人和物，或不是他需要的對象，就無法引起他的興趣，讓他覺得不完全是真的，他只能用知性去認識它們，但在感性上來說，它們沒有重量與顏色。一個自戀者在知覺上採取雙重標準，而且自戀程度越深雙重性越甚。只有他自己和屬於他的事物才有意義，世界其他的部分則無甚重量和無甚顏色。由於這種雙重標準，自戀者在判斷上會嚴重失誤，缺乏客觀能力。[17]

自戀者相信自己完美無缺，比所有的人優秀，天賦異稟，用這種辦法使自己有安全感，而不是透過真正的工作和成就來得到安全感。他必須保持他這種自戀性的自我形象，因為他的價值感和認同感就是建立在這上面。如果他的自戀受到威脅，他就是在最致命的部位受到威脅。一個自戀者如果被人輕視、批評、挑錯，或在競賽中被打敗，往往會勃然大怒——不管有沒有表現出來，或甚至有沒有自覺到。他的攻擊性反應會非常強烈，這一點常常表現在他永遠不會忘記別人曾傷害他的自戀，往往渴望報復（如果他受到攻擊的是他的身體或財產，他的復仇心反而不會那麼重）。

15 對自戀較詳細的討論，見E. Fromm（1964）。

16 近來許多精神分析家對嬰兒期的初級自戀概念提出質疑，認為嬰兒與外在世界建立關係的時期，比佛洛伊德所認為的早得多。許多分析家也反對精神病的性質完全是自戀的說法。

17 下面所討論的，只是用浮誇言行表現出來的自戀。另外還有一種自戀，表面上與浮誇的自戀相反，但實際上卻是自戀的另一種表現而已。我說的是消極自戀（negative narcissism）。有這種自戀的人會老是擔心自己的健康，竟至憂鬱症的程度。浮誇自戀與消極自戀往往糾纏在一起，希姆萊（Himmler）便是一個好例子：他老是對自己的健康感到憂心忡忡。

大部分人都察覺不到自己的自戀，而只察覺到不會將其自戀明顯透露出來的外顯行為。比如，自戀者會無節制地讚美父母或子女，而他們這樣做不會有什麼困難，因為這種情感一般被認視為是孝心或慈愛的表現。但如果他們把這種情感用在自己身上，社會就不認同了。例如，如果他們說「我是世界上最了不起的人」或「我比誰都棒」，則別人不但會認為他們極度自負，還會把他們看成瘋子。可是如果一個人在藝術、運動、科學、商業或政治上獲得公認的成就，則他的自戀態度不但看起來合乎事實，還會得到別人讚美的不斷滋養。這個時候，他就可以放任他的自戀奔馳了，因為那是獲得社會認可和有憑有據。[18]在今日的西方社會，名人的自戀和大眾的需求有一種奇特的關係。大眾想要和名人有點接觸，因為普通人的生活是空虛和無聊的。而大眾傳播媒體則以銷售名人牟利。結果是皆大歡喜：自戀的表演者滿足了，大眾滿足了，名人銷售商也滿足了。

高度自戀往往是政治領袖中的普遍現象。我們可以說這是一種職業病，或者說是資產——對那些靠影響社會大眾來獲取權力的人尤其如此。一個領袖如果自信有特異的才能，自信有偉大的使命，就比較容易贏得一般人的信賴，因為一般人會被表現出絕對信心的人所吸引。但是，自戀的領袖並不只為了贏取政治成功才運用他的自戀性魅力：為了獲得精神平衡，他需要獲得成功與別人的喝采。他的自我偉大觀念和堅信永不錯誤，基本上是以他自戀的浮誇為基礎，而不是以他用一個人類的身分所得到的真正成就為基礎。[19]然而他又不能不要這種自戀性的自我膨脹，因為他的人性核心——信念、良心、愛和信仰——並不十分成熟。極端自戀的人幾乎非得成名不可，不然就有陷入憂鬱和發瘋之虞。但要成名卻必須具備相當的才能（和相當的機遇），因為只有這樣才能博得他人的喝采，而喝采會滿足他的自戀夢想。這樣的人即使已經成功，還是身不由己地追求更多的成功，因為如果他們失敗，就會面臨崩潰的危險。可以說，眾人的喝采是他們對治憂鬱和瘋狂的處方。表面上他們是為追求目標而戰鬥，實際上卻是為使自己不致瘋狂而戰鬥。

如果是群體自戀，情況便不相同。群體裡的成員會充分察覺這種自戀，而且會不加限制地表現出來。「我們的國家、民族或宗教」是最偉大的、是最有文化的、是最力量強大的、是最愛好和平的等等——這種話聽在說話人的耳裡一點也不瘋狂，反而會被認為是愛國心、信仰與忠誠的表現。而且這些話看起來也像是符合現實和理性的價值判斷，因為它們是同一個群體裡許多人所相信的。這種共識成功地把狂想轉化為事實，因為對大部分人來說，事實是由共識構成，不是以

18 自戀與創造力之間的關係是個非常複雜的問題，在這裡無法充分討論。

19 這並不表示他除了吹牛之外什麼都不行。這種人固然往往只會吹牛，但也不全是如此。例如，威爾遜、小羅斯福和邱吉爾都是非常自戀的人，但他們並不乏重要的政治成就。另一方面，這些成就卻不足以證明他們那種自信和絕對的自以為是（往往表現為傲慢）是有根據的。可是，他們和希特勒比起來，自戀的程度卻又相當有限。邱吉爾在一九四八年選舉失敗後沒有產生嚴重的精神後果，便是這個原因。我相信，如果羅斯福遭受失敗，也同樣不至於產生嚴重的精神後果。我們也不可忘記，即使他們在選舉上失敗，還是會有很多仰慕者。威爾遜的情況便不同：他政治上的失敗是否導致了他精神上的嚴重疾病，以至於產生了生理疾病，是個值得研究的問題。希特勒和史達林的自戀就明顯得多。希特勒寧死也不肯面對失敗。史達林在一九四一年德國攻打蘇聯的第一個星期就表現出嚴重的精神危機，並且到了晚年，他由於樹敵太多和意識到自己不再受民眾擁戴，似乎出現了疑神疑鬼的傾向。

理性或慎思明辨為基礎。[20]

群體自戀有著很重要的功能。首先，它可以促進群體的團結，可以透過訴諸自戀性的偏見而使群體更容易被擺布。其次，它能夠讓群體裡的成員感到滿足——對那些沒有什麼其他理由值得自豪的人尤其如此。即便是群體裡最可憐、最不受尊敬的成員，也會因為這種群體自戀而得到補償。他會覺得：「我是世界上最了不起的群體的一分子。雖然我不過是廢物，卻因為屬於這個群體而變成了巨人。」結果，生活中越是得不到滿足的人，群體自戀就越深。那些能享受人生的社會階級比較不會流於狂熱（狂熱是群體自戀的特徵），反觀物質上匱乏和過著無聊乏味生活的人（如中下層階級）則易於流入狂熱。

同時，培養群體自戀從社會預算的立場來看又是極為經濟的做法，和改善社會生活水準相比幾乎可說是不費分文。要培養群體自戀，社會只需給意識形態家一些報酬，讓他們創造一些口號來促進社會自戀。事實上，許多社會中堅分子——如教師、記者、牧師和教授——往往用不著金錢報酬就主動加入群體自戀的行列。但他們有別的報酬：因參加一件高尚事業而來的自豪感和滿足感。他們還可以藉此增加聲望和獲得升遷。

群體自戀者就像個體自戀者一樣敏感，會對任何傷害他群體的事情（不管是真實的還是他自己想像出來的）憤怒以對。他的反應比個體自戀者更強烈，也更自覺。一個人若不是心理上病得厲害，總會對他自戀中的自我形象多少有點懷疑。群體自戀者卻沒有這種疑慮，因為他的自戀獲得群體裡大多數人的共鳴。如果群體與群體發生衝突，讓雙方的群體自戀受到挑戰，就會引起強烈的敵意。這時，己群的形象會被抬到最高，彼群的形象會被貶至最低。己群變成了保衛人性尊嚴、道德與正義的一方，彼群則十惡不赦，是殘忍、奸詐和沒有人性的一方。如果群體自戀的象徵（旗幟、皇帝、總統或大使等）受到侮辱，群體成員就會用強烈的憤怒與攻擊性來反應，甚至會願意支持領袖發動戰爭。

群體自戀是人類攻擊性最重要的根源之一，不過，它仍屬防衛性攻擊性，是當生命利益受到攻擊時所產生的反應。它不同於其他防衛性攻擊性之處，在於它是一種半病態現象，因為強烈自戀本身就是一種半病態現象。在印巴分治之初發生的血腥衝突中，還有在孟加拉與巴基斯坦近期發生的血腥衝突中，群體自戀顯然都產生重要作用。涉及其中的是一些世界上最貧窮和最悲慘的人口就不令人感到奇怪。但自戀斷然不是這些現象的唯一原因，它們的其他方面會留待下文討論。

攻擊性與抵抗

防衛性攻擊性的另一個重要起因，是反抗將原本被抑制的欲求意識化。這種反應是佛洛伊德所說的「抵抗作用」的其中一個面向，而精神分析學對這個現象進行過系統的探討。佛洛伊德發

20 有時，甚至小群體內的共識也足以創造事實——最極端的例子是「二人共享的瘋狂」（*folie a deux*）。

現，當分析者觸及被壓抑的東西時，病人就會「抵抗」分析者的治療。這並不是病人有意識的不願意，或想要保守祕密：他是不自覺地在防範分析者揭發他潛意識中的東西，而且他不知道自己壓抑了什麼，也不知道自己在抵抗。有很多原因讓一個人壓抑某些欲求（往往壓抑一輩子）。他可能是怕被懲罰，可能是怕不再被愛，也可能是怕別人知道了之後會看不起他（由於自尊與自愛的關係，他甚至不能讓自己知道）。

精神分析治療顯示，抵抗作用會產生許多不同的反應形態：病人碰到敏感的話題時可能顧左右而言他；他可能覺得睏了，疲倦了；他可能找理由不來面談。又或是對分析者極為生氣，找理由中止分析治療。茲舉一個簡短的例子。有位找我分析治療的作家平常很為自己不肯迎合大眾而自豪，他有一次告訴我，他最近改寫了一份稿子，因為改寫後更能傳達他想傳達的訊息。他覺得這是個正確決定，但是不久後卻驚訝地發現自己心情沮喪，還開始頭痛。聽完之後，我向他指出，他改寫稿子的真正動機極有可能是為了更受歡迎，由此得到更大名聲和更多收入；再者，他的沮喪和頭疼極有可能和他背叛自己有關。我的話還沒有說完，他便跳起來，對我大聲咆哮，說我是虐待狂，以破壞他可望得到的快樂為樂；說我嫉妒他即將得到的成功；說我是無知的人，對他的寫作領域一無所知，等等。（必須指出，這位病人平常十分有禮，在這次爆發之前和之後對我都很尊敬。）幾乎沒有其他事情比他的反應更能印證我的解釋無誤。我把他潛意識的動機說出來，對他的自我形象和認同感是一種威脅。他用強烈攻擊性回應這種威脅，就好像是他的身體或財產受到了威脅。在這個例子中，他的攻擊性有一個目的：摧毀握有證據的證人。

在精神分析治療中，我們發現當病人被壓抑的欲求被觸及時，抵抗是極常見的反應。但這並不是說只有進行分析治療時才會碰到這種情形。日常生活中的例子俯拾即是。例如，對於那些老纏著孩子的母親，如果有人告訴她們，她們這樣做是因為想要控制和占有孩子而不是愛孩子，這時她們豈能不勃然大怒？對於那些十分關心女兒貞潔的父親，如果有人告訴他們，他們的擔心是因為對女兒有性遐想，這時他們豈能不勃然大怒？如果有人提醒某種類型的愛國分子，指出他們的政治信念背後潛藏牟利動機，這時他們豈能不勃然大怒？如果有人提醒某種類型的革命分子，指出他的意識形態背後潛藏個人的破壞衝動，這時他們豈能不勃然大怒？事實上，詢問別人的動機是禮貌上一個最大的禁忌，而且是十分必要的禁忌，因為禮貌可以減少攻擊性事件。

歷史上這種事情也常常發生。揭發某個王朝的真相的人，常常被掌權的人放逐、下獄或屠殺。表面的原因是說，這些人對當權者有危險性，為了保護體制必須把他們處死。這確實是不錯的理由，但並不是全部的原因。揭發真相的人即便沒有真正威脅到當權者，一樣會被掌權者深深恨惡。我相信，這是因為揭發真相會在壓抑真相的人身上引發抵抗作用。掌權的人不但覺得真相的揭發將威脅到他的權力，還覺得那是對他的取向系統（system of orientation）的撼動，會讓他的種種合理化藉口失去作用，甚至會逼他以不同的方式來行動。只有經歷過把重大的潛意識壓抑予以意識化過程的人，才會知道這種事有多麼驚天動地，有多麼讓人震撼和困惑。不是所有人都願意冒這種險，至於那些可以藉由盲目行事而得利的人更不會去冒這樣的險。

服從性攻擊性

服從性攻擊性（conformist aggression）不是出於攻擊者的破壞欲，而是出於他的奉命行事。在所有階級社會裡，最牢固的特點可能就是服從。這種社會讓人以為服從等於美德，不服從等於罪惡。不服從被認為是萬惡之首，其他一切罪惡都是隨之而來。亞伯拉罕出於順服而願意殺死兒子。古希臘悲劇中，安蒂岡妮（Antigone）被克里昂（Creon）所殺，是因為她沒有遵從國家的法律。軍人特別需要被灌輸服從心態，因為軍人的本質就是反射式地接受命令，不問任何問題。傾刻間便殺害千萬人的轟炸機飛行員不必然是被破壞性或殘忍衝動所驅使，更多是由無條件的服從原則所推動。

服從性攻擊性很常見，值得我們注意。從幫派小流氓到軍隊裡的士兵，為了不會顯得「沒種」，為了服從命令，而幹出大量破壞行為。這種攻擊性不是出於破壞性，但是人們卻常常誤認為它是人類生而具有破壞衝動的證據。服從性攻擊性本可列為偽攻擊性的一種，我們不這樣做是因為如果不是為了服從，許多這種攻擊性衝動不致發生。再者，人也有不服從命令的衝動，但這種衝動對許多人來說是一種內在威脅，為了自衛，他們乃按照吩咐執行攻擊行為。

手段性攻擊性

另一種具有生物適應作用的攻擊性是手段性攻擊性（instrumental aggression），其目的是獲得**必需的**或**可欲的**（desirable）東西。這種攻擊性不是要破壞，破壞只是它達到目的的手段。就此而言，它與防衛性攻擊性相似，但卻有一個重要的不同點。它似乎不像防衛性攻擊性那樣，具有演化而成的神經基礎：在哺乳動物中，只有掠食動物——牠們的攻擊性是獲得食物的手段——具有天生的神經配備，驅使牠們攻擊獵物。人科動物（homonids）與人類的打獵行為卻是以學習和經驗為基礎，似乎沒有演化而成的基因規定。

釐清手段性攻擊性的概念，困難在於「必需的」與「可欲的」的詞義模稜兩可。

我們很容易把「必需的」定義為無可置疑的生理需要，比方說避免飢餓。如果一個人因為連最起碼可以維生的食物都沒有而去偷搶，他的這種攻擊性很顯然是由生理必需性驅使。如果一個原始部落因為瀕臨飢餓邊緣而攻擊另一個較富裕的部落，也是出於生存必需性。不過這種界線分明的例子今日已不多見，常見的都是比較複雜的例子。例如，一個國家的領袖也許會發現，如果不去征服某些領土以取得原料，或如果不去打敗某個對手國家，本國的經濟長此以往會陷入嚴重危機。當然，這往往只是領袖們掩飾權力欲或個人野心的說詞，但也有些戰爭真的是為了回應歷史必需性——至少是廣義和相對意義下的歷史必需性。

但「可欲的」又是什麼？狹義地說，**可欲的就是必需的**。這時，「可欲的」是奠基於客觀的情境上。可是，我們更常把「可欲的」（desirable）定義為「**想要的**」（that which is desired）。如果採用這個意義，則手段性攻擊性就成了引發攻擊性的最重要動機之一。事實是，人不只渴望他賴以維生的必需品，不只渴望可以讓人生活得好的物質條件。在我們的文化中和歷史上的類似時期中，大部分人都是貪求的：貪求更多的飲食、性愛、財物、權力和聲譽。人與人有一個共同點：貪得無厭，因此永遠不會滿足。貪婪是人類最強的一種非本能性激情，也明顯是生理失能的症候，反映出內在的空虛與缺乏重心。這是一種病態現象，表現出人格的發展沒有完成，被佛教、猶太教與基督教共同視為基本罪惡之一。

貪婪的病態特性可以藉幾個例子說明：大家都知道，過食是貪婪的一種，常常是由沮喪所引起；強迫性購買也是逃避沮喪的一種方式。吃和購買是填充內在空虛的象徵行為，所以可以暫時驅除沮喪感。貪婪是一種激情，也就是說，它灌滿能量，無情地驅使一個人去追求他的目標。我們的文化用種種辦法鼓勵大眾消費，大大增強了人的貪婪。當然，貪婪的人如果有足夠的錢買他想要的東西，也不一定會變得有攻擊性。可是如果他沒有足夠的錢滿足欲望，則必然會攻擊他人。最極端的例子是有毒癮的人，他們被對毒品的貪婪附體（這種人的貪欲也會被生理上的需求不斷增強）。許多沒錢買毒品的人以搶劫甚至殺人來取得所需的金錢。他們的行為雖然是破壞性的，但他們的攻擊性只是手段，不是目的。歷史上，貪婪是攻擊性行為最常見的動機之一，而這種動機的強烈程度恐怕和求取生存必需品的動機不相上下。

貪婪和自利（self-interest）常常被混為一談。自利的來源是生物生而具有的一種驅力，目的是獲得生存所必需的物品，或維持傳統的生活水準。正如韋伯、托陶（Tawney）、布倫塔諾（von Brentano）和桑巴特（Sombart）等人指出的，中世紀的人（不論是農夫或工匠）念茲在茲的是保持慣有的生活水準。十六世紀參加革命的農夫，並不是想要求取城市裡工匠的生活水準，而工匠也不想求取封建地主或富裕商人的生活水準。即使到了十八世紀，法律仍然禁止商人為搶走競爭對手的客人而把店鋪裝潢得更漂亮或進行揚己抑人的宣傳。只有到了資本主義完全發達起來，貪婪才變成越來越多公民的主要動機。然而，大概由於宗教傳統仍然殘存著，大家都不敢坦承自己貪婪。解決這個兩難的方法是把貪婪說成自利。其邏輯是：自利是人性裡本有的欲求，而自利等於貪婪，因此貪婪根植於人性，不是一種受性格左右的激情。

論戰爭的原因

手段性攻擊性最重要的例子是**戰爭**。時興的看法認為，戰爭是由人類的破壞本能所引起。本能主義者和精神分析家往往就是這樣解釋戰爭。[21]例如，精神分析學正統派的重要代表格勞弗（E. Glover）就反對金斯堡的論點，主張「戰爭之謎……深藏在潛意識裡」，又把戰爭比作「本能性生存適應上的一種失策方式」。（E. Glover and M. Ginsberg, 1934）[22]

佛洛伊德本人採取的觀點要比追隨者合乎現實得多。在他寫給愛因斯坦的知名信件「為什麼

21 見A. Strachey（1957）。另見E. F. M. Durbin and J. Bowlby（1939）。後者以高明的論證主張，和平的合作和戰鬥一樣，是人類關係中自然而基本的傾向。但他們又認為戰爭本質上是一個心理學問題。

有戰爭？」中，他並不認為戰爭的原因是人類的破壞性，而是主張戰爭是由群體與群體間事實上的衝突所引起：由於國與國間沒有如民法那樣的強制性法律可以和平地解決衝突，便只能用武力來解決。他認為人類的破壞性只是一個輔助因素，讓政府一旦決定戰爭，國民會踴躍為之。

凡是對歷史稍有常識的人，都會知道把戰爭歸因於人類的破壞天性，是一種謬論。從巴比倫人和希臘人[23]到現代的政治家，投入戰爭都是出於十分實際的考量，而且會細細衡量所有有利和不利的因素——儘管錯判的時候還是居多。他們發動戰爭的動機是多方面的：奪取可耕地、奪取財富、奪取奴隸、奪取原料、奪取市場、擴張領土又或是防衛。在特殊的情況下，戰爭會帶有復仇的願望，而在小部落的戰爭中，戰爭也可能帶有破壞的激情，但這些都不是常例。認為戰爭是人類的攻擊性使然，不但不合乎現實，而且有害。這種看法讓人看不見戰爭的真正原因，因此削弱了反對戰爭的力量。

非常重要的是，人類生而具有戰爭傾向之說，不但與歷史紀錄不合，也與原始戰爭的歷史不合。我們已經指出過，原始人（特別是狩獵採集者）是最不好戰的，而他們的戰鬥也比較沒有破壞性和嗜血的傾向。我們也曾說過，戰爭隨著文明的進步越來越多，嗜血的傾向越來越強。如果戰爭是由天生的破壞性使然，情況應該正好相反才對。十八、十九和二十世紀的人道傾向促成了種種國際條約，減低戰爭中的破壞與殘忍行為，而這些條約直到第一次大戰還算受到尊重。從這一個進步的傾向看來，文明人的攻擊性似乎小於原始人，而還在發生的戰爭則被人解釋為人類的攻擊性本能太頑強，拒絕接受文明的恩澤導致。但事實上，這是把文明人的破壞性投射到人的本性中，因此把歷史和生物學搞混。

即使只是扼要分析戰爭的種種起因，也會超出本書的範圍，因此我只舉一個例子加以說明。這例子就是第一次世界大戰。[24]

推動第一次大戰的，是雙方的政治領袖、軍事領袖與工業領袖的經濟利益與野心，不是因為參戰各國的攻擊性在水壩後面積蓄得太高，需要宣洩。雙方的戰爭動機是大家現在都知曉的，不必在這裡詳說。簡言之，在一九一四至一九一八年的戰爭中，德國的目標是得到西歐與中歐的經濟霸權，並獲得東歐的領土（事實上這也是希特勒的目標，他的對外政策基本上和帝國政府沒有不同）。西方盟國的動機也相似。法國想要阿爾薩斯—洛林，俄國想要達達尼爾海峽，英國想要德國的某些殖民地，義大利則想得到至少一些戰利品。這些目的有的是明白寫在祕密條約裡的。

22 當我在修改這一段文稿時，看到了國際精神分析協會一九七一年在維也納召開的第二十七屆大會的報告，其內容看來顯示出精神分析界對戰爭問題的態度有所改變。A. Mitscherlich博士指出，除非把精神分析學用來研究社會問題，否則「我們所有理論都會被歷史沖刷掉」，並且，「如果我們繼續主張戰爭是因為父親恨兒子，想要殺他們，認為戰爭是殺子戰，我恐怕沒有一個人會再把我們當一回事。我們必須找出一個可以解釋群體行為的理論，把戰爭溯源至啟動個人驅力的種種社會衝突。」從三〇年代早期便一直有精神分析家進行這種嘗試，但他們都被國際精神分析協會用種種藉口趕出去。這次大會結束時，安娜．佛洛伊德對A. Mitscherlich的新「努力」給予官方允許，不過謹慎地加上一句：「對於攻擊性理論，宜待我們對人類攻擊性有多更多臨床研究之後，再下定論。」（兩段引文都是引自巴黎版的*Herald Tribune*, July 29, 31, 1971）

23 修昔底斯（Thucydides）筆下的伯羅奔尼撒戰爭（Peloponnesian War）就是最好的例子。

24 論第一次世界大戰軍事面、政治面和經濟面的文獻太多了，即便只是擇要列出也會占去許多篇幅。對於第一次世界大戰的原因，我發現以下兩本著作論述得最有深度，最有啟發性：G. W. F. Hallgarten（1963）and F. Fischer（1967）。

如果不是這些目標，雙方好幾年前就可以達成和平，不致犧牲幾百萬人命。雙方都說自己是在自衛，是為自由而戰。德國人說他們被包圍了，聲言他們與沙皇作戰是為了捍衛自由。英法則說是德國貴族地主階級容克（Junkers）的黷武主義對他們構成威脅，聲言他們與德皇作戰是為了捍衛自由。把這場戰爭說成是法、德、英、俄諸國人民想要宣洩攻擊性所致不只有違事實，還會讓我們看不清是什麼人和什麼社會條件該為歷史上這一次大殺戮負責。

至於對戰爭的熱情，我們必須做一個區分：戰爭開始時的熱情和後來繼續打下去的動機是不同的。以德國來說，可分為兩大類人。一是人口中只占少數的國家主義者，他們在一九一四年的好些年前就吵著要求發動征服戰爭。這些人主要是由中學老師、若干大學教授、記者和政治人物構成，得到德國海軍界領袖和某些重工業部門領袖的支持。這些人的心理動機可以說混合了群體自戀、手段性攻擊性，以及在國家主義運動中謀職謀權的願望。反觀大部分的德國人則只有在戰爭爆發前後的短時間內表現出對戰爭的極大熱情。另外，我們發現，不同社會階級對戰爭的反應有重要的差異，例如，知識分子和學生表現得比勞工階級熱切得多。（戰後出版的德國外交資料告訴我們，當時的德國首相霍爾維格知道，要獲得議會最大黨社會民主黨同意開戰是不可能的，除非是先向俄國宣戰，好讓工人們感覺他們是為反專制和捍衛自由而戰。）在戰爭開始的前後幾日，政府和報章雜誌用系統性的宣傳影響德國人民，讓他們相信德國遭到了屈辱與攻擊，以此激起他們的防衛性攻擊性衝動。不過，就全體國民來說，他們並不是受強烈的手段性攻擊性驅動，也就是說，他們沒有去征服外國領土的願望。這可以從政府的宣傳上看出來：就是到了戰爭已經開始之後，德國政府仍然否認有任何征服的意圖。到了後來，當軍事將領們主導了外交政策，征服的意圖仍然被說成是為了保障德意志帝國的未來安全所必須。然而不管用什麼說詞，戰爭爆發後不到幾個月，國民的熱情便消失了，一去不返。

最值得注意的是，當希特勒開始攻打波蘭也因此點燃二次大戰時，德國民眾對戰爭的熱情幾乎是零。儘管連續好幾年被灌輸重劑量的黷武主義思想，德國民眾明明白白顯示他們不想打這場仗。為了激起德國人民的防衛性攻擊性，希特勒甚至讓納粹偽裝成波蘭士兵，攻擊西里西亞。[25]但儘管德國民眾斷然不想打這場仗（將領們也不願打），他們卻沒有抗拒地走上戰場，並勇敢地戰鬥到最後。

心理學上的問題就在這裡產生。問題不在於是什麼原因引起戰爭，而在於是什麼心理因素使戰爭成為可能，儘管這些因素並未引起戰爭。

有很多因素都與這個問題有關。第一次世界大戰一旦開始（第二次世界大戰也是差不多），德國士兵（法、俄、英國的士兵也是一樣）就一直打下去，因為他們覺得如果戰敗，整個國家就會遭到可怕的災難。從個人動機來說，士兵作戰是為了保命，因為在戰爭中，一個人不是殺人就是被殺。但光是這個因素不足以充分解釋他們為什麼情願繼續打下去。他們也知道逃兵的話可能會被槍決，但即便有這種顧忌仍然遏止不了大規模的兵變：在俄國與德國，這種兵變終致造成

25 譯註：西里西亞（Silesia）當時為德國領土。

一九一七和一九一八年的革命。法國軍隊在一九一七年也是兵變四起，但法國將領封鎖兵變的消息，再加上整批的處決和略為改善士兵的生活，才把兵變的危機消除。

讓戰爭成為可能的另一個重要因素，是對權威根深蒂固的敬畏。軍人傳統上被灌輸一種觀念：服從領袖是一種道德和宗教義務，為此犧牲性命亦在所不惜。結果，士兵們在戰壕裡熬了三、四年可怕的日子，才慢慢看出來他們是被他們的領袖利用了，看出領袖們的戰爭目標跟所謂的保國衛民根本沒關係，因此他們再也不願服從——至少有相當部分的士兵和後方的國民如此。

還有另一個和攻擊性無關的微妙情感因素助長了戰爭。儘管戰爭令人冒生命的危險和承受許多肉體上的痛苦，但它仍然是刺激的事。如果我們考慮到一般人的生活有多無聊乏味，就不會驚奇於他們會踴躍投入戰爭。投入戰爭是為了結束無聊和僵化的生活，去進行冒險——事實上，戰爭也許是一般人一輩子唯一能指望的冒險機會。[26]

在某種範圍內，戰爭把一切價值都翻轉了。戰爭鼓勵深藏著的人性衝動，例如利他與團結。在和平時期，這些人性衝動受到現代人奉行的自私自利原則與競爭原則壓抑。在戰爭中，社會階級的差別即便沒有消除，也減低許多。在戰爭時期，人又是人了，不管社會地位有沒有賦予他特權，他現在都有機會使自己成為一個有所作為的人。用一種強調的方式來說，主導和平時期社會生活的，是不公正、不平等與無聊乏味，而戰爭則是對這些事情的間接反叛。當一個軍人用生命與敵人作戰時，他用不著再為自己那個小生活圈子的衣、食、住、行而奮鬥，他原先的所需都可以由戰爭時期出乎常規的社會制度來供應。戰爭會有這麼一些正面的特徵，可說是對文明的諷刺。如果人民在和平時期可以像戰時一樣獲得冒險性、團結、平等與理想主義，我們也許可以斷言，要人民去打仗會非常困難。政府在戰爭期間的難題是如何把這種對慣常價值的反叛導入戰爭目的，同時又要阻止它變成對政府的威脅。為此，它強制要求嚴格遵守紀律和服從領袖，把領袖說成是無私、睿智和勇敢的人，志在保護人民使其不致被毀滅。[27]

總之，近代的主要戰爭，以及古代大部分國與國的戰事，不是起於被水壩攔住的攻擊性，而是起於軍事領袖與政治領袖們的手段性攻擊性。這一點顯示在原始社會和較高級社會的戰爭發生率的不同。文明越原始，戰爭越少。（Q. Wright, 1965）[28]戰爭的密度與強度也是一樣，是依科技文明的發展而上升。國家越是有力，政府越是有權，戰爭就越多越激烈，反觀連常任酋長都沒有的原始社會，戰爭次數最少。下表顯示出同樣的趨勢，它是歐洲主要國家的戰爭次數，時間自一四八〇年開始，每百年為一期。（Q. Wright, 1965）

26 但我們絕不可過分高估這個因素。瑞士、斯堪的納維亞半島諸國、比利時和荷蘭都是很好的例子，可以用來證明，如果國家沒有受到攻擊，如果政府沒有發動戰爭的理由，則單靠愛冒險的心理不足以驅使人民投入戰爭。

27 這個兩難式在有關戰俘待遇的國際條約裡表達出來：所有的國家都同意，一個國家俘虜敵國的戰俘之後，不可向他們進行不利於他們本國政府威信的宣傳。總之，各國協議，一國可以殺敵國的戰俘，但不可唆使他們不忠於本國。

28 參見本書第八章「原始戰爭」。

年份	戰爭數
1480-1499	9
1500-1599	87
1600-1699	239
1700-1799	781
1800-1899	651
1900-1940	892

那些把戰爭歸因於人類天生攻擊性的研究者，乃是把現代戰爭視為常態，假定它們是人類的「破壞性」天性使然。他們設法從動物行為資料和人類史前祖先的資料求取證據，為達目的而削足適履。他們的立場是出於一個深信不疑的信念：現代的文明一定比沒有科技的時代優越。他們的邏輯是這樣的：如果連文明人都遭逢那麼多的戰爭和破壞，那在「進步」上遠遠落後我們的原始人豈不更糟？由於破壞性不可能歸咎於我們的文明，則破壞性必然只能解釋為出自我們的本能。但事實卻正好相反。

減少防衛性攻擊性的所需條件

防衛性攻擊性是生物在生命利益受威脅時的反應，它是演化出來的，因此就像根植於其他本能傾向的衝動那樣，我們無法改變它的生物基礎，只能想辦法加以控制和修改。然而，要減低防衛性攻擊性，最主要的辦法還是減少那些有可能激發它的因素。要做到這個，需要極多的社會改革。但由於勾勒一個社會改革大綱明顯超出本書的框架[29]，我在此只會講幾個要點。

要減低防衛性攻擊性，最主要的條件當然是要做到沒有一個個人或群體會受到另一個個人或群體的威脅。這必須有物質條件的基礎，讓所有人都可以過上有尊嚴的生活，使一群體支配另一群體的情況變得不可能和沒有吸引力。如果採取與現在不同的生產、所有與消費制度，這種情形在可見的將來是可能實現的。但是，有可能實現當然不代表它一定會實現或容易實現。事實上，它是這麼的困難，使得許多懷有好意的人寧願什麼都不做。他們希望行禮如儀地歌頌進步可以翻轉災難。

建立確保所有人基本生活所需無虞的社會制度，意味著支配階級的消失。必須讓人不再生活在「動物園」的狀態中，也就是說，必須恢復人的充分自由，必須終結一切剝削控制的形式。說人類少不了領袖的領導是一種迷思：沒有階級組織而運作良好的社會所在多有。當然，要讓這一改變發生，必須出現徹底的政治與社會改變，由此帶來所有人類關係的改變，包括家庭結構的改變、教育與宗教結構的改變，以及在工作與休閒中個人之間關係的改變。

防衛性攻擊性除了會被真實的威脅激發，也會被集體洗腦所製造的假威脅激發，但上述的根本社會改變，將除去集體洗腦賴以施行的基礎。人之所以容易被洗腦，是因為因為他們沒有力量，而且對領袖心懷敬畏。但上述的社會和政治改變會讓個人變得有力量，以及讓領袖消失。屆時，人將可望發展出獨立思考的能力。

29 我在 *The Sane Society*（1955）和 *The Revolution of Hope*（1968a）討論了一些這方面的問題。

最後，如果要減低群體自戀，就必須消除現在大部分人生活中的貧困、單調、無聊與無能。單有物質條件的改善還不夠，還必須進行社會組織的徹底改變，把它從「控制—資產—權力」取向，改變為生命取向；從擁有（having）與囤積，改變為生活（being）與共享。要做到這一點，每個人在其工作角色和公民角色上，都必須有最高程度的積極參與責任感。一定要設計出全新的、非集權化的生活與工作方式，同時也要設計出全新的社會與政治結構，以結束失範社會（society of anomie），即結束由千百萬顆原子構成的亂糟糟社會。

這些條件相互依賴。它們都是一個體系的一部分，因此，只有六千年來的整個社會體系徹底改變，由一個完全不同的社會體系取代時，反應性的攻擊性才會減至最低程度。如果這件事發生，則佛陀的理想、眾先知和耶穌的理想，以及文藝復興時代的人文主義理想，就不再僅僅是烏托邦，而是合理與合乎現實的解決方案，而是有益於人類的基本生物目標：個人和人類物種的生存與成長。

第十章　惡性攻擊性：前提

前言

有生物適應作用的攻擊性是為生命服務的。即使資料還不夠齊全，這一點在生物學和神經生理學上已是基本共識。反應性的攻擊性是一種人與其他動物共有的驅力。但就像前面討論過的，這種攻擊性在人和動物之間仍然有若干差異。

人的獨特之處，在於他可以被殺戮和虐待衝動所驅策並以此為樂，在於他會不以生物或經濟利益為考量而殺害同類。以下要探討的就是這種沒有生物適應作用的惡性破壞性的性質。

我們要記住，惡性攻擊性是人所特有，不是從動物的本能衍生出來。它對人的生理性生存沒有用處，但它是人心理運作的重要部分。在某些人和某些文化中，它是支配性和強大的激情之一，儘管它在其他個人和文化中不是如此。我將試圖闡明，破壞性是對根植於人類生命狀況的一些心理需要的可能解答，而且它的產生（如上所述）是**源於種種社會條件與人的生命需要的相互作用**。這個假說要求我們建立一個理論基礎，讓我們可以在這個基礎上探討以下問題：什麼是人特有的生命狀況？人有哪些本性或本質？

今日的思想界（特別是心理學界）對這些問題不太友善，通常把它們劃歸哲學和其他「主觀臆測」的領域。但在下面的討論中，我想證明它們其實屬於實證研究的範圍。

人的本性

自古希臘以來，大多數思想家認為，有「人的本性」這種東西存在乃是不證自明，它構成了人的本質。究竟是什麼東西構成人的本質，眾說紛紜，但大家都同意，確實有這種本質存在，也就是說，有這麼一種東西，因著它，人才是人。因此，人或被定義為理性的存在，或被定義為社會動物，或被定義為能製造工具的動物，或被定義為能創造符號的動物。

最近，這個傳統的看法遭到懷疑，原因之一是大家越來越強調用歷史方法來研究人。對人的歷史考察表明，我們這個時代的人和先前時代的人大相逕庭，以致假定人在任何時代都有某種共同的「本性」看來是不實際的。特別是在美國，文化人類學的研究大大加強了歷史性探究。從對原始人的研究已經發現如此多元的風俗、價值觀、感情和思想，以致許多人類學家主張，人生下來原是一張白紙，後來才由各種文化在上面寫文章。另一個讓人反對人有固定天性的因素，在於這個概念常被濫用，用來掩飾最不具人性的行為。例如，從亞里斯多德到十八世紀的大多數思想家，都以人的本性為名義來捍衛奴隸制。[1]又例如，為了證明資本主義社會的合理性和必要性，有些學者設法把貪得無厭、競爭心態和自私說成人的天生特性。相似的還有現代人流行把貪婪、謀殺、欺騙和說謊說成是人性使然，就像它們是無可避免的，我們只能接受。

讓人懷疑人有本性的另一因素八成是演化論思想。一旦我們把人看成是在演化過程中生成變化，似乎就不再可能認為他有不變的實體性（這種實體性是他的本質之所寄）。但是，我相信正是從演化的觀點出發，我們可望對人的本性的問題得到新的洞見。馬克思、巴克（R. Bucke）[2]、德日進（Teilhard de Chardin）和杜布贊斯基（T. Dobzhansky）都在這個方向上有過新的貢獻，本章所採取的方法與這幾位類似。

支持人有本性的假定的主要論據是，我們可以透過形態學、解剖學、生理學和神經學來定義人的本質。事實上，從體態、大腦結構、牙齒、食物和許多其他因素來看，人類顯然與其他靈長

1 也有例外的情形，例如主張人人平等的希臘犬儒學派，以及伊拉斯謨斯（Erasmus）、摩爾（Thomas More）和維夫斯（Juan Luis Vives）等一些文藝復興時期的人文主義者。

2 巴克是加拿大精神病學家，也是愛默生的朋友。他有大膽豐富的想像力，是當時北美精神醫學界的領導人物之一。雖然他已被今日的精神病學家徹底遺忘，但他的著作《宇宙意識》（*Cosmic Consciousness*）近百年來都受到非專業讀者歡迎。

類不同。除非我們退回到把人的身體和心靈看作是各自獨立的舊觀點，否則我們就必須假定，人類不但在生理上是可界定的，在精神上也是可界定的。

達爾文自己清楚地意識到，人不僅在生理上有其特點，在心理上也有其特點。他在《人類的由來》（*The Descent of Man*）中把人類最重要的特點列述如下（以下是用 G. G. Simpson 改寫的節縮本）：

與他的較高智慧成正比，人的行為較有彈性，較不反射性或本能性。

人就像其他較高等的動物那樣，具有好奇心、模仿性、注意力、記憶力和想像力等複雜的條件，但是人在更高的層次上具備它們，也以更複雜的方式運用它們。

人至少比其他動物更會推理，並且更會用理性的方式改善自己行為的適應性。

人能夠製造和使用大量不同的工具。

人有自我意識，會反思過去與未來、生與死，等等。

人會進行抽象思考，發展出相關的象徵符號。這些特徵最本質和最複雜的發展成果是語言。

有些人有美感。

大多數人有宗教意識。廣義地說，宗教意識一詞涵蓋對泛靈論、超自然界和靈魂的敬畏、迷信與信仰。

一般人有道德意識，用後來的術語來說，即人是倫理化。人是文化和社會的動物，其發展出的文化和社會，在種類和複雜程度上都獨一無二。（G. G. Simpson, 1949）

如果我們仔細檢視達爾文列出的心理特徵，幾個特徵會突顯出來。他提到的特徵有些是人類所獨有的，比如自我意識、符號和文化的創造、美感、道德意識和宗教意識等。讓人覺得不足的是，這張清單只是描述性和羅列性，沒有系統性，也沒有嘗試分析所述特徵的共同條件。達爾文沒有提到人類特有的情感和激情，例如愛、恨、殘忍、自戀、施虐癖和受虐癖等。他把其他的情感和激情視為本能。在他看來，人與動物之間，

特別是人與靈長類之間，有著某些共同的本能。他們有同樣的知覺、直覺和感覺，有相似的激情、柔情和情感，甚至都有更複雜的心理狀態，如嫉妒、懷疑、競爭、感激和寬宏大量等；他們會欺騙和報復；他們有時候容易受到愚弄，甚至有幽默感；他們會驚奇和好奇；他們同樣具有模仿能力、觀念聯想能力和推理能力，儘管程度上大不相同。（C. Darwin, 1946）

顯然，達爾文的觀點並不支持我們原先所認為的，一些最重要的一類激情是人所獨有，不是繼承自我們的動物祖先。

達爾文以後的演化論研究推進，體現在當代傑出研究者辛普森（G. G. Simpson）的觀點中。他主張，人具有動物所沒有的特點。他寫道：「認識到人是動物固然很重要，但更重要的是，認識到人的特殊本質恰恰在於他與其他動物一些不同的特點上。他在自然界中的地位和他的最高重要性，不是由他的動物性界定，而是由他的人性界定。」（G. G. Simpson, 1949）

辛普森認為，人的基本定義是由智力、機動性、個體性和社會性這幾個元素交互作用構成。這雖然算不上圓滿的解答，但他已經看出人的本質特徵是交互作用和根植於一個基本因素，而且認識到人與動物的不同不是量的不同，而是質的不同。在這一點上，他超出了達爾文重要一步。（G. G. Simpson, 1944; 1953）

從心理學這方面看，馬斯洛（Abraham Maslow）對人類的特有需要有過知名的描述。他把人的「基本需要」分為以下幾種：對生理和審美的需要、對安全的需要、對歸屬的需要、對愛的需要、對被尊敬的需要、對自我實現的需要、對知識和理解的需要。（A. Maslow, 1954）這張清單是有些沒組織的列舉，而且讓人遺憾的是，馬斯洛沒有嘗試分析人本性中這些需要的共同根源。

想要從人類生物和心智的特殊條件定義人的本質，我們必須先思考人的誕生。

人是從什麼時候才開始存在的？這個問題看似簡單，但事實上並不簡單。下面是幾個可能的回答：在受孕的片刻；在胚胎成長為人形的時候；在分娩的時候；在斷奶的時候。或者我們甚至可以說，大多數人直到死亡之時還未完全誕生。認為某人是某天某時「誕生」的想法顯然有問題，應該拋棄，因為人的誕生是一個**歷程**。

如果我們改為問人類這個**物種**是什麼時候誕生的，就更難回答了。我們對人類物種的演化歷程知道得更少。這個歷程涵蓋數百萬年，而我們有關這方面的知識卻只是以一些偶然發現的骨骼和工具為根據。

然而，不管我們的知識有多麼不充分，卻仍然有一些資料可以讓我們看出人類誕生的大致歷程。我們可以認為，當單細胞生命在十五億年前出現時，人類就孕育其中了。我們可以認為，當原始哺乳動物在大約兩億年前出現時，人類就孕育其中了。我們可以說，當人科祖先在大約一千四百萬年前出現時，人類便開始發展了。我們可以把人的誕生日期定在最早的人類「直立人」（*Homo erectus*）出現之時：在亞洲出土了不同品種的「直立人」，他們的生活時期從大約一百萬年前至五十萬年前不等（北京猿人）。或者我們也可以把人的誕生日期定在大約四萬年前「晚期智人」（*Homo sapiens sapiens*）出現之時，他們在所有生物學方面和今天的人沒什麼兩樣。[3]事實上，如果我們從歷史時間的角度看人的發展，那麼我們也許可以說，從嚴格意義上來說人只是誕生了幾分鐘。又也許我們甚至可以認為，人仍然在誕生的過程中，臍帶還未剪斷，但各種複雜的情況已經發生，讓我們不確定他最終是可以誕生出來還是會成為死胎。

大部分研究人類演化的學者以一件特殊事件為人類的誕生定年，那就是工具的製造。這是由富蘭克林首創，因為他把人定義為「工具製造人」（*Homo faber*）。馬克思則尖銳地批評這個定

3 參見D. Pilbeam（1970）的討論。另參見M. F. A. Montagu（1967）和G. Smolla（1967）。

義，認為它充滿「美國佬色彩」。[4]在現代作家中，對這種以製造工具為根據的傾向批判得最有力的是芒福德。

我們必須在人的演化過程中尋找人的本性，而不是從製造工具這類孤立的方向去尋找，因為製造工具明顯帶有當時癡迷於生產的烙印。我們必須**在標誌著人類出現的兩個最基本的生物學條件的基礎上，達到對人的本性的理解。其一是，由本能決定的行為不斷遞減。**[5]對本能的性質固然仍然有很多爭論，但大家基本上一致承認，在演化階段上越高的動物，行為越不是一成不變，受演化而形成的遺傳因素影響越少。

由本能決定的行為的不斷遞減過程可以被描述為一連續體，在其零點的一端我們會發現動物演化的最低級形式，它們具有最高程度的本能決定性。這種本能決定性隨著動物的演化而不斷遞減，到了哺乳動物時，已遞減到某個程度；發展到靈長類時就更低了。正如耶基斯夫婦顯示的，即使在這階段，我們也看到了猴子與猿類的重大鴻溝。（R. M. and A. V. Yerkes, 1929）到了人類，本能決定性降到最低。

我們在動物演化中看到的另一種傾向是**大腦的成長，特別是新皮質的成長**。我們一樣可以把演化描繪為連續體：在這連續體的一端（最低級動物的一端），有的只是最原始的神經結構和相對少量的神經元；在另一端（人的一端），有的是較大和較複雜的腦結構，尤其是比人的人科祖先大三倍的新皮質和數目讓人目眩的神經元連結。[6]

根據這些資料，我們可以把人定義為已演化出最低限度本能決定性，和最高限度大腦發展的

靈長類。在以前的動物演化中，從來沒有發生過最低限度的本能決定性，和最高限度的大腦發展的結合，所以在生物學來說，它是一個嶄新現象。

當人誕生時，他的行為幾乎不受其本能配備的指導。除了某些基本的反應，例如對危險或性刺激的反應外，他沒有什麼得自遺傳的藍圖可以讓他在大多數場合做出正確決定。因此，從生物學來說，人似乎是動物中最無助、最脆弱的。

是特別發達的大腦彌補了人在本能上的不足嗎？

某種程度上確是如此。人可由智力的指導做出正確的選擇。但我們也知道這工具有多麼軟弱

---

4 想多了解馬克思的人性觀，可參考E. Fromm（1961, 1968）。

5 為了方便討論，我這裡是在寬鬆的意義下使用「本能」一詞。它是指「機體驅力」，不是指排除了學習意義的「本能」（這是「本能」的陳舊意義）。

6 C. Judson Herrick曾設法為神經迴路的潛能提供一個大致的概念：「大腦皮質的每個神經元都是由極複雜、非常精細的神經纖維圍繞著，有些神經纖維是來自很遠的部位。可以頗有把握地說的是，大多數皮質的神經元都直接或間接地與大腦皮質的每個區域連結。這是大腦皮質聯絡過程的解剖學基礎。這些連結的神經之間的交互連接產生了一種解剖機構，即在大腦皮質的連結過程中，使大腦皮質神經元產生種種不同的功能上的結合，其數目遠大於天文學家用來計算星辰距離的任何數字……就是神經系統這種結合和再結合的能力，決定了神經系統的實際價值……只以兩個神經元的小範圍為例，如果一百萬個皮質神經細胞盡可能互相結合，神經元交互連結的不同模式的數量便已達$10^{2783000}$……以已知的大腦皮質結構為基礎……視網膜上的圖像對視覺區域片刻造成的刺激所產生的細胞與細胞之間的連結，要遠超過10^{278300}，即前面提到的，如果只有兩個神經元做盡可能多的結合，所產生的數目。」（C. J. Herrick, 1928）為了便於比較，Livingston補充說：「整個宇宙的原子數據估計約為10^{66}。」

和不可靠。它容易受人的欲望和激情影響，向它們屈服。大腦做為弱化的本能的替代物是不足的，而且會把生活的重任弄得極其複雜。我所說的並不是**工具性智力**（instrumental intelligence），即用思想作工具去擺布事物以滿足一己需要的做法，因為畢竟這種智力是人與動物（特別是靈長類）所共有。我所說的，是讓人的思想獲得了全新性質的那方面，即**自覺**（self-awareness）。人是唯一不僅認識對象而且還知道自己認識對象的動物。人是唯一不僅有工具性智力而且還有理性的動物。理性讓他可以客觀地去理解事物，即按照事物本身去認識事物的性質，不是只把事物做為滿足一己需要的手段。由於生而具有自覺和理性，人意識到自己與自然界、他人是分開的，意識到自己的無能和無知，意識到自己終究會死。

自覺、理性和想像力擾亂了動物性生命的特有「和諧」。它們把人變成宇宙間的怪胎。人既是自然的一部分，受物理規律的限制且不能改變它們，但是他也超越自然。他既是自然的一部分同時又與自然分離，他無家可歸但又被監禁在他與其他生物共有的家中。他在偶然的時間地點被拋進世界，又被迫在偶然和違背自己意願的情況下離開世界。當他意識到自身時，他認識到自己的無能和生存的侷限。他無法擺脫自己生命的二元性：他即使想要也不能擺脫自己的心靈，而只要他活著的一天，他就不能擺脫自己的身體。身體又讓他想要活下去。

人不能靠複製自己物種的模式生活：他必須自己生活。人是動物中唯一不能安居在自然界的（他有一種自己是從天堂被逐出的感覺），也是動物中唯一視自己的生命為難題的，認為這難題是必須解決，無可逃避的。他不可能回到和自然界和諧共處的前人類狀態，而他也不知道，如果他繼續前進將會到達何處。人的生命矛盾導致了持續不斷的不平衡狀態。這種不平衡狀態讓他不同於動物，而動物是與自然和諧一致的。當然，這並不說動物必然過著和平與幸福的生活，而是說，動物的生理和心智在演化過程中已經取得了適應，發展出自己特有的生態。當人在文化的協助下找到了或多或少可應對自己生命難題的方法時，他不可避免的不平衡狀態會變得相對穩定。但這種相對穩定並不意味著二元性已經消失：它只是蟄伏起來，只要導致相對穩定的條件發生變化，它便會顯現出來。

事實上，在人的自我創造過程中，這種相對穩定確實一再受到破壞。人在自己的歷史中改變自己的環境，而在這個過程中，他自己也受到了改變。雖然他的知識增加了，但他也意識到自己的無知；他體會到自己不只是部落的一員，還是一個個體，這一點讓他產生了分離感和孤立感。他創造了更大的和更有效率的社會單位（由強有力領袖領導的），但也因此變得驚恐不安和卑躬屈膝。他達到了某種程度的自由，但也變得害怕這種自由。雖然他的物質生產能力加強了，然而在這過程中他變得貪婪和自私自利，成為自己的創造物的奴隸。

每一種新的不平衡狀態都迫使人尋求新的平衡。人常常被認為具有追求進步的天生驅力，但事實上，他只是在設法尋求新的與更好的（可能的話）平衡狀態罷了。

一次次新的平衡並不構成直線性的改善。在歷史上，新的成就常常導致衰退。許許多多次，當人被逼著去尋找新的解答時，會因為走入死胡同而不得不退出來。他直到現在為止居然每次都能脫身，不能不說很神奇。

上述考察透露出我們應該如何定義人的本質或本性。我認為，我們不能用某種特別的品質（諸如愛、恨、理性、善或惡等）來給人的本性下定義，而只能從人類生命獨有的基本**矛盾**來下定義，這些基本矛盾是由於本能的喪失和自覺的獲得而產生，是一種生物學上的分裂現象。人的生命衝突產生了所有人共有的某些心理需要。他不得不克服孤獨、無能和失落的恐懼，而且不得不發現使自己和世界聯繫起來的新形式，好讓自己感覺自在。我把這些心理需要稱為生命需要，因為它們是源於人的生命狀況。它們是人人皆有，而且必須獲得滿足，否則就會發瘋，正如同機體驅力必須得到滿足否則人就沒有辦法活下去一樣。但是，這些需要都可以有很多不同的方法來滿足，而這些方法是依照個人的社會條件而變化。這些滿足生命需要的不同方法表現為激情，例如愛、溫情、追求正義、追求獨立、追求真理、恨、施虐癖、受虐癖、破壞性和自戀等。我稱它們為根植於性格的激情（character-rooted passions），或簡稱為激情，因為它們是人的**性格**中不可或缺的部分。

性格這個概念在後文還會詳細討論，現在指出這一點就夠了：**性格是由一切非本能的欲求所組成的、相對持久的體系，人經由它讓自己與人的世界和自然界發生關聯**。我們可以把性格理解為人所喪失的動物本能的替代品，是人的**第二天性**。人人所共有的是機體驅力（儘管可以高度被經驗改變）和生命需要，人人所不同的是，各自性格中占支配地位的激情，即根植於性格的激情。性格差異主要是由社會條件的差異所致（儘管遺傳給定的氣質也影響性格的形成），而由於這個原因，我們可以把根植於性格的激情稱為歷史的範疇，把本能稱為自然的範疇。然而前者也不是純粹的歷史範疇，因為社會條件只能經由人的生命狀況發生作用。[7]

現在，我們已經可以討論人的生命需要和各種根植於性格的激情——這些激情反過來對生命需要構成了不同的解答。在開始討論之前，讓我們稍作回顧，提出一個關於研究方法的問題。我曾經建議「重構」人類心靈在史前時期開端可能的樣子。對這種方法最顯而易見的反對是，因為沒有任何證據可資憑藉，我們的重構只能是一種理論臆測。然而，事實上我們並不完全缺乏可供建構暫時性假說的證據，至於這些假說最後是否成立，可待日後的進一步發現來斷定。

這些證據主要是考古挖掘所發現的，早在五十萬年前，人類（北京猿人）可能就有崇拜儀式，而這表示，那時的人所關心的已經不只是物質需要的滿足。史前的宗教和藝術（兩者在當時是不可分離的）是研究原始人心靈的主要材料。這些材料非常繁多且存在爭議，顯然不是本書的範圍所能涵蓋。我在這裡只想強調，關於原始的宗教與儀式，不論是現已發現的資料還是將來可能發現的資料，我們除非有一把鑰匙來開啟它們，否則無法從中了解史前人類的心靈。我相信，這把鑰匙就是我們自己的心靈。這不是指我們有意識的思想，而是指埋藏在我們潛意識中的思想與情感，它們雖然是潛意識，卻是任何文化中的任何人的經驗核心。簡言之，它是我想稱之為「初級

7 兩種驅力的這種區別基本上符合馬克思所作的區別。他曾說，人類有兩種驅力和欲望：一種是「恆常的」，或可說是固定的驅力和欲望（如飢餓和性衝動），它們是人的本性的必要組成部分，只能依文化的不同而在形式和方向上有所改變。另一種是「相對的欲望」，它們「源於某些社會結構和某些生產與溝通狀況。」（K. Marx and F. Engels, MEGA, voL 5）他指出，在「相對的欲望」中，有些是「不人性的」、「墮落的」、「不自然的」和「想像出來的」。

人類經驗」（primary human experience）的東西。這種「初級人類經驗」根植於人的生命處境。因為這個緣故，它是所有人所共有，用不著解釋為得自種族遺傳。

當然，我們面臨的第一個問題是能不能找到這把鑰匙，即能不能超越我們平常的心靈架構而將自己置入「原人」（original man）的心靈中。戲劇、詩歌、藝術和神話已經做到這一點，但是除了精神分析學外，心理學沒有做到這一點。不同的精神分析學派以不同的方法做到這一點：佛洛伊德的「原人」是父權男性社會中的成員，這個社會受到「父親—暴君」的統治和剝削，而兒子們造反推翻他：「父親—暴君」被兒子們內化後，成為了超我（superego）和新社會組織的基礎。佛洛伊德的目的是幫助病人發現自己的潛意識，他的方法是讓病人分享他認為是他們最早祖先的經驗。

即便這種原人的模型是虛構的，而與之相應的「戀母情結」也不是人的經驗的最深層次，佛洛伊德的假說仍然開啟了一種全新的可能性：所有時代和文化的所有人都與他們的共同祖先有著相同的基本經驗。因此，佛洛伊德為人文主義者的信念——所有人都有著相同的人性核心——增加了一個歷史論證。

榮格（C. G. Jung）以不同的方式做過同樣努力，他的方法在很多方面比佛洛伊德的細密。他對神話、儀式和宗教特別感興趣，巧妙而優異地把神話做為理解潛意識的鑰匙，因此比任何前輩更系統和更廣泛地在神話和心理學之間建立橋梁。

我這裡所提議的，不僅是利用過去來理解現在與理解我們的潛意識，而且是把我們的潛意識做為理解史前人類的鑰匙。這需要實踐精神分析意義下的「自知」：排除阻撓我們認識自己潛意識的主要抗拒因素，讓我們更容易從我們的有意識心靈透入我們的核心深處。

如果做到這一點，我們就不只可以理解和我們生活在同一文化中的人，還可以理解截然不同文化的人，甚至可以理解瘋子。我們也將能體會到「原人」必定體驗到的東西、他的生命需要，以及人（包括我們自己）會以什麼方式對這些需要做出反應。

當我們望向原始藝術（早至三萬年前的洞穴壁畫），望向非洲、古希臘或中世紀的藝術，會理所當然地認為我們理解它們，儘管這些文化和我們的文化徹底不同。我們夢見的符號和神話就像幾萬年前人們醒著時所構思的那些。儘管這些符號和神話在有意識的知覺層面有著巨大差異，但它們難道不正是全人類的共同語言嗎？（E. Fromm, 1951）

有鑑於人類演化的現代研究側重在人的身體發展和他的物質文化（骸骨和工具是主要證據），也難怪少有人對早期人類的心靈感興趣。然而，我在這裡提出的觀點卻是好些著名學者共有，他們的哲學觀點不同於大多數人。他們之中與我的觀點特別相近的兩位是，古生物學家伯高尼奧（F. M. Bergounioux）和動物學家暨遺傳學家杜布贊斯基。

伯高尼奧寫道：

> 即便我們有理由把人看作一種靈長類動物（他具有靈長類的全部解剖和生理特徵），他仍然自成一個生物群體，有著無可爭辯的原創性……人感到自己被迫與自己的環境分開，孤立地

處在世界上，對世界的尺度和法則一無所知。因此他被迫去學習他為求生存所必須知道的每件事情，方法是透過百般艱辛和挫折的過程。他周圍的動物週而復始地採集食物、尋找水源、為防禦無數的敵人而逃跑；對牠們來說，休息和活動的時間是以不變的節奏進行，由牠們對覓食與睡眠、生殖與自衛的需要所控制。但是，人和自己的環境卻是分開的。他感到孤獨、被遺棄，除了知道自己一無所知以外什麼都不知道。……因此他的第一個感覺是生命的焦慮，這甚至把他逼到絕望的邊緣。（F. M. Bergounioux, 1964）

杜布贊斯基也有相似看法：

然而，自覺和預見能力為人帶來了自由和責任這兩份可怕的禮物。人覺得有自由去執行自己的某些計畫，而把另外一些計畫擱置。他覺得他是世界和自己的主人，不是奴隸，並為此感到喜樂。但是這種喜樂卻被責任感沖淡。人知道他要為自己的行為負責：他已經知道了善與惡。這卻是可怕的重擔，是沒有任何其他動物需要扛負的重擔。在人的靈魂裡，有悲劇性的不和諧音。在人性的缺陷中，這負荷的痛苦遠超過分娩之苦。（T. Dobzhansky, 1962）

人的生命需要和各種根植於性格的激情[8]

定向架構與獻身架構

即使最聰明的動物也只有手段性思維能力，人卻還有自覺能力、推理能力和想像能力。這些能力讓他需要一幅具有內在連貫性的世界圖像，以了解自己在世界中的位置。人需要一張自然界和人類社會的地圖，沒有它，他便會迷迷糊糊，無法有目的和一貫的行為。他將無法定向，無法找到一個定點去組織撲面而來的種種印象。不管他是相信巫術和魔術可解釋一切，是相信祖靈可指導他的人生與命運，是相信全能的上帝會獎賞或懲罰他，還是相信科學能解決人類一切難題：從他對定向架構的需要來看，這些分別不構成任何差異。有了定向架構，世界對他來說變得可理解，而因為他和周遭的人觀念一致，他對自己的想法變得有十分把握。即使地圖是錯的，也達成了它的心理功能。但地圖絕不會完全錯誤——也永遠不會完全正確。它總是讓人大致解釋得了與生活有關的種種現象。只有當**生活實踐**擺脫了自己的矛盾和非理性時，理論上的圖像才可能和真理一致。

8 以下的內容是對舊有討論（E. Fromm, 1947 and 1955）的一個擴大。為盡可能減少重複，我只會略述舊有的討論。

讓人印象深刻的是，找不到任何不存在定向架構的文化，也找不到任何沒有定向架構的個人。一個人常常可以否認持有這樣的整體圖像，相信自己對各種現象和生活事件的回應是視情況而定，聽憑判斷力的指引。然而很容易證明的是，他只是把他的價值觀、人生觀視為當然，因為對他來說那只是常識，而且沒有意識到自己的所有觀念是依賴於一個被普遍接受的參考架構。當這種人碰到一個從根本上不合他的定向架構的觀念時，會斷定它是「愚蠢」、「不合理」或「幼稚」，認為自己是唯一合乎邏輯的。對參考架構的需要在兒童身上表現得特別清楚。到了某個年紀，他們會極需要一個定向架構，常會利用手邊有限的材料，以別出心裁的方式為自己編造一個。

對定向架構的強烈需要解釋了一件讓許多研究人的學者困惑不解的事情：許多人輕易就受到非理性的教條吸引，不管那是政治教條、宗教教條或其他方面的教條。在一個不受這些教條影響的人看來，它們顯然一文不值，但就是有那麼多人趨之若鶩。這些教條會那麼有力量，部分原因是領袖們具有催眠本領和人們易於被催眠。但這不是全部原因。如果對定向架構的需要不是那麼生死攸關，人們八成不會那麼容易被催眠。一種意識形態越是假裝能解答一切問題，就越是具有吸引力。這也許可以解釋為什麼非理性或明顯瘋癲的思想體系能夠輕而易舉地吸引人。

但光有地圖不足以指引行動：人還需要有目標告知他往哪個方向走。動物沒有這種難題。牠們的本能同時給了牠們地圖與目標。但是，人由於缺乏本能決定性，又有一個大腦讓他可以設想可能走的許多方向，所以人需要一個讓他獻身的對象：他需要這樣一個對象做為他全部欲求的焦點，和做為他實質的、不是宣稱的價值觀的基礎。他需要一個獻身的對象有幾個原因。首先，這個對象會把他的各種能量整合到同一個方向。它會提升他，讓他超越自己的孤立生命，消除所有的疑慮和不安全感，對生活賦予意義。因為獻身於一個在孤立自我彼岸的對象，他超越了自己，擺脫了由絕對的自我中心所築成的囚牢。[9]

人的獻身對象不一而足。他可能獻身於要求他殺死自己孩子的偶像，或獻身於保護兒童的理想；他可能獻身於促進生命或毀滅生命。他可能獻身於聚斂財富和攫取權力，或獻身於需要愛、創造性和勇敢的目標。他可以獻身於最大相逕庭的目標和偶像，然而，雖然獻身對象的差異極端重要，但獻身的需要本身卻是首要的。這是一種生命需要，是一定要求得到滿足，而不管這滿足是**如何**得到的。

9 「超越」一詞傳統上都是用在神學的脈絡。基督教思想理所當然地認為，人的超越意味著超越自身，達到上帝。因此神學設法透過指出人有需要超越自己，來證明人有需要信仰上帝。然而這是一種錯誤推論，除非以純粹象徵的方式理解上帝這個概念，把它看成是代表「非我」(not self)。人有需要超越一己的自我中心、自戀和孤立的處境，以達到和別人聯繫與向世界開放，以逃出自我中心的地獄，並因此逃出自我監禁的狀態。像佛教那樣的宗教體系在追求超越時不用訴諸上帝和超人的力量。埃克哈特(Meister Eckhart)在他最大膽的思想言論中也談到這種超越。

根

胎兒在子宮時仍然是自然界的一部分，藉由母親的身體生活。在誕生那一刻，他對母親仍然有共生性依附，而甚至在出生之後，他依附母親的時間也比大多數動物更長。但即便在臍帶被割斷時，他仍然極度渴望不被分離，渴望返回子宮或找到受到絕對保護的新地方。[10]

但是，通向天堂之路卻被人的生物構造所阻塞，特別是被他的神經生理構造所阻塞。他只有兩條路可選：一條路是堅持倒退的渴望，為此付出象徵性依賴母親的代價；另一條路是前進，透過自己的努力、透過體驗人的兄弟情誼，和透過擺脫過去的枷鎖，在世界中找到新的根。

人由於察覺到自己的分離性，因而需要和他人締結新的紐帶——他的神志健全與否依賴這種關係。由於他和世界沒有堅強的情感紐帶，他會感到徹骨的孤立和失落。但是，他可以採用不同的、並可探知的方式使自己和他人發生聯繫。他可以愛別人，這需要獨立性和生產性（productiveness）。或者如果他的自由意識還未發展起來，那麼他可以用共生性的方式和他人發生聯繫，即變成他人的一部分，或者讓他人變成自己的一部分。在這種共生關係中，他要麼努力支配別人（施虐癖），要麼被別人支配（受虐癖）。如果他既不能選擇愛的方式，也不能選擇共生的方式，那麼他可以藉由只和自己發生聯繫（自戀）來解決問題，於是他變成了世界，並且透過愛「自己」而愛世界。這是處理聯繫需要的常見方式（通常和施虐癖混合在一起），是一種危險的方式，發展到極端會導致瘋狂。解決問題的最後一種方式（通常和極端自戀混合在一起）是渴望毀滅所有人。因為如果沒有人在我之外存在，那麼我便不必害怕別人，也不必讓自己和他們發生聯繫。透過破壞世界，我救了自己，不致被它碾得粉碎。

合一

人的誕生讓他產生生命的分裂，他必須在自己之內重建合一，並且重建他和自然界及人類世界的合一，否則他將無法忍受。但重建合一有許多途徑。

人可以用毒品、性興奮、禁食、舞蹈和種種崇拜儀式，來誘發出神或狂喜狀態，以此麻醉自己的意識。他也可以設法對動物產生認同，以重獲喪失了的和諧。這種尋找合一的方式是許多原

10 佛洛伊德的重大成就之一：發現人對母親的固著（「戀母情結」）是正常發展與病態發展的中心問題。但他囿於自己的哲學前提，把這種固著解釋為性欲性質，因而縮窄了他這個發現的重要性。只有到了晚年，他才開始看到，人對母親有一種「前戀母情結期」的固著，與兒童的性欲無關。但他只是偶然地提到這一點，因為他已經無力修訂他原先的「亂倫」概念了。後來少數幾位精神分析家，尤其是費倫齊（S. Ferenczi）和他的學生們，還有最近的J. Bowlby（1958 and 1969），則看出了對母親的固著的真正性質是什麼。最近對靈長類所做的實驗（H. R. Harlow, J. L. McGaugh, and R. F. Thompson, 1971）和對嬰兒所做的實驗（R. Spitz and G. Cobliner, 1965）清楚地證明了孩子與母親之間的關係有極大的重要性。精神分析的資料則告訴我們，非性欲的亂倫欲，不論在正常人的生命中還是在精神官能症患者的生命中，都扮演著重要的角色。多年來，我已經在著作中強調了這一點，所以本書中我只用 *The Sane Society*（1955）和 *The Heart of Man*（1964）兩書中關於這個問題的結論。另請參看我論共生關係的著作（E. Fromm, 1941, 1955, 1964）和參看M. S. Mahler（1968）。

始宗教的本質：在原始宗教裡，人們會把圖騰動物奉為祖先，或是模仿動物的行為（例如條頓人的「狂戰士」模仿熊的行為），或是戴上動物面具。另一種建立合一的方法是把所有能量用於一種全神投入的激情，例如破壞性的激情，或爭取權力、名譽或財富的激情。

這些方法都是要恢復一己的內部合一，目標是「忘掉自己」，意思是麻醉自己的理性。這是一種可悲的努力，因為它通常只能獲得短暫的成功（醉酒便是如此）。又即便它的效果是永久性的（如見於恨的激情或權力激情中的那樣），它卻會使人殘缺不全，使人和他人疏離，扭曲他的判斷力，讓他像依賴毒品那樣依賴這種特定的激情。

要達到合一而不致使人扭曲，只有一條途徑。西元前一千年時，在世界上已經發展起文明的各地方（中國、印度、埃及、巴勒斯坦和希臘），人們已經採取過這條途徑。從這些文化的土壤中誕生的偉大宗教告訴我們，人想要達到合一，不是透過可悲的努力去擺脫分裂的事實，也不是透過根除理性，而是透過全面地發展理性和愛。儘管道教、佛教、眾先知的猶太教和福音書的基督教有很大差異，但它們有一個共同目標：以充分地成為人（而不是退回到動物的存在狀態）來達到合一的體驗，而所謂充分地成為人是指人與自己合一、人與自然合一、人與人合一。從那時到現在的兩千五百年的短暫時間裡，在走向這些宗教的目標的進程上，人似乎沒有多少進步。原因看來是人類在經濟和社會發展上無可避免的緩慢，以及各宗教被統治和擺布社會的人所收編。然而，就像農業和工業的發明之於經濟發展那樣，新的合一概念之於人的心理發展，是一件革命性事件。這概念也從來沒有完全消失過：它存在於基督教的某些派別中，存在於所有宗教的神祕主義者中，存在於菲奧雷（Joachim de Fiore）的觀念裡，存在於文藝復興時期的人文主義者中間，也存在於世俗形式的馬克思的哲學裡。

用後退還是前進的方法來抵達救贖，不僅是一個社會—歷史的選擇。每個人面臨著同樣的選擇；如果他所處的社會是一個採用後退解決法的社會，他不選後退解決法的自由度確實很小（雖然還是存在的）。但巨大的努力，清晰的思維和接受偉大人文主義者的指導是必要的。（對精神官能症的最好理解，就是把它視為這兩種傾向在一己內心的鬥爭，因此對性格做深度的分析有助於解決問題。）

對人的生命分裂問題的另一種解決方式，完全符合現代社會的特性。這方法就是：認同自己的社會角色；幾乎不去感覺，讓自己淪為「物」而喪失自身。這樣，生命的分裂便被掩飾起來，因為人與自己的社會組織認同為一，會忘掉了自己是一個位格（person）。用海德格的話來說，他成為一個「一」（one），一個非位格（nonperson）。我們也許可以說，在「否定性的狂喜」中，由於他不再是「他」，由於他不再是人而成為一個「物」，他忘掉了自己。

有效

人意識到自己存在於一個陌生和力量無比龐大的世界中，而隨之而來的無能感輕易就能把他淹沒。如果他感覺自己是完全消極的、單純的物件，他就會沒有意志，沒有身分感。為了彌補這一點，他必須有一種能做什麼事、打動什麼人或發生影響力的感覺，用最道地的英語說，就是感覺自己是有「有效」（effective）的人。今日我們用這個詞來指「有影響力」的演說家或推銷員，意指能成功地獲得結果。但這是「生效」（to effect）一詞原意的退化。「生效」的同義詞是「讓它發生」、「讓它完成」、「讓它實現」等。一個「有效」的人是有能力去做某些事情、完成某些事情的人。能夠對某些事情產生效力，會讓人確定自己並非無能，確定自己是活生生和能發揮作用。能夠生效意味著自己是主動的，不是被動的；是積極的，不是消極的。歸根究柢，它是**一己的存在證據**。這原則可表述如下：**我生效，故我在**。

許多研究都強調過這一點。本世紀初，格魯斯（K. Groos）曾對兒童遊戲進行過經典的闡釋，指出兒童玩遊戲的基本動機是「以成為一個原因為樂」。小孩喜歡把碗碟弄得叮噹作響，喜歡把東西搬來搬去，喜歡在水坑裡玩，他認為就是這個原因。他的結論是：「我們要求認識後果，並要求成為這些後果的製造者。」（K. Groos, 1901）五十年後，皮亞傑（J. Piaget）也得出相似結論。他觀察兒童，發現他們對可以被他們的動作影響的東西特別感興趣。（J. Piaget, 1952）懷特（R. W. White）也有類似的看法，他把人的一個基本動機稱為「能力動機」（competence motivation），而且提議用「效力」（effectance）一詞來形容能力的動機方面。（R. W. White, 1959）

這種需要也在十五至十八個月大的嬰兒的語言中表現出來：他們常常會重複說「我做─我做」（I do-I do）之類的話，而且往往先學會說 me 才學會說 mine。（D. E. Schecter, 1968）[11] 由於兒童的生物學處境使然，他們在十八個月大以前一直處在非常無能的狀態，甚至再晚一些仍然依賴他人的愛護和照顧。兒童天生的無能程度天天都在減低，但一般來說，大人對他們的態度卻改變得很慢。兒童的發脾氣、哭鬧、調皮和種種與大人鬥爭的方式，都是他想要發揮影響力和表達意志的最明顯表現。兒童常常被大人的優越力量打敗，但這失敗會產生後果：它看來會激起一種要克服這種失敗的傾向，方法是主動去做一個人本來被迫消極地忍受的事情：以前要被迫屈服的，現在要去屈服別人；以前被打的，現在要去打人。簡言之是去做一個人本來被迫忍受的事情，或是去做本來被禁止去做的事情。精神分析有充分的資料顯示，種種的精神官能症傾向和特殊性傾向（如偷窺癖、強迫性手淫，或強迫性性交需求）通常是早年抑制的後果。這種從被動角色到主要角色的強迫性轉化，是一種去治癒未痊癒的傷口的嘗試，儘管是不成功的嘗試。「罪」之所以有吸引力，即人之所以那麼想要幹被禁止的事情，原因大概也在此。[12]不僅那些被禁止的事情有吸引力，那些不可能的事情也有吸引力。人看來受到什麼所深深吸引，要走到個人、社會和自然的邊界上，就像他是受到驅策，非要望向他被迫生存在其中的那個狹窄框架之外不可。這種衝動也許促成了許多偉大發現，也或許促成了許多滔天罪行。

成人同樣需要當個「有效」的人，以此肯定自己的存在。獲得有效感的途徑很多元：透過所

11 得自和D. E. Schecter的私下交流。

12 為了避免誤解，我想強調，我們不可把一個單獨因素（一個抑制）從整體的人際處境中分離開來，前者是後者的一個部分。如果抑制是發生在非壓迫的處境中，那麼它不會有產生那些意在摧毀兒童意志的處境會產生的後果。

撫養的嬰兒的滿足表情；透過愛人的微笑；透過情人的性反應；透過談話對象的投入；透過工作（物質的、智力的或藝術的工作）。但同樣的需要也可用另外的方法滿足：透過掌控別人的權力；透過感受別人的恐懼；透過注視被你謀殺的人的痛苦表情；透過征服一個國家；透過折磨一群人民；透過摧毀一切建設。對「有效」的需要既表現在人際關係中，也表現在人與動物、人與無生物、人與觀念的關係中。在人對人的關係中，基本的選項是去愛或去引起恐懼和痛苦。在人與物的關係中，選項是建設和破壞。儘管相互對立，這些選項都是為了滿足同一種生命需要：對「有效」的需要。

研究憂鬱和無聊情緒所得到的大量資料顯示，無效感（ineffectiveness）——即感覺自己完全無能（性無能只是其中一小部分）——是最讓人痛苦和不能容忍的經驗。為了克服它，人幾乎幹得出任何事：從吸毒到沉迷工作到謀殺。

興奮與刺激

俄國神經學家謝切諾夫（Ivan Sechenov）寫了《大腦的反射》（*Reflexes of the Brain*）一書，說明神經系統需要「運動」，也就是需要至少某種程度的刺激和興奮。（I. Sechenov, 1863）

李文斯頓陳述了同樣的原則：

神經系統不僅是行動的根源，也是整合作用的根源。大腦不僅對外來的刺激起反應，它也會自發地活動……大腦細胞從胚胎時期就開始活動，對整個身體組織的發展可能都有貢獻。從出生之前到出生之後幾個月，大腦發育最快，待這段旺盛的成長期之後，發育的速率便明顯減低。然而，不管人到了多大歲數，大腦的發育都不會停止，大腦在疾病或受傷後的重組能力也不會消失。

他進一步寫道：

腦的耗氧率和活動中的肌肉差不多。活動中的肌肉只能短暫維持這種耗氧率，但神經系統卻終生維持高耗氧率，不管醒著也好，睡著也好。（R. B. Livingston, 1967）

即使在實驗室中進行組織培養的狀況下，神經細胞在生物學上與電力學上依舊有活性。可看出大腦需要持續不斷興奮的一個領域是做夢。已經確定的是，人在睡眠中有相當一部分時間（大約四分之一）是在做夢（個人之間的差異不在他們是否做夢，而在他們是否記得夢境），而且如果做夢活動受到阻礙，就會表現出半病態反應。（W. Dement, 1960）與此有關的問題是，為什麼大腦只占體重的二%，卻是除了心臟和肺以外，會在人睡眠時保持活動的器官？或者從神經生理學的角度來問，大腦為什麼日夜不停地要消耗人體吸入氧氣總量的二〇%？這似乎意味著，神經元「應當」比身體的其他細胞處於更活躍的狀態。至於其原因，我們也許可以這樣推測：供給大腦充分氧氣攸關性命，大腦因此獲得了額外的活力和興奮。

許多研究已經證實嬰兒需要刺激。斯皮茨（R. Spitz）的研究顯示出嬰兒如果缺乏刺激會有哪些病理後果；哈洛夫婦（Harlows）和其他人則證實，早期被剝奪母愛的猴子會遭受嚴重心理損害。[13]謝克特也研究過同樣的問題，他想證明社會刺激是兒童發展的基礎。他得出如下結論：「沒有足夠的社會刺激（包括知覺刺激），會在情感關係、社會關係、語言、抽象思維能力，以及內在控制能力等方面都有缺陷。盲童和孤兒院裡的嬰兒便是如此。」（D. E. Schecter, 1973）

實驗的研究也證實了對刺激和興奮的需要。陶伯和科夫勒（E. Tauber and F. Koffler）證明了新生兒對運動會有眼動震盪反應（optokinetic nystagmus reaction）。「沃爾夫（Wolff）和懷特（White）觀察到，出生三、四天的嬰兒，眼球會隨著對象做配合性運動；范茨（Fantz）則觀察到，嬰兒在生下來幾星期後，眼睛固定在複雜圖像上的時間比在簡單圖像上為久。」（D. E. Schecter, 1973）[14]謝克特補充說：「當然，我們不可能知道嬰兒主觀知覺經驗的性質，只能知道他們視覺神經的反應。只有在寬鬆的意義下我們才可以說，嬰兒『更喜歡』複雜的刺激模式。」（D. E. Schecter, 1973）麥基爾大學所做的視覺剝奪實驗表明[15]，若把大部分外來刺激消除，那即使滿足受試者的所有生理需要（性需要除外），並給予他們高於一般水準的報酬，還是會導致某些知覺紊亂。受試者會易怒、坐立不安和情緒不穩，以致實驗才進行幾小時之後，他們很多人便退出實驗，置金錢上的損失於不顧。[16]

對日常生活的觀察表明，人類就像動物一樣，除了需要至少某個程度的休息以外，還需要至少某個程度的興奮和刺激。我們可以看到，人渴切地尋求興奮和回應興奮。能激起興奮的刺激不勝枚舉。人群與人群的不同（還有文化與文化的不同），只在它們選擇的主要刺激之間的差異。意外事故、謀殺、火災、戰爭、性欲是興奮的源泉，愛情和創意性工作也是如此。希臘戲劇讓觀眾興奮的程度斷然不亞於羅馬競技場的施虐癖場面，但兩種興奮是以不同方式引起。這種不同極其重要，但很少受到注意。雖然看似有點離題，但扼要談一下這種差異還是值得。

在心理學和神經生理學的文獻中，「刺激」這個詞幾乎專指我所謂的「簡單的」（simple）刺激。如果一個人的生命受到威脅，他的反應是簡單而直接的，幾乎是一種反射動作，因為它根植於神經生理組織。這個道理適用於其他的生理需要，例如飢餓（性欲某種程度也是如此）。這時，做出反應的人是「反應」了，但他沒有行動。我的意思是，他沒有主動地活動起來，行動的量沒有超出逃跑、攻擊或性興奮所必須的最小程度。我們也許可以說，在這種反應中，腦子和整個生理器官是在**為人活動**。

通常被人忽視的是，還有另一種刺激可以使人主動地活動起來。這種激活性刺激（activating

13 我要感謝 R. G. Heath 博士，他在新奧爾良市杜蘭大學的精神病學系向我展示了這些患有「緊張症」（catatonic）的猴子。

14 承蒙謝克特博士讓我讀他文章的原稿，謹此致謝。

15 參見 W. H. Bexton *et al*（1954）、W. Heron *et al.*（1956）、T. H. Scott *et al*（1959）和 B. K. Doane *et al.*（1959）。

16 認為他們的反應是一種準精神病反應的看法，我認為是對資料的錯誤解釋。

stimulus）可以是一部小說、一首詩、一個觀念、一片風景或一個被愛的人。這些刺激不會產生簡單的反應，而是會像邀請你似的，讓你主動去回應它們，與它們共鳴。由於是你主動對它們有興趣，你會在對象身上不斷看見和發現新的面向。你不再是被動接受刺激的消極對象，只能按照刺激的旋律而舞蹈。現在，你透過和世界的聯繫表達出你的機能，變成了積極主動和有創造性。簡單的刺激產生驅力，也就是讓人被它驅使；激活性刺激則導致追求，也就是讓人積極追求一個目標。

這兩種刺激和反應的差異有非常重要的後果。第一種刺激（即簡單的刺激）如不斷重複出現乃至超出某種程度，就不會再被神經系統記取而失去它們的刺激效應。（這是由神經生理的經濟效益原則導致：一種刺激如果反覆出現，便代表它不重要，因此消除對它的知覺。）如果希望刺激持續有效，就要把強度加強，或者在內容上有所改變，即加入新的元素。

激活性刺激則有不同的效力。它們並不是「一樣的」：因為會引起人的創造性反應，它們永遠是新鮮的，永遠在變化。被刺激者會把刺激帶入生命中，會因為總是發現刺激的新面向而不斷改變它。在激活性刺激中，刺激和「被刺激者」的關係是一種相互關係，不是機械性的單向關係。

幾乎任何人都體驗過這兩種刺激的差異。古希臘戲劇、歌德的詩、卡夫卡的小說、埃克哈特（Meister Eckhart）的布道詞、帕拉塞爾蘇斯（Paracelsus）的論文、前蘇格拉底哲學家的殘篇，還有斯賓諾莎或馬克思的著作，都讓人百讀不厭。這些刺激永遠是活生生的：它們會喚醒讀者，讓讀者更加專注。反觀把一本廉價小說讀第二遍會讓人生厭，昏昏欲睡。

激活性刺激和簡單刺激的不同，對學習至為重要。如果學習意味著穿透現象的表面到達它們的根源（即到達原因），意味著穿透騙人的意識形態到達赤裸裸的事實，由此逼近真理，那麼，這確實是一個積極主動和令人歡欣鼓舞的過程，是人性成長的必要條件（我不光是指書本上的學習，也是指兒童或沒有文字的原始人對自然事物和人類事物所做的發現）。反過來，如果學習僅指透過制約的方式獲得資訊，那涉及的只是簡單的刺激，而被刺激者只是為了求取讚揚、安全感、成就等去學習。

在工業社會中，現代人的生活幾乎完全依靠簡單的刺激來運作。他們受到刺激的只是性欲、貪婪、施虐癖、破壞性、自戀等驅力，而這些刺激是得自電視、廣播、報紙、雜誌和商品市場。總的來說，廣告行銷依賴對社會產生出來的欲望的刺激。其機制一成不變：簡單的刺激→直接和被動的反應。這就是刺激必須一變再變的原因：以免失去效力。一輛在今日會令人興奮的汽車，在一、兩年後便會讓人乏味，為尋求興奮起見必須換車。熟悉的地方會自然使人生厭，為了尋求興奮，旅行必須去沒去過的地方，而且是一趟旅行去盡可能多的地方。在這種心態裡，性伴侶也是需要一換再換。

但是，刺激不一定會引起興奮。即使最有刺激性的詩或人，遇到因恐懼、壓抑、懶惰或消極而無能力反應的人，一樣無法產生作用。一個激活性刺激需要一個「可觸及的」（touchable）的被刺激者方能發揮作用。「可觸及的」不是指受過教育，而是指會產生人的正常反應。反過來說，一個充分活躍的人並不必然需要特殊的外來刺激才會被激活：事實上，他可以為自己創造刺激。

我們在兒童身上可以看到這種差異。兒童到了一定的年齡(大約五歲),就變得極為積極主動和有創造性,因此能為自己製造出刺激。他們會用紙片、木片、石頭、椅子和任何其他可到手的東西,創造出一整個世界。但一過了六歲,他們就會變得馴服、不自發和被動,想要得到的刺激,是可以讓他們保持被動和只做「反應」的刺激。他們想要精緻的玩具,但不多久又會玩膩。簡單來說,他們對待玩具的態度已經和他們長輩對待汽車、衣服、旅遊地點和情人的態度沒兩樣。

簡單的刺激和激活性刺激有另一重要的差異。受簡單刺激驅使的人會經驗到「鬆弛—刺激—滿足」的過程:當他「滿足」了,他就「夠了」。相反的,激活性刺激卻沒有滿足點,永遠不會讓人覺得「夠了」——出現正常身體疲累時當然例外。

我相信,以神經生理學的和心理學的資料為基礎,我們可以得出一條有關刺激的定律:越是反射性的刺激,越需要在強度和/或種類上常常變換;越是激活性的刺激,刺激性維持得越長久,在強度和內容上越不需要變換。

我用了這麼長的篇幅來探討有機體對刺激與興奮的需要,是因為這種需要是產生破壞性和殘忍性的許多因素之一。憤怒、殘忍或破壞性激情要比愛和創造興趣更容易引起興奮。第一種興奮不需要個人去努力:它不需要有耐心和紀律,不需要學習、專注、忍受挫折和運用批判性思考,不需要克服一己的自戀和貪婪。如果一個人成長失敗,簡單的刺激總是順手拈來,不然也可以透過報紙、電臺新聞報導、電視和電影得到。他們也可以經由找到憎恨、破壞和控制別人的理由,在自己的腦子製造出這些刺激。(從大眾媒體靠出售這種刺激大發利市,足以證明它們的需求有多大。）事實上，很多夫妻繼續生活在一起正是由於這個原因：婚姻給他們機會去體驗怨恨、爭吵、施虐和服從。他們不是因為**忽視**他們的爭吵而能繼續在一起，而是因為有這些爭吵而能繼續在一起。受虐癖（以受苦或服從為樂）的根源之一，是對興奮的需要。有受虐癖的人難以對正常的刺激做出反應，但當刺激壓倒了他們，當他們能夠向強加給他們的興奮投降時，他們便能做出反應了。

無聊：慢性憂鬱

刺激的相關問題和無聊現象緊密相關，而無聊往往是激發攻擊性和破壞性的一大原因。從邏輯的觀點看，把無聊放在上一章討論會更為合適，因為它也是攻擊性的原因之一。但那並不可行，因為我們必須對刺激的問題有相當的理解，才能理解無聊。

以刺激和無聊為標準，我們可以把人分為三類：一、能對激活性刺激有創造性反應而因此不無聊的人；二、需要不斷變換「平淡的」刺激而因此有慢性無聊的人（但由於他補償了他的無聊，所以沒有意識到其存在）；三、一切正常刺激都無法令他興奮的人。第三種人是名副其實的病人，他們有時能夠敏銳意識到自己的心靈狀態，有時則無法察覺自己正在受苦的事實。這類無聊從根本上不同於第二類無聊。第二種無聊是**行為**意義上的無聊，即人是在沒有充分刺激的情況下感到無聊，但是當他的無聊得到補償，他就**能夠**做出反應。在第三種情況中，無聊不可能得到補償。無聊在這裡的意義是動力上和性格學上的，可以形容為一種慢性的憂鬱狀態。但是，可補償和不可補償的慢性無聊只有量上的差異，沒有質上的不同。這兩種無聊都缺乏創造性。對第一類的無聊，我們可以用適當的刺激治癒病徵（但不能治癒病因），但對第二類的無聊，我們甚至連病徵都治癒不了。

這個差別也可以從「無聊」一詞的用法上看出來。當一個人說「我憂鬱」，他通常指一種心靈狀態。當一個人說「我無聊」，他通常指外部世界未能提供他有趣的刺激。但是當我們說某人是「無聊的人」，我們是指那個人本身，是指他的性格。我們不是指他今天沒有說有趣的事，所以讓人覺得無聊。當我們說他是無聊的人，意思是說他**做為一個人**是讓人覺得無聊的。在他身上有著某種死氣沉沉的、毫無生氣、枯燥無味的東西。很多人樂意承認他們**感到無聊**，卻很少人願意承認他們**讓人覺得無聊**。

在由電子技術支配的現代社會中，慢性無聊——可補償的或不可補償的——已成為主要病態現象之一，但直到最近才獲得一些注意。[17]

在討論憂鬱性無聊（即動力意義上的無聊）之前，宜對行為意義上的無聊略說幾句。能對「激活性刺激」做出創造性反應的人幾乎絕不會感到無聊，但他們在現代社會中是特例。在現代社會，大多數人雖然沒有罹患嚴重疾病，卻仍然可以被認為是受一種較更溫和的病症所苦，那就是內在創造性（inner productivity）的不足。如果他們不能為自己提供一些不斷變換的簡單刺激，就會感到無聊。

一般人會不把慢性的、可補償的無聊視作病態現象，有幾個可能的原因。主要原因大概是現代工業社會中大多數人都感到無聊，而人人皆有的病態不會被視為病態。再者，「正常」的無聊通常是意識不到的。大多數人由於參加大量阻礙他們意識到無聊的「活動」，而補償了這種無聊。他們每天八小時忙於生計，而當無聊有被意識到的危險時（例如下班之後），他們便採取各種手段防止無聊浮出水面，例如喝酒、看電視、開車兜風、參加派對、進行性活動和（最近時髦起來的）吸毒。最後，他們對睡眠的自然需求會來接手，而如果一天下來無聊都沒有在意識的層面浮現，那麼這一天便是安然度過了。我們也許可以說，現代人的一個主要的目標是「逃避無聊」。只有當我們了解了不能消解的無聊有多可怕，才會多少明白由無聊產生的各種衝動有多大力量。

工人階級比中上層階級更容易感覺無聊，這可以從他們與資方談判的要求中找到大量證據。較為高社會階層的人工作上或多或少需要創造性，有機會發揮想像力、智力和組織能力，工人階級卻得不到這種滿足。把這一點清楚顯示出來的是，近年來，藍領階級的工人除抱怨薪水不足以外，還抱怨工作單調枯燥。做為對治，有些資方採取了所謂「工作豐富化」（job enrichment）的做法，讓工人不只在一個部門工作、讓工人按照他們的意願計畫和安排自己的工作，而且一般讓工人負起更多責任。這看來是正確的方案，但從我們文化的整個精神來看，它所能發揮的效力非

17 參見A. Burton（1967）和W. Heron（1957）。Burton稱憂鬱是「我們社會的疾病」。我已經在*The Revolution of Hope*（1968a）和早期的著作中探討過彌漫在我們社會的無聊的意義，指出它會激發攻擊性。

常有限。也經常有人主張，應該把工作時間盡量縮短，好讓大家有閒暇發展能力和興趣。但這些人看來忘了閒暇時間是受消費工業所支配，而且基本上和工作一樣無聊（只是較不被意識到罷了）。工作——即人與自然的交換——是人的生命的極基本部分，只有當它不再異化時，閒暇時間才可能成為是有創造性的。但是，這不只是改變工作性質的問題，還需要進行整體的社會與政治改革，讓經濟服從於人的真正需要。

前面對兩種非憂鬱性無聊的闡述，會讓人覺得兩者之間的不同只是刺激的性質有別（即一種刺激是激活性的，另一種不是），而兩者都能解除無聊。然而事實上卻沒有這麼簡單，兩者的差異要更深遠和更複雜。激活性刺激確實可以中止無聊，但更確切地說，這無聊從來不存在，因為具有創造性的人理想上來說從不會感到無聊，也總是可以輕易找到適當的刺激。反之，如果是非創造性和內向被動的人，則甚至當意識到的無聊暫時解除時，仍然會覺得無聊。

為什麼？原因似乎在於，當無聊被膚淺地解除時，當事人的整個人，特別是他更深層的情感、他的想像力和他的理性，仍然未被觸及，簡言之是他的全部基本能力和心理潛能仍然未被觸及。它們沒有回春，而補償無聊的手段就像是毫無營養價值的大堆食物。這個人仍然感到「空虛」，他的內在深處並未發生變動。他用暫時的興奮（如酒或性愛）來麻醉這種不舒服的感覺，但他在**潛意識的層面**仍然是無聊。

有一位非常忙碌的律師——經常每天工作十二小時或以上——說他全心投入工作，從來不會感到無聊。但他卻做了以下的夢：

我夢見自己和一長串犯人被鎖鍊銬在一起，地點是喬治亞州。我不知道犯了什麼罪，被從東部引渡到那裡去。讓我驚訝的是，我輕易就可以解開鎖鍊，可是我必須繼續完成指定給我的工作，把一袋袋沙子從一輛貨車搬到遠處的另一輛貨車，然後再搬回原先的貨車。在夢裡，我感到強烈的精神痛苦和沮喪。我滿心驚恐地醒來，然後慶幸只是做夢。

在接受分析的頭幾星期，他的樣子很開朗，表示對自己現在的生活非常滿意。然而，那個夢讓他震撼，他對他的工作開始有了不同看法。這裡我不講述細節，只說大要。他開始認為，他的工作其實毫無意義，基本上千篇一律，除賺錢以外毫無目的，但他又感到人不能光為賺錢而活。他指出，他要處理的問題雖然眾多，但本質上都是一樣，可以反覆用同樣幾個方法解決。

兩個星期後，他又做了一個夢：「我看到自己坐在辦公室，但感覺像個殭屍。我聽得見和看得見四周發生的事，但我覺得自己死了，一切都與我無關。」

由對這個夢所做的聯想，帶來了更多可顯示他感到死氣沉沉的和沮喪的資料。然後他作了第三個夢：「我辦公室所在的大樓失火了，沒有人知道事情是怎樣發生的。我感到無能為力。」

幾乎不用說的是，最後這個夢顯示他對他主持的律師事務所深惡痛絕。他完全自覺不到這一點，因為他覺得這「說不通」。[18]

無意識無聊的另一個例子是埃斯勒（H. D. Esler）提供的。他說有個長得很帥的學生愛情得意，有好幾個女朋友，而且表示自己生活「妙透了」，但有時候卻不知怎地會憂鬱。在接受分析治療期間被催眠時，他說他看到「一塊黑色的光禿禿土地，到處都是面具。」問他那塊土地在哪裡時，他說在他心中。黑色土地意味一切都枯燥乏味，面具代表他用來騙別人相信他感覺良好的各種角色。他開始表達他對生活的感覺：「這是一種虛無的感覺。」當治療師問他性愛是否同樣枯燥乏味時，他說：「對，但比其他事情好一點。」他說：「上一段婚姻留給他的三個孩子讓他厭煩，儘管他們比起大部分其他人讓他感覺更親。在他的九年婚姻生活裡，他都是機械性地過日子，只能偶爾借酒澆愁。」他指出他父親「是個有野心的、枯燥乏味和孤獨的人，一輩子沒有一個朋友」。治療師問他和兒子在一起時會不會感到孤單，他說會，又說：「我努力要和他心連心，卻做不到。」問他想不想死，他說：「想。為什麼不想呢！」但是問他想不想活下去，他也說想。最後他做了一個夢，夢見「陽光普照，天氣溫暖，芳草青青」。問他那裡是不是有人時，他說：「沒有，不過人們可能會來。」催眠解除後，他對自己所說的話十分吃驚。[19]

雖然憂鬱和無聊的感覺偶爾會被人自覺到，但它們只在被催眠狀態才會充分展現。雖然上述病人成功透過不斷變換性伴侶來補償他的無聊狀態，但這種補償主要只在意識層面發揮作用。它允許病人壓抑自己的無聊，而只要補償一直發揮效力，他就可以一直維持這種壓抑。但是補償不能改變的是：在他的內心深處，無聊並沒有被消除，甚至沒有被減輕。

我們文化提供的補償無聊的正常辦法（消費）看來效力不大，所以很多人都另想辦法。喝酒是手段之一。幾年前出現了一種新現象，足以證實一些中產階級人士的無聊有多麼強烈。我指的是交換性伴侶的現象。據估計，美國有一至兩百萬人（主要是政治和宗教上保守的中產階級人士）的主要生活樂趣是幾對夫妻間交換性伴侶，主要條件是不可發展感情和必須不斷變換對象。根據研究這些人的學者所述，這些人在換夫／換妻之前的生活極端無聊乏味，看再多個鐘頭的電視亦於事無補。丈夫與妻子已經到了無話可說的地步。經常變換性刺激可以消除他們的無聊，甚至於可以「改善」他們的婚姻，因為他們現在至少有一件事可以談論：他們和其他男人或女人上床的經驗。（G. T. Bartell, 1971）

另一種消除無聊的較激烈手段是服用精神藥物。這種現象從十幾歲的人開始，再蔓延到較年長的年齡群，特別是那些還沒有社會歸屬和工作無趣的人。許多用藥的人，尤其是迫切渴望對生活有深刻真摯體驗的年輕人，宣稱藥物「讓他們興奮」，而且拓寬了他們經驗範圍。我不懷疑此說。但嗑藥不能改變他們的性格，因此不能消除無聊的根本。藥物不能把人提升至更高的發展階段，要做到這個，只能透過對自己內在的耐心著力，透過獲得洞察和學會如何專心致志與律己。藥物絕不能助人達到「頓悟」。

無聊得不到充分的補償會有一個極危險的結果：激發暴力和破壞性。這個結果通常是以消極的方式表達出來，那就是被報紙、廣播和電視報導的罪行、死亡事故和其他流血與殘忍的消息吸

18 這個個案是我多年前指導的一個學生向我提供的。
19 與H. D. Esler的私下交流。

引。人們會對這一類報導趨之若鶩，是因為它們是激起興奮的最快方法，讓人用不著進行任何內在活動就可以緩和無聊。在討論暴力新聞的效果時，人們總是忽略了，暴力新聞要有效果，無聊是必要條件。然而，從消極地享受暴力和殘忍的報導，到積極地透過施虐和破壞行為激發興奮，兩者只有一步之遙；從讓人出糗的「無傷大雅」樂趣到加入執行私刑的暴民行列，兩者也只是量的差別。在這兩種情況裡，無聊的人都會為自己創造興奮的來源。他們經常是「迷你競技場」的組織者：這競技場是羅馬競技場的小型翻版。這種人對任何事情都不感興趣，不與任何人打交道。他們在情感上冷若冰霜，不會感到歡樂，但也不會感到悲哀或痛苦。他們的世界是灰濛濛的。他們沒有生的欲望，經常寧願死掉。他們有時會尖銳而痛苦地意識到自己的這種心態，但更多時候是無法自覺。

這類病態現象引起了診斷上的難題。許多精神病學家都會把最嚴重的病例診斷為「精神病性內發憂鬱症」（psychotic endogenous depression），但這樣的診斷看來有問題，因為它缺少內發憂鬱症的一些特徵。這些人不會自責，沒有罪惡感，不會念念不忘自己的失敗，也沒有憂鬱症病人的典型面部表情。[20]

除了這種最嚴重類型的憂鬱性無聊，還有一種更常見的情況，在診斷上我們最好稱之為慢性「精神官能性憂鬱症」（neurotic depression）。（E. Bleuler, 1969）這是一種極常見的病症，患者不僅不知道為何憂鬱，而且連自己憂鬱都不知道。這種人經常意識不到自己情緒憂鬱，但我們可以輕易證明他們憂鬱。最近這種病症又被稱為「戴面具的憂鬱症」（masked depression）或「微笑憂鬱症」（smiling depression），看來恰到好處。這種病症的診斷問題更加複雜，因為它的一些特徵容易讓人把它診斷為「類思覺失調」（schizoid）性格。

我不會再多談這種病的診斷問題，因為它對理解這類病患幫助不大。有關正確診斷的困難我會在稍後再談。慢性的、不可補償的無聊大概是憂鬱與思覺失調兩種因素不同程度的混合。對我們的目的來說，最重要的不是診斷上的名稱，而是我們發現這些人往往具有極端強烈的破壞性。他們常常看起來一點都不無聊或憂鬱。他們能夠適應環境，常常看起來是幸福的：他們**其中一些**適應得極好，所以被父母、老師或牧師讚美，被認為是模範。他們另一些人則由於犯下種種罪行受到當局的關注，被認為是「反社會」的人，儘管他們並不無聊或憂鬱。他們通常會抑制自己對無聊的意識，其中大部分都想在其他人面前顯得完全正常。當他們去找心理醫師，會表示他們在選擇職業或唸書上有困難，但他們傾向於盡力表現得像個正常人。只有細心而老練的觀察者才能在他們平靜的外表下面發現病狀。

埃斯勒正是這樣的觀察者，他在少年管教所許多少年身上發現了他所謂的「無意識憂鬱」的條件。[21]以下我將舉幾個例子，說明這種憂鬱是破壞性的根源之一，而且在很多情況下，唯一消除憂鬱的方式看來就是破壞。

20 在此我要向R. G. Heath博士致謝，他在私人交流中為我說明重度無聊的病例，又讓我訪談他的兩位病人。另參見R. G. Heath（1964）。

一個被送進一所州立精神病院的女孩曾割破自己手腕，解釋這樣做的目的是想看看自己是不是有血。這個女孩覺得自己不是人，對任何人都沒有任何反應。她不相信自己可以表達任何情感，或可以感受任何情感。（徹底的臨床檢查排除了她是患了思覺失調症的可能。）她的冷漠如此嚴重，以致她唯有看到自己有血才能相信自己還活著，以及是個人。

又例如，少管所一個男孩把許多石頭扔到車庫上，讓它們滾下來，接著用頭一塊塊地去接這些石頭。他解釋說，只有這樣才能讓他有一點點感覺。他曾五度自殺。他每次都割傷自己的身體，又每次都讓獄警知道，好讓自己死不了。他說，疼痛讓他至少感覺到些什麼。

另一個少年說，他曾經走在大街上，「袖子裡藏著刀，有人經過我就刺他們。」看到受害者臉上的痛苦表情讓他快樂。他也把一些狗帶進小巷，用刀把牠們殺死，這樣做「純粹是為了好玩」。有一次，他用強調的口氣說：「我想，當我把刀子插入狗身體裡的時候，牠們會感覺得到。」又有一次，他在樹林裡砍柴，他的師母也在旁邊，他突然有一種強烈衝動，想要用斧頭砍她腦袋。所幸，她看到他表情異樣，於是把他手上的斧頭拿走。這個男孩十七歲，有一張娃娃臉。有個每逢假期來少管所工作的實習醫生覺得他非常可愛，不明白他為什麼會被關。事實上，他的可愛是裝出來的，非常表面化。

類似的事例今日在整個西方世界屢見不鮮，報刊雜誌有時也會報導。一個典型例子見於合眾社和美聯社一九七二年從亞利桑那州的比斯比（Bisbee）發出的電文：

一個十六歲的高中模範生暨合唱團團員因為殺死父母，今日被關進少年監獄。據說，他向警方供稱，他因為想知道殺人是什麼感覺而殺死父母。

死者是約瑟夫・羅斯（六十歲）和妻子葛楚（五十七歲）。他們的屍體是感恩節當天在他們位於道格拉斯附近的家中被發現。警方稱，兩個人都是在星期一晚上被獵槍擊中胸部，一槍斃命。羅斯是高中的視聽指導員，羅斯太太是國中老師。

據檢察官賴利透露，兇手伯納德・羅斯（「你會想遇到的最友善的孩子」）在星期四向警方自首，在被盤問時泰然自若和有禮。

賴利引述少年的話說：「他們（指他父母）正在老去。我沒有生他們的氣。我不恨他們。」「這個孩子說他想殺父母已經很久，」賴利說，「他想知道殺人是什麼感覺。」[22]

這一類殺人事件的動機看來不是憎恨，而是和上面提到的個案一樣，是一種不可忍受的無聊和無能感所導致。這種人需要證明有人會對他的作為有反應，需要證明有人會因為他而受打擊，需要用某些行為來終止日常生活的單調。殺是一個辦法，可以讓他感覺自己存在和能夠對另一個人發生影響。

21 很多以下提到的內容都是得自與埃斯勒博士的私人交流。他將會把他的資料出版成書。

22 大腦疾病可能會導致暴力的突然爆發，一個例子是腦腫瘤。這些個案當然與憂鬱性無聊狀態毫不相干。

我對憂鬱性無聊的討論集中在心理學方面。這並不是說神經生理上的異常性不可能有關，而只是說（正如布魯勒[Bleuler]所強調的）它們是次要因素。全面的環境因素才是決定性的。我相信，如果社會是以希望和愛做為主流態度，則儘管個別家庭的情況還是欠佳，嚴重憂鬱性無聊的個案還是會少見一些，也較不強烈一些。但最近幾十年來來，情形恰好是相反，病例不斷增加。在在看來，供個人憂鬱狀態發展的沃土已經備妥。

性格結構

人有另一種徹底根植於人類處境的需要：發展人的**性格結構**。這種需要和前面提過的現象有關，那就是人的本能決定性大為降低。有效的行為預設了一個人可以不假思索地行動，也就是說他不會因為有太多疑慮而耽擱，以及能夠以相對整合的方式行動。這正好是科特蘭德指出過的黑猩猩的困境（見第六章）：黑猩猩因為瞻前顧後，行為較為無效。（A. Kortlandt, 1962）

我們有理由這樣推想：人的本能決定性比黑猩猩更少，因此，如果不能發展出一種東西來替代他所缺乏的本能，那人在生物學上就是一種敗筆。這替代品必須具有本能的功能，即能夠讓人**就像**被本能推動那樣行動。這替代品就是人的性格。性格是一種特殊的結構，會在人追求目標時把他的能量組織起來，會依自己的主導目標推動行為。用赫拉克利特（Heraclitus）的話來說，性格即命運。守財奴不會考慮他是該節省還是花費，因為他的性格會驅使他去節省和囤積；「剝削—施虐性格」的人是被剝削的激情所驅使；「施虐性格」的人是被控制的激情所驅使；「愛—創造性格」的人會不能自已地追求愛與分享。這些受性格制約的驅力和衝動在各人來說是那麼的「自然」，以致他們很難相信別人會和他們不一樣。當他們不得不承認這一點，會認為和自己不一樣的人是有缺陷的，是背離了人的本性。一個人只要有點敏銳，都可以看得出來別人是施虐性格還是慈愛性格（自知當然要困難得多）。他能夠在外顯的行為背後看到持久的特質，能夠看出一個破壞性性格的人假裝慈愛時的不真誠。[23]

但為什麼人類能夠發展出性格，而黑猩猩不會？答案可能是某些生物學的因素。

從一開始，人類各群體就生活在大相逕庭的環境中：或是生活在世界的不同地區，或是生活在同一地區的不同氣候和植物帶。人誕生之後，對環境的適應力雖然也有一些得自遺傳，但分量相對較少。人越是發展，適應性就越少是得自基因的改變，而在過去四萬年來，基因的變化幾乎是零。然而，生活環境的不同使每個人類群體在行為上必須適應各自的環境：不僅是透過學習去適應，還是透過發展「社會性格」去適應。社會性格的概念是基於這種考慮：每種形式的社會（或社會階級）都必須以特有的方式運用人的能量，以便社會能有效運作。一個社會要能正常運作，

23　我並不是暗示動物沒有性格。牠們無疑有自己的個性，這是任何對一種動物有相當認識的人都知道的。但是我們必須考慮到，這種個性在某種程度上是氣質，是基因規定的傾向，不是後天獲得。再者，「動物是否有性格」的問題和「動物是否具有智力」的老問題一樣，不太會有答案。我們可以假定，一隻動物越受本能決定，我們越不能找到性格成分，反之亦然。

其成員必須**願意**去做他們**不得不做**的事情。**這個把一般心理能量轉化為特殊社會心理能量的過程是以社會性格為媒介**。（E. Fromm, 1932, 1941, 1947, 1970）形成社會性格的手段主要是文化上的。透過父母的媒介，社會把價值觀、規定、命令等傳遞給年輕人。黑猩猩因為沒有語言而無法傳遞符號、價值和觀念，換句話說，牠們缺乏形成性格的條件。概括地說，**性格是人的現象**。只有人能夠創造出他喪失的本能適應性的替代品。

在人的生存過程中，性格的培養非常重要和必要，但它也帶來諸多不利，甚至帶來危險。這是因為，性格是由傳統形成的，會驅使人不訴諸理性就去行動，因此經常不能適應新的環境，有時甚至和新的環境直接抵觸。例如，國家絕對主權的概念是根植於較老舊的社會性格類型，所以會危及原子時代的人的生存。

性格概念對理解惡性攻擊至為重要。人的破壞激情和施虐激情總是被組織在他的性格體系裡。例如，在有施虐癖的人中，施虐驅力是他性格結構中的主要部分，促使他表現出施虐的行為，只有他的自我保存機制能限制。在有施虐性格的人身上，施虐衝動不間斷地活躍著，只等適當的時機和適當的藉口發洩出來。這種人幾乎和勞倫茲的水壓模式（見第一章）完全相合，因為根植於性格的施虐癖是一種自發的流動性衝動。這種衝動會尋找時機表達出來，如果沒有現成的時機就自己製造時機。兩者的決定性差異在於，施虐激情的根源是性格，不是由演化出來的基因所影響的神經組織。因此，**它不是人人共有的**，**只有性格相同的人才有**。稍後我們會舉一些施虐性格和破壞性格的例子，看看它們的生成需要哪些必要條件。

根植於性格的激情的形成條件

討論人類的生命需要（existential needs）時，我們曾說，這些需要可以用種種不同的方法來滿足。人對一個獻身對象的需要，可以用獻身於神、愛與真理來滿足，也可用獻身於破壞性偶像來滿足。人對聯繫性的需要，可以用愛和仁慈來滿足，也可以用依賴、施虐癖、受虐癖和破壞性來滿足。人對合一和扎根的需要，可以用愛或神祕經驗來滿足，也可以用酗酒、服藥、人格解體（depersonalization）來滿足。人對刺激與興奮的需要，可以用對他人、對自然、對藝術與對觀念的創造性興趣來滿足，也可以由貪婪的追求和不斷變換的樂趣來滿足。

形成根植於性格的激情的**條件**是什麼？

首先要強調的是，這些激情並不是各自獨立，而是以**症候群**的形式出現。對愛、團結、正義與理性的激情是互相關聯的，是同一種創造性傾向的表現，我稱之為「利生症候群」（life-furthering syndrome）。另一方面，施虐－受虐癖、破壞性、貪婪、自戀、亂倫也是互相關聯的，來自一種基本的共同傾向：「害生症候群」（life-thwarting syndrome）。如果我們發現症候群的一個元素，其他的元素也必有某種程度的存在，但這並不是說每個人不是被利生症候群控制，便是被害生症候群控制。事實上，有這種情形的人都是特例：一般人都是兩種症候群混合的。重要的是哪一種症候群的力量較大：人的行為和他可能的改變，就是由力量較大的症候群決定。

神經生理上的條件

要談上述兩種症候群出現的條件，我們先得認識一個事實：人是「未完成的」。（L. Eiseley, 1971）不僅他的大腦在出生時沒有完全發育，而且他所處的不平衡狀態也使他成為一個沒有最終答案的開放式過程（open-ended process）。

人既然失去了本能的幫助，只擁有容易讓他自欺的「弱蘆葦」（理性）[24]，那他是不是就沒有神經生理上的配備可讓他得到一些幫助呢？若說沒有，便是忽略了很重要的一點。人的大腦不僅比別的靈長類大得多，而且在腦神經的本質與結構上也優越得多。這個大腦有能力認識到什麼樣的目標有助於人身心兩方面的健康與成長。它可以立下目標，引導人去實現真正的、合理的需要，而且人也可把社會組織成有助於實現這些目標。人不僅是未完成的、背負著種種矛盾的生物，還可以被定義為**積極追求最佳發展的生物**，哪怕外在環境的極端不佳導致他常常失敗。

人會積極追求最佳發展的假設獲得了神經生理學資料的佐證。傑出神經生理學家赫里克（C. J. Herick）寫道：

> 人具有由智力指導以求自我發展的能力，這使他有能力去決定他的文化模式，因此沿著他

所選定的方向，塑造人類演化的歷程。這種能力是人最特殊之處，是其他動物所沒有，也大概是科學所知中最重要的事情。（C. J. Herick, 1928）

關於這個問題，李文斯頓也有非常中肯的見解：

> 科學上現已毫無疑問地確定，神經系統裡的各個層面是互相聯繫、互相依賴的。**透過至今未知的方法，整合功能中各層面組織的目的性行為，會經由全面性目的連鎖序列表現出來，這表示，許多相衝突的功能經過了某種最後的仲裁。**整個有機體的目的按照某種整合過的內在觀點清楚地表現出來，並且繼續維持下去。（R. B. Livingston, 1967a，強調字體為外加）

談到超出基本生理需要之外的需要時，李文斯頓寫道：

> 在分子層面，某些尋求目標的系統可以被認為相當於物理—化學技術。在大腦通路的層面，尋求目標的系統可以被認為相當於神經生理學技術。在每個層面，這些系統中都有一部分在關注會左右行為的欲望與滿足。所有這些尋求目標的系統，都源於原生質（protoplasmic

24 譯註：法國哲人帕斯卡把人稱為「會思考的蘆葦」。

materials）並且為原生質所固有。這些系統有許多是經過特殊化，位於特定的神經系統和內分泌腺系統裡。由生物演化所產生的有機體，具有欲望與滿足感，這不僅是為了滿足求生的需要，不僅是為性結合、生育後代、保護食物、家族與領土所必需的合作，不僅是為了成功地適應環境的變化，而且也是為了求得**額外的能量，為了擴張至超出僅僅的生存狀態而到達更富麗的狀態**。（R. B. Livingston, 1967；強調字體為外加）

他繼續說：

如同牙齒與爪子，大腦也是演化的產物。但我們對大腦可以有多更多的期許，因為它具有能力進行建設性的適應。神經生理學家的長遠目標，在於充分了解人類的一切潛在的可能性，以便幫助人類更充分地自知，並向人揭示更高尚的選項。總之，使人類鶴立雞群的，是他的大腦，是這大腦的記憶力、學習力、溝通力、想像力、創造力與自知力。（R. B. Livingston, 1967）

李文斯頓主張，合作、信念、互信、利他主義內建在神經系統的結構裡，由與它們相連的內在滿足（internal satisfactions）所推動。[25]內在滿足完全不限於各種嗜欲（appetites）。李文斯頓認為：

> 滿足感同樣可以來自心寬體健，來自伴隨實踐天生或習得的價值觀而得的喜樂，來自獨自或與人一起經歷新奇事物或追求新奇時產生的快樂刺激。滿足感可以來自好奇心與好問心的滿足，可以來自個人與群體獲得更大的自由。這些都是積極的滿足感，可以讓人即使在無比貧窮中仍然肯定生命，甚至相信有些信念的價值比生命更高。（R. B. Livingston, 1967a）

就像接下來我會引用的其他作者一樣，李文斯頓的重要之處，在於他的方法與本能主義思維方式對立。他們不去臆測是頭腦的哪些**特殊**區域「產生出」較高的欲求（例如對團結、利他、互信與真理的欲求），而是從有利生存的演化立場把大腦看成一個整體。

蒙納科（C. von Monakow）有一個非常有趣的想法。他認為，有一種「生物良知」（syneidesis）存在，其作用是確保最優質的安全滿足、適應和對完美的追求。蒙納科力主，凡是有益於有機體發展的行為會產生*Klisis*（喜悅），讓有機體渴望一再重複該種行為；凡是有害有機體最佳發展的行為會產生*Ekklesis*（不悅），讓有機體知道避免這一類引起痛苦的行為。（C. von Monakow, 1950）

25 他補充說，哺乳動物和很多其他種類的動物如果沒有天生的合作行為，連一代也無法生存。這印證了克魯波特金（P. Kropotkin）在名著《互助》（*Mutual Aid*）中的論點。

福斯特（H. von Foerster）主張，愛與移情能力（empathy）是大腦系統先天具有。他以認知理論為起點，提出這個問題：因為語言預設了共同經驗，人與人之間要如何進行交流？由於環境總是以它與觀察者的關係而存在，福斯特便推想，溝通之所以可能，是因為「兩個被皮膚分開的單元對環境有相似的表象（representation）。這兩個單元雖然被皮膚分開，結構卻是一樣。當他們意識到並利用這個洞察，甲就知道乙所知道的事情，因為甲把自己認同於乙，於是我們懂得了人我平等。……很明顯，這種認同是最堅強的結合，而它最微妙的表現就是愛」。（H. von Foerster, 1963）[26]

可是，自從人類正式誕生到現在，四萬年以來，事實卻和我們之前所講的情況相反；人類沒有好好發展「較高的」欲求，反而被貪婪與破壞性主宰。為什麼這種生物學上內建的欲求不能保持或取得優勢？

在討論這個問題以前，讓我們先把它限定一下。對新石器時代以前的人的心理，我們固然沒有直接的知識，但正如前面討論過的，有很好的理由可以讓我們假定，原始的人類——從狩獵採集者到早期的農人——沒有突出的破壞性與施虐性。事實上，這些負面特質是與文明並進的。再者，我們也要記住，歷史早期的偉大導師們確實曾經反抗他們的社會，宣揚新的目標（也就是「較高的」目標），而這些目標不論是表現為宗教或世俗形式，都一再打動人們的心，哪怕他們是生活在與這些目標相反的社會裡。事實上，人對自由、尊嚴、團結與真理的欲求，是促成歷史變遷的最強大動機之一。

儘管如此，人類天生追求較高目標的傾向，到現在為止卻仍然處於劣勢，而現代人更是生活在特別的焦慮不安中。

社會條件

為什麼會有這樣的失敗？

唯一讓人滿意的答案看來是社會環境。在人類大部分歷史中，他的社會環境雖然有益於人的智力與科技發展，卻有害於前面所說的那些天生潛能的發展。

環境因素對人格的影響，最基本的例子是環境對大腦的成長有**直接**的影響。現今已相當確定的是，營養不良會妨礙嬰兒大腦的正常成長。除了食物以外，一些動物實驗也顯示，其他因素（如活動與遊戲的自由）也對大腦的成長有直接影響。研究人員把老鼠分為兩組，一組放在「充裕的」環境，一組放在「受限的」環境。前者住在大籠子裡，可以自由活動，有種種器材可玩，也可以互相遊戲；後者則是單隻放在小籠子裡。換言之，「充裕環境」的老鼠有較多機會接受刺激與運用運動神經的機會。研究人員發現，「充裕環境」的老鼠大腦皮質的灰質比另一組厚（體

26　一切心理學理解都是以共同體驗為基礎。要了解另一個人的潛意識，我們必須接觸到自己的潛意識，因而體驗到他的體驗。參見E. Fromm, D. T. Suzuki, and R. de Martino（1960）。

重卻比較輕）。（E. L. Bennett *et al.*, 1964）

在一個類似的研究中，阿特曼（J. Altam）表示：「組織學的證據可證明，環境充裕的動物大腦皮質會增厚；放射自顯影術（autoradiographic）的證據可證明，環境充裕的成年動物，其腦細胞的繁殖比例增高。」（J. Alman and G. D. Das, 1964）阿特曼的實驗室資料顯示，「其他行為上的不同待遇，例如在老鼠幼兒期的養育方式，可以徹底改變大腦的發展，特別是改變大腦皮質、海馬齒狀迴與新皮質的細胞繁殖。」（J. Alman, 1976a）

把這些實驗的結果用到人身上的話，我們可以這樣說：頭腦的成長不僅依靠食物，還依靠嬰兒期所得到的愛護與「溫暖」，要看他接受到什麼程度的刺激，要看他有多少活動、遊戲與表達的自由。但是，大腦的發展不是結束在嬰兒期，甚至不是結束在青春期或成年期。李文斯頓曾指出：「不管人到了多大歲數，大腦的發育都不會停止，大腦在疾病或受傷後的重組能力也不會消失。」（R. B. Livingston, 1967）似乎人的一生，環境因素（如刺激、鼓勵與情感）都繼續對大腦的發展產生微妙影響。

環境對大腦發育的直接影響，我們了解得還很少。幸虧社會因素對性格的發展，我們已經知道很多（但一切情感歷程當然是以頭腦歷程為基礎）。就這一點而論，我們似乎呼應了社會科學的主流思想：人的性格是由他所處的社會所形塑，用行為主義的話來說，就是由社會給他的制約所形塑。不過，我們的觀點卻和環境主義有一個基本的區別。環境主義基本上是一種相對主義的觀點，認為人原是一張白紙，他的社會文化在上面寫什麼就是什麼；認為不管是好是壞，人都是由他的社會所塑造，而這裡所說的「好」或「壞」是從倫理或宗教立場所做的價值判斷。[27]我們這裡所採取的立場則認為，人有內含的目標，而人的生活規範（norms）是從他的生物學結構所產生。**設若外在的條件有助於人的充分發展與成長**，他就可能達到這個目標。

這意味著，確實有某些環境條件有助於人的最佳成長，並且（假設我們前面的假定是對的）有助於利生症候群的發展。反過來的，如果缺乏這些條件，他就會變成殘缺的、發育不全的人，呈現出害生症候群。

著實讓人吃驚的是，居然有那麼多人認為這種看法是「理想主義的」或「非科學的」，居然有那麼多人不承認，結構和規範與生理發育、健康有關係。這幾乎不用我們費口舌來論證。有豐富的資料（特別是營養學方面的資料）可以證明，某些食物有益於身體的成長與健康，另一些食物則會讓器官功能失調，導致疾病與早逝。大家也都知道，影響健康的不只食物，還有其他因素，例如運動與壓力。人在這一方面和其他有機體並無不同。農人和園藝者都知道，種子需要適當的濕度、溫度與泥土種類才會正常抽芽與生長。如果沒有這些條件，種子會在泥土裡腐爛而死；如果條件合宜，果樹就會依照最理想的可能成長，結出可能結出的最佳果實。如果條件不

27 唯一不落俗套的環境主義是馬克思的環境主義，儘管史達林主義或改革主義版本的庸俗馬克思主義盡一切努力去掩蓋這一點。馬克思認為，「普遍的人性」和「被歷史階段所改造的人性」不同。（K. Marx, 1906）在他看來，某些社會條件（例如資本主義）會產生「殘缺」的人，而他構思的社會主義則有助於人的充分自我實現。

足，樹和果實就會乾枯扭曲，成為殘缺。

那麼，人的潛能若想充分發展，需要有什麼環境條件？討論這個問題的書籍成千，而被提出過的答案也數以百計。在這本書裡我當然不能給這個問題一個詳細的解答。[28]不過，我可以簡短說個大要。

對歷史紀錄和對個人的研究顯示，有益人的成長的因素如下：有自由，有激活性刺激，沒有剝削性控制，以及有「以人為中心」的生產方式。與此相反的條件則不利於人的成長。再者，有越來越多的人了解到，這些條件不是一個或兩個就足以生效，而是要構成一整個體系。也就是說，只有諸種有利的條件結合在一起，形成了合宜的社會土壤，人才可望得到最充分的發展。當然，個人的發展在每個階段也各有不同的條件。

人成長所需的最佳社會條件，並不是社會科學家最關心的問題，這是一個奇特的現象，但原因不難理解。那是因為，除了少數例外，社會科學家只是當前社會體系的辯護者，不是批評者。之所以如此，是因為社會科學家不同於自然科學家，他們的研究成果對社會的運作無甚價值。可是，社會科學家的錯誤結論和膚淺觀點卻對社會有用，因為它們會變成鞏固現狀的意識形態「水泥」，反觀真理卻往往對現狀構成威脅。[29]再者，要想充分研究人成長所需的最佳社會條件，還會遭遇一個困難，那就是人們往往假定「人們所欲求的東西就是有益於他們的東西」。我們忘了人們的欲求常常害了他們，忘了欲求往往是功能失調的症候，也往往是得自暗示，或兩者兼有。例如，儘管現在有很多人欲求嗑藥，可是每個人都知道藥癮是有害無益。由於刺激可以讓商品迅速獲利的欲求是我們整個經濟體系的基礎，我們就難指望那些批評欲求不理性的分析會受歡迎。

但我們的分析不能止於此。我們還必須問：為什麼大多數人不運用他們的理性去識別什麼是他們做為一個人的真正利益？難道就只因為他們被洗腦或被迫去服從嗎？再者，為什麼許多當領袖的人也沒有認識到，他們所領導的社會體系並無益於人類的最高利益？如果我們像啟蒙時期的哲學家那樣把一切壞事歸咎於人的貪婪與狡猾，就不能觸及問題的核心。

就像馬克思的歷史發展理論所證明的，人雖然想改變和改善社會條件，可是這個企圖卻總是受環境的物質因素限制，例如生態條件、氣候、科技、地理位置與文化傳統等。我們已經看過，原始狩獵採集者與早期農人的生活環境有較佳的平衡，因此有助於產生建設性激情，而較不容易產生破壞性激情。但是在成長的過程中，人改變了，而人也改變了他的環境。人在知性與科技上日趨進步，可是這種進步卻創造出某些處境，有助於發展害生的性格症候群。本書在描述從早期狩獵採集者到「城市革命」的社會轉變時，曾經大略追蹤這種發展的過程。為了創造可以讓人變成哲學家與學者的必要餘暇，為了建築像埃及金字塔之類的藝術品，簡言之是為了創造文化，人必須擁有奴隸、發動戰爭和征服領土。正是為了在某些方面（特別是知性、藝術和科學方面）取得成長，人必須創造出會讓他另一些方面（特別是情感方面）的成長受阻礙的環境。這是因為生

28 可參考E. Fromm（1955）。

29 可參考S. Andreski（1972）對社會科學的傑出批判。

產力還沒有充分發展，不足以讓科技和文明的進步與自由共存，不足以讓每個人都不受斲傷地自然發展。物質條件有自己的規律，單靠人的願望並不足以改變這些規律。事實上，如果這個世界被創造之初就是天堂，讓人不受物質現實的限制，那麼人的理性也許就足以創造出一個讓他的成長不受阻礙的環境。但是，用《聖經》的話來說，人被趕出了天堂，再也不能回去。他受到詛咒，只能在自己和自然界的衝突中過日子。世界並不是為他而設的。他是被丟在世界裡，只有靠自己的活動與理性才能創造一個有助於他充分發展的世界——那世界才是人類家園。他的統治者是歷史必然性的執行人，儘管他們往往是一些邪惡的人，往往依自己的妄想行事，未能執行他們的歷史任務。只有當外在條件已經容許人類進步，但統治者（與被統治者）的性格敗壞卻阻礙了人類進步的時期，非理性與個人的邪惡才會變成決定性因素。

然而，歷史上也總是有一些願景家能夠清楚看出人類的社會演化與個人演化的目標。但他們的「烏托邦」並不是不能實現的白日夢意義下的烏托邦：它們是未存在的，但並不代表它們不可能存在。以馬克思的社會主義為例，馬克思並不認為社會主義是烏托邦，因為他相信在歷史演化的現階段，讓社會主義實現的物質條件已經具備。[30]

本能與激情的理性

一個被廣為認可的觀點是，本能是非理性的，因為它們公然拂逆邏輯思維。這說法正確嗎？

另外，根植於性格的種種激情可以被歸類為理性的或非理性的嗎？

「理性」和「理性的」二詞習慣上只適用於思想過程：一種「理性的」思想被認為應該遵從邏輯定律，而不被情感和病態因素所扭曲。但是，「理性的」和「非理性的」有時也用來形容行動與情感。例如，一個缺乏技術工人、卻擁有非常多非技術工人的國家，若是花大錢去購買節省勞力的機器，經濟學家就可以稱這種行為是非理性的。世界每年花一千八百億美元在購買軍備（兩大超級強國的占比是八成），經濟學家也可以稱之為非理性的，因為這些軍備在和平時期一無用處。心理學家也可以稱某種精神官能症症狀（例如強迫性洗手和沒由來的焦慮）為非理性的，因為它們是心靈功能失調的結果，會騷擾心靈的正常運作。

我建議，**任何思想、情感或行為，凡是能夠促進整體的充分運作與成長的，就稱作理性的；凡是會削弱或破壞整體的，就稱作非理性的**。很顯然，只有對一個體系進行經驗分析，才可以看出它的哪些部分是理性的，哪些部分是非理性的。[31]

若把這個理性概念運用到本能（機體驅力）上，我們無可避免會斷言，本能是理性的。從達爾文的觀點看，本能的功用正是足以維持生命，確保個體與物種的生存。動物的行為會是理性的，是因為牠們幾乎完全由本能來規定，而人如果主要由本能來規定，他的行為也會是理性的。

30 沙特（Sartre）因為不了解這一點，所以從未真正了解馬克思的思想，也因此才會設法把意志理論和馬克思的歷史理論拉在一起。可參考 R. Dunayevskaya 對沙特的精采批判。

他的覓食，他的防衛性攻擊性（或逃跑），他的性欲等等，只要是出自本能，就不會助長非理性的行為。人會出現非理性行為不是由於他有本能，而是由於本能不足。

那麼，根植於性格的激情是不是理性的呢？根據我們的理性判準，它們有的理性，有的非理性。促進生命的激情必然是理性的，因為它們會促進有機體的成長和幸福；阻礙生命的激情必然是非理性的，因為它們與成長、幸福相抵觸。但有必要加一個但書：一個人之所以變成有破壞性和殘忍的人，是因為缺乏更進一步成長的條件。也就是說，在他所處的環境之下，他無法有其他發展的可能。從人的可能性來說，他的那些激情是非理性的，然而從他所生活於其中的特定個人與社會處境來說，他的激情是理性的。同樣道理也適用於歷史過程。在這個意義下，古代的「巨型機器」[32]（L. Mumford, 1967）是理性的，甚至連法西斯主義和史達林主義都可以說是理性的——假如那是當時的環境下唯一的可能性。這當然也是它們的辯護者的主張。但他們的辯護若要有效，必須證明歷史上的那個階段沒有其他的可能性可供選擇，而我相信其他的可能性是存在的。[33]

必須重申的是，害生的激情和利生的激情同樣可以滿足人類的生命需要。當沒有現實的條件可供利生的激情發展，就必然會發展出害生的激情。從事破壞的人可以說是邪惡的，因為他的破壞性是邪惡的，但他仍然是人。他沒有「倒退回動物狀態」，不是受動物性本能的推動；他無法改變他的大腦結構。我們也許可以說，他是一個失敗的生命，因為按照他生命的可能性，他原本可能不會發展成這個樣子，可是他卻失敗了。不管怎麼說，成長受到阻礙而變成邪惡的人，和得到充分成長而變成有創造性的人，都同樣是人類發展的真實可能性。人會變成何者，主要是看有益於成長的社會條件是不是存在。

不過必須馬上補充的是，在說社會環境需要為人類成長負責時，我並不是暗示人在環境面前完全無助。環境因素固然會促進或阻礙某些特徵的發展，並為人的行為立下界限，但人的理性與意志在他發展的歷程中一樣是強大有力的因素——個人是如此，社會也是如此。不是歷史塑造人，而是人在歷史過程中創造自己。唯有教條式思想（這是心智懶散的結果），才會把人的發展簡化為「非彼即此」，因而妨礙了人對自己的真正了解。[34]

31 對「理性的」的這種用法和今日哲學的習慣用法不相同，但卻可以在西方傳統裡找到根據。在赫拉克利圖看來，理性（*logos*）是宇宙的基本組織原則，而這和當時 *logos* 一般意指「比例」有關。（W. K. Guthrie, 1962）此外，赫拉克利圖又認為，追隨 logos 就是「覺醒」。亞里斯多德則把做為理性的 logos 用在倫理學上（*Ethica Nicomachea*, V. 1134a），又常常把它用在「正確的理性」的結合中。阿奎那則論及「理性的欲望」（appetitus rationalis），又把關於行動與行為的理性和只關於知識的理性區分開來。斯賓諾莎論及理性與非理性的情感，帕斯卡則言及情感性推理。在康德看來，實踐理性具有認識**應當做的事**的能力，而理論理性則讓人認識**什麼是什麼**。另請參考理性在黑格爾談情感時的意義。最後我要引用懷德海的話為這個簡短的考察作結：「理性的功用在促進生活的藝術。」（A. N. Whitehead, 1976）

32 譯註：似乎是指古代的帝國。

33 佛洛伊德的「原我—自我—超我」架構大大防礙了對這個問題的釐清，因為他的這種三分法逼得精神分析理論認為，凡是不屬於自我的，就一定屬於原我或超我。這種過簡的方法阻礙了對理性問題的分析。

激情的心理功能

為了生存，人必須滿足身體的需要，而他本能朝著對他生存有利的方向推動他。如果人的行為大部分是由本能決定，他在生活上就不會有什麼特殊的問題，只要有充足的食物，他就可以做一隻「心滿意足的牛」。[35]但對人而言，光是機體驅力的滿足並不能帶給他快樂，也不能保證他的神志健全。他的問題也不在於先滿足生理需要，行有餘力，再發展根植於性格的激情。因為激情是他存在之初就有的，力量往往比機體驅力還大。

當我們察看個人行為與群體行為時，發現滿足食色的欲望只構成人類動機的一小部分。人大部分的動機是理性和非理性的激情：對愛[36]、溫柔、團結、自由與真理的追求；對控制、征服與破壞的欲求；自戀、妒忌與野心。這些激情驅策他，讓他興奮。它們不僅是夢的材料，而且是一切宗教、神話、戲劇與藝術的材料——總之，一切讓生活有意義，讓生活值得過下去的東西，莫不是這些激情所構成。

人們被這些激情所推動，不惜冒性命的危險去滿足它們。如果追求不到這些激情所追求的目標，他們也許會自殺——但是他們卻不會因為缺乏性滿足而自殺，甚至不會因為餓肚子而自殺。然而，驅策他們的不論是恨還是愛，激情的力量皆一樣龐大。

這是幾乎無可懷疑的。但為什麼會這樣，卻是較難回答的問題。對此，有兩個假設性猜想。第一個猜想可能只有神經生理學家能證明其對錯。

考慮到大腦需要不斷的興奮（這是前面討論過的），我們可以推論，這種需要要求種種激情的存在，因為只有這些激情才能供給不斷的興奮。

另一種猜想和人類經驗的獨特性有關。

正如前面說過的，人因為覺察到自己，察覺到自己的無能與孤獨，讓他無法忍受自己以一件「物」的身分而活著。這一點當然是歷來大部分思想家、戲劇家與小說家都明白的。我們真能想像戲劇《伊底帕斯》（*Oedipus*）是在講述伊底帕斯對母親的性欲的挫折嗎？真能想像莎士比亞寫哈姆雷特也只在表現主角的性欲挫折嗎？然而古典精神分析家們卻正是這樣想，而其他一些現代的化約主義者也是抱持這樣的想法。

人的本能驅力是必要的，但卻瑣碎；人的激情把他的能量統一起來，去追求屬於神聖領域的

---

34 在生命的任何階段，人都絕不是不能再改變的。由於有大量可能發生的事件與體驗，人有可能在任何時候發生根本上的改變。人真正的轉變（悔改）之所以能夠發生，原因在此。要證明這一點需用一整本書來談，我這裡只想指出：有大量資料顯示，有許多人在接受精神分析治療後發生深刻的轉變，也有許多人「自發地」發生轉變。最感人的是歷史上的一些紀錄，證明人雖會受環境的影響，卻不是由環境所決定。即使最邪惡的社會裡，都常常有最特異的人格，他們體現了人類存在的最高典型。他們有一些成了人性的代言人，成了「救世者」。沒有這些人，人類可能會失去做人的目標。另有一些人是歷史上沒有留下紀錄。猶太人有個傳說：每一代人當中都有三十六個義人，他們的存在保證了人類的存續。

35 這一點需要加上但書，因為即便是對動物，也有生理存在以外的需要，例如對遊戲的需要。

36 動物的幼兒當然也需要「愛」，而這種「愛」的性質也許和人類幼兒需要的那一種無甚分別。但它和這裡所指的非自戀的人類愛不同。

目標。瑣碎的體系是為了「謀生」；神聖的領域卻是超乎身體的生存。在這個領域中，人賭上自己的命運，往往還賭上自己的性命；在這個領域中，人展現他最深的動機，也就是那些讓生活值得過下去的動機。[37]

為了超越生活的瑣碎，人被驅使著去尋求冒險，甚至望向人類生命的界限之外——既帶來了偉大的美德，也帶來了滔天的罪惡；既帶來了創造，也帶來了破壞。所謂英雄，就是有勇氣走向邊界而不屈服於恐懼與疑慮的人。嘗試當英雄而不成功的普通人也是英雄：他是被渴望生命有些意義的欲望所推動，是被盡可能走向生命極限的激情所推動。

但我們需要為以上的畫面加上一個重要但書。

個人是生活在社會裡，而社會會向他們提供現成的模式，假裝為他們的人生賦予意義。例如，在我們的社會，我們被告知，人生的意義在於追求成功、讓家人過好生活、當一個好公民、消費商品與娛樂。

雖然對大部分人而言，這些暗示會在意識層面產生作用，但他們卻沒有真正地感到生命有意義，心裡也沒有一個中心。被暗示的模式因此越來越捉襟見肘，越來越不生效。可以反映這種情形，而且正在大規模發生的現象，是嗑藥的人越來越多，是人們對什麼事都不再真正感興趣，是知性與藝術創造性越來越低落，以及暴力與破壞越來越多。

37 為了對此處所說的區別有正確的認識，我們必須記住，被人稱作神聖的東西並不見得真的被他們當作神聖的東西。例如，基督教的概念與象徵至今仍然被奉為神聖，雖然它們已經在大部分上教堂的人心中引不起熱情。另一方面，雖然追求征服自然、名譽、權力和金錢是人們真正的獻身標的，卻沒有人會稱它們為神聖的。這是因為這些東西還沒有被納入一個明確的宗教體系裡。唯一的例外是，人們會說「神聖的利己主義」（指國家的利己主義）或「神聖的復仇」。

第十一章　惡性攻擊性：殘忍與破壞性

貌似的攻擊性

有些古代人的行為看在現代人眼裡明顯是破壞性行為，並被認為是人生而具有破壞性的證據。然而仔細分析後會發現，這些行為雖然會產生破壞性後果，但它們的動機卻不是破壞的激情。

灑血便是一個例子，人們常常把這種激情稱為「嗜血」（blood lust）。從實際的結果來看，灑一個人的血就意味著殺了他，因此，「殺」與「灑血」是同義詞。然而，古代的灑血樂趣和殺的樂趣有沒有可能是不同的呢？

對古代人來說，血是一種非常奇特的物質。它通常被等同於生命和生命力，是身體裡流出來的三種神聖物質之一。另外兩種是精液和乳汁。精液代表男性，乳汁代表女性與母性創生性，兩者在許多崇拜儀式中都被奉為聖物。血則超越了男性與女性的區分。在最深層的經驗裡，人可以透過灑血而神奇地攫住生命力。

眾所周知宗教上有使用血的儀式。希伯來聖殿的祭司灑被宰動物的血是宗教儀式的一部分；阿茲特克人的祭司則把犧牲者還在跳動的心臟拿來獻神。在許多習俗中，兄弟結拜時會歃血為盟，以此象徵結拜者的一體性。

由於血是「生命之液」，飲血往往被認為可以增強一個人的生命力。在羅馬酒神巴克斯（Bacchus）的狂歡會上，以及在穀類女神克瑞斯（Ceres）的崇拜儀式上，生吃動物的肉和喝牠們的血是祕儀的一部分。在克里特島，參加酒神節的人從活的動物身上咬肉吃。很多與托克尼俄斯（Chtonic）男神與女神有關的儀式中，也常有這類的行為。（J. Bryant, 1775）伯克（J. G. Bourke）曾經提到，當雅利安人入侵印度的時候，看到原住民族達塞印度人（Dasyu Indians）吃沒煮過的人肉和動物肉，對他們甚為輕視，管他們叫「生吃者」（raw eaters）。[1]現存的原始部落中，有些習俗跟飲血和吃生肉很近似。加拿大東北的哈馬扎族印地安人（Hamatsa Indians）有些宗教儀式要求參加者從一個人的手臂、大腿或胸部咬一塊肉下來。[2]甚至時至今日還有人相信飲血有益健康。保加利亞有一個習俗：如果某人受了嚴重的驚嚇，就馬上殺一隻鴿子，把仍在悸動的鴿子心臟給他吃，幫助他壓驚。（J. G. Bourke, 1913）即使像羅馬天主教這樣高度發展的宗教，仍然按照古代的傳統，把經過祝聖的葡萄酒拿來喝，認為那是基督的寶血。如果把這種儀式解釋為破壞性衝動所致，顯然是一種化約主義的曲解，因為那其實是一種肯定生命的表現，也是教徒互為肢體、情同手足的表達。

現代人認為灑血只能是破壞性的表現。從「現實」來看，這也真的是事實。但如果我們不僅著眼於行為的表面，還著眼於它最深的意義和最古老的經驗層次，便會得到不同的結論。在古人看來，人灑自己的血或他人的血可以讓他觸及生命力，而如果這血是獻給神的話，更是最神聖的祭獻。這裡面沒有破壞性動機。

類似的考慮也適用於食人的現象。主張人類生而具有破壞性的人，往往把食人現象做為他們的主要論據。他們指出，周口店山洞裡發現的頭骨底部有洞孔，顯然是為了抽取腦髓之用，又根據這一點猜測，抽取腦髓的人是因為喜歡吃腦髓而這樣做。這當然不無可能，不過這種主張大概更符合現代消費者的觀點。更有可能的解釋是，取出腦髓是為了巫術或儀式的用途。前面說過，這就是布蘭克的立場，他發現北京人的頭骨與在義大利齊爾切奧峰發現的頭骨很相似（後者的年代比前者晚了幾近五十萬年）。如果布蘭克的解釋是對的，則食人也可以是宗教儀式的一種。

當然，近幾百年來也有不少「原始」民族不是為了宗教儀式而吃人。可是，就我們所知，現

1 吃活體動物的儀式有多麼晚才出現，可以從《塔木德經》的一個傳說中看出。該傳說謂，在諾亞所接受的七個倫理規範中（整個人類也因著諾亞而接受這些規範），有一個就是禁止吃活體動物的肉。

2 這個報告見於不列顛科學促進會在一八八九年的會報，轉引自J. G. Bourke（1913）。

代仍然存在的狩獵採集者不會殺人，因此也不太可能是食人者。由此我們推斷史前的狩獵採集者也是如此。芒福德說得很精闢：「原始人沒有能力像我們一樣執行大規模的殘忍、折磨與毀滅行為，因此也很不可能為了吃肉而殺人。」（L. Mumford, 1967）

我說這些話意在提出一個警告：不要把一切破壞性行為認定是破壞性本能的產物，因為這些行為背後常常有著宗教性和非破壞性的動機。不過，人類的真正殘忍與破壞性並未因此而顯得縮減。

種種自發的形式

破壞性[3]分兩種：自發的和源於性格結構的。前者指的是由特殊環境所激發的破壞性衝動，這種衝動原先是隱伏著的（但不一定是壓抑著）。後面一種則是長久性的，它是性格裡的一種破壞性特徵，儘管不一定常常表現出來，卻總是存在著。

歷史紀錄

對於看似自發的破壞行為，最豐富也最恐怖的資料就是文明史本身。戰爭史是一部無情的、不分青紅皂白的屠殺紀錄，男女老幼一概在屠殺之列。這些例子往往讓人覺得，破壞是一種狂歡，不管是沿襲傳統或真誠的道德因素，都不足以發生制止作用。實際上，殺還是最溫和的破懷性展現方式。破壞的狂歡還有更嗆的：男人被閹割，女人被開腹，俘虜被釘死在十架上或抛給獅子吃。凡是人類所能想像得出的殘忍行為，沒有不一件不是被一做再做的。我們目睹過印度與巴基斯坦分治之初，成千上萬印度教徒與穆斯林的瘋狂互殺；目睹過印尼在一九六五年反共浪潮期間殺死四十到一百萬真正或被誣陷的共產黨人與華人。（M. Caldwell, 1968）我用不著舉出更多可顯示人類破壞性的例證，因為它們都是人所熟知，而且常常被想證明人生而具有破壞性的學者引用，例如弗里曼。

至於破壞性的導因，會留待討論施虐癖和戀屍癖時再分析。在這裡，我要談的是一些突然爆發的破壞性，它們和源於性格結構（施虐性格與戀屍性格）的破壞性不同。但說某些破壞性爆發是自發的，並不是說它們沒有原因便自行爆發。首先，總是有外在條件可以激發它們，例如戰爭、宗教或政治的衝突、貧窮、個人生活的極度無聊乏味和缺乏意義。其次，總是有主觀的理由可以激發它們，例如民族上或宗教上的極端群體自戀（印巴是一個例子），又例如易於被催眠的狀態（印尼是一個例子）。這種破壞性的爆發並不是出於人的本性，而是破壞性潛能被某些條件長期培養，然後由某些突發的創傷性事件引發。這種民眾中的破壞性能量若是沒有碰到激發因素，看來是蟄伏著的，不像破壞性**性格**那樣，是源源不斷的能量來源。

3 我這裡的「破壞性」兼指嚴格意義的破壞性（「戀屍癖」）和施虐癖。兩者的區別稍後再說明。

復仇性破壞性

當一個人自己或他所屬群體的成員受到強烈而不公平的傷害時，便會以自發的復仇性破壞性來回應。它和正常的防衛性攻擊性有兩點不同：一、它是在受到傷害之後才發生的，因此不是對威脅的防衛。二、它比防衛性攻擊性強烈，往往是殘忍的、渴求的和不知滿足的。

個人和群體的復仇性攻擊性有多麼普遍，幾乎用不著強調。世界各地都有要求血債血償的習俗，例如東非、東北非、上剛果、西非、北印度邊界的許多部落、孟加拉、新幾內亞、波里尼西亞、科西嘉（直至近年來還是這樣）和北美的原住民。（M. R. Davie, 1929）一個家族、宗教或部落若有成員被殺，則其他成員有殺死兇手或他所屬群體的成員的神聖義務。復仇和單純的懲罰不一樣，因為後者在懲罰兇手或他所屬群體的成員之後事情便告落幕，但暴力復仇卻永無止境：復仇的行為會引起被報復一方進行反報復，如此循環不斷，永無寧日。理論上，暴力復仇沒有盡頭，但事實上有時會導致家族或更大群體的滅絕。我們發現，甚至非常愛好和平的部落偶爾也有會暴力復仇的情況。格陵蘭人便是如此。不過他們連戰爭是什麼都不懂，而且正如戴維（M. R. Davie）所說的：「復仇的習俗只有低度發展，其義務性也不是像規則般重重壓在未亡人身上。」（M. R. Davie, 1929）

不僅暴力復仇是復仇的表現，一切懲罰都是復仇的表現，從原始時代到今日皆是如此。（K. A. Menninger, 1968）古典的例子是《舊約》中的報復法（*lex talionis*）。根據報復法，凡是做錯事的，他的懲罰會及於第三代和第四代。這必須被視為是神對人不服從祂的誡命所作的復仇，不過其嚴厲性受到接下來的話削弱：「為千萬人存留慈愛，赦免罪孽、過犯和罪惡。」許多原始社會中也有相同的觀念，例如，雅庫特人（Yakuts）的法律便說：「如果灑了一個人的血，便需補償。」被殺者的後代可向兇手的後代復仇至第九代。（M. R. Davie, 1929）

不能否認的是，暴力復仇與刑法儘管不是好事，卻也有著維持社會穩定的一定作用。凡是社會不穩定的地方，復仇欲望的力量就會充分展現出來。德國在第一次世界大戰的戰敗激起了許多德國人的復仇心。（更精確地說，讓德國人復仇心切的是《凡爾賽和約》的不公平，特別是它把戰爭爆發的責任完全推在德國政府頭上。）眾所周知的是，真正或虛構的暴行可以點燃最強烈的憤恨與復仇心。在進攻捷克以前，希特勒偽稱捷克境內的德國裔居民受到迫害，以此煽動德國人的復仇心。一九六五年印尼發生大屠殺，起因是反抗當時總統蘇卡諾的軍人被殺害。燃燒得最久的復仇之火是對猶太人近兩千年的迫害；反猶太主義的起因之一，是猶太人被指稱為殺害耶穌的兇手，猶太人因此被稱為「謀殺基督者」。

復仇為什麼會是那麼強烈而根深蒂固的激情呢？對此，我只能提出一些猜測。第一個可以考慮的可能是，復仇某種意義上是一種魔法般的行為：一個人如果犯了暴行而我把他殺了，則他的暴行也就神奇地解除了。至今仍有一句話可以表達這種觀念：「這個人已經為他的罪還了債。」至少在理論上，他已經和沒有犯過罪的人一樣了。復仇可以說是一種神奇的補救。但即使這個假定成立，但人又為什麼會那麼熱烈地追求補救呢？大概是因為人類天生具有一種基本的正義感，也可能是因為人有一種深深的「存在平等」意識：我們每個人都是母親所生，我們每個人都曾是無能力的孩子，而且我們每個人都有一天會死。[4]人雖不能永遠保護自己不受他人傷害，可是在他復仇的心願中，他卻設法勾消自己受到的傷害。（「嫉妒」[5]看來也是一樣起源。該隱不能接受上帝拒絕他的獻祭卻接納他弟弟亞伯的獻祭。他的被拒絕是武斷的，而他沒有能力改變這個事實。這種基本的不公平引起他的嫉妒，這種怨恨只有殺亞伯才能解除。）但人會復仇心切一定還有其他的原因。當神的權威或世俗的權威未能發揮效用，人看來就會自行主持正義，當上復仇天使。因著這種自我提升，復仇行為也許是他最自認為了不起的時刻。

我們還可以有其他猜測。傷殘、閹割和折磨這些殘忍的行為都違背人類共有良知的最起碼要求。是否就是基本的良知在推動人對做出不人道行為的人進行報復？又或者，復仇的願望是否是一種不讓人察覺一己破壞性的防衛，要透過向外投射，用他人的殘忍來掩蓋一己的殘忍？

想回答這些問題，還需對復仇現象進行進一步的研究。

前面所述似乎顯示復仇的激情根深蒂固，導致我們會認為那是人人共有。但事實並非如此。復仇現象固然到處可見，程度卻很不相同：在某些文化[6]和個人中，它似乎只有極輕微的痕跡。這種不同必然是有原因的。原因之一，是貧窮與富裕之別。個人（或群體）如果對生活有信心並享受著生活，物質資源即使不富裕也算夠用，那他們會不甚急於報仇。反觀焦慮和囤積的人則急於復仇，因為他們害怕自己的損失會永遠得不到補償。

復仇激情在程度上的不同，可以比作一條線：線的一端是那些任何情況都不會激起其復仇願望的人，這些人可說是活出了佛教和基督教的理想。線的另一端則是一點點小傷害便足以引起強烈復仇渴望的人。例如，有人被偷了幾塊錢，便要求對小偷施以最嚴厲的懲罰；教授受到學生的輕視，後來學生要找工作請他寫推薦信，他卻寫了許多壞話；顧客遭到售貨員態度欠佳地對待，便向經理部門投訴，非要開除那個售貨員不可。這些例子都是存在性格裡的復仇心。

狂迷性破壞性

人因為察覺自己的無能與分離而感到痛苦，設法擺脫這種生命重擔，方法之一是投入被催眠似的狂迷狀態，藉此在自己之內重獲合一，並且與自然界重獲合一。要做到這一點有許多途徑。自然界提供的一種效果短暫的辦法是性愛。性愛經驗可說是完全專注與暫時狂迷的自然原型。這種歡樂也可能把性伴侶包括在內，但絕大部分情況是兩人各自停留在自戀式的經驗裡，不過雙方大概也會為對方給予自己快樂而互相感謝（通常這便被認為是愛了）。

還有一些比較長久也比較強烈的共生性辦法是我們前面已經提過的。宗教儀式中的舞蹈、用

---

4 在莎劇《威尼斯商人》三幕一景中，夏洛克（Shylock）把這種平等意識表達得非常美妙，非常動人。
5 參看G. M. Foster（1972）。
6 例如第八章所討論的體系A社會與體系B社會的對比。

藥、性狂歡或自行引發的催眠，都可以讓人達到狂迷狀態。自我引發的催眠的一個突出例子，是峇里島島民的降神儀式。這種儀式最引入注意之處，是它和攻擊性現象有關，因為參加者在出神恍惚狀態的高峰時會以匕首自刺或互刺。（J. Below, 1960 and V. Monteil, 1970）[7]

另外還有一些狂迷狀態是以恨與破壞性為中心。條頓族的「發熊瘋」（going berserk，berserk的是指熊的皮毛）便是一個例子。這是成年禮時舉行的一種儀式，是要讓少年人對熊產生認同感。進行儀式時，少年要攻擊別人，要咬他們，不說話而只發出熊一般的叫聲。進入這種出神恍惚狀態是成年禮的最高潮，自此這少年就成為獨立的男人。這儀式有幾個地方值得我們注意。首先它是為憤怒而憤怒，不是向某個敵人發洩，不是被任何傷害與侮辱所激發。它旨在產生一種被憤怒充滿的出神恍惚狀態。這種出神恍惚狀態也許是藉助藥物引發。（H. D. Fabing, 1956）絕對憤怒的統一力量是達到狂迷狀態的必須手段。其次，它是一種集體狀態，以傳統、巫師的指導和群體參與的效應為基礎。第三，它是一種倒退回動物狀態的企圖，參與者讓自己的行為像是掠食動物。第四，參與者的憤怒狀態是暫時而非長期。

另一個以憤怒與破壞性為中心的出神恍惚狀態例子，是西班牙某小鎮一種歷史悠久的儀式。每年到了固定日子，男人會聚集到鎮中心的廣場，每個人帶著一個或大或小的鼓。到了日正當中，他們開始擊鼓，直到二十四小時以後才停止。開始擊鼓不久之後，他們進入一種狂亂狀態，而這種狂亂狀態又會在持續的擊鼓聲中變成出神恍惚狀態。儀式在正好二十四小時後結束。很多鼓被打破，打鼓的人手都腫了，往往還流著血。最引人注目的是參加者的臉：那是進入出神恍惚狀態的臉，顯示出狂怒的表情。[8]顯然，擊鼓之舉是在表達強烈的破壞性衝動。在一開始的時候，鼓的節奏或許有助於激起出神恍惚狀態，但一會兒之後，每個打鼓人便完全被擊鼓的激情所攫住。正是靠這種極其強烈的激情，他們才能不顧手痛和身體的疲勞，繼續打鼓二十四小時。

對破壞性的崇拜

與狂迷性破壞性在很多方面相似的，是一個人一生對恨和破壞性的慢性奉獻。不像狂迷那樣只是稍縱即逝，它有能力把一整個人掌控起來，使他全心全意崇拜一個目標：破壞。這種狀態是對破壞之神的長期偶像崇拜，崇拜者可說是已經把生命交付給他。

克恩與薩羅蒙：一個崇拜破壞性偶像的實例

這現象的最佳例證可在薩羅蒙（E. von Salomon）所寫的自傳性小說找到。他是一九二二年自由派德國外交部長拉特瑙（W. Rathenau）遭謀殺事件的從犯之一。

7 這些舞蹈有很高的藝術價值，功用也遠超過我此處所強調的。

8 這個鎮名叫卡蘭達（Calanda）。我是從電影裡看到這種儀式，打鼓人那種縱情憤怒的表情令我永難忘懷。

薩羅蒙生於一九〇二年，父親是警察。一九一八年德國爆發革命的時候，他是軍校生。他對革命分子滿腔恨意，但同樣仇視資產階級，認為這些人滿足於物質生活的享受而失去了為國家犧牲奉獻的精神。（他當時同情最左翼的極端革命分子，因為他們也想摧毀既有秩序。）薩羅蒙結識了志同道合的狂熱退役軍官，其中的克恩（Kern）便是後來殺害拉特瑙的人。薩羅蒙後來因同謀而被判五年徒刑。[9]他像他所崇拜的英雄克恩一樣，可以說是納粹的早期原型，但他們和大部分納粹不同，因為他們沒有投機心理，甚至沒有過舒適生活的欲望。

在這本自傳性小說裡，薩羅蒙形容自己：「對於破壞，我一向有特別的樂趣，因此，在日常的苦痛中，當我看到觀念與價值的包袱越來越小，理想主義的軍械庫從地基被炸得粉碎，只剩一束帶著裸露神經的皮肉時，我感到醉人的快樂。是的，那些神經像是拉緊的弦，在遺世獨立的稀薄空氣中，把每一個音符都彈得加倍有力。」

這段話把他對破壞性的獻身寫得很清楚，但薩羅蒙並非一向都對破壞性如此傾心。看來他的一些朋友（尤其是克恩）對他大有影響，用他們更瘋狂的態度感染了他。薩羅蒙與克恩的一番談話，顯示出後者對於絕對的恨與破壞有多麼傾心。

談話一開始，薩羅蒙說：「我想要權力。我想要一個目標，讓它充滿我的生活。我想要生命的全部和世界的所有甜美。我想知道犧牲是否值得。」

克恩激烈地回答：「去你的，不要問東問西。如果你知道就告訴我，還有什麼快樂比我們使用暴力所得到的更大？暴力會讓我們像狗一樣死掉。」

幾頁以後，克恩說：「如果從現在的廢墟裡再生出偉大的東西來，我會受不了。我們並不是為了讓國家快樂而戰，我們戰鬥，是為了逼它走上它命定的道路。但是如果這個人（拉特瑙）要再次給國家一個面目，要再次把大戰時已經消亡的意志與形態動員起來，我會受不了。」

當被問到身為一位帝國軍官，他在革命時期是如何讓自己能夠活下來時，他回答：「我沒有活下來。我的榮譽感命令我在一九一八的十一月十九日往自己頭上開一槍。我已經死了，現在活在身體裡面的不是我。自從那天以後，我不再知道有一個『我』……我已經為國而死。因此，現在活在我身體裡面的一切都只是為了國家。如果不是這樣，我怎麼受得了！我做我必須做的事，因為我天天死去。因為我做的一切都是交付給一個力量，我所做的一切都是源自這個力量。**這個力量要求破壞，所以我就去破壞**……我知道我會被碾為粉末，我知道當這個力量一旦離開我，我會倒下去。」（強調字體為外加）

在克恩的話中，我們看到強烈的受虐癖，心甘情願地臣服於一個比他高的力量。但在這段話裡，最值得注意的是把恨的力量和破壞的願望聯合在一起。「破壞」是克恩崇拜的偶像，他甘願向它獻出生命，毫不猶豫。

薩羅蒙渴望權力和權力的甜美，但這種渴望看來之後變成了絕對的恨與怨尤。這是否由於克

---

9 我不知道他日後在人格上有沒有改變。我的分析只是以他的小說為基礎，假定他所說的都是實話，以這些資料來分析他和他的朋友們當時的心理狀態。

恩在被捕前自殺身亡所致，或由於薩羅蒙自己的政治理想的失敗所致，我們不得而知。在監獄中，薩羅蒙是那麼的孤僻，當典獄長帶著「關懷的心」接近時，他感到無法忍受。在入獄後第一個春天溫暖的氣候裡，當其他囚犯與他攀談時，他也無法忍受。「我爬回那對我充滿敵意的牢房裡去。我恨那把門打開的獄警、把湯端進來的人和窗子外面玩耍的狗。**我懼怕快樂**。」（強調字體為外加）接著他描述當他看到院子裡的樹開花時，他有多麼憤怒。當他在監獄裡度過第三個耶誕節時，典獄長想辦法讓囚犯們在這一天過得快樂，好讓他們可以忘記以往的不快。對此，薩羅蒙的反應是：

> 但是我不想忘記。如果我忘記，我就完了。我想要總是清楚地在腦海裡看到過去的每一天和每一個時辰。這可以產生有力的恨。我不要忘記每一個屈辱、輕蔑和傲慢的姿態，我要記住每個加諸於我的卑劣行為，每句使我痛苦或意在使我痛苦的話。我要記住每一張臉、每一個經驗和每一個敵人。**我要用這些可惡的穢物、這些累積起來的可憎記憶填滿我的生命**。我不要忘記。**但是，對那些我曾讓我小小快樂過的事，我卻要忘記**。（強調字體為外加）

某種意義上，薩羅蒙、克恩和他們那個小圈子的人可以說是革命者：他們希望把現存的社會與政治結構全部摧毀，用國家主義、軍國主義的秩序取而代之，哪怕他們對這種秩序幾乎沒有任何具體概念。但是，從性格學來說，革命者的特徵不只是希望推翻舊秩序：除非他們是以愛生命和愛自由為動機，否則便只是破壞性的叛亂分子。（那些抱著破壞動機參加真正革命運動的人也是如此。）如果我們分析這些人的心理，會發現他們只是破壞者，不是革命者。他們不僅恨他們的敵人，也恨生命本身。這一點清楚顯示在克恩的話語中，和薩羅蒙對監獄裡的人、樹木、狗的反應。任何活著的人和東西都完全引不起他們的關聯感和共鳴。

許多貨真價實的革命者的生活態度（尤其是在獄中的生活態度）和薩羅蒙完全不同。一個例子是羅莎．盧森堡（Rosa Luxemburg）：她的著名獄中書沒有一絲怨尤的痕跡，反而用詩性溫柔描繪從牢房往外看到的雀鳥。但不是只有羅莎．盧森堡這樣非同凡響的人物才是如此．世界上有成千上萬的革命者在繫獄期間絲毫沒有減低對生命的愛。

要想了解克恩與薩羅蒙這些人為什麼要在恨與破壞中尋求滿足，必須對他們的生活史有更多了解，可惜我們沒有這方面的資料。但有一件事是我們知道的，那就是，不論從精神上還有社會上來說，他們的世界都是破滅的，而這使得他們對恨膜拜起來。由於君主政體被推翻，他們的國家主義價值觀，他們秉持的封建概念（榮譽與服從），都失去了根基。（其實，歸根究柢，摧毀他們的半封建世界的，不是協約國的軍事勝利，而是德國本身的資本主義。）他們以前為當軍官所學習的東西變得毫無用途（儘管十四年以後又可以大派用場）。他們的復仇渴望、他們現存狀態的了無意義和他們社會地位的連根動搖，都是他們膜拜恨的原因。但對於他們的破壞性有多少程度是源於他們在第一次大戰前形成的性格結構，我們不得而知。看起來，克恩的性格結構尤其具有破壞性，反觀薩羅蒙的破壞性卻大概是比較短暫的，主要是受到克恩強烈人格的影響。克恩應該是屬於後文將要討論的戀屍性格。我把他納入這一節，是因為在把恨奉為偶像膜拜一事上，他是個典型的例子。

另外還有一個觀察所得也許跟這些和其他很多破懷性的事例（特別是群體中的事例）相關。我是指破壞行為的「觸發」效應。一個人開始時也許只是以防衛性攻擊性回應某種威脅，但因為這個行為，他鬆開了原先對攻擊性行為的一些禁忌。這樣，他要釋放其他種類的攻擊性（例如破懷性和殘忍）就比較容易。這也許會導致連鎖反應，以致到最後，當他的破壞性累積至「臨界質量」（critical mass），他會在破壞行為中感到狂喜——這種情形在群體行為中尤其常見。

破壞性性格：施虐癖

自發的、短暫的破壞性爆發現象面目繁雜，必須更進一步研究，才能得出比上述提出的初步看法更確定的結果。另一方面，有關源於性格結構的破壞性的資料比較豐富，結果也比較確定。這種落差並不奇怪，因為後者的資料主要是得自在精神分析中對個人的長期觀察，和對日常生活的觀察。再者，這種性格的產生條件也比較確定和比較長期性。

關於施虐癖的性質，傳統上有兩種看法，它們有時分開，有時結合在一起。

其中一種是以「痛苦欲」（algolagnia）一詞來表達。這個詞是本世紀初由諾丁（von Schrenk-

Notzing）始創，字根是*algos*（痛苦）和*lagneia*（欲望）。他把這種「痛苦欲」分為兩種，一是主動的「痛苦欲」（施虐癖），一是被動的「痛苦欲」（受虐癖）。在這種概念中，施虐癖本質上是一種致人痛苦的欲望，並不特別有性的牽涉。[10]

另一種看法則認為，施虐癖本質上是一種性欲現象——用佛洛伊德第一個思想階段的用語來說，是力比多的一種局部驅力（partial drive）。即使施虐癖表面上和性欲沒有關係，這種看法也被認為它是無意識地被性欲所驅使。精神分析學家不知用了多少巧思來證明力比多就是殘暴行為的推動力量，哪怕肉眼看不見這一類性動機！

這並不是說，性施虐癖和性受虐癖不是最常見和最知名的性倒錯（sexual perversions）。患了這種倒錯症的人，非得性虐待他人或受性虐待才能產生性興奮和滿足。虐待可指讓女人受肉體上的痛苦（例如打她），可指羞辱她，可指把她綁起來或用種種其他方法強迫她完全屈服。有些有施虐癖的人必須向對方施加強烈痛苦，才能夠勃起，有些則只要施加少量痛苦即可。很多時候，一個人只需要產生施虐幻想便足以引起性興奮，所以，不少男人在和妻子行房時是暗中靠施虐幻想才能興奮起來。性受虐癖的情形正好相反：興奮起於被打、被羞辱、被傷害。在性倒錯中，施虐癖和受虐癖在男人中都很常見。至少在我們的文化中，有施虐癖的男人看來比女人多，至於有

10 參見J. P. de River（1956）。這書蒐羅了許多有趣的施虐行為案例，但缺點是不加區別地用「施虐癖」一詞涵蓋各種傷害他人的衝動。

受虐癖的女人是否比男人多，則因為缺少這方面的可靠資料而難以斷言。

在討論施虐癖以前，我們應先談談施虐癖是不是性倒錯。如果是，則倒錯在什麼地方？施虐癖在一些政治主張激進的思想家當中變得相當流行，例如馬庫色（Herbert Marcuse），把施虐癖讚揚為人類性自由的一種表達。薩德（Marquis de Sade）的作品被視為性自由的宣言，在政治主張激進的報章上一登再登。人們接受薩德的論證，認為施虐癖是人類的一種欲望，只要這種欲望給人快樂，人類便有權滿足施虐欲與受虐欲——就像有權滿足其他欲望一樣。

這個問題十分複雜。若我們把性倒錯定義為任何不是為生育而進行的性行為（亦即任何為性歡愉而進行的性行為），那麼，凡是反對這種傳統態度的人都應起而捍衛「性倒錯」。然而，這卻不是「性倒錯」的唯一定義，而且事實上，這個定義已經頗為過時。

性欲，即使其中沒有愛的成分，仍舊是生命的一種表達，而且是相互給予與分享的歡愉的表達。但是，如果一種性行為是以一個人被另一個人蔑視、傷害和控制為特徵，便是唯一的真正性倒錯。理由不在這種行為與生育無關，而在它把利生的衝動倒錯為害生的衝動。

口交也常常被人認為是性倒錯，但如果我們把它和施虐癖比較，就會看出兩者大相逕庭。口交的性倒錯成分並沒有大於接吻，因為它並沒有要控制或羞辱另一個人。

在佛洛伊德之前的理性主義觀點假定，人只會欲求對人有益的事物，因此，快樂是讓人追隨有益事物的嚮導。這個假定意味著，追隨欲望是人的天生權利，應該受到尊重。但自佛洛伊德之後，這個論證已經過時。佛洛伊德讓我們知道，人的很多欲望都是非理性的，因為它們會傷害到他本人（甚至他人），因此妨礙他的成長。一個被破壞欲所推動、在破壞之中得到快樂的人，不能說因為他想破壞和破壞帶給他快樂，因此就有權破壞。為性施虐癖辯護的人會說，他們並不是為破壞性欲望辯護，而僅是要指出，施虐癖只是性欲的許多表現之一，是一種「口味的問題」，並不比其他滿足性欲的方式更壞。

這個論證忽視了問題中最重要的一點：只能靠施虐行為而性興奮的人具有施虐**性格**，也就是說，他是一個施虐者，有著控制他人、傷害他人和羞辱他人的強烈欲望。他的強烈施虐欲影響了他的性衝動，而這和其他能引起性欲的非性動機（例如被權力吸引或自戀）並無不同。事實上，沒有一個行為領域比性行為更能顯示一個人的性格，理由正因為它是「習得」成分最少和模式化最少的行為。事實上，人的每種性格特徵——他的愛、他的關懷與柔情、他的施虐癖或受虐症、他的貪婪、他的自戀、他的焦慮——都會在性行為中表現出來。

另有一種論證認為，施虐癖有益健康，因為它為人人皆有的虐待傾向提供了一個無害的出口。照這樣看來，希特勒集中營裡的守衛如果能在性行為上發洩他們的施虐癖傾向，就會對囚犯仁慈一些！

性施虐癖和性受虐癖的一些例子

下面的施虐癖和受虐癖例子來自波琳・雷亞吉（Pauline Réage）的《O孃》（*The Story of O*），

這本書的讀者沒有薩德的經典那麼多。

她的手環繞起來。皮埃爾用鏈條把她拴在床上，又用鏈條把雙手吊在她頭部的上方。當她這樣被拴住時，他的愛人站在床邊親吻她，不停地說愛她，然後走開朝皮埃爾點了點頭。他看著她徒勞地掙扎，聽著她越來越大的呻吟聲，並且哭了起來。當她掉下眼淚，他把皮埃爾打發走了。她依然有力氣再次對他說愛他。他親吻她濕透的臉、喘氣的嘴，解開她身上的鏈條，將她放下，然後離開。（Pauline Réage, 1965）

O孃必然沒有自己的意志，她的愛人和他朋友（皮埃爾）必然是完全控制了她。她發現自己在被他們的絕對控制中得到了快樂。下面的片段活現了施虐癖和受虐癖（需要解釋一下的是，女主角的愛人要求她必須同時順服於他和他的朋友們。這些朋友的其中之一是史蒂芬先生）。

最後，她坐直起來，而就像她將要說的話讓她感到窒息那樣，她解開了外衣上的扣子，直到露出了乳溝。她停下來，雙手和膝蓋都在顫抖。

「我是你的，」她對雷內說。「你要我做什麼我都會去做。」

「不，」他打斷她的話。「我們的。重複我說的話：我屬於你們倆，你們倆要我做什麼我都會去做。」

> 史蒂芬先生灰色的眼睛牢牢地盯著她，彷彿要把她刺穿。雷內也一樣。她在他們面前迷失了，慢慢地重複著他的話，就像在上語法課。
>
> 「對史蒂芬先生和我，妳授予權力……」這權力就是他們可按照他們的意願處置她的身體，無論他們選擇什麼地點和什麼方式。他們有權將她用鏈條拴起來，有權因為她的一些小差錯或只是為了開心，而像對待奴隸或囚犯一樣鞭打她，不理會她的哀求或哭喊。（Pauline Réage, 1965）

與大量沒有涉及性行為的施虐行為相比，做為性倒錯的施虐癖只是九牛一毛。非性的施虐行為其目的是把沒有反抗力量的人或動物當作虐待的對象，向其施加身體痛苦，甚至將其弄死。戰俘、奴隸、被打敗的敵人、兒童、病人（特別是精神病人）、囚犯、沒有武器的非白人、狗——這些都是施虐的對象，常常會被施以最殘酷的折磨。從古羅馬的殘酷表演到現代的警察單位，都常常假借宗教或政治的名義來殘害生命，有時還明明白白是為了娛樂貧窮的群眾。羅馬的大競技場實在是人類施虐癖的最大紀念碑之一。

虐童是非性施虐癖最普遍的表現之一。這一類施虐癖被大眾所知還是十年前肯普（C. H. Kempe）等人的著作出版以後的事。後來，其他論文陸續發表[11]，而且展開了全國性的進一步研究。這些研究顯示，兒童所受的虐待，從被毒打或挨餓致死，到遭受不會致命的傷害不等。虐童案的實際數量我們幾乎一無所知，因為現有資料都是得自公共機關（例如鄰居和醫院向警察機關的報案紀錄），應該只占實際數量的極小部分。最充分的資料是吉爾（D. G. Gill）在全國性調查中所提供的。我只提其中一項資料：兒童受虐的情況可分為三個年齡期：一、一歲到兩歲；二、三歲到九歲，這期間受虐的事例加倍；三、九歲到十五歲，這期間受虐的事例減至和第一個時期大約相同。受虐情況在十六歲之後逐漸消失。（D. G. Gill, 1970）這意味著，當兒童仍然沒有力量卻又開始有了自己的意志會反抗大人的擺布時，受虐的情況最為強烈。

對精神的虐待極可能比對身體的虐待更為普遍。這種施虐攻擊對施虐者來說要安全得多，因為他沒有用力氣施暴而「只有」用言語施暴。另一方面，被精神虐待者的心理痛苦卻可能和受身體虐待一樣強烈，甚至猶有過之。我用不著舉精神虐待的例子，日常生活中太多了。父母用它來對待子女，老師用它來對待學生，上級用它來對待屬下——換句話說，只要任何人身在不能防衛自己的處境中，精神虐待就會被相對的一方所使用。（如果是老師不能防衛自己，學生們常常會搖身變為施虐者。）精神虐待可以用種種看似無傷大雅的方式掩飾：一句問題、一個微笑或一句讓人一頭霧水的話。我們誰又沒見過這類精通虐待藝術的人？他們有本事找到恰當的字眼或恰當的姿態，用一種看起來沒什麼的樣子讓人困窘或感到被羞辱。如果當時有其他的人在場，這種施虐就會更有效力。[12]

史達林：非性施虐癖的臨床案例

精神與身體雙重施虐癖的突出歷史案例是史達林。他的行為是非性施虐癖的教科書，一如薩德的小說是性施虐癖的教科書。在革命初期，他是第一個下令折磨政治犯的布爾什維克派領袖，在此之前，這一類措施都被俄國革命分子阻撓。（R. A. Medvede,1971）[13]在史達林的領導下，內務人民委員部（NKVD）使用的折磨方法比沙皇警察用過的更加精煉與殘忍。有時，他會親自下令對某個囚犯採取某種折磨方式。他主要下令實施精神虐待，我會就此提供一些例子。史達林尤其喜歡的一種施虐形式是向人保證他們是安全的，但一、兩天後卻逮捕他們。史達林享受這種知道別人真正的命運卻又佯裝對他們示好的快感。還有什麼比這樣更能讓一個人凌駕別人並把別人玩弄在股掌中？

下面是梅德韋傑夫（R. A. Medvedev）舉的一些例子：

在內戰英雄瑟迪奇（D. F. Serdich）被拘捕不久前，史達林在酒會上向他敬酒，要與他為「兄弟情誼」乾杯。在布魯赫將軍（Bliukher）被殺害前幾天，史達林在一個會議上對他親切說

11 參見D. G. Gill（1970）；R. Helfner and C. H. Kempe, eds.（1968）。參見S. X. Radhill，另參見B. F. Steele and C. B. Pollock。
12 《塔木德經》稱，凡是在別人面前羞辱一個人，等於殺了那個人。
13 本節內的引文皆是引自這部著作。

話。當一個亞美尼亞代表團來訪時，他詢問了詩人恰連茨（Charents）的情況，又說他不應該受到為難，但是幾月後，詩人就被捕和殺害了。一九三七年一個晚上，奧爾忠尼啟則（Ordzhonikidze）的副政委斯列巴洛夫斯基（A. Serebrovskii）的妻子意外接到了史達林的來電，對方說：「我聽說妳現在沒有汽車代步。那不好。人們會胡亂猜想。如果妳的車正在修理，我送一輛車給妳。」第二天早上，一輛汽車從克里姆林宮派出，供斯列巴洛夫斯基夫人使用。但是兩天後，她丈夫就被逮捕了，直接從醫院被帶走。

著名歷史學家和政論家斯捷克洛夫（I. Steklov）對於有大量的人被逮捕深感不安，打電話給史達林希望見一面。「沒問題，過來吧。」史達林說，並在會面的時消除他疑慮：「你有什麼好擔心的？黨了解和信任你，你用不著擔心。」但就在當晚，人民委員部的人到他家把他逮捕。他的家人和朋友很自然地首先想到向史達林求助，但他似乎對斯捷克洛夫的被捕一無所知。要相信史達林被蒙在鼓裡比要相信他背信棄義容易。一九三八年，一度是蘇聯檢察長後來是中執會祕書的阿庫洛夫（I.A. Akulov）在滑冰時摔倒，嚴重腦震盪。在史達林的建議下，政府從國外請來出色的外科醫生為阿庫洛夫醫治。經過漫長和困難的治療，阿庫洛夫恢復健康和返回工作崗位，但隨後被拘捕和槍決。

史達林的施虐癖有一種特別精煉的方式，就是把最重要的黨員的妻子（有時還包括兒女）抓起來，關到勞改營，讓她們的丈夫不得不乖乖工作和卑躬屈膝，甚至不敢向史達林要求放人。蘇聯主席加里寧（Kalinin）的妻子在一九三七年被捕[14]，還有莫洛托夫（Molotov）的妻子和共產國際要員庫西寧（Otto Kuusuien）的妻兒，都是被關在勞改營裡。一位不願具名的目擊者指出，當史達林當面問庫西寧為什麼不要求釋放他的兒子時，庫西寧回答：「他被關顯然有很嚴重的理由。」史達林聽了咧嘴一笑，下令釋放庫西寧的兒子。庫西寧送包裹給被關在勞改營的妻子時，甚至沒有親自去送，而是讓管家代勞。史達林私人祕書的妻子也被拘捕，而這位私人祕書依然在職。

我們不難想見這些不能要求釋放妻兒，甚至不得不贊同拘捕有理的高級官員感覺有多受羞辱。如果不是毫無感覺的人，這些人一定會覺得喪盡了尊嚴。一個極端例子是權勢人物拉扎爾・卡岡諾維奇（Lazar Kaganovich）被派去逮捕弟弟米哈伊爾・卡岡諾維奇（Mikhail Moiseevich）時的反應。米哈伊爾戰前擔任航空部部長，是個史達林主義者，負責鎮壓過許多人。但是，他戰後在史達林面前失寵。結果，一些被逮捕的官員——他們被指控成立了一個地下的「法西斯中心」——供出米哈伊爾是共犯。這項指控明顯是他人的授意，他們供稱：如果希特勒占領了莫斯科，米哈伊爾（一個猶太人）就會

14 梅德韋傑夫指出，調查人員對她施以酷刑，直到她簽署了不利丈夫的聲明才罷休。史達林當時沒有管束調查人員的所作所為，因為他想要利用他們在他高興時逮捕加里寧或其他人。

成為法西斯政府的副總統。當史達林看到了書面證詞（明顯是他意料之中），他打電話給拉扎爾，告訴他因為他弟弟與法西斯主義者有牽連，將要被捕。拉扎爾說：「那又如何？有必要就應該逮捕他！」在政治局會議上，史達林讚揚拉扎爾有「原則性」：他答應去拘捕他弟弟。但史達林補充說這次的拘捕不應該輕率。他指出，米哈伊爾在黨內多年，所以對他不利的書面證詞都必須再次核實。所以，米高揚（Mikoyan）奉命安排米哈伊爾與那些指證他的人進行對質。對質在米高揚的辦公室進行。一個人被帶進來，在拉扎爾的面前複述證詞，又補充說米哈伊爾戰前蓄意把一些飛機製造工廠蓋在邊界附近，以便讓德國人輕易占領。米哈伊爾聽到指證之後，要求允許他上廁所。隨後，廁所裡傳來槍響。

史達林的施虐癖的另一種表現是行為莫測。有些人明明是他下令逮捕，但這些人在經歷過酷刑和嚴厲的判決之後，卻在幾個月或幾年後毫無理由地被釋放，並被安排出任要職。一個非常有說明性的例子是史達林對待他的老同志卡夫塔拉澤（Sergei Ivanovich Kavtaradze）的方式：

他曾經幫助史達林躲過來自聖彼德堡的偵查。一九二〇年代時，卡夫塔拉澤加入托洛斯基的反對派，但後來在托派中央呼籲追隨者停止對抗活動之後離開。基洛夫（Kirov）被謀殺後，卡夫塔拉澤因為前托派分子的身分被流放到喀山（Kazan）。他寫了一封信給史達林，稱自己已經沒有從事反黨工作。史達林立即將卡夫塔拉澤從流放中召回。隨後，許多中央報紙都刊登了卡夫塔拉澤一篇詳細講述他和史達林進行地下工作的文章。史達林喜歡這篇文章，但卡夫塔拉澤沒再寫這方面的文章。他甚至沒有重新入黨，改以不起眼的編輯工作維生。一九三六年末，他和妻子突然被拘捕，飽受酷刑後判處槍決。他被指控與姆季瓦尼（Budu Mdivani）一起策劃謀殺史達林。宣判之後，姆季瓦尼就被槍決了，但卡夫塔拉澤卻在死牢裡待了很長一段時間。然後他突然被帶到祕密警察頭子貝利亞（Beria）的辦公室，在那裡看到他的妻子——她明顯老了許多，幾乎認不出來。兩人都被釋放。最初他住在旅館，之後他獲得公共公寓的兩個房間，並恢復工作。史達林開始對他發出各種青睞他的信號，包括邀他吃晚餐，有一次甚至給了他一個驚喜：和貝利亞一起去看他。（這次造訪在公共公寓引起了極大轟動。卡夫塔拉澤的一個女鄰居暈倒了，用她的話說，她是看見「史達林同志的肖像」出現在公寓門口時嚇暈。）和卡夫塔拉澤一起吃晚餐時，史達林會為他盛湯、開玩笑和回憶往事。但是，在一次晚餐中，史達林突然站起來，走向他的客人，問說：「你是不是依然想殺我。」[15]

這個例子特別清楚地顯示出史達林行為的一個元素：他喜歡向別人展示他擁有絕對的權力和絕對控制他們的力量。用他的話說，他可以殺掉他們、對他們用刑，然後再拯救他們，讓他們獲賞賜。總之，他喜歡像上帝那樣握有操控生死的權力，喜歡像大自然那樣擁有讓萬物生長與毀滅

15 梅德韋傑夫指出，史達林當然明白卡夫塔拉澤沒有想要殺他。

的力量。生死在他的一念之間。這也可以解釋他為什麼不殺了李維諾夫（Litvinov）、愛倫堡（Ehrenburg）或巴斯特納克（Pasternak）。梅德韋傑夫用過一些例子指出，史達林有必要保存一些老同志，以支持他自己所聲稱的，他是在接續列寧的工作。但愛倫堡的例子肯定不在此列。我的推測是，史達林會不殺某些人，是因為他喜歡但憑一時之念行事，不受一切原則（甚至最邪惡的原則）所束縛。

施虐癖的性質

我舉出史達林施虐癖的例子，是因為它們很能引出一個核心議題：**施虐癖的性質**。我們曾描述過各種不同的施虐癖：性欲的、身體的和精神的。可是它們並不是各自獨立，所以我們面對的問題是找出它們共同的元素，找出施虐癖的本質。正統精神分析家主張性欲有個特殊方面，是各種施虐癖的共通之處：佛洛伊德第二階段的理論假定，施虐癖是愛洛斯（性欲）與死亡本能的混合物，指向自身以外；雖然受虐癖也是愛洛斯與死亡本能的混合，卻是指向自身。

我不同意此說。我認為，施虐癖的核心是**想要絕對和無限制地控制另一個生命的激情**，不管對方是動物也好，是兒童也好，是男人也好，是女人也好。逼迫一個沒有反抗能力的人忍受痛苦或羞辱，是絕對控制的一種展現，但不是唯一的展現。絕對控制另一個生命，等於是把這生命變成我自己的物品、我自己的財產，而我自己則變成了這物品的神。有時這種控制甚至對人有益，可以稱作良性施虐癖，例如為了某人好而控制他。這樣可以讓他在很多方面有長進，唯一不好的是使他受到束縛。但大部分施虐癖都是惡性。對另一個人進行完全控制，就是使他變成殘廢，就是在使他窒息，阻礙他的生長。這種控制有不同的方式與程度。

卡繆（Albert Camus）的戲劇《卡里古拉》（*Caligula*）為極端的施虐性控制欲提供了好例子，這種控制欲相當於渴望全能。卡里古拉由於境遇而達到擁有無限權力的地位，可是他對權力的欲求沒有止境。他和元老們的妻子睡覺，享受元老們必須拉下臉向他諂媚的快感。他殺掉一些元老，剩下的那些裝做無事，強顏歡笑。可是所有這些權力都不能使他感到滿足。他要求絕對的權力，要求不可能得到的東西，像卡繆讓他說的臺詞那樣：「我要月亮。」

說卡里古拉瘋了很容易，但他的瘋是一種生活方式，那是對人類生命難題的一個解決方法，因為那可以讓他產生自己是全能的幻覺，讓他感覺超越了人類生命的邊界。為了贏取無限的權力，卡里古拉失去了一切與人的接觸。由於他遺棄所有人，他自己也落得被人遺棄。他非發瘋不可，因為在要求全能而失敗之後，他變成了一個孤單和無能的人。

卡里古拉的例子當然是特殊的。很少人有機會獲得像他那樣大的權力，也因此沒有機會幻想自己的權力可以達到絕對。但自古至今，有這種機會的人還是有的。這些人如果勝利了，就會被奉為偉大的政治家或將軍；如果失敗，就會被認是瘋子或罪犯。

用這種極端的方式來解決人類生命難題是一般人沒有的機會。但在大部分社會體系（包括我們的在內），即使較低階層的人也有可能控制著某些受其權力擺布的人。那可能是兒女，可能是妻子，可能是狗，又或者是監獄裡的囚犯、醫院裡的病人、學校裡的學生和公司裡的下層職員等。這些例子裡的優越者究竟有多少權力可以施展，要依社會結構給他們的權限而定。除了這些情況以外，在宗教上和人種上居於少數的人，只要力量不夠雄厚，就可能變成廣泛的被施虐對象。

當人類生命難題找不到較好的答案時，施虐癖也可以是答案之一。如果能夠絕對控制另一個生命，就會讓人覺得自己全能，覺得自己超越了人類處境的界限——對那些在現實生活中沒有創造性和沒有喜悅的人而言，特別是如此。施虐癖本質上沒有實用的目的。**它是一種把無能感變為全能感的行為**，是心理殘缺者的信仰。

然而，不是每個對別人擁有無限制權力的個人或群體都會出現施虐癖。許多（大概是大部分）父母、獄警、老師和官員並不是施虐癖者。許多人的性格結構即使在合於施虐癖發展的環境下，也不會發展為施虐性格。凡是以促進生命為性格主要方向的人，便不容易被權力所誘惑。但我不是說人只有兩種：一種是施虐性的魔鬼，一種是非施虐性的聖人。這樣的二分法有過分簡化的危險。重要的是，在一個人的性格結構中，他的施虐性激情的占比如何。有許多人的性格結構中確實有施虐性的成分，但他們促進生命的傾向卻十分強烈，因此不能歸類為施虐性格。不算少見的是，這樣的人因為兩種傾向在他們內心鬥爭，讓他們對自己的虐待傾向特別敏感，因而能夠防範一切形式的施虐表現。（不過他們的施虐傾向仍然可能在不重要的邊際行為上留下痕跡，只是這些痕跡往往輕微得讓人注意不到。）另一些人雖有施虐性格，但這性格至少受到相反力量的平衡（不只是壓抑），因此，這些人雖然也許會從控制無力反抗的人中獲得某種快感，卻不會實際加入殘害別人的行為，以折磨別人為樂（特殊情況下例外，如群眾狂熱）。這可以從希特勒政權對它下令的那些施虐癖暴行的態度得到證明。它必須讓滅絕猶太人、波蘭人和俄國人的行動保持祕密，只讓一小群的黨衛軍菁英知道。絕大部分的德國人都是被蒙在鼓裡。希姆萊和其他執行暴行的人曾多次強調必須用「人道的」方式來屠殺，不可過於虐待，不然會讓黨衛軍本身也無法忍受。有些時候，在殺害俄國和波蘭百姓以前，會先經過短暫的、形式上的審判，好讓行刑的人覺得槍決他們是「依法行事」。這種事當然是虛偽和荒謬的，卻說明了納粹頭目們知道，大規模的施虐行為會讓大多數本來忠心的支持者反感。自一九四五年以來，大量關於納粹暴行的資料已經曝光，但德國人民對大屠殺的支持程度尚待更進一步的研究。

施虐性格的各種特徵若離開了性格結構，便無從了解。這些特徵是必須被整體理解的症候群的一部分。對施虐性格來說，一切活的東西都是可被控制的，活的生命因此變成了死的物件，更精確地說是變成了活的、顫動的、脈搏跳動的被控制物件。他們的反應是控制他們的人所強加。施虐者想要當生命的主人，因此他的受害者必須保持一口活氣。這正是施虐者和破壞者不同的地方。破壞者想要的是把一個人消滅，毀滅生命本身；施虐者則想要控制生命和窒息生命。

施虐者的另一個特徵是，他的虐待欲只會被無力反抗的人激起，絕不會被強者激起。例如，和一個勢均力敵的敵人戰鬥而讓他受傷並不能令人產生施虐快感，因為傷了對方並不等於控制。對有施虐性格的人來說，只有一樣東西令他欽佩，那就是權力。他讚美、愛戴和臣服於有權力的人，但鄙視和想要控制那些無力還擊的人。

施虐性格害怕任何不確定和不能預測的事情，因為這樣的事情會逼著他做出發自內在和原創的反應。因此，他害怕生命。生命會讓他害怕，正因為生命依照其本質來說是不可預測和不確定的。生命雖然有結構，但並非一成不變；生命只有一件事情可以確定，那就是人人皆有一死。愛也同樣不確定。想要被愛必須有能力愛自己，有能力喚起愛，而這總是意味著有被拒絕和失敗的可能。這就是為什麼有施虐性格的人只有在他能控制的時候才能去「愛」。一般來說，施虐性格總是懼異和懼新：異者會構成新，而新者會激起恐懼、猜疑與厭惡，因為新事物要求人做出發自內在的、活潑潑的和非僵化的反應。

這種症候群的另一個元素是臣服和懦弱。這看似矛盾，但事實上它不僅不矛盾，而且從動力性的意義來說還是一種必然。施虐者之所以會是施虐者，是因為他覺得自己無能、沒有活潑潑的生命力和沒有權力。他設法透過控制別人來彌補這個缺陷，讓自己從一隻蟲子變成一個神。但即使他有權力，仍會苦於在人類情感上的無能。他可以殺人，可以折磨人，但他仍然是一個沒有人愛的、孤單的、擔驚受怕的人，需要一種比他更高的力量讓他去臣服。對希特勒下面的人來說，元首是至高無上的；可是在希特勒自己看來，至高無上的是「命運」（Fate），是演化法則。

這種對臣服的需要深深根植於受虐癖中。施虐癖與受虐癖在行為上看似相反，實際上卻是一體的兩面，即同樣是生命的無能感所導致。可以說，施虐者與受虐者都需要另一個人來使自己獲得「完成」。施虐者把另一人變成自己的延伸物，受虐者則把自己變成別人的延伸物。兩者都需要共生性關係，因為他們內在都沒有一個中心。施虐者表面上看來可以脫離他的受害者而獨立，實際上他是以倒錯的方式依賴於受害者。

由於施虐癖與受虐癖有密切關聯，把「施虐性格」稱為「施虐—受虐性格」會更恰當，儘管有些人施虐性較強而有些人受虐性較強。若從性格結構的心理學層面轉換到政治態度層面，我們可以說這種人具有「專制性格」（authoritarian character）。這個概念的根據表現在那些政治態度上，被形容為「專制」的人通常都表現出施虐—受虐性格，會對低於自己的人加以控制，對高於自己的人奴顏婢膝。[16]

想對施虐—受虐性格有充分的了解，必須動用佛洛伊德的「肛門性格」概念。這概念後來被他的弟子——特別是亞伯拉罕（K. Abraham）與鐘斯（Ernest Jones）——擴充。

佛洛伊德相信肛門性格把自己表現為一個由各種性格特徵構成的症候群。這些性格特徵包括：頑固、講求秩序、吝嗇、守時和注意乾淨。他假定這個症候群的根源是「肛門力比多」，其來源區域是肛門快感帶。他把這症候群的性格特徵解釋為肛門力比多的反向作用或其昇華。

16 第一次對獨裁性格進行分析的那個德國研究見於本書第二章註釋8。該分析顯示，七十八%的受訪者既非獨裁性格，也非反獨裁性格，所以如果他們活在希特勒的時代，將既不會是納粹的熱烈支持者，也不會是納粹的熱烈反對者。約十二%是反獨裁性格，因此可能是堅定的反納粹者。還有十%是獨裁性格，這些人可能會是納粹的熱烈支持者。這結果和一九三三年以後的實際情況大致相符。（E. Fromm *et al.*, 1936）。後來，T. Adorno也研究過權威性格，不過他是從行為主義的觀點著手，不是從精神分析的施虐—受虐性格出發。（T. Adorno *et al.*, 1950）

我的看法與佛洛伊德不同。我用**關聯方式**（the mode of relatedness）來取代他的力比多理論。根據我建立的假說，有一種人和別人的關聯方式是保持距離、控制、拒絕與囤積（「囤積性格」），而肛門性格症候群的各種特徵是這種性格的表現。（E. Fromm, 1941）這並不是說佛洛伊德對糞便與排泄所扮演的角色的臨床觀察不正確。事實上，幾十年來我的精神分析觀察充分印證了佛洛伊德的觀察。而我們對以下這個問題有不同的看法：肛門力比多是糞便嗜好的淵源，因此間接又是肛門性格症候群的淵源嗎？還是說，這種症候群只是某種特殊的關聯方式的**展現**？如果情況是後者，則對肛門的興趣就只是肛門性格的一種**象徵**表達，而不是它的**原因**。事實上，糞便是一種非常得當的象徵：它們代表從人類生命過程中排出來的東西，代表對生命再也沒有用的東西。[17]

有囤積性格的人在事物上、在思想情感上都講求秩序，但他的講秩序是貧瘠的、僵硬的。任何東西如果不擺在固定的位置都會讓他受不了。他非得把東西弄得秩序井然，以這種方式控制空間；他守時守到無理的程度，以這種方式控制時間；他強迫性地保持清潔，以此解除他和世界接觸——他認為世界是骯髒和有敵意的。（不過，如果沒有發展出反向作用或昇華，他便不會過分清潔，反而會傾向於髒亂。）有囤積性格的人感覺到自己像一座被圍困的城堡：他必須防止任何東西跑走，必須留住城堡裡的一切。他的頑固是一種防止入侵的半自動防衛。

囤積者傾向於覺得自己只有定量的力量、能量或精神能力，而這個存量會越來越低，無法補充，終致用盡。他不了解一切的活物質（living substance）都具有自我補充機能，不了解活動與運用能力會增加我們的力量，停滯會削弱我們的力量。對囤積者來說，死亡與破壞比生命與成長更有真實性。「創造」是一種他聽說過但不相信的奇蹟。他把秩序與安全奉為最高價值，他的座右銘是「太陽底下無新鮮事」。他無法與別人產生密切的關係——「密切」對他是一種威脅。他與別人的關係只有兩種，一是保持遙遠的距離，二是占有。在他看來，這兩種關係都意味安全。囤積者容易猜疑，有一種特別的公平感，這種公平感等於是說：「我的是我的，你的是你的。」

只有一種和世界發生關聯的方法會讓有肛門—囤積性格的人覺得安全：占有和控制世界。這是因為他沒有能力透過愛與建設性來和世界發生關聯。

有豐富的臨床資料證明，肛門—囤積性格與古典精神分析家所描述的施虐癖有密切關係，至於我們是用力比多學說來解釋肛門—囤積性格與施虐癖的關係，還是用人與世界的關聯方式來解釋，並不是最重要的。同樣可證明這一點的，是具有肛門—囤積性格的社會群體傾向於表現出明顯的施虐癖。[18]

從社會意義而非政治意義來說，和施虐—受虐性格大略相當的是**官僚性格**（bureaucratic character）。[19]在官僚體系中的每個人都控制著比他低層的人，又受到比自己高層的人控制。施虐衝動和受虐衝動都可以在這種體系中獲得滿足。有官僚性格的人，對地位低的人鄙視不屑；他會

17 願意猜測的人可以考慮這種可能：著迷於糞便和糞味的行為，可能象徵著一種神經生理學上的倒退，即倒退至更多是靠嗅覺而非視覺指引的演化階段。

羨慕與懼怕地位高的人。這一點只要看看一些官僚的嘴臉便可知道：前一刻他還在批評下屬和皺眉頭，但下一刻他卻向上司搖頭擺尾，至少是以象徵的方式表示自己在上班時間內是「屬於」上司。另外我們也可以想想這種情形：郵局窗口裡的職員到下午五點三十分便帶著一抹幾乎看不見的微笑把窗口關上，不理會窗口外最後兩個人已經排了半小時的隊。問題不在他堅持到了五點三十分整就絕不賣郵票，而在他的行為表現出他以挫折別人為樂。他是要向他們表示，他控制著他們。這種滿足感在他的一抹微笑上透露了出來。[20]

並非所有的老式官僚都是施虐癖者。只有一個深入的心理學研究能夠顯示這些老式官僚的施虐癖比例跟非官僚和現代官僚相比是如何。這裡只舉兩個特殊的例子，馬歇爾將軍和艾森豪將軍都是二次大戰時最高級的軍事官僚，但他們卻明顯沒有施虐癖，對士兵的生活表現出真誠的關懷。相反的，第一次大戰期間，不少法國和德國的將領都以殘忍無情的方式對待士兵，動輒把士兵的生命犧牲在沒有戰略重要性的軍事目標上。

在許多情況中，施虐癖都被仁慈和恩惠掩飾起來。但不要以為這種仁慈和恩惠只是意在欺騙，甚至不要以為它們只是虛假的姿態，沒有任何真實的情感。要對這個現象有較佳的了解，我們必須記住，大部分沒有發瘋的人都希望保存一個讓他們覺得自己至少在某些方面是人類的自我圖像。完全的非人意味完全的孤立，會讓人失去自己是人類一部分的意識。怪不得有很多資料都催促我們假定，一個人如果對別人完全缺乏仁慈或友愛，長遠來說會感到不可忍受的焦慮。例如，納粹執行大屠殺的特別部隊中有些人會發瘋和精神錯亂。[21]納粹政權中負責執行集體屠殺命令的官員也有不少人發生神經崩潰。這種病被稱作「官員症」。[22]

我用「控制」與「權力」來說明施虐癖的特性，但我們必須留意它們的歧義性。「權力」（power）一詞可以指控制他人的一種力量，也可以指做事情的力量。施虐者追求的是控制他人的權力，而這正是因為他缺乏做事的力量，缺乏做人的力量。不幸的是有許多研究者利用「控制」與「權力」的歧義性，把「控制的權力」等同於「做事的力量」，以此讚揚「控制的權力」。此外，缺乏控制並不意味沒有任何種類的組織，而只表示沒有剝削性控制（一種被控制者不能控制

---

18 參見E. Fromm（1941）。在該書中，我以德國中下階級為例說明兩者的這種關聯性。

19 「官僚」二字在這裡是指老式的、冷漠的、權威的官僚。這種官僚現在在老式的學校、醫院、監獄、鐵路和郵局還可以看到。大公司也是高度官僚化的組織，卻發展出一種完全不同的性格類型：友善的、微笑的、體貼的官僚。這些人可能上過「人際關係」的課。官僚性格的這種改變主要是現代工業的本性使然：它需要「團隊合作」、避免摩擦、更好的勞資關係和其他種種因素。這並不是說新的友善官僚是不真誠的，也不是說他們本來是施虐癖者卻裝出一副假笑臉。事實上，由於前面提到的原因，老式的施虐癖者已經非常不適合當現代官僚了。現代的官僚不是變得友善的施虐癖者，而是他把自己變成了「物件」。即使說他的友善態度不是虛假的，但這種友善態度也是淺薄得近乎虛假。但這樣說也有失公道，因為事實上沒有人期望他的友善更深一些，除非是在雙方相互微笑的一瞬間：這時候，他們會陶醉在這便是真實人類接觸的錯覺裡。兩個對現代經理階層性格的精闢研究可望證實或更正這些印象。（M. Maccoby: I. Millan, each forthcoming, to be published in 1974）。

20 許多行為資料都會從大部分心理學實驗和測驗的寬篩孔中漏掉，這是一個例子。

21 希姆萊在一九四三年十月六日的談話就間接承認了這一點，見Koblenz: Nazi Archiv. NS 19, H.R. 10。

22 得自與H. Brand的私人交流。

控制者的控制）。原始社會和現代「意識社區」（intentional communities）的權威都是有合理性的權威，因為他們是以真正的全體同意為基礎，不是以被擺布的意見為基礎。在這種社會中，「控制的權力」沒有發展餘地。

當然，沒有能力保衛自己的人在性格上也會吃苦。他可能變成一個臣服他人和有受虐癖的人，而不是變成有施虐癖的人。但他的缺乏力量有時也會幫助他發展出某些美德，如團結、慈悲與創造性。沒有力量的人容易被奴役，有力量的人則容易失去人性，兩者都是惡道。最當避開哪一種呢？這關係到宗教、道德或政治信念。對此，佛教、猶太教和基督教都下了毫不含糊的決定——一個與現代思想相反的決定。在力量與非力量之間做出微妙的區分是相當正當之舉，但有一個危險必須避開：不可利用某些文字的歧義性來鼓吹同時事奉上帝與凱撒，更不可把上帝與凱撒混為一談。

施虐癖的發生條件

哪些因素會促成施虐癖的發展是非常複雜的問題，非本書所能盡言。不過有一點必須從一開始就說清楚：環境與性格之間的關係並不是直線的。這是因為決定個人性格的個人因素複雜多端，環境因素也是複雜多端。個人因素包括體質遺傳、家庭環境和個人生活中的特殊事件。環境因素也遠比一般人所想像的複雜得多。正如我以前強調過的，一個社會並不是一**個**社會。社會是一個非常複雜的體系，包括新與舊的下層階級、中層階級和上層階級，包括衰頹的菁英分子，包括有宗教傳統或哲學—道德傳統的群體或沒有這些傳統的群體，包括大城和小鎮——這些還只是社會構成元素的一部分。光靠單個元素無法讓我們了解性格結構或社會結構。因此，如果我們想探究社會結構與施虐癖的關係，就得對所有元素進行經驗分析。但必須補充的是，一個群體剝削、壓制另一個群體時所仰仗的權力，容易讓統治群體產生施虐癖（儘管群體中有不少個人會例外）。因此，要想消除施虐癖（個人的病症不在此論），必須先消除對任何階級、性別和少數群體的剝削性控制。除了少數的小社會，歷史上從未出現過沒有剝削性控制的社會。不過，建立以法律和防止權力濫用為基礎的秩序已經朝這方向走出一步。只可惜這種發展最近在世界多處地方受到阻撓——甚至在美國，它也受到打著「法治」名義的人的威脅。

以剝削性控制為基礎的社會，還有著另外一些讓人不感意外的特徵。它傾向削弱臣服於它的人的獨立性、完整性、批判性和創造性。這並不是說它不會供給人各種娛樂與刺激，而是說它以提供那些會限制人格發展的娛樂與刺激為限。羅馬皇帝們提供給民眾的，主要是施虐性質的娛樂場面。現代社會則用報紙和電影提供相似的景觀，報導罪行、戰爭、暴行，其內容儘管不像羅馬時代那般猙獰，可是對於心靈卻沒有營養（正如同一批媒體推銷的早餐麥片粥對兒童的健康沒有好處）。這種文化食糧不提供激活性刺激，只推廣消極與怠惰。它提供的頂多是好玩和驚險的東西，幾乎沒有讓人喜樂的東西。這是因為喜樂需要自由，需要控制韁繩的鬆緊，但是，向有肛門—施虐癖的社會要求這個等於緣木求魚。

個人施虐癖與社會施虐癖的平均值有關，有的人比平均值高些，有的人比平均值低些。會加強施虐癖的個人因素，包括所有讓兒童或成人覺得空虛和無能的因素（一個沒有施虐癖的兒童如果遇到環境變化也可能變成施虐的少年或成人）。會讓人產生恐懼的事情便是因素之一，例如恐怖懲罰。這種懲罰不是針對特定的頑劣而發，而是懲罰者出於自己的施虐欲隨意為之，其嚴厲程度足以讓人產生恐懼。由於性格使然，對這種懲罰的恐懼可能會變成有些兒童生存的主要動機。他的人格完整感會慢慢崩潰，自尊會降低，最終因為常常出賣自己而不再有自我認同感。

另一個可能會產生生命無能感的因素是精神的匱乏。如果沒有刺激，便沒有東西喚醒兒童的各種能力；如果周圍的氣氛沉悶無聊，兒童就會變得冷漠、呆板。沒有東西可以讓他發揮自己的能力，沒有人回應他，甚至沒有人聽他說話，這樣的兒童就會落入無力感和無能感之中。這種無能感並不必然會導致施虐性格，還要就許多其他因素而定。然而它卻是促成施虐癖——個人和社會的施虐癖皆然——的主要原因之一。

當個人的性格偏離社會性格，而所處社會群體傾向於對個人加強所有符合社會性格的性格元素，則個人會把相反的元素潛藏起來。例如，一個有施虐性格的人，如果住在一群沒有施虐性格、且覺得施虐行為可恥的人中間，他不一定會改變性格，但他將不會依照性格行事：他的施虐癖沒有消失，但卻因為缺乏養分而「乾縮」了。以色列的「基布茲」和其他「意識社區」的生活提供了不少這種例子。當然，新的氛圍導致性格發生真正改變的例子也是有的。[23]

一個施虐性格的人如果身處一個反施虐社會，基本上將不會造成傷害：別人會認為他只是生病。他不會變成受歡迎的人，也極少有機會爬到有影響力的社會地位。如果問某些人的施虐癖為何如此強烈，我們切不可只考慮體質的、生物學的因素（S. Freud, 1937），還要考慮心理的氛圍，這種氛圍不只極大程度地導致了個人的施虐癖，也極大程度地導致了社會的施虐癖。就是由於這個原因，光從一個人的體質和家庭背景著眼，不足以了解他的發展。除非知道這個人和他的家人生活在社會體系的哪個部分，以及知道這個體系的精神，否則我們無從得知一個人的某些特徵為什麼那麼堅持和根深蒂固。

希姆萊：肛門—囤積施虐癖的病例

在具有邪惡施虐性格的人中，希姆萊（Heinrich Himmler）是惡名昭彰的例子。他的情況是說明施虐癖和極端的「肛門—囤積性官僚—專制性格」（anal-hoarding bureaucratic, authoritarian character）之間關聯的極佳例證。

希姆萊被很多人稱為「歐洲尋血獵犬」，他與希特勒要為一千五百萬至兩千萬手無寸鐵、被屠殺的俄國人、波蘭人和猶太人負責。

他是一個什麼樣的人？[24]

23 得自與Moshe Budmore博士的私人交流。

我們也許可以從各個觀察過希姆萊的人的描述說起。對希姆萊的性格觀察得最精確、最銳利的大概是伯克哈特（K. J. Burckhardt），他那時是但澤自由市（Free City of Danzig）的國際聯盟（League of Nation）代表。他寫道：「希姆萊使人覺得他是一個怪異的臣屬者、一個心胸狹小且講求是非的人、一個不通人情的循規蹈矩者，以及帶有機器人般的特質。」（K. J. Burckhardt, 1960）這一段描述包含了前述的施虐性權威性格的大部分基本要素。它強調希姆萊的服從性、不通人情、官僚、講求是非和循規蹈矩。這段描述和一般人對希姆萊的看法不大一樣，因為伯克哈特並沒有說他是一個痛恨人類的人或一個惡魔，而只說他是一個極端不通人情的官僚。

其他觀察者為我們提供了希姆萊性格結構的額外元素。克拉布斯（Albert Krebs）是一名納粹幹部，一九三一年被開除黨籍。他記述了一九二九年在火車上與希姆萊同行六個小時的情形，那時希姆萊還沒有掌握多少權力。在六個小時中，他注意到希姆萊明顯缺乏安全感，而且不善交際。克拉布斯對這段行程簡直無法忍受，因為希姆萊「一直向我沒完沒了地說些愚蠢的、基本上沒意義的話」。希姆萊的話是一個古怪的混合體，包括了軍事能力上的自誇、小資產階級的瑣碎之談，和一個宗派傳道人的熱烈預言。（轉引自J. Ackermann, 1970）希姆萊沒完沒了地強迫克拉布斯聽他說話，以此來支配對方，這正是典型施虐性格的表現。

古德里安（Heinz Guderian）是德國最有天賦的將領之一，他對希姆萊的性格的描述也頗有趣：

希特勒的追隨者中，最不出色的一個就是希姆萊。這個微不足道的人充滿種族自卑感，行事很簡單。他設法表現得彬彬有禮。他的生活形態和戈林（Goering）不同，是近乎斯巴達式的簡單。但是他的妄想卻是無邊際……七月二十日以後，他被軍事野心折磨……這野心驅使他去爭取後備軍司令之職，甚至爭取任何軍團指揮官之職。可是他的首次失敗（也是徹底失敗）就是在軍事層面。他對我們的敵人所作的判斷只能說是幼稚。我有好幾次看見他在希特勒面前一副毫無自信和勇氣的樣子。（Heinz Guderian, 1951）

另一個觀察者是德國銀行界菁英海菲利克（Emil Helfferich），他寫道：「希姆萊有著老式學校中那種殘酷的老學究形態，對自己嚴厲，對別人更嚴厲……他說『謝謝你』時的腔調完全是擠出來的，就像我們在天性冷漠的人身上常常看到的那樣。」（Emil Helfferich, 1970）

一幅較不那麼負面的肖像來自希姆萊的副官沃爾夫（K. Wolff）。沃爾夫只提到希姆萊的狂熱主義和缺乏意志，沒提他的施虐癖：「他可以是溫柔的家長，端正的上司和好同志。與此同時他

24　我對希姆萊的分析主要根據B. F. Smith（1971）提供的資料，這是一部傑出的傳記。凡是作者可以找到的資料他都參考了，其中包括：希姆萊的六本日記（在一九五七年發現），其涵蓋時間為一九一〇至一九二二年，另有一九二四年的零散日記；他在一九一八至一九二六年間收到和寄出的信件紀錄；他冗長的閱讀評註，大約有二百七十條；許多的家庭文件；希姆萊私人蒐集的官方文件和私人紀念品。我還參考了J. Ackermann（1970），裡面包含大量希姆萊的日記摘抄。另外我又參考了S. T. Angress and B. F. Smith（1959）。

又是強迫性的狂熱者，偏執的夢想者……是希特勒手中一個沒有意志的工具，對希特勒的愛與恨與日俱增。」（K. Wolff, 1961）沃爾夫描繪的希姆萊具有仁慈和狂熱兩種互相對立的人格（它們顯然同樣強烈），但沒有質疑前者是不是真的。希姆萊的哥哥格伯哈特（Gebhard）對弟弟的描述只有好話，但希姆萊在還沒有獲得政治權勢以前便傷害和羞辱過這個哥哥。格伯哈特甚至稱讚希姆萊「對下屬的需要與煩惱有著父親般的關心與照顧」。[25]

這些描繪涵蓋了希姆萊最重要的性格特徵：他的缺乏生氣，他的平庸，他的支配欲，他對希特勒的臣服，他的狂熱。沃爾夫和格伯哈特所提到的，希姆萊對人的仁慈關懷斷然是一種行為特徵，但它究竟有多少成分是性格特徵（也就是說有多是真誠）則很難斷定。但考慮到希姆萊的整體人格，他仁慈中的真誠成分必然極少。

當我們對希姆萊的性格結構越來越清楚時，就會發現他實在是一本「肛門性（囤積性）施虐—受虐性格」的教科書。我們前面提過，**過分的要求秩序**和**深度的迂腐**是這種人格的突出特徵。從十五歲開始，希姆萊就為他收到和寄出的每封信留下了紀錄。

> 他對這方面的熱中，以及他對保留精確紀錄的迂腐嗜好，表現出他人格中的重要一面。他的簿記員心態最清楚顯示在他對密友盧（Lu）和凱茲（Kaethe）來信的處理上（他沒有保留家人的來信）。對於每一封信，他不僅會記下收信日期，還會記下是幾點幾分收到手中。這些信件有許多都是生日賀卡之類，可見他的迂腐已超出荒謬的程度。（B. F. Smith, 1971）

成為黨衛軍幹部之後，他用索引卡片紀錄他給每個人的每樣東西。（B. F. Smith, 1971）他從十四歲起遵照父親的建議開始寫日記，一直寫到二十四歲。他天天都是寫一些毫無意義的流水帳，較為深刻的東西幾乎沒有。

希姆萊寫他睡了多久，什麼時候吃飯，在什麼地方喝茶，是不是抽了菸，遇到了什麼人，讀書讀了多久，上了哪座教堂，晚上什麼時候回家。他還記載他拜訪過什麼人，主人待他好不好，什麼時候坐火車去父母家，火車是準時還是誤點。（B. F. Smith, 1971）

做為舉例，以下是他在一九一五年八月一日至八月十六日所寫的日記：

八月一日星期日……第三次洗澡（顯然是在湖裡或海裡洗）……我、父親和恩斯特在划獨木舟之後第四次洗澡。格伯哈特沒有太熱。

八月二日星期一……晚上第五次洗澡。

八月三日星期二……第六次洗澡。

25 格伯哈特對弟弟人格的這番描述並未發表。

八月六日星期五……第七次洗澡……第八次洗澡。

八月七日星期六。早上第九次洗澡……

八月八日……第十次洗澡……

八月九日早上第十一次洗澡……之後第十二次洗澡……

八月十二日玩，然後第十三次洗澡……

八月十三日八點鐘。玩，然後第十四次洗澡……

八月十六日八點鐘……然後第十五次，也是最後一次洗澡。

下面是另一個例子。同年八月二十三日，希姆萊記載有八千俄國士兵在根賓寧（Gumbinnen）被俘虜。到了八月二十八日，在東普魯士被俘虜的俄國士兵已達三萬人。在八月二十九日，他指出被俘虜人數不是三萬而是六萬，而根據一份更精確的報告又是七萬。十月四日，他記載被俘虜的俄國人不是七萬而是九萬。他補充說：「他們（被俘俄軍）的人數像臭蟲一樣地增加。」（B. F. Smith, 1971）

一九一四年八月二十六日的日記如下：

八月二十六日。與福爾克（Falk）在園子裡玩。有一萬名俄國士兵在維斯瓦（Weichsel）以東被我軍俘虜。奧地利人挺進中。下午，在園子裡工作。彈鋼琴。我們喝完咖啡後拜訪基森巴斯家（Kissenbarths）。我們被允許從他們家的樹採李子。落下來的李子多得可怕（或倒下的人多得可怕）。現在我們有了四十二公分口徑的大砲。（J. Ackermann, 1970）

艾克曼（J. Ackermann）指出，希姆萊到底是說落下來的李子，還是倒下的人多得可怕，我們無法確定。

希姆萊的迂腐可能部分源自父親。他父親是個極端迂腐的人，原是高中老師，後來當上校長。他的主要力量看來是他的秩序井然。他是個保守分子，很脆弱，也是老派的專制型父親和老師。

希姆萊性格結構中的另一個突出特點是他的服從性，亦即伯克哈特所說的「臣屬性」。雖然他對父親從沒有表現出過分的懼怕，但他是最服從的兒子。他不是那種由於權威可怕而服從的人，是那種由於自己太過害怕（不是害怕權威而是害怕生命）而需要尋求一個權威來讓自己服從的人。這種服從具有投機性質這一點，在希姆萊身上清晰可見。他先後利用他父親、老師們、軍隊的上司和黨的上司（從史特拉瑟到希特勒）來促進他的事業和打敗他的競爭對手。他對父親一向唯命是從：在他找到史特拉瑟和其他納粹領袖當他的靠山以前，他從沒有違背過父親。父親叫他寫日記他就寫，只要一天沒寫便覺得是罪過。他和父母都是羅馬天主教徒，固定上教堂（第一次世界大戰期間每星期去三、四次）。他向父親保證，他絕不看左拉（Zola）所寫的那種不道德的作品。但年輕時代的希姆萊看不出來有宗教熱忱的跡象。他家裡的宗教態度純粹是慣例、因襲使然，而這也正是他那個階級的特色。

他從對父親效忠改為對史特拉瑟和希特勒效忠，從信仰基督教改為信仰雅利安人的異教，並不顯得是背叛。這個過程是順暢和小心翼翼的。他只有在看到一切安全之後下才會踏出一步。到最後，當他的偶像希特勒不再有可利用之處，他便設法背叛希特勒，改為投效新主子：盟軍。從這裡大概可以看出希姆萊和希特勒在性格上最深刻的不同：希特勒是一個叛逆者（但不是革命者），希姆萊卻完全沒有叛逆性。基於這個原因，我們也沒有理由認為希姆萊會去當納粹是一種叛逆父親的表現。這種轉變的真正原因，看來是希姆萊需要一個強壯有力的家長人物去彌補他自身的脆弱。他父親為人脆弱，在帝國及其價值體系瓦解之後便失去他原有的大部分特權與自豪感。新興的納粹運動在希姆萊加入之時還不夠強大，但它對左翼和對資產階級（希姆萊的父親所屬的階級）的攻擊卻十足猛烈。年輕的納粹黨人是英雄，是未來的主人，而脆弱屈從的少年希姆萊在他們身上找到了比他父親更可靠的依靠對象。此舉也讓他可以用一點紆尊俯就的態度看待父親——這是他的叛逆的最大程度。

他對希特勒極端服從，不過我們懷疑他的這種服從是否完全真誠，因為他的投機性格不無可能讓他想要透過阿諛奉承取得寵信。希特勒是他的神人（god-man），地位猶如基督之於基督教，或黑天（Krishna）之於《薄伽梵歌》。希姆萊寫道：「他（希特勒）是由業力命定要領導對抗東方的戰鬥，以拯救全世界的德國性（Germanness）。最偉大的光人（figures of light）之一化身在他身上。」（J. Ackermann, 1970）他就像從前膜拜基督那樣膜拜希特勒，只是這次要熱烈得多。必須說的是，新神祇讓人獲得名譽與權力的機會要大得多。

希姆萊一方面屈從於一個強大的父親型人物，另一方面又深深依戀著母親。他母親也非常溺愛他。許多談希姆萊的書和文章都說他缺乏母愛，實際上並非如此。但是我們也許可以說，他母親對他的愛是原始的：這愛沒看出一個成長中的男孩需要什麼。那是一種對嬰兒的愛，沒有隨著孩子的長大而調整。因此她的愛寵壞了他，阻礙了他的成長，使他成為母親的依賴者。在我描繪這種依賴性以前，我要指出希姆萊和很多人之所以需要一個強有力的父親，是由於有無助感，而這種無助感又是由於他們一直沒有長大，一直渴望母親（或一個母親型人物）愛他們、保護他們、安慰他們和不向他們提出任何要求。於是，希姆萊覺得自己是個小孩而非男人：脆弱、無助、沒有意志或主動性。因此，這種人總是在尋找一個可以讓他們臣服的強有力領袖——這領袖可給予他們力量感，並成為他們缺乏的一切品質的替代品。

「媽寶」往往有一種生理上和精神上的軟弱，常常想靠「展示意志力」來克服這種軟弱，但使用的方法往往粗鄙和缺乏人性。希姆萊顯然就是這種「媽寶」。對他來說，控制與殘忍變成了力量的替代品，然而他的這種努力卻註定失敗，因為沒有一個弱者能靠殘忍的行為變成強者。他只是用控制別人來暫時向自己和別人隱藏自己的軟弱。

有充分證據可顯示希姆萊是個典型的「媽寶」。當他十七歲離開家裡前去接受軍訓時，第一個月便寫了二十三封信回家，而雖然他收到十或十二封回信，他仍然抱怨家人回信回得不夠勤。他那封一月二十四日寫回家的信開頭是他的典型口吻：「親愛的媽咪，非常感謝妳的來信。總算收到妳寶貴的幾個字。」兩天後收到家裡另一封信後，他又用同樣的口吻說：「我已經苦等良久。」三天內接到兩封信仍然阻止不了他在二十九日哀嘆：「今天我又沒收到你們的隻字片語。」

他早期的信件除了要求家裡多寫信，還不斷抱怨他的生活狀況：他的營房光禿禿而寒冷，他飽受臭蟲叮咬，軍中伙食量少又不合他胃口。他請求家裡寄食物和錢給他，讓他可以在食堂或鎮上酒館買吃的。雞毛蒜皮的不如意（比如在浴室裡不經意拿錯了衣服），都被他看作小悲劇，一五一十向家人報告。這些抱怨與哀嘆有部分用意是在向他母親求助。做為回應，希姆萊的母親陸續寄匯票、食物包裹、被褥、殺蟲藥和乾淨的衣服給他。顯然，與這些物資一起從蘭休特（Landshut）寄來的，還有許多的勸告與掛念之語。在這些勸告的衝擊下，希姆萊感到自己必須有一個勇敢軍人的模樣，所以有時候便不再抱怨。可是，他的口吻總是要等到實際收到包裹之後才改變，而且向來維持不久。在食物方面他一點也不會不好意思，信中充滿讚美母親的烹飪手藝的話（「我出操回來吃到蘋果派，好吃極了。」），並請求再寄一些蘋果和甜餅之類的點心。（B. F. Smith, 1971）

隨著時間過去，他寫信的次數似乎不像以前那麼多了，但一個星期仍然不少於三封，而且仍然像以前一樣堅持家人回信給他。有時候因為母親寫信的次數不如他的願，他便不高興。他在一九一七年三月二十三日的信開頭寫道：「親愛的母親，非常感謝妳的好消息（雖然我並沒有收到）。妳不寫信來顯示出妳的小器。」

這種要父母（特別是母親）分享一切的要求在他當實習生（以農業科學生身分在農場裡實習）的時候還是一樣。十九歲那一年，儘管他老是說很忙，前三個半星期還是至少寄了八封信和明信片回家。當他得了副傷寒，他母親急得幾乎發瘋。復原以後，他花了許多時間寫信，向母親詳細報告身體狀況，包括他的體溫、排便狀況，以及有哪些疼痛等。同時他又很聰明，為了不讓家人以為他是個哭鬧的嬰兒，在信裡不時插話說他現在很好，責備母親不該那麼擔憂。有時候他甚至會在信的開頭寫三、四件一般的事情，然後才說：「親愛的母親，我可以看出來妳現在已經很急，想要知道我的情況了。」（B. F. Smith, 1971）這也許是事實，但這句話是一個例子，說明了希姆萊一生都在運用的一個方法：把自己的欲望和恐懼投射到他人身上。

我們已經對年輕時的希姆萊做了相當詳細的介紹，知道他執著於秩序、有疑病症[26]、投機而自戀。他覺得自己像嬰兒那樣渴求母親的保護，同時又企圖追隨和模仿一個父親型人物。

希姆萊的依賴性固然有一部分是母親的溺愛導致，但他在身體上和精神上也確實有些弱點。身體上，他不是個很強壯的小孩，三歲開始就常常生病。那時他得了一種嚴重的呼吸器官疾病，病灶在肺部，有些兒童曾死於這種病。他父母恐慌至極，專程從慕尼黑把為他接生的醫生請到巴

26 譯註：疑病症：一種老是懷疑自己生各種病的「病」。

索（Passau）來診治他。為了讓兒子得到最佳的照顧，希姆萊的母親把他帶到一個氣候比較好的地方居住，而父親會在公餘前往探訪。一九〇四年，為了希姆萊的健康著想，全家搬回慕尼黑。值得注意的是，希姆萊的父親贊成所有這些辦法。雖然這些辦法對他來說既花錢又不方便，可是他顯然沒有抗議。[27]

十五歲的時候，希姆萊得了糾纏他餘生的胃病。從他整個病況來看，他的病有可能有很重的心理病因。雖然他憤怒地認為胃病是他體弱的結果，這病卻給了他一個機會，讓他一直把注意力放在自己身上，也讓他身邊的人不斷聽他抱怨，為他忙得昏天暗地。[28]

希姆萊的另一種病是心臟病，這是真病還是自以為有病就不得而知。他認為這個病是一九一九年在農場工作時得到。為他治療傷寒的那位慕尼黑醫生這次認為他的症狀是心室肥厚，是在軍中受到過度操練導致。史密斯註釋說，那時候的醫生常常把心臟不適診斷為心室肥厚，並且歸罪於戰爭的勞累，但現在大部分醫生都不這樣認為。從現在的醫學觀點看，希姆萊的心臟沒有問題，而除了營養不足和副傷寒所產生的問題，他「極可能是滿健康的」。（B. F. Smith, 1971）

不論那位慕尼黑醫生的診斷是否正確，這個診斷必然加強了希姆萊的疑病症傾向，也加強了他與父母的聯結，因為他們得繼續為兒子的健康擔心。

但是，希姆萊身體上的弱點不只在肺部、胃部和心臟。他有一個軟塌塌的外表，體態笨拙可笑。例如，當他和哥哥一起騎腳踏車到郊外時，他「總是容易從車上跌下來，撕破衣服或遭遇其他倒楣的事」。他在學校裡一樣表現得笨手笨腳，所以八成讓他更感覺丟臉。

哈爾加登（G. W. F. Hallgarten）是希姆萊的中學同學，後來成為傑出的歷史學家，他對希姆萊在學校的情況有一個很好的評述。[29]他在自傳裡表示，當他聽到希姆萊位居要津時，他幾乎沒法想像那就是他的同班同學希姆萊。

哈爾加登形容，希姆萊是一個膚色奶白、胖胖的孩子，那時候就已經戴上眼鏡，常常帶著一種「半尷尬、半惡意的笑容」。每個老師都喜歡他；每學年他都是模範生，主要科目都是拿最好成績。在班上他被認為野心過剩。他只有一科不及格，那就是體育。由於連相當簡單的運動都做不來，希姆萊感到相當丟臉，既被老師譏笑，也被同學譏笑。同學們看到這個野心勃勃的傢伙低人一等時都很高興。（G. W. F. Hallgarten, 1969）

雖然講究秩序，希姆萊缺乏律己性和開創性。他是個空談家，也知道自己這個毛病，為這件事情責備自己，想要克服它。最重要的是，他幾乎完全缺乏意志力，因此不讓人意外地，他讚美堅強的意志和艱苦奮鬥精的精神，奉它們為理想的美德。可是他從來沒有獲得過這些美德。他用以補償意志力缺乏的方法是壓迫他人。

他的一則日記表明他知道自己缺乏意志力，知道自己易於服從別人。他在這則一九一九年十

27 這是另一個因素讓我猜測他父親並不像一般所描繪的那樣粗暴和嚴厲。
28 當他當權以後，他在克斯滕醫生（Dr. Kersten）身上找到這樣的人物。由於克斯滕醫生是擔任母親型的人物，這就怪不得他對希姆萊會有一些影響力。
29 參見G. W. F. Hallgarten（1963）。

二月二十七日的日記裡寫道：「上帝會讓一切有一個好的終結，但我不會臣服於命運，除非是我的意志願意那樣做。我要盡我所能地掌握命運之舵。」（J. Ackermann, 1970）這段話彆扭而矛盾。開頭他承認上帝的意志（當時他還是個規矩的天主教徒），接著他確定自己「不會臣服」，但又加上但書：「除非是我的意志願意。」他以這種方式解決了一個衝突：他實際上臣服與渴望擁有堅強意志之間的矛盾。然後他向自己承諾一定要掌握自己的命運之舵，但又給這個獨立宣言加上「盡我所能地」的跛腳但書。與希特勒相當不同的是，希姆萊始終是個懦夫，而且有此自知。他的一生就是一個和自己的軟弱掙扎的過程。他很像一個想停止手淫又無法停止的年輕人：他覺得內疚，為此責備自己，一直想改變卻一直不成功。但他的環境和他的聰明給了他可以控制他人的權勢，讓他可以誤以為自己已經變成「強者」。

希姆萊不只軟弱和身體笨拙，還有著社會自卑感。中學老師是君主體制中的最低階層，對所有高於他們的階級都心存敬畏。這種社會階級感在希姆萊一家更為尖銳，因為他父親曾經短時期擔任巴伐利亞王子海因里希（Heinrich）的私人教師，後來也一直與王子保持私人關係。正因為這樣，他求得王子答應當他次子的教父，而這個兒子也取名海因里希。由於王子的恩寵，希姆萊一家達到了他們的野心所能夠達到的最高地位。不幸的是，王子在第一次世界大戰中陣亡（他是所有德國王子中唯一遭受如此命運的），阻斷了希姆萊一家後來可能有的其他恩遇。我們可以想見，這對年輕的希姆萊的打擊有多麼沉重：他渴望掩藏他的無價值感，所以貴族地位對他來說簡直是天堂，但現在卻是永遠被阻斷而不能進入了。

然而，希姆萊的野心卻得到了看似不可能得到的滿足。他原來只是一個有社會自卑感的青年，對貴族既羨慕又嫉妒，但當上黨衛軍的幹部讓他變成德國的新貴族。在他頭上再沒有海因里希王子，也再沒有任何伯爵和男爵凌駕他之上。他位居德國元首黨衛軍的頭領，部下眾多，已是一個新的貴族了。他已經是「王子」——至少在他的狂想裡是如此。哈爾加登對他們中學時代的回憶點出了舊貴族和黨衛軍之間的關聯。他們在慕尼黑唸文科中學的時候，有一群貴族子弟也到他們的學校來唸書。這些貴族子弟穿的制服和後來的黨衛軍制服十分相像，只不過他們的制服是深藍色，而黨衛軍的是黑色。在在看來，黨衛軍制服是以那些貴族子弟的制服為藍本。

希姆萊常常宣揚要有勇氣，要有為團體犧牲的精神。但是從他的歷史來看，這種話顯然只是空言。一九一七年的時候，他曾經希望從軍，去前線作戰。就像他哥哥和很多社會高階層的年輕人那樣，希姆萊想進入軍營接受軍官訓練，以便成為軍校生。這種訓練有兩個好處：明的好處是升到軍官階級後，以後可以當職業軍人；暗的好處是軍官訓練受訓的時間比一般士兵要長，可望八、九個月後才會被派到前線。那時候一般士兵上前線的時間通常早得多。

希姆萊的哥哥格伯哈特已經在一九一六年接受軍官訓練，後來被派上戰場。看著越來越多年輕人上前線去，希姆萊非常恐慌，請求父母讓他輟學去接受軍官訓練。他父親竭盡所能，動用了一切人脈關係，務求實現兒子的願望。海因里希王子的遺孀為希姆萊寫了推薦信，可是他被推薦加入的軍營受訓人數已經滿額，所以拒絕他的申請。接著，他父親向二十三個軍營寫信，信中把可能與營長有淵源的重要人物的名字都寫了上去。儘管這麼努力，所得到的仍舊是拒絕。希姆萊的父親拒絕服輸，五天後向還沒試過的第十一步兵團寄去第二十四封申請信。當父親還在為他申請入團而戰時，希姆萊喪失了希望，相信自己會以一般士兵的身分被送上戰場。利用父親的關係，他申請加入蘭休特市的戰時服務隊（一個尚未被徵召的人所服務的單位）。他離開學校加入戰時服務隊顯然是希望可以得到緩徵，但當巴伐利亞教育部發布的一道特別命令顯示他沒有被徵召的危險時，他又重新回到學校。不久，出乎他和父親的意料之外，第二十四封申請信有了回音：他奉命幾天之內向雷根斯堡的第十一步兵團報到。

第一星期結束時，他聽到謠言說他不會被留下來，而是會被派到前線。「這傳言讓他陷入深淵，他一切戰鬥熱忱消磨殆盡。」（B. F. Smith, 1971）在信中，他向父母解釋，他之所以非常失望只是因為不能成為軍官，又請他們拜託和他在同一步兵團當軍官的表哥出面說項。他父母（特別是他母親）幾乎就像希姆萊自己一樣恐慌。直到一個月後，他表哥扎赫勒中尉還在竭力寬慰他，指出他不會被送到前線，要他安下心來接受訓練。

當他的恐懼緩和之後，他就裝出有自信的樣子來。他吸菸，批評政治局勢，說德軍主將魯登道夫（Ludendorff）的退休（只是誤傳）讓他不高興。從一九一八年年初到十月初，他都在接受訓練，等待奔赴前線。這一次他似乎很渴望上戰場，所以努力去贏得軍官們的讚賞，要他們答應假如只派一個人去前線的話就派他去，而不要派他的朋友基斯特勒（Kistler）——這個人也很想去前線。可是他的努力沒有效果，因此他恢復社交拜訪和上戲院。

一個明顯會讓人想到的問題是，幾個月前他還那麼怕上前線，現在卻熱中要去，這是為什麼？對於這種矛盾，有幾個可能的解釋。首先，他哥哥格伯哈特在戰場上已經升為正式軍官，這一定使他非常嫉妒，很希望顯示自己也是一個英雄。也可能是他一心想贏得與基斯特勒的競爭，所以忘了對上戰場的焦慮。但在我看來，主要原因更有可能是別的。就在希姆萊爭取上戰場的那時期，他寫道：「政治局勢非常黑暗，完全的黑暗……即便發生革命（這種可能性是百分百），我也絕不放棄我的決心。」（B. F. Smith, 1971）就像一九一八年十月幾乎每個德國人都知道的那樣，希姆萊精明地看出，戰爭已經等於輸了和結束了。這個時候待在前線是很安全的，反觀革命已經在德國暗潮洶湧，三星期後就會全面爆發。事實上，反政府和革命情勢的升高已經讓軍事當局不再送年輕人到前線去。

希姆萊的缺乏意志力和優柔寡斷也顯示在他的職業生涯中。他當初會選擇學農完全讓人意外，動機至今仍然不明。由於他接受的是傳統教育，家人一定會預期他從事父親的職業。最可能的解釋是，他不相信自己有能力研讀較嚴謹和較知性的科目，而學農看來是可以獲得某種學術等級的途徑。不可忘記的是，他是當職業軍人不成才去學農的。他的農業生涯由於心臟病（真假未定）而中斷，可是這並沒有終止他從事農業的念頭。為了務農，他開始學俄語，因為他想移民到東方當一個農夫。他看來也認為「德國自由軍團」最終會在東方征服一些土地，讓他有一個安身之處。他寫道：「目前我不知道我為什麼工作。我工作是因為那是我的義務，因為我在工作中得到安寧，也是為了有朝一日我和我的伴侶會到東方去。我將會遠離我親愛的德國，在異域以一個德國人的身分奮鬥。」（B. F. Smith, 1971）一個月以後他又寫道：「今天，我的內在與所有人都斷了聯繫，只依靠我自己。如果我找不到一個性格相投和愛我的女孩，我將獨自去俄羅斯。」（B. F. Smith, 1971）

這些話對我們大有啟發。希姆萊設法透過強調自己有堅強的意志，來否定自己的恐懼與依賴。他之所以表示不管有沒有女孩陪著，他都要遠離德國，是為了讓自己相信，他已經不再是一個「媽寶」。但事實上，他的行為和一個六歲小孩無疑：這個小孩從媽媽身邊跑開是為了躲在一個角落，等她來找自己。從當時各方面的情況來看，他的整個計畫都是不切實際的浪漫幻想——這種幻想正是希姆萊心裡沒有著落時容易掉進去的。

當他明白了他不可能移民俄國之後，他改學西班牙語，想要到南美洲務農。[30]他後來又分別考慮過去祕魯、喬治亞和土耳其。但所有這些都只是白日夢。在這段時期，希姆萊實際上無路可走。他做不成軍官，甚至沒有錢在德國務農——更遑論到南美洲務農。他缺乏的不僅是錢，還是想像力、耐力和獨立性。他當時的處境就像很多加入納粹黨的人一樣：他們不論在社會上還是在職業上都走投無路，但又野心勃勃，熱中於出人頭地。

他想達到某個目標而達不成，想去一個沒有人認識他的遙遠地方又做不到，這些情況都讓他不如意，但他在慕尼黑當學生的經驗一定更加強了他的不如意。他在慕尼黑加入了同學會，做種種事情讓自己受歡迎。他探望生病的會員，不論去哪裡都會把會員和校友找出來。但讓他困擾的是，同學會的人不太喜歡他，有些人還公開表示不信任他。他觀念古板、愛說三道四讓他更不受歡迎，每次競選同學會幹部都失敗。他對女孩子的態度總是戰戰兢兢：他「讓自己和異性之間總

保持著極遠的距離，以致他的貞節極少有機會受到威脅。」（B. F. Smith, 1971）

就業越無望，他就越被極端右翼觀念吸引。他閱讀反猶太主義的文章，又高興看到德國外交部長拉特瑙在一九二二年被謀殺，罵拉特瑙是「惡棍」。他加入了一個有些神祕的極端右翼組織「自由之路」（*der Freiweg*），結識了納粹運動的積極分子羅姆（Ernst Rohm）。雖然支持極右派，他仍然小心翼翼，不肯完全投入到他們的行列中。他留在慕尼黑，繼續慣常的生活。「儘管他政治化，儘管被自己和自己的前途所折磨，他繼續維持許多老習慣，包括上教堂、進行社交拜訪、參加同學會舉辦的舞會，以及把大包髒衣服寄給他媽媽茵格斯達（Ingolstadt）。」（B. F. Smith, 1971）他一位老師的哥哥幫他找到一份工作，解除了他職業上的困境。那是氮肥工廠裡一個技術助理的職位，工作是做肥料的研究。夠奇怪的是，這工作直接把他帶入了政治活動的領域。工廠位於慕尼黑北方的斯萊斯海姆（Schleissheim），而湊巧的是，新的準軍事組織「布呂歇爾聯盟」（Bund Blücher）的總部也是設在這裡。希姆萊幾乎無法不被這個組織的各種活動所吸引，而經過許多的猶豫之後，他終於加入了希特勒的納粹黨。我們這裡無法把這段時間發生在德國和巴伐利亞的事件逐一敘述。簡言之，巴伐利亞政府妄想要透過右翼組織的勢力對抗柏林的中

30 他的方法仍然是迂腐和不切實際。他學一種語言是為了某個目的，可是對如何去達到這個目的，他卻沒有任何實際的想法。但是，學語言總沒有什麼害處，這不需要他下任何決心就可以讓他相信自己在從事一項偉大的計畫，而實際上他除了隨水漂流外什麼也沒有做。這正是他在一九二〇年代早期的處境。

央政府，卻以失敗告終。這期間，希姆萊辭去工廠的工作，加入一個軍事單位（一個取代國防軍部隊的連隊）。不過，他參加的連隊後來被國防部解散，因為這單位裡有太多人想參加反對柏林中央政府的行動。所以，希姆萊的新軍職只維持了七星期便戛然而止。這段期間，他和羅姆走得更近，而在慕尼黑暴動當天，當羅姆帶著一隊人去圍攻國防部時，希姆萊就揮舞著舊帝國的戰旗走在他旁邊。羅姆的人圍住了國防部，但接著又被巴伐利亞的警察圍住。希特勒想來救援羅姆，但在向元帥府進軍時受阻。羅姆那隊人的帶頭者都被捕下獄，希姆萊和其他人則放下武器，混入警察中，拍拍屁股回家。

希姆萊雖然因為揮舞旗子而自豪，可是又害怕被捕，同時還因為沒有被政府看在眼裡而失望。凡是可能讓他被捕的事，他一概不敢做，例如不敢為非法組織工作。（值得一說的是，在這時期被捕並不會有任何可怕的後果。大部分人都會獲釋，要不然就是像希特勒那樣，被短期監禁在古堡裡。古堡是一個舒服的地方，一切都很方便，只是不准離開。）不過希姆萊卻給自己的龜縮找到合理化藉口：「做為一個朋友，尤其是做為一個人民運動的戰士和忠貞分子，我永遠不會逃避危險，但為了彼此和為了這個運動，我們有責任為了可以隨時起而戰鬥而明哲保身。」（B. F. Smith, 1971）結果，他為人民運動（Völkisch movement）工作（這個運動並沒有被禁），另一方面又想謀一份職業，又幻想著可以移民到土耳其某個有吸引力的地點。他甚至寫信給蘇聯大使館，詢問可不可能讓他移民烏克蘭——對一個狂熱反共的人來說這是非常奇怪的舉動。在這段期間，他的反猶太主義越來越邪惡，而且和性糾纏在一起，這可能和他一直對性念念不忘有關。凡是他遇到的女孩，他都會懷疑她們的貞節，而凡是他能夠找到的性愛書籍，他都會看。一九二四年，他在拜訪老朋友時在書房裡發現了施利希特格羅爾（C. F. Schlichtegroll）的一九〇四年禁書《穿教袍的施虐癖者》（*Bin Sadist im Priesterrock*），一天之內就把書看完。總的來說，他給我們的印象是一個受抑制和驚恐的青年，沒有和女人建立親密關係的能力。

他的前途問題最後獲得了解決。史特拉瑟（國家社會主義解放運動陣線的一位領袖，和這個運動陣線的下巴伐利亞分部部長）讓他擔任自己的祕書和助理。他立即答應，前往蘭休特，之後和史特拉瑟一起在黨內步步高陞。史特拉瑟所代表的觀念和希特勒十分不同，強調納粹綱領中的社會革命部分，是這個更極端派別的一位領袖。另外兩位領袖是他弟弟奧托（Otto）和戈培爾。他們想要把希特勒從向上層階級靠攏的取向推開，相信納粹黨應該「傳播社會革命的訊息，而只以一點點反猶太主義做為調味料」。（B. F. Smith, 1971）但希特勒沒有改變他的路線。戈培爾因為看出來誰是強者，便放棄自己的理念，追隨了希特勒。史特拉瑟因此脫離納粹黨，而同樣代表較激進革命觀念的衝鋒隊領袖羅姆則被希特勒下令謀殺——事實上正是死在希姆萊率領的黨衛軍手中。羅姆和其他衝鋒隊領袖的死是希姆萊得以平步青雲的開始。

不過在一九二五至一九二六年間，納粹黨還只是一個小黨，而威瑪共和國似乎也比從前穩定，這讓希姆萊產生了一些疑慮。他已失去了原先的朋友，而「甚至連他父母都明白表示不贊成他為納粹黨工作，把他看成《聖經》故事裡的浪子。」（B. F. Smith, 1971）他的薪水很少，因此不得不常常借錢。這就難怪他再度有當農場管理員的念頭和幻想移民土耳其。不過，他最後仍然留在納粹黨裡，但這不是因為他強烈忠於黨的理念，而是因為他希望謀得的其他工作都沒有下文。沒過多久，事情出現好轉。史特拉瑟在一九二六年升為納粹黨的宣傳主管，又把希姆萊拔擢為副手。

僅僅三年之後，希姆萊手下便有了三百名黨衛軍，而到了一九三三年，黨衛軍更是擴充至五萬人。

在史密斯寫的希姆萊傳裡，他指出：「讓我們深感不解的不是黨衛軍的龐大規模，也不是希姆萊最後成為了帝國的警察首長，而是他對千百萬人的折磨，和對另外千百萬人的殺害。沒有直接答案可以從希姆萊的童年與青年時期找到。」（B. F. Smith, 1971）我不認為史密斯此說是對的。我將會設法顯示，希姆萊的施虐癖深深根植於他的性格中，是早在他有機會大規模發揮出來而得以留下嗜血魔王惡名之前便已存在。

我們應該記住，廣義的施虐癖是一種想要絕對並無限制地控制別人的激情。向別人施加身體上的痛苦只是這種全能欲的展現之一。我們也必須記住，受虐性的屈從並不是施虐癖的對立面，而是共生體系的一部分。這種共生體系中既有完全的控制欲，又有完全的屈服欲，兩者只是同一種基本的生命無能感的展現。

希姆萊以惡意責備別人為樂的最早的例子之一，是戰時發生的一件事，那時他十六歲。當時，一些在巴伐利亞度假的薩克遜人囤積糧食寄回家，因為糧食在他們家鄉很難買到。報章開始發表文章攻擊他們，而史密斯相信，希姆萊對他們所購買的東西知道得非常清楚，讓我們「必然會去猜想他和這件事的揭發有關。」（B. F. Smith, 1971）希姆萊在一九一九年寫的一首短詩也流露出他的殘忍氣質：

法國佬，法國佬，小心了，
因為我們絕不原諒你們。
我們的子彈將到處飛，
叫你們慌亂恐怖。
我們將為所欲為，
讓你們毛骨悚然。

二十一歲起，希姆萊找到了一些新朋友和父親型人物，開始覺得比較獨立一些，於是對父親和哥哥顯露出紆尊俯就的態度，開始向兩人說教。他對父親的說教還算是合宜的，但他對哥哥格伯哈特的說教卻越來越不安好心。

要追蹤希姆萊的施虐癖的發展，我們必須了解他和格伯哈特的關係所代表的意義。[31]格伯哈特的個性與希姆萊正好相反：他平易近人，受歡迎，有膽量，對女孩子有吸引力。在他們年紀比較小的時候，希姆萊似乎羨慕格伯哈特，可是當格伯哈特在很多方面獲得成功而希姆萊在這些方面都不成功之後，他的羨慕就變成了嫉妒。格伯哈特從軍後因戰功獲得晉升，並獲頒一等鐵十字勳章。他和一個迷人的女孩戀愛並且訂婚，而他弟弟既沒有榮耀也沒有愛情，且為人笨拙、脆弱和不受歡迎。希姆萊效忠的對象從格伯哈特轉向了表哥路德維希（Ludwig）——這個人也有很多理由妒忌格伯哈特。起初，希姆萊只是苛刻地批評哥哥，說他缺乏紀律、沒有目標、不夠英雄和粗心大意（一如往常，他都是把自己的缺點投射到別人身上）。但是，當格伯哈特追求寶拉（Paula）成功，希姆萊這位未來的警察部長卻在他和哥哥的關係上火力全開。寶拉是他們的遠房表妹，長得迷人，但在希姆萊的觀念裡，當未婚妻的人應該是害羞的、少與人交往的和貞節的。不幸的是，寶拉和格伯哈特之間出現了一些芥蒂，原因是寶拉被人指稱曾經有過「不檢點」行為。格伯哈特寫信給希姆萊，請他到寶拉家幫忙解決這個問題。這個不尋常的請求顯示出希姆萊在家中的地位已經凌駕在哥哥之上（很可能是得到父母首肯）。希姆萊去了寶拉家，發生什麼事情我們不得而知。不過在他幾星期後（顯然是在寶拉做出過四項忠貞保證後）寫給寶拉的信卻透露出他的脅迫性性格：

我很願意相信妳會做到這四件事，特別是當格伯哈特和妳在一起的時候。但這還不夠。一個男人必須從他的新娘那裡得到確定性，確保即便有幾年不在她身邊，雙方很長時間杳無音訊（這種事在戰爭期間很容易發生），她依舊沒有一句話、一個眼神、一個吻、一個姿勢或一個念頭是對他不忠……妳面對的考驗是，妳應當而且必須守得住，若是沒有守住就會很丟臉……如果你們倆的結合對你們來說是快樂的，對民族來說是健康的（民族的健康必須以健康的、道德的家庭為基礎），妳必須用野蠻的力量來控制自己。由於妳對自己的把握不夠堅定有力，對自己只有稍微控制；又由於我說過的，妳未來的丈夫對妳太好，對人不夠了解，而且這段時間不允許他做更多的了解，必須另外有人來做這件事。由於你們倆都為這件事找我商量，把我拖進來，我就覺得我對這件事有責任。

此後七個月，希姆萊沒有再插手這事，直到一九二四年二月才改變態度，當時他聽說寶拉再次行為「不檢點」（是否屬實不得而知）。這一次他甚至沒有告訴哥哥，而是直接把事情告訴父母，想要說服他們相信，為了家族聲譽著想必須解除婚約。先是母親含淚答應，然後他父親也被說服了。接著他才知會格伯哈特。「當格伯哈特答應結束婚約時，希姆萊感到勝利了，同時又由於哥哥的缺乏抗拒力而輕視他，認為哥哥『就像完全沒有靈魂似的』。」這個二十四歲的青年瓦解了父親、母親和哥哥的意志，讓自己變成了家中的實質獨裁者。

解除婚約讓一家人非常不自在，尤其因為寶拉家是他們家的遠親。「然而不管什麼時候，只要父母或格伯哈特有一點想反悔的表示，希姆萊就會施加更大的壓力。他拜訪兩家人的共同朋友，解釋為什麼婚約必須解除，在解釋的過程中讓寶拉名譽掃地。當寶拉寫信來，他的反應是強調必須『立場堅定，不讓自己被疑慮所惑。』」到了這個階段，他對哥哥和父母的控制欲已經暴

---

31 我以下關於希姆萊與格伯哈特關係的討論，資料來源是 B. F. Smith（1971）。

露出邪惡的施虐癖特徵了。他想要摧毀寶拉的名譽，而為了更進一步羞辱父母、格伯哈特和寶拉的家庭，他堅持兩家人交換過的所有禮物必須退回。父親原希望即使解除婚約也應徵得對方同意，但這個希望被希姆萊否決。最後他的強硬路線得勝，把所有妥協的可能性都堵死。海因里希・希姆萊贏得了完全的勝利，讓每個人都陷入徹底的不快樂。

在大部分的情況中，事情都會到此落幕，但希姆萊卻不肯罷休。他雇了一個私家偵探監視寶拉的行為，要他蒐集「您所聽到而又可證實的故事！」。這個私家偵探交給他一些可能損及寶拉名譽的資料，希姆萊利用它們對寶拉家進行進一步的羞辱：在退回一些他聲稱原來忘了退回的禮物時，他把那些資料附在裡面。「他的最後一次猛攻出現在兩個月後。他寫了一封信給兩家人的共同朋友，請他們告訴寶拉不可再講希姆萊家的壞話，警告說他雖然是個好相處的人，『**但如果為勢所迫，我會完全變成另一個人。那時我不會為了虛假的憐憫心腸住手，非要使對方在社會上與道德上完全破產為止。**』」（強調字體為外加）

這是希姆萊在當時的環境下所能施展的邪惡控制的極致。當他的狡猾讓他得以利用新的政治環境時，他就會把他的施虐癖施展到讓歷史震驚的程度。然而這名黨衛軍頭目所用的措詞基本上和年輕希姆萊威脅寶拉時所用的沒有兩樣。一個例子是他二十年後（即一九四三年）針對黨衛軍的倫理所發表的談話：

黨衛軍成員有一個絕對的原則，那就是要對我們同血緣的人誠實、有禮、忠貞和當一個好同志，而對任何不同血緣的人都不必如此。俄國人和捷克人會遭到什麼命運，我完全不關心。其他民族如果有好的血統，如果有必要，我們可以把他們的兒童搶過來，在我們這邊養大。其他民族是死是活我毫不關心，如果我關心他們的死活，只是因為我們社會需要奴隸。我不關心是否有一萬個俄國婦女為了挖戰車壕溝而倒下，我只關心壕溝是否為德國人挖好了。**而不必殘忍與狠心的地方，我們絕不殘忍與狠心**。（J. Achermann, 1970；強調字體為外加）

在這段話裡，有施虐癖的希姆萊盡情地表露了自己。如果別人的血統好，他就搶別人的兒童。他要把他們的成年人拿來當「我們社會」的奴隸。他們是死是活，他是不關心的。這段話的結尾部分是希姆萊和納粹的典型欺人之談。他向聽眾保證，如果不是有必要，他是絕不會殘忍和狠心，以此來辯稱自己仁慈。這與他在威脅寶拉時所用的藉口如出一轍：「如果為勢所迫」，他就會翻臉無情。

希姆萊是一個容易受到驚嚇的人，也總是需要種種藉口來掩飾自己的施虐癖。他也可能有需要保護自己，不讓自己直接面對自己殘忍的證據。據沃爾夫所述，一九四一年夏天，希姆萊在明斯克目睹了一次集體屠殺，大為震撼。但是他說：「沒關係，我想這件事還是對的。凡是可以決定生死的人應該知道死亡是什麼樣子，也應該知道他叫行刑官做的是什麼事。」（K. Wolff, 1961）在經過這些集體屠殺之後，他手下很多黨衛軍都生病了：他們有的自殺，有的得了精神病，或有其他嚴重的精神障礙。[32]

要了解希姆萊的施虐癖，便不能不了解他常常被人形容為仁慈的一面。我提過，他為了讓自己受歡迎而探訪同學會的會員。但除此以外，他還在其他場合做類似的事。例如，他曾經贈送糕餅和蛋捲給一個老婦人。在日記裡記下這件事時，他寫道：「但願我能給得更多，但我自己也是窮鬼。」（這違反事實，他的家境是富裕的中產階級。）他和朋友們組織過一個慈善會，把善款捐給維也納兒童。另外，就像很多人形容過的，他對黨衛軍的態度「像父親」。可是，從希姆萊的整體性格來看，我認為這些友善行為大多不是發自內心。他此舉是要補償他的冷酷無情，是要讓自己和別人相信他並不是那樣的人。換個說法就是，他想要讓自己和別人相信，他感覺到他實際上沒有感覺到的情感。為了否認他的殘忍與冷酷，他必須表現出一些仁慈與關懷。甚至他對打獵的厭惡（他說過打獵是一種懦弱行為）都不是認真的，因為他在一封信中曾建議讓黨衛軍獵取較大型動物來做為表現良好的獎賞。他固然對兒童與動物友善，但這種友善也不是不可懷疑的，因為他所做的一切莫不是為了促進自己的事業發展。當然，即使像希姆萊這樣一個有施虐癖的人也未嘗不可能有一些正面的人性特徵，比如在某些情況下對某些人仁慈。讓我們難以相信希姆萊真正具有這些特徵的，是他完全的冷酷，是他的一切所作所為都是在為他的自私目的服務。

有一種施虐癖是恩惠型的，這種人控制別人不是為了傷害對方，而是希望他好。[33]希姆萊可能有一些這種類型的施虐癖。一九三八年十月十六日他寫給黨衛軍高級軍官克杜林斯基伯爵（Count Kotulinsky）的信便是一個例子：「親愛的克杜林斯基，你病得很重，心臟狀況滿不好的。為你的健康著想，今後兩年我禁止你吸菸。兩年後你給我一份體檢報告，我再決定是否讓你解禁。希特勒萬歲。」（轉引自H. Heiber, 1958）他在寫給黨衛軍主任醫生格拉維茨（Grawitz）的信也是用這種小學老師的口吻（格拉維茨先前向他交了一份對集中營囚犯進行醫學實驗的進展報告，他看了後不滿意）：

> 你不必為這封信一直擔心我會解除你的主任醫師職務。這封信只是想告訴你，你必須改正你這些年來的主要缺點，即你的虛榮心。你必須認真去做你的所有工作，即使你最不喜歡的也要勇敢地去進行，而且必須放棄你的一種想法，以為空談就可以把事情搞好。如果你記住這些並努力工作，一切自然會上軌道，而我也會對你和你的工作感到滿意。（H. Heiber, 1958）

這封信讓人覺得有趣的不僅是希姆萊的小學老師口吻，而且還是他勸戒醫生改過的缺點正是他自己的缺點：虛榮心、缺乏勇氣和好空談。他的書信集滿是這類他扮演著嚴格和聰明父親角色的信件。收到他信的許多軍官都是封建階級的成員，我們不難想像希姆萊在把他們當小學生看待時內心所感到的特殊優越感。（這種施虐癖已經不是恩惠性的了。）

32 參看奧斯威辛集中營指揮官霍斯（R. Höss）所說的話。（引自J. Ackermann, 1970）也可參看希姆萊在一九四三年對黨衛軍最高頭目們的談話，他說滅絕行動所產生的後果之一是「精神崩潰」。（Koblenz: Nazi Archiv. NS 29, H.R. 10）

33 參看E. Fromm（1941）對「恩惠型」施虐癖的討論。

希姆萊的結局和他一生的性格十分相符。當德國敗象已現後，他就準備透過瑞典的調停與西方國家和談。和談工作將會讓他登上領導性地位，他則會主動在猶太人的命運上做出讓步。在這些談判中，他將會把他原來牢牢堅持的政治教條一一放棄。當然，僅僅是發起這些談判，「忠心的海因里希」（他給自己的稱號）就已經對他的偶像希特勒進行了最後的出賣。他自以為同盟國會接受他當德國的新元首是他的智力平庸和缺乏政治判斷力的反映。他的自戀自大也讓他以為，他可以成為戰敗後的德國最重要人物。奧倫多夫（Ohlendorf）將軍勸他向同盟國投降，對黨衛軍所犯下的惡行承擔責任，他予以拒絕。這個一向傳揚忠誠與責任的人現在顯露出完全不忠誠、完全不負責任的本性。他戴上一塊黑眼罩，剃掉小鬍子，帶著假身分證，穿上陸軍下士的制服逃跑。被捕後，他被關在戰俘營中，然而他的自戀心態顯然讓他無法忍受被人當成無名小卒看待。他要求見俘虜營的指揮官，自報上姓名：「我是海因里希．希姆萊。」不久，他咬碎藏在牙洞裡的氰化物而死。幾年前的一九三八年，他才在一次講話中對他的軍官們說過：「我無法原諒那種把生命當作髒襯衫一樣丟掉，以為這樣就可以逃避困難的人。我們必須把這種人像埋葬畜牲一樣埋掉。」（J. Ackermann, 1970）

他的生命就這樣結束了。為了克服軟弱和生命無能感，他必須取得絕對權力。在他達到這個目的以後，他又設法緊緊抓住這權力，為此不惜出賣他的偶像。當他被關進戰俘營變成了無數普通士兵的其中一員之後，他無法忍受這種被貶至完全無權無勢力的狀態。他寧願死，因為在他看來，無權無勢便是弱者。

總結

希姆萊的性格是典型的肛門—囤積性、施虐性權威性格。

他原本個性軟弱，但透過講求秩序和迂腐，透過臣服於強有力的父親型人物，他找到了一些安全感，最終發展出無限制地控制他人的欲望，以此做為克服他的生命無能感、羞怯與不安的方法。他極端嫉妒那些天生具有自信自尊的人。他的生命無能感和由此導致的嫉妒讓他產生羞辱和毀滅他人的邪惡願望：無論對他哥哥的未婚妻、還是對猶太人都是如此。他徹底冷酷，絲毫無悲憫之情，這讓他感覺更孤立和驚恐。

希姆萊也是一個絕對的投機分子。

他的施虐激情總是視乎他覺得什麼事情對他有利而定。他是一個不忠的人，一個積習難返的說謊者，不僅對別人如此，對自己也是一樣。他沒完沒了宣揚的那些美德，都是他自己顯著缺乏的。他為黨衛軍制定了「忠心是我們的榮耀」的座右銘，可是他自己卻出賣希特勒。他宣揚力量、堅定和勇敢，可是他自己卻軟弱、卑怯和懦弱。「忠心的海因里希」是赤裸裸的瞎話。他自己所說過的話中唯一正確的，可能是他在接受軍事訓練期間寫給父親的一句話：「不要為我擔心，我就像狐狸一樣狡猾。」（B. F. Smith, 1971）[34]

一個行為主義者也許會有此一問：希姆萊會不會本來是個正常的人，只是後來環境有利於施虐癖的發展，他才成為有施虐癖？

我相信我們的分析已經回答了這個問題。我們看到，他在早期的發展中業已具備了施虐癖發展的一切條件。我們看到他早期的沒有安全感，沒有男子氣，懦弱無能等。僅僅這些性格特質就已經告訴我們，他可能會尋求施虐癖做為補償。再者，我們看到他的講求秩序、他的迂腐、他的典型肛門—囤積性權威性格的發展。最後，我們還看到他對哥哥的未婚妻展開露骨的惡毒施虐行為，而當時他還沒有獲得權力。所以，我們不得不下結論說，這名黨衛軍頭領在沒有成為黨衛軍頭領前便有著施虐性格。他後來的地位固然讓他有權力在歷史舞臺揮灑他的施虐癖，但禍根早已種下。

講到這裡，我們會碰到另一個常常被人提出的問題：如果希姆萊沒有生在納粹之世，而又具有破壞他哥哥婚姻時的性格，他會變成一個什麼樣的人？

這個問題不難回答。由於他只有普通的智力且又非常循規蹈矩，他可能會在一個科層體系裡謀得一個位置，例如小學老師、郵局職員或大企業雇員之類。由於他不顧一切尋求自己的利益，又懂得奉承上司和懂得用陰謀對付同事，他可能會升到一個相當高的地位。但他不可能升到最高的位置，因為他缺乏創造性想像力或良好判斷力。他的同事會完全不喜歡他，可是他卻可能成為有權勢上司的心腹。在亨利．福特反對工會的時代，他可能是福特汽車公司的好副手，但在現代企業裡，他卻很難成為一個好的人事主管，因為他的冷酷會讓他非常不受歡迎。在他的葬禮上，他的老闆和牧師大概會讚揚他是個慈父、好丈夫和負責的公民，又會說他擔任教會執事時的無私服務永遠是大家的榜樣。

我們周圍有成千上萬個希姆萊。對整個社會來說，他們在承平時期能造成的危害並不大（但也不可低估因他們的傷害而變成徹底不幸的人的人數）。然而，當破壞性的力量與恨意瀰漫整個社會，這些人就變得極端危險：他們是熱中於為政府執行刑求和殺戮任務的人。很多人以為我們遠遠就可以認出誰是潛在的希姆萊，但這是一個嚴重錯誤。性格學研究的目的之一就是告訴我們，潛在的希姆萊看起來和任何人一樣。只有熟悉如何解讀性格的人，才不必等到環境容許這「魔鬼」露出真面目就能看出他來。

是什麼因素讓希姆萊變成無情的施虐者？一個簡單的答案就在我們前面討論過的、那些會促成囤積性格的因素。但這個答案不能讓人完全滿意，因為希姆萊的性格展現出一種極端的、非常

34 許多政治領袖都存在著表面形象與實質狀態的矛盾，希姆萊只是其中一個例子：他是個無情的施虐癖者和懦夫，卻為自己建構起仁慈、忠心、勇敢的形象。其他的例子有希特勒、史達林和墨索里尼。希特勒被說成德國的「救星」，被說成他愛國家勝於一切，但事實上他是一個無情的毀滅者，不只毀滅敵人也毀滅德國本身。史達林被說成「國家的慈父」，他卻幾乎毀了俄國，也在精神上毒化了俄國。另一個突出的冒牌貨是墨索里尼：他扮演有攻擊性、勇敢的男人角色，把「危險地活著」奉為座右銘，但他在個人生活中卻是極懦弱的人。墨索里尼在《前進報》（*Avanti*）當記者時的副主編艾卓莉卡·巴拉巴諾夫（Angelica Balabanof）告訴我，一個曾為墨索里尼抽血檢驗的醫生表示，他很少看到有男人像墨索里尼那麼害怕抽血。另外，墨索里尼每天下午都會等艾卓莉卡下班，好可以和她散步聊天。有一次他說：「每個影子和每棵樹都讓我害怕。」（那時他並沒有任何安全上的疑慮。）他的懦弱還有許多其他例證。他後期的例證之一是當他的女婿齊亞諾伯爵（Count Ciano）被判死刑時，他是唯一可以減刑的人，但他卻二十四小時拒絕見任何人（中止死刑的命令必須二十四小時內發布方有效）。

惡性的囤積性格，而這種性格比輕度的施虐性囤積者少見得多。

如果想探究竟是什麼因素促成了「歐洲尋血獵犬」的性格發展，我們首先該望向他與父母的關係。他深深依賴母親（這種依賴受到鼓勵），和有一個專制但軟弱的父親。

可是，千百萬人不是都有相同的情況而沒有變成希姆萊嗎？確實，一、兩個孤立因素永遠不足以解釋一個人特有的性格。要了解一個人的性格發展，還必須從種種相關的因素所構成的整個體系來看。

在希姆萊的歷史中，我們還看到一些其他因素：他體弱而笨手笨腳（這大概是一些疾病和受損的體質導致）；他的社會自卑感（這是他的邊緣社會地位導致，再受到他父親對貴族的臣服與崇拜所加強）；他對女人的膽怯（這可能是他對母親的固著所致，這使他感到無力，沒有男子氣概）；還有他的極度自戀和對哥哥的妒忌（他哥哥有一切他所缺乏的個性特質）。

除了這些，還有一些其他因素是我們沒有觸及的，部分原因是我們沒有資料。我們也必須考慮到，可能有某些重要的遺傳因素即便不是他的施虐癖的淵源，也促成了他這方面的發展。

但我們最應該考慮的因素大概是他家中的氛圍，那是一種乾涸的、陳舊的、迂腐的、不真誠的和不活潑的氛圍。這種氛圍容易產生病態的人。在這個家庭裡，唯一的價值理想就是他們自己並不衷心相信的愛國和誠實，唯一的希冀就是保住他們在社會階梯上搖搖欲墜的地位。這個家中沒有精神或智力上的新鮮空氣可以鼓勵軟弱的小孩希姆萊另行發展。

有此情形的不是只有這家人。希姆萊一家位於帝國上層階級的最底層，而這個層級憤怨、有無力感和鬱鬱不樂。這就是希姆萊生根發芽的土壤，而當革命打破了他的社會地位和讓他前途無望時，他的性格越發邪惡起來。

第十二章　惡性攻擊性：戀屍癖

傳統概念

戀屍癖（necrophilia）[1]——對死屍的愛戀——一般分為兩種：一、有性欲的戀屍癖，即男人對女性屍體有性交或其他性接觸的欲望；二、無性欲的戀屍癖，即有撫摸、接近和凝視屍體的欲望，特別是有肢解屍體的欲望。但是，戀屍癖一詞平常很少用來指一種**根植於性格的激情**，而較明顯的、粗鄙的戀屍癖卻是以這種激情為基礎。舉幾個傳統意義上戀屍癖的例子，可讓我們更容易識別出較不明顯的**戀屍性格**。

戀屍癖的病例可見於許多著作中，特別是在討論性倒錯與性犯罪的著作。這方面最完備的著作是德國傑出犯罪學家亨蒂希（H. von Hentig）專就戀屍癖所作的病例選編。（戀屍在德國和其他國家的刑法中都是罪行。）他列舉了五種戀屍癖的例子：一、與女性屍體進行性接觸（性交、觸碰性器官）；二、看到女性屍體產生性興奮；三、被屍體、墳墓和與墳墓有關的東西（例如花和死者的照片[2]等）所吸引；四、肢解屍體；五、渴望去觸摸屍體或其他腐爛的東西，或渴望聞其氣味。（H. von Hentig, 1964）

亨蒂希的意見和斯鮑利（T. Spoerri）等其他學者一致，認為有戀屍癖的人要比一般以為的多得多。可是由於實際環境的限制，這種倒錯欲望很難獲得滿足。有機會常常接近死屍和進行這種倒錯行為的，只有掘墓人和殮房服務員。因此，戀屍癖的病例大部分是出於這些人也就不足為奇了。當然，這種情形也不無可能是因為這些職業特別吸引戀屍者。殺人兇手當然也有機會進行戀屍行為，但由於謀殺案不多，要想在這類案件中找到很多戀屍癖病例並不容易。只有在「淫樂殺人」（lust murder）的案件中，戀屍癖才比較常見。亨蒂希另外舉出一些例子，證明有些人會把屍體從墳墓挖出來帶走，用來滿足他們的戀屍性欲。由於在有機會接觸屍體的人當中，戀屍者的比例相當多，我們似乎不得不假定戀屍者在一般人中的比例也不會太少，只是這些人由於缺乏機會而沒有把戀屍癖顯露出來罷了。

以下是一名二十一歲殮房服務員的病史，由瑞沃爾（J. P. de River）所提供。當事人在十八歲時愛上一個女孩，但因為女孩身體虛弱（肺結核），兩人只發生過一次性關係。他說：「我無法淡忘愛人的去世，每次手淫都覺得我是在與我死去的愛人性交。」瑞沃爾的報告繼續提到：

在愛人死的時候，當他看見她穿著白色壽衣躺在那裡，他的情緒極為激動，失聲痛哭，非常不情願地被家人從棺材旁邊攙扶開。這時候，他很想跳到棺材裡，和愛人一起被埋葬。在棺材下葬時，他悲痛萬分，在場的每個人（包括他自己的家人）都以為這是他看到愛人被埋葬而痛苦。但是，現在他開始明白，那是另一次的激情發作：他由於看到死者而產生了強烈的性欲。那時他剛剛完成高中學業，想說服母親讓他進醫學院，但因家裡經濟不寬裕而作罷。不過，由於他的建議，母親讓他進入殯儀學校，因為這種課程比較省錢，修業期限也比較短。

他在學校裡很用功，意識到自己終於找到一種可以樂在其中的職業。在防腐室，他總是對女性屍體有強烈的興趣，多次強烈地想與她們性交。他知道這是不對的，每次都和這種欲望搏鬥，把它抑制住。然而，在他快要完成學業的時候，有一次他和一具少女的屍體獨處一室。當時他的欲望是那麼的強烈，而環境又是那麼有利，他終於豁出去了。他用陰莖去碰少女的大腿，一碰之下變得極其興奮。他更加失去控制，撲在屍體上，用嘴去親吻死者的私處，並因為

1 希臘文的 *nekros* 意為「屍體」、死人、冥界的居民。拉丁文裡的 *nex* 和 *necs* 意為暴斃、謀殺。顯然，*nekros* 所指的並不是死亡，而是死者、死屍、被謀殺的人（這種人的死與自然死亡顯然不同）。而 to die、death 的意義與此不同，指的並不是死屍，而是「死」這件事。「死」在希臘文中是 *thanatos*，在拉丁文中是 *mors* 和 *mori*。英文中 die 和 death 的字根是印度—日耳曼語中的 *dheu* 和 *dhou*。（感謝 Ivan Illich 博士為我提供這些概念的辭源學豐富資料，我在這裡引用的只是最重要的部分。）

2 在某些國家，有在墓碑上放死者照片的習慣。

太興奮而射精。事後他感到極為懊惱和害怕：害怕被人發現這件事。不久，他從學校畢業，在中西部一個城市找到殮房服務員的工作。因為他是殮房裡最年輕的服務員，所以常常要獨自在殮房守夜。他說：「我很高興有這種和屍體獨處的機會，因為我已經意識到，我和其他人不一樣。我渴望和死人單獨在一起，那讓我有充足的時間和屍體性交。我是自從愛人死後意識到這種癖好的。」

他在殮房工作的兩年中強暴了幾十具女性屍體，做出種種性倒錯的行為，而這些死者的年齡從嬰兒到老人不等。他通常從吮吸乳房開始，然後親吻私處，最後會變得極為興奮，爬上她們的身體，以超乎凡人的力量與她們性交。這種情況最多可達每星期四、五次，次數多寡視殮房內有多少具女性屍體而定。

……有一次，有一具十五歲少女的屍體令他非常激動。在她死去的第一天晚上，當他獨自在殮房守夜的時候，他喝了一些她的血。這些血激起了他極大的性興奮，使他把一根橡皮管插入死者的尿道，用嘴吸她膀胱裡的尿液。此時，他有了更進一步的衝動，覺得如果他能把她吞下去——就是吃掉她——即使只是咬掉屍體上的一塊肉，對他來說都是極大的滿足。他無法抗拒這種欲望，於是把屍體翻過來，在其臀部接近肛門的地方咬了一口。然後他爬到屍體上進行肛交。（J. P. de River, 1956）

這個病史因為幾個原因讓我們特別感興趣。首先和最顯然的原因是，它把戀屍癖跟食屍癖、肛門性欲結合在一起。另一個比較不明顯的原因在於，這倒錯行為開始的時間。關於這個故事，如果我們只知道他愛人死之前的部分，我們可能會認為他的行為是強烈的愛所導致。但是，故事後半段使我們對前半段有了非常不同的看法。我們無法相信他的戀屍癖和食屍癖都是從他對愛人的愛戀而來。我們不得不假設，他對死去愛人的「悲慟」之情不是基於他的愛情，而是戀屍欲望的症狀。同時我們也可以猜想，他與愛人只有一次性交絕不是因為她身體虛弱，那只是他的藉口。最可能的原因，是他的戀屍癖傾向使他極少有與活人性交的欲望。

瑞沃爾提供了另一個有戀屍癖的殮房服務員的病史，這病史沒有上一個複雜。當事人是四十三歲的未婚男子。他說：

十一歲的時候，我在義大利米蘭當掘墓人。當我可以單獨和年輕漂亮的女性死者在一起，可以接觸到她們的身體時，我便開始手淫。後來我開始把陰莖插進已死女性的身體裡。來美國後，我在東岸待了短暫時間便轉到西岸來，在殮房找了屍體清潔工的工作。在那裡，我恢復和女性屍體性交的習慣，有時是在棺材裡進行，有時在清洗臺上進行。

瑞沃爾的報告接著提到：

他承認他親吻少女屍體的私處，並吮吸她們的乳房。被問到他和多少屍體發生過關係時，

他說：「可能好幾百具，因為我從十一歲就開始這樣做。」（J. P. de River, 1956）

亨蒂希引用的資料裡有許多類似的病例。

戀屍癖有一種大大被淡化的表現形式：當看到屍體時會性興奮，有時還會在屍體面前手淫。有多少這種人很難估計，因為他們極少被人發現。

另一種戀屍癖和性沒有關聯，只是出於純粹的破壞性激情。這種破壞衝動往往在童年已經出現，但也有到後來才出現的。亨蒂希敏銳地指出，戀屍性破壞性的目的是要「把活的組織撕碎」。肢解屍體是這種欲望最清晰的表達。斯鮑利舉過一個典型例子：有個人半夜帶著所有必要的工具到墳地去，把棺材挖起打開，將屍體帶走藏起來，然後割下屍體的頭和腿，剖開肚子。（T. Spoerri, 1959）有時候被肢解的對象不是人而是動物。亨蒂希說有個人殺死三十六隻母馬和母牛，把屍體的各部分肢解。但我們幾乎用不著從文獻找例子，因為報紙上就常常報導有些人殺了人，再把屍體肢解或對屍體進行摧殘。這些案子通常都被列為謀殺案，但這些謀殺者和一般殺人者不同，他們的動機並不是貪財、嫉妒或復仇。他們是戀屍者。戀屍性謀殺者的真正目的不是把人弄死，而是肢解。（但把人弄死當然是肢解的一個必要條件。）我從臨床觀察看到有充分證據可以證明，肢解屍體的欲望是戀屍性格的常見性格特徵。例如，我親自看到或透過我指導的學生看到，好些人用一種非常淡化的方式表達出他們的肢解欲望：他們先畫出裸體的女人像，然後把畫像的手臂、腿和頭等切斷，再拿來玩。這「玩」實際上是在滿足他們強烈的肢解欲望——只不過這種滿足方式是安全無害的罷了。

我觀察過的很多戀屍者都常常夢見身體被肢解的部分，這些被肢解的部分有時飄浮在空中，有時散布四周，有時泡在血裡，更多時候是泡在有糞便的污水裡。一個人如果常常在幻想和夢境中有肢解身體的欲望，便是可以把他診斷為具有戀屍性格的最可靠證據。因為沒有其他現象比這種現象更明顯地表現出「把活的組織撕碎」的欲望。

還有一些不那麼極端的外顯戀屍癖。其中之一是渴望接近屍體、墳地和正在腐爛的東西。根據勞赫（H. J. Rauch）的報告，有個女孩特別喜歡接近屍體，在屍體前面會僵固不動，而且不肯讓別人把她拖走。（H. J. Rauch, 1947）[3]斯提克（Steckel）記載一個婦人曾這樣說：「我常常想到墓地和想到屍體在墳墓裡腐爛的情形。」（轉引自H. von Hentig, 1964）

對腐爛之物的興趣常常表現在喜歡聞腐爛之物的氣味上。下面是個很明顯的例子。有個三十二歲、受過高等教育、幾乎全盲的男人，他害怕聲響但「喜歡聽女人痛苦的叫喊和聞腐肉的氣味。他對高大肥胖的女性屍體有一種渴望，想爬到她們身體裡面去」。他問他的祖母，死後可否把屍體留給他，因為「他想溺死在她的腐肉裡」。（T. Spoerri, 1959）亨蒂希認為有一種他稱為「聞臭者」的人，這類人喜歡聞人的排泄物或其他不潔的東西。他們覺得那種氣味令他們興奮。亨蒂希認為，這是戀屍癖的一種表現。此外還有一種戀屍拜物教（necrophilous fetishism），就是喜歡

3 有一個出處不明的傳言說，希特勒曾經站在一具腐爛的士兵屍體前面，無法移步。

一切與墳墓有關的東西，如花草、相片等。文獻中的戀屍癖病例我們就介紹到這裡為止。

戀屍性格[4]

最先用戀屍癖一詞來指一種性格特徵，而不只是指傳統意義的倒錯行為的，是西班牙哲學家烏納穆諾（Miguel de Unamuno）。[5]一九三六年西班牙內戰開始之際，國家主義者阿斯特賴（Millan Astray）將軍到烏納穆諾任校長的薩拉曼卡大學（University of Salamanca）演講。這位將軍喜歡喊的口號是：「死亡萬歲！」他演講時，有個他的信徒從禮堂後方喊出這句口號。將軍演講結束後，烏納穆諾站起來說：

> 剛才我聽到一聲戀屍癖的、無知的呼喊：「死亡萬歲！」我，身為花了一輩子製造許多會引人憤怒的弔詭語言的人，現在必須以權威的身分告訴各位，「死亡萬歲！」這句怪異的弔詭語讓我反感。阿斯特賴將軍是個身障者。讓我們挑明地說，他是一個戰爭致殘者。寫《唐吉訶德》的塞萬提斯也是如此。不幸的是，西班牙現在有太多的身障者。如果上帝不來幫助我們，身障者將會更多。想到阿斯特賴將軍竟然引領了大眾的心理，這讓我痛苦。一個沒有塞萬提斯那種偉大精神的身障者會很容易向不祥的事物尋求援助，這樣就會讓他身旁圍滿了殘缺之物。
>
> （Miguel de Unamuno, 1936）

這時阿斯特賴已無法控制自己，大聲喊道：「打倒知識分子！死亡萬歲！」長槍黨的人馬上熱烈回應。

但烏納穆諾不理會，繼續說下去：

> 這裡是知識的廟堂，而我是它的大祭司。你褻瀆了這廟堂的神聖場域。你會得勝，是因為你擁有足夠的蠻橫武力。但你不能使人心悅誠服。因為要使人心悅誠服，你必須說服他們。而為了說服他們，你必須要有你所沒有的東西：在鬥爭中的理性和正義。我想，要勸你為西班牙著想是徒然。我的話說完了。（Miguel de Unamuno, 1936）[6]

我採用了烏納穆諾的用語，從一九六一年開始對根植於性格的戀屍癖進行研究。[7]我的理論概念主要是從我為人進行精神分析時的觀察得來。[8]對某些歷史人物（如希特勒）的研究、對個人

---

4 為了避免誤解，我在開始討論戀屍性格前想要強調，我不是暗示一個人要不是有戀屍性格，就是沒有。戀屍性格是一種極端的性格形式，在這種性格中，戀屍癖是支配特徵。但在實際生活中，大部分人都是戀屍傾向與愛生傾向的混合體，兩種傾向的衝突通常是建設性發展的泉源。

5 根據R. A. Medvedev的說法（見*Let History Judge*, A. A. Knopf, New York, 1971），第一個在心理學意義下使用戀屍癖一詞的是列寧。（V. I. Lenin, *Sochinenia*）

的觀察和對種種社會階級的性格與行為的觀察，也為我提供了額外資料。但是，就像我的臨床觀察一樣，對我大有影響的，是佛洛伊德的生命本能和死亡本能理論。佛洛伊德認為，生命的欲求與毀滅的欲求是人生命中兩種最基本的力量，這個概念深深地震撼了我。儘管我不同意佛洛伊德的理論說明，但他的觀念引導我以一種新的眼光來看待臨床資料；並以不同於佛洛伊德的理論基礎和臨床資料來重構他的概念。我所做的工作使我能夠把他後期的死亡本能概念與早期的肛門性格學說拉在一起。

性格學意義的戀屍癖可以如此描述：**它是對一切死的、腐爛的、生病的東西的一種強烈迷戀；是一種想把活的東西變為死的東西的激情；它是為破壞而破壞；其心思完全被純粹機械性的東西占去。它是一種把活的組織撕碎的激情**。

戀屍癖的夢境

死的和腐爛的東西的吸引力可在戀屍者的夢境中看得最清楚。

夢境一：「我發現我坐在馬桶上，像爆炸似地拉肚子，聲音像炸彈爆炸，足以讓整棟房子坍塌。我想要洗澡，但是當我打開水龍頭，卻發現浴缸裡已經裝滿污水。我看到糞便和被切斷的手腳在水上漂浮著。」

這個做夢者有強烈的戀屍癖，做過許多類似的夢。當分析師問他在夢中對夢見的事情有什麼感覺時，他說他並不覺得害怕，只是對於向分析師說出這個夢境覺得不好意思。這個夢顯示出戀屍癖的幾種典型元素，其中以被肢解的肢體最為顯著。此外，它把戀屍癖、肛門性欲（稍後再討論）和破壞性之間的密切關係也表現出來。如果把夢境中的象徵換成明白的語言，我們可以說做夢的人想用他的排泄物來摧毀整棟房子。

夢境二：「我要去拜訪一位朋友。我朝著他房子的方向走，這條路是我很熟悉的。突然景物變了。我處在乾燥的沙漠環境裡，沒有植物，沒有樹。我仍然想找到我朋友的房子，但我視線中唯一能看到的建築是一棟沒有窗戶的房子。我從一扇小門走了進去。當我關上門的時候，聽到一種特別的聲音，好像門不只關起來，還鎖起來。我轉動門把，卻打不開。我非常焦急地走過一條非常窄的走廊（事實上那走廊非常低矮，我必須用爬的），然後我發現自己身在一間黑暗的房間裡。房間又大又橢圓形，看起來像個大洞穴。當我習慣了黑暗時，我看到許多骷髏躺在地上，猛然意識到這是我的墳墓。我一驚而醒。」

這個夢幾乎不需要任何解釋。「洞穴」是墳墓，同時又象徵著子宮。「朋友的房子」是生命的象徵。他本來要拜訪朋友（走向生命），卻走向了死亡的地方。沙漠環境和墳墓是死亡的象徵。

6 烏納穆諾因此被軟禁，幾個月後去世。（H. Thomas, 1961）
7 我的初步研究成果見E. Fromm（1964）。
8 我的基本資料來源有我以前分析過的個案、年輕精神分析師在研討會提供的個案，以及我曾督導研究的個案。

這個夢本身並不一定指向戀屍癖，可以只是懼怕死亡的一種象徵。但是，由於這個做夢人常常夢到墳墓、木乃伊和骷髏，他的這個夢便有了不同的意義。換句話說，他夢境中的生命總是被死亡世界的景象占據。

夢境三：這是一個有嚴重憂鬱症的女人所做的短夢：「我正在排便，一直排一直排，直到糞便從馬桶裡溢出來，充滿了浴室，漲得越來越高，眼看我就要淹死在裡面。[9]這時我醒了過來，有說不出的恐懼。」對這個做夢人來說，整個生命都變成了穢物。除了穢物，她不能生產任何東西。她的世界變成骯髒的，而她的死是與穢物做最後的結合。在邁達斯王（Midas）的神話中，我們也見到相同的主題：凡是他碰到的東西都變成了黃金。正如佛洛伊德所說的，黃金在象徵意義上是指穢物或糞便。[10]

夢境四：以下是斯佩爾（Albert Speer）一九六二年九月十二日在斯潘道監獄做的夢。

「希特勒前來視察。那時我還是內閣成員。我拿了一把掃帚，清掃工廠裡的髒污。希特勒視察完畢以後，我發現自己在他的汽車裡。我想把手臂穿入夾克的袖子卻辦不到（夾克是我在清掃的時候脫掉），老是把手伸到口袋裡。我們的車停在一個大廣場，四周都是政府建築物，其中一邊豎立著陣亡將士紀念碑。希特勒走過去，獻上花圈。然後我們走進一座政府建築的大理石前廳。希特勒問副官：「花圈在哪裡？」副官對另一名軍官說：「你知道他現在到處獻花圈。」這個軍官穿一身淺色的、幾乎全白的軟皮制服，在這夾克上面又披著鑲花邊和有刺繡的寬鬆袍子，樣子就像輔祭。花圈拿來了。希特勒走到前廳左側，那裡有另一座紀念碑，其下方已經放了許多花圈。他跪下來，吟著葛利果聖歌風格的憂傷曲調，一再重複拖得很長的「聖母瑪利亞」。沿著這個又高又長的大理石前廳的牆壁，還有很多紀念碑，希特勒用越來越快的速度，從忙碌的副官手上接過一個又一個花圈，放在一座又一座紀念碑前。他憂傷的調子越來越單調，一座接一座的紀念碑看似綿延無盡。」[11]

這個夢有好幾個地方值得注意。它表現出做夢人對另一個人的洞察，不是表現出對他自己的情感與欲望的洞察。這種夢[12]的洞察有時比做夢人對某人有意識的看法更精確。斯佩爾的這個夢，清楚地用卓別林的風格表達了他對希特勒戀屍性格的洞察。他看出希特勒是一個把所有時間都用來效忠死亡的人，但他的行動很怪異，是完全機械性的，沒有地方容得下情感。獻花圈的動作千篇一律，簡直到了荒謬的程度。與此同時，希特勒回歸到童年時代的宗教信仰，完全沉浸在感傷的曲調中。夢境結束的部分強調了他悼念儀式的單調與機械化。

夢境開始的時候，做夢人把一段過去的經歷復活，那時他仍然是內閣部長，仍然是非常活躍的人物。他所清掃的髒污可能是象徵納粹政權的骯髒，而他不能把手臂穿入夾克袖子，很可能象徵他不能再參加納粹的心情。由這裡轉入夢境的主要部分：在這個部分，他認識到還剩下的只有一群死人和一個戀屍的、機械性的、無聊乏味的希特勒。

9 這讓人想起前面提過的一個例子：有個男人希望溺死在他祖母的腐爛屍體裡。

10 J. G. Bourke（1913）有關於穢物和糞便的豐富資料。

夢境五：「我得到了一個偉大的發明：超級毀滅器。那是一部機器，有一個只有我才知道的祕密按鈕，只要一按，一小時之內就可以毀滅北美洲所有生命，兩小時之內就可以毀滅全世界所有生命。但有一種化學物質可以保護我，製造這種化學物質的化學式只有我知道。（下一幕。）我按了按鈕，我再也看不到生命了，只剩我一個。我感覺快樂極了。」

這個夢表達的是一個極端自戀的人的純粹破壞性。他與任何人都沒有發生關聯，也不需要任何人。這是他常常做的夢，除此以外，他還會做其他戀屍癖色彩的夢。他還有嚴重的心智疾病。

夢境六：「我應邀參加舞會，舞會中有許多年輕男女。大家都在跳舞。但是發生了一件奇怪的事：節奏逐漸慢了下來，沒多久似乎就沒有人在動。這時，一對個子很高大的男女走了。他們拿著兩個大紙板盒，裡面似乎有一堆裝備。他們走向第一對跳舞的男女，用一把大刀子將男孩的背部切開——奇怪的是沒有血流出來，而男孩似乎也不痛。高大男人把一個東西從紙盒裡拿出來（我看不到，好像是一個小盒子），放進男孩的背部。然後他將一把小鑰匙或是一個按鈕放在盒子裡（男孩可以摸得到），再做了一個像是為手錶上發條的動作。當男人為男孩做這些的時候，她的女伴也為女孩做同樣的手術。手術完了之後，那對年輕男女恢復跳舞，但卻跳得比原來快和更精力充沛。高大的男女為其他九對跳舞男女做同樣的手術，當他們離開後，每個人似乎都很興奮和快樂。」

把夢境的象徵語言翻譯為普通語言後，這個夢的意思就會很清楚。做夢人覺得生命在慢慢退潮，能量快要耗盡。但小機器可以做為替代品。人就像鐘錶那樣可以上發條，然後他們會顯得極端活潑，儘管事實上他們已變成了機器。

做夢者是個十九歲的年輕人，唸的是機械工程，對科技的東西極感興趣。如果他只做過這個夢，我們可以認為那是表現出他對科技的興趣。可是他做過許多其他戀屍癖色彩的夢。所以，這個夢基本上不是反映他的職業興趣，倒是他的職業興趣反映他的戀屍傾向。

夢境七：這個夢是一個事業成功的專業人士所做。它特別讓我們感興趣之處，在於它表明了現代科技的戀屍性格（這一點稍後再作討論）。

「我慢慢走近一個大地洞的洞口，已經可以看到某些讓我印象深刻的事情。洞裡只有兩隻扮作人的豬，在操縱一輛類似在礦場使用的那種小車子。他們把車放在鐵軌上，推向地洞深處，小車上坐著兩個真正的人類。他們看似是死人，但我知道他們只是睡著了。

「我不知道這是另一個夢還是前面那個夢的延續——我相信我一度醒來過，但又不敢確定。開始時和上次一樣，我又是走近一個地洞的入口。太陽和藍天在我背後。我走得更深入一些，看到地洞底端有非常強烈的光照射過來。當我到達底端，驚奇地看到一個非常現代化的城市。一切都充滿了光，而我知道這些光是人工的，即是靠電力產生。這城市是完全用鋼鐵和玻璃造成的未來之城。我繼續走，突然意識到我沒有看見任何人，沒有人也沒有動物。接著我發現自己站在一

11 得自與斯佩爾的私人交流。

12 我曾在 *The Forgotten Language*（1951）引用這一類夢境。

部大機器前面。那是非常現代的變電器，連接著許多狀似粗大電纜的黑色橡皮管。我忽然想到，它們是輸送血液的，當即非常興奮。這時我在褲子口袋裡摸到一件東西，立即認出那是我十二歲時父親給我的一把小刀。我走到機器前面，拿小刀切開一根電纜，突然有液體從電纜噴出來，把我噴濕。是血。我焦急地醒來，渾身是汗。」

說完這個夢之後，做夢人補充說：「我對那機器和血是怎麼一回事並不很清楚，但血顯然是電的代替品。兩者都是能量。我不知道我為什麼會這樣想，大概是因為我認為那機器是在汲取人血。」

就像斯佩爾的夢一樣，這個夢不是戀屍癖色彩的夢。做夢人是個愛生命者（biophilous person），他意識到現代世界的戀屍性格。就像常見的那樣，地洞就像墳墓那樣，是死亡的象徵。地洞是一個礦井，在裡面工作的是豬或死人。（「知道」他們不是死的，是一種根據對現實的察覺所進行的修正：這種察覺有時會滲入夢中。）它的意思是：這是一個低級人類或屍體般人類活動的地方。夢的第一幕是工業發展的早期，第二幕是呈現完全自動化的未來。美麗的現代化城市是死的，既沒有動物也沒有人。強有力的科技汲取人的生命（血液），把它轉變為電力。做夢人想要切斷電纜（大概是為了毀滅它們），卻被血液噴濕全身，就像是他正在謀殺一樣。這個夢以布雷克（Blake）和超現實主義畫家的清晰與藝術性呈現出完全科技化社會的死亡氣息。當他醒著的時候，因為暴露在「常識」的噪音裡，他便不太知道他所「知道」的事情。

「無意的」戀屍癖行為

最能明顯表現戀屍欲求的是夢，但夢不是唯一的途徑。在無意的和看似無關緊要的行為中，亦即在「日常生活的精神病理現象」中（佛洛伊德認為這些現象是被壓抑的欲求的表達），有時也會把戀屍性格表現出來。下面的例子取自一個性格非常複雜的人：邱吉爾。二次世界大戰期間，皇家參謀長布魯克（Alan F. Brooke）和邱吉爾在北非吃午餐。那天很熱，有很多蒼蠅，邱吉爾盡力打蒼蠅。大部分人在那種情況下都會這樣做，但有件事卻有點怪異（布魯克說他的感覺是大吃一驚）。午餐快結束時，邱吉爾把打死的蒼蠅全部集中起來，在桌布上排成一排，就像貴族打獵時助手把獵得的動物全部排在他面前，讓他開心。（Viscount Alanbrooke, 1957）[13]

即便我們將邱吉爾這個「行為」解釋為只是一個「習慣」，問題還是存在：這個頗不尋常的習慣意味著什麼？這個行為雖然看似表露出戀屍傾向，卻不必然意味邱吉爾有戀屍性格，但他可能具有相當強的戀屍傾向。（邱吉爾的性格非常複雜，短短幾頁無法討論。）

我提邱吉爾的這個行為，是因為它證據確鑿，而邱吉爾的人格又是人所共知。在許多人的日常生活中，我們都可以看到類似的瑣碎行為。最常見的是喜歡把小東西撕碎弄壞，例如火柴或花朵；有些人喜歡掀開自己的傷口弄痛自己。最極端的方式是破壞美麗的東西，例如建築物或傢俱，更嚴重的是在博物館裡割破畫作，又或是傷害自己。

另一種戀屍行為的表現，是特別受到骷髏的吸引，這種情形在醫生和醫科學生最為常見。一般都認為這是他們的職業興趣使然。但下面的精神分析資料卻告訴我們，真實的情況並非總是如此。有位醫科學生在臥室裡放了一具骸骨，在接受精神分析一段時間後非常困窘地告訴分析師，他常常把骸骨拿到床上擁抱，有時還吻它。他還表現出好些戀屍癖的其他特徵。

戀屍性格的另一種表現，是深信武力和暴力為解決問題或紛爭的唯一途徑。問題不在於某些情況下是否可以使用武力，而是在戀屍者把武力——西蒙娜．韋伊（Simone Weil）稱之為「把一個人變為一具屍體的力量」——視為解決所有問題的首要和唯一方法。他們總是要把「戈耳狄俄斯之結」（Gordian's knot）[14]一刀斬斷，而不是耐心解開。基本上，這種人對生命問題的解決方法是破壞，不贊同努力或建設。他們的辦法是《愛麗絲夢遊仙境》中那位皇后的辦法：「砍掉他們的腦袋！」由於受到這種衝動的驅使，他們看不到不必破壞也可以解決問題的可能性，以及看不到武力到最後往往是無用的。這種態度的一個經典例子見於所羅門王的一次判案中，當時兩個婦人爭一個孩子，都說孩子是自己的。所羅門王建議把孩子分為兩半。這時，真正的母親寧願另一個女人把孩子帶走，也不想把孩子分為兩半，但假母親卻接納所羅門王的建議——她的辦法就是典型的戀屍者辦法。

較不強烈的戀屍癖表現，是對一切疾病有明顯興趣，也對死亡有興趣。例如，有些母親總是很關心孩子生病，關心他的失敗，對他的未來充滿悲觀。可是她不關心孩子好的轉變，不會對孩子喜愛的事物和熱情產生共鳴，也不會注意到孩子任何新的成長。她並沒有使用什麼明顯的方式傷害孩子，但她會慢慢扼殺孩子的生之喜悅，扼殺孩子對成長的信念，最終把自己的戀屍傾向感染給孩子。

若是聽過中年以上的人談話，你會發現他們總是免不了談到有誰生病、有誰去世等等。當然有很多理由使人談論這些。對大多數人來說，特別是對那些缺少業餘嗜好的人來說，病與死是他們生活中的唯一戲劇性元素。除了家庭事件，這是他們的少數談資之一。即便如此，仍不足以解釋許多人在談到疾病、死亡或經濟困難時一副眉飛色舞的樣子。戀屍者不但特別喜歡談論死亡，看報紙也先看死亡報導和訃文。他們也喜歡談論種種與死亡有關的事：誰死於什麼病、在什麼情況下死的，誰最近死了，誰可能會死，等等。他們也喜歡到殯儀館和墓地，只要有機會便不會錯過。我們很容易看出，這種對殯葬和墓地的親和性，不過是前述對殮房和墳墓的興趣的較緩和形式。

比較不容易察覺到的一種戀屍癖表現，是當事人在談話時會了無生氣。這不是談話內容的問題，而是如何交談的問題。一個非常聰明博學的戀屍者在呈現他的觀念時，有可能是陰陽怪氣的，一點也不讓人感興趣。反觀一個愛生命的人卻可以把一件原本不怎麼有趣的事講得充滿生氣，讓人興奮。這就是別人喜歡聽他說話的原因。戀屍者是一張濕毯子，是團體中的掃興鬼。他會讓人感到無聊乏味而不是趣味盎然，會把一切弄得死氣沉沉，令人窒息。反觀愛生命的人則會

13 邱吉爾的醫生莫蘭（Lord Moran）在日記中提到了同樣的情形，並猜測這種事對邱吉爾來說頗為頻繁。

14 譯註：關於亞歷山大大帝的傳說。「戈耳狄俄斯之結」比喻採用非常規的方法來解決難解的問題。

讓人比原來更有生氣。

戀屍癖的另一個特點，是表現在對過去的經歷和財物的態度。對戀屍者來說，只有過去才是真實，現在和未來皆不真實。已經發生的事情——即死去了的事情——統治著他的生命，不管制度、法律、財物和傳統皆是如此。簡言之，**物統治人，已有（having）統治存在（being），死的統治活的**。在戀屍者的思想裡，過去是神聖的，任何新的事物都沒有價值，激烈改變是一種違反「自然」秩序的罪惡。[15]

戀屍癖還反映在色彩的好惡上。戀屍者一般喜歡暗的、吸光的顏色（像黑色或褐色），而不喜歡明亮的、放射性的色彩。[16]這種好惡可以從他們穿的衣服和他們作畫時選擇的顏料看出。當然，如果一個人穿深色衣服是出於傳統規定，就與性格無關。

我們在前面的臨床資料看到過，戀屍者對惡臭有特殊的喜好，最初是喜好腐肉的臭味。很多人確實是這樣，其表現方式有兩種：一、坦然地喜歡糞便味、尿味或腐爛東西的氣味，常會上臭味很重的廁所；二、更常見的情形是壓抑對臭味的喜好，結果形成了反向作用，老想把實際上不存在的臭味消除。（這與有肛門性格的人的過度清潔相似。）不論哪種形式的戀屍者都關心臭味。前面說過，他們對臭味的迷戀往往在他們臉上形成一種「聞臭者」的表情。（H. von Hentig, 1964）很多戀屍者的表情讓人覺得他們一直在聞臭味。例如，希特勒的很多照片都顯示他有一種聞臭的表情。戀屍者並不一定都是這種表情，但有這種表情的人極有可能是戀屍者。戀屍者面部表情的另一特徵是不會笑。他笑的時候都是假笑，了無生氣，沒有一般笑容中的愉悅成分。事實上戀屍者不僅缺乏自由笑出來的能力，而且面無表情。我們看電視有時會看到有人說話時臉上全無表情，只在說話開始和結束時咧嘴笑一下（因為按照美國人的習慣，這時應該笑）。這種人不一邊說話一邊笑，是因為他們的注意力只能放在一邊，不是只能說話就是只能笑。他們的笑不是自然發生，而是計畫出來的，就像一個差勁演員的動作般不自然。戀屍者的皮膚也往往與常人不同，是一種沒有生氣的、「乾巴巴的」土黃色。有時候我們會覺得一個人的臉「髒」並不是因為他的臉沒有洗，而是因為他有一種戀屍者的特有氣質。

戀屍者的語言

戀屍者語言的特徵之一，是常常使用跟破壞有關，或跟糞便與廁所有關的字眼。「狗屎」一詞現在固然很常見，可是有些人特別喜歡用它。例如有個二十三歲的男人，對他來說包括生命、人、觀念和自然在內，一切都是臭狗屎。這個年輕人高傲地說：「我是一個破壞的藝術家。」我們對德國工人和雇員進行過問卷調查，發現他們有很多戀屍癖語言。問卷有個問題是：「你對女

15 對馬克思來說，資本與勞力不僅僅是兩個經濟學範疇。他認為資本是過去的展現，是勞力被轉化和積累成事物的展現；勞力是生命的展現，是人類能量在用於轉化自然過程中的展現。在資本主義與社會主義之間作選擇，等於是選擇誰來統治和誰被統治，以及選擇讓死的統治活的，還是讓活的統治死的。（參見E. Fromm, 1961, 1968）

16 憂鬱的人往往也有類似的色彩好惡。

性用口紅和化妝品有什麼看法？」[17]許多人回答：「那是資產階級作風」或「不自然」或「不衛生」。這些人只是依照流行的意識形態作答。但有少數人卻說「那是有毒的」，或「那讓女人看起來像是妓女」。使用這些非常沒有事實根據的說法高度反映出當事人的性格結構。他們在回答其他問題時十之八九也流露出破壞性傾向。

為了檢驗戀屍癖假說的有效性，我和麥科比（Michael Maccoby）設計了一份詮釋性問卷（interpretative questionnaire），其方法和當年在法蘭克福研究所採用的類似，但提出的問題較硬性而不是開放式。一共有十二道問題，有些針對典型的肛門－囤積性格，有些針對我所描繪的戀屍性格。麥科比選擇了六個非常不同群組的人（階級、種族和教育程度各異）受試。在此我無法詳述所用的方法和所得的結果，但這次實驗確立了三件事情：一、確實有戀屍癖症候群存在，由此印證了我們的理論模型；二、愛生命傾向和戀屍傾向是可以量度的；三、這些傾向與社會－政治態度高度相關。「根據對問卷的詮釋性分析，我們判斷受訪者中有一〇至一五％有戀屍傾向⋯⋯採訪者注意到許多受訪者和他們的房子都給人一種貧瘠的感覺。他們生活在一種死氣沉沉、沒有歡樂的氛圍裡。」（Michael Maccoby, 1972）

這次研究也問了受訪者一些可測出他們政治態度與性格關係的問題。我建議讀者參考馬科比文章中的豐富資料，這裡只提文中的這段話：「在所有樣本中，我們發現凡是具有反生命傾向的人，在政治上都贊成擴充軍事力量，贊成壓迫異議人士。以反生命傾向為性格主流的人，認為以下幾種措施是最重要的：加強對暴動者的控制，加強反藥物法，贏得越戰，控制顛覆性團體，加

強警察力量，在世界各地與共產主義戰鬥。」（Michael Maccoby, 1972）

戀屍癖與科技崇拜

芒德福曾經指出，約五千年前在美索不達米亞與埃及出現的社會，是一種中央集權的「巨型機器」（megamachines），也因此充滿破壞性。他又指出，今日歐洲和北美的「巨型機器」和古代的有許多相似之處：

> 五千年前的機械化工具在概念上已經和人類的其他機能與目的脫節，而著重在不斷加強秩序、權力、預測性和（特別是）控制。伴隨這種原始的科學意識形態出現，產生了相應的組織體制，貶抑了人類自發的活動，而首度出現「大規模文化」（mass culture）和「大規模控制」（mass control）。埃及巨型機器的最終產物是巨大的墳墓，裡面住的是木乃伊；後來在亞述（日後其他所有擴張的帝國也一樣），技術性效率的主要證據是被摧毀的鄉村和城市，是被毒化的土地：這是今日相似的「文明化」暴行的原型。（L. Mumford, 1967）

17 在三〇年代早期，這是德國工人和雇員階級的爭論點，因為很多人認為用化妝品是一種布爾喬亞的、不自然的習慣。

讓我們先以現代工業化世界的人所具有最簡單和最明顯的特點來做例子：他對人、自然和有生命的東西的興趣正在窒息，同時日益被機械性的、沒有生命的人造物吸引。這樣的例子很多。整個工業化世界裡到處都有這樣的人，他們對汽車比對妻子更有情感，更有興趣。他們為愛車而驕傲，珍而重之，親自清洗（儘管很多人不是沒有錢請人代勞），為它取暱稱。他們對車體貼入微，有一點點小毛病都大驚失色。汽車當然不是性的對象，卻成了愛的對象，生活中沒有汽車比沒有女人更難忍受。這種對汽車的執戀不是有些古怪，甚至有些倒錯嗎？

另一個例子是照相。任何有機會觀察遊客（或自己）的人會發現，照相現在已經取代了用眼睛看。當然，為了讓鏡頭對準你想要拍的目標，你必須望一望，然後按下快門，以相機攝下目標。但是，**望**（looking）不同於**看**（seeing）。看是人的一種機能，是人的最大稟賦之一。看需要積極的活動性，需要內在的開放，需要有興趣，需要有耐心，需要集中心意。拍一張「快照」（這種有攻擊性的表達方式耐人尋味[18]）基本上是將看的行為變為一件物體：變成一張可供你以後對朋友說「我去過那兒」的照片。很多音樂愛好者聽音樂的時候也有類似的情況。他們聽音樂只是一種託辭，實際上是在試驗他們的錄音機或電唱機的品質，和試驗附加的技術設備效果。聽音樂已經變質，變成是對高科技產品的效果研究。

還有一個例子是那些愛擺弄科技小玩意的人。這種人想以方便使用的機械來代替人力活動。比如有些售貨員連最簡單的加法都用計算機來做；有的人連幾步路都不肯走，自動地去坐車。我們也知道有一種人喜歡在家裡發明各種機械裝置：例如只要一按鈕就可以讓噴泉噴水或把門打開的裝置（甚至有更荒謬和更不切實際的發明）。

我這番話並不意味坐汽車、照相和使用科技小玩意本身就是戀屍傾向的表現。但如果這些情形取代了對生命的興趣，取代了我們天生的豐富生命機能，就是戀屍傾向了。我的話也不意味熱心製造各種機器的工程師就因為這種熱心，代表他們有戀屍傾向。他們也可以是很愛生命的人，而他們的這種愛既表現在他們對人、對自然和對藝術的態度上，也表現在他們的建設性科技觀念上。可是，如果一個人用對人工製品的興趣取代了對活物的興趣，以迂腐而沒有生氣的方式來處理科技的東西，這樣的人便有戀屍傾向了。

我們這個時代有許多例子可更直接地證明科技與破壞性密切融合，若對這些證據進行考察，便會清楚看出前述那些現象的戀屍癖性質。破壞性與科技崇拜的關係，第一次清晰和雄辯的表達是在馬利內蒂（F. T. Marinetti）的第一篇〈未來主義宣言〉（*Futurist Manifesto*, 1909）。馬利內蒂是義大利未來主義的創始人和領袖，一輩子都是法西斯分子。[19]第一篇〈未來主義宣言〉揭櫫的理想將會在納粹和第二次世界大戰使用的方法獲得全面實現。馬利內蒂異乎尋常的藝術家敏感性讓他預見了當時很難預見的發展趨勢：

一、我們要歌頌追求冒險的熱情，歌頌勁頭十足和橫衝直撞的行動。

18 譯註：「快照」的原文snapshot有緊急射擊的意思。

二、英勇、無畏和叛逆將是我們詩歌的本質元素。

三、從古至今，文學一直讚美凝然不動、出神恍惚和睡眠。我們卻要讚美攻擊性行動、發燒般的失眠、競跑者式的跨大步、翻跟斗、打耳光和揮拳頭。

四、我們認為，世界的宏美已獲得了一種新的美的增飾：速度之美。一輛裝著巨大排氣管的賽車——一輛像是騎在葡萄彈（grapeshot）上急奔的車子——比「薩莫色雷斯的勝利女神」還要美麗。

五、我們要歌頌手握方向盤的人類，他把他精神的長矛拋出，讓它繞著地球的軌道運行。

六、詩人必須揮霍他的狂熱、光彩與慷慨，以膨脹原始的熱情。

七、**離開鬥爭就不存在美。沒有攻擊性的作品不會是傑作。詩必須是對未知力量的猛烈攻擊，迫使它們向人匍伏。**

八、我們穿過無數世紀走到了盡頭！倘若我們一心要打破那扇稱為「不可能」的神祕之門，為什麼要回頭看呢？時間和空間已死於昨日。我們已經活在絕對中，因為我們已經創造了永恆的、無所不在的速度。

九、我們要歌頌戰爭（淨化世界的唯一手段），歌頌軍國主義，歌頌愛國主義，歌頌自由解放者的破壞姿態，歌頌值得為之而死的美麗理想，以及歌頌對女人的輕視。

十、我們要摧毀所有博物館、圖書館和科學院，要攻打道德主義、女性主義和一切投機的、講究實利的懦弱。

十一、我們要歌頌因工作、娛樂和騷亂而興奮起來的偉大群眾；我們要歌頌現代城市中多膚色、多口音的革命潮；我們要歌頌兵工廠的夜間燈火，和造船廠在強烈電力月亮照耀下的吵嚷；我們要歌頌貪婪吞食冒煙長蛇的火車站；我們要歌頌浮在自己噴出煙霧上的工廠；我們要歌頌像巨大健身家般跨於河流的大橋；我們要歌頌冒險航向地平線的蒸汽輪船；我們要歌頌奔馳在鐵軌上的火車頭，它們猶如巨大的鐵馬套上鋼製的韁繩；我們要歌頌滑翔著的飛機，它們的螺旋槳像一面旗幟迎風呼嘯，又像熱情的人群在歡呼。（R. W. Flint, 1971；強調字體為外加）

在這宣言裡，我們看到戀屍癖的各種基本元素：對速度與機器的崇拜；把詩當作攻擊的武器；對戰爭的歌頌；對文化的摧毀；憎恨女性；把火車頭和飛機當作活的力量。

第二篇〈未來主義宣言〉（1916）把這種新的速度宗教做了進一步的發展：

速度，因其本質為一切運動中力量的直覺綜合，自然是純潔的。緩慢，因其本質為一切安息中無力的理性分析，自然是不潔的。在毀滅了古老的善與惡之後，我們創造出新的善和新的

19　馬利內蒂作品的編者R. W. Flint努力為馬利內蒂辯解，說他不是那麼忠於法西斯主義。但在我看來，他的論證不能令人信服。

惡：速度是善，緩慢是惡。

速度＝行動中所有勇氣的綜合，是攻擊性和好戰的。

緩慢＝每個審慎的停滯行為的解析，是消極與和平主義的。

……

如果祈禱是和神的溝通，高速飛馳便是一種祈禱。車輪與鐵軌是聖潔的。人必須跪在鐵軌前面向神聖的速度祈禱。人必須跪在高速旋轉的陀螺羅盤前面祈禱：每分鐘兩萬轉是人類所達到的最高機械速度。

沉醉在高速汽車不過是與唯一神融合的喜悅。賽車手是這個宗教的最早入教者。為了向汽車與飛機提供偉大的會合處，房屋與城市即將毀滅。（R. W. Flint, 1971；強調字體為外加）

有人說馬利內蒂是革命家，說他打破過去，敞開了面向尼采的超人之門，又說他與畢卡索和阿波利奈爾（Apollinaire）同為現代藝術最重要的力量。對此，我會說，他的革命觀念讓他近於墨索里尼，更近於希特勒。納粹的特徵正是以革命精神為口號，以科技為膜拜對象，以毀滅為目的。或許可以說，墨索里尼和希特勒都是叛逆者（希特勒尤甚）但不是革命家。他們沒有真正的創造性觀念，也沒有完成任何有益於人類的重大革命。他們沒有革命精神的基本素質：對生命的愛，渴望為生命的發展與成長服務，以及爭取獨立的熱情。[20]

科技與破壞性的融合在第一次世界大戰還不明顯。當時飛機的破壞性還不大，而坦克只比傳統武器稍微進步一點而已。第二次世界大戰卻帶來了決定性的改變：使用飛機進行集體屠殺。[21]從飛機上投彈的人幾乎不會察覺到他們在幾分鐘之內就殺死或燒死成千上萬的人。轟炸機組員是一個團隊：一人駕駛，一人導航，一人投彈。他們不用為殺人操心，也幾乎察覺不到敵人的存在。他們關心的是正確操作複雜的機器，沿著在精密地圖上畫下的航線飛行。他們理性上當然知道他們的行動會導致數以萬計甚至數以十萬計的人被殺、燒傷或傷殘，可是在感性上卻幾乎領會不到——那不是他們所關心的。可能就是這個原因，他們（至少是其中的大部分）對於自己對人類所做的最可怕行為竟然不覺有罪。

在現代空戰裡，毀滅行為已經變成科技產品的行為。[22]在這種行為中，工人和工程師都與他們的產品完全隔離。他們依照管理部門的生產計畫來執行技術任務，可是對自己參與製造的產品往往看不到。即使看到了，他們也不關心，也沒有責任。他們被認為不應當去問這些產品的用途是有益的還是有害的，因為那是管理部門的事。而在管理部門看來，「有益」就等於「有用」，並不真正關心產品是否有益。在戰爭期間，「有用」就是指有助於打敗敵人。工程師與飛行員只

---

20 在此，我們無法對現代藝術與文學中的某些現象進行分析，來斷定它們是否展示了戀屍癖的元素。就繪畫來說，我的能力不勝任；至於文學方面，問題頗為複雜，我計畫以後再專門討論。

21 大戰初期的不列顛之戰仍然是老式戰役。英國戰鬥機飛行員與德國敵人作戰，飛機是他們的個人工具，他們的動機是保衛國家免被德國侵略。戰爭的結果取決於個人的技術與勇氣，基本上，他們的戰鬥和特洛伊之戰的英雄們沒有什麼不同。

22 芒德福指出文明的兩極現象是：「機械化地有組織的工作和機械化地有組織的破壞。」（L. Mumford, 1967）

要知道管理部門的決定就夠了，不應當對這些決定提出質疑，也沒有興趣這樣做。這些產品是不是會殺死德勒斯登或廣島的幾十萬平民，是不是會把越南的土地和人民蹂躪殆盡，他們無須關心這些問題。他們也不必關心戰略是否得當，命令是否正確。他們的唯一任務就是讓機器被正確操作。

也許有人會認為我這樣說不公平，因為士兵總是被要求無條件服從命令。這當然是事實，但在陸地上作戰的士兵與轟炸機飛行員有極大的不同。前者很接近由他的武器所造成的毀壞，並且不會因為他的個人行動而造成大量他無法看到的人員傷亡。對此能有的最好反駁是，傳統的軍紀與愛國心對於飛行員和陸軍是一樣的，會讓他們更易於毫不質疑地執行命令。但這種反駁並沒有觸及問題的重點，因為在陸地上作戰的一般士兵固然是如此，飛行員卻不一樣。飛行員都是受過高度訓練、有著技術心態的人，幾乎不需要額外的動機就可以毫不猶豫地把他們的工作正確完成。

甚至納粹對猶太人的集體屠殺都像是組織好的產品製造程序一樣，只不過毒氣室裡的集體屠殺不需要高水準的技術而已。程序的第一步是選人，以他們是否具備從事有用工作的能力為標準，那些不符合這個標準的人就被帶到毒氣室，告訴他們是為了衛生保健。接著把毒氣放進來；然後取走衣服和有用的東西（如頭髮和金牙），加以分類和「回收再利用」；之後把屍體移走，加以燒燬。受害者被有方法和有效率地「處理」，執刑者不必看到死者的痛苦：他們參加元首的經濟－政治計畫，但是離親手直接殺戮有一步距離。[23]毫無疑問，把自己親眼見到的、親自挑選的人，在一個鐘頭之內、在幾公尺之外集體謀殺，而不被死者的遭遇影響，這需要比投彈的人更冷酷，心意也必須更堅定。但是，這兩種情況有一個非常重要的共同點：毀滅生命所採用的技術化作業程序。這種程序使行刑者免除了情感上的認知，讓他們不能真切地感受到自己做的究竟是什麼。當這種程序一旦充分確立，破懷性就會變得沒有止境，因為這樣做的人**並不是在破壞**，而只是在按照既定目的操作機器而已。

如果現代的大規模毀滅行動是科技性的—官僚性的，這樣說來，整個科技精神豈不是與戀屍癖沒有關係了嗎？我們曾說過，現代科技人的動機並不是出於破壞性激情。他們是完全疏離的人，主要傾向是以大腦思考，很少有愛的感覺，但同樣也很少有毀滅的欲望。然而，在性格學的意義來說，他們不是已經變成了自動機器而不是破壞者了嗎？

要回答這個問題並不容易。可以肯定的是，馬利內蒂、希特勒、千萬個納粹黨人和史達林的祕密警察、集中營的獄警和游擊隊隊員，都是以破壞性激情為主要動機。但是，他們不都是「老式」的嗎？因此，我們把「電子技術掛帥」社會的精神詮釋為一種施虐癖精神是合理的嗎？

要回答這些問題，必須先把其他幾個問題釐清。這些問題我是故意一直留到現在才提出。第

23 有人會說，「一步」不算什麼，不會使事情有什麼不同。我要提醒這些人：千百萬的人本來是通情達理的，但這些人對他們的國家或黨派在很多步之外做出的許多殘酷事情無動於衷。試問，在二十世紀初，那些因為比利時在非洲犯下的暴行而獲利的人要距離多少步才能心安理得呢？當然，五步要比一步多一些，但兩者的不同只是量的不同，不是質的不同。

一個是肛門—囤積性格與戀屍癖之間的關係。

臨床資料和戀屍者的夢境都告訴我們，戀屍者有肛門性格的特徵。我們已經說過，對排泄過程與糞便的關心是一種象徵，表示對一切腐爛的、沒有生命的東西的興趣。可是，「正常」的肛門—囤積性格雖然缺少生氣，卻不是戀屍癖。佛洛伊德與共事者更進一步發現，施虐癖往往是肛門性格的副產品。這並不是一定的，但它會發生在比一般囤積性格更有敵意和更自戀的人身上。可是，即使是施虐癖者還是會與別人有關聯的，因為他們要控制別人，不是要毀滅他人。但那些自戀和敵意強度再強一些的人會連這種倒錯關聯也缺乏，他們就是戀屍者了。他們的目的是把一切有生命的變成死的物質。他們想要毀滅一切東西和所有人，往往連他們自己也包括在內：他們的敵人是生命本身。

根據這個假說，從正常肛門性格到施虐性格再到戀屍性格的發展，取決於自戀、與他人有無關聯性與破壞性的增加（在這個發展的兩極之間有無數的細微階段），因此，**戀屍癖可以說是肛門性格的惡性形式**。

如果肛門性格和戀屍癖之間的關係真如我剛才描述的那麼簡單，那它就井然有序得足以讓人在理論上感到滿意。但兩者間的關係絕不是那麼簡單。十九世紀中產階級典型的肛門性格，在他們完全融入生產形式最先進的社會階層後，變得越來越不常見。[24]完全的疏離雖然從統計上來說極可能尚未存在於美國大部分人口中，但那卻是最能反映整個社會趨向的特徵。事實上，新型態的人的性格看來已經不能再套入早期的範疇（例如口腔性格、肛門性格或生殖器性格）。我曾設

法用一個新的範疇來了解他們：市場性格（marketing character）。（E. Fromm, 1947）

市場性格的人把一切都變成商品——不僅把東西變成商品，還把他自己、他的體能、他的技術、他的知識、他的意見、他的情感，甚至他的笑容都變成商品。這種性格類型是歷史上的全新現象，因為它是資本主義完全發達後的產品。資本主義以市場為中心（這些市場包括商品市場、勞力市場、個性市場），而它的原則是用有利的交換來獲取利益。[25]

肛門性格就像口腔性格或生殖器性格那樣，屬於疏離還沒有發展完全的階段。只有當一個人對自己的身體、其功能和其產物有真正的感覺時，他才可能有這些類型的性格。但現代人太過疏離，只能把自己的身體經驗為追求成功的**工具**。他的身體必須看起來年輕和健康——這身體被自戀地經驗為個性市場上最珍貴的資產。

這一點讓我們回到原來的問題：二十世紀的美國人、其他同樣高度資本主義化社會裡的人，以及國家資本主義社會裡的人，是否真的以戀屍癖為性格特徵？

無論如何，這種新類型的人對屍體和糞便並不感興趣。事實上，他們反而非常害怕屍體，以致把這些屍體裝扮得比活的時候還更像活的。（這看來不是一種反向作用，而是整個否定自然和非人為事物的取向的一部分。）但是現代人還做了更極端的事：他把興趣從生命、人、自然和觀念轉開（簡言之就是把興趣從一切活著之物轉開）；他把一切生命變為物件，這包括了他自己和他做為人的各種機能（理性、看、聽和愛的機能）。性欲變成了一種技術（「性愛機器」），情感變得扁平，有時被感傷取代；喜悅本來是勃勃生氣的表現，現在則被「好玩」或興奮刺激取代；

人所剩下的一點愛與柔情都給了機器和科技小玩意。這個世界變成了一個沒有生命的人造物的集合體：從人造食物到人造器官，人已經變成了他所控制的整個機器系統的一部分，而這個機器系統同時又反過來控制他。他沒有計畫，沒有生活的目標，只做科技邏輯規定他去做的事。他憧憬造出機器人，認為這將是他科技心智最偉大的成就，而一些專家向我們保證，機器人與真人將會幾乎難以區別。其實，這個成就即使達成也不會讓人多吃驚，因為人自己業已變得和機器人難以區別了。

生命的世界已經變成一個「非生命」（non-life）的世界；人已經變成了「非人」（nonperson），整個世界是一個死亡的世界。死亡不再由難聞的糞便與屍體來象徵，而是由光潔亮麗的機器來代表；人不再被發臭的廁所吸引，而是對鋁與玻璃的建築著迷。[26]但是，這個塗了防腐劑門面背後的真實已越來越清晰可見。人類以進步之名，把世界變成一個惡臭的、有毒的地方。他污染了空氣、水、泥土、動物和他自己。他的污染是如此之甚，以致一百年後地球是否仍是一個可居住的地方都成了疑問。他知道這些事實，儘管有很多抗議，那些主事者卻繼續追求科技的「進步」，為了膜拜他們的偶像而用所有生命獻祭。人類早期也用自己的小孩或戰俘獻祭，但歷史上從來沒有任何時期的人像現在這樣願意把所有生命——包括他們自己和他們所有後代的生命——獻給炎魔（Moloch）。[27]人類這樣做是有意的還是無意的並沒有什麼不同。如果他對這可能的危險一無所知，他反而可以不用負責。問題是，他不是不知道這種危險，但因為他性格中的戀屍癖成分作祟，使他不肯罷手。

為核戰所做的準備也是一樣。兩個超級大國不斷加強摧毀對方的能力，而這種能力至少會讓一大部分的人隨他們一同被毀滅。他們從未有任何致力於消除這種危險的認真作為——而唯一認真的作為是銷毀所有核武器。事實上，當權者已經有好幾次差點運用核武器，不惜賭上人類的命運。戰略上的推理——例如卡恩（Herman Kahn）的《論熱核戰》（*On Thermonuclear War*）——用冷靜的口吻討論五千萬人的死亡是否是「可接受」的問題。這是一種戀屍癖的精神殆無疑義。

藥物濫用、犯罪、文化與精神的衰敗，以及對倫理價值的輕視，這些現象引起很多人的憤怒。然而這些現象卻與人們日益被死亡和骯髒吸引有關。既然指導現代社會進程的人提倡腐爛，我們又如何指望年輕人、窮人和沒有希望的人不被腐爛吸引？

我們無法不得出這個結論：完全科技化的無生命世界，只不過是死亡與腐爛世界的另一種形式。這個事實是大部分人沒有意識到的，但就像佛洛伊德所說的，被壓抑的東西往往會復返。這個社會對死亡與腐爛的迷戀，變得就像在惡性肛門性格中一樣顯眼。

我們已經考慮過「機械的」、「無生命的」和「肛門的」這三者的關連。但是，如果我們考慮

---

24 M. Maccoby 對美國經理階層性格的研究（即將出版），還有 I. Millán 對墨西哥經理階層性格的研究（*Cardcter Social y Desarrollo*, National Autonomous University of Mexico；即將出版），將會對印證或質疑我的假說大有幫助。

25 在現代資本主義社會，這個市場絕不是完全自由的。勞力市場很大程度上受社會與政治因素的左右，而商品市場則受到極大的操縱。

26 參見本章稍早提到的「夢境七」。

完全疏離的、自動化系統下的人的性格，會無法忽視另一層關連：他的思覺失調特徵（schizoid）或思覺失調性質（schizophrenic）。在他身上最讓人側目的特徵大概就是他的思想、情感與意志三者的分裂。（可能就是由於這種分裂，布魯勒〔E. Bleuler〕才會採用schizophrenia一詞：這個詞由希臘文的*schizo*〔分裂〕和*phren*〔精神〕組成。）我們在前面對自動化的人的描述已經看到，轟炸機飛行員雖然知道他一按按鈕就會殺死數十萬的平民，但在情感上卻對這件事缺乏反應。但我們不需要用這麼極端的例子來說明這種分裂。我們已經在它更一般的展現中描述過它。自動化的人（cybernetic man）幾乎完全以大腦思考為取向，堪稱是**單向大腦人**（monocerebral man）。對於周圍的整個世界（以及他自己），他是用智力去接觸：他想認識每一種事物。它們的功能是什麼，它們的構造是什麼，它們可如何被建構或操縱？科學助長了這種接觸方法，而自中世紀末期以來，這已經成為主要趨勢。現代世界的進步就是以之為本質，加諸在世界和群眾消費的科技控制也以之為基礎。

這種傾向裡有沒有不祥之兆？事實上，如果不是出現了一些令人擔心的事實，我們幾乎無法察覺不祥之兆。首先，這種「單向大腦的」傾向絕不只從事科學工作的人才有，而是大部分人都有，包括文員、銷售員、工程師、醫生和經理人員，很多知識分子與藝術家尤其如此。[28]事實上，我們也許可以猜想，大部分的都市人都是如此。單向大腦人把世界看成一個事物的集合體，要大腦去了解它以便有效利用它。其次，也一樣重要的是，這種以大腦—智力為主的思考方法與缺乏情感反應相結合。我們也許可以說，現代人的情感不是壓抑下來，而是枯乾了。僅剩的情感沒有經過提煉，因此顯得頗為粗糙，它們被以激情的方式表現出來，例如爭勝的激情、證明自己比他人優越的激情和追求聲色刺激的激情等。「單向大腦人」還有一個非常重要的特徵：一種以自己為對象的特殊自戀——他的身體和他具備的技能，他自己是爭取成功的工具。「單向大腦人」既然是他自己所建造的機器的一部分，導致他的機器就像他自己一樣成了他自戀的對象。事實上，兩者之間存在著一種共生關係：「個體自我與另一個自我（或自我之外的另一種力量），以一種讓雙方都失去獨立性而需要互相依賴的方式結合在一起。」（E. Fromm, 1941）[29]在象徵的意義上，人類的母親不再是自然而是人自己所造的「第二自然」（second nature）：養育他和保護他的機器。

自動化人的另一個特徵，是傾向於以固定的和非自發的方式來行事，而這種特徵在思覺失調性強迫症患者更見激烈。思覺失調症患者和單向大腦人有著十分驚人的相似之處，而這種相似在與思覺失調症相關但不完全一樣的另一個範疇更為強烈。這範疇就是「自閉症兒童」。一九四四年坎納（L. Kanner）首度描述自閉兒的情形，然後在一九六八年馬勒（M. S. Mahler）有更深入的形容。（另參見本德爾〔L. Bender〕在一九四二年對思覺失調症兒童的討論。）根據馬勒對自閉症症候群的描述，以下是自閉症最重要的特徵：一、「失去對有生命之物與無生命之物的原始分別能力，馬納科（von Manakow）稱之為『原始分辨失調症』（*protodiakrisis*）。」（M. S. Mahler,

27 譯註：上古近東的神明。英語以此詞比喻要求重大犧牲的事物。

1968〕二、依戀無生命之物（例如一把椅子或一件玩具），外加無法與活人（特別是母親）建立關聯。這種母親常常稱自己「碰觸不到孩子」。三、根據坎納的描述，自閉的嬰兒對同樣的東西會一直盯著看。四、強烈的渴望獨處。（「自閉症兒童最驚人的特點，是想盡辦法不進行與他人、與社會的接觸。」〔M. S. Mahler, 1968〕）五、假如他們說話，他們的語言是用於操縱，而不是用來與人溝通。（「這些自閉兒用姿勢或手勢指揮大人為他們做事，把大人當做半生命或無生命的機器。」〔M. S. Mahler, 1968〕）六、馬勒還提到的一個特徵特別讓我們感興趣，因為它和我前面提到的、單向大腦人的肛門性格有所減少有關。「大部分自閉兒身體表面的專注（cathexis）相對較低。他們的痛覺極不敏感便是這個原因。與此一致的是，缺乏分別等級層次的能力，和缺乏區域性力比多化作用（zonal libidinization）。」（M. S. Mahler, 1968）[30]

自動化的人和自閉兒有顯著相似性：沒有能力區分有生命之物與無生命之物；沒有能力與他人發生關聯；用語言來操縱他人而不是溝通；主要興趣是在機械性的事物，而不是有生命的事物。這些相似之處儘管顯著，但只有進一步的研究方可確立，是否有一種成人的心理病態和自閉兒的心理病態對應。至於認為思覺失調症患者和自動化的人之間有著什麼關聯，則臆測成分大概較少。但基於幾個原因，這問題極難回答：

一、不同的精神病學學派對思覺失調症有極不相同的定義。傳統定義認為思覺失調症是器質性的精神疾病。其他定義則或與邁耶學派（含蘇利文和利茲）相似，或與賴希曼的看法相似，或與萊恩的極端派相似。萊恩認為思覺失調不是一種病而是一種心理過程，需要從童年早期開始的微妙複雜的人際關係中去了解。至於身體方面所發生的改變，他認為那是人際關係的結果而不是原因。

二、思覺失調症（schizophrenia）不是一個單一現象，而是包含種種精神擾攘的一個集合名詞。因此，自布魯勒之後，大家往往採用「各種思覺失調症狀」（schizophrenias）一詞，不把思覺失調症當單一疾病實體。

三、對思覺失調的機能性研究是近期的事，因此我們對思覺失調的了解還很不充分。

我認為這個問題中特別需要釐清的一點，是思覺失調與其他精神病過程之間的關聯，尤其是與所謂的內源性憂鬱之間的關聯。當然，甚至像布魯勒這樣思想開明和進步的研究者都明確區分精神病性憂鬱與思覺失調，而我們似乎也無法否認，這兩種過程大致上表現為不同的形式（不過有時我們需要許多混合性的名稱，把思覺失調、憂鬱和偏執的特徵組合在一起，這時便會讓上述的區分受到質疑。）問題是，這兩種精神疾病會不會是同一種基本過程的不同形式？而且，各種

28　最讓人意外的是，現代科學家中最有創造性的人都是最不疏離、最不單向大腦化的人：比如愛因斯坦、博恩（Born）、海森堡（Heisenberg）和薛丁格（Schrodinger）皆是如此。他們的科學關懷沒有大部分人的那種分裂性質。哲學的、道德的與精神的關懷充滿了他們的整個人格。他們證明了科學態度本身並不會導致疏離，是社會氣氛把科學態度變成了分裂態度。

29　馬勒在她對母子共生關係的出色研究中用了「共生性」（symbiosis）一詞。（M. S. Mahler, 1968）

30　我要特別向謝克特（David S. Schechter）和亨齊克—佛洛姆（Gertrud Hunziker-Fromm）致謝：他們向我提供他們有關自閉兒的臨床經驗與觀點，這對我彌足珍貴，因為我沒有治療過自閉兒。

思覺失調症之間的差異，有時是不是比憂鬱症的某些表現與思覺失調過程之間的差異更大？如果答案是肯定的，我們就用不著過於擔心兩個假說之間的明顯衝突：即一方面假定現代人有思覺失調成分，又假定他有慢性憂鬱症狀（這是前面分析「無聊」時指出的）。我們可以假定兩個標籤都不是完全充分，又可選擇把標籤拋諸腦後。[31]

生活在自動化社會的單向大腦人如果沒有出現低度的慢性思覺失調症症狀，反而是令人驚奇的。因為，這種人所處環境的氛圍和萊恩等人所描述的裂生性家庭（schizogenetic families）的氛圍很相似，只是程度上少一些而已。（所謂裂生性家庭是指會促進思覺失調的家庭。）

我認為，說這個社會是「精神失常社會」（insane society）是有道理的。在這樣的社會裡，神志健全的人會有什麼遭遇也確實成了一個問題。（E. Fromm, 1955）如果一個社會將其大部分成員都製造成嚴重的思覺失調症患者，就等於在摧毀自己的地基。全面性思覺失調症患者會把自己與外部世界的一切關係切斷。他會撤退到自己的私人世界裡，而他會被認為患了嚴重疾病，主要是從社會的角度看：他無法在社會中行動；他無法照顧好自己；他需要別人這種或那種的幫助。（這種觀點並不完全正確，因為從慢性思覺失調症患者工作的地方可以看到，只要有人為他們安排方便的環境和得到國家若干的物質幫助，他們便能夠工作和照顧好自己。）即使是一個不大也不複雜的社會，也不能由思覺失調症患者來運作，但低度思覺失調症患者卻可以把它經營得很好，他們很有能力管理那些讓社會發生功能的事務。這些人並沒有失去以「現實態度」看待世界的能力，也就是說能夠用知性的態度去看待事物，以便對它們進行有效的運用。可是，他們可能完全失去切身體會事物的能力，也就是說他們不會從自己的主體、用自己的心去看待世界。例如，一個心智充分發展的人在看到一朵玫瑰時會覺得它溫暖，甚至覺得它火熱（如果他把這種感覺形諸文字，我們就稱他為詩人），但他同時知道這玫瑰在物理事實的領域裡並不像火一樣溫暖。現代人失去了切身體會的能力，只能以實用的目的去體驗世界。這種缺陷的嚴重性並不亞於另一種所謂的病人，他們不能客觀地體驗世界，只能有個人性、主觀性和象徵性的體驗。

我認為斯賓諾莎的《倫理學》（*Ethics*）是第一部提出「正常」精神失常概念的著作：

很多人非常固執地被某種固定的情感控制。他的所有感官都被一個目標強烈地感染，以致當這個目標實際上不存在的時候，他仍然相信它是存在的。如果這個人是醒著時發生這種事，我們認為他是精神失常……但是，如果貪婪的人只想著他的錢和所有物，如果有野心的人只想著名聲，我們卻不認為他們精神失常，只覺得他們令人厭惡，一般會加以鄙視。但事實上，貪婪和野心等等是精神失常的表現，儘管通常沒有被視為「疾病」。（B. de Spinoza, 1927）

31 以這些思考為基礎，邁耶派的精神病學家和萊恩已經完全不再採用這些疾病分類學上的名稱。這主要是對精神疾病的新態度所致。從精神治療學的態度來對待病人，主要的重點是診斷他屬於哪種病症，以此決定是否把他送到精神病院。如此名稱就變得重要。但是以精神分析態度來對待病人，名稱就變得不重要，因為精神病學家的主要目的是幫助病人，了解病人的內在經歷，角色和「參與性觀察者」基本上並無不同。對精神病患者的這種新態度，我們可以認為是一種徹底人道主義的表現。這是我們這個時代發展出來的，儘管這個時代以違反人道的趨向為發展主流。

從十七世紀到現在發生了相當大的改變：那時候斯賓諾莎認為「一般會加以鄙視」的態度在今日非但不會受鄙視，反會獲得喝采。

我們必須比斯賓諾莎更跨出一步。「正常的病態現象」（pathology of normalcy）很少會惡化為嚴重的精神疾病，因為社會會製造解藥，防止這種惡化。當病態過程成為社會模式而為眾人共享之後，它就不再是個人的。恰恰相反，患病的個人會在所有同病者之中安然自若。整個文化都與這種病咬合，安排種種辦法來滿足這種病態的需要。結果是普通人不會體驗到像嚴重思覺失調症患者那樣的隔離與孤立。他們在患有相同畸形的人當中輕鬆自在。事實上，在這種精神失常的社會裡，反倒是神志完全健全的人會覺得孤立。他們甚至可能會因為無人可溝通而變成精神病。

與本研究相關的一個關鍵問題是：假設現代人有著準自閉症（quasi-autism）和低度思覺失調症，是否有助於解釋暴力在今日的瀰漫？我們對此幾乎只能用猜的，更確切的答案還有待進一步的研究和新的資料。當然，自閉症患者表現出很大的破壞性，但我們還不知道這個範疇在這裡要應用在哪裡。至於關於思覺失調症患者的破壞性這個問題，其答案在五十年前似乎比較清楚。那時，一般人都認為思覺失調症患者具有暴力傾向，因此必須關在精神病院裡。但後來的實驗卻證明，從事種田和自我管理的慢性思覺失調症患者（例如萊恩在倫敦所安排的那些）如果沒受到他人的干擾，很少出現暴力行為。[32]

不過，「正常」的低度思覺失調症患者卻無法獨處。他每天被多次侵犯和干擾，他的極端敏感性不斷受到傷害，所以我們有理由猜想，這種正常病態會在很多個體身上引發破壞性。當然，最不會有這種情形的，是那些對社會體系適應得最好的人，而最會有這種情形的，是那些處於社會邊緣的人：窮人、黑人、年輕人和失業的人。

所有這些對低度思覺失調（和自閉）與破壞性之間關係的猜測都只是猜測。最終，這些討論會引出一個問題：某些種類的思覺失調過程是否與戀屍癖有關？基於知識和經驗的不足，我所能做的頂多是提出這個問題，以激發其他人進行更深入的研究。我們唯一能確信的是，裂生性的家庭氛圍[33]與生成戀屍癖的社會氛圍極其相似。但必須補充的是，單向大腦化的傾向不能夠預見什麼樣的目標才有益於社會成員的成長與社會的生存。要想制定出這樣的目標，必須仰賴**理性**，而理性不僅僅是智性。只有當大腦與心靈結合，只有當思想與情感結合，理性才可能發展出來。失去建設性遠見上的思考能力，這本身就是對生存的嚴重威脅。

如果我們的討論只到此為止，畫面會不夠完整和辯證不足。因為近年來戀屍癖的傾向固然日

32 自閉兒的情況有些不同，他們常常表現出強烈的破壞性。這或許是由於他們與思覺失調症患者所處的環境不一樣。有思覺失調的人已經切斷了他們與社會的聯繫，因此只要能夠獨處，他們就不會感到受威脅，也就不會有暴力傾向。反觀自閉兒卻無法獨處，父母設法讓他們玩正常生活裡的遊戲，老是闖入他的私人世界。另外，由於年齡的關係，兒童不得不與家人同住，因此自閉兒不能完全退入自己的世界去。這種情況可能會產生強烈的恨意和破壞性，而這解釋了為什麼他們比獨處的思覺失調症患者有更頻繁的暴力傾向。當然這種解釋只是假設性的，需要該領域的專家來斷定其對錯。

33 譯註：即會促進思覺失調症的家庭氛圍。

益增加，對生命的愛也在增加。這一點表現為很多不同形式。它表現在對毒化生命的抗議，這抗議是社會各階層和各年齡層都有人參加，特別是年輕人。讓人看到希望的，是對污染與戰爭的抗議的日益增加，是人們對生活**品質**的日益關心，是很多年輕人寧願選擇有意義和有興趣的工作而捨棄收入與聲望較高的工作，是許多人對精神價值的追求（儘管常常被誤導和常常過於天真）。年輕人的濫用藥物也是一種抗議，只是他們採用的方式不對，因為他們企圖用消費導向為主的社會所提供的方法求得更大的活力。反戀屍癖傾向也表現在很多人對越戰的態度的改變。這些例子告訴我們，對生命的愛固然可以被深深壓抑，但**被壓抑並不就是死亡**。對生命的愛是人類與生俱來的本質，因此我們可以假定：除了少數的例外，否則即便是在極特殊的個人條件或歷史情境下，對生命的熱愛依舊會升起。（它也可以在精神分析過程中生長起來。）事實上，日益加強的反戀屍癖傾向是我們對「人類」這個偉大實驗[34]不會失敗的希望之所寄。我相信，沒有哪個國家比科技最發達的美國更能提供機會，讓人重新肯定生命：很多有機會嚐過這個「新天堂」滋味的人已經知道，「越『進步』會帶來越大快樂」的美國憧憬只是錯覺。但是，這個徹底的改變最終會不會發生，沒有人知道。反面的力量也非常強大，不可一味地樂觀。不過我相信，確實有理由讓我們懷抱希望。

對亂倫與戀母情結的假說

究竟是什麼條件導致形成戀屍癖，我們的所知非常有限，需待更多研究才能進一步了解。但我們也許可以放心地假定，了無生氣的、戀屍性的家庭環境往往是塑造戀屍癖的因素之一。缺乏活潑的刺激，缺乏希望，以及整個社會裡瀰漫著的破壞性精神：這些條件必然會助長戀屍癖的形成。另外，我相信基因也很可能扮演一個角色。

接下來，我想提出一個解釋戀屍癖最早根源的假說。這個假說雖然有不少病例做為基礎，而且得到豐富的神話與宗教資料佐證，但仍然是臆測性。不過，我認為還是值得提出來。

這個假說是從一個乍看之下與戀屍癖沒有多大關係的現象入手，那就是亂倫現象。這個現象透過佛洛伊德的戀母情結而為人所熟知。為了說明我的假說，我們必須先扼要回顧戀母情結的概念。

依照典型的說法，一個小男孩在五、六歲便會選擇母親做為第一個性欲望（性器欲望）的對象。這階段稱為「性器期」（phallic stage）。在一般家庭環境下，這使父親成為小孩恨惡的情敵。（正統精神分析家往往過分高估小男孩對父親的敵意。像「爸爸死了以後我要娶媽媽」之類的話，

34 譯註：指人類會演變成什麼樣子是一個偉大的「實驗」。

常常被認為可以證明小男孩渴望父親死掉，可是我們對小男孩的這種話不能依照字面來理解，因為在現階段，他們還不充分明白「死亡」的意義。他們所說的「死亡」意義只相當於「不在」。另外，雖然小男孩也真的會對父親有些敵意，但這主要是小男孩對壓迫性父權的一種反抗。〔E. Fromm, 1951〕我相信，「戀母式恨意」〔Opdipal hate〕對破懷性只有比較小的激發力。）由於小男孩不能把父親趕走，他就變得害怕父親，特別是害怕父親會閹割他這個小情敵。這種「閹割恐懼」讓小男孩放棄對母親的性欲望。

在正常發展中，兒子有能力把他的興趣轉向其他女人，特別是在他達到充分的性—生殖器的發展階段之後（大約是青春期之時）。這時他會認同父親，特別是認同父親的命令與禁令，以此克服他對父親的敵意。父親的範規（morms）會被內化，變成了兒子的超我（superego）。但在病態發展中，兩者的衝突卻不是這樣解決的。在這種情況中，兒子不會放棄對母親的性執戀，所以在他日後的生活中，吸引他的都是能對他發揮母親功能的女性。結果是他不能愛上同齡女性，始終害怕有威脅性的父親或父親的替代品。他總是預期母親的替代品會像他母親那樣對待他，給他無條件的愛、保護、讚美和安全感。

這種母親固著型男人的調調是眾所周知的：他們通常很癡情，某種意義上說也是「有愛意」，但他們也相當自戀。由於他們覺得自己比父親對母親更重要，他們會覺得自己「了不起」，而由於他們已經長大，就不需要再做任何實事來確立自己的偉大：只要母親（或母親替代品）無條件地愛著他們，他們便偉大。結果，他們容易變得極端善妒（總是必須保持自己獨一無二的地位），而當從事任何真正的工作時又會有不安全感和焦慮。雖然他們不一定會失敗，但他們的實際成就永遠不如他們的自戀想像。在這種想像裡，他們自認比任何其他男人優越。（不過他們又會在潛意識裡覺得自己比任何人都不如。）我在這裡描述的類型是比較極端的情況。許多母親固著型的男人與母親的聯結沒有那麼強烈，而他們對自己成就所抱的自戀式幻想也與實際的成就相差無幾。

佛洛伊德認為，小男孩與母親的聯結在本質上是小男孩對母親的性欲望，而這自然會導致他恨父親。但多年來的觀察卻印證了我的一個見解：兒子對母親的性執戀一般來說不是強烈情感固著的原因。雖然這裡沒有足夠篇幅來充分論證這一點，但下面揭示的幾點也許至少可以說明其中一個層面。

在被生下來之時和其後的一段時間裡，嬰兒對母親的依戀主要是自戀性——儘管他們在出生不久就會表現出對外在事物的興趣並回應它們。雖然嬰兒在生理上有自己獨立的存在，但心理上，他在某些方面和某種程度上繼續是生活在子宮裡。他仍舊是透過母親而生活：母親餵他，照顧他，刺激他，給他溫暖（身體和情感兩方面的溫暖），也就是給了他一個健康發育的環境。在後續的發育中，嬰兒對母親的依戀變得更有暖意，更有人味：母親從一個「準子宮家園」轉變成讓孩子覺得溫暖親愛的人。在這個過程中，小男孩打破自戀之殼，從裡面走出來。他愛母親，儘管這份愛還缺乏平等性與互惠性，充滿依賴性色彩。當小男孩開始有性反應時（佛洛伊德所說的「性器期」），對母親的依戀也讓他對她產生性欲望。然而通常來說，對他有性吸引力的並不只有母親。根據佛洛依德的報告（例如小漢斯的個案〔S. Freud, 1909〕），小男孩固然五歲左右便會感到母親有性吸引力，但他們也會感到同齡女孩有性吸引力。這不足為奇，因為一個已經相當確立的事實是，性驅力不會緊緊固定在一個目標上，反而會相當的不專一。能夠讓一個人對另一個人的關係強烈而持久的，是情感因素，即自己在情感上覺得需要對方。在這些案例中，小男孩過了青春期以後乃至終其一生，都對母親有強烈的固著，便是這種情感聯結所致。

事實上，對母親的固著不只是一個小孩的發展難題。可以肯定的是，由於明顯的生物學因素，小孩被迫進入一種對母親強烈依賴的共生關係。但是，在長大之後，他明明已經有了獨立能力，卻會發現自己仍然身處無依無靠和無力的處境，而這處境是根植於——就像我們之前提到的——人類存在的境況。想要了解固著於母親的激情的根源，我們不能只望向童年的依賴性，還必須望向「人類處境」。對母親的感情固著會那麼強烈，是因為它代表了對人類生命處境的一個解答。這個生命處境就是人有返回伊甸園的渴望。在伊甸園裡，生命的二分法還沒有形成。在那裡，人沒有自覺、無須工作、沒有痛苦，與自然、自己和配偶都和諧一致。但因為吃了知識樹的果子，獲得了自覺，衝突就出現了，讓人（男人和女人）從此受到了詛咒。他們被趕出伊甸園，不准返回。儘管如此，但難道我們會驚訝於看到，人雖然明知自己已背負了做人的重擔，但他返回伊甸園的願望從未稍減嗎？

感到母親有性吸引力這本身是一個正面訊號。它表示在男孩眼中，母親已經變成了一個人，變成了一個女人，而男孩自己也已經是個小男人。但有些男孩從母親感到特別強烈的性吸引力卻可能是一種防衛作用，是要抵抗自己嬰兒般的依賴性。不過，有些人到了青春期甚至一輩子都沒有解除對母親的亂倫情結[35]，這便是一種精神官能性的發展了。這樣的男人會一直依賴母親或母親替代品，懼怕女人，與其他成年人相比之下，較像兒童，導致妨礙自身的成長。這樣的發展往往是由母親引起，她出於各種原因（例如對丈夫缺乏愛或對兒子有著自戀性占有欲）而過於被年幼的兒子吸引，乃用種種方式（例如縱容、過分保護或過分誇獎等）引誘兒子，讓他對母親過分著迷。[36]

當佛洛伊德描述戀母情結時，他想到的便是男孩對母親這種溫暖的、情愛的，而往往又摻雜著性欲的聯結。這種亂倫固著是最常見的。還有另一種比較不常見的亂倫固著，其性質很不一樣，我們可以稱之為惡性亂倫固著。在我的假說裡，這種亂倫固著與戀屍癖有關，甚至可以說是戀屍癖最早根源之一。

我所說的是對母親沒有情感的兒童，他們因為對母親沒有情感，所以無法打破他們自閉性的、自足的殼。這種自足的極端形式是我們熟悉的：**自閉症**。[37]自閉兒童從沒能打破他們自戀的

35 成年禮便有打破這種聯結的作用，標誌著進入成年生活的開始。

36 出於對中產階級的尊重，佛洛伊德有系統地為病童的父母們辯解，說他們並沒有做過任何傷害孩子的事情。他說，一切（包括兒童的亂倫欲望）都只是出於兒童無謂的幻想。（E. Fromm, 1970b）這文章是以在墨西哥精神分析研究所舉行的研討論為基礎，與會者包括F. Narváez Manzano、Victor F. Saavedra Mancera、L. Santarelli Carmelo、J. Silva García和E. Zajur Dip諸位博士。

殼：他們從來沒有把母親當成愛的對象，從來沒有對其他人有任何情愛。他們都是把別人看成沒生命的東西，又往往對機械性的東西特別感到興趣。

自閉兒彷彿構成一個連續體的一極。而這連續體的另一極，是對母親與他人在情感上有充分發展的兒童。我們有理由假定，在這個連續體上還有一些兒童並不是自閉症卻接近自閉症，他們表現的自閉特徵沒有那麼激烈。隨之而來的一個問題是：這種自閉或近似自閉的兒童對母親會有什麼樣的亂倫固著？

這樣的小孩看來從沒有對母親發展出溫暖的、情愛的和性的情感，或者說，他們從沒有親近母親的欲望，長大後也不會和母親的替代品談戀愛。對他們來說，母親是一個象徵，是一個幻影，而不是真實的人。她像徵土地、家、血緣、種族、民族，以及生命所從出和回歸的最深基礎。但她也象徵著混沌與死亡。她不是賜予生命的母親，而是賜予死亡的母親。她的懷抱是死亡，她的子宮是墳墓。對「死亡－母親」所感受到的吸引力不可能是情或愛，那不是一種讓人在心理上感到愉悅與溫暖的吸引力，而是一種磁石般或地心引力般的吸引力。對母親有惡性亂倫固著的人始終是冷酷、冷漠和缺乏回應性。他像是鐵被磁石吸住那樣被母親吸住，母親是他想被溺死於其中的海洋[38]，是他想要被埋葬在其中的土地。會有這種心智發展，似乎是因為不可緩和的自戀性孤單令人無法忍受之故。如果不能用溫暖的、歡愉的關係與母親或母親替代品聯結，似乎便只有在死亡中跟母親、全世界結合在一起。

母親這種創造女神與毀滅女神的雙重角色，可以在許多神話和宗教觀念中看到。人生於其中的泥土，一切花草樹木生於其中的子宮，也是肉體回歸之處：地母的子宮於是變成了墳墓。這種雙面母親女神的古典例子是印度教女神：時母，她既是生命的賜予者，也是生命的毀滅者。新石器時代有些女神也具有這種雙重面目。我不可能把所有例子一一枚舉，但有一種可顯示母親雙重面目的資料需要在此舉出來：夢境中的母親形象。夢中的母親固然常常是慈愛的，但也有許多人夢見母親是一條危險的蛇，或一頭危險的猛獸，例如獅子、老虎或鬣狗。我在臨床觀察中發現，對毀滅性母親的恐懼比對懲罰性、閹割性父親的恐懼要強烈很多。看來，這是因為一個人可以透過順服父親而消解父親的威脅，但他卻無法防禦母親的毀滅性：她的愛是無條件的，所以她的恨也是無可逃避。她的愛是恩寵，她的恨是詛咒，兩者都是其接收之人無法影響的。

我們可以這樣下結論：**良性亂倫欲望本身是心智發展中正常的過渡性階段，而惡性亂倫欲望則是病態現象，每當某些情況阻礙了良性亂倫固著的發展就會產生**。依照我的假說，惡性亂倫欲望即便不是戀屍癖的唯一根源，也是根源之一。

不過我們切不可把事情過於簡化。這種對死亡的亂倫吸引力，實際上與一個人所有的求生衝動相衝突，因此它是在暗地裡活動，是當事人完全沒有意識到的。具有這種惡性亂倫欲望的人企

37 參見E. Bleuler（1951）；H. S. Sullivan（1953）；M. S. Mahler and B. J.Gosliner（1955）；L. Bender（1927）；M. R. Green and D. E. Schecter（1957）。

38 我看到的亂倫傾向病人很多都渴望溺死在海洋中，而海洋常常是母親的象徵。

圖用破壞性較小的方式與人發生聯結，例如對他人進行施虐性控制，或是追求無限讚美來滿足自己的自戀。如果他的人生為他提供了這種相對性的滿足（如事業成功或聲名鵲起），他的破壞性可能就永遠不會以任何重要的方式表露出來。另一方面，如果他的人生遭受失敗，他的惡性傾向便會浮出水面，而他對毀滅的渴望（同時渴望毀滅他人與自己）便會具有主導性。

引起良性亂倫欲望的原因我們知道得很多，但對嬰兒自閉症的成因我們所知甚少，因此對惡性亂倫欲望的成因就知道得更少。對此，我們只能從不同的方向加以猜測。我們幾乎不能不假設，遺傳因素扮演一定的角色。當然，我所說的並不是遺傳因子造成了這種亂倫欲望，而是說孩子可能因為遺傳而有冷漠的性情，而這種性情使他不能發展出對母親的溫暖情感。我們也會預期母親的性格也是促成惡性亂倫欲望的條件之一。如果她自己就是冷漠的、排他的和戀屍性的人，她就很難讓孩子發展出愛她的情感。可是，母親與孩子是處於互動的過程中。一個天生具有強烈溫暖性情的孩子有可能會扭轉母親的態度，否則他也會愛戀母親的替代品，比如祖母、祖父、哥哥、姊姊，或任何他所能接觸到的人。另一方面，如果母親的溫暖與關懷之情超越一般人，也會讓一個生性冷漠的孩子發生相當程度的改變。有時，母親的關懷與喜愛是表面的，只是為了符合社會成規，這時我們往往很難看出她的冷漠本性。

另一種可能原因是幼年時受過創傷，產生了活躍的憎恨與憤怒，讓兒童某種程度被「凍結」起來，因此發展出惡性亂倫欲望。我們必須留意這種可能性。但很明顯的是，這種創傷經驗的例子是相當罕見的。我們前面引用過的文獻裡也包含一些對自閉症和早期思覺失調症的成因非常有價值的假說，它們特別強調自閉症具有防衛功能（針對入侵性母親而發）。

惡性亂倫欲望是戀屍癖早期根源的假說還有待進一步的研究。[39]下一章對希特勒的分析將提供一個母親亂倫固著的例子，而我的假說可以給予這個例子最好解釋。

佛洛伊德的生命本能、死亡本能與愛生性、戀屍癖的關係

在結束對戀屍癖和愛生性（biophilia，愛生命傾向）的討論之前，簡單勾勒它們與佛洛伊德的死亡本能和生命本能（愛洛斯）概念的關係，會更加條理清晰。愛洛斯致力於把有機物結合成更大的單元，死亡本能致力於把有生命的結構拆散和瓦解。明白這一點之後，則死亡本能與戀屍癖之間的關係幾乎用不著說明。不過，想要了解生命本能與愛生性的關係，有必要對愛生性加以簡短解釋。

愛生性是指對生命和一切有生命之物的熱愛，是想要促進生命進一步成長的願望——不管那生命是一個人、一棵植物、一個觀念還是一個社會群體。愛生的人喜歡建設多於保持原狀。他想要存在多於擁有。他有驚奇的能力，喜歡看到新的事物多於肯定舊的東西。他喜愛探險多於安

39 我打算出版篇幅較長和資料較充分的文章補充這裡的簡略勾勒。

定。他著眼於整體多於局部，著眼於事物的結構多於概況。他要用愛、理性和榜樣來影響他人，改變他人，而不是用武力、用官僚體系的方式壓服別人。因為他享受生命和生命的一切展現，所以他不是新包裝的「刺激」的熱情消費者。

愛生性倫理（biophilic ethics）有自己一套善惡原則：一切有助於生命的是善，一切有助於死亡的是惡。[40]善是尊重生命，尊重一切促進生命增長與發展的事物；惡是一切窒息生命、侷限生命和破壞生命的事物。

佛洛伊德的概念和此處所提出的概念的不同之處，不在於它們的性質，而在於佛洛伊德認為生死兩種傾向地位平等，都是人生而具有，反觀我提出的概念則認為愛生性是一種生而具有的正常衝動，戀屍癖則是病態現象。病態現象是生長受到阻礙所必然產生的結果，是一種心理上的「殘廢」。它是死氣沉沉的生活所導致的後果，是生命未能突破自戀與冷漠而產生。**破壞性並不是愛生性的平行物，人在兩者間只能二選其一。對生命的愛與對死亡的愛是每個人必須面對的選項。當愛生性的發展受到阻礙，戀屍癖便會出現。人生而具有愛生的能力，但在心理上有發展出戀屍癖的潛在可能性**。

前面已經說過，戀屍癖是心理殘廢的後果，而這種發展必然要放在當事人的生命處境裡，我們才能有恰當的了解。一個人如果不能創造任何東西或感動任何人，如果他不能衝破完全自戀和孤立的籠牢，便會感到無法忍受的生命無能感和一無所有感，這樣，他唯一肯定自己的辦法便是把他無能去創造的生命給摧毀。這不需要任何巨大的努力、忍耐與關懷，因為破壞與毀滅所需要的只是強壯的臂膀或一把刀或一支槍。[41]

臨床的／方法學上的原則

我要以一般臨床上與方法學上的幾句話來結束對戀屍癖的討論：

一、一或兩個特徵不足以斷定一個人是不是戀屍性格。這是因為戀屍性格是由各種不同的原因所致。有時，某種行為看似是戀屍癖的反映，實際上卻是由文化傳統或類似因素導致。

二、反過來說，要診斷戀屍癖也不必把它所有突出的性格特徵都找到。這種病症有許多因

40 這是史懷哲——愛生性的偉大代表人物——的作品與人生的主題。

41 我在〈附錄〉中會詳細討論佛洛伊德如何從先前的概念轉變到新的二元對立，即生命本能與死亡本能的對立。我曾說，佛洛伊德的這個改變實際上將他的整個本能概念都改變了。在舊的版本中，力比多是生理機制上的概念，由各種性敏感區的興奮引起。當不斷增強的興奮導致緊張降低，便得到了滿足。可是，死亡與生命本能在身體上並沒有任何特定的區域，也沒有**緊張↓解除緊張↓緊張**的節奏性格。它們是一種生物學的、活力論的概念。佛洛伊德從來沒有試圖對前後兩種概念進行整合，把它們連結在一起的只是語意上的等式：生命＝愛洛斯＝性欲（力比多）。但是，我在此處的假說就可以把佛洛伊德前後兩階段的理論連接起來，因為我假定戀屍癖是肛門性格的惡性形式，而愛生性是「生殖器」性格的充分發展形式。當然，我們不能忘記，在「肛門」性格（囤積性性格）與「生殖器」性格（生產性性格）這兩個用詞中，我只保留了佛洛伊德的臨床描述部分，至於他所認為的心理上的根源，我沒有採用。

素，有個人的，也有文化的，並且如果掩藏得好，有些戀屍癖特徵是別人發現不了的。

三、有一點非常重要：只有少數人是**完全**戀屍。我們也許可以視之為嚴重病態的個案，並探尋它們的遺傳因素。正如站在生物學立場可以預期的那樣，絕大部分人都具有愛生傾向——即使有些人的愛生傾向很弱。他們之中有若干比例的人戀屍傾向非常強烈，以致我們有道理稱他們為戀屍者。至於其他人，則大部分同時具有戀屍傾向和夠強的愛生傾向，以致常常飽受內心衝突。這種衝突的結果會成為一個人的動機，但這結果到底是什麼。要由好幾個因素決定：(1)、要看兩種傾向的相對強度來決定；(2)、要看社會條件有利於哪方面的發展；(3)、個人生命史上的特殊事件會影響他偏向哪一方。

再來是這樣的一些人：他們的愛生性極占優勢，以致他們的戀屍傾向很容易被阻遏或抑制，或有助於讓他們對自己和他人的戀屍傾向特別敏感。最後還有一群人（人數也是極少）是一點戀屍癖的特徵都沒有，他們是純粹的愛生者，行事為人是出於對一切有生命之物的最強烈和最純粹的愛。史懷哲、愛因斯坦和教宗若望二十三世都是這極少數人的近期知名代表。

因此，戀屍傾向與愛生傾向之間並沒有明確的分界線。就像其他性格特徵一樣，世界上有多少人就有多少種不同比例的組合。不過，有些人以戀屍為主要傾向，有些人以愛生為主要傾向，這種區別仍是明顯的。

四、用於發現戀屍性格的大部分方法前面已經提過，我現在只扼要地綜述一下：一、對一個人的行為進行細緻的觀察，特別是觀察他的無意識行為，包括面部表情、選擇的詞語、人生觀和他在生活中所做的最重要決定；二、研究他的夢、笑話和幻想；三、評估這個人對其他人的態度，對其他人的影響，以及他喜歡哪種人和不喜歡哪種人；四、應用羅夏墨跡測驗之類的投射測驗（麥克比曾用這種方法診斷戀屍癖，結果非常正確）。

五、有強烈戀屍癖的人非常危險。他們是懷恨在心的人，是種族主義者，喜歡戰爭、流血與破壞。他們不但成為政治領袖之後會非常危險，還可能會踴躍投效獨裁者。他們會變成劊子手、恐怖分子和刑求者——沒有他們，恐怖政權永遠建立不起來。但戀屍癖沒有這麼嚴重的人在政治上也有很大的影響。他們雖然不是恐怖政權的首要附隨者，卻是它的根基。沒有他們，獨裁者便無奪法取權力或無法把權力保持下去。

六、由此看來，致力了解人口中有多少比例是以戀屍癖為主要傾向的人，又有多少比例是以愛生性為主要傾向的人，豈不是有著重大社會與政治意義？除了了解兩者的大概人數，我們豈不是還應該去了解兩者所分布的年齡、性別、教育、階級、職業和地理位置？

我們曾採用足夠全面的抽樣調查，研究全美民眾的政治意見和價值判斷，得出的結果讓人相當滿意。不過這些結果只告訴我們民眾有什麼**意見**，沒告訴我們民眾是什麼**性格**，換言之我們不知道是什麼樣的**情感性**信念在驅動他們。

如果我們採用同樣全面的抽樣調查，但換一個方法去研究人們的行為與意見背後的驅力（大部分是無意識的），那麼我們對美國的人類能量（human energy）的強度與發展方向將有更多了解。我們也許甚至可以藉此防止某些讓人震驚的事情發生——以前每逢發生這些事情，都被認為是不可解釋的。還是說我們關心的只是物質生產所需的能量，不是做為社會發展過程決定因素之一的**人類**能量？

第十三章　惡性攻擊性：希特勒——戀屍癖的病例

前言

精神分析性的傳記研究旨在回答兩個問題：一、推動一個人的驅力是什麼？是什麼激情迫使或影響他做出他所做的行為？二、使他發展出這些特有激情（性格特徵）的，是什麼樣的外在與內在條件？以下對希特勒的分析就是抱著這兩個宗旨，但它在幾個重要方面與古典的佛洛伊德式方法不同。

在以下對希特勒的分析中，我聚焦在希特勒的戀屍癖，只會簡略觸及其他方面，例如他的剝削性格、以德國做為母親的象徵。

我此處使用的方法，和古典精神分析的不同之處是，我沒有把人的激情視為本能性，更具體地說，是沒有把人的激情視為是性欲引發（我在前面詳論過）。另一個不同是，我認為即便我們對一個人的童年一無所知，仍然可以藉由分析他的夢境、無意識行為、姿態、語言和理性上無法充分解釋的行為，勾勒出他主要的、大部分是無意識的激情（「X射線研究法」）。要能詮釋這一類資料，需在精神分析上有特殊訓練與擁有特殊技術。

最重要的不同則是，傳統分析家認為性格發展在五或六歲就已結束，除非日後接受分析治療，否則就不會產生重大變化。我的經驗卻使我深信，這種看法是站不住腳的，它是機械性的，沒有把生活與性格當做發展過程看待。

人生下來的時候絕不是沒有面目的。不但遺傳因素會決定他的氣質與其他稟性，而且胎兒期發生的事情與他誕生時的狀況，也會對他的稟性有影響。這一切形成了一個人在誕生時的面目。然後，他接觸到某種特有的環境（父母親和周圍其他重要人物）；他回應這些人，而這些人也影響他性格的進一步發展。在一歲半左右，嬰兒的性格比生下來時已經確定了很多。然而這性格還是未完成的，它的發展還有好幾種可能的方向，會邁向哪個方向要看作用在他身上的影響來決定。六歲的時候，一個人的性格更固定了，但仍然不是沒有改變的能力，只不過需要有新的、重要的環境出現，才能激發這種改變。一般來說，性格的形成與固定是依照比例增減，即性格發展越趨於固定，則越難改變。在生命開始的時候，個體的某些素質使他朝某些方向走，但他的人格仍然有延展性，在有限的框架裡可以有許多不同的發展方向。生活中的每一步都把性格未來發展的可能性縮窄。性格越固定，新的因素便越需更大的衝擊力，才能使前進的方向發生基本的改變。到了最後，改變的餘地變得極小，只有奇蹟才能使性格發生變化。

這不意味著來自幼童時期的影響，通常不比後來的事件更顯著。儘管它們的影響力更大，卻不能完全決定一個人。要沖淡童年時期的深刻影響，後來的事件必須更強烈，更戲劇性。我們會得到「性格從不改變」的印象，是因為大部分人的生活都是早就安排好的，沒有自發性，以致一生都沒有任何真正新的事情發生，後來經歷的事件不過是較早期經歷過的事件的翻版。

性格往不同方向發展的可能性與性格體系的固定化成反比。但原則上，性格體系永遠不會完全固定化，甚至是異乎尋常的經驗所不能改變，儘管在統計上這種情形極少。

把這些理論性考量放在實際上來說，就是：我們不能設想一個人的性格在二十歲時和五歲時是一個模樣。更具體來說，就是：以希特勒為例，我們不能設想他在童年就完全發展出戀屍癖的性格體系，但卻能設想在他的童年找到若干戀屍癖的根源，它們在後來助長了他的戀屍癖，但這種發展只是他的性格本來所擁有的數種真實可能性之一。只有當大量內在與外在事件發生以後，性格體系才會固定至讓戀屍癖幾乎不能變更的程度，這時我們可以從各種外顯的和不外顯的特徵發現它。在分析希特勒的性格時，我將試著把這些早期根源找出來，並追蹤助長戀屍癖的條件在他人生的每個階段是如何增強的，最後終致幾乎不剩任何其他的可能性。

希特勒的雙親與早年生活[1]

影響孩子最重要的因素是父母的性格，不是一、兩件單獨的事件。有些人相信一道過度簡化的公式：孩子的不良發展與父母的「壞」大致成正比。但這些人會被對希特勒雙親性格的研究嚇一跳。就既有的資料顯示，他的父母看來是穩定和善意的人，不具破壞性。

克拉拉・希特勒

希特勒的母親克拉拉（Klara Hitler）看來是個對生活適應得很好且富於同理心的人。她沒有上過學，是單純的鄉村女性，本來在舅舅阿洛伊斯・希特勒（Alois Hitler）家裡當傭人。在阿洛伊斯的妻子去世的那段時間，她成為他的情婦，懷了他的孩子。一八八五年一月七日，她嫁給阿洛伊斯，那時她二十四歲，而他四十七歲。

克拉拉工作勤奮而負責，雖然婚姻不是很快樂，卻從不抱怨。她本著良心去盡她的種種責任。

她生活的中心是做各種家務，照顧丈夫和孩子。她是模範主婦，把家裡打掃得一塵不染，精確地完成各項她該做的工作。任何事情都不能打斷她對家務的專注，甚至不會為了聊天而擱下手邊工作。對她來說，沒有什麼比她的家庭和促進家庭的利益更重要。透過她的細心管理，家裡的資產有所擴充，這讓她非常高興。比起房產，對她更重要的是孩子。凡是認識她的人都承認，克拉拉的生活重心是盡心盡力地照顧與愛護孩子。對她唯一較為嚴重的批評是，由於她的過分溺愛，讓兒子有一種自命不凡的感覺——這樣批評一個母親似乎有點怪。孩子們不同意這種批評。她的繼子女和她生下並活過襁褓期的孩子對這個媽媽都又敬又愛。（B. F. Smith, 1967）

批評她過分溺愛兒子而讓他有自命不凡的感覺（即自戀），這種批評並不像史密斯所認為的那麼怪異，而且這種批評八成是事實。但是，這種過分溺愛只延續到希特勒的幼童期，到他上學便結束了。這種態度上的改變可能與克拉拉又生了一個兒子有關。這是希特勒五歲時的事。有些精神分析家認為，克拉拉的這種態度轉變讓希特勒受到創傷，但克拉拉在新生兒誕生後乃至整個一生的態度都證明事實並非如此：她可能不再寵愛希特勒，但並沒有忽略他。她越來越明白，必

1 我對希特勒雙親和他的幼年期、童年期及青年期的描述，主要以兩部作品為根據。這兩部作品都是關於他早年時期最重要的著作，分別是B. F. Smith（1967）和馬瑟（W. Maser, 1971）。另外我還參考了庫別茲克（A. Kubizek, 1954）和希特勒（A. Hitler, 1943）的著作。希特勒的書主要是宣傳用途，內容很多不是事實。庫別茲克是希特勒年輕時的朋友，從一開始就欽佩希特勒，希特勒當權後也一樣。他的書要小心採用。馬瑟雖然是歷史學家，但他書裡引用的資料有不少是不可靠的。Smith 對希特勒年輕時的記載迄今是最可靠和最客觀的。

須讓他長大，讓他適應現實。而且我們將會看見，她盡一切力量去推進這個過程。

克拉拉這種充滿責任感和愛的母親形象會引出一個非常重要的問題：這形象怎麼跟希特勒有一個準自閉的童年，和有著「惡性亂倫欲望」的假設兜得攏？我們能夠想到幾種可能性：一、希特勒生性冷漠和孤僻，所以儘管有一個溫暖和有愛的母親，他依然有近於自閉的傾向；二、另一種可能是，克拉拉對兒子的過度依戀讓這個非常羞赧的孩子強烈感到被侵犯，所以便用更加激烈的孤僻做為回應。[2]我們對克拉拉的人格沒有足夠的了解，無法確定哪種可能性更高，但這些可能性與我們從分析資料得到的克拉拉行為方式相符。

另一個可能性是，克拉拉是個憂愁的人，只是依循責任感做事，沒有向兒子傳遞多少溫暖和喜悅。畢竟，她的生活並不快樂。就像在當時德國和奧地利中產階級常見的生活形態那樣，生孩子、照顧家庭、服從專制的丈夫被認為是她的責任。她的年齡、她沒有上學，加上她丈夫有一點社會地位和為人自私（雖然還不至於邪惡），更是加強了這種傳統處境。因此，她也許變成了一個憂愁、失望和憂鬱的人，而這主要是環境所致，不是由於她的性格。最後，有可能在她的照顧態度中潛藏著一種根深蒂固的思覺失調性與孤僻態度。無論如何，我們沒有關於克拉拉人格夠多的具體細節，無法判定哪種假說最有可能是正確的。

阿洛伊斯・希特勒

阿洛伊斯・希特勒的同情心遠不及克拉拉。他是個非婚生子，原先隨母親姓「席克爾格魯貝」（很久以後才改姓「希特勒」），早年生活經濟困乏，是個真正白手起家的人。由於辛勤工作和自律，他從奧匈帝國關稅機關的底層職員升遷到相當高的職位（高級收稅員），讓他成為體面的中產階級一員。他很節儉，存夠錢買下一棟房子和一座農場，後來加上他的退休金，足夠讓全家人過得舒舒服服。他無疑是個自私的人，不太關心妻子的感受，但此舉在他的階級是常態。

阿洛伊斯・希特勒是個熱愛生活的人，特別是愛酒與女人。這並不是說他會徵逐女色，但他不受當時奧匈帝國中產階級的道德規範約束。他好杯中物，有時喝很多，但有些書把他形容為酒鬼卻是言過其實。他熱愛生活的天性最明顯的表現，是他對蜜蜂和養蜂的興趣，他的這個興趣既深且久。他帶著極大的樂趣，把大部分空閒時間花在蜂窩上，這是他上班以外唯一認真的、積極的興趣。他一生的夢想是有一座自己的農場，養殖大量蜂群。這個夢想他最後實現了。他第一次買的農場太大了，到了晚年才買了一塊大小合適的地方，讓他享受到極大的樂趣。

阿洛伊斯・希特勒有時被描述為兇殘的暴君——我想，這樣寫是為了可以更簡單地說明他兒子的性格。其實他不是暴君，只是為人專制，相信自己在兒子未成年以前有義務和責任決定兒子

2 前面指出過，研究自閉兒的學者發現，被入侵感是自閉症的形成條件之一。

的生活方式。按照我們有的證據，他從來沒有打過兒子。他責罵他，與他爭吵，想讓他明白什麼是對他有益的，但他不是一個害兒子膽戰心驚的人。正如我們在下面將會看到的，他的兒子越來越沒責任感，越來越逃避現實，這就讓他更覺得有必要訓斥和糾正兒子。大量資料顯示，阿洛伊斯並不是自私或傲慢的人，也不是一個狂熱的人，整體而言他為人相當寬容。他的政治態度符合上述的描述：他對政治很關心，是個自由派和反教權派。他在看報紙時心臟病突發而死，死前最後一句話是憤怒地譴責「那些黑東西」（這是對反動教士的稱呼）。

既然這對夫妻善良、穩定、十分正常，又不具備破壞性，他們又如何會生出「魔鬼」希特勒來？[3]

從嬰兒期到六歲（一八八九至一八九五年）

小男孩希特勒看來是母親眼中的寶貝。她縱容他，讚美他，從來不責罵他，彷彿他從來不會做錯事。她所有的興趣和柔情都集中在他身上。這個小男孩的自戀和消極被動八成就是這樣養成的。他不用努力就可以成為了不起的孩子，因為不管他幹什麼，母親都會讚美他。他也不必付出任何努力，因為母親會照料好他的所有願望。他則會反過來支配母親，每次碰到挫折就對母親大發脾氣。不過正如前面說過的，母親對他的過度依戀也許會讓他有被侵犯的感覺，因此以更加內縮做為回應，種下了他早年準自閉態度的因子。讓這一傾向更為加強的，是他父親由於工作性質特殊，很少有空在家。男性權威所能提供的良好平衡，他一概缺乏。又由於這個小孩有點容易生病，母親就格外擔心他，而這又更增強了他的消極被動性與依賴性。

希特勒的這個階段在六歲結束。有幾件事情標誌著這個階段的終結。

---

3 對於希特勒的邪惡，有過兩個從精神分析角度解釋的嘗試：一是採用傳統分析法的W. C. Langer（1972），此文原寫於一九四三年，是給戰略情報局的報告，被列為「機密」。二是J. B. Brosse（1972）。有鑑於當時能取得的希特勒生平資料非常少，Langer的報告有可取之處，不過仍然受到他的理論參考架構的重大傷害。Langer強調希特勒早年對母親的執戀使他產生特別強烈的戀母情結（即是想把父親排除），再者，Langer認為希特勒必然曾看過父母的性行為，因而為父親的「獸性」恨父親，為母親的「背叛」恨母親。但由於當時的精神分析認定所有男孩都有戀母情結和都看過父母的性行為（在那些生活空間比中產階級小的階級尤其如此），這就讓人感到奇怪：一種普遍的條件如何能解釋一種特別的性格，尤其是它如何能解釋像希特勒這樣不正常的性格。

J. B. Brosse對希特勒的心理分析研究，資料要豐富得多，眼光也非常敏銳。他非常清楚看出希特勒恨生命，就此而論，他的觀點和本書的結論相似。唯一有損他著作品質的元素，是他用力比多理論來解釋他的發現。他比傳統的戀母情結理論和「原始場景」（prime scene）理論要超前一步。他認為，希特勒最深沉的無意識驅動力量是「殺掉陽具崇拜的母親，即不只要殺掉父親，也要殺掉母親，要殺掉在性行為中結合為一的父母……他想化為烏有的不只是他的誕生，還有他的受胎，換言之，是把『原始場景』化為烏有，但這『原始場景』不是他當孩子時所能目睹的景象，而是發生在他出生以前……他是在想像裡看到這一幕，是在回顧中看到這一幕，而這一幕因為關乎他的受胎，所以他某種程度上也潛在地在場……他對生命的恨就在於：他恨父母給予他生命的行為。」（J. B. Brosse, 1972）做為對生命整體的恨的象徵性、超現實主義性描述，這段話有其優點。但是做為對希特勒恨生命的原因的事實分析，它就近乎荒謬了。

我曾對希特勒的性格進行過一個簡短分析，根據的概念是「專制—施虐受虐性格」，不過沒有把希特勒童年的資料包括在內。（E. Fromm, 1941）我相信我那時的分析到現在仍然正確，只不過我當時不知道，跟希特勒的施虐癖和他的戀屍癖相比是次要的。這是本書接下來要說明的。

希特勒在五歲時有了弟弟。這件事情從古典精神分析的觀點來看特別重要，因為它讓希特勒不再是母親的主要關注對象。事實上，這種事通常會有健康的影響而不是創傷性影響。它往往可以減少孩子對母親的依賴，從而減少消極被動性。一般認為，希特勒這時必然因為嫉妒而痛苦，但證據卻顯示，他在弟弟生下來後的一年間過得很快樂。[4]這主要是由於他父親在林茲（Linz）就任新職位，可是他母親顯然怕遠行對新生兒不好，帶著子女留在帕紹（Passau）一整年。

整整一年，希特勒活在五歲兒童的快樂天堂裡，與鄰居的小孩遊戲和打鬧。牛仔打印地安人似乎是他最喜歡的遊戲，並且看來樂此不疲了很多年。帕紹在德國境內，位於德國與奧地利的邊界，奧地利的貨物要在此處接受檢查。因此，他們的打仗遊戲應該是模仿德法在一八七〇年的戰鬥，只不過受害者的國籍並不特別重要。那年頭，歐洲到處都是這種英雄主義心態的小男孩，他們玩遊戲時對所有國籍和所有民族的人一律加以屠殺。玩戰爭遊戲的這一年對希特勒來說是很重要的一年。因為在這一年，他住在德國土地和說話裡加進了一點巴伐利亞腔調，也因為他在這一年幾乎完全自由，無拘無束。他在家裡開始有自己的要求，當不順心的時候，他有表現出盛怒的跡象。戶外遊戲是他最大的樂趣，因為那在行為和想像上都沒有限制。（B. F. Smith, 1967）

這種天堂般的快樂生活在希特勒六歲時戛然而止，他父親在這一年從關稅機關退休，舉家搬到蘭巴赫（Lambach）附近的哈菲德（Hafeld），而希特勒也必須上學了。他發現「生活突然被侷限在狹窄的活動空間裡，要求他負責任，守紀律。他第一次受到有系統的、堅定的強迫，要他與其他人一致。」（B. F. Smith, 1967）

在人生第一期結束之際，這個孩子的性格發展成什麼模樣？

依照佛洛伊德的理論，戀母情結的兩個特徵都會在這個時期得到充分發展：被母親的性吸引力吸引和對父親有敵意。資料似乎肯定了佛洛伊德的這個假設：小希特勒深深依戀母親，對父親則持敵對態度，但他沒能透過認同父親而形成超我，以此來化解戀母情結，也沒能克服他對母親的依戀。又由於母親生了一個「敵人」給他，令他覺得受到背叛，便從她那裡撤出。

不過，這種佛洛伊德式的解釋會產生一些嚴重的問題。如果弟弟在希特勒五歲時的誕生帶給他創傷，讓他與母親的感情聯結破裂，以恨與憤怒取代了原先對她的「愛」，那他為什麼還過了一年快樂的生活（事實上這一年大概是他童年時代最快樂的日子）？如果考慮到他母親和他父親似乎缺乏親密和溫度，我們還能夠認為他對父親的恨是他的戀母情結使然嗎？他的敵意是否更應該被理解為對一個要求紀律與責任的父親的敵意？

4 你當然可以辯稱，這一證據沒有顯示出的**無意識的**失望與憤恨。但因為他表現出來的行為沒有任何無意識失望與憤恨的跡象，這論證便沒有價值。它的唯一基礎是一個教條式的假設：手足的出生必定會讓人失望與憤恨。這會帶來循環論證：把理論要求的情況當成事實，然後又拿這事實去證明理論正確。

這些問題似乎可以在前面討論過的惡性亂倫欲望假說找到答案。根據這個假說，我們可以這樣認為：希特勒對母親的固著不是一種溫暖和充滿情感的固著；他始終是冷漠的，沒有突破他自戀的殼；對他來說，母親並不是一個真正的人，而是土地、血、命運與死亡的象徵。但儘管為人冷漠，希特勒仍然共生性地依戀著母親形象和她的象徵意味，這種依戀的最後目的，是在死亡中與母親合一。從這裡我們也可以了解到，為什麼弟弟的出生並沒有使希特勒從母親那裡撤出。事實上，如果他對母親從來沒有親密感情，我們根本不能說他從她那裡撤出。最重要的是，希特勒後來形成的戀屍癖可以從他早年對母親的惡性亂倫欲望中找到起源。這個假說也可以解釋希特勒為什麼從來沒有與母親形象的女性戀愛過，可以解釋為什麼他跟一個真實母親的聯結變成了跟血、泥土、種族的聯結，最終又變成了跟混沌與死亡的聯結。德國成為母親的核心象徵。他對「母親—德國」的固著是他要把母親（德國）從毒物（梅毒和猶太人）中救出的基礎，但在更深的層次，他長期壓抑的欲望是摧毀「母親—德國」。他的結局看來證實了惡性亂倫欲望假說。

希特勒跟母親和母親形象人物的關係，與絕大部分「母親固著型」男人不同。這些人對母親的聯結要溫暖得多，強烈得多，也可以說真實得多。他們強烈地想接近母親，把什麼事情都告訴她，是真的「愛著」她（這「愛」是嬰兒性質）。在以後的人生中，他們容易愛上母親形象的人物，也就是說會被這樣的女人吸引，與她們發生韻事或結婚。（這種吸引力的根源是不是性欲，或他們感到的性吸引力是不是只是情感吸引力的一種表現，在這裡並不重要。）但是，希特勒從來就不是以這種方式依戀母親，至少五歲以後就沒有如此（五歲前八成也沒有如此）。在童年期，他的全部樂趣就是跑到外面去找人玩戰爭遊戲或打印地安人遊戲。他對母親沒有多少興趣，也不在乎。

希特勒的母親知道這一點。庫別茲克（Kubizek）指出，她曾告訴他，她的兒子沒有責任感，把繼承的小筆遺產隨意揮霍；她對小女兒很有負擔，但「希特勒並不把這一點放在心上，就好像世界上只有他一個人似的，想怎麼做就怎麼做」。他對母親的不關心在她生病以後表現得特別明顯。一九〇七年一月，克拉拉被診斷出罹患癌症並動了手術。這病將會讓她在同年十二月去世，而希特勒卻在九月時離家去維也納。母親為了體諒他，把自己的病情說得輕一些，而他直接相信了，沒有回林茨一趟了解母親的病情（跑這一趟對他在時間或金錢上都不是問題）。他極少從維也納寫信回家，因此讓母親非常擔心。根據史密斯的說法，他是收到母親的死訊後才返家。但庫別茲克的說法不同。他說當克拉拉病得臥床不起之後，她因為身邊沒有人，要求希特勒回家照顧她。希特勒在十一月底回來，照顧了母親約三個星期，然後她便去世。回家後，當他看到庫別茲克這位朋友為母親擦地板和做飯時，吃驚得說不出話來。希特勒甚至為了十一歲的妹妹著想，要她向母親保證以後在學校一定好好用功學習。庫別茲克用充滿情感的筆調來描述希特勒對母親的態度，想讓人相信他深愛著她。但是，他的證言在這一點上不太可信。希特勒一向會利用這種時機來製造最好的印象；在當時的情況下，他幾乎不能拒絕母親的要求，而扮演三個星期的孝子也不算長時間。庫別茲克對希特勒的仁慈與體貼的描述，與希特勒對母親的整體行為是相悖的，因此不是很可信。[5]

在希特勒的心目中，母親似乎從來不是一個真正的人，他不曾用愛戀的態度對待過。她只是一個象徵，象徵著保護他、讚美他的女神，但也同樣象徵著死亡與混沌女神。同時，她又是他的施虐性控制的對象，而當她不肯完全被他左右時，他就勃然大怒。

六歲至十一歲（一八九五年至一九〇〇年）

希特勒童年的早期和後期之間差異很大。阿洛伊斯．希特勒因為從稅務機關退休，從此可以把全部時間用在與家人相處，特別是用在教育兒子上。他在蘭巴赫附近的哈菲德買了一棟附帶九英畝土地的房子。小希特勒不得不進入哈菲德附近費希蘭（Fischlam）的鄉村小學校讀書。他在學校的表現非常好。他符合父親的要求（至少表面上如此），不過史密斯寫道：「他有些保留。他在某種程度上仍然可以操縱他母親，而且無論何時他想對誰發脾氣就朝誰發脾氣。」這個小男孩雖然沒有與父親發生強烈衝突，但這種生活一定讓他不滿足，於是希特勒在生活中找到方法讓他忘掉這些不滿，忘掉**缺乏自由**的感覺。這方法就是繼續和其他男孩玩打仗遊戲和打印地安人遊戲。早在這個年紀，「自由」對希特勒而言已經等同不負責任、沒有約束和（這是最重要的）「擺脫現實」。「自由」同時也意味著控制一幫人。如果檢視希特勒玩的這些遊戲的作用與意義，我們會發現它們是某些會隨著他年齡越長而越發明顯的特徵的初步表露。這些特徵包括控制別人的需要和罔顧現實。表面上看，這些遊戲沒有什麼害處，只是他這個年齡的孩子的正常遊戲，實際上卻不是如此，因為稍後我們將會看到，當正常的男孩們已脫離幼稚的遊戲階段時，他仍然沉湎其中。

之後幾年，這個家庭發生一些變化。阿洛伊斯的大兒子在十四歲時離家出走，使他大為惱怒，結果希特勒不得不充任長子的角色。阿洛伊斯賣了農莊，搬到蘭巴赫。希特勒在蘭巴赫一間比較現代化的小學繼續讀書，功課也很好，也成功避免與常常發怒和心懷不滿的父親發生嚴重衝突。

一八九八年，他們又再次搬家到林茨城郊的萊昂丁（Leonding）。希特勒轉入林茨的一間小學。阿洛伊斯對新遷入的農莊滿意極了。他可以在半英畝的土地上照顧蜜蜂，在小店裡談論政治。不過，他仍像以前一樣，是個極專制的家長，是家裡無可質疑的主宰。他在萊昂丁最要好的朋友梅耶洛夫（Josef Mayerhofer）後來這樣形容他：

---

5 庫別茲克與希特勒年輕時即相識，從那時就很欽佩他，等到他掌權之後還是很欽佩。因此庫別茲克的記載是否屬實難以斷言，必須與其他資料對照。他自己的「印象」是不可靠的，因為他的心偏向希特勒。馬瑟更是極力稱道希特勒對母親的孝心和母親的死帶給他的絕望。馬瑟的根據是布洛赫（F. Block）寫的一篇備忘錄。布洛赫是一名猶太醫生，負責照料希特勒母親的病，而在三十年後的一九三八年寫了這篇備忘錄給納粹當局。不管布洛赫醫生的記憶力有多好，但在一九三八年的德國，一個猶太人寫的有關希特勒的備忘錄應該不會沒有偏見，不會沒有邀寵的成分。這是人性，是我們很可以理解的，但他的備忘錄也因此不足以成為可靠史料。身為歷史學家，馬瑟竟然不懷疑布洛赫的說法而直接採用，是他運用史料上的嚴重缺點。他的這個缺點有很多例證，以後我會提到一些。

「他對家人是嚴厲的，不縱容他們。他的妻子找不到可以歡笑的事情。」不過，梅耶洛夫說，表面的粗魯有一部分只是在虛張聲勢，他對孩子從來不體罰。「他從來沒打過他（希特勒），我不相信他曾打過他。但他常常責罵他，對他咆哮。他常常說：『這個混帳小鬼，我還沒揍他呢！』但是，他的吼叫比打更糟糕。孩子畏懼地站在他面前。」（B. F. Smith, 1967）

從這番描述看，阿洛伊斯不是個兇殘的暴君，而是一個專制的、有點不可親近的父親，讓兒子深感畏懼。這可能是希特勒的屈服性格的來源之一（他的這種屈服性格我們稍後再討論）。但是，父親會令人懼怕也不是完全沒有理由的：要不是兒子那般脫離現實、那般沒有責任感，父子倆的關係可能要友善得多，因為阿洛伊斯畢竟是個用意善良和不具破壞性的人。很多人強調希特勒「對專制父親的憤恨」，但這就像強調他的戀母情結那樣，是言過其實。

大致說來，希特勒五年的小學生活比我們預期的好得多。一方面是由於一些我們已經說過的因素，另一方面是由於學校注重實際的環境。他大概比一般男孩的平均智力高一些，而由於他的家庭背景比較優越，老師們對他也比較好。他沒有經過多少努力就在班上名列前茅。因此，學校的功課沒有對他構成挑戰，沒有擾亂他的叛逆與適應環境兩者間的良好平衡。

這段時期結束之時和開始之時相比，希特勒的性格並沒有明顯惡化，不過有些現象是不良的：他沒有克服他早期的自戀，沒有去靠近現實，沒有發展出任何積極的興趣，卻為自己建立了自由與權力的魔幻領域。幾年小學的生活沒能幫助他超越剛進小學時的心智發展階段。但是，他很少有機會可以察覺的內心衝突，表面上似乎調適得相當好。

少年期和青年期：十一歲到十七歲（一九〇〇年至一九〇六年）

從希特勒進入中學到他父親去世這段時間，對他的惡性發展有決定性的影響。

到他父親在一九〇三年去世這三年間，有三件決定性的事件：一、他跟不上中學的課業；二、父親堅持要他當公務員，他為此與父親發生衝突；三、他越來越沉迷在他的遊戲幻想世界裡。

希特勒自己在《我的奮鬥》（*Mein Kampf*）中對這些事件做了似是而非和對自己有利的解釋：他個性自由而獨立，無法忍受當個公務員，一心要成為藝術家；他反抗學校，故意讓成績不好，好讓父親答應他去當藝術家。

如果我們仔細檢視既有的資料，就會得到正好相反的狀況：一、他功課不好是基於有好幾個我們接下來會談到的原因。二、他想當藝術家基本上是個合理化藉口，因為凡是需要努力、需要嚴於律己的工作，他都無法從事。三、他與父親的衝突並不只是因為他不肯當公務員，而是因為舉凡必須符合現實的要求，他一概拒絕。

他的課業失敗是毋庸置疑的，因為他的成績一落千丈。在中學第一年時他的課業成績就很糟，所以需要留級。之後，他常常需要補考才得以升級，而在第三年結束時，學校雖然讓他通過考試，但條件是要他轉學。他轉到斯太爾（Steyr）的中學，在那裡唸完第四年，但雖然只要再唸一年就可以畢業，他卻決定輟學。第四年結束時發生的一件事對他的中學生涯很有象徵性。拿到成績單後，他和同學去喝酒，回到家的時候發現成績單丟了。正當他在琢磨要找什麼藉口解釋時，校長派人來叫他回學校：他遺失的成績單在街上找到了。他先前竟然把它當衛生紙用了！即使他喝了一點酒，這種行為仍然是一種象徵，表明他對學校是多麼厭惡與鄙夷。

希特勒中學成績很差，有一些理由比較明顯。最明顯的一個理由，是他小學時課業表現鶴立雞群。由於他的智力比一般孩子高，又能言善道，因此不用多少努力就在班上名列前茅，得到很高的分數。中學的情況便不同了。中學生平均的智力比小學生高。老師的學識比較好，對他的要求也比較多；此外，老師也沒有把他的社會背景看在眼裡，因為在學生家長當中，他父親的地位並不特殊。簡言之，要想在中學裡把課業唸好，必須真正下功夫。功課的分量不見得繁重，但比希特勒所習慣做的、願意做的，或能夠做的卻多了很多。對這個非常自戀，並且在小學時不需努力就取得成功的孩子來說，這樣的新處境想必讓他震驚。它向他自戀的態度提出挑戰，向他表明他不能按照原先那套方式和現實世界打交道。

小學功課好而中學功課差的例子並不少見。這種情形常常可以刺激一個孩子改變行為，至少在某種程度上克服自己的幼兒態度，去了解努力的重要性。希特勒卻沒有發生這種改變。他不但沒有朝現實走近一步，反而更退縮進自己的幻想世界裡，拒絕與別人進行較密切的接觸。

他的課業失敗並不是由於大部分科目他都不感興趣，因為如果是這樣，他會對他感興趣的科目用功努力。但事實卻非如此。例如，德國歷史是他極有熱忱的科目，他非常有興趣，可是對這門課程他也不是很用功，因此分數不高。（他唯一得分高的科目是繪畫，但這是由於他有繪畫的天分，不用他付出什麼努力。）不過，最清楚地印證我們這個假說的事實是，他日後沒有為任何事情付出過努力，即便對他最感興趣的現實領域建築也是如此。除非有迫切需要或被激情驅使，希特勒無法從事任何系統性工作。這是希特勒的特點之一，我們稍後會再討論。在此提這件事只是為了強調，希特勒在中學課業失敗並不是他的「藝術興趣」導致的。

在中學這幾年，希特勒越來越遠離現實。他對任何人都沒有真正的興趣——對母親、父親或兄弟姊妹皆是如此。他只希望誰也不要來干擾他，只偶爾和家人互動，可是在情感上與他們是遙遠的。他唯一強烈的興趣是與外面的男孩玩遊戲，這個時候他是領袖，是發號施令者。這種遊戲對於九歲至十一歲的孩子來說很普遍，但到了中學還沉迷其中卻是少有的事。有一件事情很能夠說明他的這種特點：十五歲那一年，有個好意的親戚辦了小型宴會來祝賀他接受堅信禮，但希特勒為此發脾氣，態度很不友善，一有機會脫身立刻跑去找其他小孩玩戰爭遊戲。

這些遊戲有幾種功能。讓他有當領袖的滿足感，使他確信自己靠著口才就能令別人跟著他跑；這些遊戲擴充了他的自戀，而最重要的是，讓他可以把生活重心放在幻想中，助長他更遠離現實，遠離真實的人、真實的成就和真實的知識。他沉迷於幻想的另一個表現是強烈喜歡讀卡爾・梅（Karl May）的小說。卡爾・梅是德國作家，寫了許多關於北美印地安人的小說。雖然他沒有見過印地安人，筆調卻充滿真實色彩。那時，德國和奧地利所有的男孩子都讀卡爾・梅的故事，它們的流行程度就像庫珀（Jame Fenimore Cooper）的故事之於美國。希特勒在小學高年級時對卡爾・梅的小說感興趣本是正常的事，但史密斯指出：

> 情況到了後來更嚴重。希特勒從來沒有放下卡爾・梅的小說。他十幾歲的時候看這些書，二十幾歲時還在看。即使做了德國首相，他還是對卡爾・梅的故事癡迷，把美國西部的故事全集讀了再讀。此外，他也從來不隱瞞對卡爾・梅的喜好。《席間漫談》（*Table Talk*: H. Picker, 1963）一書記載了希特勒是如何讚美卡爾・梅，是如何以讀他的作品為樂。他幾乎對每個人（他的宣傳部長、僕人和納粹黨的老同志）談論卡爾・梅。（B. F. Smith, 1967）

對於這件事的詮釋，我與史密斯不同。史密斯認為，由於希特勒童年期對卡爾・梅的迷戀是那麼快樂的經驗，以致「當他童年期的適應能力不能解決少年期遇到的挑戰時，把卡爾・梅帶入少年期既可讓他獲得滿足感，又有必要」。此說當然有一些道理，但我認為沒有觸及問題的核心。卡爾・梅的小說必然與希特勒的打仗遊戲有關，是他沉迷於幻想的一種表現。在某年齡段讀這種小說固然合適，但長大卻還沉迷其中則顯示一種逃離現實的心態，一種自戀的態度，這種態度以一個主題為中心：做為領袖、戰士和勝利者的希特勒。固然沒有足夠證據可證明這一點，但如果我們把希特勒年輕時的行為與他後來的生平資料放在一起看，一種模式便會浮現出來：對一個高度自戀和抽離現實的人來說，幻想比現實更真實。當我們看到十六歲的希特勒已經如此沉迷在幻想生活裡，不禁會有一問：這個脫離現實的夢想家如何能夠使自己變成歐洲的主人（即便只有片刻）？這個問題只有等到我們分析希特勒的後來發展時才能回答。

不論希特勒的中學課業為什麼失敗，他在情感上大受打擊是無庸置疑的。他本來擁有母親的讚美和優異的小學成績，又是一群男孩子的領袖，這些不費力的成功在他看來已證實他的自戀性信念：他是傑出的天才。可是在外在環境幾乎沒有改變的情況下，他卻發現自己處在失敗的境地。他無法隱藏自己的失敗，無法不讓父母知道。可以想見，他的自戀必然大大受傷，他的驕傲必然嚴重受折。如果他能夠認識到他的失敗是由於不努力，他可能可以克服由此帶來的惡果，因為他畢竟是一個天賦不差的孩子，足以唸好中學的課業。[6]但是，他那種觸碰不得的自戀讓他不可能獲得這種洞察。結果，由於不能改變現實，他必須捏造和排斥現實。他指控他的老師和父親要為他的失敗負責，又說他的失敗是由於他熱愛自由與獨立。這都是他捏造的。他排斥現實的方法是創造出「藝術家」這個象徵符號。他把成為一個偉大藝術家的夢當成現實，然而他不肯為此認真努力又顯出這個想法只是幻想。學校課業失敗是希特勒的第一次失敗與屈辱，以後還有好些類似的情形發生。我們理應可以這樣假定：這個失敗大大增強了他對那些讓他失敗，或看到他失

6 希特勒在慕尼黑暴動失敗後，他的老師休默爾（E. Huemer）為他作證說：「希特勒確實是有才華的，不過偏於一邊，而且自制力不足。我們至少可以說他相當頑固、任性、好爭辯且脾氣暴躁，讓他適應學校的約束確實困難。他也不怎麼用功，否則以他無可置疑的天分，成績必定會好很多。」（W. Masters, 1971）

敗的人的不屑與憤恨。假如我們沒有理由相信他的戀屍癖在他的惡性亂倫欲望裡已經發端，則他這種對人的憤恨卻很可能是他的戀屍癖的開端。

希特勒的父親在他十四歲那一年去世，但這件事這似乎沒有讓他發生好的轉變。如果就像他後來所寫的那樣，他與父親的衝突導致他在學校課業表現失敗，則一旦這個兇殘的暴君與敵人死去，他就獲得解放了。他理應會感覺自由，為未來制定合乎現實的計畫，並努力工作以求計畫實現，而且大概會重新愛戀母親。可是，這樣的事一件都沒有發生。他繼續是老樣子，過著如史密斯所說的「以快樂的遊戲與夢想為主」的生活，找不到一條走出這種心靈狀態的路。

我們現在必須重新看一看希特勒進入中學之後與父親的衝突。阿洛伊斯決定兒子要上中學，雖然希特勒對這個計畫沒有多大興趣，但還是接受了。依照《我的奮鬥》中的說法，父子衝突的真正原因，是阿洛伊斯堅持要兒子將來當公務員。他會有這個願望是很自然的：他自己就是靠當公務員發家，所以會覺得那也是兒子的最好職業。當希特勒表示拒絕，說自己想要當一名畫家時，他父親說：「不行，只要我活著就不行。」對此，希特勒威脅說他將不再上學，而見到父親仍然不讓步，「我便默默地把威脅變成事實。」（A. Hitler, 1943）這是希特勒對自己的課業失敗所作的解釋，但這個解釋太方便好用，不像是真的。

這個解釋完全符合希特勒的自畫像：他是一個艱苦奮鬥和有決心的人，早在一九二四年（寫作《我的奮鬥》時）以前就努力上進，現在終於得到最後的勝利。同時，這個解釋也為說明那個受挫的藝術家為何會投身政治和決心拯救德國提供了基礎。最重要的是，它解釋了他的中學成績為什麼不好和他為什麼成熟得那麼慢，同時又讓他的少年期顯得充滿英雄氣概：這對任何自覺地寫政治性自傳的人來說都是艱難任務。事實上，這個故事對日後的「元首」是那麼有用，讓我們不禁懷疑，整件事是他自己編出來。（B. F. Smith, 1967）

父親希望他當公務員很可能是真的，但另一方面，父親並沒有採取激烈手段逼迫兒子。希特勒也沒有做哥哥在十五歲所做的事：用離家出走的激烈手段來顯示自己的獨立性和拂逆父親。正好相反，希特勒只是更加依照情況調整自己，更加退縮到自己的裡面去。

為了了解這場父子衝突，我們必須明白阿洛伊斯的立場。他想必像妻子一樣，看出兒子沒有責任感，不想工作。由於他是一個聰明和善的人，他所在意的必然不全是兒子當不當公務員，而是兒子長不長進。他想必察覺到兒子當「藝術家」的計畫是一種藉口，以掩飾其不認真和晃蕩。如果希特勒提出的是一個明確的相反意見（例如表示他想學習建築），並透過在學校獲得好成績證明自己的認真，他父親的反應便可能相當不同。但是，希特勒並沒有提出任何可以向父親顯示他是認真的建議。他甚至沒有和父親談條件，要求如果他把書唸好就讓他上繪畫課。他學校成績不好不是因為和父親嘔氣這一點，清楚顯示在他對母親試圖把他拉回現實時的反應。他在父親去世後輟學，決定留在家裡「讀書、畫畫和做夢。舒舒服服地住在洪保特街一戶公寓裡（母親把家搬到這裡），他可以任性地過日子。他會忍耐母親和寶拉（比他小五歲的妹妹）在他身邊，因為他除了離家出外自食其力，沒有其他方法不和她們住在一起。母親支付各種開支，妹妹跟在他後面收拾打掃，但她們都不被允許干涉他的生活方式」。（B. F. Smith, 1967）

很顯然，克拉拉很擔心他，常常勸他要更認真做人。她並不堅持要他當公務員，只是設法幫助他，讓他對某些事情建立起認真的興趣。她送他到慕尼黑一所美術學校去，而他只待了幾個月而已。他喜歡把自己打扮得漂漂亮亮，母親則「付服裝費，讓他一副紈袴子弟的樣子。她這樣做大概是希望他可以借此擴大社交圈。但如果這真是她的計畫，便完全失敗了。希特勒的一身漂亮行頭只不過象徵他獨立自足的孤立狀態」。（B. F. Smith, 1967）

為了培養希特勒的興趣，克拉拉又做了一次努力。她給他錢，讓他去維也納四個星期。他寄了一些明信片回家，盛讚維也納的建築「莊嚴」、「雍容」和「壯麗」。不過，他的拼字和對標點符號的使用不像一個在中學讀過四年書並且年紀十七歲的人。母親允許他上音樂班（父親幾年前曾建議他參加歌唱班），希特勒去唸了大約四個月後，在一九〇七年年初作罷。他不再唸下去是因為他不喜歡練習音階，不過即使沒有這個原因，他還是得終止，因為母親的重病已經發作，不得不縮減家庭開支。

母親想喚起他對某些實際事務的興趣絕不是專制性的要求，反而甚至可以說是近乎精神治療的一種辦法，可是希特勒的反應卻極端負面。這顯示出他對父親的負面反應，不僅表示他不屑當公務員，還表示一個內縮與晃蕩的男孩，對一個代表現實與責任的男人的不屑。這才是他與父親衝突的核心，而不單是他不喜歡當公務員，更不是「戀母情結」作祟。

希特勒好逸惡勞，逃避艱辛的工作（甚至不怎麼艱辛的工作也逃避），這種傾向需要一個解釋。心理學上有一個已經相當確立的發現對我們會有幫助。根據這個發現，好逸惡勞是受母親溺愛的孩子常有的現象。這種孩子總是不自覺地預期母親會什麼都為他們做好，就像他們在嬰兒時期一樣。他們覺得不必付出積極的努力，覺得他們不用保持整潔，可以把東西隨處亂丟，自有母親幫他們收拾。他們生活在「伊甸園」裡，什麼都不必做，什麼事都由別人代為安排得好好的。我相信希特勒也是這個樣子。他與母親的關係確實是冷漠的，不是真人對真人的關係，但他仍舊依賴她。她則克盡當母親的責任，儘管沒有得到孩子對她的愛與關懷。

聽到我說希特勒在學校懶惰，不能認真做事，不肯繼續學習，有些讀者會說：這有什麼大不了的？現在輟學的中學生一堆，他們很多人都抱怨學校教的東西陳腐無用，計畫去過不受父母或其他權威拘束的自由生活，然而他們不但沒有戀屍癖，反而有不少人有著真正愛生命的、獨立的、坦誠的人格。有些讀者也許甚至會質疑，我那麼強調希特勒學業上的失敗是否因為觀念太過保守？

我的回答是：一、輟學的人當然有很多種，不能一概而論，對於每種輟學的人我們都需要從他們特有的視角著眼；二、和今日不同，在希特勒的少年時期極少人輟學，沒有多少例子可供他仿效，所以輟學不是容易的事；三、更重要的是，希特勒的特殊情況：他不僅對學校的功課不感興趣，還對**任何事情**都不感興趣。任何事情他都不肯努力去做，年輕時如此，後來也是如此。（後來他學習建築時也是不肯努力）。他懶惰並不是因為他滿足於享受生活而沒有具體的目標。

正相反，他充滿強烈的權力野心，又有天生異乎尋常的精力，為人非常緊繃，幾乎不能靜下來享受生活的樂趣。這與絕大部分輟學的人是不同的。像希特勒之類的輟學生如果具有強烈的權力欲又對任何人都沒有真切的情感，就會構成非常嚴重的問題——事實上是構成嚴重的危險。

對於有人可能會認為我是因為「保守」才堅稱缺乏工作能力和責任感是一種負面品質，讓我們聯想起今日年輕人的激進主義。一個人對某些事務（例如課業）不感興趣而對另一些事務感興趣是一回事，但完全逃避責任，不肯認真努力，卻是另一回事。因為那是成長過程上的一種失敗，只責備社會無濟於事。如果有人把遊手好閒視為革命者的特色，那就大錯特錯。努力、獻身與專注是充分發展的人的本質之一，革命者亦不例外。不同意我此說的年輕人可以想想幾個人物：馬克思、恩格斯、列寧、羅莎．盧森堡和毛澤東。他們都具有兩種重要的素質：勤奮工作的能力與責任感。

維也納（一九〇七年至一九一三年）

一九〇七年年初，希特勒母親出錢讓他去維也納的藝術學院學習繪畫，於是希特勒終於自主了。父親也已經去世，不再給他壓力，而母親溫和的勸誡現在又遠得聽不到了。他可以按照自己喜好去計畫與行事。他甚至無須為金錢煩惱，因為父親的遺產和政府發給已故公務員子女的年金可以讓他過著舒適的生活。[7]他在維也納從一九〇七年住到一九一三年，即從少年末期住到成年早期。

在這段決定性的時期，他把自己塑造成什麼樣子？

首先，為了讓自己在維也納的生活更好過一些，他說服在林茨認識的朋友庫別茲克到維也納來。庫別茲克很渴望這樣做，但要得到父親的同意極為不容易，因為他堅決反對兒子從事藝術。希特勒卻說服了他，這是希特勒的說服能力的早期證明之一。庫別茲克和希特勒一樣，是華格納音樂的熱烈崇拜者。他們就是由於這種共同嗜好而在林茨的歌劇院相遇，成了親密朋友。庫別茲克在父親的室內裝潢店當學徒，但他也像希特勒一樣懷抱遠大夢想：他也想成為藝術家，成為音樂家。他比希特勒負責和勤勉，但性格不那麼強勢，因此不久便受希特勒支配。希特勒在他身上練習蠱人術，而庫別茲克的不斷讚美也讓希特勒的自戀大大得到滿足。在很多方面，他們的友誼成了戰爭遊戲的替代品：它讓希特勒覺得自己是被欽佩的領袖。

到了維也納不久，希特勒立即到藝術學院報名，參加一年一度的考試。他顯然相信自己一定會考上。但他失敗了：他通過了第一部分考試，在第二部分考試被刷下來。（W. Maser, 1971）希特勒在《我的奮鬥》中寫道：「當我接到落選的通知時，覺得是晴天霹靂。」他又說，藝術學院一名教授告訴他，他的稟賦似乎更適合去學建築。即使真有教授說過那樣的話，他也沒有聽從。其實，他只要再回去上一年中學，就可以進建築學校，但沒有證據證明他認真想過這件事。希特

7 希特勒在《我的奮鬥》中說自己當時是個窮鬼並不是事實。

勒在《我的奮鬥》中所說的話不可靠。他說由於他沒有中學畢業文憑，他當建築師的願望變成「事實上的不可能」。接著他又吹噓：「我想當建築師固然有障礙，但這些障礙的存在不是為了要我投降，而是為了要我去戰勝。我已下定決心要克服這些障礙……」事實正好相反：

他的性格和生活方式讓他無法承認錯誤，無法把不被錄取這件事當做一個警告，表示他需要做某種改變。他在社交上的虛偽，他對骯髒、低微或累人工作的不屑，都強化了他的逃避態度。他是一個頭腦混沌和勢利眼的年輕人，放縱自己已經太久，以致不肯去做不愉快的工作，或考慮自己以外的人。對於不被藝術學院錄取，他的解決辦法是回到史東伯街的住處繼續生活，當成什麼都沒發生過。在這個聖所裡，他重拾他所謂的「鑽研」生活：混日子、看書、在城裡到處閒晃，或上歌劇院。（B. F. Smith, 1967）

他向每個人假裝自己已經在藝術學院註冊，甚至當庫別茲克後來到了維也納之後也是這樣向他撒謊。後來庫別茲克見他每天睡到很晚才起床，起了疑心，希特勒這才說出真相，又把藝術學院的教授臭罵了一頓。他保證一定要讓他們看看他有多行，並開始自己研究建築。他的「研究」方法是到街上去，觀看那些華美的建築，回家後一張又一張地把這些建築的正面畫出來。他以為這樣就是在準備當建築師。這正是他缺乏現實感的症狀。他對庫別茲克說他計畫重建整個維也納，後來又說他計畫寫一齣歌劇。他到議會去聽議員的辯論，又二度報考藝術學院，但這次他連第一輪的考試都沒去考。

希特勒在維也納住了一年，沒有做什麼認真的工作，兩次申請入學都失敗，但仍然裝出一副即將成為偉大藝術家的樣子。但儘管他這般假裝，這一年想必讓他感到了失敗。這個失敗比他在中學的失敗更嚴重，因為那時他還可以解釋，說他是為了成為藝術家才會那樣，可是現在，他已經當不成藝術家，再也不能以此為藉口了。他在他確信自己會成功的領域被拒絕，而他唯一的辦法就是痛罵教授、社會和整個世界。他對生命的憤恨想必更強烈了。他的自戀必然比第一次失敗時更驅使他脫離現實，以保護它不被敲碎。[8]

這個時候，他要完全退縮到自己的裡面去的過程開始發生，主要表現便是他突然和他唯一的親密朋友庫別茲克徹底斷絕關係：他趁庫別茲克回家省親時從他們一起租的房子搬出去，也沒有留下新住址。庫別茲克自此和他失去了聯絡，直到他當了德國首相才有機會再見到他。

閒逛、聊天、散步和畫畫的愉快時期結束了。即便希特勒很節省，他的錢也不夠再維持一

8 馬瑟為了盡量證明希特勒學藝術很用心，說希特勒曾向一位雕刻家拜師，對方是他的中學老師潘霍爾策（Panholzer）。但馬瑟唯一的證據是希特勒女房東的母親寫給羅勒（Roller）的一封信。羅勒是舞臺設計學教授，她請他來見見希特勒，給希特勒一些建議。馬瑟沒證據能顯示這次見面產生了什麼結果，甚至沒證據能顯示他們有見過面。他只提到，三十年後希特勒喊潘霍爾策「老師」。（按馬瑟的文意推斷，他說的「潘霍爾策」應是「羅勒」。）這又是一個例子，顯示出馬瑟認為希特勒自己的話就足以為證。但是，馬瑟又是如何知道希特勒在潘霍爾策的雕刻室裡「用一種律己和規律的方式」學習？這是一個不解之謎。而且，這個新手畫家和建築師又為什麼要向一位雕刻師學習，也同樣是不解之謎。（W. Maser, 1971）

年。由於失去了唯一的聽眾，他的閱讀範圍變多了。在當時，奧地利有許多政治上與意識形態上的小團體，各以德意志國家主義、種族主義、「國家社會主義」（這是波希米亞的情形）和反猶太主義為中心。這些小團體出版自己的小冊子，宣傳自己的意識形態，聲稱他們的意識型態才是唯一出路。希特勒飢渴地閱讀這些小冊子，並由此獲得材料供他日後建構自己的種族主義、反猶太主義和「社會主義」。如此，他在維也納的這段時期雖然沒有為他的藝術家事業鋪路，卻為他未來的真正事業打下了基礎。這一事業便是成為政治領袖。

一九〇九年秋天，他的錢用光，便從租屋處偷搬出去，沒有繳清欠租。希特勒人生最糟的時期從這時開始了。他在長凳上睡覺，有時住廉價旅館。十二月的時候，他成為真正的流浪漢，住在慈善團體資助的窮人收容所裡。兩年半前他抱著成為大藝術家的信心到來維也納，而現在卻變成了無家可歸的遊民，渴望有人給他一碗熱湯。他看不到任何前途，卻又不願意投入任何努力來維持自己的生活。確實就像史密斯所說的，他以無家可歸者的收容所為家「是宣布徹底失敗」。

這個失敗不僅是藝術家希特勒的失敗，還是驕傲而衣著考究的中產階級希特勒的失敗。他一向鄙視低下階層，但自己現在卻變成了一介遊民，成了社會的渣滓。即便是一個不那麼自戀的中產階級分子，遇到這種事一樣會感到強烈的屈辱。但希特勒有足夠的忍受力，沒有被這種環境擊垮，所以這種環境想必反過來增強了他的力量。最壞的情況已經發生，但他頑強地挺了過來，而他的自戀也沒有被打破。接著，為了掃清他的恥辱，他要向他的所有「敵人」報仇，要把生命奉獻於證明他的自戀性自我圖像不是幻想，而是事實。

如果我們還記得前面討論過的，極端自戀的人遭遇失敗時會出現什麼情況，便比較容易了解希特勒的發展。極端自戀的人遭到打擊以後通常無法復原。由於他們內在的主觀現實與外在的客觀現實完全分裂，他們便可能變成精神病患，或得到其他嚴重的精神困擾。如果他們夠幸運，他們也許會在現實中找到一片小天地（比如一個小職位），讓他們能夠一邊繼續維持自戀的幻想，一邊責備世界，並無災無難地混日子。但有特別稟賦的人還有第三種可能：他們可以想辦法改變現實，讓他們的宏大幻想看起來好像是真的。要讓這種情形成為可能，不只需要才智，還需要歷史環境的配合。這種可能性最常向社會危機時期的政治領袖開放：如果他們有才能吸引大批群眾並且精明地懂得如何組織他們，便能使現實符合他們的夢想。這種幾近精神病患的煽動家常常靠著把本來看似「瘋狂」的觀念弄得看似有道理，來保住自己的神志健全。在政治鬥爭中，驅動他們的不僅是奪得權力的激情，還是保住自己神志的需要。

現在讓我們回頭去看處在一生中最淒涼落魄時期的希特勒。他的這段時期並沒有維持多久（也許是兩個月），而且沒有做過體力勞動的工作（他在《我的奮鬥》中卻聲稱有做過）。不久，他的處境就因為和一個老流浪漢成為朋友而有所改變。對方名叫漢尼希（Hanish），為人性格卑劣，政治見解和希特勒類似，對繪畫也略有興趣。[9]最重要的是，他對於如何讓他們倆擺脫貧困有實際可行的想法：先由希特勒向家裡要點錢買繪畫用的材料，然後由希特勒來畫明信片，再由

9 以下陳述主要根據 B. F. Smith（1967）。

他拿去兜售。希特勒聽從了他的建議，用家人寄他的五十克朗[10]買了繪畫用具和一件急需的大衣，然後和漢尼希搬入「男人之家」。「男人之家」是供經濟尚可的男人居住的招待所，在那裡，希特勒可以在大家共用的交誼廳裡作畫。事情順利進行。他畫明信片，漢尼希想辦法賣出去。然後，他開始畫大幅一點的水彩畫和油畫，漢尼希則把它們賣給畫框製造商或藝術商人。整件事情只有一個麻煩：希特勒對於作畫不是十分積極，只要有了一點點錢就會停筆，和招待所裡的住客談政治。儘管如此，他還是有穩定的小收入。後來，他和漢尼希發生爭吵，指責漢尼希賣了他一幅畫卻沒有分給他應得的一半收入。他告漢尼希偷竊，警察把漢尼希抓起來。之後，希特勒獨自經營，自畫自銷，主要銷售對象是兩個猶太藝術商人。這段時期，他似乎工作得有規律一些。他變成了一個小商人；他生活節儉，甚至存下了一點錢。可是，我們不能說希特勒已經變成一個「畫家」或「藝術家」，因為他主要是仿畫照片上的東西，以及複製市場上銷路好的畫作。他仍然待在「男人之家」，不過他在這個「家」裡的地位變了。他現在是為數不多的長期住客的一員：這群人自成一個特權階級，看不起短住的房客。

他會決定在這個招待所待下來，八成有好幾個原因。馬瑟強調的原因——「男人之家」比較便宜——是最不可能的一個，因為希特勒在那裡每個月付的十五克朗足以讓他租到一間不小的屋子。但有好些心理因素值得我們考慮。首先，就像許多內心與人沒有發生關聯的人那樣，希特勒害怕獨處。他需要與他人發生膚淺的接觸來補償他的內在孤單。再者，他需要有聽眾讓他打動。「男人之家」正好可以提供他這些聽眾，因為那裡的住客都是些失意的、孤獨的、沒有正常生活的人。希特勒在智力與活力上顯然勝過他們。這些人的作用猶如希特勒小時候的手下和庫別茲克有過的作用。他們讓他可以練習自己打動人的能力，因此印證他的力量感。他有時作畫到一半會突然打住，開始進行激烈的政治演說（非常像後來他成名後的那種風格）。「男人之家」成為他未來從事的政治煽動家工作的訓練所。

希特勒的這一人生時期會讓我們想到一個重要問題：他是不是已經有了穩定工作的能力，從懶惰的晃蕩者變成有點富裕的小商人？他是不是已經找到自己，得到了健康的精神平衡？表面看來像是如此。他或許是個成熟較慢的人，但我們能說他不正常嗎？如果他只是成熟較慢，我們就不必那麼詳細地分析他的情緒發展，而只需簡單地這樣說：年輕時在性格上有一些難題的希特勒到了二十三、二十四歲變成了一個調整得很好且精神健康的人。

但是，如果對他的情況進行更徹底的考察，這種詮釋便難以成立。他是個有異乎尋常精力的人，對地位與權力有著燃燒般的激情，確信自己會成為大畫家或大建築師。事實又是如何呢？

他完全沒有達成這個目標。他變成了一個小商人。他的權力僅止於靠慷慨激昂的演講去打動一小群孤單的住客，連在他們之中也找不到一個追隨者。如果希特勒的精力少一些和志向小一些，這個解決方法也許會使他高興，而他也會滿足於永遠當一個商業畫家，過著小資產階級的生

10 譯註：奧地利舊金幣，相當於當時的十馬克。

活。但想像希特勒會樂於過這種生活近乎荒謬。他只有一個改變：幾個月極度貧困的生活讓他學會要去工作，儘管這工作很平凡。但是，他性格中的其他部分並沒有改變——若硬要說有什麼改變，便是原有的性格特徵蝕刻得更深了。他依然是個極端自戀的人，對任何人任何事都不感興趣，活在半幻想半真實的氛圍裡，有強烈的征服欲，心裡充滿憤恨；他依然是個沒有任何合乎現實的目標的人，對於如何實現他的野心毫無概念。

慕尼黑

他的漫無目標可以從他突然下的一個決定看出來：決定結束在「男人之家」的生活，到慕尼黑去，進入那裡的藝術學院。他對慕尼黑的情況幾乎一無所知，完全沒有打聽過那裡是不是像維也納那樣，有他可以賣畫的市場。他直接搬過去，靠著一點小積蓄度過頭幾個月。這個決定證明是錯誤的。他想進藝術學院的願望沒有實現。他的畫在慕尼黑也不好賣：根據史密斯所述，他不得不拿著他的畫到啤酒館兜售或沿街敲門兜售。但根據馬瑟的說法，從希特勒的報稅單來看，他那時每個月的收入是一百馬克左右，約等於他在維也納的收入。不過，他在慕尼黑仍舊是個商業畫家，主要是做仿畫工作。他想成為大畫家的夢想已斷然破滅：他的才華不高，加上缺乏訓練，讓他的繪畫事業與他的偉大願望相差十萬八千里。

第一次世界大戰的爆發對他來說是天上掉下來的禮物，就不令人感到奇怪了。因為這件事一下子讓他不再需要為決定人生目標傷腦筋。大戰爆發的時間點恰到好處，因為這時他已幾乎無法不認清自己藝術生涯的失敗。戰爭也讓他有當「英雄」的自豪感，因此取代了他本來的屈辱感。希特勒是個盡職的士兵，而雖然沒有獲得晉升，卻因為勇敢而獲得授勳，並得到上級的尊敬。他不再是一個棄兒，搖身成為為德國的生存和光榮而戰的英雄。現在，他可以放任自己去追求破壞與勝利，但這次是真的戰爭，不是小男孩的打仗遊戲。這四年中，他也可能比任何時候都活得更真實。他負責任，守紀律，和在維也納的晃蕩狀態完全不同。大戰的結局——德國戰敗和發生革命——在他看來是自己最大的失敗。德國的戰敗似乎還比較讓他能夠忍受，革命卻不一樣。舉凡被希特勒反動、保守的國家主義視為神聖的東西，革命分子都在攻擊，而且他們也勝利了。他們成了當時得勢的主人，在慕尼黑尤其如此：在那裡，他們創立了短命的「議員共和國」。

革命分子的勝利讓希特勒的破壞性發展到了最終和不可改變的形式。在他看來，這場革命是對他本人的攻擊，是在攻擊他的價值體系，攻擊他的憧憬，攻擊他與德國是一體的浮誇想像。有些革命領袖是猶太人這一點加深了他的屈辱感，因為多年來他都把猶太人看作大敵，而現在這些人竟破壞了他的國家主義理想，破壞了他的小資產階級的理想，讓他變成這種破壞行為的不幸旁觀者。要掃除這最後的屈辱，唯一辦法就是把所有有責任的人都毀滅。他固然也恨強迫德國接受《凡爾賽和約》的得勝協約國，渴望報復，但他更恨革命分子，特別是猶太人。

希特勒的失敗是步步加深的：在中學輟學，被拒於藝術學院門外，在維也納被踢出中產階級。每次失敗都更深地傷害到他的自戀，使他的屈辱感更重；而越是失敗，他越是沉迷在幻想裡，而他的憤恨、他的復仇渴望和他的戀屍癖（八成是從他的惡性亂倫欲望發展出來）也越發嚴重。大戰的爆發看似終止了他的失敗階段，可是大戰的結束帶來了新的屈辱：德國軍隊的戰敗與革命分子的勝利。但這一次給了希特勒機會，讓他得以把他個人的失敗與屈辱轉變為國家與社會的失敗與屈辱，也因此讓他可以忘記他個人的失敗。這一次失敗和受屈辱的不是他，而是德國。透過為德國復仇，他便為自己復仇；透過為德國雪恥，他便為自己雪恥。現在，他的目標是要成為一個大煽動家，不再是當大藝術家。他終於找到一個他真正具有天賦的領域，因此也找到一個獲得成功的真正機會。

迄今，我們都沒有夠詳細的資料可證明希特勒的行為有強烈的戀屍傾向。我們只看到有利這種傾向發展的性格背景：惡性亂倫欲望、自戀、冷漠、對一切缺乏興趣、自我放縱和缺乏現實感。而這些都必然會導致失敗與屈辱感。從一九一八年起，希特勒留下了豐富的生平資料，讓我們可以越來越清晰地看見他的戀屍性格。

關於方法學上的一些說明

有些讀者可能會問：我們還有需要去證明希特勒的戀屍癖嗎？他的破壞性豈不是不容置疑的嗎？

確實，希特勒的破壞性**行為**異常明顯，用不著去證明。但是，破壞性的行為並不必然是破壞性性格的展現，不必然是戀屍性格的展現。拿破崙為了他個人的野心與虛榮，毫不猶豫地驅使士兵犧牲，他是戀屍者嗎？歷史上許多政治與軍事領袖都曾下令進行大規模的破壞與毀滅，他們都是戀屍者嗎？當然，凡是下令進行破壞或原諒破壞行為的人，都暴露出他的心已經堅硬到某種程度。然而，基於動機與環境使然，一個將軍或政治領袖即便沒有戀屍癖一樣可能下令進行嚴重的破壞性行為。在這本書裡，研討的重點不是**行為**，而是**性格**。更具體地說，重點不在希特勒的行為是否有破壞性，而在於他是否被強烈的破壞性激情所推動（這種激情是他性格的一部分）。後面這一點是要去求證的，不能視為理所當然。心理學上的研究必須步步客觀，對希特勒這樣的個案尤其如此。即使假設希特勒早在一九三三年便死了（那時候他還沒有犯下大規模的破壞行為），我們八成一樣可以根據對他整個人格的詳細分析，診斷出他有戀屍性格。從下令出兵波蘭開始，到最終毀滅德國，他的破壞性日益擴張，但這只是印證了我們根據他人生較早期事蹟得出的性格學結論。反過來說，如果我們對他一九三三年以前的情況一無所知，他此後的行為還是可以讓我們診斷出他有嚴重的戀屍癖。從行為主義的觀點看，行為與驅動動機之間的差異沒有意義，可是如果我們想了解一個人整體的性格動力，特別是他的潛意識部分，就必須對行為與驅動動機進行區分。在希特勒的個案中，使用精神分析的方法更加重要，因為他用種種抑制方法讓自己察覺不到自己的戀屍激情，而且抑制程度非常之深。

希特勒的破壞性[11]

希特勒要毀滅的對象是城市與人民。這個大建設者，這個新維也納、新林茨、新慕尼黑和新柏林的熱情策劃者，同時也是要毀滅巴黎、夷平列寧格勒和（到最後）粉碎德國的人。我們可以找到有力證人來證明他的這種意圖。斯佩爾指出，當希特勒達到成功的巔峰，巡視過剛剛征服的巴黎之後，他問斯佩爾：「巴黎不是很美嗎？……過去我常常想我們是不是非得毀滅巴黎不可。但等重建柏林的計畫完成，巴黎將只是一個影子。那我們又何必毀滅它！」（A. Speer, 1970）當然，到了後來，希特勒還是下令毀滅巴黎，所幸巴黎的德軍指揮官沒有執行這個命令。

他毀滅城市的狂熱的最極端表現，是一九四四年九月發布的「焦土命令」。他下令，要趕在敵人占領德國領土以前，

> 毀掉一切，總之，毀掉一切可以維持生活的東西，包括配給證的紀錄、婚姻檔案與住宅登記冊，以及銀行帳目等。此外，要破壞食物供應、燒毀農田，殺光牛羊。炸彈所沒有摧毀的藝術品也不可保留。紀念碑、宮殿、堡壘、教堂、戲院和歌劇院悉數夷平。（A. Speer, 1970）

這當然意味著不再有水，不再有電，不再有衛生設備。也就是說，千百萬人民將陷入瘟疫、疾病和死亡之中，無路可逃。這道命令在斯佩爾和希特勒之間劃開一道無可縫合的鴻溝，因為斯佩爾不是有戀屍癖的破壞者，而是愛生命的建設者。斯佩爾冒著生命危險破壞希特勒的命令，尋求那些不被希特勒的破壞欲驅使的將軍和黨員的合作。由於他和其他一些人的努力，加上環境的有利變化，希特勒的焦土命令未能實施。

希特勒想毀滅城市與建築的欲望值得我們特別注意，因為這與他對建築的激情有關。我們甚至也許可以說，他重建一些城市的計畫可能是藉此先摧毀它們。但是，我不認為他對建築學的興趣是破壞欲的一種掩飾。他對建築學的興趣可能是真誠的，除了權力、勝利和破壞，建築學是他生活中唯一真正的興趣。

希特勒的破壞性也見於他在征服波蘭後，為塑造波蘭人的未來所制定的計畫。他要對波蘭人予以文化上的閹割：要教給他們的知識僅限一些交通符號、一些德文；至於地理，只讓他們知道

11 有關一九一四年到一九四六年的希特勒，文獻資料非常豐富，我主要是依據A. Speer（1970）和W. Maser（1971）。不過我在使用後者時帶點謹慎，因為前面已經提過，他的資料不可盡信。斯佩爾（A. Speer）與我的私人交談提供了許多資料和深刻的洞見。（他向我表示他真心懊悔參加納粹陣營，說自己已經完全變成另一個人。我相信確實如此。）其他有價值的資料來源包括P. E. Schramm（1965）、H. Krausnick *et al*（1968）和希特勒的著作《席間漫談》（*Table Talks*）（H. Picker, 1965），前二者之所以重要是因為它們引用了很多重要資料，後者有施拉姆（Schramm）所寫一篇傑出導論。另外我也採用了E. Hanfstaengl（1970），但使用時很謹慎。希特勒的《我的奮鬥》很少史料價值。我還參考了許多其他著作，有些也在本書中加以引用。

柏林是德國的首都就夠，而算術是多餘的。他們將不會得到醫療上的照顧，生活水準低落，唯一勝任的是當廉價的勞工和順服的奴隸。（H. Picker, 1965）

希特勒首先要屠殺的是不健全的人。他在《我的奮鬥》中就說過：「一定要阻止不健全的人生育同樣不健全的後代……如果有必要，不能治癒的病患要無情地予以隔離開來。對遭受這種命運的人來說這是野蠻措施，但對他們的國人同胞與後代子孫來說卻是造福。」（A. Hitler, 1943）可是他後來實施這些觀念的方法並不是隔離不健全的人，而是殺害他們。他的破壞性的另一個早期展現，是陰謀殺害羅姆和衝鋒隊的其他幹部（他在動手前幾天還曾與羅姆親切交談過）。此舉只是為了得到政治上的利益：以消滅納粹運動中的「反資本主義派」領袖來讓工業家和將軍們放心。

另外可以反映希特勒常常沉迷在無限制的破壞幻想的，是他說過，如果發生類似一九一八年那樣的兵變，他就會把所有政治反對派的領袖殺光，也把政治上的天主教徒和集中營裡所有囚犯殺光。他估計，這樣會殺死幾十萬人。（H. Picker, 1965）

希特勒屠殺計畫的主要受害者將會是猶太人、波蘭人和俄國人。讓我們只談他對猶太人的屠殺，這方面的情況已是耳熟能詳，無須細述。然而，必須指出的是，對猶太人的系統性屠殺是第二次世界大戰爆發後才開始的。他也可能早就有這種想法，只是祕而不宣，不過我們缺乏有力證據可以證明這一點。總之，直到大戰爆發前不久，希特勒的政策是鼓勵所有猶太人移居國外，納粹政府甚至為此提供種種方便。但在一九三九年一月三十日，他相當直率地告訴捷克外交部長赫瓦爾科夫斯基（Chvalkovsky）：「我們準備毀滅猶太人。他們再也不能像一九一八年十一月九日那麼僥倖了。算帳的日子到了。」（H. Krausnick *et al*, 1968）同一天，他在德國議會用較不露骨的話表達了相同的想法：「如果歐洲內外的猶太國際金融家成功地讓各國捲入另一場戰爭，帶來的結果將不會是全世界都陷入布爾什維克主義，也因此不會是猶太主義的勝利。那將會是歐洲猶太人的末日。」[12]

從心理學的觀點看，希特勒對赫瓦爾科夫斯基說的話特別值得注意。在這番話裡，他沒有做任何合理化的解釋（諸如猶太人威脅德國之類），卻透露出他的真正動機之一：他要向二十年前一小撮猶太人從事革命的「罪」進行報復。他對猶太人的施虐性恨意表露在「他在黨大會後對他一些最親近同志的談話中。他說：『把他們（指猶太人）從各行各業趕出來，趕到隔離區去。把他們用圍牆圍起來，讓他們以罪有應得的方式死去，讓德國人像看著野獸死去一樣看著他們死去。』」（H. Krausnick *et al*, 1968）

希特勒認為，猶太人正在毒害雅利安人的血液和靈魂。要了解他這種想法與戀屍情結的關係，我們必須看看希特勒另一個看似完全不同的關注：梅毒。在《我的奮鬥》中，他說梅毒是「這

12 出自威德曼（Fritz Wiedeman）的手記。他本來是希特勒的資深軍官，後來當上希特勒副官，戰後任總領事（已退休）。希特勒說這話幾乎和戈林下令組成「帝國中央辦公廳」是同一天。「帝國中央辦公廳」是由艾希曼（Eichmann）領導，負責猶太人移居國外的事宜。艾希曼早先就制定出一個驅除猶太人的計畫。H. Krausnick *et al.*（1968）認為希特勒也許不喜歡這個不夠極端的辦法，但還是同意了，因為「那是當時是唯一可行的辦法」。

個國家最重要的生存問題之一」。他寫道：

多年來，一直有一種與政治污染、倫理污染和道德污染相平行的污染，在毒害國家的健康，其可怕程度有過之而無不及。尤其是大城市裡，梅毒開始越來越蔓延，而肺結核也在全國導致大量的死亡。（A. Hitler, 1943）

這不是實情，肺結核與梅毒並沒有像希特勒所想的那麼嚴重。但這是戀屍者的典型幻想：他們恐懼穢物與毒物，害怕被污染。戀屍者覺得外部世界是污穢的、有毒的。希特勒的這段話便表達出這種感覺，也是對外部世界的一種防範。他對猶太人的恨意可能是這樣來的：猶太人是外國人，外國人是有毒的（像梅毒），因此外國人必須被消滅。他會認為猶太人不僅毒害血液還毒害靈魂，不過是他原來的觀念的進一步延伸。[13]

越是勝利無望，他的破壞者面目就越是暴露出來：他每朝著失敗走近一步，就有許多人被處死。到最後，連德國人自己也要被毀滅了。早在一九四二年一月二十七日，也就是發生史達林格勒戰役的一年多前，希特勒就說過：「如果德國人不打算為自己的生存而戰，那麼，他們就必須消失。」（H. Picker, 1965）當戰敗已成不可避免之勢，他下令展開對德國的毀滅：土地、建築、工廠、藝術品一概不放過。當俄國人準備攻取希特勒的地堡時，大毀滅的時刻便來到。他的狗得和他一起死，她的情婦伊娃·布朗（Eva Brauh）也會死在地堡：她是違反希特勒的命令來陪他死的。希特勒被伊娃的忠誠感動得如此之甚，乃致與她正式結婚做為報答：對他來說，一個女人只有願意為他而死才能證明自己愛他。把靈魂賣給他的戈培爾也對他忠誠到底。戈培爾命令他的妻子和六個孩子都和他一起死。就像所有正常母親一樣，戈培爾的妻子當然不願意殺害兒女，尤其是不願意為她丈夫向她宣稱的淺薄理由殺死兒女。但她別無選擇。當斯佩爾最後一次去看她時，戈培爾一直不肯給他們單獨談話的機會，連一分鐘也不給。她所能說的只有她很高興她的大兒子（前夫所生）沒有在這裡。[14]希特勒的失敗與死亡必須讓他身邊所有人來陪葬，如果他做得到，就要由德國人民與世界的毀滅來陪葬。他自己的毀滅要以全體的毀滅為背景。

讓我們回頭探討這個問題：希特勒的行為是不是可以用傳統的國家理性（reasons of state）來解釋和正當化？希特勒和許多發起過戰爭而導致千百萬人死亡的政治家與將軍們在人性上是否有不同？在某些方面，希特勒和許多強權國家的「正常」領袖相似。與他們的政策比較，不能說希特勒的政策有什麼獨特之處。希特勒特殊的地方，在於他所下令的毀滅和其之所以如此下令毀滅的理由，兩者之間的不成比例。他殺害數以百萬計的猶太人、俄國人和波蘭人，最終又下令毀滅所有德國人。這些都不是戰略所必須，而是一種深度的戀屍激情所導致。一般人常常把全部目光放在希特勒對猶太人的殺害上，因此沒有看出全貌，忽略了猶太人只是希特勒想要殺害的許多種

13 參看前面有關德國做為母親的象徵的討論。
14 來自與斯佩爾的私人交流。

人之一。希特勒當然恨猶太人，但說他恨德國人一樣沒有錯。因為他本是一個恨人類的人，是一個恨生命本身的人。如果我們望向希特勒的其他戀屍癖展現，這一點甚至會更加清楚。

讓我們先看看他的戀屍傾向的某些自發性表現。斯佩爾談過希特勒觀看轟炸華沙的新聞影片看到最後幾個鏡頭時的反應：

> 濃煙遮蓋了天空，向下俯衝的轟炸機傾斜機身衝向目標。我們可以看到飛機投彈，飛機拉升和炸彈爆炸產生的巨大煙雲。影片是慢放的，效果看起來更強。希特勒看得出神。影片的最後部分是一段蒙太奇，顯示一架飛機衝向英倫三島的邊緣。繼而一個火球竄起，島嶼被炸爛，一片片彈飛到空中。希特勒興奮到了無以復加的地步，狂亂地大喊說：「就是這樣！這就是他們被我們毀滅時的樣子。」（A. Speer, 1970）

據漢夫施丹格爾（Hanfstaengl）所述，他在二〇年代中期一次談話中建議希特勒到英國走走，告訴希特勒一些有意思的景點並提到亨利八世。希特勒回答說：「六個太太，唔，不錯，是六個。兩個被他送上絞刑架。我們真應該去英格蘭，到她們被處決的地方看一看。很值得走這一趟。」（E. Hanfstaengl, 1970）看樣子，行刑的地方比英國其他一切更使他感興趣。

一九二三年希特勒看電影《雷克斯大帝》（*Fredericus Rex*）時的反應也是他的典型反應。影片中，雷克斯的父親要把兒子和他的朋友處死，因為他們想逃離祖國。在電影院看電影時與回家的途中，希特勒一再說：「連他（國王的兒子）也要被處死——精采！這是說，不管是誰，即使是自己的兒子，只要對國家犯了罪，都要砍掉腦袋！」他接著說，這個辦法一定要用來對付法國人（法國人這時占領著德國工業價值重大的魯爾地區），然後又說：「即便這會讓萊茵河和魯爾區十幾個城市陷入火海和讓幾十萬人喪生，又算得了什麼！」（E. Hanfstaengl, 1970）

希特勒反覆開的一些玩笑也顯示出他的戀屍傾向。他吃素，但用一般食物招待客人。斯佩爾指出：「如果餐桌上有肉湯，我保證定他會說這是『屍體茶』。如果有小龍蝦，他就會說，他祖母死了以後親戚們把她丟到河裡，來誘捕甲殼類。如果餐桌上有鱔魚，他就會說這種魚最好用死貓當誘餌來捕捉。」（A. Speer, 1970）

上文提過，戀屍者的臉上有一種聞臭的表情，而希特勒正是如此。這可以從他的大量照片中清楚看出來。在照片裡，他從沒有真誠地笑過，臉上的笑容都是假笑。這種特徵在他攻陷法國之後坐火車到康比涅（Compiègne）時——是為他的成功巔峰時期——表現得特別明顯。新聞影片裡，他從火車廂出來之後表演了一小段「舞蹈」：用雙手拍打自己的大腿和肚皮，擠出一個醜陋的假笑，就像他剛把法國吞到肚子裡去似的。[15]

希特勒的另一個戀屍性特徵是**無趣**。他在吃飯時的談話是最徹底的例子，表明他缺乏生氣。在上薩爾斯堡（Obersalzberg）時，午飯後他與同黨常常去一間茶室，品嚐店家奉上的茶、咖啡、

15 這是希特勒的「口腔—施虐性格」、剝削性性格的重要展現。

蛋糕和其他甜點。「在咖啡桌邊，希特勒特別喜歡沒完沒了地獨白。他的話題大部分是大家都知道的，因此，大家表面上裝作在聽，實際上都心不在焉。偶爾，希特勒自言自語了一陣就睡著了。大家開始小聲聊天，希望他能準時醒來趕上吃晚餐。」（A. Speer, 1970）然後他們一同回屋裡去，兩小時後吃晚飯。晚飯後會放映兩場電影，結束後偶爾會有一些關於電影的瑣碎交談。

從午夜一點開始，有的人已經忍不住，打起呵欠來。但是，在這種社交場合，希特勒繼續以單調無趣的空洞談話拖延一個多小時，直到最後，伊娃·布朗和他說了幾句話，得到允許上樓去了。[16]希特勒會繼續站著演講一刻鐘左右，然後向大家道晚安。那些留下來的人得到解放，往往開始暢飲香檳和白蘭地，把幾小時的窒息氣氛一掃而空。（A. Speer, 1970）[17]

從種種重要表現可以看出希特勒的破壞性（有些表現我前面已經提到過），但是千百萬的德國人和世界各國的政治家並沒有看出這一點。他們反而認為他是個愛國者，做的一切都是出於愛國熱情；認為他是德國的救星，要把德國從《凡爾賽和約》和嚴峻的經濟災難中解救出來；認為他是一個偉大的建設者，要打造一個富裕的新德國。德國人和世人為何竟沒看出這個建設者的面目背後是一個大破壞者呢？

原因不只一端。希特勒是個頂尖的說謊者和演員。他一再聲明他渴望和平，每獲得一次新的成功之後就強調這是他最後一個要求。他用控制得非常好的言詞與聲調讓聽者信以為真。但他只欺騙他的未來敵人。例如，有一次他在對他的將軍們談話時這樣說：「人有一種可以發現美的感官。對於利用這感官的人來說，世界是多麼豐富啊……美必然有一種主宰人的力量……戰爭結束以後，我要用五或十年獻身於我的思想，把它們寫出來。戰爭來來去去，只有文化的價值長存……」他說他想要創造一個寬容的新時代，又指控猶太人透過基督教把不寬容引入世界。（H. Picker, 1965）

對破壞性的抑制

當他說這些話的時候，他可能沒有意識到自己在說謊。他只是還在扮演以前的「藝術家」和「作家」角色（他從未承認自己在這些領域的失敗）。然而，希特勒說的這些話有很重要的作用，而這種作用是與他性格結構的核心密切相關：抑制自己，不讓自己察覺自己的破壞性。他的第一

---

16 斯佩爾說，在柏林的飯中交談一樣的無聊瑣碎，而希特勒「甚至不設法減少他常常反覆說的那些話。這些話讓他的聽眾非常困窘」。（A. Speer, 1970）

17 從希特勒一九四一至四二年間在指揮部和將領們進行的席間交談明顯可以看出，他想讓客人知道他是多麼博學多聞。這些談話都是無止境的獨白，一切可能談到的話題都談及。這個希特勒和當年在「男人之家」向單身漢們發表演講的希特勒是同一個人，但現在他的聽眾變成是德國軍隊的將領們。他的自信已經大大增加了，而他的知識也由於多年來的閱讀增加了（但沒有加深）。說到底，他的改變是膚淺的。

種抑制方法是**合理化**：他把他下令進行的一切破壞行為說成是為了確保德國的生存、成長與繁榮；說成是為了抵禦想要毀滅德國的敵人（猶太人和俄國人，最後又加上英國人和美國人）；說成是根據生存競爭的生物學法則來行事。（「如果說我信仰什麼神聖的命令，那便是保存種族的命令。」〔H. Picker, 1965〕）換言之，希特勒在下令毀滅的時候，他只覺得自己是在執行「義務」，只察覺到自己的高貴意圖。這些義務與高貴意圖需要破壞性行動，但他抑制自己，不讓自己覺察到自己的破壞欲。因此，他可以避免讓自己與自己的真正動機面對面。

另一個更有效的抑制方法是**反向作用**。一個在臨床上已經確立的事實是，一個人為了抑制自己的某些欲求，會發展出與這些欲求正好相反的特徵，這就是反向作用。一個例子是希特勒的吃素行為。不是舉凡吃素行為都是反向作用，但希特勒的吃素卻是反向作用，這顯示在他是在他的半姪女潔莉．羅包爾（Geli Raubal）[18]自殺之後才開始不吃肉。潔莉也是他的情婦。當時，他的全部行為顯示出他對她的自殺感到強烈的罪疚。有些書說希特勒懷疑潔莉愛上了一個猶太藝術家，在盛怒之下殺了她。這個說法沒有充分的證據，我們可以不採信。但對於潔莉的自殺，希特勒確實有責任。他把她當作俘虜，極端愛吃醋，但又同時與伊娃．布朗開始眉來眼去。潔莉死後，希特勒陷入憂鬱狀態，開始了一種哀悼姿態（他住在慕尼黑期間，潔莉的房間一直維持原樣，而他每個聖誕節都會到那裡去）。他拒絕吃肉是一種贖罪的表示，也以此證明自己沒有殺生能力。他討厭打獵也可能有同樣的作用。

希特勒的反向作用最明白展現在馬瑟記載的以下一些事情上。希特勒在掌權之前從不捲入任何對政治對手的戰鬥。他只有一次碰觸過一名政治對手。任何謀殺或行刑他從不在場。（當羅姆在被殺前要求元首親自來槍斃他時，他很了解這要求有什麼含義。）當他的一些同志在慕尼黑的未遂政變（一九二三年十一月九日）被殺後，他一直被自殺的意念纏繞，結果右臂產生痙攣現象，這個現象在圍攻列寧格勒失敗之後再度出現。他的將領們想要說服他親自到前線督戰，但這是不可能的事。「不少軍事方面和其他方面的人確切相信，他不去前線，是因為他無法忍受看到死屍和受傷的士兵。」（W. Maser, 1971）[19]他會這樣，不是因為缺乏勇氣（他在第一次世界大戰已充分證明過自己的勇氣），也不是由於他不忍看見德國士兵的死傷（他對任何人都沒有什麼體恤之情）。（W. Maser, 1971）[20]在我看來，他這種懼怕看到屍體的反應是一種防衛反應，是為了不讓自己察覺到自己的破壞性。只要他只是下達和簽署命令，他就只需要動嘴巴和動手寫。換句話說，只要他可以避免看到真實的屍體，他就沒有親手灑人的血，也因此可以讓自己不會在情感上察覺到自己的破壞激情。這種恐懼性防衛反應和希特勒的強迫性潔癖[21]在根本上是同一種機制。有些人的這種強迫性潔癖十分嚴重，希特勒的情況則比較溫和，但是不論嚴重還是溫和，通常都有一個相同的作用：象徵性地把沾在手上（或全身）的穢物和血洗去。這會讓當事人對穢物和血的渴

18 譯註：希特勒同父異母的姊姊的女兒。
19 斯佩爾在和我的私人交流中也印證了馬瑟這說法。
20 馬瑟的這段話是以將軍瓦里蒙特（W. Warlimont）的說法為根據。
21 來自與斯佩爾的私人交流。

望被抑制下去，讓他只意識到對「潔淨」的需要。拒絕看到屍體和強迫性潔癖的作用相似，都是想要否定當事人的破壞性。

當希特勒的生命接近尾聲，但他意識到最終的失敗越來越近時，他便不再抑制他的破壞性了。一個絕佳例子是他看到一九四四年政變失敗那些將領的屍體時的反應。他本來是不能看屍體的，但現在卻下令把這些將領的受折磨過程、被處決過程和掛在肉鉤上的樣子拍成影片放映，還把一張這種照片放在書桌上。[22]他做出過的威脅──如果德國戰敗他會毀了德國──現在即將付諸實行。讓德國逃過一劫的並不是希特勒。

希特勒人格的其他方面

我們想要了解希特勒或任何人，都不能只以他們的某一種激情為依據，不管這激情有多麼根本。想要明白希特勒是如何受到破壞性的驅使，變成歐洲最有權力的人和受到很多德國人讚揚（其他國家的人也不少），我們必須設法抓住他的**整個**性格結構、他的特殊才能和他身處的社會環境。

除了戀屍癖，希特勒還呈現出施虐癖的徵候，不過這種徵候被他強烈的破壞性掩蓋，讓一般人注意不到。我曾寫過一本書談論希特勒的「施虐受虐性專制性格」（見E. Fromm, 1941），所以在這裡只會簡要說一下。不管是在他的著作還是演講中，希特勒都表露出他想控制意志力薄弱的人的渴望。他如此解釋在傍晚召開群眾集會的好處：

> 看來，在早上，甚至在白天期間，人的意志都用最大精力反抗別人的意志與意見。可是到了黃昏，他們就比較容易屈服於意志力更強的人的支配。事實上，每次這種集會都是兩股相反力量的較量。一個有使徒天性而又口才出眾的人，在眾人抵抗力因為最自然原因而變弱的時候，比在眾人心智與意志力充沛的時候，更容易支配他們。（A. Hitler, 1943）

不過，他的屈服性性向卻讓他感覺自己是奉更高力量之名而行動，這更高力量便是「天意」或生物學規律。希特勒有一句話可以同時表現他的施虐癖和戀屍癖：「他們（指群眾）想要的，是強者的勝利與弱者的毀滅或無條件投降。」（A. Hitler, 1943）施虐者只要求**投降**，唯有戀屍者才要求**毀滅**。「或」這個字把希特勒性格中施虐癖的一面和戀屍癖的一面連接在一起。但從紀錄上看，他渴望毀滅別人要多於渴望別人投降。

他的性格中還有另外三個密切相關的特徵，那就是他的自戀、他的退縮態度和他的缺乏情感（沒有任何的愛、關懷或同情）。

22 來自與斯佩爾的私人交流。

他的自戀[23]是最容易看出來的。極端自戀者的種種典型特徵，他一應俱全：他只關心他自己、他的欲望、他的思想、他的願望；他沒完沒了地談論他的觀念、他的過去、他的計畫；世界只有在做為他的計畫與欲望的對象時，才是真實的；別人只有在服務他或可為他所用時，才有重要性；他自信他對一切知道得比任何人多。對自己的觀念與計畫的這種確信，是強烈的自戀典型特徵。

希特勒所得到的結論主要是以情緒為基礎，不是得自對事實的考察。對他而言，意識形態取代了政治、經濟與社會的事實。一種意識形態如果因為投合他的口味而得到他相信，那麼凡是這意識形態宣稱為事實的事，他都信以為真。這並不是說他完全忽視事實。在某種程度上，他是個精明的觀察者，比自戀程度少於他的人更有評估能力。但他的這種能力（稍後會再談）並不能彌補他的缺乏現實感：在許多十分重要的事情上，他的信念與決定往往是以他的自戀為基礎。

漢夫施丹格爾說的一件事情很能表現出希特勒的自戀：「戈培爾下令把希特勒的一些演說錄音保存，每逢希特勒到他家，他都會播放這些錄音。這時，希特勒會坐進一把又大又軟的椅子裡，像進入催眠狀態般享受自己的聲音，彷彿就是那個悲劇性地愛上自己水中倒影而淹死在水裡的古希臘少年。」（E. Hanfstaengl, 1970）施拉姆（P. E. Schramm）指出希特勒有一種「自我崇拜。依照約德爾將軍（Alfred Jodl）的說法，他被一種幾近神祕的信念支配，相信『他做為國家和戰爭的領袖是永遠不會犯錯』」。（H. Picker, 1965）斯佩爾認為希特勒在他的建築計畫中顯示出他的「自大狂」：他要把自己在柏林的宮殿建造成史上最大的官邸，比俾斯麥的首相官邸大一百五十

倍。（A. Speer, 1970）

與他的自戀相關的，是他**對任何人或任何事都缺乏興趣**。除非是對他有用的人，他一律以冷漠疏遠的態度對待。在他的整個人生中，我們找不到一個人可以算是他的朋友。就和他的親密程度而言，庫別茲克和斯佩爾是最高的，不過他們仍然完全稱不上是他的「朋友」。庫別茲克與他年齡相仿，同時是他的聽眾、仰慕者和同伴，可是希特勒從未對他坦誠相待。斯佩爾和希特勒又是另一種關係。對希特勒來說，斯佩爾八成是可以讓他成為偉大建築師的中介。他對斯佩爾甚至似乎有真正的情感，而這大概是除庫別茲克以外，我們所知道的唯一例外情況。我猜測，這個罕有的現象和建築學有關：建築學是希特勒除了自己以外唯一真正有興趣的事物。儘管如此，斯佩爾仍然不是他的真正朋友。斯佩爾在紐倫堡大審期間說得非常精闢：「如果希特勒能夠有朋友，我就會是他的朋友。」而事實上希特勒沒有朋友。他永遠都是一個諱莫如深的孤獨者，在維也納畫明信片時是如此，當上國家元首之後也是如此。斯佩爾說希特勒「沒有能力與人發生人性的接觸」。希特勒也意識到自己的完全孤單。據斯佩爾所述，希特勒曾對他說，自己退休以後會很快被人遺忘：

> 人們一旦清楚認識到權力已轉到他的繼承者手中，就會很快投向他的繼承者。……每個人

---

23 可參看第九章討論自戀的部分。

都會遺棄他。帶著這個十分自艾自憐的想法，他繼續說：「我以前的同志們或許偶爾會來看我。但我不抱這種指望。除了布朗小姐，我一個人都不帶。我只會帶布朗小姐和我的狗。我將會孤單。因為誰會願意與我長住一段時間呢？沒有人會再注意我。他們都會追著我的繼任者。也許他們每年會來為我慶祝一次生日。」（A. Speer, 1970）

在這些感傷的話裡，希特勒不僅表示沒有人對他有任何情感，而且透露出他知道，唯一使人與他產生關係的，是他的權力。他唯一的朋友是他的狗，和一個他既不愛又不敬但完全控制住的女人。

希特勒冷漠無情。勞斯寧（H. Rauschning, 1940）和斯佩爾之類敏感的人察覺到這一點。斯佩爾告訴我們一個十分明顯的例子：他和戈培爾為了宣傳上的理由，想說服希特勒去看看被轟炸的城市。但希特勒總是把這種建議推到一邊。當他從斯德丁車站坐車到首相府或到慕尼黑的攝政王大道上的公寓時，他都是命令司機走最短的路，不像以前那樣喜歡繞遠路。「我有好幾次陪他一起坐車，所以注意到當車子途經新的斷瓦殘垣區時，他是多麼的無動於衷。」（A. Speer, 1970）唯一能夠「在希特勒身上喚起一絲絲人味」的生物是他的狗。（A. Speer, 1970）

較不敏感的人都被希特勒騙了。他們以為他有溫度，其實那只是興奮，是當他談到他喜愛的話題，或處於一種復仇心態時所表現出來。在有關希特勒的一切文獻中，我找不到一個例子可顯示他對任何人有同情心：他對敵人固然沒有同情心，但對作戰的士兵和德國的老百姓也是一樣。

他在戰術上的決定（主要是堅持不撤退，例如在史達林格勒戰役）從不考慮有多少士兵將會被犧牲。對他來說，一個個士兵只是一支支槍。

斯佩爾這樣總結：「希特勒缺乏人所有較溫文的美德：關切、愛和詩意對他的個性來說都是陌生事物。在表面上，他顯得彬彬有禮、有魅力、平靜、得體、親切和自制。這層外皮顯然有著掩蓋他的真正特點的作用，而這外皮雖然掩蓋得很完整，卻很薄。」（Afterword by A. Speer, in J. Brosse, 1972）

與女人的關係

就像他與男人的關係那樣，希特勒與女人的關係缺乏愛、關切或同情。這種說法乍看和希特勒對母親的依戀矛盾，但如果我們假定希特勒的亂倫欲望是一種惡性形態（即他與母親的聯結是一種冷漠的和非真人之間的聯結），就會發現他終生對女人的關係都是這種冷漠的和非真人之間的關係。

希特勒所感興趣的女人，可以依她們的社會地位大致分為兩類：一、「體面」的女人，也就是有財富、有社會地位的女人，或成功的女演員；二、在社會地位上比他低的女人，例如他的半姪女潔莉和他的多年情婦伊娃。他對第一類女人的感情與行為和對第二類十分不同。

第一類女人裡，有不少慕尼黑上流社會中有錢而年紀較大的婦人，她們對他友善，送給他和他的黨不少禮物。更重要的是，她們為他引導上流社會的生活和舉止。他接受這些禮物並致上仰慕之情，但從來沒有愛上過這些母親般的女人，或從她們身上感受到性吸引力。

對其他社會地位優越的女人，他總是有些羞怯膽小。他年輕時迷戀過林茨上流社會的美麗女孩斯蒂芬妮（Stephanie），而他當時的態度便是日後的典型態度。據庫別茲克所述，希特勒會在斯蒂芬妮家的外頭徘徊，想要在路上碰到她，然而他從不敢走過去和她交談，也不敢透過其他人的介紹來認識她。最後，他寫信給她，表示等他有點成就之後希望娶她，但沒有在信上署名。這種行為固然可以說是年輕人的不切實際，但依照漢夫施丹格爾和斯佩爾等很多其他人的說法，他日後對女人還是這樣膽小。對讓他充滿欲望和令他仰慕的女人，他的態度似乎停留在遠遠仰慕的狀態。在慕尼黑，他喜歡看長相好看的女人；當他掌權之後，他喜歡被漂亮的女人包圍，特別是喜歡被女明星包圍，但沒有證據顯示他愛上過她們任何一個。對於這些女人，「希特勒的態度好像是舞蹈班畢業生在畢業演出時一樣，又羞怯又渴望把每一步都走好。他向她們殷勤致意，用奧地利式吻手禮來迎送她們。」（A. Speer, 1970）

還有一種女人是他既不仰慕又不尊敬但卻屈服於他，例如潔莉和伊娃便是。希特勒似乎主要是和這一類女人發生性關係。

人們對希特勒的性生活有不少猜測。常常有人說他是同性戀，但此說沒有證據，而且不像有這麼回事。[24]另一方面，我們也沒有證據證明他的性關係是正常的，甚至無法證明他有性能力。有關希特勒性生活的資料主要是由漢夫施丹格爾提供，他二〇和三〇年代早期在慕尼黑和柏林有很多機會觀察希特勒。[25]

漢夫施丹格爾記載了潔莉對一個朋友說過的話：「我叔叔是個魔鬼。沒有人能想像他要我做什麼！」這話和施瓦茲（F. Schwartz）對漢夫施丹格爾說過的一件事可以合在一起看。施瓦茲是二〇年代納粹黨的財務，他告訴漢夫施丹格爾，有人取得希特勒為潔莉畫的一些春宮素描，以此敲詐希特勒。這些素描畫的姿勢是「任何職業模特兒都不肯答應的」。希特勒下令把錢給那個人，但不允許把素描毀掉，一定要把它們保存在布朗府邸（Brown House）的保險箱裡。沒有人知道這些素描畫些什麼，但我們有理由假定畫的不只是潔莉的裸體，因為在二〇年代的慕尼黑，裸體素描是平常的事，不足以用來敲詐希特勒。這些素描所畫的可能是一些有違常情的體位或姿勢，可顯示出希特勒的性欲有些變態。希特勒是不是就像漢夫施丹格爾所說的那樣，完全沒有進行正常性行為的能力，我們無法確知。但我們有理由認為，像希特勒這樣一個冷漠、羞怯、施虐性和破壞性的人，在性方面的興趣主要是倒錯性的。關於他在性方面的好惡，我們由於缺乏資料，所以

---

24 參看W. Maser（1971）。J. Brosse（1972）雖然承認沒有直接證據證明希特勒是同性戀，但是他用迂迴曲折的方法論證希特勒有潛伏的強烈同性戀傾向。他的論證方法是這樣的：佛洛伊德假定妄想症與無意識的同性戀有密切關係，而希特勒有妄想症，因此他有潛在的同性戀傾向。

25 遺憾的是，漢夫施丹格爾不是一個可靠的證人。他的自傳主要是用來自我表揚。書中他設法讓人覺得他是一個想帶給希特勒正面影響的人，並且在他與希特勒決裂後他變成了羅斯福總統的「顧問」。這些都是相當誇張的說法。不過關於希特勒的性生活，我們姑且相信他的資料，因為這部分無助於提高他的政治分量。

無法建構出一幅詳細的圖像。我相信，我們頂多只能這樣猜想：對於地位比他低的女人，他的性欲主要是窺淫性的、肛門－施虐性的；對於他仰慕的女人，他的性欲則主要是受虐性的。

關於他和伊娃的性關係，我們也沒有資料可稽，但關於他對她的感情關係，我們的所知卻相當多。明顯的是，他對她一點也不體貼。他送她的生日禮物只是其中一個例子：他會叫副官買一些便宜的首飾和例行性的花朵充數。[26]「一般來說，希特勒很少顧及她的感受。在她面前，他會當她不在場似地強調他對女人的態度：『一個非常聰明的男人應該配一個原始的、愚蠢的女人。』」（A. Speer, 1970）

從伊娃的日記我們可以更進一步看出希特勒對她的態度。她的日記字跡潦草，不容易看懂，但大致上是這樣寫：

一九三五年三月十一日。我只希望一件事：大病一場，可以至少一星期不知道他的任何事情。但為什麼沒有事情發生呢？為什麼我要遭受所有這些事情呢？要是我從來沒有遇見他就好。我處境絕望。現在我又開始吃安眠藥了，吃了便進入夢鄉，什麼都不用再想。

這個魔鬼為什麼會附上了我呢？如果不在這裡，我和他一定要愉快得多。

我站在卡爾登飯店前面足足三個小時，等著他買花……然後帶我去晚餐。（三月十六日補寫：）瘋狂的幻想。

他只是為了某些目的才利用我，沒有別的。（後來補寫：）胡說八道！

當他說他喜歡我的時候，他只是當時是這樣想，如同他對我的承諾只是說說罷了。

一九三五年四月一日。昨晚他請我們到「四季」（慕尼黑的一家餐廳）。我坐在他旁邊三個鐘頭，沒機會和他說一句話。像以前一樣，分開的時候他給我一個裝著錢的信封。如果他裡面寫一兩句問候我的話或溫柔的話，那會多麼可愛，會給我帶來多大的快樂啊。但他不會想到這類事情。

一九三五年五月二十八日。我剛剛叫人送了一封信給他，這信對我來說是決定性的。他是否……（字跡不清）

好，走著瞧。如果今晚十點我還沒有收到答覆，我就把我的二十三粒安眠藥全吃下去，安靜地……睡去。

如果他三個月都沒有對我說一句溫柔的話，他是否像他常常向我保證的那麼……愛我。天啊，我怕他今天不會答覆我了。但願有人會幫助我，一切都這麼可怕，這麼無助。大概我給他的信給得不是時候。難道我根本不該寫信給他？無論如何，這種不確定的狀態比突然的一刀兩斷更可怕，更讓人難以忍受。

我決定吃三十五粒安眠藥。這一次真的是「死定了」。多麼希望他至少找人打個電話給我。（Eva Braun, 1935）

26 來自與斯佩爾的私人交流。

在同一本日記中，她埋怨希特勒在她生日時沒有送她很想要的東西（一隻小狗和一些衣服），只派人送一些花給她。她買了十二美元的首飾送自己，希望至少希特勒會喜歡看她戴著這些首飾的樣子。

有些資料顯示，希特勒對他仰慕的女人會表現出受虐癖行為。據漢夫施丹格爾所述，希特勒對他的妻子便有過這樣的行為。有一次，希特勒到漢夫施丹格爾的家，卻在漢夫施丹格爾離開一下的時候，雙膝跪在他妻子的面前，聲稱自己是她的奴隸，又抱怨命運使他與她相見恨晚。蘭格（W. C. Langer）找出的一份文件也可證明希特勒有受虐癖。根據該文件，女明星芮妮．穆勒（Renée Muller）向她的導演蔡斯勒（A. Ziessler）這樣透露她在首相府夜宿一晚的經過：

> 她確信他們要有性行為了。他們都脫了衣服，顯然準備上床，可是希特勒突然伏地上，要她踢他。她猶豫不決，但他哀求她，而且罵自己一文不值，指控自己各種罪名，痛楚地匍伏在地。她感到不能忍受，最終按照他的願望踢了他。這讓他非常興奮，一再請求再踢他，老是說這比他活該受的還好得多，說他沒有資格與她同處一室。當她繼續這樣踢他，他變得越來越興奮。（A. Ziessler, 1943）

不久之後，芮妮．穆勒就自殺了。

據說有不少上流社會的婦女愛著希特勒，但沒有足夠證據證明她們與希特勒有過性關係。值得注意的是，幾個和希特勒關係密切的女人都自殺而死或曾企圖自殺，包括潔莉、伊娃（兩次）、芮妮和尤妮特．米特福德（Unity Mitford）等等。按照馬瑟的記載，另外還有幾起疑似的自殺事件。這讓我們不禁猜想，希特勒的破壞性對她們不無影響。

希特勒的性倒錯是什麼性質或細節如何並不重要，而他的性生活也不能增加我們對他已有的認識。事實上，對他稀少的性生活資料，我們之所以敢相信，主要是基於我們對他的性格的了解。

天賦和才能

性格分析顯示，希特勒是個孤僻的、極端自戀的、與別人沒有內心關聯的、無自律性的、有施虐–受虐癖和戀屍癖的人。當然，這些都不可能解釋他為什麼會獲得成功，除非他也是個有相當天賦與才能的人。

他有什麼天賦與才能呢？

他最大的才能是影響、打動和說服別人的能力。他從小就是這個樣子。他知道自己有這種才能，在戰爭遊戲當孩子王的時候練習它。後來，他又先後利用庫別茲克（他的第一個真正追隨者）和「男人之家」的住客磨練這種才能。一九一九年第一次世界大戰後不久，他奉上級之命向士兵們宣傳右翼觀念，激起他們對革命分子的憎恨。後來他遇到一個叫「社會主義工人黨」的小黨派（只有五十人），一年之內便成為它無可爭議的領袖。他把它更名為「德國國家社會主義工人黨」（簡稱納粹黨），改變它的組織，並讓自己成為慕尼黑最受歡迎的演講者之一。

他這種影響大眾的能力（當然是每個政治煽動家的基本能力）有幾個構成元素。我們會想到第一個的元素，是所謂的**磁吸力**。大部分觀察者認為，這種磁吸力來自他的眼睛。（H. Picker, 1965; W. Maser, 1971; A. Speer, 1970）根據不少記載，很多本來不信任他的人在被他的眼睛直直看著的時候，都會突然投向他。繆勒教授（A. von Müller）——他在慕尼黑對一些接受情報工作訓練的士兵講授歷史課——這樣描述他第一次見到希特勒的情形：

> 在我的課快講完的時候，一小群人的出現使我停下來。他們中間有個人用奇怪的嗓音不停在講話，他們就像被催眠似地站在那裡，而且越來越興奮。我有一個奇怪的想法：他們的興奮是被那個人激發，而這興奮又反過來使他的聲音更有能量。我看到一張蒼白的瘦臉……留著短髭鬚，有著一雙大得顯著的眼睛：灰藍色、極度冷冽和會放光。（W. Maser, 1971）

許多記載都提到希特勒眼睛的磁吸力。由於我只在照片中看過他，而照片又無法呈現這方面的特性，我便只能猜想那是一雙什麼樣的眼睛。不過，由於我常常觀察極端自戀的人（特別是狂熱的自戀者），猜想起來便比較容易。極端自戀者的眼睛裡常閃爍著一種特別的光亮，讓他們的眼睛看起來感情熾烈、超凡脫俗和充滿奉獻熱忱。事實上，你常常很難分辨高度自戀者（甚至半瘋狂的人）和極端有奉獻精神而近乎聖者的人的眼神。兩者唯一的區別是眼中有沒有溫暖。所有資料都記載希特勒的眼神是冷的，他整個面部表情也是冷的，沒有任何溫暖之情或慈悲同情。這種特徵固然可能產生負面效果（在很多人都是這樣），但也往往會增加一個人的磁吸力。表情冷漠無情和缺乏仁慈之情會使人懼怕：人喜歡仰慕一個人而不是懼怕這個人。「敬畏」一詞很能夠道出這兩種情感的混合：它同時指可怕和仰慕的感覺。[27]

讓希特勒能打動別人的另一個元素，是他的自戀和他對自己想法的深信不疑（很多自戀者都是如此）。要了解這個現象，我們必須想到，在我們的所有知識中，除了人皆有死之外，沒有一件事情是確定的。但說沒有事情是確定並不意味所有事情都是瞎猜。透過推理、觀察、慎思明辨和想像力，我們可以建立有根據的猜想，再建立假說，再建立理論，一步步逼近確定性。對具有這些能力的人來說，相對的不確定性是很可以接受的，因為那是他積極運用自己心智能力的結果，反觀確定性卻是令人生厭的，因為那是死的。但對沒有這些能力的人來說，特別是對社會與政治上都極不穩定的二〇年代德國來說，一個假裝事事有十足把握的狂人，在人們眼中卻會深具吸引力，被認為類似於救星。

27 在希伯來語中，*norah* 一詞也有這種雙重含意。它是用來指上帝的一種屬性，代表著一種上古時代的態度：上帝同時是可怕和莊嚴的。

讓希特勒更能發揮影響力的相關元素，是他具有把事情過度簡化的天賦。他的演講不受思想或道德的拘束。他把符合他目的的事實全部挑出來，把它們連起來，建構出似是而非的論證，使沒有批判能力的人聽信。他也是個頂尖的演員，會模仿許多類型的人的語調和動作手勢。[28]他對自己的聲音控制自如，能自覺地調整聲音，以達到他想達到的效果。當他對學者講話，他的聲音是平靜和理性的。他也知道應該分別以不同聲音對他在慕尼黑時代的粗鄙老同志、某個德國親王，或他手下的將軍們說話。當他想要懾服某個捷克或波蘭的部長，他就會裝出勃然大怒的樣子，逼他們就範。但在接待英國首相張伯倫的時候，他又是個挑不出毛病的親切東道主。

提到希特勒影響他人的才能，一定不能錯過他的**暴怒**。許多人（尤其是德國以外的人）往往以為希特勒經常在發怒，大喊大叫，不能控制自己。這是不正確的。一般來說，希特勒是有禮貌的、自制的。他發怒的時候雖然不少，卻也不是常例，但發作起來可能極端強烈。他發怒的場合通常有兩種。一是在演說中，尤其是快要結尾的時候。這種憤怒是由衷的，因為那是源自他真正的恨意與破壞性激情。當他演說到某種地步，他便不加抑制，把這種憤怒完全釋放出來。希特勒非常清楚什麼時候該讓他的憤怒爆發，從而激發聽眾的情緒。只有到了這種時候，他才會打開他恨意的閘門。

他在談話間爆發出來的憤怒，性質似乎與此不同。那與他童年受挫時發怒的情況相似。[29]斯佩爾認為，他的憤怒像是六歲兒童的憤怒，而在許多方面，希特勒的「情緒年齡」正是六歲左右。他用這些暴怒來威嚇他人，但在他覺得自我控制對他有利的時候，他也能自我控制。

德國傑出將領古德里安（Heinz Guderian）描述的一件事足以說明這種情形：

「這個全身顫抖的人（希特勒）憤怒得臉色紫紅，舉著拳頭，站在我面前，完全失去了鎮靜……他的叫聲越來越大，臉容扭曲。」可是古德里安不為所動，堅持他原來那個讓希特勒生氣的意見。然後，希特勒的情緒忽而轉變，很友善地露出微笑，對古德里安說：「請繼續你的報告，今天參謀部贏了一場勝仗。[30]」（A. Bullock, 1965）

關於希特勒的憤怒，斯佩爾以下的這個評論，得到許多文獻的支持：

在戲劇性的和談之後，希特勒喜歡嘲笑他的談判對手。有一次他告訴我們，一九三九年二月十二日許士尼格（Schuschnigg）到上薩爾斯堡來的時候，他假裝憤怒，讓這位奧地利總理覺得事態嚴重，最後被迫屈服。希特勒很多被報導出來的歇斯底里發作，八成是事先安排的。一般來說，希特勒最大的特點之一就是自制。在早期那些日子，他只有極少數幾次對自己失去控

28 來自與斯佩爾的私人交流。
29 希特勒的脾氣爆發是不是神經生理因素所導致，或這種因素是否至少降低了他發怒的門檻，仍是未有定論。
30 譯註：似乎是指古德里安的意見「贏了」。

制——至少有我在場的時候是如此。（A. Speer, 1970）

希特勒另一個重要天賦是非同凡響的**記憶力**。施拉姆對此有生動的描述：

他一再使每個人（包括那些沒有受他蠱惑的人）吃驚的，是他讓人驚愕的記憶力。他甚至會把一些不重要的細節記得一清二楚，例如卡爾．梅的小說中的人物、他以前看過的書的作者，甚至記得他在一九一五年騎的自行車的牌子。他清楚記得他的政治生涯中的各個日期、他曾住過的小客棧和坐車經過的街道。（H. Picker, 1965）

很多記載顯示希特勒有記憶數字和技術細節的驚人能力，包括記得每種炮彈的口徑和射程、出海和在港內的潛艇數目，以及許多其他的重要軍事細節。難怪將領們常常驚異於他怎麼事事知道得那麼清楚，這實則主要因為他記憶力特別好而已。

這讓我們面對一個非常重要的問題：希特勒是不是博學的人？這個問題在今天特別重要，因為最近有一種日益增加的趨勢，想把希特勒的偶像地位重新建立起來，而好些前納粹分子所寫的書都對希特勒有熱烈的讚美。[31]

對此，馬瑟採取的是有點矛盾的立場。他提醒讀者，在沒有客觀證據的情況下，希特勒對自己博學的自誇之言都應該存疑。（例如，希特勒自稱他每晚讀一本嚴肅的書，從二十一歲開始就認真研究世界史、藝術史、文化史、建築史和政治科學。）可是，馬瑟雖然提出這種警告，卻又在沒有引證任何資料來源的情況下，指出依據「十分可靠」的見證人的說法，希特勒在中學時開始研究科學與藝術的著作，但最為世人所熟悉的是，他自稱精通的那些史學派別。馬瑟對希特勒學問的評估缺乏批判性，從以下的例子可見一斑：他認為，《席間漫談》只是佐證了「希特勒的公開和私人談話已經有信服力地證實過的事：他對《聖經》和《塔木德》有卓越超群的見解」。（W. Maser, 1971）《塔木德》是一部巨大而難懂的著作，只有多年潛修鑽研的人才能對其有卓越超群的見識。真實的情形很明顯：希特勒十分熟悉反猶太主義的作品，而這些作品引用了一些《塔木德》的句子（有些是經過歪曲或斷章取義），以證明猶太人的邪惡本性。希特勒記住這些句子，以此向聽者吹噓，讓他們以為他已熟悉整部作品。他能夠讓一般聽者信以為真是很好理解的，不過三十年後一位歷史學家竟然被他唬住，未免令人遺憾。

凡是讀過《席間漫談》的人都會有這種印象：希特勒的確口齒伶俐，而且對太陽底下的一切無所不知。他大談古生物學、人類學、歷史、哲學、宗教、女性心理學和生物學。

然而，對希特勒的博學多聞進行批判性檢視的話，又會顯示什麼？

在學校的時候，他從來沒有努力用功過，就連他最有興趣的歷史科也是得過且過。在維也納

31 參見H. S. Ziegler（1965），另參見H. S. Ziegler, ed.（1970）。我們可以預期，不久的將來在德國、英國和美國都會出現很多書籍和文章，把偉大領袖希特勒經翻新後的面目提供給讀者。

的時候，他把大部分的時間用來逛街、看建築物、畫素描和聊天。如果他真有發展出讀嚴肅書籍的能力，那也應該是一次戰後的事，但在這方面，我們除了希特勒自己的說法外沒有別的證據。（據信他在大戰期間帶著一本叔本華的書，但他看了多少我們不得而知。）另一方面，細心考察《席間漫談》、他的演講稿和《我的奮鬥》，我們會看出他確實是個貪婪的讀者，擷取和記憶資料的能力非常強，會在任何可以用這些資料來支持他的偏見時拿出來用。

帶著客觀的態度來看《我的奮鬥》，我們會發現它不是一個有堅實知識基礎的人所寫的書，而是一本聰明但不誠實的宣傳小冊子。他的演講確實有巨大效力，但它們是煽動家用來激起暴民的演講，不是一個受過教育的人（自我教育或其他方式的教育的人）所做的演講。《席間漫談》則反映了他談話的最佳表現。這書同樣顯示出他雖然非常有天賦，卻是一個半吊子，沒有任何足夠的知識基礎。他的談話從一個知識領域遊走到另一個知識領域，借助他的強大記憶力把讀過的資料組合成或多或少一致。有時他會犯下嚴重錯誤，顯示出他缺乏基本知識。但大致上他很能打動聽者，儘管應該不是所有聽者都會被他打動。

（想了解希特勒的「席間漫談」對客人為什麼那麼有效果，我們必須記住一件事：聽他說話的人雖然都是受過很好的教育而且聰明的人，但他們有些被他迷惑住了，因此注意不到他的浮談缺乏知識基礎。他們有可能驚奇於希特勒談話的題材如此廣泛，談話的態度又那麼自信。這些人是在追求智性誠實的傳統裡長大的，因此很難相信在他們面前說話的這個人主要是在吹牛。）

證據顯示，除了極少的例外，希特勒不讀任何向他的狂熱偏見挑戰的書，不讀需要批判性與客觀思考的書。與他的性格相符的是，他讀書的動機不是獲取知識，而是為自己的激情儲備彈藥，以便拿來說服別人和自己。他要求他所閱讀的東西能讓他興奮起來，要求書籍能肯定他的偏見，以此得到情緒上的即時滿足。他不喜歡巴哈或莫札特的音樂，只喜歡華格納的歌劇。同樣，凡需要投入、需要耐心，能給人真理之美的書，他一概不感興趣。他的閱讀是一種吞食，完全是貪婪性的接收。極少有嚴肅的書是可以用這種方式閱讀。適合這種閱讀方式的是政治性小冊子，是偽科學作品，例如戈比諾（Cobineau）和張伯倫（Chamberlain）的種族主義書籍、達爾文主義的通俗著作和其他不太難懂的書。希特勒就從這類書裡取材，迎合自己的偏見。他也可能讀一些他真正感興趣的書，如建築史與軍事史，但我們不知道他讀到什麼程度。大致上我們可以假定，當希特勒閱讀通俗作品（包括小冊子）時，看到一些對嚴肅書籍的引用，便記起來，有需要時當成他讀過原著那樣引用。真正的問題不在希特勒讀過多少書，而在他有沒有具備一個受過教育的人的基本素質，即在吸收知識時能不能客觀和理性。人們常說希特勒是一個自我教育的人，這句話是不正確的：他不是「自我教育」（self-taught），而是「半受教育」（half-taught），而他沒有的一半卻是「知識之所以為知識」的那一半。

希特勒的缺少基礎教育還可以從其他方面顯示出來。需要的話，他當然可以邀請德國各領域的學者，向他們學習，增加自己的知識。但依據施拉姆和斯佩爾的記載，他幾乎完全沒有這樣做。[32]這是因為他和在任何方面能力與他平手或比他優越的人相處會感到不自在（這正是自戀性格和專制性格常見的情形）。他一定要處在一個可讓他扮演永不犯錯的角色的位置。如果做不到這一點而需要與人辯論，就會威脅到他吹脹起來的知識大廈（一本嚴肅的書也會對他構成這種威脅）。

他對學者的迴避只有在一種情況下例外：在與建築師交往的情況下，特別是與特羅斯特教授（P. L. Troost）的交往。特羅斯特不是一個屈從於希特勒的人。例如，每次希特勒去他的公寓，他從來不到樓梯迎候，希特勒離開時也從不相送下樓。可是希特勒對他的敬意從不稍減。在特羅斯特面前，他從不傲慢，也從不好爭辯，樣子就像一個學生。（A. Speer, 1970）從斯佩爾書中的一張照片，我們也可以看見希特勒在德羅斯特面前幾乎是羞怯的。我已經強調過希特勒對建築學的興趣，而我認為，他對特羅斯特的這種態度是由他對建築的興趣導致。

就像他對歷史與哲學的口味那樣，希特勒對音樂與繪畫的口味幾乎完全是由他的激情來決定。在上薩爾斯堡的時候，每天晚飯後他要看兩場電影：他喜歡的是小歌劇和音樂劇，不喜歡看旅行紀錄片、自然景觀片或教育片。（A. Speer, 1970）我提過，《雷克斯大帝》之類的電影讓他看得高興。音樂方面，他幾乎一律只喜歡小歌劇和華格納的音樂。這種音樂的煽情成分對他有滋補作用：有段時期，漢夫施丹格爾每逢他低潮或沮喪時會為他彈奏幾分鐘的華格納音樂，聽了之後，希特勒會像吃了大力丸一樣振奮起來。

沒有證據證明這個當過一段時間畫家的人對繪畫有任何認真的興趣。他寧願站在美術館的外面看美術館的建築，卻不願意走進去看裡面的繪畫。漢夫施丹格爾對希特勒在二〇年代早期參觀柏林的腓特烈皇帝美術館的情況有鮮明的記述。在美術館裡，頭一幅讓希特勒停下來看的是林布蘭的《戴金盔的男人》。接著他對隨行黨員的年輕兒子說：「這不是很棒嗎？他的英勇戰鬥表情。一個徹頭徹尾的戰士。由此可以看出來，林布蘭畢竟還是充滿雅利安和日耳曼的精神，儘管有時候他會從阿姆斯特丹的猶太人區找模特兒。」

當「畫家」的時候，希特勒大部分是在拷貝明信片和古代的蝕刻畫。這些畫的主題是建築物的正面，但也有風景畫、人像畫和廣告畫。他選題的指導原則是好賣，而如果市場需要，他會把某些素描與水彩畫一畫再畫。他的素描和繪畫顯示出以這樣心態作畫的人會有的品質。它們讓人愉悅，但沒有活力，缺乏個性。他作品中最好的，似乎是他的建築素描。但即便是他所畫的非模仿畫（例如他在戰時畫的那些），仍然有一種病態和迂腐的味道。這些畫雖然「畫得很好」，但不能讓人感覺到畫者的個人熱忱。（A. Speer, 1970）後來希特勒自己也承認他畫畫的動機只為了謀生，承認自己只是個「小畫家」。一九四四年，他對他的親信攝影師霍夫曼（Hoffmann）說：「我沒有想當畫家。我畫畫只是為了生活和學習。」（W. Maser, 1971）我們可以得出這樣的結論：他是一個商業畫家，一個有素描天分的仿畫畫家；他沒有成為大畫家的天賦。[33]

斯佩爾保存著一百多幅希特勒所畫的素描，看過這些素描以後，我們更加認為希特勒的畫缺乏原創性。儘管我沒有能力當藝術評論者，但我相信，凡是心理敏銳的人都會看得出這些素描的

32 有一次希特勒告訴斯佩爾，他不約見學者是因為大部分德國學者可能不願意見他。遺憾的是，這大概不是事實，而希特勒心裡一定清楚。（A. Speer, 1970）

風格極其迂腐，沒有生命力。例如，他把一家戲院內部的一個小地方反覆畫了很多次，卻沒有任何真正的變化。他也把同樣一座方尖碑畫了許多次。有時我們會在一些畫中看到活潑的鉛筆線條，但另一些畫則完全沒有任何個人的表現。有趣的是，在這些素描中（畫於一九二五至一九四〇年之間），有些畫的是毫無藝術性的潛水艇、坦克和其他軍事設備。[34]

我們不應該因為希特勒對繪畫沒有多少興趣，就以此斷定他對建築學的興趣不是真誠的。這對了解希特勒的人格極其重要，因為建築學看來是他人生中唯一真正的興趣所在。我的意思是，他對建築學的興趣基本上不是出自他的自戀，不是他的破壞性的展現，而且不是裝出來的。當然，像希特勒這樣好撒謊的人，我們很難斷定他的興趣究竟有多少真誠的成分。不過，我相信有足夠資料可以證明，他對建築學的興趣是真的。在這方面，最重要的事實是，根據斯佩爾的生動描述，希特勒對建築計畫的討論總是極其熱烈，沒完沒了。我們由此可以看出，他是被一種真正的興趣推動而忘了他自己。這時的他不是在發表演講而是在問問題，投入真正的討論中。我相信，在他對建築的興趣中，這個被權力欲驅使的、沒有情感的和充滿破壞性的人暫時變成了一個活生生的人，儘管斯佩爾每次都會被他整個性格的衝擊力弄得精疲力竭。我並不是說希特勒在討論建築時就變成了另一個人，而是說那是讓這個「魔鬼」最接近人的樣子的時候。

這些考量並沒有暗示希特勒以下的說法為真：是外在環境逼他放棄成為建築師的計畫。我們已經知道，他本來只要付出不算大的努力就可以達成這個目標，但他卻完全沒有付出努力，而這是因為驅動他的，更多是對全能和破壞的欲望，而不是他對建築學的愛好。我們雖然假定他對建築學的興趣是真誠的，但並未因此否認他投入其中的關注力，具有自大狂性質和品味差勁。據斯佩爾所述，他偏好的是一八八〇年代和一八九〇年代的新巴洛克風格，想要復興這種由威廉二世推廣的頹廢風格。他會在建築和其他領域品味差勁並不讓人意外。品味和性格是分不開的：像希特勒這樣一個粗暴、原始和無情的人必然會品味差勁，因為除了是對他有用的人事物，他一概視而不見。然而，希特勒對建築的興趣仍然是他性格中一個建設性因素，也大概是讓他與生命相連的一道橋梁。

33 馬瑟為了盡可能論證希特勒有畫家的天分，說「希特勒畫仿畫，並不是因為他缺少才能……而是因為他太懶，不肯外出寫生」。（W. Maser, 1971）這是馬瑟有意提高希特勒的分量的一個例子，而且是個顯然錯誤的說法（至少在一個方面是錯誤）：外出其實是希特勒喜歡的活動，儘管他外出只是為了逛街。關於希特勒的才能，馬瑟的偏見還可以從另一個例子看出來。馬瑟說布洛赫醫生（為希特勒母親治病的猶太醫生）保存著一些希特勒送他的水彩畫，而他的這些畫「一定不是一九三八年以後才擁有，因為希特勒母子直到一九〇七年都是找他看病」。馬瑟是在暗示，布洛赫醫生會保存希特勒的畫是因為它們有藝術價值。但這位醫生就不能因為希特勒母子是他的病人而保存嗎？很多醫生都保存病人送給他們的紀念品，因為這是病人對他們感恩的表示。當然，到了一九三八年以後，對於布洛赫醫生這樣處境的人來說，希特勒送的任何紀念品都有莫大價值。

34 感謝斯佩爾把這些素描給我看。它們是一把鑰匙，有助於了解希特勒迂腐和毫無生氣的性格。

虛飾

要了解希特勒的人格，我們還需要了解他虛飾的外表。這個被欲望不斷驅使的人外表上和藹可親、彬彬有禮、自制和近乎羞怯。他對女性特別有禮，從不會忘記在適當的時機親自或派人送花；他會請她們吃茶點；他會等他的祕書們都就坐以後，才坐下來。施拉姆在他為《席間漫談》所寫的導論中，生動地描繪了希特勒對周圍的人所引發的效應：「與他最親近的小圈子的人，深感『老闆』十分關心他們的生活，分享他們的快樂與憂愁。例如，在他們生日前，他會考慮送什麼禮物才會使他們特別快樂……」年輕時的皮克爾博士（H. Picker）在能夠加入希特勒一群人的席間談話以前——

> 只能從遠處感覺希特勒是個「政治家」，但現在卻深深被希特勒在他的小圈子所放射的人性、被他對年輕人的仁慈、被他隨時會笑所深深感動……不錯，在他的圈子裡，這個沒有家人和朋友的希特勒是個好「同志」：他是第一次世界大戰期間學到什麼叫同志情誼，把這種知識留為日後所用。希特勒周圍的人也知道，他對於穿著講究的美麗女人的反應有多麼強烈。他們知道他對兒童的喜愛；他們看到他對他的狗是多麼依戀，看到當他有空研究狗的行為時有多麼放鬆。（H. Picker, 11965）

希特勒可以把一個友善的、親切的、仁慈的、體貼的角色演得很好。這不僅因為他是傑出的演員，還因為他喜歡這個角色。欺騙他圈子裡的人不讓他們看出他內心深處的破壞性，對他來說非常重要。最重要的是，他這樣做也可以欺騙自己。[35]

誰又敢說希特勒的行為裡有沒有任何真正仁慈或善意的成分？但固然極少有人完全沒有一絲仁慈或善意，我們卻有理由猜測，希特勒的大部分仁慈都是一種虛飾。例如，他關心別人的生日，卻不關心伊娃的生日，因為他並沒有必要讓她覺得他是個紳士。至於希特勒的笑，顯然是因為皮克爾不夠敏銳，才會沒察覺這種笑的特殊性質。皮克爾提到的，希特勒在大戰期間學會何謂同志情誼一事，則和漢夫施丹格爾的記載不合。根據漢夫施丹格爾的引述，希特勒的上級軍官在報告中指出，雖然希特勒是個殷切和盡責的士兵，但「卻因為對同儕傲慢自大和對上級極盡奴顏婢膝，被排除在晉升的行列」。（E. Hanfstaengl, 1970）至於希特勒對兒童的喜愛（這是許多政客都刻意炫耀的特徵），則被斯佩爾懷疑是否出自真心。[36]施拉姆提到的一件事可以表明希特勒對狗的喜愛是什麼性質：希特勒叫人在他的總部設置一條障礙跑道（與訓練步兵的跑道類似），要讓狗用它來證明自己的勇氣與聰明。負責照顧狗的士官帶施拉姆去看那些狗會多麼迅速地按照「往上」、「往下」的命令行動。施拉姆評論說：「我有一個印象，覺得我看到的是機器而不是狗。

35 施拉姆指出，希特勒在《席間漫談》中完全沒提他在進行這些席間交談期間所發布的可怕命令。
36 來自與斯佩爾的私人交流。

我又納悶，希特勒這樣訓練狗，是否想消滅牠們的意志。」（H. Picker, 1965）

施拉姆認為希特勒有兩種面目：一種是友善的，一種是可怕的，但兩種都是真的。雙重人格的人就被認為是如此。但這個看法在心理學上是站不住腳的，自佛洛伊德之後更是如此。真正的區別，是無意識的性格結構核心，與一個人所扮演的角色之間的區別，後者包括種種合理化作用、補償作用和其他把深層實相掩蓋起來的防衛作用。即使不談佛洛伊德，前面那種看法也往往天真得危險。試問誰沒有遇過不只用說話來行騙，還用行為、態度、語調、動作、手勢來行騙的人？很多人技巧高明，能夠把他們想假扮的角色演得活靈活現，有時甚至讓老練的人也會受騙上當。希特勒由於內在沒有任何中心，沒有任何深信的原則、價值或信念，他便可以「扮演」仁慈紳士的角色，而且未察覺到那只是一個角色。

希特勒喜歡紳士角色不只是為了欺騙：他的這種喜好和他的社會背景有關。我指的主要不是他父親是個私生子，而他母親沒有受過教育這一點，而是指他家庭的特殊社會處境。希特勒父親部分因為職務需要，部分出於私人原因，帶著家人在五個不同的城市居住過。此外，由於他是帝國稅務官，所以儘管他的收入和社會地位與一般的中產階級相似，中間卻有隔閡。因此，希特勒一家人從沒有與他們所在地的中產階級打成一片。再者，他們的經濟條件雖然不差，文化上卻不如一般中產階級。他父親出身低微，只對政治和蜜蜂感興趣，把大部分空閒時間花在酒館裡；他母親則沒有受過教育，只關心家務。年輕時的希特勒有野心又有虛榮心，必然會缺乏社會地位上的安全感，想要躋身到中產階級裡更富裕的層次去。住在林茨的時候，他就衣著講究，外出時非常在意服飾的細節，還拿著一根手杖。馬瑟指出，在慕尼黑的時候，希特勒有一套晚禮服，而且平常的西裝也永遠是乾乾淨淨，沒有磨損的。後來，他用軍裝代替了其他服裝，但他的言談舉止總在表示，他是一名在良好家境中長大的中產階級成員。他擺設的花朵、他的室內裝飾和他的一般舉止都在設法證明他已功成名就。他是個真正的「貴人迷」（*bourgeois-gentilhomme*）[37]，一個急於顯示自己是紳士的「新貴」（*nouveau riche*）。[38]他痛恨低下階層，因為他必須想辦法證明自己不屬於這個階層——經過維也納那幾年生活之後尤其如此，因為那幾年他真的曾屬於低下階層。希特勒是無根之人，而這主要不是因為他是個裝成德國人的奧地利人，而是因為他無法在任何社會階層扎根。他不屬於工人階級，也不屬於中產階級：他不僅在心理上是一個孤單者，在社會上也是。他唯一能夠體驗到根，是最原始的根：種族和血緣。

希特勒對上層階級的羨慕完全不是罕有現象。這種態度也見於同時代很多社會主義領袖身上，雖然往往是深深壓抑著——一個例子是麥克唐納（Ramsay MacDonald）。這些人出生中下階層，最深切的渴望是被上層階級、工業家和將領們接受。希特勒的出身比較不那麼低微，他想要逼那些掌權的人把權力分給他，甚至要他們服從他。身為叛逆者和一個工人政黨的領袖，希特勒在掌權以前當然會對富人在言語上多所攻擊，儘管如此，他內心深處卻是嚮往富人的生活方式。

37 譯註：《貴人迷》是莫里哀一齣喜劇，諷刺一心爬上貴族階級的人。
38 卓別林扮演的凡爾杜先生（Monsieur Verdoux）是個仁慈的中產階級丈夫，以謀殺有錢的婦人維生。

仁慈體貼的希特勒是一個角色，但他渴望「歸屬」和當一個「紳士」的心卻是真的。某個意義上，他是個離奇古怪的人：他充滿破壞性，是一座原始激情的火山，卻設法顯得像一個有教養的、體貼的和甚至是人畜無害的紳士。無怪乎他能欺騙很多人——這些人基於各種理由也不介意被騙。

他是道地中產階級和謀殺者的混合體，而可做為這一點古怪象徵的，是他死前不久在地堡中與伊娃的結婚。小資產階級希特勒所能給予情婦的最高榮耀便是正式結婚，而對伊娃來說，這也是她所能達到的最高成就，因為她的價值觀也完全是傳統的、資產階級式的。婚禮的每件事都是照規矩來辦，所以必須找到有資格當證婚人的治安法官。這花了幾小時，因為在尚未被蘇聯軍隊占領的柏林那一區，想找到一個治安法官很不容易。但最高領袖並不覺得他能夠改變結婚的官僚程序，不肯在周圍的人當中指定一個來擔任治安法官，非要等到一個正式的治安法官不可。結婚典禮最後恰如其分地完成，大家共飲香檳。「紳士」希特勒做了該做的事，但他也表明了，只有在死亡迫在眉睫時，他才願意把自己和情婦的關係合法化。（不要說愛情，只要他有一點點體恤之心，就該在幾星期前完成這種表態。）但謀殺者希特勒並沒有任何改變。雖然娶了伊娃，但他仍然因為懷疑伊娃的妹夫不忠，將其處死。不久前，希特勒也把從一九三四年起就追隨他的醫生勃蘭特（Karl Brandt）判處死刑，理由是勃蘭特沒有把家人帶到上薩爾斯堡，而是把他們留在圖賓根（Thuringia）「任由美國人蹂躪」。希特勒懷疑他利用妻子向美國人傳遞訊息，因此堅持判他死刑。判決勃蘭登的軍事法庭由戈培爾、黨衛軍將領伯格（Berger）和青年團領袖艾克曼（Axmann）組成，希特勒同時任「檢察官」和最高權威。（最後勃蘭特的命被希姆萊保住，那時希姆萊正想討好美國人。）

希特勒的「矯飾」不論出於什麼樣的個人原因和社會原因，對他都有很大好處。它幫助他騙過德國的工業領袖、軍事領袖與政治領袖，也讓他騙過許多外國政治家：這些人假使看出他的殘暴與破壞性，必然大為反感。當然有很多人看穿他的虛飾外表，但有更多人沒有看穿，因此製造出一種有利於他的趨勢，讓他可以踏上破壞之路。

缺乏意志和現實感

希特勒自認為他的最大資產是不屈的意志。是不是這樣，要依「意志」一詞的意義而定。乍看之下，他的人生顯示他是一個有著異乎尋常意志力的人。他的目標是要出人頭地，而雖然他一開始是個無名小卒，但僅僅二十年他就達成了超過他敢夢想的成就。這難道不是需要異乎尋常的意志力嗎？

然而，如果我們記得他童年和少年時有多麼缺乏意志力，前面的看法就成了問題。那時他遊手好閒，散漫，不願意付出任何努力。一個有堅強意志的人斷不會如此。事實上，希特勒所說的「意志」其實是他的激情，這些激情燃燒著他，驅策著他去把它們實現出來。他的意志是無邊的和粗野的，就像（正如斯佩爾所說的）六歲小孩。一個不肯妥協和遇到挫折便大發脾氣的孩子固然也許可以說是具有強烈的意志，但更正確地說，他是被種種衝動所驅使，沒有能力接受挫折。

當希特勒看不到有機會達成目標時，便虛度時光、晃蕩和但求糊口。在第一次世界大戰之前，他對於如何達到他的目標連最基本的概念也沒有，也沒有任何計畫。假如不是戰後的政治局勢對他有利，他八成會繼續晃蕩下去。他也許會謀得一個小職位，不過由於缺乏紀律，他恐怕在任何職位上都難以久安。最適合他的職業也許是推銷員，專門用他的三寸不爛之舌推銷品質有問題的商品。不過他的等待得到了回報：他的狂熱欲望和他的超級說服力終於跟社會現實和政治現實結合在一起。一次大戰快結束時，反動保守的軍官除了雇他去監視其他士兵，還雇他去說服他們接受反動的、黷武的觀念。從這個小小的開始，希特勒變成了一個超級推銷員。他推銷的商品是一種國家主義的、反共的、軍國主義的意識形態，這種商品在那些失望的和受挫折的「小人物」中間大有市場，又先後讓軍方和其他有勢力的集團深感興趣。當希特勒證明了自己在這工作上勝任有餘時，德國銀行界和工業界有不少人士便給他大力資助，最終讓他得以攫取政權。

許多觀察者都提到，希特勒常常在必須下決定時猶豫不決。這一點顯示出他的意志薄弱。希特勒就像許多缺乏堅強意志的人那樣，喜歡讓事情發展到一種他無需再做決定的地步，聽憑事態的發展把決定加到他身上。希特勒把火撥得越來越旺，越來越沒有退路，將整個的處境帶到沸點，讓自己**必須**去做別無選擇的事。他用他自我欺騙的方式使自己免除了下決定的難題。他的「決定」實際上是對既成事實的屈服，只不過這既成事實是他自造的罷了。這裡只舉一個例子。他原來似乎並不想征服波蘭，因為他對波蘭的反動領袖貝克上校（Colonel Beck）深有好感，但是當希特勒提出的、還算溫和的要求被貝克拒絕之後，他就憤怒起來，把德國與波蘭的關係弄得不可收拾，導致最後除了發動戰爭之外別無他途。

希特勒一旦決定一件事，就會以絕不動搖的決心堅持到底，以一種我們可稱之為「鐵的意志」來爭取勝利。為了解這種看似矛盾的情形，我們必須對意志的概念作一簡短的考察。第一，我們應該把意志區分為「理性意志」與「非理性意志」。我所謂的「理性意志」是指是為了達到一個理性上追求的目標所做的充分努力。這需要有現實感、律己、耐性和克服自我放縱。我用「非理性意志」來指以非理性激情為動力的熱烈追求，這些激情缺乏「理性意志」所需的種種品質。[39]「非理性意志」就像決堤的河川，其力量極其強大，但當事人自己不是這個意志的主人。他是被這個意志驅策，被其強迫，是它的奴隸。如果我們把意志理解為「非理性意志」，則希特勒的意志確實強烈。但他的「理性意志」卻是薄弱的。

除了意志薄弱，他還缺乏現實感。前面說過，他和其他男孩子玩戰爭遊戲一直玩到十六歲，這證明他和現實缺乏接觸。對他來說，幻想的世界比真實的世界更真。他當藝術家的計畫也和現實沒多少的關聯，主要是一種白日夢，而他從事商業畫家的活動也完全與他的理想不相符。他人在他眼中也不是完全真實的：他們統統是工具。儘管他常常是個精明的判斷者，他和他人沒有實質的接觸。[40]雖然沒有充分知覺到現實，他也不是生活在純幻想的世界裡。他的世界是一個事實與幻想組合而成的特殊世界，其中沒有完全真實的東西，也沒有完全幻想的東西。在某些情況

39 參看本書第十章對「理性激情」和「非理性激情」的討論。

中，他對現實的認識很敏銳，這特別表現在他對別人動機的洞察上。他據以做出判斷的，不是人們所說的話，而是他所看出來的真正動機（那是對方沒有表示出來或甚至是對方沒意識到的）。他對英法政治行動的估計便是一個好例子。在某個意義上，希特勒的勝利是始於英國不願意遵從國際聯盟的決定，沒有在墨索尼里攻打衣索比亞時（一九三五至一九三六年）對義大利進行有效的封鎖。在種種託辭下，義大利繼續能夠進口石油（這對戰爭的進行來說是必須的），反觀衣索比亞想要獲得一點外援的武器都極為困難。下一件讓希特勒更加膽大妄為的事，是英法對西班牙內戰（一九三六至一九三九年）的態度。內戰期間，英國阻止西班牙政府從國外輸入自衛性武器，而法國在社會主義者布盧姆（Blum）的領導下，不敢沒有經過英國的同意而擅自行動。雖然民主國家決定不干預西班牙內戰，希特勒和墨索里尼卻完全不受影響，他們支持佛朗哥而對西班牙內戰進行了武力干預。[41]下一件事是一九三六年英國與法國沒有拒絕希特勒占領非軍事化的萊茵蘭地區（Rhineland），而那個時候德國軍隊還完全沒有準備好作戰。（希特勒在《席間漫談》中指出，如果當時法國有一個真正的政治家，就會阻止他占領萊茵蘭。）最後，當張伯倫去見希特勒請求其克制時，希特勒更是堅信英國和法國不願說到做到。在這個事例中，希特勒對人類的行為有合乎現實的洞察，像聰明的商人那樣，一眼就看穿對方的虛實。希特勒沒有看到的，是更廣泛的**政治**與**經濟**現實。他沒有認識到英國的傳統利益繫於歐陸的勢力均衡，也沒有認識到張伯倫那一幫人不能代表所有保守黨人的政治利益，更不代表全英國的輿論。他在外交政策上聽信里賓特洛甫（Joachim von Ribbentrop）的意見，但此人雖然機敏卻智力淺薄，完全不了解英國體制中政治、經濟與社會的複雜結構。

他判斷上的有欠現實，也顯示在他對美國沒有任何真正的認識，沒能讓自己增長見識。從各種資料來看，他樂於接受一些膚淺的看法，例如說美國人太軟弱，不是當軍人的料；說美國被猶太人統治；說美國政府不敢介入戰爭，因為這個國家問題太多，可能會就此爆發革命。

希特勒的戰略也顯示出他對客觀現實沒有充分的認識。施拉姆在他豐富資料和銳利分析中便指出了希特勒方法上的缺點。他不想低估希特勒做為一個戰略家的優點，提到希特勒有過三次大膽而有想像力的作戰計畫（這是以約德爾將軍的話為根據）。不過，從一九四二年起，希特勒的軍事判斷開始出現嚴重失誤。他處理軍事情報的方式與他處理一般資料的方式相似：把軍事情報中有利於他計畫的資料挑出來，對那些不利於他計畫的資料置之不理。他下令不准撤退，這讓德軍在史達林格勒大敗，也導致前線其他地方的德軍傷亡慘重。施拉姆認為這是希特勒「越來越失去理智」的表現。他在阿登高地（Ardennes）發動的最後一個進攻計畫忽視了實際戰術情況的許

40 斯佩爾也認為希特勒與現實沒有接觸，但他的說法比較直觀性：「希特勒給人一種沒有實質的感覺。但那大概是一種他一直存在的特質。當我回顧過往時，我有時會問自己，他這種空泛不實的特質，是否從他幼年到他自殺都一直存在。有時我會覺得，他的暴怒特別容易發作是因為他沒有任何人性的情感來克制暴怒。他不准任何人接觸到他的內在，因為他的內在是沒有生命的，是空洞的。」（A. Speer, 1970）

41 那時幫忙制定英國政策的外交部常務次長兼保守黨員的加多爵士（Sir A. Cadogan）指出，英國對西班牙內戰的態度主要是由保守黨員們對墨索里尼和希特勒的好感所導致。他們傾向於允許希特勒攻打蘇聯，沒有能力認識希特勒的意圖。（Sir A. Cadogan, 1972）

多重要因素。施拉姆指出，希特勒的戰略是「威望」戰略和「宣傳」戰略。缺乏現實感讓他不能明白戰爭和宣傳是遵從不同的規律與原則。他對現實的疏離到最後變得荒唐古怪起來：一九四五年四月二十四日，也就是他計畫好自殺的前兩天，他還發布一道命令，要求「所有基本決定都要在執行前三十六小時向元首報告。」（P. E. Schramm, 1965）

希特勒的缺乏意志和現實感會讓人產生一個疑問：他是真的想要得到勝利嗎？還是說他雖然在表面上做出種種努力，卻是無意識地在安排一場災難？好幾個極敏銳的觀察者都表示他們強烈懷疑情況是後者。對希特勒的觀察可說是最敏銳的伯克哈特寫道：「我們不是沒有理由猜測，他（希特勒）心中那永不知足的恨意與他的潛意識連接，以致他在暗中確信自己的結局將是可怕的失敗與人身的毀滅，就像一九四五年四月三十日在首相府實際發生的那樣。」（C. Burckhardt, 1965）斯佩爾指出，在大戰的前幾年，當希特勒非常熱烈地討論他的建築計畫時，斯佩爾隱約感覺到希特勒並不真正相信它們能夠實現。這不是一個清楚的信念，只是一個模糊的直覺。[42]布羅斯也表示了同樣的看法：他很懷疑希特勒真的相信最後勝利一定來臨，甚至很懷疑希特勒真的渴望得到最後勝利。根據我對希特勒分析的結果，我也得到相似結論。我不相信，一個有那麼強烈毀滅欲望的人，會真心想要進行勝利後必須做的建設工作。當然，伯克哈特、斯佩爾、布羅斯和我所談的都不是希特勒心靈中的有意識部分。假定他既不相信也不希望他的藝術和政治夢想可以實現，完全是就他的潛意識而言。若不以潛意識的動機來立論，則說希特勒不想打勝仗便是荒唐言。[43]

希特勒是一個賭徒，他用全德國人的性命和自己的性命做為賭注。他固然在賭局結束時輸得一敗塗地，但他沒有什麼理由好懊悔的。他已經得到他一直想得到的東西：權力、恨意的滿足和破壞欲的滿足。他雖然失敗，但這失敗奪不走他的滿足。這個自大狂和毀滅者並沒有真正輸掉。輸掉的是千百萬的人（德國人、其他國家的人和少數民族），而對這些人來說，在戰場上死亡還是最不痛苦的死法。由於希特勒對任何人都沒有同情心，這些人的痛苦並不會引起他的愧疚。

在對希特勒的分析中，我們找到一些嚴重的病態特質：我們假設他在童年就有半自閉傾向；我們發現他極端自戀、與人缺乏接觸、對現實認識不清，和有著強烈的戀屍癖。我們可以有理由地假設，他有精神病或思覺失調症的傾向。但這是否意味著（就像有些人有時會說的）他是個「瘋子」，患有精神病或妄想症？我相信，答案是否定的。希特勒雖然有瘋狂的傾向，但神智仍然正常得足以清楚地追求他的目標，並且得到短暫的成功。由於他的自戀和破壞性，他固然做了許多錯誤的判斷，但不能否認的是，他是一個技巧高明的煽動家和政客，從未把自己的精神病傾向明白地顯露出來。即使到了生命的最後幾日，當他的身體與心智都已經接近崩潰，他仍能夠控制自己。至於他的妄想傾向，即他的疑神疑鬼，則並非事出無因（從多次有人密謀推翻他可以為證），

42 來自與斯佩爾的私人交流。

43 臨床資料證明，很多人的潛意識有求死的渴望，哪怕他們意識層面的目標正好相反。這不只是精神分析的洞察，也是很多偉大戲劇的洞察。

因此不能說這是他有妄想症的證明。事實上，假設希特勒以被告的身分站在法庭上，則無論法庭多麼想袒護他，都無法以精神異常的理由減輕他的罪責。雖然在一般的用語上不能說希特勒是一個精神病患，但是在動力學意義上，在人際關係意義上，他確實病入膏肓。希特勒是不是精神異常這一點，受到前面討論過的，精神病學的病名價值何在的問題困擾。一個人是有精神病傾向，還是完全的精神病，這種區分在法庭上也許有用，因為它可以讓法官決定要把該人送進監獄還是精神病院。但我們這裡處理的人際歷程卻是不理會名稱上的事情。然而，我們不可用臨床分析來模糊掉**罪惡**的問題。就像神智健全的人有些善良有些邪惡，瘋子一樣有善良和邪惡之分。邪惡必須被做為邪惡看待，道德判斷不能因臨床診斷而擱置。但即便最邪惡的人仍然是人，值得我們憐憫。

本書中，我對希特勒和希姆萊的性格進行了長篇的分析。把這種分析收進本書主要有兩個目的：一是有顯著的理論目的，用臨床病例來說明施虐癖和戀屍癖的概念；另一個目的是打破一個重要的謬誤，以幫助人們在潛在的希特勒還沒有露出真面目之前，就將他認出來。我說的這個謬誤就是，認為具有徹底破壞性和性情邪惡的人必定是惡魔，而且看起來就是一副惡魔的樣子；認為他一定沒有任何正面的品質；認為他一定明顯帶有該隱（Cain）的印記[44]，讓每個人從遠遠就看得出他殺氣騰騰。這種惡魔確實存在，但為數極少。正如前面指出過的，更多時候，具有強烈破壞性的人會擺出一個仁慈、有禮、愛家庭、愛孩子和愛動物的門面，口口聲聲都是他多有遠大理想與善意。更何況，世界上幾乎沒有人是絕無一絲仁慈和善意的。如果真有這樣的人，則除非他是天生的「道德白癡」，否則便是近乎瘋癲了。**因此，如果我們相信惡人頭上必長角，便會永遠識別不出惡人來**。

以為惡人很容易識別是天真的想法，有可能會帶來極大的危險，例如沒能在惡人還沒有展開破壞行動之前認出他們來。我相信，大部分人都沒有希特勒那樣強烈的破壞性。但是，即使假定人口中只有一〇％的人有他那樣的破壞性，如果他們有了影響力和權力，便非常危險。當然，並非每個破壞者都會變成希特勒，因為他們未必有希特勒的天分，但他們一樣可以當個有效率的黨衛軍。另一方面，希特勒也不是天才，他的才能並非獨一無二。真正獨一無二的是他身處的社會政治環境，是這環境讓他得以掌權。我們中間有成千上百的希特勒，只要歷史時機到來，他們便會現出真面目。

用客觀而不帶激情的態度來分析希特勒這樣一個人物，除了是基於科學的良心，還因為那是讓我們學到有關現在和未來重要一課的條件。如果在分析希特勒的過程中堅持要全部否定他的人性，則只會加強我們的盲目性，讓我們更加以為頭上長角的人才可能是潛在的希特勒。

44 譯註：該隱為《聖經》中的邪惡人物。

跋 論希望的歧義性

在本書中，我設法證明，那些以狩獵採集者身分生活在遊群中的史前人類，破壞性最小、最具有合作與分享精神。只有當生產力增加，勞力開始分工，大量盈餘出現，以及有階級組織與特權分子的國家建立起來以後，大規模的破壞與殘忍行為才告出現。文明越進步，權力的角色越重要，則破壞與殘忍越嚴重。

但是，本書有沒有提供有力的論據，可以讓我們相信，在未來，攻擊性與破壞性在人類的動機結構裡將再度扮演最低量的角色？我相信我有提供，也希望有許多讀者認為我有提供。

只要是被人類基因所遺傳的攻擊性，它就不是自發的，而是人在生命利益受到威脅時的防衛，是他自己和他的物種生存受到威脅時的防衛。在某種原始環境中，在人還沒有受到別人的重大威脅時，這種防衛性攻擊性不常出現。自那之後，人類經歷了異乎尋常的發展。我們很有理由猜想，人類終將走出首尾相接的一圈，重建一個沒有人被威脅的世界：在其中，沒有孩子會被父母威脅，沒有父母會被上司威脅，沒有一個社會階層會被另一個威脅，沒有一個國家會被一個超級強國威脅。基於經濟上、政治上、文化上和心理上的理由，要達成這個目標極其困難。而讓難上加難的是，世界各國都崇拜偶像（而且是不同的偶像），這使他們即便懂得彼此的語言，也不能互相了解。忽視這些困難是愚蠢的，但對所有資料的研究顯示，如果能夠把政治上和心理上的路障移除，我們就真有可能在可見的未來打造一個大同世界。

防衛性攻擊性是生而具有的，但**惡性**攻擊性——施虐癖和戀屍癖——卻不是如此。因此，惡性攻擊性是可以大大減低的，只要人類改變他的社會經濟環境，使這環境適合充分發展人的真正需要與能力，適合充分發展人的自我活動和創造力量，並以此做為發展的目的。剝削與操縱會產生無聊與瑣碎，會讓人殘缺，而一切會讓人心理殘缺的因素，都會使人變為施虐者或破壞者。

有些人會說我的這個立場是「過度樂觀」、「烏托邦式」或「不合乎現實」。為了了解這些批評有沒有道理，看來我們需要對「希望」這個概念的歧義性，還有對何謂樂觀與悲觀，有所討論。

假設不看好天氣狀況，但我還是計畫週末到鄉間旅遊，這時，我可以說「我是樂觀的」。但假設我的孩子病得很重，命懸一線，這時，如果我說「我是樂觀的」，便會給人一種奇怪的感覺，因為在當時的情況下，我這種話似乎是事不關己的。然而，我也不太適合說「我確信（I am convinced）我的孩子會活下來」，因為在當時的情況下，我並沒有確信的根據。

那麼我能怎麼說呢？

最適當的說法大概是這樣：「我有信念（I have faith）我的孩子會活下來。」但是，「信念」（信仰）一詞由於有著神學上的意涵，在今天已經很少人用。然而，那卻是我們所能有的最佳說法，因為「信念」隱含著一個極端重要的元素：熱烈地、強烈地要我的孩子活下來的願望，因此我會盡一切可能使他康復。我不只是一個旁觀者，我不像處在「我是樂觀的」的情況中那樣，是和我孩子分開的。我是我所觀察的處境的一部分；我牽涉在內；我對我孩子的生死做出判斷，但他不是我這個「主體」的「對象」；我的信念是根植於我與孩子的關聯性，是一種知識與參與的混合體。當然，我所說的信念是「理性信念」（E. Fromm, 1941）。這種信念是以對一切相關資料的清楚認識為基礎，不像「非理性信念」那樣，是一種以欲望為基礎的錯覺。

樂觀是疏離形式的信念[1]，**悲觀是疏離形式的絕望**。若我們真正地回應人和他的未來（即以關心和有責任感的方式回應），則我們的回應只有兩種可能：懷有信念或是絕望。理性的信念與理性的絕望，都是得自於對關係到人類生存的所有因素的最徹底評估。對人類的理性信念是以他得救的真正可能性為基礎。如果看不到這種真正的可能性，我們便只能陷入理性的絕望。

有一點需要在這裡強調。如果我們對人類的改善抱著信念，大部分人馬上就會責之為不切實際，但是他們沒有看出來，絕望也往往同樣不切實際。「人類向來就是屠殺者」這句話說出口很容易，但並不正確，因為說這話的人沒有把錯綜複雜的歷史因素考慮在內。「剝削他人是人類天生的欲望」也同樣容易說出口，但卻也同樣忽略了（或扭曲了）事實。簡言之，「人性本惡」並不比「人性本善」更合乎事實。但「人性本惡」比較容易使人相信，凡是要證明人性邪惡的人很快

1 譯註：指樂觀是一種置身事外和不投入的態度，信念是一種置身事內和投入的態度。這也是悲觀和絕望的分別。

就可以找到一大堆追隨著，因為他讓每個人都可以為自己的罪惡找到藉口，而且他說這句話似乎不必冒什麼險。然而，散播非理性的絕望，這本身便是一種破壞行為：就像散播一切不實的事情一樣，它會讓人們洩氣和陷入混亂。散播非理性的信念，或把假的彌賽亞說成真的，同樣是破壞性的，因為它會蠱惑人心，然後使之癱瘓。

不幸的是，大部分人的態度既不是有信念也不是絕望，而是對人類的前途漠不關心。至於那些並非完全漠不關心的人，則不是樂觀就是悲觀。樂觀者是信仰人類「進步」的人，他們認為人類的成就就是科技成就，認為自由就是免於直接壓迫，就是消費者在許多表面上看起來不同的商品之間有選擇的自由。原始人的尊嚴、合作和仁慈不能打動他們，科技成就、財富與殘暴不仁則可以。西方人對科技落後民族的多個世紀統治已經在樂觀者心中烙下一個成見：「野蠻人」怎麼會是人？他們怎麼能和飛上月球——或按一下按鈕就能毀滅幾百萬人——的人平等，遑論更優越？

樂觀者都過得舒舒服服（至少到目前是如此），所以負擔得起當「樂觀者」。至少他們自己是這樣認為，因為他們是那麼的疏離，以致即便他們的後代子孫受到威脅，他們也不為所動。

至於「悲觀者」，他們實際上和樂觀者無甚差別。他們也是過得一樣的舒服，投入的也是一樣的少。他們像樂觀者一樣，很少關心人類的命運。他們並不感到絕望，否則他們就不會、也不可能像現在那樣心滿意足地過日子。悲觀者的悲觀有一主要功能：透過散播**做什麼也沒用**的觀念，他們讓自己免於去面對要他們去做些什麼的內在需求。樂觀者也是用他們的樂觀去讓自己免於面對同一種內在需求。他們告訴自己：無論如何，一切都會朝著正確的方向前進，因此我們**什麼也不必做**。

本書的立場，是對人的能力抱著理性的信念，認定人類仍有能力掙脫自造的致命環境之網。這既不是「樂觀者」的立場，也不是「悲觀者」的立場，而是具有理性信念的激進者的立場，他相信人類有能力避免最終的災難。這種人道的激進主義探入了人類處境的根本，因此也探入了它的原因；它要把人從錯覺的鎖鍊裡解放出來；它假定我們必須做出根本的改變：需要改變的不僅是我們的政治與經濟結構，還包括我們的價值觀、我們的人生目標概念和我們的個人行為。

有信念意味著有勇氣去想像不可想像的事情，但它仍然得在事實上可能的範圍內行動。它是這麼一種弔詭的希望：天天預期著彌賽亞的到來，然而也沒有因為彌賽亞沒有在指定的時間來到而灰心喪志。這種希望不是消極的，也不是有耐心的。正相反，它是最沒有耐心的，最積極的，會在有實際可能性的範圍內尋找一切行動的可能性。就個人的成長與解放而言，它更絕不是消極被動的。當然，社會結構會對個人的發展加上嚴重的限制，但那些主張個人改變在今日社會不可能發生，和甚至不可求的所謂激進分子，卻利用他們的革命意識形態做為拒絕進行內心變革的藉口。

今天，人類的處境已經太危險，不容我們再去聽從煽動家的言論（那些致力於破壞的煽動家更不用說）。甚至那些只有大腦活著而心靈已硬化的領袖，我們也絕不可再聽從。批判性與激進的思想若想結出果實，必須先跟人類最珍貴的稟賦結合在一起，即與愛生命之愛結合在一起。

附錄 佛洛伊德的攻擊性與破壞性理論

一、佛洛伊德的攻擊性與破壞性概念之演變

關於佛洛伊德對攻擊性的研究，最讓人吃驚的，可能是他在一九二〇年代以前幾乎沒有意識到這個問題。幾年後，在《文明及其不滿》（*Civilization and Its Discontents*, 1930）中，他對此也表示很驚訝：「我現在也不能明白，當初我們怎麼會忽略這種無所不在的，非愛洛斯性的攻擊性與破壞性，導致沒有在我們對生命的解釋中給它一個恰如其分的位置。」（S. Freud, 1930）

為了理解這個古怪的盲點，我們需要把自己置入第一次大戰以前歐洲中產階級的心緒中。自一八七一年以後，歐洲便沒有重大的戰爭。資產階級在政治和社會兩方面都穩步推進，而由於工人階級的生活有所改善，階級間的尖銳對立也慢慢緩和下來。如果不理會亞洲、非洲和南美洲大

部分人類的狀況，不理會他們的赤貧和卑屈，則這個世界看起來似乎是和平的，並且比以前文明得多。因此，人類的破壞性看來只在黑暗時代，和更早之前的許多世紀發揮作用，如今則被理性與善意取代了。所以，被心理學發掘出來的問題，主要只是中產階級過於嚴格的道德規範導致，而佛洛伊德因為對性壓抑所產生的害處深為關切，沒有想到攻擊性問題的嚴重性。要直到第一次世界大戰爆發，攻擊性的問題才再也不能忽視。這場戰爭構成了佛洛伊德的攻擊性理論在發展上的分界線。

在《性學三論》（*Three Essays on the Theory of Sexuality*, 1905）裡，佛洛伊德認為攻擊性是性本能的「組成本能」之一。他寫道：「如此，施虐癖對應了性本能的攻擊性成分，這種成分變得獨立和誇張，透過替代作用（displacement）篡奪了領導地位。」（S. Freud, 1905）[1]

不過，在這個問題上，佛洛伊德也是像往常一樣，除了主要理論的思路之外，還潛伏著要過很久才浮現的另一條思路。在《性學三論》的第四部分，他寫道：「我們可以假定，殘忍衝動的根源事實上**獨立於性欲**，但可能可以在早期階段和性欲結合在一起。」（S. Freud, 1905；強調字體為外加）

雖然有這種說法，但佛洛伊德四年後在《一個五歲男孩的恐懼症之分析》（*Analysis of a Phobia in a Five-Year-Old Boy*, 1909）中又說：「我不能使自己相信，有一種特別的攻擊本能與我們熟悉的自我保存本能和性本能並存，且與它們平起平坐。」（S. Freud, 1909）在這段話裡，我們可以感覺出佛洛伊德的猶豫。「我不能使自己相信」一語的語氣並不像單純而完全的否定那樣強烈，而「與它們平起平坐」一語則似乎留下餘地，暗示即使這個攻擊本能沒有與其他兩種本能站在平等的立場，仍然可能獨立存在。

在〈本能及其變化〉（Instincts and Their Vicissitudes, 1915）一文中，佛洛伊德繼續維持他的這兩條思路，即一方面認為破壞性是性本能的一部分，另一方面又認為它是一種獨立於性本能的力量：

> 當性本能經歷複雜的發展時，初期的愛會產生，並成為臨時的性目標。這些臨時的性目標最早的階段就是合併或吞食，即消滅所愛的對象，使其存在不離開自己，因此我們可以說這種愛是矛盾的。到了更高一個階段，即到了前生殖器期的「施虐—肛門」階段，性本能便渴望控制對象，至於是否會因此傷害或毀滅了對象，則不是它關心的。在這段時期的愛，就它對對象的態度而言，與恨幾乎難以區別。只有到了生殖器體系建立起來後，愛才變成與恨對立的東西。（S. Freud, 1915）

但是在這文章裡，他也拾起《性學三論》中的另一個立場，即認為有一種獨立於性本能的攻

1 讀者如果想要了解佛洛伊德攻擊性理論的演變，除了現在這篇附錄外，另外可參考斯特雷奇（J. Strachey）為《文明及其不滿》所寫的編者導論。

擊性存在。他假設自我本能（ego instincts）是這種攻擊性的根源。他寫道：

> 恨也是與對象的一種關係，就此而言，它比愛更古老。**恨源於自戀的自我對於外在世界及其傾瀉的刺激所產生的原始排斥。**[2]做為對象引起的不快反應的一種表達，**恨總是和自我保存的本能保持密切關係。**因此，性本能與自我本能容易發展成為對立的東西，就像愛與恨的對立一樣。當自我本能支配了性功能（在施虐—肛門階段就是這個樣子），它們就把恨的性質也賦予了本能的目標。（S. Freud, 1915；強調字體為外加）

在此，佛洛伊德假定恨比愛更古老，其根源是自我本能或自我保存本能。這種本能排斥外部世界所發出的「刺激之流」，並且與性衝動是對立的。值得一提的是，這種立場對佛洛伊德建立人的模型非常重要。在他看來，嬰兒對刺激的最早反應是排斥，會因為外在世界的闖入而恨外在世界。但近年很多臨床證據卻與這種看法相左，顯示即使人生下來沒幾天，照樣渴望刺激，需要刺激，並不總是因為外在世界的闖入而恨外在世界。

在〈本能及其變化〉裡，佛洛伊德對恨還有更進一步的想法：

> 一切使自我感到不快的東西，自我都恨，都厭惡，有意去摧毀它，不考慮它是意味著性滿足的受挫，還是自我保存需要的滿足。事實上，我們也許可以認為，**恨的關係的原始形態不是**

源於性生活，而是源於自我對保存和維持自己的奮鬥。（S. Freud, 1915；強調字體為外加）

〈本能及其變化〉的發表結束了佛洛伊德對破壞性的第一個思考階段。在這個階段裡，他同時有兩種看法：一方面認為破壞性是性驅力的一部分（口腔與肛門施虐癖），另一方面又認為破壞性是獨立於性本能，是一種源於自我本能的東西，它反對外來刺激，反對一切阻礙「性需要」與「自我保存需要」這兩者能獲得滿足的東西。

在一九二〇年的《超越快樂原則》（*Beyond the Pleasure Principle*）一書中，佛洛伊德開始對他的整個本能理論進行根本性的修正。在這本書裡，他認為「強迫性重複」（compulsion to repeat）是本能的特徵，並且第一次提出一個新的二分法：愛洛斯（Eros，又稱「生命本能」）與死亡本能（death instincts）。[3]這種二分法的性質在《自我與本我》（*The Ego and the Id*, 1923）與更後來的作品中有更詳細的討論。新的二分法取代了原先的自我本能與性本能的二分法。雖然佛洛伊德企圖把愛洛斯等同於力比多，但新的兩極性與原先的兩極性仍然是完全不同的概念。[4]

在《文明及其不滿》中，佛洛伊德對他的理論的新發展有簡潔的說明：

---

2 這句話表達了佛洛伊德的基本原理：減低緊張是神經系統的基本功能。本附錄的結尾部分對這原理有詳細討論。

3 對這兩個概念，佛洛伊德後來常用單數。

4 要詳細說明佛洛伊德企圖把愛洛斯等同於性欲的過程，需要一整章的篇幅。除了專門研究佛洛伊德理論的人以外，一般人對此可能不會感興趣，故從略。

起初，我認為自我本能與對象本能（object-instinct）互相對立。我用「力比多」一詞來指後者的能量。[5]因此，自我本能與有指向一個對象的愛的「力比多」本能（最廣義）之間是對立的。[6]……但是，就施虐癖而言，這種對立已經結束了。畢竟，施虐癖顯然是性生活的一部分，是以殘忍的活動代替情愛的活動……我向前邁出的決定性一步是引入自戀這個概念，也就是說，我發現自我本身充斥著力比多，發現自我其實是力比多的原生家庭，後來某種程度上始終是它的總部（本源）。[7]……我邁出決定性的下一步是在《超越快樂原則》（1920）中，那時，本能生命的保守性和強迫重複性第一次引起我的注意。從思考生命的起源和生物的平行發展（相似性）開始，我得出一個結論：**生命除了有保存活物質（living substance），並把它與更大的單位結合起來的本能以外，一定還存在著另一種對立的本能，這本能試圖分解這些單位，把它們恢復為原始的無機狀態。**也就是說，除了愛洛斯之外，還有一種死亡本能。（S. Freud, 1930；強調字體為外加）

在寫《超越快樂原則》的時候，佛洛伊德還不能確定他這個新假說是否能夠成立。他寫道：「各位可以問，我相不相信這裡所提的假說，相信的話又相信多少？我會回答，我自己還不確信，也不企圖說服他人相信。更確切地說，我不知道我對它們相信到哪個程度。」（S. Freud, 1920）佛洛伊德在付出巨大努力建立一座新的理論大廈之後（這座大廈會威脅他很多原先的觀念），卻坦誠表示自己不能確信，確實讓人動容，這特別是因為對他而言，這種情形很少見。此後，他又用了十八年時間去探索這一新的理論，才逐漸增加他一開始所沒有的確信感。他不僅為這個假說增加一些全新的面向，並且在知性上加以「窮究」，讓自己再無懷疑餘地。但也正因為如此，他對追隨者中沒幾個人真正了解和分享他的觀點更加感到失望。

他首次充分說明這個新理論是在《自我與本我》。下面的這個假設特別重要：

> 這兩種本能各有特別的、與其相關的生理過程（合成代謝或分解代謝）。在每個活物質裡，都有這兩種本能在活動，只是兩者強弱不同而已。因此，某個活物質可能是愛洛斯的主要代表。此一假說並不能闡明兩種本能如何互相融合、混合和聯合，但這種融合、混合和聯合是經常和廣泛地進行，是一個我們少不了的假設。看起來，做為單細胞有機體組合為多細胞生命的結果，**單細胞的死亡本能**會成功被消除，而**破壞衝動**會因為某個特殊器官的媒介而**轉向**外部

5 佛洛伊德這裡所說的，是他第一篇論焦慮官能症的文章的第二部分。（S. Freud, 1895）

6 在這個公式裡，人的基本衝突看來是自利心與利他心的衝突。在佛洛伊德的理論中，本我與自我（快樂原則與現實原則）都在自我的一極，前者是滿足一己的力比多需要，後者是滿足自我保存的需要。

7 事實上，佛洛伊德搖擺於這個看法與另一個看法之間。他的另一個看法認為，本我是力比多的「儲藏所」。對佛洛伊德這個搖擺在他全部作品中的展現，《佛洛伊德全集》（標準版）的主編斯特雷奇（J. Strachey）有詳細說明。見《自我與本我》的附錄B。（S. Freud, 1923）

世界。這個特殊器官似乎是肌肉器官，而死亡本能似乎表現為（雖然可能只有部分如此）一種矛頭對準外部世界和其他有機體的破壞本能。（S. Freud, 1923；強調字體為外加）

與《超越快樂原則》相較，《自我與本我》中的這段話把佛洛伊德的新思想方向說得更清楚。他之前的理論——建立在假定體內的化學過程會製造緊張，並且有需要把這種緊張降低到正常程度（快樂原則）——是一種機械性的生理學取徑，但新理論卻是一種生物學取徑，其中每個細胞被認為秉具活物質的兩種基本性質，一個是愛洛斯（生命本能），一是對死亡的欲求（死亡本能）。不過，在新理論中，緊張降低原理卻貫徹得更徹底：把興奮程度降低至零（「涅槃原則」）。一年後的一九二四年，在〈受虐癖的經濟學問題〉（Economic Problem of Masochism）一文中，佛洛伊德把這兩種本能的關係做了更進一步的釐清。他寫道：

> 力比多的任務是讓摧毀本能（destroying instinct）變得無害，它執行任務的方法是把這種本能的大部分轉向外界，並很快在一個特殊機體體系（即肌肉器官）的幫助下，把這種本能轉向外部世界的客體。這時，這種本能稱為破壞本能（destructive instinct）、駕馭本能（instinct for mastery）或權力意志。[8]這種本能有一部分直接服務於性功能，扮演重要的角色，形成施虐癖。另一部分不轉向外界，留在有機體內部，在上述伴隨的性興奮幫助下，以力比多的形態固定下來。就在這一部分裡，我們看到原始形態的、愛欲性質的受虐癖。（S. Freud, 1924）

在《精神分析新論》（*New Introductory Lectures*, 1933）中，佛洛伊德沒有改變早先的立場，還是談到了愛欲本能和死亡本能：「愛欲本能要把更多的活物質結合為更大的單位，死亡本能則與此相反，致力於把活的東西帶回無機狀態。」（S. Freud, 1933）同一本書中，他也提到原始的破壞本能：

> 我們只能在兩種情況下認識它：它可能與愛欲本能結合而成為受虐癖，或是（多少帶有愛欲成分）指向外部世界而成為攻擊性。現在讓我們吃驚的是，攻擊性在外部世界可能得不到滿足，因為它會遇到真正的阻礙。如果這種情況發生，它也許會撤退，增加自我破壞性在內在的主宰性。我們將會看到這是事實，並看到這個過程有多重要。攻擊性如果受阻，看來會產生嚴重不良後果。**為了不毀滅我們自己，我們看來真的有必要去破壞別的什麼人事物，用這種辦法來阻止自我破壞的衝動。對道學家來說，這真是一個可悲的發現。**（S. Freud, 1933；強調字體為外加）

8 佛洛伊德在這裡把三種非常不同的傾向混合在一起。破壞本能基本上與權力意志是不同的，前者要破壞對象，後者則要掌握對象、控制對象。兩者又完全不同於駕馭驅力，後者的目的在於創造和生產，事實上與破壞意志正好相反。

佛洛伊德在去世前一年和前兩年各寫了一篇長文，都沒有在其中對他早些年發展出來的概念進行重要的修改。在〈有結局的分析與無結局的分析〉（Analysis Terminable and Interminable, 1937）中，他比以前更強調死亡本能的力量。正如斯特雷奇在編者註中所說的：「威力最逼人的，**而且絕不可能控制的一個因素……是死亡本能。**」（S. Freud, 1937；強調字體為外加）在一九三八年完稿，而於一九四〇年發表的〈精神分析綱要〉（An Outline of Psychoanalysis）中，佛洛伊德重申他的這個假定，未加任何重要的修改。

二、對佛洛伊德的「死亡本能─愛洛斯理論」的分析與批判

前面的簡短說明不足以讓我們看出，佛洛伊德這個新理論是多麼不同於舊理論。佛洛伊德自己也不清楚他的改變是多麼巨大，因此一直不能掙脫理論上的矛盾與不協調。以下，我要試著說明他的新理論的意義，並分析新、舊理論之間的矛盾。

第一次大戰以後，佛洛伊德有兩個新看法。第一，人心裡的攻擊性─破壞性欲望，其力量與強度與性無關，是獨立的。說這是「新」的看法並不完全正確，因為我說過，他以前也並不是完全沒察覺到攻擊性衝動是獨立於性欲而存在。但他以前只是偶爾表示這種看法，而且他的主要假說──性本能與自我本能是相互對立──並沒有改變，即便後來加入了自戀的概念依然是如此。

可是，死亡本能理論的提出，意味著他已清楚察覺到人類的破壞性力量是何等強大。由此，它成了人類生命的一極，與另一極（愛洛斯）恆常處於對抗狀態，共同構成了人類生命的本質。破壞性變成了生命的**首要**現象。

佛洛伊德新理論中的第二個看法在他的早期理論中不但沒有蹤跡，而且是和早期理論背道而馳。這個看法就是，愛洛斯存在於活物質的每個細胞裡，目標是把所有細胞統一和整合起來，另外也是把較小的人類單位整合為一個全人類的統一體。（S. Freud, 1930）佛洛伊德發現了與性沒有關係的愛。他又稱這種生命本能為「愛的本能」（love instinct）。這種愛被等同於生命與成長，它透過與死亡本能的戰鬥而決定了人類的存在。在佛洛伊德較早期的理論中，人是一個孤立的體系，受到兩種衝動的驅策：一是求生（自我本能），一是透過克服緊張求取快樂——緊張是體內的化學過程所製造，位於包括生殖器在內的「性敏感區」（erogenous zone）。在這幅圖像裡，人基本上是孤立的，但會為了求取性的快樂而與異性發生關聯。兩性之間的這種關係和市場中的人類關係相似：每個人都只關心自己的需要，都是為了滿足需要，才與能提供他滿足、也需要他提供滿足的人聯繫。

情況在愛洛斯理論中就完全不同了。人基本上不再孤立和自私，不再是「人類機器」，而是與他人有所關聯。由於生命本能的推動，他需要與他人結合。生命、愛與成長是同一回事，比性欲與「快樂」有更深和更基本的根源。

佛洛伊德這種觀點上的改變清楚顯示在他對《聖經》誡命「當愛人如己」的重新評估。一九三三年，他在〈為什麼有戰爭？〉中說：

> 凡是能助長人與人之間的情感關係的事務，一定會產生反戰爭的作用。人與人的情感關係有兩種。第一種情感關係類似於對所愛對象的關係，**但沒有性方面的目的**。精神分析學在說到這種愛的時候用不著害羞，因為宗教有相同的說法：「當愛人如己。」不過，這種事說起來比做起來容易。第二種情感關係是透過認同達成。凡是能夠讓人產生重要的共同關懷的事物就會產生這種休戚相關的感覺，即產生認同感。人類社會的結構主要是建立在這上面。（S. Freud, 1933a.，強調字體為外加）

說這番話的同一個人，三年前才在評論同一句《聖經》誡命的結尾處這樣說：「一句箴言，如果在實行上**因為不合理而不適於向人推介**，又何必這樣莊嚴地向人宣布？」（S. Freud, 1930）[9] 這是觀點的一次劇變。佛洛伊德這個宗教的敵人原先把宗教稱為錯覺，主張宗教會妨礙人的成熟與獨立。現在，他卻引用存在於所有偉大的人文主義宗教中最基本的一條誡命來支持他的心理學假設。他特別強調，精神分析學「在說到這種愛的時候用不著害羞」。（S. Freud, 1930）[10]

可是，在他說到這種愛的時候，他一定會感到很窘，因為這與他以前的學說太相左了。佛洛伊德是否察覺到自己的改變是徹底的？是否意識到新、舊理論之間的矛盾是多麼的深刻和不可調和？顯然沒有。在《自我與本我》中，他把愛洛斯（生命本能或愛的本能）等同於性本能（另一種本能是自我保存本能）：

9　佛洛伊德的論證方式如下：「線索可能是文明社會中我們所謂的理想，即『當愛人如己』。這一理想是全世界都知道的，比基督教出現得更早，而基督教則把它視為自己最值得驕傲的主張。但它一定不是很早就出現：到了有文字的歷史時代，它還是人類陌生的東西。現在，姑且讓我採取一種天真的態度，當作我們是第一次聽到它。這樣，我們必然會覺得驚奇與困惑，納悶為什麼我們要實行這個誡命？它對我們有什麼好處？但最重要的是，我們如何才能做到？它是如何可能實現？我的愛對我來說是珍貴的，我不會不加思考就把它給出去。我的愛讓我肩負了任務，為了實現它我必須準備好做出某些犧牲。如果我愛一個人，他一定在某方面值得我愛。（他對我有什麼用途，他會不會成為我性方面的對象，我現在都不考慮，因為這與『當愛人如己』的箴言沒有關係。）如果他在某些重要方面很像我，讓我在愛他的時候就像愛著我自己，他就值得我愛。如果他是那麼的完美，使我在愛他的時候就像愛著我自己的理想型，他就值得我愛。再者，如果他是我朋友的兒子，我就必須愛他，因為如果他受到傷害，我的朋友就會感到痛苦，而我一定也會因為朋友的痛苦而痛苦。但如果他是陌生人，而且沒有任何吸引我的地方，也沒有任何可以喚起我情感的地方，我便很難去愛他。事實上，如果我愛他，就是錯的，因為我的愛被我生活圈子裡的人認為是一種我喜歡他們的表示，所以，我以對待他們的方式對待一個陌生人，對他們是不公道的。但是，如果我僅僅因為他是地球上的居民（就像一隻昆蟲、一條蚯蚓或草蛇那樣），我便用博愛去愛他，恐怕我的愛只會有一點點落在他身上。依我的判斷，我對他的愛絕不會像我保留給自己的那麼多。」（S. Freud, 1930）值得指出的是，佛洛伊德在這裡是完全用資產階級倫理來看待愛。他的第一個問題「（實行這箴言）對我們有什麼好處？」正是資產階級的利潤原則的反映。他的下一個前提是，愛必須「值得」，這是父權原理，與母權原理相反，後者是無條件的愛，與值不值得無關。此外，別人只有在重要的方面與我相像才值得我愛，這是出於自戀原理。即使愛朋友的兒子，也是從自私的觀點來解釋：他受到傷害會間接讓我的朋友受到傷害，而我朋友的痛苦會變成我的痛苦。最後，佛洛伊德把愛看成是定量的，泛愛眾生會讓每個人只分得一丁點愛。

10　另參見S. Freud（1908a）。

從這個觀點看，我們必須把本能分為兩類，其中之一是**性本能或即愛洛斯**，它要明顯很多，比較容易讓我們研究。它不僅包括未受抑制的性本能本體，和由此派生而具有目標抑制性質或昇華性質的本能衝動，還包括自我保存本能。我們必須把自我保存本能分配給自我，而在我們的分析工作之初，我們就有充分理由把它與性的對象本能（sexual object-instincts）相對立。（S. Freud, 1923；強調字體為外加）

正因為他察覺不到這個矛盾，他才會想要把新、舊理論調和起來，讓它們連接在一起，而不是將二者分開。他的這個意圖讓他的新理論出現許多無可避免的矛盾和不一致。佛洛伊德一再試圖連結、修復或否認這些矛盾，可是一直不能成功。他沒有看出，他的新酒（我認為這新酒比舊酒好）沒有辦法裝在舊瓶子裡。由於這個原因，他的新理論幾經轉折，變動不定。下面我就試著來分析這種情況。

在分析之前，先要說說佛洛伊德的另一個改變。這個改變也是他沒有察覺到的，而且讓事情變得更加複雜。

我們很容易發現，佛洛伊德原先的理論是奠基於一種科學模型：機械主義—唯物主義模型。那是他的老師布魯克（von Brucker）和整個機械主義—唯物主義者圈子（包括亥姆霍茲、比希納和布魯克等）的理想科學模型。[11]他們把人看作一部由化學過程驅動的機器，認為人的感覺、情感與情緒都是由特定和可確認的生理過程引起。近幾十年來大部分的荷爾蒙學和神經學發現都是他們不知道的，但是憑著膽大與機巧，他們堅持自己的研究方法是正確的。不管是人的什麼需要和興趣，但凡是在肉體上找不到根源的，他們一概不理，而對於沒有被他們忽視的那些過程，他們一律是從機械主義的原則來理解。布魯克和佛洛伊德的人的模型適用於今日裝上了恰當程式的電腦：「他」的身體會逐漸累積緊張，到了某種程度就必須解除或降低，但如果「他」的另一部分——自我——發現這種解除和生存需要相衝突，就會予以禁止。這個佛洛伊德式機器人和阿西莫夫科幻小說中的機器人相似，但運行的程式不同。這機器人的第一條守則不是不可傷害人類，而是避免傷害自己或毀滅自己。

但他的新理論沒有遵循這種機械主義的「生理學化」模型，而是改以生物學取向為中心，在其中，生命的基本力量（和它的對立面「死亡」）成了推動人的原始動力。動機理論的基礎變成是細胞的本性（也就是所有活物質的本性），不再是在身體某些器官裡進行的生理過程。這種新理

11 據Peter Ammacher（1962）的描述，佛洛伊德的理論建構很受他的老師們的思路影響。Robert R. Holt對這本著作的主要論點有很好的概述：「精神分析理論中許多讓人感到困惑或沒有道理的地方，包括一些根本沒辦法證明的見解，都是佛洛伊德在醫學院的時候從他的老師們那裡得來的。這些東西有些是生物學方面的假定，有些是從這些假定所產生的結果。這些東西成為他思想配備的基本部分，就像普遍決定論的假設那樣讓他深信不疑。而且他極可能並沒有認出它們是生物學的觀點，因此，當他拋棄神經學，而轉向一個抽象的、心理學的模型時，他還是保留它們做為必要的組成部分。」（Robert R. Holt, 1965）

論大概與活力論哲學（vitalistic philosophy）相近[12]，而與德國機械主義—唯物主義者的概念相遠。但正如我說過的，佛洛伊德並沒有清楚地察覺到自己的這個改變，因此一再想把他的生理學化方法應用在新理論，也因此必然地一次又一次遭受失敗。但是，新、舊理論卻有一個重要的共同前提，而那也是佛洛伊德始終秉持的原理：心理結構的主導原則是要把緊張（或興奮）降低至一種恆常的低水平（這是「快樂原則」所依賴的「恆常原則」），或降至零的水平（這是做為死亡本能的基礎的「涅槃原則」）。

現在必須回頭詳細分析佛洛伊德的新觀點：人類生命的原始決定力量是死亡本能與生命本能。[13]

是什麼理由讓佛洛伊德認為有死亡本能存在？

理由之一極有可能是我們提到過的，第一次世界大戰的衝擊。他就像同時代和同年紀的許多人一樣，本來抱著中產階級的典型樂觀遠景，卻突然看見恨和破壞性的烈焰席捲而來——這種現象在一九一四年八月一日前幾乎是難以想像的。

我們也可以猜測，除了上述的歷史因素外，還有個人原因。鍾斯寫的傳記（E. Jones, 1957）告訴我們，佛洛伊德是個對死亡十分縈懷的人。四十歲之後，他有一種「怕死症」，有時會在與別人道再見時補充一句：「你也許再也見不到我了。」我們也許會猜想，佛洛伊德的嚴重病痛讓他覺得那是對他的「怕死症」的印證，因此促成了他思考死亡本能的概念。不過，這個猜想並不站得住腳，因為佛洛伊德的病的第一個跡象是在一九二三年二月才出現，這離他提出死亡本能的概念已經好幾年。（E. Jones, 1957）不過，我們仍然未嘗不可以假設，由於生病，他早前對死亡的縈懷變得更強烈，讓他認為人類經驗是以生與死的衝突為中心，而不是以性欲與自我驅力這兩種肯定生命的驅力為中心。假定人因為死亡是人生隱含的目的而終須一死，對佛洛伊德來說未嘗不是一種安慰，可以減輕他對死亡的恐懼。

除了這些歷史原因和個人原因，還有另一組因素促成他的死亡本能概念。佛洛伊德總是以二分法來思考。他看到對立的力量相互交戰，因而認為生命過程是這種爭鬥的產物。他的二分法最初是性驅力和自我保存驅力的對立。但自戀概念的出現讓自我保存本能被移至力比多的陣營，因此原先的二分法看來受到了威脅。難道自戀理論不是因為把所有本能都說成是力比多性質，因而要求一種一元論理論嗎？更糟的是，這不正應了榮格的「異端邪說」嗎（他認為力比多概念可以涵蓋一切心理能量）？佛洛伊德必須擺脫這個讓他不能忍受的困境，因為那形同同意榮格的力比多概念。他必須找出一種與力比多對立的新本能，做為一種新二元論方法的基礎。死亡本能符合這個要求。舊的二元論不成立了，但新的二元論已經形成，讓人類生命再一次可以被視為兩種對立本能的戰場。這一次的對立本能是愛洛斯和死亡本能。

12 參見J. Pratt（1958）。

13 佛洛伊德自己的用語並不是很一致。他提到生命本能與死亡本能時，有時用複數，有時用單數。死亡本能又被稱為破壞本能。佛洛伊德本人並未使用「愛洛斯」的同義詞「桑納托斯」（*thanatos*）來指死亡本能，它是P. Federn在討論死亡本能時引入。

在建構這種新二元論的過程中，佛洛伊德採取了一種思考模式（後面會再多談一些），那就是構築兩個寬廣的概念，把一切現象收攝其中。以前他也這樣做過，透過擴大性欲的概念把一切不屬於自我本能的東西收攝到性本能中。他對死亡本能如法炮製。他把死亡本能拓得極寬，以致凡是不能被收攝到愛洛斯的欲求，就會歸屬於死亡本能，反之亦然。以這種方式，攻擊性、破壞性、施虐癖、控制欲和駕馭欲，這些性質互異的現象全被說成是同一種力量的展現，即死亡本能的展現。

還有另一種雄據他早期理論構思階段的思想模式，是佛洛伊德沒有放棄的。他認為，死亡本能本來就完全存在於人的內在，然後有一部分向外釋出而產生了攻擊性，有一部分留在裡面而形成原發性受虐癖（primary masochism）。但是，如果釋出的部分遇到不可克服的阻力，死亡本能會轉回內部，表現為繼發性受虐癖（secondary masochism）。這種推理形式和佛洛伊德在討論自戀時所採用的如出一轍：起初，所有力比多都在自我內部（原發性自戀），然後向外擴展到對象（對象力比多），但又往往會折返內在，形成所謂的繼發性自戀。

佛洛伊德多次把「死亡本能」做為「破壞本能」和「攻擊本能」的同義詞。另一方面，他又對這些術語進行精細區分。就像斯特雷奇在他為《文明及其不滿》寫的導論中指出的，大致上來說，在佛洛伊德的後期著作（如《文明及其不滿》、《自我與本我》、《精神分析新論》和〈精神分析綱要〉），攻擊本能被認為是繼發的，是從原發的自我毀滅性衍生出來。

下面我會引用死亡本能與攻擊性這種關係的幾個例子。在《文明及其不滿》一書中，佛洛伊德指出，當「死亡本能指向世界，就會成為攻擊本能與破壞本能」。在《精神分析新論》中，他指出「自我破壞性是『死亡本能』的一**種表現**，這種『死亡本能』在每個生命過程都必然存在」。（強調字體為外加）這本書裡對這個想法還有更清楚的表達：「我們得到一個觀點，那就是，受虐癖比施虐癖要古老。施虐癖是指向外界的本能，因而有了攻擊性的特性。」（S. Freud, 1933）留在內在的破壞本能要麼「與愛欲本能結合而成為受虐癖，要麼帶著或多或少的愛欲成分，指向外界而成為攻擊性」。（S. Freud, 1933）但佛洛伊德接著指出，如果指向外界的攻擊性遇到太強的阻礙，它就會迴轉，加強自我破壞性對內在的支配。這種理論性和有點矛盾的發展收結在佛洛伊德的最後兩篇文章。在〈精神分析綱要〉中，他說「有機的本能在本我裡發揮作用，這些本能又是**兩種原始力量**（愛洛斯與破壞性）以各種不同的比例融合而成」。（S. Freud, 1938；強調字體為外加）在〈有結局的分析與無結局的分析〉中，他也說到死亡本能與愛洛斯是兩種「原始本能」。（S. Freud, 1937）

讓人驚訝和動容的是，儘管遇到極大的理論困難（他有嘗試解決這些困難，但我認為是徒勞），佛洛伊德仍然堅持死亡本能的概念。

主要困難大概在於他假定兩種傾向是同一回事：一種是身體有返回原始的、無機的狀態的傾向（這是「強迫性重複原則」[principle of repetition compulsion]的結果），另一種是摧毀本能（摧毀一己或他人）的傾向。要形容第一種傾向，由費登（P. Federn）第一次使用的「桑納托斯」（*thanatos*）一詞（意指死亡）也許是合適的，甚至「涅槃原則」或許也合適，它指的是減低**緊張**

的傾向，是把一切精力充沛的欲求降低至零的傾向。[14]但是，這種生命力的減少，和破壞性難道會是同一回事？當然，我們在邏輯上可以論證（佛洛伊德就是隱含地如此論證），如果邁向死亡是有機體的一種固有傾向，則必然有一種傾向於摧毀的積極力量存在。（這正是那些假定每個行為後面都有一種特定本能的本能主義者的思路。）但如果我們拋下這種循環推理，我們能不能找到什麼證據或理由來證明，終止一切興奮的傾向和破壞性衝動是同一回事？幾乎不可能。如果我們按照佛洛伊德根據強迫性重複所做的推理，假定生命有著一種緩慢下來以至最終死去的內在傾向，則這種生物上的天生傾向與破壞性衝動會相當不同。如果我們還要說死亡傾向也是權力欲和駕馭欲的根源，而且說它在混入了性欲以後還是施虐癖[15]和受虐癖的根源，則這種理論特技表演必然會以失敗收場。「涅槃原則」與破壞性激情是兩種完全不同的實體，不能勉強放在同一個死亡本能的範疇裡。

一個進一步的困難在於，死亡「本能」不符合佛洛伊德對本能的一般概念。首先，在佛洛伊德的早期理論中，每種本能在身體上都有特定的發源區，而死亡本能卻是一種生物學上的力量，是一切活物質所固有。范尼切爾（Otto Fenichel）把這一點說得很明白：

> 細胞裡的偽裝作用（dissimulation）——即一種有目標的破壞——若說是破壞本能的根源，則它的意義與性本能的根源是不同的。我們通常認為，中央器官藉由性敏感區所受的刺激產生的化學反應，就是性本能的根源。根據定義，本能的目標是要消除身體上的變化（我們把這種

變化視為本能的根源），但是死亡本能並不是在消除偽裝作用。因此，我覺得「死亡本能」並不是和其他本能相對的另一種本能。（Otto Fenichel, 1953）

范尼切爾這裡指出了佛洛伊德為自己製造的一個理論難題——儘管我們也許可以說他拒絕意識到這個難題。讓這難題更為嚴重的，是後來佛洛伊德發現愛洛斯也不符合本能概念的條件（後面會再談）。當然，如果不是因為強烈個人因素，他不會在與原來完全不同的意義下使用「本能」一詞而又不指出其中分別。（這個難題其實在用詞上已經顯現。愛洛斯不能和「本能」連在一起用，而佛洛伊德也從未用過「愛洛斯本能」一語。但是他透過把「生命本能」與愛洛斯互用，給「本能」一詞留下餘地。）

事實上，除了在驅力減少原理（axiom of drive reduction）這部分，死亡本能和佛洛伊德早期的理論沒有任何關係。正如我們已經看到的，在早期理論中，佛洛伊德認為攻擊性是前生殖器期性欲的組成驅力之一，或者是一種抵抗外部刺激的自我驅力。死亡本能理論中除了用攻擊性（混

14「涅槃原則」一詞的這種使用方法是對佛教「涅槃」的誤解。精確地說，涅槃並不是一種由自然（nature）帶來的無生命狀態（按照佛教的看法，自然的傾向正好與此相反），而是由於人的精神努力，克服了一切貪婪與自私，並對一切眾生充滿慈悲。在涅槃狀態中，佛陀體驗到至高的喜悅。

15佛洛伊德完全沒有注意到，破壞本能致力於破壞對象，而施虐癖則想保有對象，以便控制之、羞辱之或傷害之。參見本書第十一章對施虐癖的討論。

入性欲以後的攻擊性）來解釋施虐癖，和以前的攻擊性理論並沒有相關之處。（S. Freud, 1933）16

總的來說，死亡本能這個概念的出現主要是由於兩個需要：一是佛洛伊德發現了人類的攻擊性極強，死亡本能是為了幫助解釋這一點；二是他對本能一向執著於一種二元對立的看法，死亡本能可以滿足他的這種執著。在自我本能同樣被認為是力比多性質之後，他必須找到一種新的二分法，而愛洛斯與死亡本能提供了他最方便的二分法。但這種方便只是一時的，因為從佛洛伊德整個本能動機理論的發展角度來看，它反而造成困擾。死亡本能變成了一個「雜物箱」概念，裡面裝了各種不能相容的矛盾事物，試圖取得協調是徒勞無功。大概是由於年老和病痛，佛洛伊德沒有正面去面對問題，只把種種矛盾草草地歸作一堆。凡是不能接受死亡本能與愛洛斯概念的其他精神分析學家，大都找到一個容易的解決辦法。他們把死亡本能變作「破壞本能」，讓它來與性本能對立。因為沒有能力超越老式的本能理論，他們這樣做可以表現出一副忠於佛洛伊德的樣子。其實新理論固然有不少難題，但仍然是一個相當大的貢獻：它認識到人類生命的基本衝突是生與死之間的選擇；它也拋棄了生理學的驅力概念，用更深刻的生物學思辨來取代。他沒有找到滿意的解決辦法，不得不把他的本能理論以未完成的方式留給後人。佛洛伊德理論的進一步發展有賴直面難題，以期找到新的解答。

轉頭去看**生命本能**和愛洛斯的理論時，我們看到了比死亡本能理論更大的難題。其理由相當明顯。在力比多理論中，興奮的產生是由於性敏感區受到刺激，發生化學變化。但生命本能卻是一切活物質都具有的一種傾向，並沒有特定的生理根源或指向特定的器官。如此，舊理論中的性本能與新理論中的生命本能怎麼會是相同的？性欲與愛洛斯怎麼會是相同的？

在《精神分析新論》中，佛洛伊德的新理論已經取代了力比多理論，但他仍在這本書裡（和其他地方）認定性本能與愛洛斯是同一回事。他寫道：「我們的假說是，有兩種不同的本能：一是最廣義的性本能（你喜歡的話也可以叫它愛洛斯），一是攻擊本能，後者致力於破壞。」（S. Freud, 1933）又例如，他在〈精神分析綱要〉中寫道：「因此，我們可以說愛洛斯的全部可得能量為『力比多』。」（S. Freud, 1938）有時，他又把愛洛斯說成是性本能**加上**自我保存本能。（S. Freud, 1923）這種看法必定是在他修改了他原來的理論以後才產生的，在這個修改中，他把原來對立的自我保存本能和性本能都說成是力比多性質。不過雖然他有時會把愛洛斯與力比多等同看待，但他在最後的著作〈精神分析綱要〉裡表達了略有不同的觀點。他寫道：「對於愛洛斯的大部分了解（也就是力比多），我們的所知是透過研究性的作用獲得。普遍的看法確實認為愛洛斯與力比多完全重疊，**哪怕我們的理論不這樣認為**。」（S. Freud, 1938；強調字體為外加）根據這句話並和前面其他引文相牴觸的是，愛洛斯與性欲並不完全重疊。在這裡，佛洛伊德看似認為愛洛斯是一種「原始本能」（另一種「原始本能」是死亡本能），而性本能只是它的一部分。事實上，他在《超越快樂原則》中就表示過同樣的觀點。他在一個註腳裡說：「性本能在我們看來轉化成了愛洛斯，後者致力於把活物質聚在一起和保持聚合狀態。平常所說的性本能在我們看來是

16 我稍後會試著顯示，以肛門力比多理論為中介，力比多理論和死亡本能理論是有可能建立起關係的。

愛洛斯的一部分，這時愛洛斯指向外界對象。」（S. Freud, 1920）

佛洛伊德有一次甚至說，他原來的性概念「與兩性的結合衝動或性器官的快感完全不是一回事。它更像柏拉圖在《會飲篇》上所說的包含一切、保存一切的愛洛斯」。（S. Freud, 1925）這段話的前半顯然與事實相符。佛洛伊德的性欲概念一向比性器官的性欲範圍更大。但是，說他原來的性概念和柏拉圖的愛洛斯思概念相似，就不能讓人同意了。

佛洛伊德原來的性理論正好和柏拉圖的理論相反。按照佛洛伊德的說法，力比多是男性的，沒有與男性力比多相當的女性力比多。和佛洛伊德極端的父權主義偏見一致的是，他認為女人不是和男人平等，而是一個殘缺、被閹割的男性。柏拉圖的神話卻說，男人與女人原來是一個，後來一分為二，成了兩個半個的人。這當然意味著，他們是平等的，但他們的兩極性讓他們有重新結合為一的傾向。

佛洛伊德會企圖用柏拉圖的愛洛斯來解釋他的舊力比多理論，唯一原因必然是渴望以此否定他前後期理論的不連貫性。為此，他不惜明顯扭曲他原來的理論。

就像在死亡本能的情況那樣，佛洛伊德在生命本能的本能性質上也遇到了難題。正如范尼切爾指出的，有鑑於佛洛伊德對本能的新概念（首先在《超越快樂原則》提出，然後貫徹在包括〈精神分析綱要〉在內的所有後期作品），他的死亡本能不能稱作本能。（Otto Fenichel, 1953）佛洛伊德寫道：「諸本能雖然是一切活動的最終原因，性質上卻是保守的。有機體所到達的不論是什麼狀態，當它一旦離開了這一狀態，都會立刻產生要重建這一狀態的傾向。」（S. Freud, 1938）

愛洛斯與生命本能都具有其他一切本能所共有的保守性嗎？如果沒有，就似乎不能叫做本能。佛洛伊德拚命尋找一種方法，去保住生命本能的保守性格。

在談到「對抗活物質的死亡和為它贏得潛在永生」的生殖細胞時，佛洛伊德說：

> 有一些本能在照顧好這些比整個個體還要活得久的基本有機體。當這些基本有機體無法防衛外界的刺激時，本能為它們提供安全的防護，並有引領它們與其他生殖細胞相遇的作用。這些本能就構成了一群性本能。在與其他本能同樣的意義上，它們也是保守的，因為它們要把活物質帶回較早期狀態。但是，它們還有更高一層的保守性，那就是對外在影響有特殊的反抗力。在另一層意義上說，由於它們要更長時間地保存生命本身，所以它們也更加保守。它們是真正的生命本能。它們與其他本能的目的相反，後者由於功用的原因，要把生命帶向死亡。在它們和另外一些本能之間存在對立，這是精神官能症理論在很久以前就認識到的。有機體的生命似乎依照擺動的韻律在移動。本能中的一組向前衝，想盡快地到達生命的最終目標；但到了某個階段，另一組會往回跳，回到某個地方重新開始，用這種辦法來延長生命的旅程。儘管我們確信，性欲和**兩性的區別**在生命開始時並不存在，但後來被我們稱為性本能的那些本能仍然有可能在一開始便發揮作用，所以，如果說它們是到了後來才開始對抗「自我本能」的活動，也許是不正確的。（S. Freud, 1920；強調字體為外加）

這番話裡最有趣的（也是我長篇引用的理由），是佛洛伊德近乎絕望地拚命為「一切本能都具有保守性」辯護，也因此是為「生命本能具有保守性」辯護。在這個辯護裡，他把性本能看作生殖細胞的照顧者，而這和他以前的本能概念完全不同。

數年以後，在《自我與本我》中，佛洛伊德再次努力論證愛洛斯具有保守性，要以此賦予它真正本能的地位。他寫道：

> 以理論思考為基礎，再輔以生物學的支持，我們假設有死亡本能存在，認為它的任務是把有機的生命帶回無機狀態。另一方面，我們假設有愛洛斯存在，認為它將活物質帶入各分子，讓它們結合起來，成為越來越複雜的生命，同時又保護這生命的存在。在嚴格的意義上說，兩種本能都是保守的，因為兩者都在努力重建因生命的出現而受擾亂的事物狀態。因此生命的出現既是生命延續的原因，也是追求死亡的原因。生命本能可能是這兩種趨勢的衝突與妥協。生命的起源問題可能始終是一個宇宙論的問題，而生命的目的問題可能要從二元論的立場來回答。（S. Freud, 1923）

因此，愛洛斯的目的在於締造複雜的生命和保存它，因此也是保守的，因為隨著生命的出現，有一個保存生命的本能也誕生了。但是我們必須問，本能的性質如果是要重建最早的存在狀態（即無機狀態），它又怎能同時重建後來的存在狀態（即生命）？

經過這一番徒勞之後，佛洛伊德在〈精神分析綱要〉終於得出一個否定性答案：「就愛洛斯（和愛的本能）來說，我們**不能**應用這個公式（指本能具有保守性格）。因為那樣做必須假設活物質本來就是一體，是後來被分開了，現在又尋求重新結合。」（S. Freud, 1938；強調字體為外加）佛洛伊德在這裡補充一個重要註腳：「有些作家憑空想像出類似的東西，但在活物質的實際歷史上，我們找不到可證明這個的證據。」（S. Freud, 1938）佛洛伊德在這裡很顯然是指柏拉圖的愛洛斯神話，但他以它是詩性想像力的產物而不接受。這實在十分令人困惑。柏拉圖的答案本來正符合佛洛伊德的理論需要，因為它可以為愛洛斯提供保守性。設若男女兩性在開始的時候原本就是一體，後來才被分開而現在又受到重新結合的願望驅使，這不是很符合本能傾向於恢復早前狀態的說法嗎？佛洛伊德為什麼不接受這條出路，以擺脫愛洛斯不是真正本能的理論窘境？

要理解這個，我們可以把〈精神分析綱要〉的這個註腳和《超越快樂原則》的一段話加以比較。在《超越快樂原則》裡，他引述柏拉圖《會飲篇》的神話，說人原來是一個，後來被宙斯劈為兩半，這兩半都渴望著另一半。他們相遇，擁抱，渴盼再成為一體。他寫道：

我們是否應該追隨這位詩人—哲學家的暗示，假定活物質在成為生命時被撕碎為一堆碎片，這些碎片此後就努力透過性本能重新結合？可否假定這些本能（它們與無機物的化學親和性持續存在）在穿越原生生物的王國（kingdom of the protista）時，逐漸克服了充滿危險刺激的環境對該努力設下的障礙，並因為環境的刺激而產生有保護性的防護層？我們是否也可以假設，活物質在被撕碎為碎片之後，達到了多細胞的狀態，最終把重新結合的本能以高度集中的形式傳給了生殖細胞？但是，我覺得我該住口了。（S. Freud, 1920）[17]

我們很容易看出前後兩段話的不同之處：佛洛伊德在《超越快樂原則》裡沒有下斷言，但在〈精神分析綱要〉裡卻作出斷然的否定。

但比這種分別重要得多的是，兩段話有一個共同之處。他兩次都說被分裂的是「活物質」。但在柏拉圖的神話裡，被分裂而渴望重新結合的不是「活物質」，而是**男性和女性**。為什麼佛洛伊德要把重點放在「活物質」呢？

我認為這是主觀的因素導致。佛洛伊德深受父權思想影響，認為男人優於女人，兩者不是平等。因此，男女兩極說——但凡「兩極」都意味著**不同和平等**——是他無法接受的。就是因為這種男性偏見，他才會在早期主張女人是殘缺的男人，受「閹割情結」和「陰莖羨妒」的支配；女人不如男人的另一個理由是她們的超我比男人弱，她們的自戀則比男人強。不論佛洛伊德的理論結構有多麼精采，他把一半的人類視為另一半人類的殘缺形式，都是絕大的荒謬，只說明了他的性別偏見有多麼深（這跟種族偏見和宗教偏見沒什麼不同）。這就不奇怪他不能追隨柏拉圖神話的男女平等假設而被卡住了。他既然無法隨著柏拉圖的路走，便把男女的結合改說成「活物質」的結合，以致逃不出理論的困境，無法論證愛洛斯也具有本能所具有的保守性。

我花這麼多篇幅來說明這一點有好些原因。首先，如果我們了解是什麼動機迫使佛洛伊德得出這些矛盾的答案，便容易了解他的理論所內含的矛盾。第二，這裡所討論的問題已經不只是他的本能理論的變化，還觸及他的態度（這也是最有意思之處）：佛洛伊德會想要在他的新觀點和舊思維習慣之間找出妥協辦法，是他的「父權情結」導致，這情結讓他無法以清晰和不含混的方式表達出來。換句話說，佛洛伊德被囚在他身處社會的情感習慣與思維習慣裡，無法超越。[18]當他突然悟出一個新觀念，他在意識上只能察覺到它的一部分或它的結果，另一部分因為跟他的「情結」和以前的思維習慣相左，他便意識不到。他的意識思維必須想辦法去否定種種矛盾與不一致的地方，建立起一些看似說得通的理論建構，以滿足他意識層面的思維過程。[19]

佛洛伊德沒有讓愛洛斯符合他對本能的定義，並且就像我說過的，他也做不到。對他的原先系統而言，還有其他理論可選擇嗎？我相信是有的。在他原先的力比多理論中，愛與破壞性這兩個主要角色可以符合他的新觀點。他本來可以建立起一種兩極性，以**前生殖器期性欲**（口腔與肛門施虐癖）做為破壞性的源頭，以生殖器期性欲做為愛的源頭。[20]但基於我在另一個脈絡提過的理由，佛洛伊德當然是難以接受這個解決方法：它有接近一元論的危險，因為那樣一來，破壞性和愛都將是力比多性質。然而，佛洛伊德卻又已經打下把破壞性與前生殖器期性欲相連接的基礎，

17 佛洛伊德引用了印度聖典《奧義書》中一個相似的觀念。

18 能超越自己身處社會的人，只有彌爾（John Stuart Mill）、巴霍芬（J. J. Bachofen）、馬克思（Karl Marx）、恩格斯（Friedrich Engels），和為數不多的其他人。

因為他說過，肛門－施虐性力比多（anal-sadistic libido）裡的破壞性部分便是死亡本能。（S. Freud, 1923, 1920）如果真是如此，則肛門力比多必然和死亡本能有密切的關係。實際上，我們看來有理由進一步認為，肛門力比多正是以致力摧毀為本質。

但是，佛洛伊德沒有得出這個結論。為什麼？這是一個耐人尋味的問題。

第一個原因是佛洛伊德對肛門力比多的解釋太狹隘。在他和他的學生們看來，肛門性欲的本質是想去控制和占有。可是，控制和占有無疑是跟愛、成長和自由相對立的傾向，後三者自成一個症候群。另一方面，「占有」和「控制」又不包含破壞性，因為破壞性的本質是要毀滅生命，是對生命有敵意。毫無疑問，有肛門性格的人對糞便有深厚的興趣和親和性，這部分是因為他們對一切沒生命的東西普遍有著親和性。糞便是不再有用而從身體裡被排泄出來的東西。有肛門性格的人被糞便吸引，也被一切對生命無用的東西吸引，例如垃圾、死亡和腐爛的東西。[21]我們可以說，控制欲和占有欲只是肛門性格的一個層面，比對生命的恨要溫和，更不邪惡。我相信，如果佛洛伊德看出糞便與死亡的直接關係，他也許就會得出結論，認為主要的兩極性是生殖器取向（gential orientation）和肛門取向（anal orientation）——這兩種取向在臨床研究上已經有充分研究，分別相當於愛洛斯和死亡本能。如果他有這樣做，就會發現愛洛斯與死亡本能不是同樣強烈的生物學傾向。他會認為，愛洛斯是生物發展的正常目標，死亡本能卻是正常發展的失敗，也因此是病態的，儘管它也是一種根深蒂固的欲求。如果我們不介意進行生物學上的猜測，就會猜測肛門性欲和一個事實有關，那就是，靠嗅覺指引方向是一切四腳哺乳動物的特徵，而直立姿勢則意味著以視覺取代嗅覺來指引方向。由於找方向的方法發生變化，古老的嗅覺大腦在作用上也相應地發生變化。由此看來，肛門性格也許可以被視為是生物發展上的一個退化階段，而這種退化甚至也許有著體質和遺傳上的基礎。我們可以認為，嬰兒的肛門取向，象徵在完全發展為人的過程中，一種對生物早期階段的演化性重複（evolutionary repetition）。用佛洛伊德的語言來說，「肛門性欲—破壞性」具有本能所具有的保守性，也就是說會從生殖器性欲—愛—視覺取向

19 很多有創造性的偉大思想家都有這種情況。斯賓諾莎是一個顯著的例子。例如，要弄清他是一個有神論者還是無神論者，我們必須分析他在意識層面的思維習慣（慣用有神論的詞彙來思考）和他的新觀點（無神論觀點）之間有何不同，並且要知道他後來得出的「上帝」概念是一個妥協性的定義，實際上等於否定了上帝。要檢視一個作者的作品，在某些重要的方面必須用到精神分析的方法。我們看他寫的文字，應當像一個精神分析家看病人自由聯想或夢境的紀錄。插入點是在一個傑出思想家在思想上出現矛盾的時候。如果這些矛盾只是理論才能就可解決的，他可能早就注意到了，而且自己便會把它解決。因此我們必須假定這些矛盾是由兩種結構的衝突引起。一種是舊的結構，它迄今占據著意識層面的大部分領域，一是全新的結構，它無法在意識思想中把自己充分表達出來。這就是說，新觀點有一部分是他意識不到的。我們可以把這些內含的矛盾當作病徵或夢境來看待，當作是舊結構與新結構的一種妥協。舊結構在情感上根深蒂固地抓住意識層面的思想，新的理論觀點則由於舊的觀念與情感的阻礙，無法充分地表達出來。新觀點有時完全以理論為基礎，有時也可能摻雜了新的情感因素，但是，除非它有充足的力量，否則便找不到一個清楚的表達方式。結果是新舊觀點之間永遠存在矛盾。即使一個天才作家，照樣可能完全察覺不到這些矛盾的存在與性質。可是如果是一個局外人，則由於沒有陷在同樣的糾葛裡，反而可能一眼看出來。康德以下的話可能就是有感於此而發：「有時候，我們對一個作者的了解更勝他自己。」

20 Ernst Simmel建議的正是這種解決方法。（E. Simmel, 1944）

21 肛門性欲和戀屍癖的親和性在第十二章已經有所討論。我提到典型的戀屍癖夢境充滿糞便、屍體（完整或被肢解的）、墳墓和廢墟等象徵。第十二章也包括一些這類戀屍癖夢境的例子。

（genitality-love-sight-orientation）回返至肛門性欲─破壞性─嗅覺取向（anality-destruction-smell orientation）。

在佛洛伊德關於人類發展的理論架構中，死亡本能與生命本能的關係，基本上跟前生殖器期力比多與生殖器期力比多的關係相同。如果力比多固著在肛門層次，就是病態現象（但它在性心理結構上有著根深蒂固的根源），而力比多停留在生殖器層次則是健康人的典型特徵。如此，在這個猜想中，肛門層次有兩個顯然不同的方面：一是追求控制的驅力，一是追求摧毀的驅力。就像我設法說明過的，這種分別乃是施虐癖和戀屍癖的差異。

但佛洛伊德並沒有建立這種關聯，也大概無法這樣做，其原因是前面討論他的愛洛斯思理論的困難時便說過的。

三、死亡本能的力量與侷限

前面提到，當佛洛伊德把力比多理論改變為愛洛斯─死亡本能理論時，他就被迫落入矛盾境地。愛洛斯─死亡本能理論還包含另一種類必然會引起我們注意的衝突：理論家佛洛伊德與人道主義者佛洛伊德的衝突。理論家佛洛伊德得到的結論是，人只有兩種選擇，要麼是摧毀自己（透過疾病慢慢摧毀），要麼是摧毀他人。換句話說，人不是讓自己痛苦就是讓別人痛苦。人道主義者佛洛依德卻不肯接受這種悲劇性的二選一情況，因為它會讓戰爭成為人類生存的合理解決方案。

佛洛伊德並不厭惡悲劇性的二選一情況。他在早期便建構過這類二選一的情況：壓抑本能的需要（特別是壓抑前生殖器期的本能需要）是文明發展的基礎；被壓抑的本能驅力被「昇華」到各種有價值的文化管道，但仍然是以犧牲人的充分快樂為代價。另一方面，壓抑不僅導致文明的發展，還導致精神官能症的增加，因為壓抑作用在很多人身上並沒有完全發揮效果。由此看來，我們要麼只能選擇完全快樂但沒有文明的狀態，要麼只能選擇有文明但也有精神官能症和快樂減低的狀態。[22][23]

死亡本能和愛洛斯的矛盾讓人面臨一個真實的悲劇性選項。這個選項之所以是真實的，是因為人真的寧願發動戰爭和攻擊他人，也不願意病懨懨地生活下去。至於這個選項的悲劇性則幾乎

---

22 在《文明的性道德與現代神經疾病》（*Civilized Sexual Morality and Modern Nervous Illness*）中，佛洛伊德寫道：「我們也許有理由要我們的文明為人類神經衰弱症的威脅負責。」（S. Freud, 1908a）

23 馬庫色認為，佛洛伊德的意思是說，要得到充分的快樂就得讓一切性本能充分表現出來（按照佛洛伊德的用語，這尤其要包括前生殖器期的性本能部分）。（H. Marcuse, 1955）不管佛洛伊德在這一點上是對是錯，馬庫色都忽略了一個事實：佛洛伊德的重點是放在悲劇性的二選一情況。因此，佛洛伊德絕不是主張應該把性本能的所有部分全都無限制地表現出來。正好相反，他站在文明的一邊反對野蠻，認為某些本能應該被抑制。此外，佛洛伊德常常談到**文明**對本能的抑制性影響，因此，如果我們認為這些不良影響只會出現在資本主義社會，不會出現在社會主義社會，便完全和佛洛伊德的想法相悖。馬庫色之所以有這些見解，是因為他對佛洛伊德理論的細節所知不夠多。

無須證明，至少在佛洛伊德和其他人道主義者看來是無須證明。

佛洛伊德並不試圖模糊衝突的尖銳性來粉飾太平。就像前面已經引用過的，他在《精神分析新論》中寫道：

> 現在讓我們吃驚的是，攻擊性在外部世界可能得不到滿足，因為它會遇到真正的阻礙。如果這種情況發生，它也許會撤退，增加自我破壞性在內在的主宰性。我們將會看到這是事實，並看到這個過程有多重要。（S. Freud, 1923）

他在〈精神分析綱要〉中也說：「一般來說，限制攻擊性是不健康的，會導致疾病。」（S. Freud, 1938）然而，在把話說得那麼死之後，他又不肯讓人類的事務陷於無望，不肯苟同有些人認為戰爭是人類最佳良藥的看法。那他要怎麼辦呢？

事實上，佛洛伊德進行過好幾次理論努力，尋找可以走出理論家與人道主義者兩難式的出路。辦法之一，是認為破壞性本能可以被轉化成良心。在《文明及其不滿》中，他問道：「攻擊者可用什麼辦法讓他的攻擊欲望無害於他人呢？」他自己的回答是：

> 某種非常奇特的東西，是我們可能永遠猜不到卻又擺在眼前的。他的攻擊性向內投射，內在化了。這攻擊性被送回他原來的地方，也就是說改為指向他自己的自我。在這個地方，攻擊

性被自我的一部分接管，這一部分的自我便是超我，它與自我的其餘部分相對立。這個超我現在以「良心」的身分，用同樣嚴厲的攻擊性對待自我——這嚴厲的攻擊本性是自我想用來對待他人的。嚴厲的超我與受它管制的自我之間的緊張，我們稱為罪惡感：它表達出它對受懲罰的需要。因此，文明把個人的危險攻擊欲望予以削弱和繳械，設立了一個管理者監視著它，作用如同一座被征服城市的駐軍。（S. Freud, 1930）[24]

把破壞性變成自我懲罰的良心，似乎並不像佛洛伊德所想像的那麼能解決問題。按照佛洛伊德的理論，良心一定會和死亡本能一樣殘忍，因為它充滿死亡本能的能量。再者佛洛伊德也沒有告訴我們，死亡本能為什麼有可能會被「削弱」和「繳械」。倒是以下的類比看起來更能道出佛洛伊德思路的邏輯後果：一個城市原先被殘忍的敵人統治，後來由於一個獨裁者的幫助而擊敗了敵人，然後這個獨裁者的統治方式與原來的敵人一樣殘忍——這有什麼差別？

不過，把嚴厲良心看作死亡本能的表現，只是佛洛伊德沖淡一個悲劇性選項的嘗試之一。他另一個較不那麼悲劇性的解釋如下：「破壞本能在被馴服之後溫和了，可以說，它的目的被抑制了。如此，當它指向外在對象時，必然會為自我的各種重大需要提供滿足，並且讓自我可以控制

24 在佛洛伊德的觀念中，良心基本上的性質是懲罰。這是非常狹窄的看法，只屬於某種宗教傳統所有。如此的良心是一種「專制」良心，不是「人道」良心。參見E. Fromm（1947）。

自然。」(S. Freud, 1930)這看似是「昇華」的一個很好例子。[25]死亡本能的目的沒有被削弱，而是指向其他社會認為有價值的目標，例如「支配自然」。

這似乎是一個完美的解決方法。人不用在兩種悲劇之間選擇，不必要麼滅人、要麼滅己，因為破壞本能的能量已經被改用於控制自然。但我們不能不問，真的會是這樣嗎？人的破壞性真的可以轉化為建設性嗎？「控制自然」是什麼意思？是馴養動物，是採集和種植作物，是織布，是蓋小屋，是製造陶器和許許多多的其他建設性活動，包括打造機器、鐵路、飛機和摩天大樓等。所有這些行動都是建設性的、統一性的、綜合性的。事實上。如果我們一定要把它們歸入兩種基本本能的其中之一，就應該認為它們是由愛洛斯而不是死亡本能推動。除了為了吃肉而殺動物，和在戰爭中殺人可以被視為根植於人類的破壞性，物質生產並不是破壞性而是建設性。

在與愛因斯坦討論「為什麼有戰爭」的信中，佛洛伊德做出了另一番努力來緩和他的選項的嚴厲性。愛因斯坦是最偉大的科學家與人道主義者之一，但就連在他面前，佛洛伊德也不隱瞞或緩和他先前的選項的嚴厲性：

稍微猜測之後，我們得出一個假設：這種本能在所有生物裡產生作用，意欲毀滅生命，讓生命回復至無機物的原來狀態。因此，稱它為死亡本能再恰當不過。另一種本能我們稱為愛欲本能(erotic instincts)，它代表活下去的努力。藉由特殊器官的幫助，死亡本能轉變為破壞本能，指向外界對象。可以說，有機體是依靠摧毀其他有機體而保存自己的生命。然而，有部分的死亡本能會留在有機體**內部**產生作用，很多正常和病態的現象都和這種內在化的死亡本能有關。我們甚至認為，良心的根源便是這種內在化的攻擊性。這種內在化的過程如果進行過度，就不是無關緊要的事，而是十足的不健康。另一方面，如果這些力量轉而致力破壞外在世界，有機體就可鬆一口氣，結果就必然是有益健康。我們與之搏鬥的一切醜陋和危險的衝動，它們的生物學上原因就在於此。我們不得不承認，它們比我們對它們的抵抗更接近於自然（至於我們何以會想抵抗它們，還有待解釋）。（S. Freud, 1933a；強調字體為外加）

這段話非常明白，毫無妥協之處，總結了他以前對死亡本能的看法。接著他又表示，他幾乎不能相信有些傳言所說的，在某些地區住著一些快樂的民族，他們「既不知道什麼叫壓迫，也不知道什麼叫攻擊性」。然後，在信的近結尾處，他努力找出一個不那麼悲觀的解決方法。他的樂觀以幾種可能性為基礎，其中之一是：「如果戰爭的欲望來自破壞本能，則最明顯的辦法就是用愛洛斯來對抗它。任何可以增加人的情感關係的事，一定會產生反戰爭的作用。」（S. Freud,

25 在談到死亡本能的時候，佛洛伊德一般不用「昇華」一詞，但在我看來，下一段文字處理的概念和佛洛伊德在力比多脈絡談到的昇華是一樣的。不過，「昇華」是個有問題的概念，即便是用在性本能時也是如此（用在前生殖器期的性本能時更特別是如此）。從他舊理論的角度看，外科醫生是靠昇華的施虐癖能量工作。但這是真的嗎？要知道，外科醫生所做的事不只是切開人的身體，而是還要縫合。一個好的外科醫生也不太可能是以昇華的施虐癖為動力。他的動力來自很多其他因素，例如熟練的手藝、透過馬上行動讓人痊癒的願望和當機立斷的能力，等等。

1933a）

人道主義者佛洛伊德（他自稱「和平主義者」）對自己前提的邏輯結果這種近乎狂熱的規避，既讓人驚異也讓人感動。但這種努力徒勞無益。因為，如果死亡本能是佛洛伊德一貫主張的那樣強大和根本，又怎麼可能透過愛洛斯的作用來削弱它？要知道，死亡本能與愛洛斯是共存於每個細胞，構成了一切活物質一種不可化約的性質。

佛洛伊德第二個有利和平的論證要更根本。他在信的最後寫道：

> 文明加諸我們的心理態度與戰爭是不共戴天的，因此我們註定要反對戰爭。我們就是再也忍受不了戰爭。這不只是一種知性和情感上的拒絕：我們這些和平主義者在體質上就是無法忍受戰爭，有著一種被放大到最大程度的反戰癖性。看起來，我們反對戰爭，更多不是因為它殘忍，而是因為它降低了美感標準。其他人類要等到什麼時候才會也變成和平主義者呢？誰也說不上來。（S. Freud, 1933a）

在信的末尾，佛洛伊德提到一個偶爾會在他作品中出現的想法[26]：**文明的歷程會讓人對本能產生持久的、近乎「體質性」的壓抑**。

早在《性學三論》中，佛洛伊德就表達過這觀點，當時他談到本能與文明的尖銳衝突：「文明社會的兒童讓人有一個印象：這些水壩[27]的構建是教育的產物。對此，教育無疑是有很大作用，但事實上，**這種發展是天生的**，由遺傳所決定，偶爾可以在沒有任何教育的情況下發生。」（S. Freud, 1905；強調字體為外加）

在《文明及其不滿》中，佛洛伊德繼續沿著這個思想方向走，談到「與生俱來的壓抑」（organic repression）。例如與月經或肛門性欲有關的禁忌就是一種「與生俱來的壓抑」，它們打開了通向文明之路。我們發現，甚至早在一八九七年，佛洛伊德在寫給弗利斯（Fliess）的一封信中就說過：「壓抑作用中有些與生俱來的成分。」（S. Freud, 1897）[28]

我們從這些例子可以看出，佛洛伊德並不是只有在與愛因斯坦討論的時候，才偶然想到有些人對戰爭有「體質上的」不能忍受，要以此超越他對死亡本能的悲劇性觀點。事實上，這是他思想上的一條脈絡，從一八九七年就開始出現，雖然不是他的思想的主脈，卻一直存在。

如果佛洛伊德的這個設想是對的，他就真的逃出了困境。因為如果文明能讓人產生「體質上」的和遺傳而來的壓抑，那麼某些本能的需要就會在文明的過程中被削弱。如此，某些違反文

---

26 參看S. Freud（1930）和該文的編者導論所引用的資料來源。

27 譯註：指對某些本能的壓抑。

28 我非常感激《佛洛伊德全集》（標準版）主編斯特雷奇，他在為《文明及其不滿》所寫的導論中對佛洛伊德所有關於「與生俱來的壓抑」的談論作了綜述。（S. Freud, 1930）我也感謝他的其他所有導論，它們讓讀者（即便熟悉佛洛伊德作品的讀者）能夠更快找到自己想要找的句子，並且讓他把忘了的句子回憶起來。對較不熟悉佛洛伊德作品的學者來說，它們也是最有幫助的指南。

明的本能需要，對文明人加諸的力量就會不如對原始人。文明人的摧毀衝動應該不像原始人一樣強烈。沿著這種思路，我們還可以猜想，某些反對殺戮的抑制也許會在文明的歷程中出現，透過遺傳固定下來。可是，即便我們能夠發現這類遺傳因素，要把它們用在死亡本能的情況中卻非常困難。

根據佛洛伊德的概念，死亡本能是固存在一切活物質的一種傾向，因此，我們很難想像這種基本的生物力量會在文明的歷程中被削弱。如果我們假定它可以被文明削弱，那我們一樣可以假定愛洛斯可被文明削弱，因此帶來一個更普遍的假設：活物質的基本本性可以被文明的歷程改變，是可以透過與生俱來的壓抑改變。[29]

不管佛洛伊德的假定能否成立，驗證它或否證它看來都是目前心理學最重要的課題之一。我們需要知道，是否有充足的證據可證明，在文明的歷程中有一種「體質上」的、與生俱來的壓抑，可壓抑某些本能需要。這種壓抑和佛洛伊德所說的壓抑是否不同？（他通常用壓抑來指把本能需要從意識移開或轉向其他目標，不是指把本能需要削弱。）更具體的問題是，在歷史過程中，人的破壞衝動是不是變弱了，或者他的抑制性衝動是不是已經發展出來，透過遺傳固定了下來？要回答這些問題需要更多的研究工作，特別是人類學、社會心理學和遺傳學方面的研究。

回顧佛洛伊德為緩和「滅人或滅己」這道兩難式所做的種種努力，我們不能不欽佩他的堅持。同時，我們也不能不欽佩他沒有相信他已找到讓人滿意的解答。因此，在〈精神分析綱要〉中，他不再提破壞性受到哪些因素（超我除外）的限制，只用以下的話來結束這個主題：「這是人類的健康在文化發展的路途上所面臨的威脅之一。一般來說，限制攻擊性是不健康的，會導致疾病。」（S. Freud, 1938）[30]

四、對該理論的實質的批判

現在，我們必須從對佛洛伊德死亡與生命本能理論的內在批判，轉為對他的論證的實質批判。由於這方面的著作已經很多，我不會把每一點都拿出來談。我只會提從我的觀點來看特別有意思的部分，或別人沒有充分處理的部分。

對於死亡本能和一些其他問題的假設，佛洛伊德的最大的弱點大概是，身為理論家和體系建構者的他，跑到身為臨床觀察者的他的前面。再者，佛洛伊德主要受「知性」想像力的指引，「經驗」想像力不夠。若非如此，他就會注意到施虐癖、攻擊性、破壞性、駕馭欲和權力意志在界線

29 對佛洛伊德的假設最不利的事實是，史前人類的攻擊性不是多於而是少於文明人。

30 我想再次指出，佛洛伊德對本能與文明的關係，前後的看法不同。從力比多理論的角度看，文明會壓抑性欲求，可能導致精神官能症；從新理論的角度看，文明會限制攻擊性，導致生理疾病。

上雖然不是常常都很清楚，但本質上是完全不同的現象。但佛洛伊德卻是用抽象觀念來思考，把凡是不屬於愛的就歸到死亡本能的範疇，而這是因為他非把一切傾向收攝到新的二分法裡去不可。他把不同的和部分矛盾的心理傾向放入同一範疇的結果，是讓我們連一個也弄不清楚。用這種方式來看現象，用的是疏離的眼光和疏離的言詞，如果我們單獨看這些現象，我們所用的言詞就會有意義得多。

然而，有一點可反映佛洛伊德有時能夠超越他的二元性本能理論：他雖然沒有用不同名稱稱呼不同形式的攻擊性，他卻看出了它們的一些本質差別。下面是他看出的三種不同的重要攻擊性：

一、殘忍衝動（impulses of cruelty）。它們是獨立於性欲，以自我保存本能為基礎。它們的目的是識別出真正的危險和在遇到攻擊時保護自己。（S. Freud, 1905）這種攻擊性的功能是求生，即防禦對生命利益的威脅。這類攻擊性大致相當於我所說的「防衛性攻擊性」。

二、佛洛伊德在他的施虐癖概念中看到一種類型的破壞性，這種破壞性渴望摧毀、強迫和折磨，具有色欲性質（不過他認為這種破壞的特殊性質是性欲與非性欲的死亡本能的結合體）。這種攻擊性相當於「施虐癖」。

三、最終，他又找到第三種破壞性，描述如下：「儘管它的產生沒有性方面的任何意圖，但在破壞性的最盲目爆發中，我們仍然可以看出，本能的滿足給了自戀心理極大的快樂。這是因為它滿足了自戀心理的全能渴望。」

佛洛伊德這裡所指的究竟是哪種現象並不好說。可能是戀屍者的純粹破壞性，也可能是輪姦或行私刑的暴民成員的極端權力欲和施虐癖。困難大概在於純粹戀屍癖跟極端的全能欲望和施虐癖不易區分（這一點我在前面便談過）。但不論答案為何，佛洛伊德還是看出了這是一種不同的現象。可惜的是，當他為了讓臨床事實符合他的理論要求，就把這些區分棄如敝屣。

在這樣分析過佛洛伊德的死亡本能理論之後，我們看到的是什麼？它和許多精神分析家建構的「破壞本能」概念有基本的不同嗎？它和他早期的力比多理論有基本的不同嗎？我們在前面的討論中指出過，佛洛伊德的攻擊性理論在發展過程中出現了幽微的變化與矛盾。我們也看到，在他回覆愛因斯坦的信裡，他曾想辦法想讓他的立場不那麼強硬，不致淪為合理化戰爭的藉口。但當我們再一次望向他的整座理論大廈，就會清楚看出，儘管有種種不同，死亡本能就像他原先的性本能那樣，有著水壓模式的邏輯。死亡的欲求不斷地在一切活物質裡產生，人只能在發洩上做選擇：在自己內部默默地進行破壞，或是把這種破壞性轉向外界，透過摧毀他人來防止自毀。所以佛洛伊德才會說：「一般來說，限制攻擊性是不健康的，會導致疾病（導致壞死）。」（S. Freud, 1938）

總結這個對佛洛伊德的死亡與生命本能理論的考察，我們幾乎不能不說，自一九二〇年起，佛洛伊德對人類動機的問題，就陷入了兩種根本不同的概念中與採取了兩種不同的方法。第一種——自我保存本能與性本能的衝突——是傳統的概念，相當於理性與激情的對立、責任與自然傾向的對立、飢餓與愛的對立。這些對立是人的基本驅力。後來的理論和早期的理論完全不同，衝突的兩方是生的傾向與死的傾向，是整合與瓦解，是愛與恨。我們固然可以說這個理論是以通俗的愛恨觀念為基礎，但實際上它卻更深刻和更原創。它直接秉承柏拉圖的愛洛斯傳統，把愛視為把一切活物質結合在一起的能量，是生命的保障者。甚至它還秉承了哲學家恩培多克勒（Empedocles）的一個觀念：生物的世界能夠存在，完全是因為「愛」（Aphrodite）和「紛爭」（Strife）兩股相反的力量之間的不斷鬥爭，兩股力量既相吸又相斥。[31]

五、興奮降低原理：快樂原則與死亡本能的基礎

佛洛伊德的新、舊理論固然有不同的地方，但我們不可忘了有一條原理貫穿兩者，而這條原理是自他師從布魯克以來便一直深印在心裡。從一八八八年開始直到他最後討論死亡本能為止，「緊張降低原理」（principle of tension reduction）都根深蒂固地存在於他的思想裡。

從一八八八年他的最早著作開始，佛洛伊德就談到所謂的「固定刺激量」（stable amount of excitation）。一八九二年，他把這條原理講得更明白：「神經系統在它的功能關係中努力保持我們可以稱之為『興奮總量』（sum of excitation）的恆定。神經系統賴以達到這種條件的方法，是用聯結的方式處理可以感覺到的興奮增加量，或者用適當的運動神經反應來卸下它。」（S. Freud, 1892）

他在歇斯底里理論也是沿著這種思路定義心理創傷：「任何讓神經系統難以用聯結的方式或適當的運動神經反應處理的印象，就會變成心理創傷。」（S. Freud, 1892）

在〈科學心理學方案〉（Project for a Scientific Psychology, 1895a）中，佛洛伊德就談到所謂的「神經元的惰性原則」（principle of neuronic inertia），認為「神經元想要擺脫Q。我們需在這個基礎上了解神經元的結構發展與功能」。（S. Freud, 1895a）這裡所說的Q是什麼意思並不是很清楚。在這篇文章裡，他把Q定義為「那區分動與靜的東西」（S. Freud, 1895a）[32]，意指神經能量。[33]無論如何，我們有把握可以說，早期這幾年已經埋下了佛洛伊德後來所謂的「恆定」原則的想法，也就是說一切神經活動傾向於降低至最低。二十年後，他在《超越快樂原則》裡用心理學術語重

31 恩培多克勒與佛洛伊德的概念乍看起來很相似，但實際上可能並不那麼相似。在恩培多克勒的理論中，「愛」是相異者之間的吸引力，「紛爭」是相似者之間的吸引力。要認真比較兩人的異同，需要對恩培多克勒的整個體系進行研究。（參看W. K. C. Gythrie, 1965）

32 關於Q的意義的詳細討論，見J. Strachey, *Standard Edition*, vol. 3, Appendix C。

33 參見斯特雷奇在《佛洛伊德全集》（標準版）第三冊的註釋。他強調，心理能量的概念在〈一個科學生理學專案〉中無處可尋，而在《夢的解析》裡則常常出現。另外，他提醒我們，在佛洛伊德接受了心理能量（有別於生理能量）很久以後，他的著作裡還有是之前的神經學背景的痕跡。甚至到了一九一五年的〈潛意識〉（The Unconscious）一文中，他的說法仍然是「神經」能量而非心理能量。斯特雷奇指出：「Q的許多主要特徵以經過變形的方式一直存在到佛洛伊德的最後著作。」（vol. 1, p. 345）佛洛伊德後來得出結論，說Q究竟是什麼不得而知。他在《超越快樂原則》裡寫道：「我們對在心理系統的成分中所發生的興奮過程其性質一無所知，並且在對這個主題做任何假設時不覺得有理。因此，我們不得不操作一個很大的未知因素，還不得不把這個未知的因素繼續納入每一種新的闡釋中。」（S. Freud, 1920）

述這條原則：「精神器官努力讓自己的興奮**盡可能的低或至少保持恆定**。」（S. Freud, 1920；強調字體為外加）佛洛伊德這裡所說的是同一條原則，而說法有兩種：「恆定」或「惰性」。一種是要讓興奮保持穩定，另一種則是把它降低至最低程度。有時，佛洛伊德會把這兩個詞語交互使用，用來指同一條原則的這一面或那一面。[34]

快樂原則是建立在恆定原則上。由化學過程產生的力比多性質的興奮，需要降低到一般的程度。這種把緊張保持在恆定狀態的原則，是神經器官的功能所遵循的原則。緊張在超過常規的時候，會讓人感覺「不快樂」，降低到恆定狀態後就感覺到「快樂」。「有些事實讓我們相信快樂原則的支配力，而這些事實也可以用以下的假說來說明：精神器官努力使它的興奮盡量降低，或者至少保持恆定……**快樂原則是隨恆定原則而來**。」（S. Freud, 1920；強調字體為外加）除非我們了解佛洛伊德的緊張降低原理，否則永遠不能了解他的立場。這立場不是一種追求快樂的享樂主義概念，而是認為人在生理上需要降低他的緊張，如此也就會減低心理上的不快樂。快樂原則基本上只是讓興奮保持在某種恆定水平。但是恆定原則也蘊含一種傾向，那就是把興奮保持在**最低**程度。在這種理解下，它就成了死亡本能的基礎。就像佛洛伊德所說的：「精神生活的支配性傾向（大概也是神經生活的支配性傾向），是把刺激所引起的內在緊張減少，保持恆定或予以移除（我借用芭芭拉．勞的用語稱之為「涅槃原則」）——這個傾向可以在快樂原則中看到。這也是讓我們相信有死亡本能存在的最重要理由之一。」（S. Freud, 1920）

佛洛伊德所達到的這個立場幾乎站不住腳：它把恆定原則、惰性原則與涅槃原則看成同一回事；它把緊張降低原理說成是性本能所遵循的法則（即快樂原則），同時又是死亡本能的本質。有鑑於佛洛伊德認為死亡本能除了會滅己還會滅人，他本來可以得到一個弔詭的結論：快樂原則和死亡本能都是出自同一原則。他很自然會不接受這種觀念，因為那等於是用一元論取代他自始至終不肯放棄的二元論。四年後，他在〈受虐癖的經濟學問題〉裡寫道：

> 但是，我們曾毫不猶豫地把快樂—不快樂原則等同於涅槃原則……真是如此的話，涅槃原則（以及被我們認為和它是同一回事的快樂原則）將會完全是為死亡本能服務，而死亡本能的目標是把生命的不安定狀態導向無機物的固定狀態，另外它還有防備生命本能（力比多）的需求的功能，因為這種需求試圖擾亂生命預定的程序。**但這一看法不可能是對的。**（S. Freud, 1924；強調字體為外加）

為了證明這個看法不正確，佛洛伊德採取了一個他本來早就應該採取的步驟。他寫道：

> 在一連串的緊張感中，我們似乎可以直接感覺到刺激量的增加和減少，而且毫無疑問的

34 J. Bowlby在他對這個問題的優異討論中，指出佛洛伊德最初認為惰性原理是首要原理，恆定原理是次要原理。我閱讀相關段落之後得到不同的假定，而我的看法似乎和斯特雷奇的詮釋相似。（參看J. Bowlby, 1969）

是，有些緊張會讓人快樂，有些緊張的解除會讓人不快樂。刺激的增加會讓人快樂的最顯著例子是性的興奮，但當然還有其他例子。

因此，快樂與不快樂不能描述為一種量（指「因刺激引起的緊張」的量）的增減，儘管它們明顯與它相關。它們看來不是由量的因素而定，而是由另一個因素決定。我們按照它的特性，稱它為「質」的因素。如果我們能夠說出這個「質」是什麼，心理學就要前進一大步了。或許它是節奏，是時序的變化，是刺激量的起落。我們不清楚。（S. Freud, 1924）

雖然這個解釋似乎沒有讓他滿意，他沒有再追究下去。他改為提出另一個解釋，以證明快樂與破壞不是來自同一個根源。他接著寫道：

不管這是什麼，我們必須認清，涅槃原則原來是屬於死亡本能的，它在有機體內經歷了改變，變成了快樂原則，因此我們要避免把這兩種原則混為一談……**涅槃**原則表達死亡本能的傾向，**快樂**原則表現力比多的需求，而**現實**原則（快樂原則的修正）則代表外部世界的影響力。（S. Freud, 1924）

與其說這是在解釋何以快樂原則與死亡本能不是同一回事，不如說它是一個理論要求。佛洛伊德的這些解釋固然很出色，在我看來卻是不成功的，沒能讓他擺脫他的困境。但他是否成功並不是最重要的問題。最重要的是，他的心理學自始至終都受到一條原理的支配：興奮降低原則是一切心理生活和神經生活所遵循的原則。

我們知道這項原理的來源。佛洛伊德自己指出它的創始者是費希納（G. T. Fechner）：

然而，當我們發現一位具有深刻洞察力的研究者費希納，在快樂和不快樂這個主題上所持的觀點，幾乎與我們在精神分析工作中發現的基本事實完全一致時，我們便不能無動於衷了。費希納的論述可以在一本小書中找到，即《對有機組織產生和發展的幾點想法》（*Einige Ideen zur Schöpfung-sund Entwicklungsgeschichte der Organismen*）。他說：「至於意識衝動一直與快樂和不快樂有著一些聯繫，快樂和不快樂也可被認為與穩定和不穩定狀態有一種生理—心理學上的聯繫。這為我計畫在其他方面做更為詳細研究的假說提供了基礎。按照這個假說，每一種產生於意識閾（threshold of consciousness）之上的心理—生理運動，當它超過了某一限度並接近完全的穩定時，就產生快樂；當它超過某一限度並背離完全的穩定時，就產生不快樂。前後這兩種限度，可以稱為快樂與不快樂的閾限，在閾限之內，有些邊緣地帶是無感的……」[35]

那些讓我們相信快樂原則支配心理生活的事實，同樣也可以用這樣的假說來解釋：心理器

35 佛洛伊德在《自我與本我》中說：「費希納的恆定原則如果真的控制著生命，那麼生命會持續向死亡下降……」（S. Freud, 1923）「向死亡下降」不是費希納的原話，是佛洛伊德將他的原理擴大而產生的說法。

官努力使其自身存在的興奮的量盡可能維持在最低程度，或者至少使這種量保持不變。這種假說僅僅是快樂原則的另一種表述方式。因為，如果心理器官的作用是要將興奮的量維持在最低程度，那麼，任何打算增加這種量的東西，都會被視為與心理器官功能相悖的東西，也就是不快樂的東西。從恆定原則（principle of constancy）出發，必然會得出快樂原則。其實，恆定原則是從那些迫使我們採納快樂原則的事實中推論出來的。而且，一個更為詳細的討論將會表明，我們歸因於心理器官的這種傾向可以做為費希納的「趨向穩定性」原則（principle of the "tendency towards stability"）的一個特例。他已經將這個原則與快樂和不快樂的情感聯繫起來了。（S. Freud, 1920）

主張緊張降低原理的絕不僅只費希納一人。受到物理學上「能量」的概念的刺激，許多心理學家都採用了「能量」概念和「能量守恆」概念。如果說佛洛伊德受了這些物理學理論的影響，就意味著死亡本能只是一般物理學定律的一個特例而已。可是，無機物和有機物是不同的。考慮到這一點，我們便知道前面那種結論是謬誤的。杜博斯（René Dubos）把這一點表達得非常清楚：

依照一個物理學最基本的定律，物質世界每種東西都有一種普遍的傾向，就是向下墜落，落到可能是最低的緊張程度，在這個過程中不斷地喪失它的潛在能量和組織。但是生命與這種情況相反。生命是從散亂的物質中創造秩序和維持秩序。想領會這件事情的深意，我們只需想

想有機體（不管是最小的還是最大的）在死的時候所發生的情況。（R. Dubos, 1962）

英國的兩位作家卡普（R. Kapp）和彭羅斯（L. S. Penrose）曾對有些人把物理學學說和死亡本能連在一起的做法提出批評，他們的論證非常有力，以致我們「必須拋棄熵與死亡本能有任何關係的念頭」。[36]

佛洛伊德心裡所想的是否為熵與死亡本能的關聯？這並不重要。即使他沒有那麼想，他的興奮原則和能量降低至最低程度的原則，依然是以杜博斯所指出的謬誤為基礎，也就是說他忽略了生命與非生命的根本不同，忽略了「有機體」與「物體」的根本不同。

為了擺脫只適用於有機物的定律，幾年後發展出的另一個概念——坎農（Walter B. Cannon）的「體內動態平衡」（homestasis）概念——比熵更受人歡迎。鍾斯等人雖然看出這個概念和佛洛伊德的涅槃原則相似，卻把兩者混為一談。佛洛伊德說的是消滅或減少興奮的傾向，可是坎農和很多後來的研究者所說的，卻是把內在的環境保持相對穩定的必要性。這種穩定性意味著內在環境傾向於維持穩定，不意味它傾向於把能量降到最低點。讓鍾斯等人產生混淆的，顯然是「穩定」和「恆定」這些詞彙的曖昧不明，因此導致困惑始終存在。一個簡單的例子可以證明這個謬誤。如果用自動調溫器讓房子保持恆定或穩定的溫度，意思是讓溫度既不要高於某個程度，也不

36 E. Jones（1957）。參看Jones引用的文獻，特別是S. Bernfeld and S. Feitelberg（1930）。另請參看K. H. Pribram（1962）。

低於某個程度。可是如果溫度是傾向於最低程度，便完全是另一回事。事實上，「體內動態平衡原則和涅槃原則是衝突的，因為前者是保持恆定，後者則是能量的相對減少或全部消除。」

毫無疑問，佛洛伊德的緊張降低原理——它是快樂原則和死亡本能的根源——是德國機械主義—唯物主義思想的產物。他並不是從臨床經驗悟出這個概念。他固執地堅持他的老師們的生理學理論，遂讓自己和繼承他思想的精神分析家們騎虎難下。這個概念把臨床觀察和由此得出的理論強行塞入狹窄的「緊張降低」框架，結果和豐富的實證材料無法契合：那些材料告訴我們，不論什麼年紀的人都尋求興奮、刺激、愛和友情，都渴望擴充自己與世界的關聯性。總之，人受緊張提高原則推動的程度，不亞於受緊張降低原則推動。但是，很多精神分析家儘管知道緊張降低原則的有效性有限，卻仍然不改他們的基本立場，設法把佛洛伊德的後設心理學概念與自己得到的臨床資料硬揉合在一起。

佛洛伊德會對死亡本能理論採取盲信的態度，可能還有另一個理由。任何細心讀過佛洛伊德著作的人都會留意到，在他開始提出一個新的理論構想時，他的態度是保留的，是謹小慎微的。他不會宣稱它們客觀有效，有時甚至說些低貶它們價值的話。但隨著時間的推移，假說會變成理論，並成為新的假說和理論的基礎。理論家佛洛伊德非常清楚他的許多理論建構不具有十足確定性。為什麼他會忘了原來的疑慮？這個問題不易回答，一個可能的原因和他是精神分析運動的領袖有關。[37]敢批評他理論的基本層面的門徒都離開他，不然就是被排擠。那些留下來幫他打造精神分析運動的弟子大部分是平庸之輩，缺乏想像力，沒有理論構想力，要讓他們跟隨佛洛伊德進行理論上的基本改變是困難的事。他們需要一個讓他們去信仰的教條，讓他們可以圍著它建構他們的運動。[38]於是，科學家佛洛伊德變成精神分析運動領袖佛洛伊德的俘虜。換個方式說，就是老師佛洛伊德變成他忠心、但沒有創造力的門徒的俘虜。

37 參看E. Fromm（1959）。

38 這一點從大部分佛洛伊德學派的人都反對死亡本能的概念便可以證明。他們無法追隨這一新穎深刻的思想，因此用早期的本能學說來構築佛洛伊德的攻擊性概念。

Yerkes, R. M. and Yerkes, A. V. 1929. *The Great Apes: A Study of Anthropoid Life*. New Haven: Yale Univ. Press.

Young, J. 1971. *An Introduction to the Study of Man*. New York.: Oxford Univ. Press, Clarendon.

Zeissler, A. 1943. Interview, June 24. (Quoted in W. C. I. anger, 1972; q.v.)

Ziegler, H. S. 1965. *Adolf Hitler*. 3rd ed Göttingen: K. W. Schutz Verlag.

____, ed. 1970. *Wer War Hitler?* Beiträge zur Hilterforschung, herausgegeben in Verbindung mit dem Institut for Deutsch Nachriegsigesichichte, Verlag der *Deutschen Hochschul-lehrzeltung* [Who was Hitler? Contributions to the research on Hitler undertaken in conjunction with the Institute for Postwar History, publishing house of the German high school teachers' journal]. Göttingen: Grabert Verlag.

Zirnbardo, P. 1972. "Pathology of Imprisonment." *Trans-Action*. 9 (Apr.): 4-8.

____. See Haney, C. In Press, jt. auth.

Zing Yang Kuo. 1960. "Studies on the Basic Factors in Animal Fighting: VII, Inter-species Co-existence in Mammals." *Jour. Gen. Psychol*. 97: 211-225.

Zuckerman, S. 1932. *The Social Life of Monkeys and Ape.* London: K. Paul. Trench, Tribner.

____.1959. "Speculation of the interrelation of the History of Tools and Biological Evolution." In *The Evolution of Man's Capacity for Culture*, ed. J. N. Spuhler. Detroit: Wayne State Univ. Press.

____, ed. 1961. *Social Life of Early Man*. Chicago: Aldine.

____, and Avis, V. 1958. "Evolution of Human Behavior." In *Behavior and Evolution*, ed. A. Roe and G. G. Simpson. Rev. ed. New Haven: Yale Univ. Press, 1967.

____, and DeVore, I. 1961. "The Social Life of Baboons." *Sci. Amer*. 31 (June): 353-359.

____, and Howell, F. C. 1960. "Human Evolution and Culture." In *The Evolution of Man*, ed. S. Tax. Chicago: Univ. of Chicago Press.

____, and Jay, P., eds. 1968. *Perspectives of Human Evolution*. New York: Holt, Rinehart & Washington.

____, and Lancaster, C. S. 1968. "The Evolution of Hunting." In *Man, the Hunter*, ed. R. B. Lee and I. DeVore. Chicago: Aldine.

Watson, J. B. 1914. *Behavior: An Introduction to Comparative Psychology*. New York: H. Holt.

____. 1958. *Behaviorism*. Chicago: Univ. of Chicago Press.

Weiss, P. 1925. "Tierisches Verhalten als 'Systemreaktion.' Die Orientienmg der Ruhestellungen von Schmetterlingen (Vanessa) gegen Licht und Schwerkraft." *Biologia Generalis*. 1: 168-248.

____. 1967. "1+1≠2" [When one plus one does not equal two.] In *The Neurosciences: A Study Program*, ed. G. C. Quarton; T. O. Melnechuk; and F. O. Schmitt. New York; Rockefeller Univ. Press.

____. 1970. "The Living System." In *Beyond Reductionis*m, ed. A. Koestler and L. Smithies. New York: Macmillan.

White, B. L See Wolff, P. 1965, jt. auth.

White, R. W. 1959. "Motivation Reconsidered; The Concept of Competence." *Psych. Rev*. 66: 297-323.

Whitehead, A. N. 1967. *The Function of Reason* Rev. ed. Boston; Beacon.

Wicker, T. 1971. "Op-Ed" section. *The New York Times*. (18 Sept.)

Wiesel, E. 1972. *Souls on Fire*. New York: Random House.

Wolff. K. 1961. "Eichmann's Chief, Heinrkh Himmler." *Neue illustrierte*. 17 (16): 20. (Quoted in J. Ackermann, 1970; q.v.)

Wolff, P., and White, B. L. 1965. "Visual Pursuit and Attention in Young Infants" *Jour. Child Psychiat*. 4. (Quoted in D. E. Schecter, 1973; q.v.)

Worden, F. G. Forthcoming. *Scientific Concepts and the Nature of Conscious Experience*. American Handbook of Psychiatry, vol. 6. New York: Basic Books.

Wright, Q. 1965. *A Study of War*. 2nd ed. Chicago: Univ. of Chicago Press.

Tauber, E., and Koffler, F. 1966. "Optomotor Response in Human Infants to Apparent Motion: Evidence of Inactiveness." *Science*. 152: 382-383.

Tax, S., ed. 1960. *The Evolution of Man: Mind, Culture and Society*. Evolution After Darwin, vol. 2. Chicago: Univ. of Chicago Press.

Thomas, H. 1961. *The Spanish Civil War*. New York: Harper & Bros.

Thompson, R. F. See Harlow, H. F. 1971, jt. auth.

Thucydides. 1959. *Peloponnesian War: The Thomos Hobbes Translation*, ed. David Grene. 2 vols. Ann Arbor: Univ. of Michigan Press.

Tinbergen, N. 1948. "Physiologische Instinktforschung." *Experientia*. 4: 121-133.

____. 1953 *Social Behavior in Animals*. New York: Wiley.

____. 1968. "Of War and Peace in Animals and Men." *Science*. 160: 1411-1418.

Tönnies, F. 1926, *Gesellschaft und Gemeinschaft*. Berlin: Curtius. *Fundamental Conapts of Society*, trans. and with a Supplement by C. H. P. Loomis. New York: American Book, 1940.

Turnbull, C. M. 1965. *Wayward Servants, or the Two Worlds of the African Pygmies*. London: Eyre & Spottiswoode.

Turney-High, H. H. 1971. *Primitive War*. 2nd ed. Columbia: Univ. of South Carolina Press. (1st ed. New York: Columbia Univ. Press, 1949.)

Unamuno, M. de. 1936. (Quoted in H. Thomas, 1961; q.v.)

Underhill, R. 1953. *Here Come the Navaho*. Washington, D.C.: Bur. of Indian Affairs, U.S. Dept. of the Interior.

Valenstein, E. 1968. "Biology of Drives." *Neuroscience Research Program Bulletin*. 6: 1. Cambridge: M. I. T. Press.

Van Lawick-Goodall, 1. 1968. "The Behavior of Free-Living Chimpanzees in the Gombe Stream Reserve." *Animal Behavior Monographs*, ed. J. M. Cullen and C. G. Beer. Vol. I, pt. 3. London: Bailliere, Tindall & Castle.

____. 1971. *In the Shadow of Man*. Boston: Houghton Mifflin.

____. See also Goodall, J.

Varela, F. C. See Maturana, H. R. Forthcoming, jt. auth.

Vollhard, E. (Quoted in AC.: Blanc, 1961; q.v.)

Waelder, R. 1956. "Critical Discussion of the Concept of an Instinct of Destruction." *Bul. Phil. Assoc*. 97-109.

Warlimont, W. 1964. *Im Hauptquartier der Deutschen Wehrmacht 1939-1945.* Frankfurt M. Bonn.

Washburn, S. L. 1957. "Australopithecines, the Hunters or the Hunted?" *Amer. Anthropologist*. 59.

____. See Roger, C. R. 1956, jt. auth.

Smith, B. F. 1967. *Adolf Hitler: His Family, Childhood and Youth*. Stanford: Hoover Inst., Stanford Univ.

____.1971. *Heinrich Himmler: A Nazi in the Making, 1900-1926*. Stanford: Hoover Inst., Stanford Univ.

____. See Angress, S. J. 1959, jt. auth.

Smith, G. E. 1924. *Essays on the Evolution of Man*. London: Humphrey Milford.

____. 1924a. *The Evolution of Man*. New York: Oxford Univ. Press.

Smolla, G. 1967. *Studium Universale: Epochen der Menschlichen Frühzeit*, Munich: Karl Alber Freiburg.

Southwick, C. H. 1964. "An Experimental Study of intragroup Agnostic Behavior in Rhesus Monkeys (*Macaca mulata*) ." *Behavior*. 28: 182- 209.

____; Beg, M. A; and Siddiqi, M. R. 1965. "Rhesus Monkeys in North India." In *Primate Behavior: Field Studies of Primate and Apes*, ed. I. DeVore. New York: Holt, Rinehart & Winston.

Speer, A 1970. *Inside the Third Reich: Memoirs of Albert Spur*, trans. R. and C. Winston; Introduction by E. Davidson. London: Weidenfeld & Nicholson. New York: Macmillan.

____. 1972. Afterword. In *Hitler avant Hitler* by J. Brosse. Paris: Fayard.

Spencer, M. M. See Barnett, S. A. 1951, jt. auth.

Spinoza, Benedictus de. 1927. *Ethics*. New York: Oxford Univ. Press.

Spitz, R., and Cobliner, G. 1965. *The First Year of Life: A Psychoanalytic Study of Normal and Deviant Development of Object Relations*. New York: Int. Univs. Press.

Spoerri T. 1959. *Ueber Nikrophile*. Basel. (Quoted in H. von Hentig, 1964; q.v.)

Sroges, R. W. See Glickman, S. E. 1966, jt. auth.

Steele, B. F., and Pollock, C. B. 1968. "A Psychiatric Study of Parents Who Abuse Infants and Small Children." In *The Battered Child*, ed. R. Helfner and C. H. Kempe. Chicago: Univ. of Chicago Press.

Steiner, J. M. In preparation. Study based on interviews with former Nazi concentration camp guards.

Stewart, U. H. 1968. "Causal Factors and Procsses in the Evolution of Prefarming Societies." In *Man, the Hunter*, ed. R. B. Lee and I. DeVore. Chicago: Aldine.

Strachey, A. 1957. The Unconscious Motives of War. London: Allen & Unwin.

Strachey, J., ed. 1886-1939. *Standard Edition of the Complete Psychological Works of Sigmund Freud*. 23 vols. London: Hoganh.

____. 1961. Editor's Introduction. In *Civilization and Its Discontents* by S. Freud. S. E., vol. 21.

Sullivan, H. S. 1953. *Interpersonal Theory of Psychiatry*. New York: Norton.

____. 1965. "The Behavior of the Mountain Gorilla." In *Primate Behavior: Field Studies of Primates and Apes*, ed. I. DeVore. New York: Holt, Rinehart & Winston.
Schecter, D. E. 1968. "The Oedipus Complex: Considerations of Ego Development and Parental Interaction." *Cont. Psychoan*. 4 (2): 117,
____. 1973. "On the Emergence of Human Relatedness." In *Interpersonal Explorations in Psychoanalysis*, ed. E. G. Witenberg. New York: Basic Books.
____. See Green, M. R. 1957, jt. auth.
Schneirla, T. C. 1966. *Quar. Rev. Biol*. 41: 283.
____. See Maier, N. R. F. 1964, jt. auth.
Schramm, P. E. 1965. *Hitler als militärischer Führer*. 2nd ed. Frankfurt: Athenäum Verlag.
____. See Picker, H. 1965.
Schwidetzki , I. 1971. *Das Menschenbild der Biologie*. Stuttgart: G, Fischer Verlag.
Scott, J. P. 1958. *Aggression*. Chicago: Univ. of Chicago Press.
____. 1968. "Hostility and Aggression in Animals." In *Roots of Behavior*, ed. E. L. Bliss. New York: Hafner.
____. 1968a. "That Old-Time Aggression." In *Man and Aggression*, ed. M. F. A. Montagu. New York: Oxford Univ. Press.
____; Bexton, W. H.; Heron, W.; and Doane, B. K. 1959. "Cognitive Effects of Perceptual Isolation." *Can. Jour. of Psych*. 13 (3): 200- 209.
Sechenov, I. M. 1863. *Reflexes of the Brain*. Cambridge: M. I. T. Press. (Quoted in D. B. Lindsley, 1964; q.v.)
Service, E. R. 1966. *The Hunters*. Englewood Cliffs, N. J.: Prentice-Hall.
Shah, S. A. 1970. "Report on XYY Chromosomal Abnormality." *National Institute of Mental Health Conference Report*. Washington, D. C.: U.S. Govt. Printing Office.
Siddiqi, M. R. See Southwick, C. H. 196S, jt. auth.
Sigg, E. B. See Garattini, S. 1969, jt. auth.
Simmel, E. 1944. "Self-Preservation and the Death Instinct." *Psychoan. Quar*. 13: 160.
Simons, E. L. See Pilbearn, D. R. 1965, jt. auth.
Simpson, G. G. 1944. *Tempo and Mode in Evolution*. New York: Columbia Univ. Press.
____. 1949. *The Meaning of Evolution*. New Haven: Yale Univ. Press.
____. 1953. The Major Feature of Evolution. New York: Columbia Univ. Press.
____. 1964. *Biology and Man*. New York: Harcourt Brace Jovanovich.
____. See Roe, A. 1967, jt. eds.
Skinner, B. F. 1953. *Science and Human Behavior*. New York: Macmillan.
____. 1961. "The Design of Cultures." *Daedalus*. 534-546.
____. 1963. "Behaviorism at Fifty." *Science*. 134: 566-602. In *Behaviorism and Phenomenology*, ed. T. W. Wann, Chicago: Univ. of Chicago Press, 1964.
____. 1971. *Beyond Freedom and Dignity*. New York: Knopf.

Pribram, K. 1962. "The Neurophysiology of Sigmund Freud." In *Experimental Foundation of Clinical Psychology*, ed. A. J. Bachrach. New York: Basic Books.

Quarton, G. C.; Melnechuk, T. O.; and Schmitt, F. O., eds. 1967. *The Neurosciences: A Study Program*. New York: Rockefeller Univ. Press.

Radhill, S. X. 1968. "A History of Child Abuse and Infanticide." In *The Battered Child*, ed. R. Helfner and C. H. Kempe. Chicago: Univ. of Chicago Press.

Rapaport, D. C. 1971. Foreword. In *Primitive War* by H. H. TurneyHigh. 2nd ed. Columbia: Univ. of South Carolina Press, 1971.

Rauch, H. J. 1947. *Arch. f. Psychialrie und Nervenkrankheiten*. Berlin: (Quoted in H. von Hentig, 1964; q.v.)

Rauschning, H. 1940. *The Voice of Destruction*. New York: Putnam.

Réage, P. 1965. *The Story of O*. New York: Grove Press.

Rensch, B., ed. 1965. *Homo Sapiens*. Göttingen: Vanderhoek & Ruprecht.

Reynolds, V. 1961. "The Social Life of a Colony of Rhesus Monkeys (*Macaca mulata*)." Ph.D. thesis, Univ. of London. (Quoted in C. and W. M. S. Russell, 1968; q.v.)

____, and Reynolds, F. 1965. "The Chimpanzees of the Bodoogo Forest" In *Primate Behavior: Field Studies of Primates and Apes*, ed. I. DeVore. New York: Holt, Rinehart & Winston.

Roe, A., and Simpson, G. C., eds. 1967. *Behavior and Evolution*. Rev. ed. New Haven: Yale Univ. Press. (1st ed. 1958.)

Rogers, C. R., and Skinner, B. F. 1956. "Some Issues Concerning the Control of Human Behavior: A Symposium." *Science*. 124: 1057- 1066.

Rowell, T. E. 1966. "Hierarchy in the Organization of the Captive Baboon Group." *Animal Behavior*. 14 (4): 430-443.

Russell, C., and Russell, W. M. S. 1968. *Violence, Monkeys and Man*. London: Macmillan.

____. 1968a. "Violence: What Are Its Roots?" *New Society*. (24 Oct.): 595-600.

Sahlins, M. D. 1960. "The Origin of Society." *Sci. Amer*. 203 (3).

____. 1968. "Notes on the Original Affluent Society." In *Man, the Hunter*, ed. R. B. Lee and I. DeVore. Chicago: Aldine.

Salomon, E. von. 1930. *Die Geächteten*. Rowohlt, Taschenbuch Ausgabe. *The Outlaws*. London: Jonathan Cape, 1962.

Sauer, C. O. 1952. *Agricultural Origins and Dispersals*. New York: American Geographic Soc.

Schachtel, E. See Fromm, E. 1936.

Schaller, G. B. 1963. *The Mountain Gorilla*. Chicago: Univ. of Chicago Press.

of the Septal Area and Other Regions of the Rat Brain." *Jour. Comp. Physiol*. 47: 419-428.

Oppenheimer, J. R. 1955. Address at the 63rd Annual Meeting of the American Psych. Assoc. 4 Sept.

Ozbekhan, H. 1966. "The Triumph of Technology: 'Can' Implies 'Ought.'" In *Planning for Diversity and Choice: Possible Futures and Their Relations to the Non-Controlled Environment*, ed. S. Anderson. Cambridge: M. I.T. Press, 1968.

Palmer, S. 1955. "Crime, Law." *Criminology and Political Science*. 66: 323-324.

Pastore, N. 1949. *The Nature-Nurture Controversy*. New York: Columbia Univ. Press, Kins Crown.

Penfield, W. 1960. Introduction. In *Neurophysiological Basis of the Higher Functions of the Nervous System*. Handbook of Psychology. 12 vol., ed. J. Field. Sec. 1, vol. 3, ed. H. W. Magoun *et al*. Washington, D. C.: American Physiological Soc.

Penrose, L. S. 1931. "Freud's Theory of Instinct and Other Psycho-Biological Theories." *Inter. Jour. of Psychoan*. 12: 92.

Perry, W. J. 1917. "An Ethnological Study of Warfare." In *Manchester Memoirs*. Vol. 61. Manchester: Manchester Literary and Philosophical Society.

____. 1923. *The Children of the Sun*. Lardon.

____. 1923a. *The Growth of Civilization*. New York.

Piaget, J. 1952. *The Origins of Intelligence in Children*. New York: Int. Univs. Press.

Picker, H. 1965. *Hitler's Tischgesprache im Führerhauptquartier*, [Hitler's table talk in the Führer's headquarters]. ed, and with an Introduction by P. E. Schramm. Stuttgart: Seewald Verlag.

Piggott, S. 1960. "Theory and Prehistory." In *The Evolution of Man: Mind, Culture and Society*. Evolution after Darwin, vol, 2, ed. S. Tax. Chicago: Univ. of Chicago Press.

Pilbeam, D. 1970. *The Evolution of Man*. London: Thames & Hudson.

____, and Simons, E. L. 1965. "Some Problems of Hominid Classification." *Amer. Sci*. 53: 237-259.

Pilling, A. R. See Hart, C. W. M. 1960, jt. auth.

Ploog, D. 1970. "Social Communication Among Animals." In *Neurosciences: Second Study Program*, ed. F. O. Schmitt. New York: Rockefeller Univ. Press.

____, and Melnechuk, T. O. 1970. "Primate Communication". In *Neurosciences Research Symposium Summaries*. Vol. 4, ed. F. O. Schmitt; T. O. Melnechuk; G. C. Quarton; and G. Adelman. Cambridge: M. I. T. Press.

Pollock, C. B. See Steele, B. F. 1968, jt. auth.

Portmann, A. 1965. *Vom Ursprung des Menschen*. Basel: F. Rein Lardt.

Pratt, J. 1958. "Epilegomena to the Study of Freudian Instinct Theory." *Int. Jour. of Psychoan*. 39: 17.

Milgram, S. 1963. "Behavioral Study of Obedience." *Jour. Abn. & Soc. Psychol*. 67: 371-378.
Millán, I. Forthcoming (1974). *Caracter Social y Desarrollo* [Social character and development].
Miller, N. E. 1941. "Frustration-Aggression Hypothesis." *Psych. Rev.* 48: 337-342.
Milner, P. See Olds, J. 1954, jt. auth.
Monakow, C. von. 1950. *Gehirn und Gewissen* [Brain and conscience]. Zurich: Morgarten.
Montagu, M. F. A. 1967. *The Human Revolution*. New York: Bantam.
____. 1968. "Chromosomes and Crime." *Psychology Today*. 2 (5): 42-44, 46-49.
____.1968a. "The New Litany of Innate Depravity: Or Original Sin Revisited." In *Man and Aggression*, ed. M. F. A. Montagu. New York: Oxford Univ. Press.
Monteil, V. 1970. *lndonélsie*. Paris: Horizons de France.
Moran, Lord. 1966. *Churchill: Taken from the Diaries of Lord Moran*. Boston: Houghton Mifflin.
Morgan, L. H, 1870. *Systems of Sanguinity and Affinity of the Human Family*. Publication 218. Washington, D. C.: Smithsonian Inst.
____.1877. *Ancient Society: Or Researches in the Lines of Human Progress from Savagery Through Barbarism to Civilization*. New York: H. Holt.
Morris, D, 1967. *The Naked Ape*. New York: McGraw-Hill.
Moyer, K. E. 1968, "Kinds of Aggression and Their Physiological Basis." In *Communication in Behavioral Biology*. Pt. A. vol. 2. New York: Academic.
Mumford, L. 1961. *The Ciry in History*. New York: Harcourt Brace Jovanovich.
____. 1967. *The Myth of the Machine: Techniques in Human Development*. New York: Harcourt Brace Jovanovich.
Murdock, G. P. 1934. *Our Primitive Contemporaries*. New York: Macmillan.
____. 1968. Discussion remarks. In *Man, the Hunter*, ed. R. B. Lee and I. DeVore. Chicago: Aldine.

Napier, J. 1970. *The Roots of Mankind*. Washington, D. C.: Smithsonian Inst.
Narr, K. J. 1961. *Urgeschichre der Kultur*. Stuttgart: Kröner Verlag.
Nielsen, J. 1968. "Y Chromosomes in Male Psychiatric Patient above 180 cms. Tall." *Brit Jour. Psychiat*. 114: 1589-1590.
Nissen, H. W. 1931. "A Field Study of the Chimpanzee." *Comp. Psych. Monog*. 8 (36).
____. See Alee, W. C. 1953, jt. auth.
Nimkoff, M. F. See Alee, W. C. 1953, jt auth.

Okladnikov, A. P. 1972. (Quoted in A. Marshack, 1972; q.v.)
Olds, J., and Milner, J. 1954. "Positive Reinforcement Produced by Electrical Stimulation

____. 1916. *Futurist Manifesto*. See Flint, R. W., ed. 1971.

Mark, V. H., and Ervin, F. R. 1970. *Violence and the Brain*. New York: Harper & Row.

Marshack, A 1972. *The Roots of Civilization*. New York: McGraw-Hill,

Marx, K. 1906. *Capital.* Vol. 1. Charles S. Kerr. New York: Int. Univs. Press.

____, and Engels, F. *Gesamtausgabe* (MEGA) [Complete works of Marx and Engels]. Vol. 5. Moscow.

Maser, W. 1971. *Adolph Hitler, Legende, Mythos, Wirklichkelt*. Munich:Bechtle Verlag.

Maslow, A. 1954. *Motivation and Personality*. New York: Harper & Bros.

Mason, W. A. 1970. "Chimpanzee Social Behavior." In *The Chimpanzee*, ed. G. H. Bourne. Vol. 2. Baltimore: Univ. Park.

Matthews, L. H. 1963. *Symposium on Aggression*. Institute of Biology.

Maturana, H. R., and Varela, F. G. Forthcoming. *Autopoietic Systems*.

Mayo, E. 1933. *The Human Problems of an Industrial Civilization*. New York: Macmillan.

McDermott, J. J., ed. 1967. *The Writings of William James: A Comprehensive Edition*. New York: Random House.

McDougall, W. 1913. "The Sources and Direction of Psycho-Physical Energy." *Amer. lour. of Insanity*. 69.

____. 1923. *An Introduction to Social Psychology*. 7th ed. Boston: John W. Luce.

____. 1923a. *An Outline of Psychology*. London: Methuen.

____. 1932. *The Energies of Men: A Study of the Fundamentals of Dynamic Psychology*. New York: Scribner's.

____. 1948. *The Energies of Men*. 7th ed. London: Methuen.

McGaugh, J. L. See Harlow, H.F. 1971, jt. auth.

Mead, M. 1961. *Cooperation and Competition Among Primitive Peoples*. Rev. ed. Boston: Beacon. (1st ed. New York: McGraw-Hill, 1937,)

Medvedev, R. A. 1971. *Let History Judge*. New York: Knopf.

Magargee, E. I. 1969. "The Psychology of Violence: A Critical Review of Theories of Violence." Prepared for the U.S. National Commission on the Causes and Prevention of Violence, Task Force III: Individual Acts of Violence.

Meggitt, M. J. 1960. *Desert People*. Chicago; Univ. of Chicago Press. (Quoted in E. R. Service, 1966; q.v.)

____.1964. *Aboriginal Food-Gatherers of Tropical Australia*. Morges, Switzerland: Int. Union for Conservation of Nature and Natural Resources. (Quoted in E. R. Service, 1966; q.v.)

Mellaart, J. 1967. *Catal Hüyük: A Neolithic Town in Anatolia. London: Thames & Hudson*. New York: McGraw-Hill.

Melnechuk, T. O. See Ploog, D. 1970, jt. auth.

Menninger, K. A. 1968. *The Crime of Punishment*. New York: Viking.

____.1940. "Durch Domestikation verursachte Störungen arteigenen Verhaltens." *Ztsch. z. angew. Psychol. Charakterkunde*. 59: 75.

____. 1950. "The Comparative Method in Studying Innate Behavior Patterns." *Symp. Soc. Exp. Biol*. (Animal Behavior). 4: 221-268.

____. 1952. *King Solomon's Ring*. New York: Crowell.

____. 1955. "Über das Toten von Artgenossen." *Jahrb. d. Max-Planck-Ges*. 105- 140. (Quoted by K. Lorenz, 1966; q.v.)

____. 1964. "Ritualized Aggression." In *The Natural History of Aggression*, ed. J. D. Canby and F. J. Ebling. New York: Academic.

____. 1965. *Evolution and Modification of Behavior*. Chicago: Univ. of Chicago Press.

____. 1966; *On Aggression*. New York: Harcourt Brace Jovanovich. (1st ed. Das Sogenannte Böse, Zur Naturgeschichte der Aggression. [The so-called evil, natural history of aggression]. Vienna: BorothaSchoeler Verlag, 1963.)

____. 1970. "The Establishment of the Instinct Concept," trans. R. Martin, from the German papers pub. 1931-42. In *Studies in Animal and Human Behavior*. Cambridge: Harvard Univ. Press.

____, and Leyhausen, P. 1968. *Antriebe tierischen und menschlichen Verhaltens*. Munich: R. Piper.

Maccoby, M. 1972. "Emotional Attitudes and Political Choices." *Polltics and Society*. (Winter): 209-239.

____.1972a. *Technology, Work and Character*. Program on Technology and Society (a final review). Cambridge: Harvard Univ.

____. Forthcoming (1974). *Social Character, Work, and Technology* (working title).

____. See Fromm, E. 1970, jt. auth.

MacCorquodale, K. 1970. On Chomsky's Review of *Verbal Behavior* by B. F. Skinner. *Jour. of the Exp. Anal. of Behavior*. 13 (1): 83-99.

MacLean, P. D. 1958. "The Limbic System with Respect to Self-Preservation and the Preservation of the Species." *Jour. Nerv. Ment. Dis*.127: 1-11.

Mahler, M. S. 1968. *On Human Symbiosis and the Vicissitudes of Individuation*. Vol. 1. New York: Int. Univs. Press.

____, and Gosliner, B. J. 1955. "On Symbiotic Child Psychosis." In *Psychoanalytic Study of the Child*. New York: Int. Univs. Press.

Mahringer, J. 1952. *Vorgeschichtliche Kultur*. Benziger Verlag.

Maier, N. R. F., and Schneirla, T. C. 1964. *Principles of Animal Psychology*. New York: Dover.

Marcuse, H. 1955. *Eros and Civilization*. Boston: Beacon.

____. 1964. *One Dimensional Man*. Boston: Beacon.

Marinetti, F. T. 1909. *Futurist Manifesto*. See Flint, R. W., ed. 1971.

Krebs, A. (Quoted in J. Ackermann, 1970; q.v.)

Kropotkin, P. 1955. *Mutual Aid*. Boston: Porter Sargent.

Kubizek, A. 1953. *Adolf Hitler, Mein Jugenfreund* [Adolf Hitler, the friend of my youth]. Graz: L. Stocker Verlag.

Kummer, H. 195l. "Soziales Verhalten einer Mantelpaviangruppe." *Beiheft z. Schweizerischen Ztsch. f. Psychologie und ihre Anwendungen* 33: 1-91 (Quoted in C. and W. M. S. RusseU, 1968; q.v.)

Lagerspetz, K. M. J. 1969. "Aggression and Aggressiveness in Laboratory Mice." In *Aggressive Behavior*, ed. S. Garattini and E. B. Sigg. Amsterdam: Excerpts Medica Foundation.

Lancaster, C. S. See Washburn, S. L., and Lancaster, C. S. 1968, jt. auths.

Langer, W. C. 1972. *The Mind of Adolf Hitler*, New York: Basic Books.

Laughlin, W. S. 1968. "Hunting: An Integrating Biobehavior System and Its Evolutionary Importance." In *Man, the Hunter*, ed. R. B. Lee and DeVore. Chicago: Aldine.

Lazarsfeld, P. See Fromm, E. 1936.

Lee, R. B. 1968. "What Hunters Do for a Living: Or How to Make Out on Scarce Resources." In *Man, 1he Hunter*, ed. R. B. Lee and I. DeVore. Chicago; Aldine.

____, and DeVore, I. 1968. *Man, the Hunter*. Chicago: Aldine.

Lehrman, D. S. 1953. "Problems Raised by Instinct Theory: A Critique of Konrad Lorenz's Theory of Instinctive Behavior." *Quar. Rev. Biol*. 28 (4): 337-364.

Lenin, V. I. *Sochineniia*. 4th ed. Vol. 35. (Quoted in R. A. Medvedev, 1971; q.v.)

Leyhausen, P. 1956. "Verhaltensstudien an Katzen." *Bieh. z. Ztsch. f. Tierpsychologie*. (Quoted in C. and W. M. S. Russell, 1968; q.v.)

____. 1965. "The Communal Organization of Solitary Mammals." *Symposia Zool. Soc. Lond*. No. 14: 249-263.

____. See Lorenz, K. 1968, jt. auth.

Lindsley, D. B. 1964. "The Ontogeny of Pleasure: Neural and Behavioral Development." In *The Role of Pleasure in Behavior*, ed. R. G. Heath. New York: Harper & Row.

Livingston, R. B. 1962. "How Man Looks at His Own Brain: An Adventure Shared by Psychology and Neurology." In *Biologically Oriented Fields*. Psychology: A Study of a Science, ed. S. Koch. New York: McGraw-Hill.

____. 1967. "Brain Circuitry Relating to Complex. Behavior." In *The Neurosciences: A Study Program*, ed. G. C. Quarton; T. O. Melnechuk; and F. O. Schmitt. New York: Rockefeller Univ. Press.

____. 1967a. "Reinforcement." In *The Neurosciences: A Study Program*, ed. G. C. Quarton; T. O. Melnechuk; and F. O. Schmitt. New York: Rockefeller Univ. Press.

Lorenz, K. 1937. "Uber die Bildung des lnstinktbegriffes." In *Über tlerischell und menschliches Verhalten*. Munich: R. Piper, 1965.

Hitler, A. 1943. *Mein Kampf*, trans. R. Manheim. Boston: Houghton Mifflin.

Hoebel, E. A. 19S4. *The Law of Primitive Man*. Cambridge: Harvard Univ. Press. (Quoted in E. R. Service, 1966; q.v.)

____. 1958. *Man in the Primitive World*. New York: McGraw-Hill.

Holbach, P. H. D. 1822. *Systeme Social*. Paris. (Quoted in *Die Heilige Familie* by K. Marx, 1844.)

Holt, R. R. 1965. "A Review of Some of Freud's Biological Assumptions and Their Influence on His Theories." In *Psychoanalysis and Current Biological Thought*, ed. N. S. Greenfield and W. C. Lewis Madison: Univ. of Wisconsin Press.

Horkheimer, M., ed. 1936. *Autoritat und Familie*. Paris: Librarie Félix Akan.

Howell, F. C. See Washburn, S. L. 1960, jt. auth.

Jacobs, P. A.; Brunton, M.; Melville, M. M.; Britain, R. P.; and McClemont, W. F. 1965. "Aggressive Behavior: Mental Subnormality and the XYY Male." *Nature*. 208: 1351-1352.

James, W. 1890. *Principles of Psychology*. New York: Holt, Rinehart & Winston.

____. 1911. "The Moral Equivalents of War". In *Memories and Studies* by W. James. New York: Longman's Green.

____. 1923. *Outline of Pychology*. New York: Scribner's.

Jay, M. 1973. *The Dialectical Imagination*. Boston: Little, Brown.

Jay, P. See Washburn, S. L., and Jay, P. 1968, jt. eds.

Jones, E. 1957. *The Life and Work of Sigmund Freud*. Vol. 3. New York: Basic Books.

Kaada, B. 1967. *Aggression and Defense: Neural Mechanisms and Social Patterns*. Brain Function, vol. 5, ed. C. D. Clemente and D. B. Lindsley. Los Angeles: Univ. of California Press.

Kahn, H. 1960. *On Thermonuclear War*. Princeton: Princeton Univ. Press.

Kanner, L. 1944. "Early Infantile Autism." *Jour. Pediat*. 25: 211-217.

Kapp, R. 1931. "Comments on Bernfeld and Feitelberg's 'Principles of Entropy and the Death Instinct.' " *Int. Jour. Psychoan.* 12: 82-86.

Kempe, C. H. *et al*. 1962. "The Battered Child Syndrome." *Jour. A.M.A.* 181 (1): 17-24.

____. See Heifner, R 1968. jt. autb.

Kempner, R. M. W. 1969. *Das Dritte Reich am Kreuzverhör*. Munich: Bechtle Verlag.

Klüver, H., and Bucy, P. C. 1934. "Preliminary Analysis of Functions of the Temporal Lobes in Monkeys." *Arch. Neurol. Psych*. 42: 929.

Koffler, F. See Tauber, E. W. 1966, jt. auth.

Kortlandt, A. 1962. "Chimpanzees in the Wild." *Sci Amer*. 206 (5): 128-138.

Krausnick, H.; Buchheim, H.; Broszat, M.; and Jacobsen, H. A. 1968. *Anatomy of the SS State*. New York: Walker.

Hanfstaengl, E. 1970. *Zwischen Weissem und Braunem Haus* (Between the white and the brown house). Munich: R. Piper.

Harlow, H. F. 1969. "William James and Instinct Theory." In *William James, Unfinished Business*, ed. B. Macleod. Washington, D.C.: Amer. Psychol. Assoc.

____; McGaugh, J. L.; and Thompson, R. F. 1971. *Psychology*. San Francisco: Albion.

Hart, C. W. M., and Pilling, A. R. 1960. "The Tiwi of North Australia." In *Case Histories in Cultural Anthropology*. New York: Holt, Rinehart & Winston.

Hartmann, H.; Kris, E.; and Loewenstein, R. M. 1949. The Psychoanalytic Study of the Child. Vols. 3, 4. New York: Int. Univs. Press.

Hartoch-Schachtel, A. See Fromm, E. 1936.

Hayes, C. 1951. *The Ape in Our House*. New York: Harper & Bros.

____. See Hayes K. J. 1951, jt. auth.

Hayes , K. J., and Hayes, C. 1951. "The Intellectual Development of a Home-Raised Chimpanzee." Proc. *Amer. Phil. Soc*. 95: 105-109.

Heath, R. G. 1962. "Brain Centers and Control of Behavior." In *Psychosomatic Medicine*, ed. R. G. Heath. Philadelphia: Lea & Fabiger.

____, ed. 1964. *The Role of Pleasure in Behavior*. New York: Harper &Row.

Hediger, H. 1942. *Wildtiere in Gefangenschaft*. Basel: Bruno Schwab.

Heiber, H., ed. 1958. *Reichfuhrer: Letters to and from Himmler*. Deutschverlagsanstalt.

Heidel, A. 1942. *The Babylonian Genesis: Enuma Elish*. Chicago: Univ. of Chicago Press.

Heisenberg, W. 1958. "The Representation of Nature in Contemporary Physics." *Daedalus*. 87(3): 95-108.

Helflerich, E. (Quoted in J. Ackermann, 1970, q.v.)

Heifner, R., and Kempe, C. H., eds. 1968. *The Battered Child*. Chicago: Univ. of Chicago Press.

Helmuth, H. 1967. "Zum Verhalten des Meoschen: die Aggression." *Ztsch. f. Ethnologie*. 92: 265-273.

Hentig, H. von. 1964. *Der Nekrotope Mensch.* Stuttgart: F. Enke Verlag.

Heron, W. 1957. "The Pathology of Boredom." *Sci Amer*. (Jan.)

____; Doane, B. K.; and Scott, T. H. 1956. *Can. Jour. of Psych*. 10 (1): 13-18.

Herrick, C. J. 1928. *Brains of Rats and Man*. Chicago: Univ. of Chicago Press. (Quoted by R. B. Livingston, 1967a; q.v.)

Herrigel, E. 1953. *Zen in the Art of Archery*. New York: Pantheon.

Hess, W. R. 1954. *Diencephalon Automatic and Extrapyramidal Struclures*. New York: Grune & Stratton.

Hinde, R. A. 1960. "Energy Models of Motivation." In *Readings in Animal Behavior*, ed. T. E. McGill. New York: Holt, Rinehart & Winston.

____.1967. *New Society*. 9: 302.

Ginsberg, M. See Glover, E. 1934, jt. auth.

Glickman, S. E., and Sroges, R. W. 1966. "Curiosity in Zoo Animals." *Behaviour*. 26: 151-188.

Glover, E., and Ginsberg, M. 1934. "A Symposium on the Psychology of Peace and War." *Brit. jour. Med. Psych*. 14: 274-293

Goodall, J. 1965. "Chimpanzees of the Gombe Stream Reserve." In *Primate Behavior. Field Studies of Primates and Apes*, ed. 1. DeVore. New York: Holt, Rinehart & Winston.

____. See also Van Lawick-Goodall, J.

Gosliner, B. J. See Mahler, H. S. 1955, it. auth.

Gower, G. 1968. "Man Has No Killer Instinct." In *Man and Aggression*, ed. M. F. A. Montagu. New York: Oxford Univ. Press.

Green, M. R., and Schacter, D. E. 1957. "Autistic and Symbiotic Disorders in Three Blind Children." *Psychiat. Quar*. 31: 628-648.

Groos, K. 1901. *The Play of Man*. New York: D. L. Appleton.

Guderian, H. 1951. *Erinnerungen eines Soldaten*. Heidelberg. (Quoted in J. Ackermann, 1970; q.v.)

Guntrip, H. 1971. "The Promise of Psychoanalysis." In *In the Name of Life*, ed. B. Landis and E. S. Tauber. New York: Holt, Rinehart & Winston.

Guthrie, W. K. 1962. *Earlier Presocratics and the Pythagoreans*. A History of Greek Philosophy, vol. 1. New York: Cambridge Univ. Press.

____. 1965. *Presocratic Traditions from Parmenides to Democritus*. A History of Greek Philosophy, vol. 2. New York: Cambridge Univ. Press.

Guttinger, R. C. (Quoted in C. and W. M. S. Russell, 1968; q.v.)

Hall, K. R. L. l960. "Tne Social Vigilance Behaviour of the Chacma Baboon, *Papio ursinus*". *Behaviour*. 16: 261-294.

____. 1964. "Aggression in Monkey and Ape Societies." In *The Natural History of Aggression*, ed. J. D. Carthy and F. J. Ebling. New York: Academic.

____, and DeVore, I. 1965. "Baboon Social Behavior." In *Primate Behavior: Field Studies of Primates and Apes*, ed. I. DeVore. New York: Holt, Rinehart & Winston.

Hall, T. E. 1963. "Proxemic-A Study of Man's Spatial Relationships." In *Man's Image in Medicine and Anthropology*, ed I. Galdston. New York: Int. Univs. Press.

____. 1966. *The Hidden Dimension*. Garden City: Doubleday.

Hallgarten, G. W. F. 1963. *Imperialism vor 1914*. Munich. C. H. Becksche Verlagsbuchhandlung.

____. 1969. *Als die Schattenfielen, Memoiren 1900-1968*. Ullstein Vig.

Haney, C.; Banks, C.; and Zimbardo, P. In press. "Interpersonal Dynamics in a Simulated Prison." *Int. Jour, of Criminology and Penology*, 1.

Psychoanalysis by E. Fromm. New York: Holt, Rinehart & Winston, 1970.
____. 1934. "Die Sozialpsychologische Bedetung der Mutterrechtstheorie," *Ztsch. f. Sozialforschung*. 3: 196-277. "The Theory of Mother Right and Its Relevance for Social Psychology." In *The Crisis of Psychoanalysis* by E. Fromm. New York: Holt, Rinehart & Winston, 1970.
____; with the collaboration of E. Schachtel; A. Hartoch-Schachtel; P. Lazarsfeld, *et al*. 1936. "The Authoritarian Character Structure of German Workers and Employees Before Hitler." Unpublished.
____. 1941. *Escape from Freedom*. New York: Holt, Rinehart & Winston.
____. 1947. *Man for Himself: An Inquiry into the Psychology of Ethics*. New York: Holt, Rinehart & Winston.
____. 1950. *Psychoanalysis and Religion*. New Haven: Yale Univ. Press.
____. 1951. *The Forgotten Language: An Introduction to the Understanding of Dreams, Fairytales, and Myths.* New York: Holt, Rinehart & Winston.
____. 1955. *The Sane Society*. New York: Holt, Rinehart & Winston.
____. 1959. Sigmund Freud's Mission. New York: Harper & Bros.
____. 1961. *Marx's Concept of Man*. New York: Frederick Ungar.
____. 1963. *The Dogma of Christ and Other Essays on Religion, Psychology and Culture.* New York: Holt, Rinehart & Winston. (1st ed. in German, 1931.)
____. 1964. *The Heart of Man*. New York: Harper & Row.
____. 1968. "Marx's Contribution to the Knowledge of Man." *Socal Science Information*. 7 (3): 7-17. (Reprinted in E. Fromm 1970; q.v.)
____. 1968a. *The Revolution of Hope*. New York: Harper & Row.
____. 1970. *The Crisis of Psychoanalysis: Essays on Freud, Marx, and Social Psychology*. New York: Holt, Rinehart & Winston.
____. 1970a. "Freud's Model of Man and Its Social Determinants." In *The Crisis of Psychoanalysis* by E. Fromm. New York: Holt, Rinehart & Winston.
____. 1970b. "The Oedipus Complex: Comments on the Case of Little Hans." In *The Crisis of Psychoanalysis* by E. Fromm. New York: Holt, Rinehart & Winston.
____, and Maccoby, M. 1970. *Social Character in a Mexican Village*. Englewood Cliffs, N.J.: Prentice-Hall.
____, Suzuki, D. T.; and Martino, R. de. 1960. *Zen Buddhism and Psychoanalysis*. New York: Harper & Bros.
____, an Xirau, R., eds. 1968. *The Nature of Man*. New York: Macmillan.

Garattini, S., and Sigg, E. B. 1969. "Relationship of Aggressive Behavior to Adrenal and Gonadal Function in Male Mice." In *Aggressive Behavior*, ed. S. Garattini and E. B. Sigg, Amsterdam: Excerpta Medica Foundation.
Gill, D. G. 1970. V*iolence Against Children*. Cambridge: Harvard Univ. Press.

Conference on World Affairs. Boulder: Univ. of Colorado. 29 Mar.
Foster, G. M. 1972. "The Anatomy of Envy." *Current Anthropology*. 13 {2): 165-202.
Freeman, D. 1964. "Human Aggression in Anthropological Perspective." In *Natural History of Aggression*, ed. J. D. Carthy and F. J. Ebling. New York: Academic, 1964.
Freuchen, P. 1961. *Book of the Eskimos.* New York: World. (Quoted in E. R. Service, 1966; q.v.)
Freud, S. 1888. *Hysteria*. S.E., vol. 1.
____. 1892. *Sketches for the "Preliminary Communication of 1893."* S. E., vol. i.
____. 1895. "The Clinical Symptomatology of Anxiety Neurosis." In *On the Grounds for Detaching a Particular Syndrome from Neurasthenia under the Description of "Anxiety Neurosis."* S.E., vol. 3.
____. 1895a. *Project for a Scientific Psychology*. S. E., vol. 1.
____. 1897. Letter 75, to Fliess. *Letters 1873-1939*. London: Hogarth, 1961.
____. 1898. *Sexuality in the Development of Neurosis*. S. E., vol. 3.
____. 1900. *The Interpretation of Dreams*. S. E., vol. 3.
____. 1905. *Three Essays on the Theory of Sexuality*. S. E., vol. 7.
____. 1908. *Character and Anal Eroticism*. S. E., vol. 9.
____. 1908a. *Civilized Sexual Morality and Modern Nervous lllness*, S. E., vol. 9.
____. 1909. *Analysis of a Phobia in a Five-Year-Old Boy*. S. E., vol. 10.
____. 1913. *Totem and Tabu*, S. E., vol. 13.
____. 1914. *On Narcissism*. S. E., vol. 14.
____. 1915. *Instincts and Their Vicissitudes*. S. E., vol. 14.
____. 1915a. *The Unconscious.* S. E., vol. 14.
____. 1915-1916. *Introductory Lectures on Psychoanalysis*. S. E., vol.15.
____. 1916-1917. *Introductory Lectures on Psychoanalysis*. S. E., vol.16.
____. 1920. *Beyond the Pleasure Principle*. S. E., vol. 18.
____. 1923. *The Ego and the Id*. S. E., vol. 19.
____. 1924. *Economic Problem of Masochism*. S. E., vol. 19.
____. 1925. *The Resistance to Psychoanalysis*. S. E., vol. 19.
____. 1927. *The Future of an Illusion*. S. E., vol. 21
____. 1930. *Civilization and Its Discontents*. S. E., vol. 21.
____. 1931. *Female Sexuality*. S. E., vol. 21.
____. 1933. *New Introductory Lectures*. S. E., vol. 22.
____. 1933a. *Why War?* S. E., vol. 22.
____. 1937. *Analysis Terminable and Interminable*. S. E., vol. 23.
____. 1938. (pub. 1940). *An Outline of Psychoanalysis*. S. E., vol. 23.
Fromm, E. 1932. "Die psychoanalytische Charakterologie und ihre Bedeutung für Sozialforschung." *Ztsch.f. Sozialforschung*. 1: 253-277. "Psychoanalytic Characterology and Its Relevance for Social Psychology." In *The Crisis of*

Eggan, D. 1943. "The General Problem of Hopi Adjustment" *Amer. Anthropologist*. 45: 357-373.

Egger, M. D., and Flynn, J. P. 1963. "Effects of Electrical Stimulation of the Amygdala on Hypothalamically Elicited Attack Behavior in Cats." *Jour. Neuro. Physiol*. 26: 705-720. (Quoted in B. Kaada, 1967; q.v.)

Eibl-Eibcsfeldt, I. 1972. *On Love and Hate: The Natural History of Behavior Patterns*, trans. G. Strachan, New York: Holt, Rinehart & Winston.

Eiseley, L. 1971. "The Uncompleted Man." In *In the Name of Life*, ed. B. Landis and E. S. Tauber. New York: Holt, Rinehart & Winston.

Eisenberg, L. 1972, "The Human Nature of Human Nature." *Science*. 179 (14 Apr.)

Engels, F. 1891. *The Origin of Family, Private Property and the State, in the Light of the Researches of Lewis H. Morgan*. New York: Int. Univs. Press, 1942.

____. See Marx, K., jt. auth.

Erikson, E. H. 1964. *Childhood and Society*. Rev. ed. New York: Norton.

Ervin, F. R. See Mark, V. H. 1970, jt. auth.

Fabing, H. D. 1956. "On Going Berserk: A Neurochemical Enquiry." *Science Monthly*. 83: 232-237,

Fantz, R. L. 1958. "Pattern Vision in Young Infants." *Psych. Rec*. 8: 43--47. (Quoted in D. E. Schecter, 1973; q.v.)

Fechner, G. T. 1873. *Einige Ideen zur Schopfungs-und Entwicklungsgeschichte der Organismen*. Pt. 11, supp. 94.

Fenichel, O. 1953. "A Critique of the Death Instinct." In *Collecred Papers. 1st*. series. New York: Norton.

Fischer, F. 1967 *Germany's Aims in the First World War*. New York: Norton. (1st ed. *Der Griff nach der Weltmacht*. Düeldorf: Droste Verlag,1961.)

Flaubert, G. 1964. *The Legend of St. Julian the Hospitaler*. New York: New American Library.

Fletcher, R. 1968. *Instinct in Man*. New York: Int. Univs. Press. London: Allen & Unwin. (1st ed. 1957.)

Flint, R. W., ed. 1971. *Selected Writings of F. T. Marinetti*. New York: Farrar, Strauss & Giroux.

Flynn, J. P. See Egger, M. D. 1963, jt. auth.

Foerster, H. von. 1963. "Logical Structure of Environment and Its Internal Representation." In *Internal Design Conference, Aspen*, 1962, ed. A. E. Eckerstrom. Zeeland, Mich.: Miller. Inc.

____. 1970. "Molecular Ethnology" In *Molecular Mechanisms in Memory and Learning*. New York: Plenum.

____. 1971. "Perception of the Future and the Future of Perception." Address at the 24th

Museum.

Collias, N. (Quoted in C. and W. M. S. Russell, 1968; q.v.)

Darwin, C. 1946. *The Descent of Man*. London: Watts. (1st ed., 1872.) *The Origin of Species and the Descent of Man*. New York: Moden Library , 1936.

Das, G. O. See Altman, J. 1964, jt. auth.

Davie, M. R. 1929. *The Evolution of War*. Port Washington, N.Y.: Kennikat.

Deetz, J. 1968. Discussion remarks. In *Man, the Hunter*, ed. R. B. Lee and I. DeVore. Chicago: Aldine.

Delgado, J. M. R. 1967. "Aggression and Defense Under Cerebral Radio Control." In *Aggression and Defense; Neural Mechanisms and Social Patterns*. Brain Function, vol. 5, ed. C. D. Clemente and D. B. Lindsley. Berkeley: Univ. of California Press.

____.1969. *Physical Control of the Mind*. World Perspective Series, ed. R. N. Anshen. New York: Harper & Row.

Dement, W. 1960. "The Effect of Dream Deprivation." Science. 131: 1705-1707 .

De River, J. P. 1956. *The Sexual Criminal: A Psychoanalytic Study*. 2nd ed. Springfield, III.: C. C. Thomas. (Quoted in H. von Hentig, 1964; q.v.)

DeVore, I., ed. 1965. *Primate Behavior: Field Studies of Primates and Apes*. New York: Holt, Rinehart & Winston.

____. 1970. (Quoted in D. Ploog and T. O. Melnechuk, 1970; q.v.)

____.See Hall, K. R. L. 1965, jt. auth.

____. See Lee, R. B. 1968, jt. auth.

____. See Washburn. S. L. 1971, jt. auth.

Doane, B. K.; Mahatoo, W.; Heron, W.; and Scott, T. H. 1959. "Changes in Perceptual Function after Isolation." *Can. Jour. of Psych*. 13 (3): 210-219.

Dobzhansky, T. 1962. *Mankind Evolving: The Evolution of the Human Species*. New Haven: Yale Univ. Press.

Dollard, J.; Miller, N. E.; Mowrer, O. H.; Sears, G. H.; and Sears, R. R. 1939. *Frustration and Aggression*. New Haven: Yale Univ. Press.

Dubos, R. 1962. *The Torch of Life*. Credo Series, ed. R. N. Anshen. New York: Simon & Schuster.

Dunayevskaya, R. Forthcoming, *Philosophy and Revolution*. New York: Dell.

Durbin, E. F. M., and Bowlby, J. 1939. *Personal Aggressiveness in War*. New York: Columbia Univ. Press.

Durkheim, E. 1897. *Le Suicide*. Paris: Libraire Félix Alcan.

Duyvendak, J. J. L. 1928. Introduction. In *The Book of Lord Shang*, trans. J. J. L. Duyvendak. London. (Quoted in S. Andreski, 1964; q.v.)

Ebling, F. J. See Carthy, J. D. 1964, jt. auth.

Brosse, J. 1972. *Hitler avant Hitler*. Paris: Fayard.

Bryant, J. 1775. *Mythology*. Vol. 2. London. (Quoted in J. G. Bourke, 1913: q.v.)

Bucke, R. M. 1946. *Cosmic Consciousness*, ed. G. M. Acklom. Rev. ed. New York: Dutton.

Bullock, A. 1965. *A Study in Tyranny*. (Quoted in W. Maser, 1971; q.v.)

Bullock, T. H. 1961. "The Origins of Patterned Nervous Discharge." *Behaviour*. 17: 48-59.

Burckhardt, C. 1965. (Quoted in P. E. Schramm, 1965; q.v.)

Burckhardt, K. J. 1960. *Meine Danziger Mission*, 1937-39. (Quoted in J. Ackermann. 1970; q.v.)

Burton, A. 1967. "The Meaning of Psychotherapy." *Jour. of Existentialism*. 29.

Buss, A.H. 1961. *The Psychology of Aggression*. New York: Wiley.

Cabot, C. (Quoted in C. and W. M. S. Russell, 1968; q.v.)

Cadogan, Sir A. 1972. *The Diaries of Sir Alexander Cadogan 1938-1945*, ed. David Dilks. New York: Putnam.

Caldwell, M. 1968. *Indonesia*. New York: Oxford Univ. Press.

Calhoun, J. B. 1948. "Mortality and Movement of Brown Rats (*Rattus norvegicus*) in Artificially Supersaturated Populations" *Jour. of Wildlife Management*. 12: 167 - 172.

Campbell, B. G. 1966. *Human Evolution*. Chicago: Aldine.

Cannon, W. B. 1963. *Wisdom of the Body*. Rev. ed. New York: Norton.

Carpenter, C. R. 1934. "A Field Study of the Behavior and Social Relations of Howling Monkeys." *Comp. Psych. Monog*. 10 (48).

Carrighar, S. 1968. "War Is Not in Our Genes." In *Man and Aggression*. ed. M. F. A. Montagu. New York: Oxford Univ. Press.

Carthy, J. D., and Ebling, F. J., eds 1964. *The Natural History of Aggression*. New York: Academic.

Childe, V. G. 1936. *Man Makes Himself*. London: Watts.

Chomsky, N. 1959. Review of *Verbal Behavior* by B. F. Skinner. *Language*. 35: 26-58.

____. 1971."The Case Against B. F. Skinner. " *The New York Review of Books*. (30 Dec.)

Churchman, C. W. 1968. *The System Approach*. New York: Dell, Delta Books.

Clark, G., and Bird, H. G. 1946. "Hormonal Modification of Social Behavior." *Psychosom. Med. Jour.* 8: 320-331. (Quoted in J. P. Scott, 1958; q.v.)

Clarke, G. 1969. *World Prehistory*. New York: Cambridge Univ. Press.

Clausewitz, K. von. 1961. *On War*, ed. F. N. Maude; trans. J. J. Graham. Rev. ed. New York: Barnes & Noble. (1st ed. *Vom Kriege*,1833) Chap. 2, sec. 17.

Cobliner, G. See Spitz, R. 1965, jt. auth.

Cole, S. 1967. *The Neolithic Revolution*. 7th ed. London: Trustees of the British

Bergounioux, F. M. 1964. "Notes on the Mentality of Primitive Man." In *Social Life of Early Man*, ed. S. L. Washburn. Chicago: Aldine.

Berkowitz, L. 1962. "The Frustration-Aggression Theory Revisited." In *Aggression*: A Social Psychological Analysis by L. Berkowitz. New York: McGraw-Hill.

____.1967. "Readiness or Necessity?" *Cont. Psychol*. 12: 580--583.

____.1969. "The Frustration-Aggression Hypothesis Revisited." In *The Roots of Aggression: A Re-examination of the Frustration-Aggression Hypothesis*, ed. L. Berkowitz. New York: Atherton.

Bernfeld, S. 1934. "Ueber die Einteilung der Triebe."*Imago*. 21.

____, and Feitelberg, S. 1930. "Der Entropiesatz und der Todestrieb" [Principals of Entropy and the death instinct]. *Imago*. 17: 137-206. (Quoted in E. Jones, 1957; q.v. See also R. Kapp 1931.)

Bertalanffy, L. von. 1956. "Comments on Aggression." Paper presented at the 1956 Winter Meeting of the American Psychoanalytic Association, New York City.

____.1968. *General System Theory*. New York: G. Braziller.

Bettelheim, B. 1960. *The Informed Heart: Autonomy in a Mass Age*. New York: Macmillan, Free Press.

Bexton, W. H.; Heron, W.; and Scott, T. H. 1954. "Effect of Decreased Variation in the Sensory Environment." *Can Jour. of Psych*. 8 (2): 10-76.

Bingham, H. C. 1932. *Gorillas in Native Habitat*. Publication No. 426. Washington, D. C.: Carnegie Inst. of Washington.

Bird, H. G. See Clark, G. 1946, jt. auth.

Blanc, A. C. I 961. "Some Evidence for the Ideologies of Early Man." In *Social Life of Early Man*, ed. S. L. Washburn. Chicago: Aldine.

Bleuler, E. 1951. *Autistic Thinking, Organization and Pathology of Thought*. New York: Columbia Univ. Press.

____. 1969. *Lehrbuch der Psychiatrie*. 11th ed. Heidelberg: Springer-Verlag.

Bliss, E. L., ed. 1968. *Roots of Behavior.* New York: Hafner.

Boulding, K. E. 1967. Review in *Peace and War Report*. (Mar.): 15 -17.

Bourke, J. G. 1913. *Der Unrat in Sitte, Brauch, Blauben and Gewohnheitrecht der Völker* [Scatalogical rites of all nations] with an Introduction by S. Freud. Leipzig: Ethnologischer Verlag.

Bowlby, J. 1958. "The Nature of the Child's Tie to His Mother." *Int. Journ. of Psychoan*. 39: 350-373.

____. 1969. *Attachment and Love*. International Psychoanalytic Library. London: Hogarth.

____. See Durbin, E. F. M. 1939, jt. auth.

Brandt, H. 1970. *The Search for a Third Way.* Garden City: Doubleday.

Braun, E. 1935. *Diaries*. Alexandria: Archives.

____. 1972 *Social Science as Sorcery*. London: A. Deutsch.

Angress, W. T., and Smith, B. F. 1959. "Diaries of Heinrich Himmler's Early Years." *Journal of Modern History* . 51 (Sept.)

Aramoni, A. 1965. *Psicoanálisis de la Dinámica de un Pueblo (México, Tierra de Hombres)* [Pychoanalysis of the dynamics of a people (Mexico, land of men)]. Mexico: B. Costa-Amic, Editorial.

Ardrey, R.1961. *African Genesis* . New York: Atheneum.

____. 1966. *The Territorial Imperative: A Personal Inquiry into the Animal Origins of Property and Nations* . New York: Atheneum.

Avis, V. See Washburn, S. L. 1958, jt. auth.

Bachofen, J. J. 1967. *Myth, Religion and the Mother Right: Selected Writings of Johann Jakob Bachofen* , ed. J. Campbell; trans. R. Manheim. Princeton: Princeton Univ. Press. (Original ed. *Dos Mutterrecht*, 1861.)

Banks, C. See Haney, C. In press, jt. auth.

Barnett, S. A. I958. "An Analysis of Social Behavior in Wild Rats." *Proc. Zool. Soc. Lond*. 130: 107-152.

____. 1958a. "Experiment on 'Neophobia' in Wild and Laboratory Rats." *Brit. Jour. Med. Psychol*.9: 195-201.

____, and Spencer, M. M. 1951. "Feeding, Social Behaviour and Interspecific Competition in Wild Rats." *Behaviour*. 3: 229-242.

Bartell, G. T. 1971. *Group Sex*. New York: Peter H. Wyden.

Beach, F. A. 1945. "Bisexual Mating Behavior in the Male Rat: Effects of Castration and Hormone Administration." *Physiol. Zool*. 18: 390.

____. 1955. "The Descent of Instinct" *Psych. Rev*. 62 (6): 401-410.

Beeman, E. A 1947. "The Effect of Male Hormone on Aggressive Behavior in Mice." *Physiol. Zool*. 20: 373.

Beg. M.A. See Southwick, C. H. 1965, jt. auth.

Belav, J. 1960. *Trance in Bali*. New York: Columbia Univ. Press.

Bender, L. 1942. "Childhood Schizophrenia." *Nerv. Child*. 1: 138-140.

Benedict, R. 1934. *Patterns of Culture*. New York: New American Library, Mentor.

____. 1959. "The Natural History of War." In *An American Anthropologist at Work*, ed. M. Mead. Boston: Houghton Mifflin.

Benjamin, W. 1968. "The Work of Art in the Age of Mechanical Reproduction." In *Illuminations* by W. Benjamin; ed. and Introduction by H. Arendt; trans. H. Zohn. New York; Harcourt Brace Jovanovich.

Bennett, E. L.; Diamond, M. C.; Krech, D.; and Rosenzweig, M. R. 1964. "Chemical and Anatomical Plasticity of the Brain" *Science*. 146: 610-619. (Quoted by J. Altman in G. C. Quarton; T. O. Melnechuk; and F. O. Schmitt, 1967; q.v.)

參考書目

Abramova, Z. A. 1967. *Palaeolithic Art in the U.S.S.R.*, trans. Catherine Page. Arctic Anthropology, vol. 4. Moscow-Leningrad: Akademiia Nauk SSSR. (Quoted in A. Marschack, ed. 1972; q.v.)

Ackermann, J. 1970. *Heinrich Himmler als Ideologe.* Göttingen: Musterschmidt.

Ackert, K. 1967. (Quoted in B. Kaada, 1967; q.v.)

Adorno, T. W.; Frenkel-Brunswik, E.; Levinson, D. F.; and Sanford, R. N. 1950. *The Authoritarian Personality.* New York: Harper & Bros.

Alanbrooke, Viscount [Alan Francis Brooke]. 1957.*The Turning of the Tide.* London: Collins.

Alee, W. C.; Nissen, H. W.; and Nimkoff, M. F. 1953. "A Reexamination of the Concept of Instinct." *Psych. Rev.*60 (5): 287-297.

Alexander, F. 1921. "Metapsychologische Betrachtungen." *Intern. Ztsch. f. Psychoanalyse.* 6: 270-285. (Quoted in E. Jones, 1957; q.v.)

Altman, J. 1967. "Effects of Early Experience on Brain Morphology." In *Malnutrition, Learning, and Behavior*, ed. N. S. Scrimshaw and J. E. Gordon. Cambridge: M. I. T. Press, 1972. (Quoted in G. C. Quarton; T. O. Melnechuk; and F. O. Schmitt, 1967; q.v)

____. 1967a. "Postnatal Growth and Differentiation of the Mammalian Brain, with Implications for a Morphological Theory of Memory." In *The Neurosciences: A Study Program*, ed. G. C. Quarton; T. O. Melnechuk; and F. O. Schmitt. New York: Rockefeller Univ. Press, 1967.

____, and Das, C. D. 1964. "Autobiographic Examination of the Effects of Enriched Environment on the Rate of Glial Multiplication in the Adult Rat Brain." *Nature*. 204: 1161-1163. (Quoted by J. Altman, in G. C. Quanon; T. O. Melnechuk; and F. O. Schmitt, 1967; q.v.)

Altman, S. A. 1960. "A Field Study of the Sociobiology of Rhesus Monkeys, *Macaca mulata*." Thesis, Harvard Univ. Unpublished.

Ames, O. 1939. *Economic Annuals and Human Cultures*. Cambridge: Botanical Museum of Harvard Univ.

Ammacher, P. 1962. "On the Significance of Freud's Neurological Background." In *Psychological Issues*. Seattle: Univ. of Washington Press.

Anderson, E. 1967. *Plants, Man and Life.* Rev. ed. Berkeley: Univ. of California Press. (1st ed. Boston: Little, Brown, 1952.)

Andreski, S. 1964. "Origins of War." In *The Narural History of Aggression*, ed. J. D. Carthy and F. J. Ebling. New York: Academic.

人類破壞性的剖析

心理學大師佛洛姆對人性最全面的探索與總結

The Anatomy of Human Destructiveness

作　　者：埃里希．佛洛姆（Erich Fromm）
譯　　者：梁永安
副 社 長：陳瀅如
責任編輯：翁淑靜
校　　對：陳錦輝
封面設計：覓蠹設計室　廖勁智
內頁排版：洪素貞
行銷企劃：陳雅雯、余一霞、汪佳穎、林芳如

出　　版：木馬文化事業股份有限公司
發　　行：遠足文化事業股份有限公司（讀書共和國出版集團）
地　　址：231新北市新店區民權路108-4號8樓
電　　話：(02) 2218-1417
傳　　真：(02) 2218-0727
電子信箱：service@bookrep.com.tw
郵撥帳號：19588272木馬文化事業股份有限公司
客服專線：0800221029
法律顧問：華洋法律事務所 蘇文生律師
印　　刷：呈靖彩藝有限公司
初　　版：2022年10月
初版2刷：2024年1月
定　　價：750元
I S B N：978-626-314-241-1（紙本書）
978-626-314-242-8（PDF）
978-626-314-243-5（EPUB）

國家圖書館出版品預行編目

人類破壞性的剖析：心理學大師佛洛姆對人性最全面的探索與總結 / 埃里希 . 佛洛姆 (Erich Fromm) 著；梁永安譯 . -- 初版 . -- 新北市：木馬文化事業股份有限公司出版：遠足文化事業股份有限公司發行 , 2022.10
面；　公分
譯自：The anatomy of human destructiveness.
ISBN 978-626-314-241-1(平裝)

1.CST: 精神分析學 2.CST: 攻擊性行為 3.CST: 暴力

175.7　　　　111011021